商鴻逵文集

商鸿逵 著
徐凯 整理

辽宁民族出版社

图书在版编目（CIP）数据

商鸿逵文集 / 商鸿逵著；徐凯整理．—沈阳：辽宁民族出版社，2024.1

ISBN 978-7-5497-2924-1

Ⅰ．①商…　Ⅱ．①商…　②徐…　Ⅲ．①中国历史—明清时代—文集　Ⅳ．①K248.07-53

中国国家版本馆CIP数据核字（2023）第205772号

商鸿逵文集

SHANG HONGKUI WENJI

出版发行者：辽宁民族出版社
地　　址：沈阳市和平区十一纬路25号　邮编：110003
印　刷　者：辽宁鼎籍数码科技有限公司
幅 面 尺 寸：180mm×250mm
印　　张：40.75
字　　数：720千字
出 版 时 间：2024年1月第1版
印 刷 时 间：2024年1月第1次印刷
责 任 编 辑：黄盛浩
封 面 设 计：杜　江
责 任 校 对：刘　泉　王　荷

标准书号：ISBN 978-7-5497-2924-1
定　　价：180.00元

网　　址：www.lnmzcbs.com　　邮购热线：024-23284335
淘宝网店：http://lnmz2013.taobao.com
如有印装质量问题，请与出版社联系调换　联系电话：024-23284340

商鸿逵教授（1907—1983）

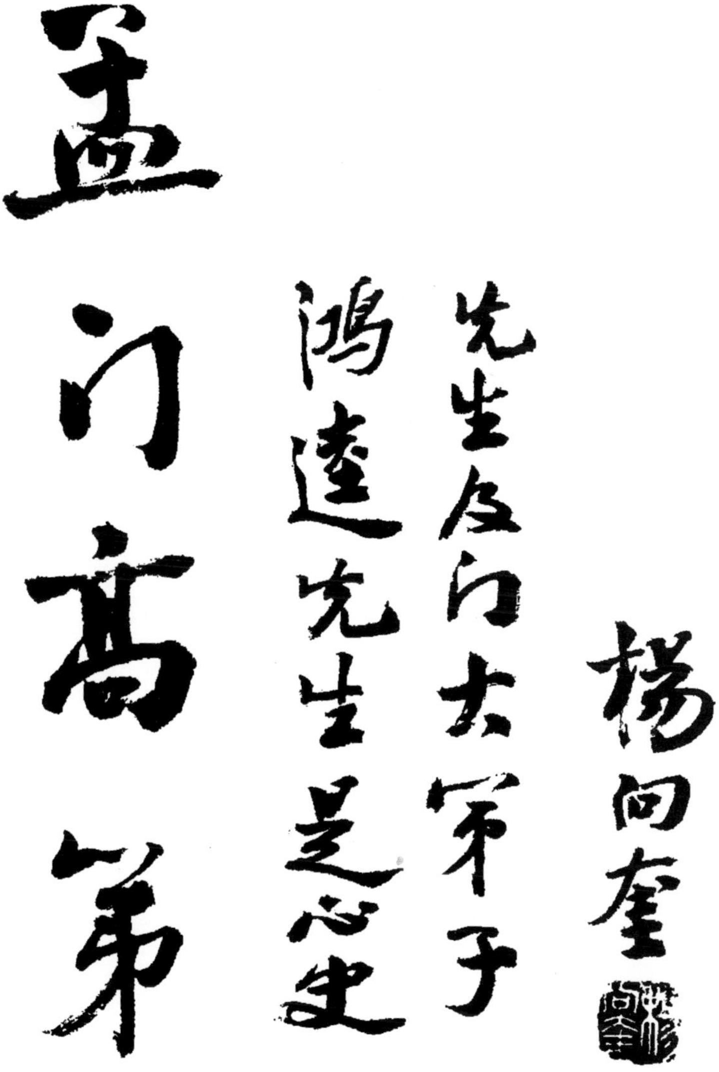

1993年商先生逝世十周年杨向奎先生题词

1937年夏北京大学文科研究所，与导师孟森先生（中）合影（从左至右：单士元、商鸿逵、张鸿翔、吴丰培）

1950年中法大学文史系欢送应届毕业生师生合影（二排左七为商鸿逵教授）

1982年9月北戴河全国首次清史学术讨论会北大校友合影（二排右四商鸿逵、右三王锺翰、左四戴逸）

1982年9月北戴河全国首次清史学术讨论会，商鸿逵（中）与王锺翰（左）、徐凯合影

1983年9月沈阳全国第二次清史学术讨论会，考察清福陵合影（二排左五商鸿逵、左四李洵、左三吴量恺、右四薛虹）

1981年夏，于北大燕东园28号寓所前，商鸿逵教授与研究生等合影（前排左李广廉、右李世愉，后排左张玉兴、右王天有）

1956年商鸿逵夫妇与儿子商传（右一）、商全合影

1969年国庆节商鸿逵夫妇与女儿商端、外孙女合影

1983年9月沈阳全国第二次清史学术讨论会，考察清福陵合影（二排左五商鸿逵、左四李洵、左三吴量恺、右四薛虹）

1981年夏，于北大燕东园28号寓所前，商鸿逵教授与研究生等合影（前排左李广廉、右李世愉，后排左张玉兴、右王天有）

1982年商鸿逵教授指导硕士研究生钟安西

20世纪70年代末，商鸿逵教授（二排右一）带领学生考察八达岭长城

20世纪80年代初，商鸿逵教授指导本科学生

1975年冬商鸿逵与夫人王文珍于未名湖畔合影

1956年商鸿逵夫妇与儿子商传（右一）、商全合影

1969年国庆节商鸿逵夫妇与女儿商端、外孙女合影

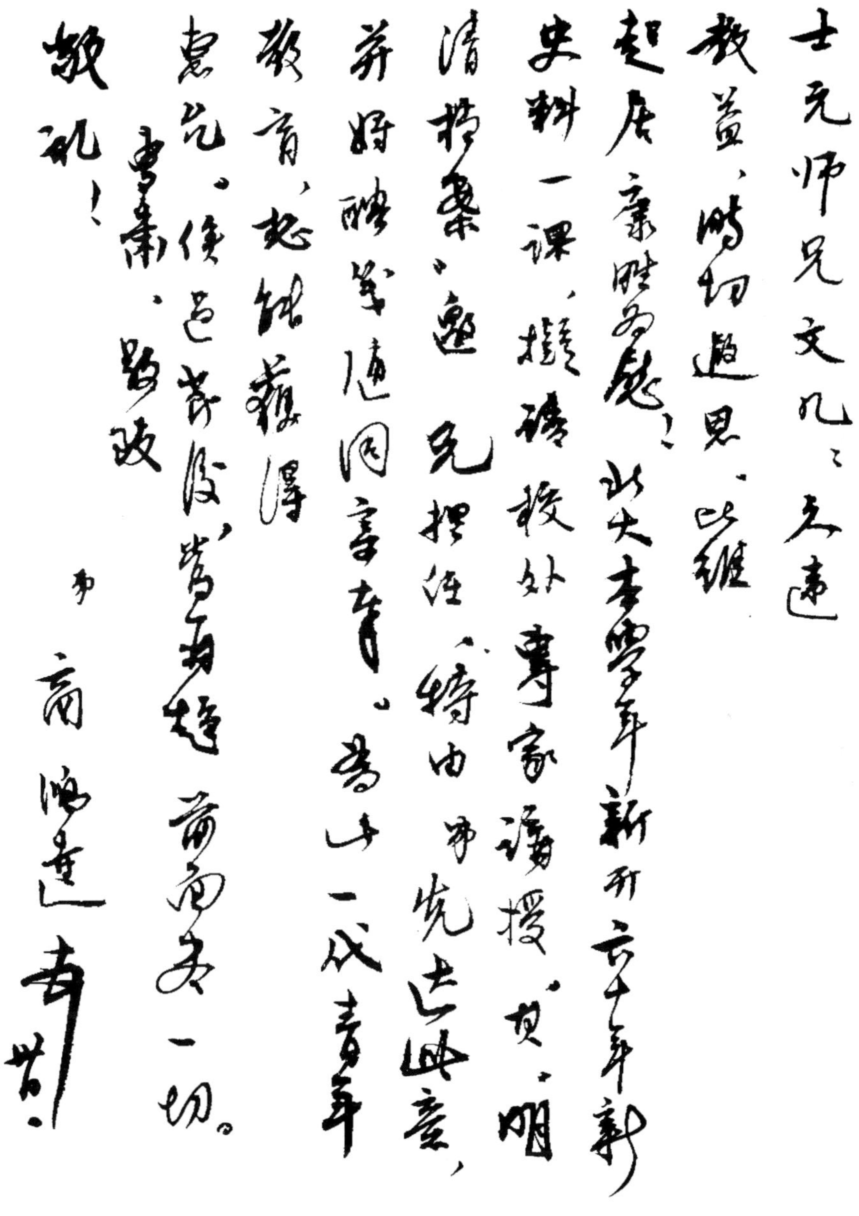

士元师兄文几：久违教益，时切遐思。比维起居康胜为慰。北大本学年新开六十年新史料一课，拟请校外专家讲授，负明清档案。邀兄担任，将由弟先达意，并将聘书随同寄奉。为下一代青年教育，想能获得惠允。俟得其复，当与之趋前商量一切。专肃，敬致敬礼！

弟 商鸿逵 上 廿日

商鸿逵教授手迹

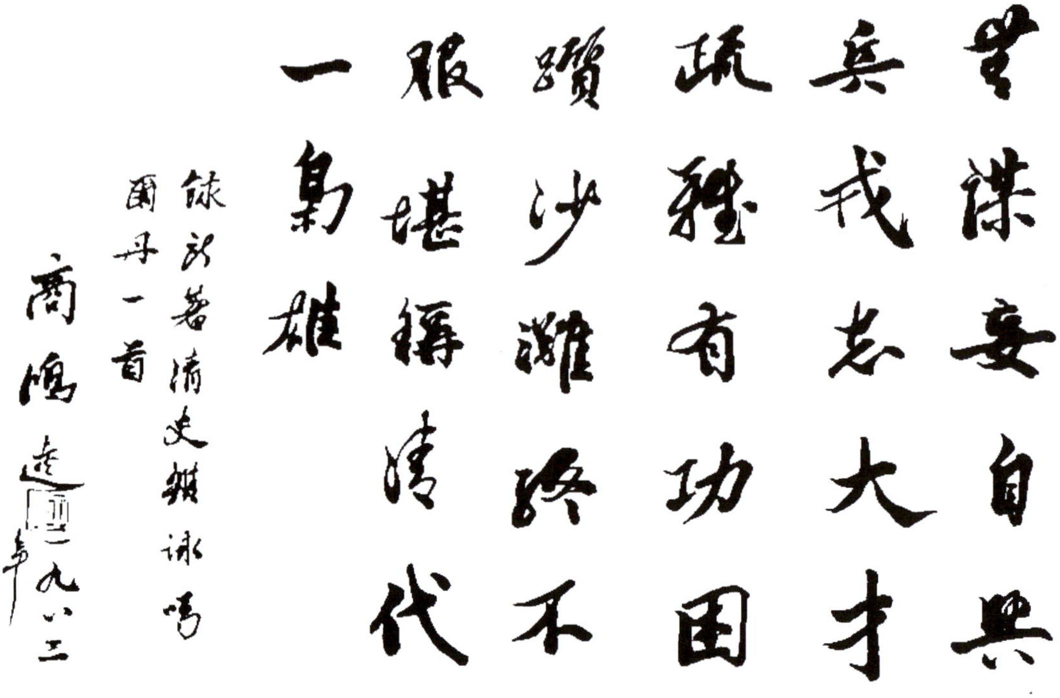

1982年商鸿逵教授书《清史杂咏噶尔丹》一首

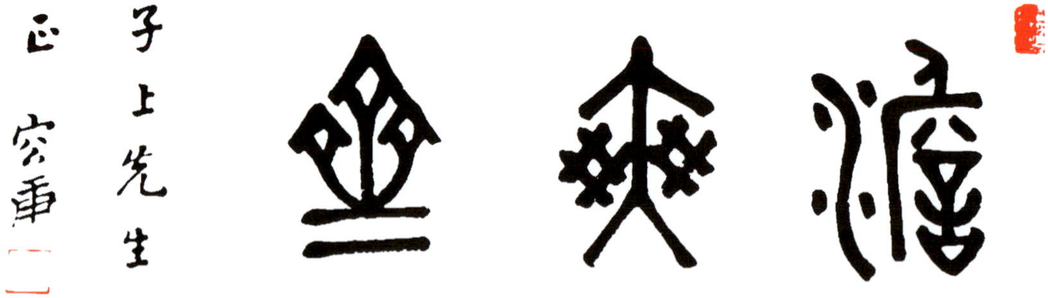

、 容庚为商鸿逵书房“澹爽斋”题匾

怀念商鸿逵师

（代序）

郭松义　何龄修

我们的老师、明清史专家、北京大学历史学系教授商鸿逵先生，因脑溢血于1983年11月10日3时许不幸逝世。先生虽已76岁高龄，但历来心胸开阔，态度乐观，重视体育锻炼和生活节奏，所以身体健康、精神矍铄、步履稳健、思想明晰。打倒“四人帮”以后，先生心情特别舒畅，老当益壮，工作热情更加高涨，在明清史学方面做了大量工作，参加了许多学术活动，发表了不少富有见解的论著。因此，他的生命旅程结束得这样突然，这样意外，就更加使人痛惜。作为他的学生，我们也更深感悲痛，倍增怀想和悼念之情！

我们都是先生在20多年前的学生，对明清史又很偏爱，所以一直同先生保持亲近的关系。从学生时代起，我们就经常到他家里去，请教有关明清史的问题。我们问先生一个问题，他除了详详细细解答这个问题以外，总是把其它有关的事情不厌其详地一并告诉我们。同学都有这样的印象，同先生谈话，除了我们简短的提问和插话，总是先生滔滔不绝地讲解问题、发表意见。一位亲受先生教诲的同志感叹说：“商老真是问一答十！”这是确实的。然而，不仅如此。先生深知要使史学工作的接班人迅速成长起来，除用广博、具体的知识充实他们以外，更重要的是传授正确的方法，使他们在学习和研究一开始的时候就走上健康道路。因此，先生常着重教给我们一些搜集资料的方法和研究问题的步骤。他多次强调，要围绕所研究的问题写作长编，在这个过程中能更好地鉴别资料，发现资料中的薄弱环节，也就是说，问题能充分暴露。在长编的基础上，对问题进行分析、概括，能使自己学到的马克思列宁主义理论同历史实际较好地得到结合。写作长编，是传统的具体治史方法之一，实际上是整理历史事实的一种形式。明清史资料汗牛充栋，头绪纷繁，研究某个问题时通过编制长编整理一下史实尤有必要。先生在马克思列宁主义理论指导下，把这样一种比较可取的传统方法很好地利用起来了。这使他的学生们获益匪浅。先生把传道、授业、解惑的工作做得这样细致，表现出他教育和培养后辈的情意是多么殷切！

先生晚年亲自发起和主持了几项清史的大型基本建设，实际上是非常忙碌的。但是，他并没有完全局限在自己的具体项目上，而是着眼于整个清史学科的发展，在自己的岗位上，竭尽全力给以推动。十年浩劫后，当教研秩序走上正轨，他就带了三届研究生共4人。他认为清史研究生应掌握满文，这是最重要的研究工具之一。但是，教学计划中没有开设满文课程的开支。他就自己掏腰包，聘请中央民族学院满文专家季永海先生给中青年教师与研究生授课。后来又在他的倡议主持下，编写出版了《清史满语辞典》。在教学和毕业答辩等全部正规工作外，他甚至亲自为研究生联系毕业分配单位。接读他的来信，那种想为研究生找到理想工作岗位，以发挥他们所长的心情，真是情见乎辞，跃然纸上，令人感动。他还积极应邀参加兄弟院校和科研机构研究生的毕业答辩。在这方面，先生给了我们最热情的帮助。本室人员指导的一名研究生毕业，先生参加了从辅导论文写作到答辩的全过程。在酝酿编纂一部较大规模的清史时，他多次参加有关的会议，并写作专文，贡献自己的意见。他对近年清史研究的发展极为兴奋，热情洋溢地写道："当前清史研究工作的形势是一片大好的。有了专门机构——人民大学清史研究所，又有了专门刊物——《清史论丛》和《清史研究集》，这在中国还是创举。"①从我们参加编辑《清史论

---

① 商鸿逵：《清史研究工作简谈》，载《清史研究集》第1辑，中国人民大学出版社1980年版，第20页。

丛》《清史资料》的体会来看，他对所说的这个创举给予了积极的支持。我们编辑《清史论丛》第2辑时，约他撰稿，以光篇幅。他一次就交给我们两篇稿件：一为孟森先生遗稿《关于刘爱塔事迹的研究》，先生附《赘言》，纂辑了明清对峙时期一个被掳入旗下，受到重用，但却设计脱归明朝，在当时影响很大的朝鲜人刘兴祚（爱塔）的事迹。一为先生自撰清史札记《清孝庄文皇后小记》，研究了清初满洲贵族统治集团中一个极其出色而且所系甚大的妇女，即孝庄文皇后博尔济吉特氏在清初一系列重大政治斗争中所起的作用。两稿都是内容新鲜、独具史识的，为《清史论丛》增色不少。

我们创办《清史资料》，先生提出过选材的建议，出借过有参考价值的古籍版本。当我们编辑《清史资料》第3辑时，谢国桢先生拿出一册乾隆年间写本《银谱》，其中系统而精细地记录了百种以上不同成色银子的特点，是一种有用的资料。但书中俗字、行话羼杂，艰涩难解。我们在造访几位专家而没有找到标点者，感到不知所措的时候，猛然想起求助于先生。先生慨然一诺无辞。为了标点的准确性，先生曾向银行的专家，即“此业当行老手”①请教。当先生把完成了的标点稿交付我们的时候，我们不仅感到解答了一道难题的喜悦，而且感到获得了一种力量。我们觉得，有老师、有老一辈学者的支持和指导，工作的信心和勇气也百倍地增加了。现在《清史资料》已编至8辑百数十万字，这里面是浇注了先生心血的。1982年9月，本室与中国人民大学清史研究所、中国第一历史档案馆、中国历史博物馆等单位共同发起编辑、出版《清史资料丛刊》。我们受筹备组委托，拜访先生，征求意见。记得那一天先生情绪极好，谈锋甚健，提出了许多切实可行的意见，事先还开列了一份选题拟目，给了我们很大启发和鼓励。筹办《丛刊》的工作，虽因经费、出版等原因而暂时搁浅，但先生为共同事业的一片热忱，是我们永难忘怀的。在清史研究大步前进的今天，我们不会忘记商鸿逵先生通过辛勤劳动所做的贡献。

先生为人平易可亲，接近群众。他每有佳作，总以打印本或正式出版本送

---

①《〈银谱〉标点后记》，载《清史资料》第3辑，中华书局1982年版，第234页。

给我们这些学生。我们去看望他，他都放下工作，亲切接待。他几次对我们说："你们来去匆匆，以致未能畅谈。我总想同你们多谈谈。以后有空，你们预先通知我，中午在我这里吃水饺，我们可以谈个痛快。"那次为《清史资料丛刊》事拜访先生，我们就践了先生此约。我们和先生全家度过最愉快的大半天。先生在参加学术会议时的作风，在两次全国清史讨论会中给了我们以深刻的印象。先生在开会时很认真，又很活跃，多次发言。会后，他更显得兴致勃勃，总是谈笑风生。我们不会忘记，在北戴河参加第一次全国清史学术讨论会，早晚同先生户外漫步交谈、海滨拾贝捉蟹的那些日子。先生说话最多，谈学林掌故，谈历史问题，谈经历，话题广泛，语言诙谐。大家听了，既觉得生动，又长知识。许多与会代表还不断去住处看望他。先生所到之处，总是团聚着许多同志，话语热烈，笑声爽朗。这种生动情景，说明先生同与会代表在一起，是多么水乳交融！

先生在政治上走过坎坷的道路。因此，十年浩劫中他很容易落入"牛棚"，饱受摧残，而且那个时候告讦成风，处境十分艰难。有的身亲目睹的同志说，先生不止一次地成为告讦的对象，遭到训斥、迫害，而先生却从不曾丝毫诬罔他人，以图自免。个别毕业后在外单位工作的学生，跑回学校冲击他，以表现自己的"革命性"。事后，先生也不记怀，待他们一如平日。那时候，斗争激烈，先生可谓自顾不暇，却仍然把关怀给予一同落难的朋友。1966年深秋，先生在农村劳动，注意到我们另一位老师向达先生两足浮肿，就招呼向先生要抓紧去诊视。向先生虽然痛苦，但感到为难，不准备去看病。先生认为有病就得看，请准了假，就陪同向先生去看。在当时的政治形势下，"牛棚"的落难者不仅得不到应有的治疗，而且两位老人都受到侮辱。先生对政治上的侮辱并不特别计较，但对向先生没有得到良好的治疗感到非常气愤。在斗争的关键时刻的这些表现，集中说明了先生的美好的心灵和品格。

对孟森（心史）先生的无比敬爱，在心史先生身后对关系老师的许多事务的处理，实在是学术界师生关系的典范，使商先生的品格更加光彩照人。许多事我们看在眼里，十分感动。商先生原是师从刘复（半农）先生学习文学的研究生，当1934年刘先生去世时还没有毕业，于是听从胡适先生的安排转向史学，受业于孟森孟心史先生，学习明清史。心史先生在世时，是国内明清史，特别是清史的泰斗。他的教学和科研活动，他的大量著作，在国内清史学的建设方面具有开拓性，对清史学科的发展产生了深远的影响。他的著作至今还有重要的科学意义。1938年初，心史先生病逝时，哲嗣鞠如先生远在国外。商先生含哀治丧，将老师安葬于北京西郊万安公墓，树石立碑。心史先生遗著归于商先生，其中有的是已刊的版本，有的是未刊的讲义和稿本。40多年中，不管是抗战和其后战火纷飞的年代，还是法纪废弛的十年动荡时期，先生对心史先生的遗著总是珍若拱璧，敬谨守护。然而，由于先生落入"牛棚"，失去自由，抄家、搬家，动乱纷纷，心史先生手拟《清史纪事本末拟目》和另几篇稿件仍不免失落了。商先生谈到此事时痛心不已，说："孟先生对黄鸿寿的《清史纪事本末》不满意，认为应该改作，于是亲拟篇目。我没有保存好，还有几篇稿子，都弄丢了，找不着了，很可惜！"我们不仅要从深挚的师生关系来理解先生在这个问题上的思想感情，还应该认识到先生在为推进明清史学发展而尽心竭力保全一份珍贵学术遗产的愿望。

解放后，先生陆续整理刊布心史先生的遗著《明清史论著集刊》《明清史讲义》《明清史论著集刊续编》。近年来先生继续发表心史先生的未刊稿《关于刘爱塔事迹的研究》《清太祖死于宁远之战之不确》《清世祖董鄂妃生死特殊典礼》等，还准备发表《满洲开国史讲义》。先生来信说："孟先生的《满洲开国史讲义》外面很少传本。记得当年选此课者仅有二人，一为日本人（姓名忘记），一即我。所发讲义约十余万字。我原拟为之广注一下，恐以年迈不能竟功，或即以发表，亦有助清史研究参考也。"后来，商先生还是对《满洲开国史讲义》进行了整理，校正了明显的排印错误，加上新式标点，并作若干补注，增引史实、例证。孟先生的名著《明元清系通纪》，中华人民共和国成立前只出版《前编》四专题、《正编》15卷，《正编》自明朝洪武至正德而止，缺嘉靖至崇祯史事。孟先生生前曾有未刊余稿，但全书未完成，十年浩劫中余稿稍有散失。先生曾告以"既具成例，补纂非难"，后来据成例续写至天启，只差崇祯朝，天不假年，未竟厥功。在得到老师遗著稿费后，先生常亲自送往孟府。除了整理、刊布老师遗著供读者学习、利用，先生又亲自撰写孟先生传记和遗著的《编辑说明》《前言》《赘言》及读后感，发扬老师的学术，同时指出其局限，说明要求孟先生“阐述阶级关系和生产状况等历史关键问题，则为不可能。我们只好用‘不可以苛求于前人’这句话来对待其缺点吧”[①]。先生为介绍和宣传孟心史所做的这些工作，突出表明他们的师生关系建立在共同为发展明清史学术的基础上，不带有丝毫的盲目性、封建性。1982年，距心史先生冥诞一百二十周年还有六七年的光景，先生已筹划编辑、出版纪念专集。他对我们说：“孟先生诞辰一百二十周年，我想搞个专集作为纪念，现在还要想办法筹款。有钱了，我会告诉你们，你们一人要写一篇，精心撰写。当然，现在还早，但你们要想着这件事。”孟先生茔地因奉安年久，已有破坏，碑碣断残，先生目睹心伤，也准备出资重修。这两件事，加上孟先生的许多重要著作未能出版，都成为先生未了遗愿。我们为此感到十分难过。

先生继承孟先生的衣钵，研究明清史，在学术上受到师传的重大影响。他很重视孟森治史尊重史实的优良传统，在他的史学论著中没有空话，避免作违反历史实际的结论，尽力在大量史实的基础上进行分析、概括。即使对于《清初内地人民抗清斗争的性质问题》这样理论性、分析性较强的课题，他也是在充分考察清朝的民族高压政策、农民军联明抗清策略和两大战场的形成，即“二十年抗清斗争过程中的一些具体史实和全局形势”，并再揭举“由人民参加组成抗清武装”“知识分子参加抗清队伍”“荆襄十三家拥立韩王”“郑成功改厦门为思明州”等“几点突出的情况”[②]以后，才作出结论的。他研究问题，同心史先生一样，首重正史、官书（官方文书、官方编撰的书籍）的记载，在研究、熟悉、利用正史和官书的基础上，再博采其它记载，以驳正、丰富正史和官书。我们读先生的著作时，总觉得他系统地研究过史实，写得扎实、可

---

① 商鸿逵：《读孟森著〈明清史讲义〉》，《中国史研究》1982年第1期。

② 商鸿逵：《清初内地人民抗清斗争的性质问题》，《中华文史论丛》1980年第1辑，第62、63、64页。

靠。同这样的治史特点相联系，先生论述历史问题，比较公允、客观、妥帖，不说过头话，不故作耸听语，注重全面分析。他研究历史人物，坚持实事求是的原则，客观地进行评述。他说："我们从历史上看，不论多么赫赫有功的人物，也必然有其缺失。我们不可苛求于古人，但要指出来，为的是从中吸取教训，作为戒鉴。"①此外，先生的研究范围偏重政治史，而且对宫廷历史颇有兴趣，显然也是孟心史影响的一种表现。

然而，先生后半生生活的时代前进了，政治条件发生了变化。这一点给了先生史学道路以更深刻的影响。他学习了被他的老师所拒绝的阶级斗争学说②，接受了马克思列宁主义和毛泽东思想的指导，从而促进了他在史学思想上的革命性变化。他在这个问题上的观点是明确的、自觉的。我们看他评论孟心史的史学，一方面肯定他在若干具体事情的看法上"自有其精到的、敏锐的地方"，"是有卓识的"，"作考证的态度是认真的，务以事实为根据"；另一方面又强调指出："著者是一个旧型的历史学家，其在学术工作上的成就，受了他的立场、观点和治史方法的很大的限制。"先生认为，孟师"在学术工作的成就上所受的限制，主要是在于他的封建思想意识很浓，他把一代的兴亡治乱归结为帝王将相等少数统治阶级首脑的奋发有为和荒淫燕嬉；他看不见人民群众的力量，当然更认识不到人民群众是历史的真正主人，特别是对农民起义，还加以敌视。这也就是因为他的立场观点如此。其所注意并且大费力气去考订、研究的地方，往往并不就是历史上的关键性问题。在史事论述和资料考订上，他往往只注意于片断的、表面的、孤立的事情，而不能就全局和从本质上来作分析，把问题弄清楚"③。在这里，他和他的老师这两代明清史学者之间，从历史观和史学方法上划出了一道鲜明的界线。先生论著的选题如《明代中朝友好关系》《谈明末袁崇焕坚守宁锦的敢战敢胜精神》《略论清初经济恢复

① 商鸿逵：《论康熙》，《社会科学辑刊》1980年第2期。

② 孟森先生明确拒绝将阶级斗争学说应用于研究明季奴变，参阅孟森《读明季奴变考》、谢国桢《明清之际党社运动考》附录，中华书局1982年版，第234–236页。

③ 商鸿逵：《〈明清史论著集刊〉编辑说明》，载孟森《明清史论著集刊》，中华书局1959年版，第1、2页。

和巩固的过程及其成就》《清初内地人民抗清斗争的性质问题》等等，已表现出他的史学工作追随着时代前进的步伐。在对问题的分析上，他自然也有更加精进的地方。

总的看来，先生研究的重点是清初政治史，而且主要是通过研究人物来研究清初政治史。研究人物，评述人物，是我国史学的一种优良传统。已往的很多优秀历史家，往往通过撰述人物传记，生动地再现了当时的政治和其他社会生活。但是，在剥削阶级历史家笔下，个人在历史上的作用经常会有意或无意地被夸大，得出历史唯心主义的结论。他力图把马克思列宁主义理论用于史学研究中去，不仅能够尽量避免此失，而且有新的创获，使论著呈现新的面貌。先生联系康熙等人物说："历史上的重大变化和发展，绝非单靠个人的明智才能可以任意操纵安排的，乃是因为这个杰出人物的活动符合了时代要求。"①解放前他写过《清初的理学界》《梅定九年谱》《颜元》等作品，中华人民共和国成立后，他在新的理论指导下又写作了《明代援朝最后胜利中的大将陈璘和邓子龙》《论康熙》《论清代的尊孔和崇奉喇嘛教》《清孝庄文皇后小记》《康熙南巡与治理黄河》《姚启圣和施琅》《清代孝庄孝钦两太后比评》《康熙平定三藩中的西北三汉将》等多篇论文。

先生写孝庄文皇后，就要纠正过去那种用封建伦常和历史偏见去对待一个少数民族妇女政治家的不公正态度。长期以来，人们很熟悉罪恶的卖国的慈禧太后（孝钦显皇后），却一点不知道出色的女政治家孝庄文皇后。这样，对历史的了解也陷于一种片面。他认为，孝庄文皇后博尔济吉特氏一生经历崇德、顺治、康熙三朝政局变化，扶立顺治、康熙两个年幼皇帝，"在晚年时候更策助玄烨进行统一事业接连取得胜利"②，"对17、18世纪中国的巩固统一及得以强盛"③，立下了历史功勋。至于传说中的"太后下嫁"事，先生认为，

① 商鸿逵：《论康熙》，《社会科学辑刊》1980年第2期。

② 商鸿逵：《清孝庄文皇后小记》，载《清史论丛》第2辑，中华书局1980年版，第277页。

③ 商鸿逵：《清代孝庄孝钦两太后比评》，《故宫博物院院刊》1982年第3期，第30页。

“即让有此事，也只能把它当作一种政治手段看待。正如恩格斯所讲的：‘对于王公本身，结婚是一种政治的行为，是一种借新的联姻来扩大自己势力的机会。’”不能因此轻蔑讥讽和责难。所以先生说：“我们对待历史人物应当持实事求是的科学态度，既不过誉，也不苛求。对于功过是非，务须从大处着眼，作出公允的评价。至于以汉族统治阶级一己的伦常观念来作评量，尤为不可。”[①]

近年来，先生一直把主要的精力倾注于撰写《康熙传》。“文化革命”前，他曾为吴晗同志主编的《中国历史小丛书》写《康熙皇帝》一册，未及付刊，原稿连同作者本人都遭到无理的批判。十年动乱刚刚结束，当人们重新规划未来的时刻，先生即以坚毅的决心表示不但要重写《康熙传》，而且要将原来几万字的小册子，扩写为8章30万言的大书。这样规模的康熙传记在国内还是首创。

先生所以选择康熙这个历史人物作为研究的重点，是有重要科学意义的。先生表示，他“力求以马克思主义的立场、观点和方法，对这一重要历史人物进行分析研究，有功不掩，有过不讳，以期作出恰当公允的评述和总结”[②]。实际上，先生准备通过对康熙其人的剖析和评述，就清朝历史的发展，它的强盛，它在统一多民族国家中所处的地位、作用，以及后来为什么走向衰亡，作一些有意义的探索。先生曾多次跟我们谈起他写《康熙传》所持的论点。归纳起来，主要有三：

（一）说明清朝统治者所属的满族是地地道道的中国人民。康熙的祖先，满族领袖努尔哈赤和皇太极脱离明朝建立政权，并进而夺取明政权，是中国内部统治者间的斗争。他们的原居地，广阔的白山黑水，从古以来就是中国不可分割的神圣疆土。

（二）康熙即位之初，国内的民族矛盾尖锐。在南方，台湾还未统一，三

①《清孝庄文皇后小记》，载《清史论丛》第2辑，第276、277页。
②《商鸿逵编著〈康熙传〉》，《清史研究通讯》（打印本）1979年第3期。

藩又跋扈弄权，而社会经济却十分残破，水旱频仍，财政拮据，国库空虚。年轻的康熙皇帝一面进行军事统一活动，积极经营边疆，同时着手复兴经济，并且取得了卓越的成果。正是康熙在位的六十年间，中国各族人民的关系更加亲近，团结更加紧密，从而国家的统一形势更加巩固，安若磐石，不可摇撼。

（三）康熙个人的思想品质。他从青年到老年，一生勤政好学，几乎天天接触臣属，即军事旁午，仍不辍“经筵”，孳孳讲求治道。连年巡视四方，耳目不为蔽塞。为进行统一用兵，亲自发令指挥，领兵出征。胜利之后，拒绝接受尊号。尽管康熙的经营和斗争，是出于“家天下”的私愿，代表着封建地主阶级的最高利益，但胜利和建设，在客观上却对国家的统一巩固发展起了重大作用。至于康熙的思想，主要是从学习儒家经典得来的。他提倡理学，但自己并不迂阔固执，并常常揭发假道学的虚伪无能。应该说，康熙是一个深受儒家思想学说影响而具有雄才大略的杰出政治家。

对于康熙的缺失，先生认为亦不应回避。比如，康熙对科学技术虽然爱好，并且使西洋传教士铸造各种军用火器，但却不加以精益研求，仍重弓马；为皇嗣问题，久悬不决，缺乏果断，甚至受到亲族包围操纵，成为晚年无法解决的累赘；关于他的民族政策等等，也都应当给以深入的析述和评议。

由于康熙皇帝是清朝历史发展中一个十分重要的人物，国内外曾有很多学者发表过文章和专著，是大家都熟悉的人物。写这样一个人的言行，显然很不容易。先生深知任务艰巨，为了写好这本书，他一面孜孜于资料和理论方面的钻研，还不断发表一些有关的文章，以期得到学术界的批评。同时利用一切机会，如在学术讨论会上，或客人来访的交谈中，把某些设想或问题提出来，作直率的讨论，听取意见。我们虽是他的学生，但每当我们去看他，或碰到机会，先生也总是念念不忘谈写《康熙传》的事。记得我们就曾听过他谈康熙知人用人的问题，还讨论过康熙的民族政策，噶尔丹的评价问题等。遗憾的是正当收获在望，等着写完最后一个章节即可脱稿付梓的时候，先生的生命却突然止息了。这部费去老人晚年很多心血，勤耕力耘的作品，结果最后连领略一下丰收的快慰都没有得到。李商隐的《无题》诗中有“春蚕到死丝方尽，蜡炬成灰泪始干”两句，在《康熙传》的写作中，不也可以看到先生的这种精神吗？

除了清初人物，先生还研究了明清政治制度和清初政治事件。因此，他留给了后人一笔比较全面的关于清初政治史的著作遗产。他的遗稿中有《明清政治制度讲义》一书，这是他在北京大学历史系给学生讲专题课的讲稿之一。他的《关于康熙捉鳌拜》《论康熙平定三藩》《论康熙收复台湾及其善后措施》[①]和《明清之际山海关战役的真相考察》等论文，都是有启发性的作品。以《明清之际山海关战役的真相考察》为例，农民战争史料的特殊性，这类史料因阶级斗争的需要而被歪曲、掩藏，因此，订谬、辨伪、去诬、抉微工作的艰巨性也大大增加。先生认为，山海关一战，“从此农民军由盛转衰，未能重振。这是关系着大顺政权兴亡的一次重要战役”。但是，关于这次战役的记载，“清官私各书的偏私和失实”很严重。他通过对“李自成同吴三桂及清军的战前活动情况和军事实力对比”研究，“战斗实况考察”后，阐明了战役真相，“把被颠倒的历史再颠倒过来”了[②]。这是很有意义的工作。

1979—1980年间，史学界开展了关于清初社会矛盾的讨论。这个问题虽一直存在争论，但因它关系到清初许多政治、军事活动的评价，又是粉碎“四人帮”以后研究清史的同志们首次较大的学术讨论，所以特别引起人们关注。先生以极大的热情，在中国人民大学清史研究所举办的学术讨论会上就这个问题发言，并发表《清初内地人民抗清斗争的性质问题》，积极参加讨论。他认为，清入关后，由于统治者推行圈地、剃发、易服、迫人为奴等一系列民族压迫性质的政策，这就“必然要激起‘赞成平等的联合，而不赞成互相压迫’的内地广大人民的反抗怒潮”。江南人民的反剃发斗争，北方地区的抗清起义，海上郑成功等领导的反清活动，以及西南农民军联明抗清，都“是由民族矛盾激成的，它的性质是民族矛盾，不是阶级矛盾”。先生认为：“中国是一个多民族统一的国家。我们论述祖国的历史，不能回避民族矛盾斗争，并且应当明辨

---

① 该文载《中国史研究》1980年第4期。原题不作“收复”，而作“争取”。

② 商鸿逵：《明清之际山海关战役的真相考察》，《历史研究》1978年第5期，第76、77、80、82页。

是非，从而论定事件曲直、人物正邪。这样做，在今天只会‘有利于团结各族人民，而不是分裂人民’。”①作为一种学术观点，先生的见解虽然只是一家之言，但是他关于考察问题的原则和探讨清初军事、政治斗争性质的作法，无疑是很正确的。

先生研究的视野开阔，研究的课题广泛，虽然清初政治史是他研究的重点，但他仍然重视并进行过明清经济史、文化史的探索。《明清赋役制度讲义》《清代学术史讲义》二书，是他另两种专题课讲稿。这些讲稿同他的政治史著作一样，有平实而丰富的内容。

1957年他在《北京大学学报》上发表《略论清初经济恢复和巩固的过程及其成就》一文，是针对当时有同志过分强调清初满洲贵族对社会经济的破坏，对社会经济恢复发展一面则估计不足而写的。这类过分的片面的观点，是历来对清前期历史不公正估价的继续和理论化。其实，这类观点并不能说明清前期历史的进程。先生在文章一开头就说：“我感到近年来历史学者论述清初史事，有一个偏向，即多着重看其入关后对社会经济破坏的一面，对恢复和成就的一面则颇为忽视，即使提到也是估计不足。这是不对的。”他认为清初的破坏固然严重，“但是，等到军事结束，清廷从事展开恢复经济工作，其所经历时间却并不很长，并且成绩颇著”。为了论述这个问题，先生引述了丰富的资料，进行了有说服力的分析。他概括说：“根据资料观察，清初经济恢复的过程，应该是，从康熙二十年到五十年为经济基本恢复阶段。之后，从康熙五十一年到雍正十三年则为经济达成巩固阶段。因为此后一个阶段所作都是对于前一个阶段存在的问题的解决和事业的扩充。”②先生的这篇文章，得到很多人的赞同，在学术界起了很好的作用。

1979年，南开大学在天津发起、召开明清史国际学术讨论会，先生应邀

---

① 商鸿逵：《清初内地人民抗清斗争的性质问题》，《中华文史论丛》1980年第1辑，第54、65页。

② 商鸿逵：《略论清初经济恢复和巩固的过程及其成就》，《北京大学学报》1957年第2期，第113、114页。

参加会议，提供了一篇《清代皇商介休范家》的文章。清代商业史一直是清史研究中比较重要的课题，清初皇商的政治和商业活动是清代商人集团活动的一个重要组成部分。但这个问题在国内历来遭到忽视。先生的文章提出这个问题，并作了初步的研究。对刚芟辟的清代商业史园地说来，先生的工作是很有意义的耘锄。

研究历史离不开历史资料。因为历史资料是认识历史事物的基础。只有历史资料十分充分和准确，才能根据这样的资料得出正确的概念和论理来，才能发现历史发展的规律。清史资料虽多，但是一直缺少整理。解放后，许多有名望的学者鉴于清史资料编辑、整理、出版工作的落后状况，亲自抓这方面的工作。先生对此一向也很重视。他不但尽力支持同志们搜集、整理资料，而且亲自组织班子，直接主持整理资料的工作。编辑《清人笔记中的清史资料类纂》和编纂《清会要》，就是由他挑头的两项大工程。

编纂《清会要》是先生的夙愿。1979年，他撰写专文呼吁。当上海古籍出版社提出要他承担这项工作时，他毅然答应了下来。1982年初，先生应《光明日报》之约，写了一篇《简谈关于编纂〈清会要〉》的文章，再次谈了他关于倡导编纂《清会要》的想法。他说："欲要明了一代一朝典章制度因革损益，从而评论政治兴废得失，《会典》实不能起此作用，必当取之《会要》。"该书应当是："一、总一代典章制度务求做到简明精核，详略得宜，条理清晰，不繁不漏，使于一职一爵、一事一物，获得确切知识。二、范围扩展，包罗广泛，凡属一代中的政治、经济、文化等重大措施涉及制度因革变化者，根据文献记录，撮举原委，使一目了然。三、博采评议，广辑故事，以补充官书之不足，从而得使窥悉各项制度的实施及兴除始末情况。"[①]依照先生的设想，《会要》不能只是简单的史料摘抄排比，而应该是考订细密、繁简适当，可供人们使用的一套全面、系统的资料长编。

在筹组《清会要》班子的过程中，先生花费了很大的精力，并手订编纂

① 商鸿逵：《简谈关于编纂〈清会要〉》，《光明日报》1982年3月1日第3版。

《清会要》例说20条，内分18门，子目607条，又详细开列了采用资料的书目。全书开头的《纪元编》由他亲自编辑。在先生故世以前，《纪元编》已编纂就绪，为整个《清会要》开了个好头。

编纂《清会要》这么一部大书，没有坚强的决心和信心是不行的。先生深知自己年届垂暮，且有很多现成的研究题目等着去做，但他却毫不顾及。他对我们说："我知道生前未必能完成此书，见不到它的出版，但我愿意开个头，让后来人继续搞下去。"先生深知，事业要发展，就需要许多在科学莽原上披荆斩棘的先锋人物。在这个问题上，先生话虽不多，却表达了一位老人不计个人得失，一心关怀清史学术事业发展，甘做开辟工作的高尚思想。

清史学科要继续向前发展。但是，二三年间，在郑天挺、尚钺、谢国桢诸位先生归于道山之后，先生的逝世加深了人们关于清史学者老成凋谢的感慨。这一事实，增重了清史队伍中的后继者的责任。在缅怀先生与其他前辈学者的品德和学术业绩的同时，我们要学习他们的优点和长处，全力推动中国特色的明清史学科更快地发展。*

1983年12月10日商鸿逵先生逝世一周月时草成

1993年12月先生逝世十周年时就原文稍事增补

（原载《商鸿逵教授逝世十周年纪念文集》，北京大学出版社1995年版）

---

*《文集》之序，原请中国历史研究院研究员郭松义学长执笔，因目疾，难为斯篇。允诺与何龄修研究员合撰《悼念商鸿逵师》一文，将标题中"悼"字改为"怀"字，作为"代序"。特此说明。

目 录

嘉靖宫变述略

就是在紫禁城内，距今四百三十八年前，明嘉靖二十一年（1542年）十月二十一日这天夜里，宫中发生一桩骇人听闻的事件：十几名年轻宫女拟将皇帝世宗朱厚熜勒毙，因一时慌乱，绳子结成死扣，无法勒紧，朱厚熜一度被勒气绝，后又复苏。这是明朝宫史中的一件大事。

事件发生的经过

《明史》卷一百十四《孝烈方皇后》记载："宫婢杨金英等谋弑逆，帝赖后救得免。……是夕，帝宿端妃宫。金英等伺帝熟寝，以组缢帝项，误为死结，得不绝。同事张金莲知事不就，走告后，后驰至，解组，帝苏。"《明世宗实录》所记与此大致相同，多增杨金英以下九个宫女姓名：蓟州（有误，别书作"苏川"）药、杨玉香、邢翠莲、姚淑翠、杨翠英、关梅秀、刘妙莲、陈菊花、王秀兰。以上为官书记载。私人著作有张合的《宙载》。张合在当时作刑部主事，亲见此案。这里将刑部审讯口供的回奏原文抄录如下，以资明了经过真相：

司礼监张佐题为谋害事：嘉靖二十一年十月二十一日，奉懿旨（方皇后的命令）："好生打着问！"得杨金英，系常在、答应（低级宫婢）供说："本月十九日，有王、曹侍长（指王嫔，曹妃即端妃）在东稍间点灯时分，商说：‘咱们下了手罢，强如死在手里！’杨翠英、苏川药、杨玉香、邢翠莲在旁听说，是杨玉香就往东稍间去，将细料仪仗花绳解下，总搓一条。至二十二日卯时分，将绳递与苏川药，苏川药又递与杨金花拴套儿，一齐下手。姚叔皋（《明世宗实录》作淑翠）掐着脖子。杨翠英说：‘掐着脖子，不要放松！’邢翠莲将黄绫抹布递与姚叔皋，蒙在面上。邢翠莲按着胸前，王槐香按着身上，苏川药拿着左手，关梅香拿着右手，刘妙莲、陈菊花按着两腿，姚叔皋、关梅秀扯绳套儿。张金莲见事不好，去请娘娘（方后）来。姚叔皋打了娘娘一拳。王秀兰打听（当作发）陈菊花吹灯。总牌陈芙蓉说：‘张金英叫芙蓉来点着灯。徐秋花、邓金香、张春景、黄玉莲把灯打灭了。’芙蓉就跑出叫管事牌子来，将各犯拿了。”①

这个奏文比官书详细得多，事件的动手情状和曲折过程，历历如绘。然而，也尽有蓄意捏造、诬陷不实之处，主要是方后妒忌曹妃得宠，乘机把她打成主谋者之一。结果曹妃同王嫔并宫女等一起被凌迟处死。奏文所云“奉圣旨”，实出方后之意，因为此时朱厚熜身受重创，“病悸，不能言”。《古今图书集成·宫闱典》之《世宗方皇后传》记载：“（端）妃实不知也，以宠故及于难。帝遂衔后。二十六年（1547年）十一月乙未，宫中火，中官（太监）请救后，帝不应，后遂崩。”这虽然属于宫闱间后妃妒忌私斗，但为弄明内幕情实，却有必要把它揭露出来。

朱厚熜被勒受惊，气息将绝，诸御医畏惧获罪，不敢用药。惟独太医院使许绅冒着万死，“调峻药下之，辰时下药，未时忽作声（过了七八小时），去紫血数升，遂能言”。事后，许绅被“赐赉甚厚”，但不久他便得了重病，心知难愈，对家人道：“曩者宫变，吾自分，不效，必杀身，因此惊悸，非药石所能

① 张合：《宙载》。

疗也。”[①]这位太医院长官是吓死的，当时严重紧张之状可见。方后就是乘此混乱形势假传圣旨的。由于曹妃冤死，朱厚熜常感到宫中在闹鬼，曾问阁臣徐阶：“壬寅（嘉靖二十一年）大变，内有枉者为厉。”阶回答说：“彼生而贵近，没受枉，能无为厉！”[②]这个厉鬼即指端妃曹氏。

案情剖析

令人不禁要追问的，究竟为了什么事情，逼得十几个日处深宫、体弱少力的青年女子，敢于冒着死罪，齐心下手要把皇上勒毙呢？口供中曾有“强如死在手里”的话，这就使我们推想到，必然是有某种要将她们置于死境的迹象，被她们发觉了，反正怎样也是死，莫若先下手。根据这种情况来揣度，很可能和朱厚熜炮炼丹药有关系。朱厚熜这个人，在历代封建皇帝中间是最突出的自私自利的一个。他是由藩王入继皇位的，其父兴献王祐杬封于安陆（今湖北钟祥县），和武宗朱厚照（年号正德）是叔伯兄弟。按理说，朱厚熜继武宗作皇帝，就应当过继给孝宗朱祐樘（弘治）。然而，朱厚熜不但坚决不肯这样做，并且还要将死去的父亲追升为皇帝，迁葬天寿山（今明十三陵）。廷臣为了维持皇统体系，同朱厚熜进行了一场激烈的斗争。最后臣扭不过君，还是君胜利了。明史上称之为“大礼议”。

朱厚熜抬高他死父的私愿已遂，接着就营建自己的寿宫，即永陵。他为这座陵是费尽心思的，在四年（嘉靖十五年到十八年）施工期间，亲临天寿山共十一次之多，周详审视，细致指点，务期做到精益求精，准备死后享用。等到陵成之后，他便退居西苑，又去炮炼长生不死的丹药。既然造陵，又想长生，岂非自相矛盾？实则全然一致，朱厚熜不管活着、死了，一句话，是只顾自己永远享乐的。

---

① 《明史》卷二百九十九《许绅传》。
② 黄景昉：《国史唯疑》卷七。

嘉靖十九年（1540年），即永陵建成的第二年，朱厚熜宠用方士段朝用炮制长生不老丹药，太仆寺卿杨最因“谏丹药，予杖死”[①]。因此，推察情由，宫变之事，必肇端于为炼丹药而摧残少女的健康，甚至生命。杨金英等目睹先已牺牲者的惨状，恨之彻骨，明知事情成与不成，自己定遭凌迟处死，她们却全无畏惧，下定决心，要和这个万恶的刽子手朱厚熜展开同归于尽的拼死搏斗。

再看，朱厚熜经受这次沉重打击后并无丝毫忏悔之意，相反，更变本加厉，“移居西内（紫禁城之西），日求长生，郊庙不亲，朝讲尽废，君臣不相接”，只顾干他妄想成仙的勾当。明人沈德符《万历野获编》有一段记载：“嘉靖中叶，上饵丹药有验。至壬子（嘉靖三十一年）冬，命京师内外选女八岁至十四岁者三百人入宫。乙卯（嘉靖三十四年）九月，又选十岁以下者一百六十人。盖从陶仲文（方士）言，供炼药用也。”

前后比观，可以清楚，他们是在干牺牲人命的罪恶勾当。其所以没再发生暗杀事件，一是加强了防范；二是这些女子年龄稚小，不能起来反抗。这应当就是宫变的内幕实情。

朱厚熜服丹丧命

朱厚熜从壮到老，一心一意寻求长生不死的仙丹妙药，希望自己永远活下去。因此，他在这方面所表演的奇行怪事是不一而足的。他整天价同方士混缠一起，“焚修斋醮”，装扮神仙。他喜欢用所谓“青词”作谕旨。青词原是道士以朱笔书写的醮祀用的文字，字句离奇诡异，一般人不能识解。当时一个阁臣夏言由于不解青词，“往往失帝旨”[②]，而另一个阁臣严嵩则独擅此技，“醮祀青词，非嵩无当帝意者”[③]，结果夏言竟因此遭到排斥，免职回家了。

---

①《明史》卷十七《世宗本纪》。
②《明史》卷一百九十六《夏言传》。
③《明史》卷三百八《严嵩传》。

朱厚熜为了装扮神仙，戴一种帽子名叫“香叶冠”，又制作了五顶“沉水香冠”，要亲近大臣戴上来作他的配角。夏言不愿意戴，严嵩不但愿意戴，并在上面“笼以轻纱”，因而大受宠爱。后来严嵩陷害夏言，将其罗织成死罪时，朱厚熜还提及“言前不戴香冠事”[①]。

朱厚熜到老年时候，所作所为，益发荒唐不经。宦官们偷偷放在御帐后面一个桃子，到夜里骗他说，这是自空中降下来的。他听了大喜，便“修迎恩醮”五日；宫中的白兔产了两个小兔，立刻去报告太庙（祖庙）；鹿又产两小鹿，连上桃、兔，就是“奇祥三锡，天眷非常”[②]。

朱厚熜的这种形同儿戏的胡闹，气恼了一位刚直胆大的朝臣海瑞。他在嘉靖四十五年（1566年）上了一本奏疏，对此现象作了无情的揭发和责问，说：“醮修相率进香，天桃天药，相率表贺。”“桃，必采而得；药，人工捣合以成者也。无因而至，桃药有足行耶？天赐之者，有手执而付之耶？”[③]

朱厚熜见疏大怒，下令捉杀海瑞。瑞早已备好棺材等待刑后装殓。倒是朱厚熜有点不愿当昏君，暂时把海瑞下了狱。可是，朱厚熜并未觉悟，仍然广觅仙方，服食丹药。丹药是用金石之物炼成的，燥性过大，人吃下去必然发生高烧。结果，就在这年十二月里，朱厚熜以“体虚火燥，补救无术”而晏驾了。装了一辈子神仙，也只活了六十岁。为求长生，害掉无数生命，到头来也害了自己。

（原载《故宫博物院院刊》1980年第4期）

---

①《明史》卷一百九十六《夏言传》。
②《明史》卷三百七《陶仲文传》。
③ 海瑞：《海忠介公集》卷一《治安疏》。

明代的中朝友好关系

一、两国的同时开国与文化交流

（一）两国间的亲密往来与互相协助

当十四世纪中间，中国元朝统治者贪淫横暴，民不聊生，矛盾一天一天地加深，绝大多数农民活不下去了，纷纷武装起义。其中有一聪明而毒辣的首领名朱元璋，凭赖农民的强大力量，又运用了巧妙的政策和战略，居然把天下打平。旧日的统治者是蒙古族人，只好离开大都（今北京），跑回老家塞外。从此中国又建立一个新朝，就是明朝，年号是洪武。恰巧，这时距离中国最近的东邻高丽国，亦发生变动，国王辛禑，行动狂暴，弄得朝政混乱，人民痛苦，大将李成桂、曹敏修等就把他废掉。接连着又换过两个国王，一名叫昌，一名叫瑶，还是不能维持下去。最后，终于由这个能干而厉害的李成桂取而代替，作了国王，取消高丽名称，恢复古名叫朝鲜。从此这个国的统治权便转移到李氏手中。这个新朝是在1392年（洪武二十五年）时候建立的。

李氏朝鲜开国时，力量是很够强大的，李成桂没有作国王以前，东边就打退过倭寇的侵犯，北边又收服一些女真部落。等到作了国王，更积极建设，迁都汉阳（今汉城，原来在开城），花费五年工夫修盖一座壮丽的都城，又重新整理布置一切，这个新兴的朝鲜国便兴旺活泼起来。

李成桂认识到明朝是一新兴力量，对于他的建国，必定能有很大帮助，所以就和明朝特别要好，一切都向明朝学习。明朝亦觉得朝鲜的一切，都和中国极相似，又兼着距离非常近，因此在政治上、经济上，彼此都互相照顾，加强联系，遂慢慢结成了极度的亲密友好关系。当时两国外交上的一切形式和亲密情状，邻近各国常羡慕地说："这是我们不敢希望，不能相比的。"例如，当时两国使臣往来极繁，中朝道上常是络绎不绝，中国一向禁止货物随便出入国境，但对于朝鲜使者所携带货物，不管是出是入，都特别许可，不予禁止。

在军事上，两国亦是互相协助，互相鼓励，密切地合作着。当时明朝北部边疆情况比较复杂，朝鲜便出来帮助解决，并供给一切需要的物品。见着辽沈一带的流民，都很负责地送回中国内地。它对中国总是保持着友好睦邻关系。朝鲜的外患是倭寇，时常来扰乱，中国亦是常受着倭寇的骚扰，为此，两国在国防上更是同心协力地来合作。朝鲜擒住进犯的倭寇就送到中国一齐处理，救回被倭寇所俘的中国人，都平平安安送回中国。有一次是在1547年（嘉靖二十六年），中国有些不良商人私运货物出洋贩卖，并带有火药武器，被海风吹袭，驶进朝鲜，被捉住一千多人，就都送交中国来发落。明朝看到朝鲜遭受倭寇侵扰，每每愤慨地表示说："倭寇敢来侵犯你国，中国决定派兵支援，打到他们的巢穴，杀个净光！"中国火器制造的好，中国就送给朝鲜火药火炮。朝鲜为加强国防，制造弓箭，需要牛角等物，明朝特别允许朝鲜在中国采购，当时中国法律本来是禁止卖给外国兵器的。朝鲜制造战船非常精巧，亦允许中国派人到朝鲜督造舰船。在军事上两国一直是互相协助，互相学习，密切地合作着。后来在万历年间，日本对朝鲜发动侵略战争，中朝两国联合抵抗，朝鲜又向中国学习使用火器的技术，设立都监，仿制鸟铳（枪），训练炮手。

（二）两国文化的互相交流

朝鲜和明朝既然如此友好，两国文化当然要进一步发生交流关系。而且自李氏开国之后，努力地吸取中国文化，认真地提倡中国学术，所以，比起前代，关系就更加深了。先说礼乐吧，朝鲜国王、王妃在行礼时所穿用的服饰，什么冕服九章、圭玉佩玉、霞帔金坠等都是中国的。一般文士亦都是戴儒巾，穿蓝衫。大典礼上所用乐器，亦和中国相同。明朝曾送给朝鲜许多关于庙社用的编钟、磬、瑟、笙、琴、箫等。有时乐器陈旧了，中国就替修理，他们的乐官常要到北京来学习研究。朝鲜的婚丧礼俗，亦全是依照中国，如婚娶必要通媒纳彩，不娶同姓，父母故去，行三年之丧，等等。

当元末明初之际，中国理学传入朝鲜，渐渐发展，分成两大派别，其中大师，一是李滉，一是李珥。两派之间，对学术思想，亦如中国之有程朱陆王，争论极烈，有四端七情，理发气发等争辩。滉一派主理，珥一派则主气。以后又由学术不同转而为政党之争，弄得政治紊乱不堪，实在可惜。但是由理学中亦培育出不少忠贞节义之士，如郑梦周、金宏弼、郑汝昌、赵光祖等，都是很值得称述的。

朝鲜在李芳远（太宗）时代，曾创制铜活字印书，这在文化发展上是一伟大成就。他们受了中国活字影响，再凭藉着他们的丰富铜产，于1403年（明永乐元年、朝鲜太宗三年）设置铸字所，铸成了几十万个铜活字。这些铜字，不但坚固耐用，而且排拆方便，能够从事印刷大量书籍。后来，中国亦有铜活字，即是向朝鲜学来的。

到了李祹（世宗）作国王，他是一个贤明而爱好学术的人，想要积极推进文化，于1443年（明正统八年、朝鲜世宗二十五年），在宫内设立谚文局，招集有才学的文臣郑麟趾、申叔舟、成三问、崔恒等开始制造新文字。造出了二十八个字母（今改为二十五个），用初、中、终三声合成，名叫“谚文”。这就是今日的朝鲜文字。在造字时候，有明朝翰林学士黄瓒，被谪遣到辽东，祹即就近命担任造字工作的人，前往请教音韵等问题，共去过十三次之多。用了三年工夫，把新字造成，这对于朝鲜文化的普及和提高，关系至为重大。又同时，朝鲜在和女真族作战中抢得一俘虏，是辽东铁岭卫军人，名唤李相，看他熟通文墨，发音纯正，便留住他教授朝鲜人学习华语。当时朝鲜诸臣中，有能懂华语的，都很受重视。这些都可看出中朝在文化交流关系上是如何的密切。

朝鲜有了发展文化的好工具、好条件，便着手编纂书籍，在李瑈（世祖）、李娎（成宗）时，编成《国朝宝鉴》《东国通鉴》《东国舆地胜览》《帝王及后妃明鉴》等书，还有《藏经》等。李娎时，更完成《经国大典》，这部书是参酌《唐六典》《明会典》编成的，是朝鲜政治制度的纲领，朝鲜立国规模，这才算完备了。

关于文化用具，朝鲜制造极精美，最为中国人所珍爱。明初，宋濂编辑《元史》，为讲究装潢，即用高丽翠纸做书皮。朱元璋把朝鲜玳瑁笔，当作极贵重的物品赐给文臣。朝鲜毛笔在中国是很驰名的，起初，都以为是狼尾或猩猩毛所制。弘治时，董越奉使到朝鲜，才知道是用黄鼠狼毛做成的。他们的黄毛笔、白棉纸都是中国人所最喜爱的东西。还有中国人用的折扇虽是在宋朝由高丽传来，但是到了明朝，才特别流行，竞相仿制，成为夏季的必需品。又朝鲜折扇的扇面上很讲究彩绘，中国亦是很讲究，所以又成为一种美术品。

朝鲜知识分子的读书风气和生活习惯，都和中国相同。他们最爱研读中国书籍，用中文作诗写文，对促进两国友谊起了不少作用。时间较早一些的如景泰时倪谦，据他所作《朝鲜纪事》上说：到了京城，朝鲜的名士申叔舟、成三问等都争着邀他赴宴，要他作诗。一天，同朋友们游逛汉江楼，被人包围索诗。谦很快地作好三首，每首写出，众人围拢过来，聚首争观，咋舌赞美。以后天顺时张宁、弘治时董越、嘉靖时唐皋、隆庆时许国、万历时黄洪宪等到朝鲜都有同样的活动。朝鲜把他们的诗曾编刻成书，起名叫《皇华集》。

朝鲜文士用中文写诗，在明朝一个时期中，亦产生了不少名家，如郑梦周、权近、申叔舟、徐敬德、柳根、许篈、许筠及其妹许景樊等，都特负盛名，他们的作品，颇受中国文学爱好者的欢迎和钦佩。又朝鲜文士每来中国，最爱做的事即是采访书籍，他们对于明朝宋濂、王世贞等人的著作，尤其喜爱，都极推重。

二、两国携手并肩共同抵抗日本侵略

（一）日军的侵入与朝鲜人民的奋起抗战

1592年（明万历二十年、朝鲜宣祖二十五年）的夏季，日本“太阁”丰臣秀吉对朝鲜发动侵略战争，目的是先吞并朝鲜，然后再征服中国。他曾骄狂地表示：“征服中国就好比卷起草席，挟在腋下那样轻易不难。”当然朝鲜更不放在他的眼里。照他的预定计划，是二年之后，可以顺利地到达北京。这么一来，朝鲜便首当其冲，不可避免地遭遇战争灾难了。

日本侵略部队由小西行长、加藤清正等统率，兵数号称三十万，在釜山登陆，另外，还有九千多水军，由九鬼嘉隆统率，准备着打接应。登陆之后，分中、东、西三路推进，中路是小西行长，由釜山，经梁山、清道、大丘、尚州至闻庆，越过乌岭，由忠州直趋汉城；东路是加藤清正，由机张，经蔚山、庆州、永川、安东、丰基，过竹岭至忠州，与中路会合前进；西路是黑田长政，由金海，经星州、金山，渡过秋风岭，由清州、竹山趋汉城。侵略者凭着他们筹备多时了的锐利武器和兵众直向汉城杀来。

朝鲜是一文物之邦，平常疏于武备，再加上一般执政大臣，如柳成龙等，都迂阔不达世情，以为只讲圣学，即可以使天下太平，用不着什么国防设施。这时国王李昖（宣祖）又是昏愦不明，朝中还闹着党派斗争，使正义有才能的人无法问事。敌人的来势又是极其凶猛的，东南部很快便相继沦陷。朝鲜负责抗敌的将官申砬、李镒虽都很够勇敢，但无奈平时太缺欠准备，猝然应付大难，实在措手不及。当敌军进袭忠州时，申砬战死，李镒支撑不过，只得退走。战局一天一天地逼紧，李昖带着他的亲近离开京城，逃奔开城；同时颁发出《罪己诏书》，向全国人民表示悔过，并号召人民起来抵抗。开城的老百姓们曾群集在王宫前面，要求惩办宠妃金氏的哥哥金公谅及结党营私的大臣李山海等，可是，这时他们早已逃匿无踪了。大众恨极，有的就向李昖投掷石块子来泄愤。

敌军一步不肯放松地在前进，京城失守了。李昖又由开城奔平壤。败报迭至，敌军前锋已进到大同江，昖又急忙逃到鸭绿江边的义州。这时汉城、开城、平壤三大都城，以及许多郡县全然失陷，战火弥漫于全国。

当时，朝鲜民族并不是没有防卫力和战斗力，只因统治者腐败荒惰，才招致敌人的摧残践踏。现在民族遭灾难了，腐化无能的官吏们都逃跑了，那忠勇的将士和正义的人民才挺身而起，争先恐后，为祖国的生存而进行奋斗。在此空前严重的困难中，曾留下许多光辉灿烂的史页。例如，水军大将李舜臣，他任全罗道左水使。而庆尚道右水使元均，惧怕敌人，不敢迎战，想沉船逃走，部下李英男、李云龙等不服，往见舜臣；有鱼泳潭，作光阳县监，熟悉水路，自告奋勇，愿当向导。舜臣即协同全罗道右水使李仪祺率领几十只战船，在巨济岛附近对敌展开战斗，在玉浦、唐项浦、永登浦等处屡次击败敌人。在闲山岛佯退诱敌进来，再反攻，给了敌人一个歼灭性的打击，击毁敌船七十多只。舜臣又发明一种龟船，形状似龟，背上有十字细路可以通行，前后左右安设铳穴，用以施放火器，操纵自如，进退敏捷，在当时海战上发挥了很大的效能。

此外，如晋州牧使金时敏，坚守庆尚道的晋州城，敌军骁将细川忠兴、毛利秀元等围攻了十天十夜，还不能得手，而且伤亡极众，使敌人受到了极大的损失。此时各地正义爱国人士纷纷而起，庆尚道有郭再祐、郑仁宏等，全罗道有高敬命、柳彭老、金千镒等，忠清道有赵宪等，京畿道有洪彦秀、洪季男父子等，他们都誓无反顾，视死如归，为祖国奉献了一切。

（二）中国支援军渡江参加战斗

丰臣秀吉的野心企图，中国曾得到在琉球的福建船商陈甲报告，但明朝这时正当朱翊钧（神宗）在位，荒怠多病，常年不临朝，对周边国家之事不甚了了。他得到报告后，起初半信半疑，后来简直忘掉有此事。等到接着朝鲜告急文书，这才受了刺激，开始想办法，一时朝中议论纷然，莫衷一是。而忠正远识之士则一致主张必须支援朝鲜，绝对不能置之不理，朱翊钧亦完全同意这个主张。只是此刻宁夏一带有哱拜变乱，牵掣着许多军队，支援友国战争等于救火，又不容顷刻延缓，再加明朝君臣本来腐化，消息不够灵通，亦不明白日本的力量究竟怎样，于是先发出一道命令，命辽东游击史儒防守义州，随后派副总兵祖承训率领三千兵渡鸭绿江支援作战。祖承训原是一员勇将，在辽东很有战功，只是这次所带兵士太少，他又骄傲自大，没有把敌人放在眼里。这时占据平壤的是小西行长，是敌人的主力，承训毫不考虑，直攻平壤，夜里就进军了。偏巧这夜闹大风雨，满天漆黑，军队乍入生地，地理不明，等到达平壤城，许多战马都陷在泥淖里。敌人闻讯，乘势急攻，结果，中国军第一次的支援作战竟遭到失败，将官史儒、戴朝弁都战死，祖承训只得退回辽东，静候处分。这次的失败原因是由于轻敌冒进，兵数太少。

败讯到达北京，朱翊钧遂派宋应昌作经略，负责朝鲜军事。应昌受命急忙到山海关，调集各处兵马，预备一切战具。最要紧的是要等候担任前敌作战的总指挥李如松，他是由宁夏特别调回来的。如松的祖籍还是朝鲜，久居辽东铁岭。父名成梁，镇守边疆颇著功勋。如松兄弟很多，有如柏、如桢、如樟、如梅等，都是勇武惯战的。万历二十年腊月里，如松回到山海关，即日誓师渡江。这次中国所派支援朝鲜部队，比第一次兵数当然增加，但先由如松率领渡江作战的亦只有三万六千人，与日本侵略部队的数字相比还是差很多。如松明了这个底情，就先打好一个主意是：速战立威，先杀他一阵挫挫敌人的锐气再说。先是，中国有一派人主张和平，以为这样可以免去大的牺牲，兵部尚书石星即是这一派首领，他用一名叫沈惟敬的赴敌方作说客，进行所谓“和平谈判”。这是一件不可能做到的事，而投机分子们却认作是好机会，竭力献策奔走，在两边欺瞒掩盖，为的是从中取利。经略宋应昌是一文人，见李如松还没有到，亦就同他们姑且周旋，意思是借这班人支应敷衍，至少可以迟延些敌人前进。当时侵略者阵营中小西行长亦想能不费力气，白捡便宜，自然更好，反正已经占据朝鲜许多地方了，所以亦就愿意跟沈惟敬拉拢。如松大军一到，惟敬便赶来告说：小西行长愿意退出平壤，双方以大同江为界。胡乱说了一套，如松根本不理会，立刻把惟敬软禁起来，下令快速进军。过了一会，敌军忽又派来些人携带着翻译，声称要接回沈惟敬，实在他们是来窥探中国军的虚实的。如松先设法把这些人稳住，命游击李宁下手擒捉，经过一场格斗，擒住一些，杀死一些，又逃脱一些。如松知道情势已十分紧张，不容迟缓，遂命大军加速向平壤推进。

（三）平壤、开城、汉城三大都城的收复

日军在平壤城构筑的防御工事是极其坚固的，城内修建起飞楼，把墙凿成洞穴，可以向外施放火器；城迤北牡丹峰高地用炮兵扼守，做成犄角形势。中国支援军进到了平壤城外，总指挥李如松先遣一支兵扮作朝鲜军模样去试探敌人的锋锐，略战退下。万历二十一年正月初八日（1593年）一切准备妥当，开始总攻，天还未亮，就把平壤城团团包围。游击吴惟忠先攻牡丹峰以削敌势，各将亦遵照所分配的方面一齐前进，祖承训同骆尚志攻打含毬门，他们的队伍中还配有朝鲜李镒、金应瑞的兵。杨元同、张世爵攻七星门，李如柏同李芳春攻普通门，展开大规模的攻城战。这时，正当朝日初升，阳光新射，我军盔铠鲜明，精神壮旺，个个奋勇当先。敌人知道中国大军开到，在城陴之上，亦张开五色旗帜，手持长枪大刀，拼死拒守。李如松亲提精兵百余骑，往来城下指挥。届时，明军发出大炮，几十门同时施放，响如万雷，烟焰涨天，各军乘炮火威势，猛攻益力。敌人亦由城上发下炮矢密如雨点。从卯至未，五个时刻，一直在战斗，不曾有丝毫松缓。明军杨元一家丁名丁景禄，冒着炮矢先登，中伤阵亡；元紧跟，头顶麻牌，一跃而上，正当在城上拼斗之际，把总杨世隆打开城门，大队涌进。同时，六十高龄的老将骆尚志亦手攀城堞登上，被敌人投石伤足，仍奋进不顾。随着各门都被攻陷，敌军全部崩溃。这是敌人发动侵略以来所遭遇的一次致命打击。在这次战役中，明军充分表现了勇敢无畏的战斗精神。将官吴惟忠被铅丸伤胸，还高呼："打！打！"李如柏头盔被打透，李芳春中箭，都毫不退缩，继续战斗。总指挥李如松乘马被击倒，换了马，仍然冒着火焰督战，以致鼻孔流血，决不后退一步。

大获胜利之后，一面祭告箕子庙，并进行安抚人民，一面派兵追击敌人。

小西行长率领残余，趁着冰渡过大同江向南方逃窜。经此重创，敌人已然丧胆，其另一支深入到咸镜道的加藤清正本想往平壤救援，听到败讯，即狼狈向南逃去。中朝联军乘胜急进，没经战斗，就把开城夺回。北朝鲜算是完全恢复。国王李昖由义州返回平壤，重理国政。

平壤、开城的连续收复，振奋了中朝将士，大家都想再鼓起勇劲儿拼打一阵，可以把汉城拿回。如松亦觉得打了这样一个大胜仗，全部胜利已有把握，骄傲的心情不免陡增起来。这和初次渡江作战的祖承训犯着一样的轻敌错误。这时如松为查勘前方敌人的动静和地理形势，只带了二千骑兵，同如柏、如梅等渡过临津江作试探性的迈进。不料行至距汉城很近的碧蹄馆，突遇敌兵，如松自知人少，急率将士作殊死战，意想冲出，但已不可能。敌将一穿金甲者（据日本人记载，是役他们的将官有小早川隆景、立苑宗茂等）径向如松猛搏，如松随旁将官李有升用死力上前护持，手刃数敌，自己亦即受伤死去，如梅发一箭射中金甲将，情势才渐见缓和。这时杨元率兵来救，合力砍杀一阵，敌方退去。是役明军损折二百多兵士，两名将官。数字虽不算大，但都是百战勇士，亦不能说不是一个大损失。

经过了这一小挫，如松却得到一大经验教训，他明了敌军人数众多，不能用速战速决办法，以后还是要稳打稳拿才行。当时敌军在汉城的防守力量比平壤更为坚强，所有精锐都集中在这里，当然不能轻于进攻，于是又作了一新的战略计划，先留李宁、祖承训守住开城，使杨元在平壤保护后方饷道，另派如柏等驻扎宝山等处作声援。参将查大受把守着临津江，朝鲜各军也都配合在各阵地之内，布置得十分周密。忽然得报，在敌方所占据的龙山藏有粮米数十万石，遂立刻密令大受选拔一支敢死队，由间道去放火，把敌人的粮食全部烧掉，敌军从此缺乏粮食，便更难支持，后来汉城的退出，此为其原因之一。

这以后，两边渐渐演成一种对峙局面，原因是中朝这边粮饷亦感到困难，又兼着闹瘟疫，医药救济更是不够，光是战马就倒毙了一万多匹，情况严重可知。军中一切需要的物资都非常缺乏，因为朝鲜遭受战争破坏，到处是一片瓦砾，侵略军的行为是三个字：杀、烧、抢，弄的商铺关闭，交易断绝，简直没有市面了。而侵略军那边困难更大，他们既没有粮食吃，亦一样的闹瘟疫，并且经平壤惨败之后，锐气尽消，不堪再战。这时小西行长于无可奈何之中，又想起沈惟敬这班人。这班无耻的投机分子看到双方一时不能战，就又开始蠢动。他们的办法即是两面敷衍，自己沾光，归结是帮助侵略者，出卖祖国。敌军最缺少花布等物，沈惟敬就替他们收买，还有个叫许仪后的，就替他们治疗瘟疫病。至于沈惟敬进行的所谓“和平”，完全是一套欺骗把戏。他对本国说：“日本愿意服从称臣，只须赐给一份诏书，封丰臣秀吉作日本国王就行了。”对丰臣秀吉便说：“中国公主要嫁给他作妃妾，还要把朝鲜土地割给他一半。”当时丰臣秀吉早已感到继续进行侵略战争的困难，粮食缺乏，兵丁伤亡，再打下去，势必要全部惨败，现在能有这样的好条件，当然愿意答应。于是就将汉城交出，又把所俘朝鲜二王子（临海、顺和二君）及随从诸臣都放回，静候着送女割地。明神宗朱翊钧见敌人已然把汉城交出，认为降服一定是真的，朝鲜一部分人士亦觉得能实现和平亦好，可以先恢复一下元气。沈惟敬就同着小西行长所派使者来到北京。他们所带的文件内原写有和亲字样，明朝诸人曾生疑惑，问沈惟敬：“这是什么意思？”他答：“这是和好亲密的意思。”日本使者在北京胡同里糊里糊涂过了几天就回去了。临去时朱翊钧还不放心，特别使太监在宫门口仔细叮问：“条件对不对？”结果，还是没有弄个清楚明白。等到中国使臣往日本去颁发诏书，丰臣秀吉展开一看，上面只写“兹特封尔为日本国王”，根本没有和亲割地这回事。这一下给了他个大大难堪，才知道原来是一出假戏，愧愤之下，当然还是要干，于是二次战斗又起，不过，就这样拖拖拉拉竟拖了五个年头。

（四）二次再战及中朝水军建立奇功

自从日军退出京城之后，抗日战争基本上已是获得胜利。当时中朝水陆军队都驻扎在要隘地区，监视敌人行动，敌军则已退到南方沿海一带，据险屯守。在所谓“和平”期间，中国军队大部陆续撤回本国，只留后调来的刘綎部队和朝鲜军联合坐镇。二次战斗再起，敌军还是由小西行长、加藤清正率领，兵数是十四万。这时是1597年（万历二十五年、朝鲜宣祖三十年）的春季。

这次，朱翊钧派邢玠作总督，杨镐经略，麻贵担任指挥，统率杨元、吴惟忠、茅国器、陈愚衷等渡过鸭绿江，支援朝鲜战争。日军首先攻打全罗道的南原，因为南原城在战争中破坏最重，难于固守，所以日军乘虚而攻。守南原的是杨元同朝鲜全罗兵使李福男，防御使吴应井等。日军会合水陆两军，集中力量猛扑，元等不能支持，城破，元败走，福男等战死。当时守全州的是陈愚衷，本可出兵援救，但他怯懦畏敌，听说南原已失，他亦跑了。南原、全州一失，京畿震动，经略杨镐急忙由平壤赶到汉城，痛斥诸将不能作战。麻贵急遣游击牛伯英率兵前往抵御，而敌这时已进入忠清道，情势极为紧迫。贵又派兵扼住汉江，另命副总兵解生率牛伯英、杨登山等集结精锐守稷山。即在这个地方对敌军黑田长政展开大激战，明军连战连捷，在素沙坪给了日军一个巨大打击，敌人惨败溃走。这一仗关系极大，这是继平壤胜利后的又一大胜利，使敌人从此不能再向北进。

日军败后仍退到南方，小西行长屯顺天，加藤清正屯蔚山，黑田长政屯梁山，岛津义弘屯泗川，筑城掘濠作长久负隅之计。在稷山胜利之前，杨元把汉奸沈惟敬捉住，他原是打算逃往日本的。这一来，敌人失去向导，耳目不明，进展就更困难了。

这时明军为求早日结束战争，决定向南方挺进，先攻蔚山，部队分为三协，由麻贵等统率，先以轻骑诱敌，斩获四百多，敌逃奔蔚山迤西的岛山，建立三寨固守。游击陈寅冲破两个寨的阵地，第三寨即将拔取，因为主帅杨镐怀有偏见，不愿小将立大功，鸣金收军，敌遂得机退入寨内，死守不出。明军包围十几昼夜，敌人乏食，致于吃纸充饥，就要崩溃，而小西行长由顺天来援，在水上满竖旗帜，虚张声势，恫吓明军，又兼此时已是深冬，风雪甚烈，兵士苦战极度疲劳，误以为敌援大至，仓惶后撤。这一下人员器物都受到很大损失。

朱翊钧闻报大怒，立刻罢免杨镐，换天津巡抚万世德代理经略，这时陈璘、邓子龙等水军亦开到朝鲜参加作战。经过一番整顿补充，又开始进攻。这次分为四路推进，每路由一大将负责，中路是董一元，东路是麻贵，西路是刘綎。另一路是水路，由陈璘同朝鲜水军大将李舜臣负责。这个中朝联合水军的力量是很够强大的。

三路陆军的进兵，已是1598年（万历二十六年、朝鲜宣祖三十一年）的秋天了。麻贵先攻蔚山，加藤清正深沟高垒，坚守不出，贵兵割取敌所种的稻田来困他们。刘綎攻打小西行长亦颇有斩获。董一元进攻泗川的岛津义弘，在当时这是敌人中最顽强的一支。一元先夺取了晋州，敌退保泗川根据地。一元渡江急攻，逼近敌人新寨，此寨三面临江，一面通陆，引水为濠，寨下有船千余只，布置得十分坚固。一元分步骑两队，亲率茅国器、彭信古等围攻，自辰至未，经过四个时刻的激烈交战，敌阵不见动摇，信古用大杠（重火器）轰击寨门，击碎几处垛口，步兵进至濠沟，将要涌入，忽然大杠破裂，火药爆炸，自己大乱起来。敌人这时乘势冲出反攻，正激斗间，小西行长来援，明军的骑兵不能支持，先败走，接着各军亦退下来，这一战损失亦很大。更可惜的是弄了个功败垂成。

这时，丰臣秀吉已死，死前他已明白这场侵略战争最后一定遭到惨败，他曾哭着对部下说："我老了，不能再像少年时候那样看天下没有难事。朝鲜作战愈来愈困难，我们还是退兵议和吧！"又说："你们不要在朝鲜都作了鬼呀！"但是，岛津义弘等人仍准备继续作战，并说："要打到辽东去！"

在全部抗日战斗中，朝鲜水军一直是很强劲的，曾累次地树立战功。它的装备亦极好，在战船上所用的火器，中国都及不上。有一种名叫发杠瓜子炮的，造法是：杠内有一木橛，铁翅，铁帘，火药发出去，可以远达六七百步，敌船挡之无不立碎。

小西行长解救了岛津义弘之后，又由泗川回到顺天。李舜臣和部下将官宋希立等计议，打算活捉小西，决定的战略是：一面用陆军进占曳桥，一面用水军扼住獐岛，这是顺天的水陆出入要口，堵好以后，敌方内外联络断绝，泗川等处敌纵使有力来援，不能通信，亦无从知道。等待围困一久，敌粮尽力衰，四面夹攻，一个都不能跑掉。陈璘同意这个计划，于是开始行动。由璘先占獐岛，把敌所聚积的物资全部焚毁。朝鲜庆尚左水使李纯信截住露梁水路。刘綎和权慄亦占据曳桥，又分兵割断蟾津陆路，因为这样更能阻挡敌的来援。这样实行围困后，敌支持不住了，小西行长就派人来见陈璘，欺说："我们决计归国了，现在须要到泗川各处联络，以便一齐渡海。"璘竟相信，便放出几个敌人。舜臣听说，急往问璘，璘方醒悟，正懊悔间，舜臣又想得一条妙计，他料到敌此去一定是请援，我军正好潜伏在半路大洋中，等他们一到，出其不意迎头痛击，可以一举歼灭。计划已定，开始准备。到期果然岛津义弘率领大批军队来援，璘和舜臣等悄悄出发。舜臣这次抱定杀敌决心，在船上曾焚香告天，说："若能歼灭敌寇，愿死无憾！"为保卫祖国，准备献出自己的一切。夜半，发现敌船几百艘，浩浩荡荡直向露梁驶来，明朝水军分作两队潜伏，等时机已到，左右突出猛击，火器齐发，更向敌船投掷薪火，一霎间火焰高涨，敌军大乱，张皇之中敌急退入观音浦港口，这时天已微亮，敌见港内无归路，又还军死拼，两军展开猛烈凄绝的大战斗。

陈璘初被围，敌发放鸟铳，璘令兵士伏下，俟敌近前，突起用长矛直刺，敌纷纷落水，正击打间，璘摇铃收兵，敌疑惑是计，稍后退，我军遂得从高处施放喷火筒，正巧风势顺利，顷刻敌船起火，燃烧炽烈，直烧的海水都发了红色。李舜臣自外破围而入，出全力战斗，老将邓子龙，年逾七十，慷慨义气，不甘落后，带着三百勇士，亦直冲上来，但不料子龙船忽被烧起火，敌乘势急攻，子龙竟壮烈战死。舜臣正在激战中，发现有三敌将坐大楼船指挥，先发一箭射死一敌将，然后集结精锐与璘合军往击，并发虎蹲炮，击碎敌船多只，而舜臣不幸腋下中了一弹，伤重倒下。自己知道这时来不及救治，遂嘱咐部下说："战斗正紧，千万不可发表我死，可用防护牌把我遮盖，你们要继续地干！"说完，死去。此外，如宋希立、柳珩等都中弹闷绝，一会苏醒，裹好创伤，爬起再战，战斗直到午刻，敌人大崩溃，敌一共有五百只船，逃回去的只有五十只。经此一场海上鏖战，才结束了抗日战争。李、邓两将军为祖国，为友国，为人类正义同时战死，固然使我们感到无限的哀痛，但由于他们的爱国助友伟大牺牲精神，亦就奠定了中朝两国永不分离、永久友好的基础。

三、满洲兴起后朝鲜对明朝的友好态度

（一）由亲明引起的朝满冲突

当封建时代，朝鲜对中国，在思想上常抱着一种很强烈的正统观念，尤其是对明朝。当然朝鲜与明朝的关系比较前代特别密切，但主要还是因受到儒家一套“尊王攘夷”理论的影响，把明朝当作了尊王的对象，看其他文化落后的民族都算作“夷”。自然，明朝对待朝鲜亦特殊不同，可以说是俨然一家、浑然一体。例如，万历年间，中国援朝抗日战争，为了此事，增赋募兵，支出去一大笔战费，损折了一大批人马，结果，胜利之后，一面安慰朝鲜，一面撤兵归国，毫无什么利益要求。这在资本主义国家看来，简直是不可理解。可是，这正是中朝两国由于长久亲近，造成血肉相连，利害相关，不可分离的友好关系所在。

在十六世纪末期，正当中朝联军并肩作战抵抗日本侵略的时候，中国东北边兴起一个民族，即是满洲。它原是金朝后裔，其老祖猛哥帖木儿（清肇祖）曾作朝鲜官，又作明朝官，并且还是明朝的外戚。这时，他们的首领名叫努尔哈赤（清太祖），勇武能干，渐渐并合四周女真等族，壮大起来，建立后金政权。

1618年（明万历四十六年、后金天命三年），努尔哈赤借词二祖受害，进攻明朝，占据抚顺、清河。转年，明朝集结大军反攻，朝鲜派姜弘立率兵助明作战，结果，明军战败，弘立降满。从此以后，朝鲜在对明、满的关系上逐渐发生困难问题。

努尔哈赤死后，他的第四子皇太极（太宗）即位，当时满洲已占有东北，建都沈阳，直然与明朝对立。朝鲜与明朝本有着长久的友好关系，当然在沿海军事行动上是互相协助的，例如，坐镇在鸭绿江迤西皮岛上的明将毛文龙就是受着朝鲜供给，常常来袭击满洲，并且朝鲜还允许文龙的军队在境内活动，皮

岛上的人还可以在义州耕种田地，这对满洲当然是一个很大威胁。因此，1627年（朝鲜仁祖五年、大金天聪元年），满洲开始进攻朝鲜。当时朝鲜内部非常空虚，没有力量抵挡此新兴武力，不过，满洲作战目的，亦只是为的使朝鲜脱离明朝，和它友好，并无侵占土地的野心。最后，双方议和，来了一个称呼“兄弟”而不脱离明朝关系的和平协定，算是了结。

可是，朝鲜一向把满洲算作“夷”的，现在要平等论交，实在不能心服，但是又无可奈何，只好暂且忍耐一时，而对明朝则仍然友好如故，遇事即出来帮助。例如，1633年（崇祯六年），明将孔有德、耿仲明等背叛本朝，带着两万兵，一百多只战船及大炮、火药等物，由海路投奔满洲，朝鲜就派兵出来帮助明军截击，这个行动很使满洲嫉恨。还有，凡是从满洲逃到朝鲜的汉人，朝鲜都予以保护，设法送回中国内地。这些汉人都是满洲对明作战俘虏过来作奴隶使用的，等于财产，朝鲜这样做，当然更会使满洲恼怒。就这样不和谐地度过了十年。后来皇太极又要正式作皇帝，通知朝鲜改兄弟称呼为君臣，这一下可激恼了朝鲜全国人民，尤其是知识分子愤慨激昂，主张立刻与满洲决裂。掌令洪翼汉上疏请求国王焚毁满洲来书，杀掉来使。国王李倧对满使拒绝不见，并发出谕文，号召人民准备抵抗。

1636年（清崇德元年）皇太极亲自率兵来攻朝鲜。明朝这时已没有力量出来援助，结果，还是议和。这次所议定的条件是：答应改兄弟称呼为君臣。取消用明朝年号，并与之断绝关系。满洲对明朝作战时，朝鲜须出兵出粮。朝鲜在形式上就这样委屈地接受了，可是内心里还是不服。只看洪翼汉被满洲要去治罪，他在供状上头一句便写“大明朝鲜累臣洪翼汉”，这即可以说明明朝与朝鲜的关系是如何的亲密而不可分离的啊！

（二）在满洲势力要挟下朝鲜对明朝的友情表现

满洲为减去海上的威胁，于1637年（清崇德二年）乘从朝鲜回师之便，攻取皮岛。这时，毛文龙已被督师袁崇焕杀死，守将是沈世魁。基于满朝议和条件，满洲要求朝鲜出兵助战。这对朝鲜乃是一个大难题。因为答应与明断绝关系已是心痛万分，再要出兵助战，如何能够。但是又没法拒绝，就只好拖延敷衍。先派定了平安兵使柳琳为帅，后又恐怕他不会灵活应付，又借词使他躲开，另由副帅林庆业率兵前往。庆业是一个积极亲明分子，先派人往皮岛送信，叫他们逃避，对逃出的明军及一些船只，他都尽力地设法安置接济。在作战中交给朝鲜看管的明军俘虏，朝鲜就把他们都藏匿起来，假报病死，决不交出。在这种无可奈何情势之下对明朝还是尽其一切可能力量来做，来帮助。沈世魁抵抗不过，被俘不屈而死，朝鲜把他的尸体用棺成殓，埋在岛中。另外，明军战死的有一万多人，亦一并埋葬。战斗结束，朝鲜君臣私下作检讨，觉得这次策略运用得很够灵活巧妙，不曾实际参加对明作战，这是最堪告慰的事。

过了三年，到1640年，满洲要大规模进攻锦州，又要朝鲜出兵出粮，派人来坐催必须动员水师五千名，运米一万包，往大凌河去作接济。朝鲜对于这个要求，感到比前两次议和还难受，国王李倧很沉痛地对臣下说："当初与满洲议和，讲条件时，以为出兵这一条，只不过说说而已，哪料到真的要做！早知这样，还不如在山城里索性坐以待毙，倒落得干净！"左右诸人听着无不痛哭。大臣中如崔鸣吉、金尚宪都坚持着决不能出兵的意见。尚宪说："自古无不死之人，无不亡之国，死亡全可忍受，出兵打明朝，绝对不能够！"南方有二文士，亦赶来京城，谏阻出兵，没有得到结果，心里愤恨，一气跑到三田渡去捶打那座所谓"大清皇帝功德碑"。

处在满洲势力要挟下，朝鲜无可奈何，最后还是得出兵。林庆业就率领一百只战船，五千水兵，一万包米出发了。走到半途，庆业偷偷把船先凿沉三十多只，托词说是飓风颠覆，一路上又故意地拖延耽搁。据清臣范文程报告说："命庆业前进，他不前进，又命他在辽河口卸下米包，他支吾着亦不肯做。"后来朝鲜军与明军相遇，双方亦不交仗，被满洲监视得没有办法了，就放些空炮，射出的箭亦全是没有镞头的，绝对不会伤人。还有三只船忽然丢失，庆业就说是遇风漂走，其实是庆业特为派往登州去给明朝报信的。

朝鲜自从第二次与满洲议和之后，总是要想方法和明朝通信，为的表明一下自己不得已的苦衷。在锦州之战前一年，李倧曾命崔鸣吉、林庆业找得一个和尚，名叫独步，由海路往明朝送信。共去过三次，明朝亦有回书。这件事后来被满洲发觉，要严办当事人，就派人把鸣吉、庆业押往满洲审问，走到凤凰城，庆业找一机会逃掉，剩下鸣吉在受讯时，慷慨陈述亲明理由，毫无畏惧。满洲即把鸣吉幽禁在沈阳。庆业逃走之后，一直到满洲进关，占据北京，他仍同明总兵马登洪在石城岛。满洲曾给他信，赦免前罪，要他归附，他不肯，他还要航海南去。等到南京亦被满洲占据，这才由满洲派人把他送回朝鲜。

金尚宪，是一位七十高龄的老翁，态度刚硬，对满洲始终不服，他亦被解往满洲受讯，一路上布衣草鞋，扶杖而行，在义州见着满洲官吏，不睬不理。满官问他："为什么要阻挡出兵?"他说："我守我志，我告我君，我君不听我的忠言与他国何干?"又问："什么叫他国?"他解释说："你我两国各有境界，你国就是他国。"等到了沈阳，即颈加铁链，双手缚捆，但是他却侃侃答辩，决无畏缩。

庆业、尚宪等的思想和行动，实在即是朝鲜全体正义人士的思想和行动。因为在那时他们认定明朝就是中国，弃绝明朝，就是弃绝中国，这是绝对不应该，绝对不能够的。

（《五千年来的中朝友好关系》一章，开明书店1951年版）

明代援朝最后胜利中的大将陈璘和邓子龙

读《人民日报》，看到朝鲜人民军颁发李舜臣勋章的讯息。李氏是353年前（万历二十六年、1598年）中朝水军并肩作战，抗击日本侵略的一员朝鲜大将，在这年冬十一月十九日，南海最后一战，击溃敌寇，获得胜利之后，他为祖国牺牲了！这位忠贞、英勇、保卫祖国的伟大民族英雄，当然值得我们永远纪念。因此，亦使我联想起，在当时，同一战役中的中国两员大将：一是和李将军共同担任指挥作战的陈璘，身冒炮矢，出生入死，战后，鬓发由黑全然变白；一是邓子龙，七十高龄的老将，直前冲击，决死奋斗，和李将军在南海战役中，同时壮烈成仁。朝鲜为纪念这位为支援友邦义勇忘我的英雄，奉祀入庙。这一件壮烈义勇、可歌可泣的史迹，正是中朝友好关系史光辉灿烂、永不泯灭的一页。在今天人人必须抗美援朝的伟大爱国主义运动中，略就两将军的功勋业绩作一叙述，应该也是一件必要的工作。

一、陈邓两将军的出身及其参战

明代万历年间，中国支援朝鲜抗击日本侵略的战争，是从1592年（万历二十年）开始，到1598年（二十六年）结束，整整七个年头，最后结果，我们完全胜利了。其间我军曾打过几个决定性的大胜仗，在第一次作战中有平壤大胜，第二次有稷山之捷及南海最后胜利。第一次作战的结果，已将平壤、开城、汉城（首都）三大都城完全收复。后来中国汉奸沈惟敬和日本败将小西行长进行了两头瞒的所谓“和平”交涉（封贡事件），弄穿之后，二次再战。敌人又逼近汉城，经我副总兵解生在稷山迎头一击，敌将黑田长政溃败退走，从此再不敢北犯。随后我军对敌展开大规模的歼灭进击。1598年，经略杨镐集结大军进攻敌最大据点蔚山，已有了胜利把握，因缺乏水军（朝鲜水军本来很强，只是数量太少），落了个功败垂成。明神宗朱翊钧闻讯震怒，撤办杨镐，又另派天津巡抚万世德协助总督邢玠，继续负责援朝军事，并命已调发的水军赶程速进，参加战斗，统率这支中国水军的大将，就是陈璘和邓子龙。

陈璘，字朝爵，广东翁源县人。嘉靖时，以军功任守备。至万历，屡次立功，升为副总兵。《明史·陈璘传》说：“璘有谋略，善将兵。”万历二十五年（1597年），陈璘奉命由广东统兵援朝鲜，转年，升备倭总兵官，提督水军。所属将官有邓子龙、陈蚕、马文焕、季金等。子龙是江西丰城县人，出身行伍，《明史·邓子龙传》说他“貌魁梧、骁捷绝伦”。万历初，缅甸犯云南，他在边疆颇有战功。次年以副总兵随陈璘援朝鲜，他们所统的兵共一万三千余名，战舰数百艘，抵达朝鲜，即分布在忠清、全罗、庆尚诸道各海口（据《明史·陈邓传》）。战场上添了这支生力军，声势陡然增壮。诸葛元声《两朝平攘录》说：“先是倭兵渡海，出没并无拦阻，至是，捕盗船于海面上往来不绝，倭始惧，自夏历秋，倭兵不敢横行。”朝鲜海防从此巩固了。

中国水军和李舜臣所统朝鲜水军联合在一起，组织成一支极精强的海上禁旅。两军统率者更能推心置腹，诚挚相待，可说是宾主欢洽，水乳交融。朝鲜柳成龙《惩毖录》曾记陈李的交好，说：“舜臣闻璘将至，令军人大畋渔，得豕鹿海物甚多，盛备酒醪以待之。璘船入海，舜臣备军仪远迎，既到，大享其军，诸将以下无不沾醉。士卒转相告语曰：‘果良将也！’璘亦心喜。”又记：“自是凡事一咨于舜臣，出则与舜并轿，不敢先行。……璘上书于上（朝鲜国王李昖），言统制使（舜臣的职位）有经天纬地之长，补天浴日之功。”在那个时代，璘是天朝水军提督，能对舜臣如此谦逊，确是很难得的。

二、当时在进展中的战况一斑

万历二十五年九月，我副总兵解生率参将杨登山、游击牛伯英在稷山（忠州西）素沙坪地方，击败敌人之后，又由先锋副将李如梅继续追杀敌于星州谷城，敌连遭打击，遂急遽地向东南沿海奔退。其所屯据地区都属于庆尚、全罗二道的海边，敌在这一带修筑了许多栅寨，分兵屯守，以为待机之计。其中有两大重要据点：一蔚山（属庆尚道），是敌将加藤清正占据；一顺天（属全罗道），是小西行长占据。到了十二月，中国所调来宣大延浙等处的兵都已开到，经略杨镐和总督邢玠决计先攻蔚山，因为加藤清正在敌人中最为凶悍，解决了他，顺天的敌人便好办了。于是，明军分成三协，将官是：左协李如梅，右协李芳春和解生，中协高策。中协负责应援两协，左右两协担任作战，另派兵由天安、全州、南原直下，大张旗鼓，声称攻取顺天，以牵制小西行长的行动。虽然各部队配置很好，但没有足够力量的水军是一很大缺陷。（茅瑞徵《万历三大征·倭考下》）因为从顺天到蔚山，敌人尽可以由海上联系接应，做种种军事活动。这时，南海虽有朝鲜水军，数字实在太少，不敢冒险出动，陈璘所统中国水师还在途中未到。杨镐等犯着心急贪功、冒险轻举的错误，不等待水军到来便出发了。

杨镐同提督麻贵率两协将士猛攻蔚山，朝鲜都元帅权慄亦率兵一万名参加战斗，他亲临战阵，杀虏甚众。加藤清正不能抵挡，退保蔚山迤南岛上，拼死力守。岛上地势高陡，筑有石城，我军必须仰攻，作战艰难，但已连破其外围，进展至中心，将敌重重围困。据日人所记当时情况是：“绝我汲道，粮亦竭，将校以器承雨，士卒皆袍湿雨，啮以沾喉。”“嚼纸，煮壁土而食。”（安积信《江木戡加藤清正传》）清正不能支持，想要逃跑，曾对部下浅野幸长说：“绝粮于重围中，亦是釜中鱼耳，不若且战且退。”（五弓久文《浅野高胜传》）但已被包围，退是无路可退，他就诈称要向我投降，企图缓和我军，以等待顺天敌军来援。当时老将吴惟忠看透底细，对杨镐建议，要空出一面让清正逃去，最要紧的还是先夺取敌巢。镐的意思却要捉到“一个活清正”，要立一大功，因而竟耽误时机。转年正月，顺天的小西行长果然率水军由海路来援，并在船上“遍树旗帜，蔽江而下”，虚张声势，以作恫吓，镐知道海上无备，心中一慌，下令撤退，这一来，阵势混乱，敌乘机攻击，幸尔我军吴惟忠、茅国器诸将断后支应，敌人才退回去（据《两朝平攘录》及朝鲜李庭龟《杨经理生祠碑铭》）。此役，我军损失很不少，最可惜的是落了个功败垂成，失败的原因即是：缺乏水军，海上无备。

明朝撤回杨镐，换上万世德，帮同总督邢玠又重新组织布置。这时所调来的水军亦都到齐，还有新开到的刘綎川兵，力量更加充实，于是对敌又开始第二次攻击。这一次，鉴于前次之失，得到经验教训，不再集中专攻一处。他们看到，朝鲜东南部“地理隔越，山川隔阻，兵聚一起，难以成功”，于是把军队分开，各自担任一面的作战，这样可以“因地量力，分任责成”（但此亦有毛病，即是联系接应困难）。一共分为四路，每路置一主将，东路是麻贵，西路是刘綎，中路是李如梅，如梅被调赴辽东，改派董一元，水路是陈璘。分派已完，即三月里在汉城“歃血誓神，约日并进”。这时敌军共有三大巢穴：一、东面的蔚山。占据此处敌将是加藤清正，因为遭受我军第一次巨大打击，锐气尽灭。他更在蔚山迤南的西生浦机张布置防御之事，再下去就是釜山（侵略者即由此登陆），这是准备好打败之后，一步一步退走的路。一、西面的顺天。守将小西行长，在粟林、曳桥等处，修开寨濠数重，凭着顺天城与南海作联络，“负山襟水，最据扼寨”。一、位居于蔚山顺天之中的泗川。此处“北恃晋江，南通大海”，可以作东西两面声援（据《两朝平攘录》《万历三大征考》）。这三处乃是敌人作侵略的最后根据地，他们是要拼死扼守的。

我军刘綎部队先开始进攻顺天，他曾参加第一次作战（万历二十一年、1593年），留驻朝鲜很久，熟悉敌情，想利用小西行长素日战败求和的心情来诱擒他，刘綎几次单骑在途中等候会见，以示无他，最后期会已完好，不料泄漏消息，没能成功，綎愤愧，麾军奋战，大破敌众，敌逃入城中不敢再出。綎部即夺占粟林、曳桥（据《明史·刘綎传》）。东路麻贵攻蔚山，亦迭获胜利，已进展至岛山及西生浦，俘斩颇多。(《明史·麻贵传》)中路董一元攻泗川，已是当时敌人中最顽强的一支，因为小西行长已属屡败之寇，加藤清正虽倔强好战，但遭我军多次挫折，斗志已消。只有泗川的敌将岛津义弘尚未大败过，还保有相当的战斗力。董一元首先拔除了晋州（泗川北）渡过晋江，直攻敌人根据地泗川，连毁敌望津、永春、昆阳三寨，并烧毁敌东阳粮库，整整烧了两昼夜。前锋近迫敌最后巢穴——新寨。此寨形势厄险，三面环海，一面通陆，引海为濠，内中驻泊有大量战舰，更修筑望海、固城两寨，以为左右翼。义弘就在这个老巢里用力坚守，任我军如何挑战，死不外出。

董一元连战连捷，不觉产生轻敌之心，部下只游击茅国器稳健有识，以为敌虽打败，但擒杀不多，主力一定都集中在这个寨内，莫若一面包围着，一面先攻取固城，削其两翼，然后再攻此寨。这个见解是正确的，而一元及多数将官却都坚持先攻新寨，尤其游击彭信古，性情粗躁，带的又是新兵，缺乏作战经验，坚持最力。于是即用步兵攻坚，马兵作堵状，自辰至未，激战四个时辰，已将寨的大门击破，又击碎数处垛口。正待涌进之时，信古营中大杠（重火器）突然爆炸，自己先骚扰起来，在外边的兵马，不明究竟，先自退走，敌乘势冲出，茅国器及乐邦荣等部都作殊死斗，无奈众寡悬殊，结果亦只得一齐退下来。这是第二次攻击我中路所遭遇的失败情形。正因此，岛津义弘便自以为获得大胜，曾对我夸言，要“次取王京（汉城），鼓行而西，见我（义弘）于辽东”。(据《两朝平攘录》《万历三大征考》及朝鲜《宣庙中兴志》、日本《本朝通鉴》）义弘之言，虽野犬狂吠，但可说明敌人野心之大，不到完全战败，是绝不肯放弃侵略行动的，所以，明代援朝战争，日本侵略者的败退，并不是由于什么丰臣秀吉死不死，基本上乃是由于他们的战败，不得不逃。

所以我（指中朝联军）中路军虽然退下来，并不影响全局。基本上，当时全局形势已决定了我军的胜利，这是具有十分把握的。

三、最后歼灭暴敌的一场海上鏖战

二次攻击中，我东西两路军胜利之外，水路更是节节奏功，而最值得大书特书的，即最后在露梁海上的一场鏖战。初，我水军由陈璘、李舜臣督率，协助刘綎在獐岛一带作战，曳桥的占领即是水师帮助成功的。自董一元部退下之后，使泗川敌暂时得到一个喘息机会。这时，水军便打算趁海上优势，联合陆上部队先把顺天的小西行长解决（蔚山的加藤清正因战败，缺粮，军心动摇，已先遁逃）。当时决定的计划是：由陆军占据曳桥，水军扼住獐岛，这样把岭南海路可以截住，敌内外全被割断，不通消息，泗川敌便不能出援，然后我军再集中力量合围起来，必能把敌完全消灭，一个亦跑不掉。计划已定，开始行动，陈璘及李舜臣即进夺獐岛洋口，焚毁敌所有积聚。另派庆尚道右水使李纯信（朝鲜将官）控制住露梁水路。陆上部队刘綎、权慄在曳桥西北亦把蟾津陆路切断。包围工作完成之后，璘、舜臣督水军奋力进攻，连战连捷，敌人即告全部成擒。这时，小西行长忽心生一计，诓我统帅陈璘，他派人来说，“愿送人诸屯同约渡海”，哀求放开一条活路。璘竟信以为真，就把他要送的人放了出去。舜臣得报大惊，急来见璘，璘亦醒悟，痛自责悔。接着大家就推料，敌此去必然是向泗川告援，泗川敌亦必然要倾师出动，我们正好借此机会，乘其不虞，在海上一举将敌歼灭净尽，来个彻底清除。大家都同意了这个计划，便开始积极准备。

十一月十八日夜，果然，岛津义弘联合敌南海各处水军，率领着五百艘战船的大队来援顺天。璘和舜臣率邓子龙、陈蚕、李纯信、宋学立（李宋皆朝鲜将官）整齐装备，随着潮势悄悄直驶露梁，我军系采用夹击方式，将队伍分为左右两协，都潜伏在岛屿左右。夜半，敌自光州洋向露梁浩浩荡荡奔来，我军知时机已到，两协突起猛击，敌见状大惊，阵容立被冲散，我军投掷薪火，燃烧敌船，浓烟四起，敌不支，退守观音港口。待天拂晓，敌见港内后面没有归路，不得已，返回向我军拼斗，舜臣为他的祖国存亡，已抱定牺牲决心，愿为前驱，对敌展开了决死战斗。璘坐大冲锋船，扬旗击鼓，亦杀进重围，忽见敌主力围攻舜臣，绕成数匝，更有敌跃上璘船，迎头直犯，璘子九经在旁，急以身捍卫，被刺伤，血淋漓下，仍然屹立未动，旗牌官文伟急挥刀连砍死数敌，才解此危局。这时，敌发现是璘，遂大队涌至，围若铁桶。璘命令船都下碇，又令兵士挨牌伏起，敌争相登我船，欲作肉搏，待至近前，我兵蓦地齐起，用长矛穿刺，敌纷纷落水，死一千余人。璘又摇铎收兵，我船一时呈示静寂。敌疑惑，稍作后退。我军得机，遂从高处施放喷火筒射击，火盛风驶，延烧迅速，敌船大部都着起火来。

老将邓子龙"年逾七十，意气弥厉"，决不落后，携带勇士二百人，纵上朝鲜兵船，直前奋击，并投掷一种"火球"，效能极大，将敌船焚烧很多。正激战间，我军别船火器误中子龙船，连烧起火，兵士们忙于施救，快速跑动，船为倾斜，敌人攻进，子龙战死。

舜臣率军杀入，怒斗之间，见敌三将坐楼船指挥，舜臣发箭射毙一敌将，随即冲上。这时陈蚕、李纯信等亦杀进，即与璘等合军力战，更发出虎蹲炮，连碎敌船多只。不料，舜臣左腋忽中飞弹，伤重倒下，自己知道来不及救治，嘱咐部下说："战方急，勿言我死。"其部下将尸身用牌遮起，继续战斗，璘不知子龙、舜臣已战死，只看见子龙施放"火球"有大效，乃乘着胜势命令放火，大烧敌船，遇船即烧，使敌船都着火。我军兴奋，齐进猛击，敌慌张之中，转篷逃散，因火势炽烈，败逃之状，"如龙衔烛，通海红光"。敌全部崩溃之后，明军加急追赶二十里方才收兵。岛津义弘仅仅剩下五十艘破船，领着残兵败将狼狈而遁。被烧毁的敌船内，满是酒器、床褥、旗帜及尸体，战后海面上的现象是"粮物浮萍，尸体塞海"。

顺天的小西行长亦乘隙窜出，向外逃去。有一部分不及逃掉，匿藏在元山不出。此山崖深道险，很难搜抄。璘夜里率兵进入，把各岩洞都包围起来，天明发炮，敌惊散狂奔。我军追杀，予以完全歼灭。

事后，璘闻知子龙、舜臣战死讯，伤痛之极，从椅上投地，跃起又跌仆者三次，捶地大恸，中朝战士同声哭号，殷殷震动海中。等到胜利奏凯归来，朝鲜国王李昖接见陈璘，说："大人鬓发尽皓，形容尽变，殊异于曩日接见之时，必用虑于战功之故。"璘的作战劳瘁情况，可以想见（以上据《两朝平攘录》、徐震《东征记》、《明史·陈邓传》及朝鲜《宣庙中兴志》《李忠武公全书》）。

经过这一场最后的海上鏖战，才胜利地结束了援朝战争。今日特别使我们感念不忘的是邓子龙、李舜臣两将军，他俩一为友邦，一为祖国，在胜利声中同时牺牲！这种忠国爱友的伟大精神，奠定下中朝两国血肉凝合、永恒友好的基础。朝鲜民主主义人民共和国纪念李将军，我们当然亦应该纪念陈、邓两将军。

（原载《进步日报》1951年8月3日）

由假海瑞谈到真海瑞

吴晗同志的《海瑞罢官》一剧，虽然说是根据史实编写的，当然作为一个剧本，也是允许从事渲染夸张等艺术加工的。但是，由于抽掉了阶级关系，使海瑞超阶级化，并且更进而现代人格化。这就把真海瑞弄成为假海瑞，面目全非，无一是处。兹就个人所见，略谈几点，也算参加讨论吧。

一、海瑞是个什么样的人?

我们对待阶级社会历史中的人物，无论是历史论著或剧作，都首先需要从阶级观点出发，用阶级分析方法，就其人一生行实加以分析批判，从而揭露他的阶级实质。这样，其真的面目便能看清楚。这样的科学工作，是有了马列主义以后，历史成为一门科学，才能够做到的。如果不这样做，便要颠倒真实，弄真成假，大错特错。

古代也有好人好事，并不是不可以肯定和宣扬的。可是，我们必须注意，对待统治阶级和被统治人物的好人好事，应该严加区别，绝不可以"一视同仁"，不分敌我，同等相待。毛主席在《在延安文艺座谈会上的讲话》中谈到歌颂和暴露，曾经指出，要区别敌人和自己人。他又说："世界上没有什么超功利主义，在阶级社会里，不是这一阶级的功利主义，就是那一阶级的功利主义。"我认为这些原则性的指示，完全适用于古代。因此，我们对待明代历史人物海瑞，就有理论和方法可以遵循了。

不容否认，海瑞的性格刚强，胆大，勇于任事，并且生活朴素，工作勤劳，这些都是应该肯定的。但是，就在这种肯定的结论之下，必须指出，海瑞是一个地主阶级统治集团中的重要成员，他的所作所为，主要目的和愿望，是为地主阶级这一边好，不是为人民一边好，其所以为人民正是作为达到其目的和愿望的条件的。因而，海瑞首先应该是，而且也必然是地主阶级所称赞的“好人”，这在我们读到的海瑞官私诸传以及诸家笔记，已经可以充分证明。吴晗同志在其《论海瑞》的文章（此文先发表，为剧本的写作基础，观点是一致的）中，竟说海瑞是“深深得到广大人民爱戴的言行一致的政治家”，恐怕这既是偏见，更是偏私偏爱吧。

海瑞的一生行实，无一不是极其鲜明地带着阶级烙印的。

他在考举人时就写了《治黎策》，进京会试，又上疏大谈“平黎”。他想作封建统治集团的“能臣”。后来作户部主事，上过著名的《治安疏》，痛陈当时社会危机，希望嘉靖帝幡然悔悟，放弃作神仙的迷梦，御朝与臣下讲求治术。疏中虽然有着敢于向皇帝反映老百姓讲的“嘉靖家家皆净”的胆量，可是并没有为小民打算什么的话语。嘉靖帝见疏大怒，逮瑞下狱，要杀掉他。还未及下令，嘉靖帝即以多服丹药中毒暴死。这时海瑞正在用饭，闻讯“大恸，尽呕出所饮食，陨绝于地”。足见海瑞忠君思想的程度之深，他的建策也是为维护封建统治服务的。

不错，海瑞在作知县时，曾做过许多如清丈土地、行一条鞭法等措施，除了他的主观愿望是要整顿赋役，保证国课收入以外，客观结果对劳动人民是有益的。不过，尽管如此，而其收效也极有限。根据海瑞自己所作的《知县参评》说：“迄今四载（按：应是在淳安），中夜返思，日日催征，小民卖妻鬻子未有完事之日。”处在腐朽的封建王朝统治时期，单凭海瑞对母亲生日买二斤肉，自己修补一只靴的所谓“清官”，是不能解决民生重大问题的。相反，由于人民对他存有幻想和同情，从而倒会削弱了人民反抗地主阶级的斗志。

还有，海瑞在兴国任上处理政务，也并不是站在贫农、中农一边，而是站在富农、地主一边。由于一个段察院经过兴国县，里甲要承担用费，他在《申军门吴尧山便宜五事文》中讲：“县例，贫者长于柱下，富者佥为柱头，百凡用度凭柱头。”接着便请求以“机兵剩银”来弥补。很显然，海瑞并不区分贫富，只要对县政有利，就算完事。

海瑞作应天巡抚时，做过一件好事，是修治吴淞江和白茆河。通过这一修筑工程，防治了东南地区的水灾，推进了农业生产。可是，我们要知道，海瑞的骨子里是在害怕“饥民云集”闹出大乱子。当时的情况是，“水荒之后，无从取米，饥民汹汹”（《复李石麓阁老》），所以才“浚河济饥”。接着“吴淞毕工，饥民无从取食，计再修白茆”（《启朱镇山工部尚书》）。自然这是一桩“一举两得”的好措施，然而我们不应说海瑞的修河是专为人民谋福利。《海瑞罢官》剧词里，海瑞自言：“多为百万生民办一点好事，也就为皇上减少一分隐忧。”这话倒是道出他的真实心情来。

过了十几年，到万历时，海瑞又被起用，作了南京右都御史。他对万历大讲朱元璋“剥皮囊草”酷刑，要他用此惩贪。乍看来也像是好事，实际他是想借此严法，杀一儆百，来抑制一下明末官场的普遍贪风，以挽救朱氏地主政权行将坍台的厄运，难道他真的不知道最大的贪污者就是万历吗！揭穿了说，这是海瑞玩弄的欺蒙广大人民的一种把戏，亦无不可。

根据以上简单揭发和分析，不难看透，海瑞的所谓“清廉正直”是有其具体阶级内容的。吴晗同志在剧本的序文中虽然也说出，海瑞是“忠于封建统治阶级的忠臣，他的一切政治作为都是为了巩固封建统治阶级的长远利益出发的”。但落实到剧作和论著中，不但丝毫不加暴露和批判，并且一味颂谀。剧本里曾借着海母谢氏之口，大讲海瑞是“天开了眼”，是“青天，万家生佛”，是“海龙王出世”。固然，在当时的劳动人民中间，由于思想认识水平所限，受了所谓“清官”的蒙蔽，也可能有人讲出这番话来。可是，经过吴晗同志的笔下加工概括，便成为歌功颂德的篇章。当此轰轰烈烈进行社会主义教育的盛潮下，演出这样的戏，可以设想，它会产生如何严重的不良影响。

二、退田除霸的真相和实质

退田除霸是《海瑞罢官》一剧的主要表演内容。吴晗同志处理这个事件，是竭力在宣扬海瑞的清正刚直、无私无畏精神。究其实，若取各家记录作一钩稽排比，即能看出，这个事件内幕错综复杂，而海瑞置身其中，虽然具有一定程度的敢做敢当的勇气，但主要是被迫所致，更不用说其根本意图乃在巩固地方统治，保证政府税收。

明代自正统以后，封建统治集团的生活和行为日趋腐化，而最为严重的则在于对土地的侵夺和赋役的败坏。《明史・食货志》记："中叶以后，庄田侵夺民业。"又说："奸富猾胥方且诡寄那移，并轻分重（指对赋役），此小民疾苦闾阎凋瘁，所以日益而日增也。"再加上嘉靖帝天天和道士厮混一起，为修仙炼丹，大兴土木，以致"府库匮竭"，财政困难已极。长此下去，势必酝酿成比正统、正德间不断的农民起义更要规模大的阶级斗争爆发事件。而就在此时，海瑞被派来到最重要的财赋地区江南作巡抚。当时这个地区的社会状况是十分混乱的，江南北都呈现出极其不安的现象，肥沃的土地大量集中于豪门，老百姓都成了他们的佃户，造成"贫富相倾，弱者率献田于势家，以为奸利，输不以入"（傅维鳞《明书・海瑞传》）。应天巡抚是要负责办理钱粮的，输不以入，问题严重，并且海瑞为要上报皇恩，必须办好此事，于是便决定整顿土地。

一开头，就碰上一个大老乡官徐阶，这家拥有几十万亩土地，业大势大。过去是，在官"状不受理"，在民"畏不告诉"。海瑞要从"退田"入手，先把豪门大姓所强占的土地退还原主，然后再从事整顿赋役。徐阶一家是本地最大的地主，侵占的土地最多，因而首先就要触动着他。可是，海瑞也并不敢就来一个硬碰硬，他还是对这位两朝首辅进行所谓"义劝"，也就是说，对他陈述利害，勉以大义，要求能吐出一部分土地来缓和风势，弥补亏额。海瑞曾对阁臣李春芳说："存翁（徐阶）近为群小所苦太甚，产业之多，令人骇异，亦自取也。若不退之过半，民风刁险，可得而止之耶！……区区欲存翁退产过半，为此公百年后得安静计也。”海瑞这样做原是为的徐阶一家能够安安静静度其长远的剥削生活，而实际上所退的土地，也是“先夺其十百，今偿其一，所偿无几”。（《被论自陈不职疏》）

至于海瑞敢冒此大不韪，引出万人来控诉土地，里面还有着一个具有实力的政治背景，即阁臣高拱的暗中运用和摆布。嘉靖时期，徐阶曾施用诈术，打倒恃宠擅权的严嵩，取而代之。等嘉靖帝临终作遗命时，阶又独自承受，不使高拱参与，因此两人结成仇隙。海瑞作了应天巡抚，高拱便想利用海瑞的死硬脾气打击徐阶，他又暗中指使亲信作江南兵备道的蔡国熙在旁兴风作浪，造成事端，当时称“退田”为“海蔡事件”，即可说明此情。根据明人记录说：“海忠介抚吴，意在搏击豪强，而兵备蔡国熙承高新郑（拱）意指，首发难于徐文贞（阶），于是刁风特炽，告讦无虚日。”（《华亭县志》卷二十四《杂志》）又说：“或投柳跖牒讼之，海公殊自悔，乃尽焚讼牒。”柳跖牒是一篇故意写给海瑞看的反面讼状，内作柳跖告伯夷叔齐倚仗父势，发难掘许由冢，又逼献首阳山薇田等情节，以此刺激海瑞。海瑞在上《治安疏》时曾受过徐阶的营救，说他后悔应是可信。明人沈德符在《万历野获编》中也说，“新郑方倚海（瑞）为股肱，以龁华亭（徐阶）”。即系指此事。

再检查继佐《罪惟录·海瑞传》所记此事：“（海瑞）行部松江，訾故相徐阶，资产太盛，黠民诣瑞，陈词万人。瑞下副使蔡国熙附爰书，而阶子孙亲党，戍边殆尽。”

又《明史·徐阶传》谓：“遣戍之事，会（高）拱复为（张）居正所倾而罢，事乃解。”海瑞退田事件的内情和经过大致如此。其所以囫囵吞枣地焚烧讼牒，不再一一深究细问，显然是希图模糊了事。这样做，正是由海瑞和蔡国熙的阶级本质所决定的，是不足惊异的。《海瑞罢官》中的除霸，就是抓住“遣戍”这点写成的，实际海瑞并未除成什么霸。

我们转回头来再看，海瑞对待农民是怎样的呢？他在《启刘石圃诚意伯》中说：“吴中刁讼……生亦未尝不重处也，除发府县外，衙门前尝不绝七八人枷号，又先痛打夹苦之。”

读了这段文字，不禁令人联想起小说《老残游记》所描述的酷吏玉贤、刚弼的形象，何其与海瑞有类似处，与《海瑞罢官》中的慈祥爱民面孔则判若两人。毛主席说过：“世上决没有无缘无故的爱，也没有无缘无故的恨。至于所谓‘人类之爱’，自从人类分化成为阶级以后，就没有过这种统一的爱。”我们论述古人古事真当三昧斯言！

要求退田的群众究竟都是些什么人？根据资料来看，其中包括的成分很多，贫农、中农和富农、中小地主都有。可能最先发动的是中小地主，接着形势继续发展，贫中农都起来了。有下面的两条资料可证：

一条云：“徐文贞当海蔡为难时，有伺出其门，登舆前搏击之者，左右争解之。还入内，以片纸致府，府县惊愕，下各学推究主名。”（《光绪华亭县志》卷二十四《轶事》）后来经过府县商议，对徐阶来了个“请学师率诸生登门谢罪”，才算了结。这个行动很值得注意。为什么会有一伙秀才来打徐阶？秀才们的家庭成分很难说有贫、中农，即或有的话，也属凤毛麟角，多数总是中小地主。大概海瑞和蔡国熙的打算是，想使用这些秀才出来闹一闹，逼着徐阶吐出一些土地，就此完满收场，谢罪正是他们愿意做的事情。

再一条：“刁民皆囚服破帽，率以五六十为群，沿街攘臂，叫喊号呼。而元辅三第（徐阶的家）前后左右，日不下数千人。徐人（徐家的人）计无所出，第取臭泥粪贮积厅门，见拥入者，即泼污之。”（范濂《云间据目抄》）

老百姓对徐阶展开了斗争就没有什么可顾虑的了，结队攘臂，沿街大呼，直奔徐家冲来。海瑞一见心里当然要害怕起来，本条前面还有几句，说：“一日，海公按临南察院放告，词讼堆积如山。海度不可阅，取火焚之。”不管海瑞是由于感到对徐阶不起，并念及私恩，心生后悔；还是看到农民风暴来势猛烈，江南地方要发生动摇，而害了怕，反正可以证明，海瑞退田并不是抱定如何决心和徐阶为敌，为老百姓争地，这总是无可驳辩的事实了。

海瑞巡抚应天十府，数月而罢，并没有解决了什么实际问题。按照他自己所讲，是：“禁诬告而刁讼未息，禁浮靡而侈僭如初。谓扶弱被侵夺，而贫者

自贫；谓抑强肆侵夺，而富者自富。”（《被论自陈不职疏》）

这和吴晗同志所说“田不荒了，人不逃了，钱粮也不拖欠了，生产发展了”的情景，怎么能够相符？

海瑞对百姓不惮用刑，目的就是要他们顺着他所指出的道路走，其具体内容即他的《劝农文》中“毋酗酒，毋斗争，毋做强贼，毋殴杀人，毋从白莲教”各条。海瑞的阶级本性是鲜明的，阶级立场是坚定的，他是一个地地道道的封建地主阶级的代表人物。

写至此，我忽然感到，《海瑞罢官》的最后一幕，是徐阶看到儿子徐瑛要被处死，昏倒了。海瑞得意洋洋，高举大印和新任戴凤翔办交代。其中一点也表现不出来人民大众这一边的愤怒和斗志，只悲悲戚戚地合唱“海父南归留不住，万家生佛把香烧”。何如使海瑞杀不了徐瑛，并且还备受乡绅侮辱，人民大众忿恨之极，忍无可忍，当堂就发动白莲教起义，岂不大快人心！

赘　言

尽管我们揭发和批判了海瑞一生行实的阶级本质，但是，他仍然应该是古代阶级社会中一个可以肯定的人物。因为就海瑞一生所作所为，除开他的主观意图是在维护封建王朝政权巩固之外，多少对当时劳动人民的生活和社会生产发展是有益的，而不是有害的。我们对待和衡量古代人物，给予肯定与否，主要标准也就是这一点。姚文元评《海瑞罢官》，对海瑞几乎全部否定，这是不够公允的，也是不能令人信服的。

具体地来作一比看：海瑞决不同于其同时代的严嵩和魏忠贤，可是，他却和徐阶、张居正相同，因为他们同一思想、同一立场、同一策略。他们都想要采取改良政策，使地主阶级政权能够长远巩固存在。所不同者，他们之间，有贪有廉，家产多寡悬殊。这只说明他们各自自私的程度不同，并非本质上有何差别。如果就所谓“政绩”来看，徐阶、张居正要比海瑞的成就大得多。封建时代的政治家都是为封建统治阶级服务的，他们的目的是要统治广大劳动人民，因而他们和人民是敌对的。可是，这并不妨碍我们对他们的肯定。他们一生行实的是非好坏是一种客观存在，我们对之既不可以苛求，可是也决不能不加揭发和批判，一味盲目崇拜，把他们说成是粹然无疵的完人。

我们对于古代剥削阶级中的人物行实，只可以拿来作为诫鉴之用，尤其是他们的所谓道德品质，绝对不能谈到继承。因为它和我们今天积极学习的全心全意为人民服务的内容和要求相去天渊之别，根本不是一回事。调和阶级，古今相混，显然是十分荒谬的。

那么，古代的事物就没有值得我们学习的了吗？也不是。我们先民的刻苦耐劳和发明创造，以及反抗黑暗统治和不屈服于外侮的伟大传统斗争精神，都是我们要继承和学习的。这里面也包括如农民领袖、民族英雄以及对生产、文化事业卓有成就的人们。

作为历史剧《海瑞罢官》的编写，和一般故事剧还应该有所不同，因为它主要在表演历史著名人物的活动事迹，必须要运用各种形式和机会揭示剧中角色的阶级实质和意图，这样才能使观众从而受到阶级教育，而不致为其所迷惑。《海瑞罢官》一剧，恰恰与此相反，它不仅依照旧窠臼，大唱忠孝节义滥调，而且把今天人们颂扬社会主义风格的精神来颂扬海瑞，这样做法，是极其不妥当的。

（原载《文汇报》1966年1月11日，此次辑录一些文字做了修订）

明末“三案”究竟

明末宫廷之中，曾连续发生三桩案件：一为万历朝之梃击，二为泰昌朝之红丸，三为天启朝之移宫。当时朝臣为此嗷嗷不休，弄得满朝风雨。

明朝官吏之中，夙有辨正义之风，也可以说是争意气，皆生死不顾。为宫廷事亦常如此，干受廷杖而无畏。如英宗朱祁镇的皇后钱氏合葬之争，世宗朱厚熜之父兴献王称帝的“大礼议”之争，一时皆鼎沸朝廷。“三案”亦然。

究其发轫之由，实因“国本”之争。所谓“国本”，即册立太子之事。明祖制，皇嗣立嫡立长，即有嫡子则立嫡子，无嫡子则立长子。神宗朱翊钧无嫡子而有长子，名常洛（即泰昌帝），为王妃所生。妃无宠，生子不进封，故常洛亦失爱。妃郑氏有宠，生子名常洵（即福王、神宗第三子），极为钟爱。因此郑贵妃便产生为其子夺位之心。常洛年及龄，应册立太子，而迟迟不举，推称待皇后生嫡子。群臣为此交章奏请，朱翊钧出于无奈，于万历二十九年（1601年）十月，颁立常洛为太子。然而福王仍托故不肯赴国（明制：皇子封王，十四岁必须离京就国），因而又引起群臣疑虑。焦点所指，为郑贵妃及其家族，其中羼及“门户之争”。“门户之争”原因是张居正执政时，压抑言官（即御史、给事中等谏官），遂演成阁臣与言官对立，由此产生“门户”。凡是我者则是之，非我者皆非之，而置国事于不顾，争辩是非，小题大做，藉以排斥异己。如定陵修建之中地宫有水，亦成“门户之争”的事端。正如史可法所说：“门户二字，实为祸首。从门户生畛域，从畛域生恩怨，从恩怨生攻击，……而门户之名，竟结燕都之局。”[1]此诚为伤心至痛之言！如东林党人，本多正人君子，而“主梃击、红丸、移宫者，皆东林也”。东林党人好的是意气之争，只辩一人一事之是非，不顾国家之大局。

明末“三案”就是在这种形势下发生的。

一、梃击案

万历四十三年（1615年）五月初四日，天色刚黑，有一男子持枣木棍闯入太子所居之慈宁宫，击伤守门太监，被捉拿提问。经审知其人名张差，蓟州人，行凶系由疯癫，即以此定案。后经由刑部提牢王之寀借散饭之机，恐吓张差，吐实则给饭，否则饿死。张差乃供称，其外祖及舅辈等命其随一老公（太监）至京，进入一所大宅院子，另一老公给他饭吃，对他说：“汝先冲一遭，遇人辄打死，死了我们救汝。”畀他枣木棍，导他由后宰（载）门直至宫门上，击门者坠地。老公多，遂被执[2]。于是群臣上疏，催促开审。疏中有“奸戚”之称，系指郑贵妃及其家。又讯知两个老公即庞保、刘成，二人均为郑贵妃所用。所以《明史·孙承宗传》云：“事关东宫，不可不问；事关贵妃，不可深问。庞保、刘成而下，不可不问；庞保、刘成而上，不可深问。”此言明于情势，深究是无益的。

太子常洛畏惧贵妃，“缘帝及贵妃意，期速结”。即将张差、庞保、刘成处死，案子便这样了结。嗣后借词将王之寀免官，至天启初，王之寀复职，遂上《复仇疏》，重提“梃击”一事，并连及“红丸”，于是争斗又起。

---

① 《史文正公集》卷一《请饬禁门户疏》。

② 《明史》卷二百四十四《王之寀传》。

二、红丸案

光宗朱常洛正当中年而体质素弱。万历四十八年（1620年）八月丙午朔（初一）登极，乙卯（初十）便病倒。当时有两个女人在身旁左右他，一个是其所宠爱的李选侍（低级嫔妃），再一个即郑贵妃。她们互相勾结，强使朱常洛以父遗命封郑为太后，李为皇后。但这位新皇帝病倒在床，顾不得写封事，治病要紧。太监（一作内医）崔文升遂进泄（泻）药，一昼夜泄（泻）三四十起，传谕有“头目眩晕，身体软弱，不能动履”之语。就在这样岌岌危殆下，还要册封李选侍为皇贵妃。阁臣首辅方从哲请速建储贰（太子），朱常洛回顾长子朱由校（天启帝）曰：“卿等共辅为尧舜。”这时有鸿胪官李可灼进红药丸一粒，服后顿觉暖润舒畅，连称可灼忠臣，再进一粒服之。及翌日（九月初一日）天未明即死。

于是群臣矛头直指方从哲，引起门户之争。攻者说方从哲不慎，误使皇上服药毙命。群臣正恨李可灼进药，方从哲却拟遗旨赏可灼银币。这更激众怒，遂共指其为弑君之罪。当时攻方最力者为孙慎行，曾说：“阅邸报，知李可灼红丸乃首辅方从哲所进，可灼非太医，红丸不知何药，乃敢突然以进！”[①]今窥察其前后病情，探寻医理，应先是重量泄（泻）药，下泄（泻）难止，继服补药，猛烈难支，遂尔丧命。正如当时人吴甡所指：“大黄之克，过于红铅。”先泄（泻）后补，体弱不堪支持[②]。如若追究责任，应问罪崔文升，但群臣攻击点却在李可灼。明朝皇帝孝宗、世宗都好服丹药，以希长寿。丹铅之物虽有毒，却不致一服即亡的。

---

①《明史》卷二百十八《方从哲传》；谷应泰：《明史纪事本末》卷六十八《三案》。
②《明史》卷二百四十四《杨涟传》。

三、移宫案

朱常洛死后，其长子朱由校登极，由李选侍侍护他，好似保姆，住在乾清宫中。这座宫殿，按制度应是皇帝所居之地。先是郑贵妃住，被迫移出后，由朱常洛住。常洛死，便由朱由校同李选侍住。朝臣争言李选侍无资格居住，必须移宫。偏偏这位新皇帝毫不懂事，十七岁了，却像是个白痴，更谈不上通达政理，一切任凭李选侍及太监们摆布。当时李选侍坚持不肯移出，经一番争斗后，才移住哕鸾宫。所谓"移宫案"内容即如此。在移宫斗争中态度最为激烈的是给事中杨涟。《明史·杨涟传》中有一段极为生动的记述："（泰昌）元年九月乙亥朔，昧爽，帝崩。廷臣趋入，诸大臣周嘉谟、张问达、李汝华等，虑皇长子无嫡母、生母，势孤孑甚，欲共托之李选侍。涟曰：'天子宁可托妇人？且选侍昨于先帝（光宗）召对群臣时，强上（朱常洛）入，复推之出，是岂可托幼主者？请亟见储皇，即呼万岁，拥出乾清宫，暂居慈庆宫（太子所居之宫）。'语未毕，大学士方从哲、刘一燝、韩爌至。涟趣诸大臣共趋乾清宫。阍人持梃不容入，涟大骂：'奴才，皇帝召我等。今已晏驾，若曹不听入，意欲何为？'阍人却，乃入临，群臣呼万岁，请于初六日登极，而奉驾至文华殿，受群臣嵩呼。驾甫至中宫，内竖从寝阁出，大呼：'拉少主何往？主年少畏人！'有揽衣欲夺还者。"这场闹剧，煞是可笑！后来"选侍被迫移宫，居仁寿殿，明日庚辰，熹宗（朱由校）即位"。

三案之中，移宫最为无聊。从当时形势看，明宫中停放着三口棺材。《明光宗实录》泰昌元年九月记："前殿（乾清宫）皇祖（朱翊钧）之尊灵，坤宁宫又有孝端皇后（朱翊钧后王氏）尊灵，今当择于仁智殿奉安（朱常洛灵柩）方为合礼。令旨从之。"一边是三柩未葬，一边是争吵不休，而努尔哈赤建国号天命已五年，前一年明军已大溃于萨尔浒。内外诸事，皆不堪问。

朱由校简直是一个白痴，为乳母客氏及太监魏忠贤所把握，连父之妃（裕妃）、己之后（张皇后）都凭其陷害，无法保全。及客、魏得势，争论三案之人，“率指目为东林，抨击无虚日。借魏忠贤毒焰，一网尽去之，杀戮禁锢，善类为之一空”[1]。

明末，神宗之贪财酗酒，又及子、孙之无能不肖。有此三帝，明朝焉能不亡。门户朋党，不是致亡之关键。有人说，“从哲误国”。有如此昏庸之皇帝，凡事只能和稀泥，又何必深责之！

一九八三年十一月九日晨于北京大学燕东园书屋

（原载《明清史论著合集》，北京大学出版社1988年版）

① 《明史》卷二百三十一《顾宪成传》。

谈明末袁崇焕坚守宁锦的敢战敢胜精神

一、辽东的现实形势

当十六、十七世纪之际，中国东北地区政治形势发生着一种新的变化，那就是，居住在松花江和黑龙江流域的女真族，通过他们杰出的领袖努尔哈赤（清太祖）的组织和领导活动，逐渐壮大起来。努尔哈赤一方面积极发展农业生产，使用所俘辽东汉人从事推广耕种，并借与明互市，以土产东珠、人参及贵重兽皮进行交换，从而物质基础日达巩固。另一方面，以所降附的各部落扩编成“八旗”部队，到明万历末，已拥有武装齐备的惯战精骑六万人之众。在1616年（明万历四十四年），努尔哈赤放弃所受明朝建州卫都督，建元称尊，作起大汗。中国最后一个封建王朝，清朝的纪元即开始于此时，即“天命元年”，这时它的国号尚不叫“清”，叫“大金”，史称“后金”。

过了两年，1618年（万历四十六年、天命三年），努尔哈赤对明开始作试探性的进犯，其所持的理由为“七大恨”，内容主要讲他父和祖无故遭到明军杀害，要兴师问罪。这时，明朝的封建统治集团，腐朽不堪已达极点，万历皇帝推病三十年不临朝，但却勤于“多藏厚积”，矿监税使，布满全国，搜刮人民，无孔不入。政府陷入瘫痪状态，各处缺官不能提补，大臣辞职挂印可去，以致边备废弛，兵马懦弱。努尔哈赤没费力气即夺取了抚顺、清河二城，获得

"人畜三十万"[1]，胜利而归。

明朝接到军报，虽然大吃一惊，但认为这只不过是一隅之患，不难一举压平。在第二年（1619年）春，征集大批军队，夸称四十七万（实际不到二十万，相当于当时后金全部兵力的三倍），派杨镐为统帅，誓师辽阳，分四路向后金都城赫图阿喇（今辽宁新宾县）冲进。杨镐和他的僚属对敌方的情况、兵力以及地域等条件，事先均未加以调查研究，即贸然进军了；并且由于纪律不严，把出师日期也泄露了，这样就给了后金以从容布置应战的机会。努尔哈赤采取集中优势兵力、各个击破的战略，在短短五天的时间内，以少对多，打垮了明朝三路大军，其余一路不战退去[2]，这就是历史上著名的萨尔浒之战。努尔哈赤是在氏族制的残基上，把分散的女真人民给以严格的约束并武装起来，而统兵将官都是他的子侄，这一支新兴起的子弟军，表现了极为强劲的战争力。军纪废弛、号令不一的明军，尽管人数众多，实非其敌手。

接着努尔哈赤乘胜夺下了开原、铁岭，作为明朝辽东的防御线被突破，兵锋迫及辽沈。

二、明朝两种不同的防御后金策略

萨尔浒一战，揭开了明和后金战斗的序幕，从此在东北地区形成一种对峙局面。这时明朝的态度渐渐由傲慢疏忽转而进入恐慌紧张的阶段。在群臣中存在着两种不同的应付后金问题的方针和办法，因而其策略战略及一切具体措施也都大相径庭。一种是不做实际准备，只想运用手段，依靠外力，希图侥幸取胜。一种则是积极整顿军备，加强本身防御力量，沉着应战，相机进取。明臣先后都担任着辽东的军事要职，就由于主张的不同，演变成了内部激烈的斗争。而执后者主张的人却占少数，再加上宦官魏忠贤及其党羽把持朝政，排除

---

①《清太祖武皇帝实录》卷二。

②《明神宗实录》卷五百八十，万历四十七年三月甲申；《明史》卷二百五十九《杨镐传》；《清太祖武皇帝实录》卷三。

异己，无是非可言，于是此少数人乃相继不终职而去。他们之中有三个主要人物，为熊廷弼、孙承宗、袁崇焕。这三人为辽东防御战都建立了功勋，尤其袁崇焕更是获得了辉煌的胜利战果。

从萨尔浒明军溃败后，辽河平原这一广阔地区成为后金进行争夺的目标。在多次的战役过程中，反映着明朝两种不同策略的对立和交替，同时也即给孰错孰对作出了实践证明。明朝用熊廷弼代替杨镐主持辽东军事，当时的防守重点为沈阳和辽阳。熊廷弼采取积极防御的战略，一面严肃法纪，坚守要隘；一面派出精锐“为游徼，乘间掠零骑，扰耕牧”。意在待敌疲惫，再以大军“相机进剿”[①]。如此经过了一年多，努尔哈赤不敢兴师进犯，显然是取得了战略效果。而熊廷弼竟被朝议排挤去职。换上来的是袁应泰，一反熊廷弼的严肃紧张作风，放弃积极防御，漫无戒备。他看到蒙古正在闹饥荒，便想招抚其众，资以捍敌。他们偶然获一小胜，即以为足恃无虑。而敌方间谍乘机混入，里应外合，不到十天，辽沈俱失，袁应泰自缢于辽阳城楼。

明朝再度起用熊廷弼，可是情况不同了，他虽然身居统帅——经略，而实权在巡抚王化贞手，“广宁（辽东巡抚驻此）有兵四十万，而廷弼关上（山海关）无一卒”[②]。王化贞取得兵部的信任和支持，大言发动进攻，实际却专靠蒙古林丹汗，对自己“一切士马、甲仗、糗粮、营垒，俱置不问”。另外，还想暗结降敌明将作内应，结果弄巧成拙，自己部下反而响应了敌人，以致广宁失陷，辽西大乱。王化贞踉跄逃命，并连带熊廷弼一同下狱治罪。

接着明朝又派了王在晋，是一个胆小鬼，害怕战争，想要把关外全部防御任务交给蒙古，自己在山海关外八里铺筑一重关，坐在那里看守。等大学士孙承宗来视察，驳斥了王在晋的这种荒谬办法，把他调开，由承宗担任督师，练兵筑城，制造战具，积极防御，辽西地方渐趋稳固。此时努尔哈赤虽然兵精粮足，在四年之间，敛兵不敢轻动。后来孙承宗以不肯附和魏忠贤又被撤职了。

替代孙承宗的是高第，他和王在晋走着同一路线，并且办法比在晋更加彻

---

①②《明史》卷二百五十九《熊廷弼传》。

底，下令尽弃关外城堡和守具，军民全部撤退。努尔哈赤看到这是一个进兵机会，就迅速集合大军渡河来攻。

袁应泰等这班人在战略上犯了严重的错误，他们既不知照顾全局，又不能知己知彼，一味依赖外援，轻于进退，遂致连遭惨败。毛泽东同志在论战略防御问题中曾指出："常常发生两种偏向：一种是轻视敌人，又一种是为敌人所吓倒。"由于"一时的环境很顺利，或者虽有严重的环境而看不到，因此往往轻视敌人……一味只讲进攻，不讲防御和退却，在精神上解除了防御的武装"。相反"太看重了敌人，太看轻了自己，因而采取了非必要的退却方针，精神上同样地解除了防御的武装"[①]。从明朝的辽东防御后金战争，完全证明了这个军事科学论断的精辟和正确。

三、袁崇焕敢于战斗敢于胜利

一方在处心积虑谋图进攻，得寸进尺，有进无已；一方却力避冲突，步步后退，不敢迎上前去战斗，这样下去，势必到退光让净才能停止。高第既放弃关外，随即倡言"蓟镇（关内重镇）急于关门"；兵部尚书王永光则忙于"防御京师"；而蓟辽总督王之臣更说需要守备镇定[②]。由此可见，这已不是关门的守不守，而是北京的保不保了。

就在这种危急存亡之际，明朝一个中级职官宁前道袁崇焕，挺身而出，誓死不离开自己的岗位宁远城，坚决要同后金作寸土不让的战斗。

1622年（天启二年、天命七年），努尔哈赤夺占广宁后，以畏惧蒙古、朝鲜袭己，未敢长驱深入。这时袁崇焕居王在晋属下，曾谏止他筑八里铺重关，以职微言轻，没起作用。等孙承宗来督师，非常赏识袁崇焕的军事见解和才能，采纳了他的坚守关外的建议，即命坐镇宁远。袁崇焕协助孙承宗修筑宁远

---

① 毛泽东：《中国革命战争的战略问题》，载《毛泽东选集》第一卷，人民出版社1967年横排袖珍版，第181–182页。

②《明熹宗实录》卷六十，天启五年十一月甲寅。

和锦州松山、杏山等大小具有战略性的城堡，并积极整练兵马，从事战守准备，从而辽西地区又重新巩固起来。

高第要关外军民全部撤退，袁崇焕力争不得，乃表示说："我宁前道也，官此当死此，我必不去。"[①]结果，在关外就留下了他和一座未撤守具的宁远孤城。这对袁崇焕确是一次严峻的考验，同时也是给予他表现军事才干的一个好机会。他首先集中兵力，团结将士。当时能集结的军队只有二万人，即选派能战将领满桂、祖大寿等统率分守四门。崇焕刺血作书，对将士下拜，激以忠义，全军感奋，愿为效死，接着发动居民参加战守[②]。辽东自后金进占以来，掠夺土地，驱杀人民，从而引起严重的民族矛盾，反抗情绪日益激化。努尔哈赤虽然收买了一部分辽东地主，为他开门迎降，可是人民群众却坚持抵抗，东山矿徒的崛起、十三山难民的拼斗，都反映了这种强烈的斗争形势。袁崇焕为了保卫地方安全，抗拒暴力入侵而战，是正义的战争；努尔哈赤则是企图扩张地盘，蹂躏地方，涂炭人民，是非正义的战争。因而，袁崇焕能得到辽东人民的一致拥护和支持。宁远城内居民以及商人、武生（习武的官生），都踊跃争先参加到战斗行列。民夫编成队伍，给士卒送饭；武生手持武器，把守巷口，盘查奸细[③]。凭此军民精诚团结，把一座宁远城装备得犹如"铜墙铁壁"一般。

袁崇焕部署才定，第二天，即1626年正月十七日，努尔哈赤即率兵抵达城郊，努尔哈赤满以为高第已退走关门，乘虚而入，必能一举席卷辽西，直冲山海关，打开进图中原的大道。据清官书所记后金军容是："渡辽河，于旷野布兵，南至海岸，北越广宁，大路前后如流，首尾不见，旌旗剑戟如林。"[④]可见是发动倾国之师了。等努尔哈赤知道宁远还有个袁崇焕在坚持守御，便派人来恫吓说："吾以二十万兵攻此城，破之必矣！"要他赶快投降。袁崇焕的回

① 《明史》卷二百五十九《袁崇焕传》。

② 《明熹宗实录》卷六十三，天启六年二月乙亥，兵科给事中罗尚忠据塘报；《明史》卷二百五十九《袁崇焕传》。

③ 《明熹宗实录》卷六十五，天启六年四月辛卯，袁崇焕奏报。

④ 《清太祖武皇帝实录》卷四，天命十一年正月十七日。

答是："必当死守，岂有降理。"随即以带着藐视的态度指出："谓来兵二十万，虚也。吾已知十三万，岂其以尔为寡乎！"[①]他不但没因敌人兵马众多而被吓倒，反而更加勇气百倍地督率军民执行城守。

二十四日，努尔哈赤的八旗精锐及裹铁车牌、勾梯等攻城武器，一齐拥上。袁崇焕先命擅长炮术的家丁罗立施放西洋式大炮轰击，果然收到战果，可是敌兵仍冒着浓烈火焰前进，直抵城下。用车牌掩护，在城的各角、台间施行凿掘，有数处被掘二丈余，城墙即将崩坍。城上明军竟以棉木掺油合药制成的火把火球，投下燃烧，并派敢死勇士缒城拼战。结果，敌方攻城战具大量被焚毁，人也伤亡惨重，只得收兵退下[②]。二十五日再战，连夜持续战斗，受创愈大，死伤更多。经此两日鏖战，努尔哈赤无计可施，懊丧达于极点。他自以为起兵以来，二十五年当中，战无不胜，攻无不克，却没想到今天碰上扎硬寨、打死仗的劲敌，最后落了个"大怀忿恨而回"[③]。

袁崇焕在外援断绝、兵力单薄、环境条件极度困难的情况下，能打退数倍于己的强大敌人，实出乎明朝君臣意料之外。因此，胜利消息传到北京，朝野震动。原来同意高第退守关门的兵部尚书王永光，此时也讲出："辽左发难，各城闻风奔溃，八年来贼始一挫。"又夸赞袁崇焕说："盖缘道臣袁崇焕平日之恩威，有以慑之维之也，不然，何宁远独无夺门之叛民（指袁应泰），内应之奸细（指王化贞）乎？"[④]

确是不错，袁崇焕打败了后金的长胜军，并且在团结军民、防范奸细上面做得十分成功。但却不是因什么恩威，而主要是由于袁崇焕具有敢于战斗、敢于胜利的大无畏精神。八年来明朝官员，特别是高级官员，绝大多数都害怕后金，而袁崇焕独独不怕，从而在他的坚定勇敢的感召和激励下，宁远的军民同样也都不怕起来，人人挺起胸膛，朝着敌军展开"战则死战，守则死守"的拼

①《清太祖武皇帝实录》卷四，天命十一年正月二十三日。
②《明熹宗实录》卷六十三，天启六年一月庚午，高第塘报；四月辛卯，袁崇焕奏报。
③《清太祖武皇帝实录》卷四，天命十一年二月初九日。
④《明熹宗实录》卷六十八，天启六年二月乙亥。

斗。他们凝结成一个不可撼动的整体力量，所以能够打走了气焰高涨的后金军，保卫住孤单无援的宁远城。

袁崇焕的获得胜利，尖锐而有力地回答了节节后退的怯战者，同时也充分证明了他的坚持战守、寸土不让这一战略的正确性。

关于宁远一役，学人（包括日本一些历史学者）多谓系赖西洋式大炮之力。根据史实来看，这种论点是极为片面的，也是不够正确的。在当时，大炮只是在双方距离较远时可以取得战果，可是它并不能阻止敌军迫临城下。我们不难设想，当宁远城被掘凿即将崩陷的时刻，如果没有城上将士的坚决抗击，以致冒死缒城拼杀；如果没有居民的参加战斗和严查奸细，维持地方，单凭几口大炮，能够打退敌军，保住危城吗？绝对是不能的。于此还可以引后来后金君臣讨论攻战的一番话作参证，他们说："辽阳、广宁之失，岂无枪炮以防守？张道征战之事，岂无枪炮以对敌？……可见取胜在人心之齐，不在枪炮之多。"[①]由此显然可见，决定战争胜负的并不是武器，而是由人们的觉悟和团结所发挥出来的巨大的战斗力量。宁远城的整个战斗过程，完全证明了这个真理。当然，这决不是说，战争不需要具有破坏力较强的锐利武器，恰恰相反，一个杰出的军事家，不但不排斥它，而且要充分利用它，以它装配部队，增强作战技术。袁崇焕平时培养家丁熟练炮术，就是一个很好的例证。除此之外，统帅正确的战略部署和高超的指挥艺术，也应计算在内，这也是决定胜负不可缺少的一个重要因素，而袁崇焕在这方面确是一个表现得极为出色的人物。

宁远战后，袁崇焕升任辽东巡抚，权位提高，于是他对保卫关外、恢复辽东作出一套精密而全面的军事规划。他的战略主导思想是：战守结合，稳扎稳打，一步步进图恢复。这是他对当时双方现实形势，经过深刻分析研究而后决定的。其具体措施内容：先将关外宁远、锦州、中右屯、大小凌河诸城堡，修筑坚固，作为据守重点，以遏制敌人的深入，然后派出大批兵士和当地人民广行屯种，达成食粮充足，免去外运中断之虑。同时为了加强保卫地方，根除隐

---

① 扈应元：《条陈七事》，载《天聪朝臣工奏议》卷中。

藏奸细，实行“辽人守辽土”。为了争取外援，削弱敌方，尽力联络蒙古诸部，使之成为明军助手。袁崇焕讲到他的战略措施目的和作用时说：“且守且战，且筑且屯。”“由此生聚教训，愈筑愈前，在今日奴（后金）无如我何，他日我谋奴莫我御。”①用辽人可使“奴穷于无所导”，联蒙古可使“奴穷于无胜与”②。袁崇焕的且守且战的战略决不是消极的。他认为速战求胜既不可能，而且十分冒险。他指出作战的步骤和前途，说：“战则不足，守则有余，守既有余，战无不足，不必侈言恢复而辽无不复矣。”③他还实行了精兵政策，将关外九万明军加紧训练，要在“数月之间，闲习齐肃”，使此“数万之兵，而有一二十万之用，画程复辽，计日擒奴”④。从这里可以表明袁崇焕的战略是非常积极的。

后金虽然遭到了一次大败仗，可是，其进攻辽西的野心意图并未因此而打消。1626年（天启六年、天命十一年）秋天，努尔哈赤死去，由第八子皇太极继续其业。袁崇焕想借着他们内部发生变动，假意作出可以和谈的表示，以便延缓冲突时间，完成筑城工程。而皇太极也以初掌大权，并且后金没有固定的皇位继承制度，兄弟之间尚待调处，又想用兵朝鲜，削减明助，因而对袁崇焕也虚与周旋，这样维持了一段时间。等皇太极发觉对方筑城屯田这一战略措施的严重性，就决不再容拖延，在1627年五月里，冒着炎暑，亲率大军来攻。

此时只有宁远和锦州二城已修筑坚固，其余尚未竣工。袁崇焕自己担任保卫宁远之任，另由总兵官赵率教负责锦州。在此停战一年多的时间内，通过严格的军事教育和训练，以及袁崇焕以身作则地对将士鼓舞策励，明军已一变过去怯战畏敌的懦态，而成为硬骨头的勇悍部队。后金军先攻锦州。皇太极同其三大贝勒——代善、阿敏、莽古尔泰，即当时后金的最高统治者，亲临阵地督战。皇太极以为锦州城新筑，应比宁远易破，并想借此树立威信，因而战斗情况异常激烈。双方相持近一个月，“大战三次，小战二十五次，无日不战”⑤。

---

①②③《明熹宗实录》卷七十八，天启七年四月丁巳，袁崇焕疏。

④《明熹宗实录》卷六十六，天启六年五月庚申，袁崇焕疏。

⑤ 沈国元：《两朝从信录》卷三十四，天启七年六月，纪用（监军太监）报捷疏。

皇太极亲自指挥攻打锦州城的南面，战斗从寅至酉，持续了八个时辰（即从拂晓到黄昏，共十六小时），最后还是败退下来。据明官方报告，敌军以伤亡过重，败回营去，“大放悲声”[①]。

后金军在宁远同样也遇到他们所意料不到的强硬对手。这时宁远明军不只是如上次战役那样坚守城垣，而是出城和敌人进行短兵相接的白刃战。据袁崇焕的报捷文书说：“十年中尽天下之兵，未尝敢与奴战，合马交兵；即职去年也从上而攻城下，今始一刀一枪而下拼命。”又道：“职复凭堞大呼，公路进追。”[②]不难想象，这场战斗是多么勇猛、多么壮烈！

清官书所记锦州一役，其重要将领如济尔哈朗、萨哈廉、瓦克达等均受重创，牛录厄真（八旗基层将官）多有阵亡[③]。也可以证明战斗之激烈程度。皇太极愤慨地说：“昔皇考攻宁远，不克；今朕攻锦州，又未克。若遇此野战之兵，尚不能胜，其何能张我国威耶！”[④]然而，尽管如此悻悻，终于莫可奈何地偃旗息鼓而退兵了。

从袁崇焕坚守宁锦这一历史事件当中，清楚地揭示给我们：要想保存自己，驱除强暴，首先必须具有敢于战斗、敢于胜利的大无畏精神。袁崇焕在对敌斗争中所表现出的意向坚决，斗志昂扬，大家后退他不走，敌人威吓他不怕，正是这种可敬可贵的精神。并且他认识到，必须号召和团结辽东人民共同进行抗战，才能打败敌人，保住疆土。所以，后金军纵然两次攻势都极为凶猛，而结果还是归于失败。毛泽东在《论持久战》一文中，曾着重指示过：“兵民是胜利之本。”又说：“战争的伟力之最深厚的根源，存在于民众之中。”袁崇焕的战斗过程在一定程度上是取得这种致胜条件的，所以才能够连获两次大捷。

袁崇焕的全部战略方针和办法是极其周密稳健的。通过了筑城、屯田、用

---

①《两朝从信录》卷三十四，天启七年六月，纪用（监军太监）报捷疏；赵率教、纪用报捷疏。

②《两朝从信录》卷三十五，天启七年七月，袁崇焕奏报。

③④《清太宗实录》卷三，天聪元年五月癸巳。

辽人、联蒙古等要着，布置成一个强固的阵容。他决不冒险轻举，也不放松进取。他先使从关门到宁远二百里内“屹若金汤”，做到“奴即百万，何敢飞越”[①]。然后凭此基础，向前推进，“而锦义（辽宁义县），而广宁，而辽沈，步步打实做去”[②]，从而实现他的恢复辽东大计。

袁崇焕对保卫辽东是具有极大信心的。他说：“所守之地即信也，信之不可渝而死生以之也；所司之事即其业，业若素之而身命亲焉者也。”[③]这是何等纯粹切实而不可动摇的坚强意志。

因此，经过宁锦两次大战，终崇祯朝皇太极不敢直窥关门，其多次侵扰中原，均系越过关门，由长城潜入，而且饱掠即回，不敢久留，无疑这就是袁崇焕的战斗成果。当然，腐朽无能走着下坡路的明朝很难抵挡住蓬勃新兴的后金势力，特别是其内部官吏和地主的相继背明投金，更促进了明朝的崩溃。但正因如此，袁崇焕所表现的高贵品质和卓越战绩更应予以肯定和赞扬。

（原载《史学月刊》1964年第10期）

---

①《明熹宗实录》卷七十九，天启七年五月庚辰，袁崇焕疏。
②《明熹宗实录》卷七十九，天启七年五月戊辰，袁崇焕疏。
③《明熹宗实录》卷六十五，天启六年四月己亥，袁崇焕疏。

明清之际山海关战役的真相考察

一、清官私各书的偏私和失实

公元1644年农历四月二十一、二两日，李自成率领的大顺农民军同吴三桂及其所勾引来的清军，在山海关前进行了激战。从此农民军由盛转衰，未能重振。这是关系着大顺政权兴亡的一次重要战役。因此，清初官私著作，对此战役都作出重点的记述，但是它们都怀有偏私之见。官书要给清军吹嘘，便极力夸大其入关战绩；私家著作则称赞吴三桂，说他勇武惯战，农民军非其敌手，而对李自成和农民军则均极尽歪曲、诬蔑之能事。

先举官书来看。《清世祖实录》卷四记有多尔衮山海关战役的告捷奏疏，其中说：

> 于四月二十一日抵山海关，值贼首李自成亲率马步兵二十余万，……围山海关。……次日，我大军直薄山海关，三桂开门迎降。我军遂从南水门、北水门、关中门入。望见贼渠领众自北山横亘至海列阵。是日，大风扬尘，咫尺不见。我军又对贼布阵，不能横列及海。臣随集诸王、贝勒、贝子、公、固山额真、护军统领等，谓："尔等毋得越伍躁进，此兵不可轻击，须各努力，破此则大业可成。我军可向海对贼阵尾鳞次布列，三桂兵可分列右翼之末。"各号令毕，

于是我军齐列。及二次呼噪进兵，风遂止。各对阵奋击，大败贼兵。①

以后凡官书记此战役，都以这段文字为模本。其中对农民军虽有“不可轻击”之言，而其实在用意仍为了宣扬农民军的不堪一击。这种记述，当然是不符事实，并且只叙说四月二十二日的战情，对于二十一日农民军同吴三桂军交战状况，官书几乎只字未提。而私家著作又把取胜原因说成是吴三桂的奋战。下面两段记载就很有代表性：

谷应泰《明史纪事本末》卷七十八：“丁丑（四月二十二日）吴三桂大破（贼）于关门。……三桂悉锐出战，无不一当百。”

钱軹《甲申传信录》卷八：“三桂战甚力，满兵尚按兵不动。闯乍北，无战意。立斩吴襄（三桂之父）首级悬之至高之纛，以示三桂。闯遽返，众兵皆溃。”

在官私各书中还存在着另一种用意，即宣扬李自成兵多，吴三桂和清军兵少，企图把山海关之战说成是一场以少胜多的战役。

更有甚者，在有的私家著作中，不仅把打败李自成归功于吴三桂，并且为他勾引清军入关的背叛罪行而进行辩护。如夏允彝《幸存录》（卷下）就说：“三桂前后（指李自成和满洲）皆劲敌，不得已乃与虏合。”

清代的私家著作，对吴三桂的降清是偏袒的，但对大顺农民军在这次战役中所表现出的英勇战斗和牺牲精神，则只字不提。现在根据所见资料试作一次考察。当然，这些资料也尽是出于封建地主阶级之手，但由于或系本人亲身经历，或闻之父祖，并且属于官报和杂记、诗篇之类，因而多少提供了一些被官私史籍所刊削去的事实真相。

---

①《清世祖实录》卷四，顺治元年四月辛巳。

二、战役的真相

（一）李自成同吴三桂及清军的战前活动情况和军事实力对比

李自成事前对山海关这一战役发生的可能性和严重后果都是估计不足的。其所以如此，主要是他和所属将领进入北京后，在军事上产生轻敌麻痹思想，在策略上和战略上考虑又欠周密。吴伟业曾说，李自成“已破太原，逾太行，蹂真保，可以直犯京师，乃先攻宁武雁门者，盖以宣大天下劲兵处，惧京师而为之援也”[①]。可是在这一着取得成功之后，由于一路上除宁武同明将周遇吉一战外，余如宣府姜瓖、居庸关唐通均相率迎降，兵不血刃而抵京郊。就是因为这样一帆风顺地获得胜利，使他感到摧毁明统治者的武装实力是不困难的，只须几道招抚命令便可指望敌军土崩瓦解。因而对吴三桂降后缺乏警惕，特别是对于后来满洲乘机入关和吴三桂勾结在一起来对抗和镇压农民军，在思想上是没有准备的。以为三桂之父吴襄已降，其子也必定能降。殊不知三桂投降乃迫于形势，他对幕僚说：“闯王势大，唐通、姜瓖已降，我孤军不能自立。”[②]因此，吴三桂一面对李自成作出愿降姿态，另一面则勾结满洲来抵抗农民军。而在北京的农民军各首领却自以为天下大局已定，从此可以高枕无忧，从容布置一切。当吴三桂的反讯传到北京，并且边报不断告急，李自成仍然在分兵南下，等事情迫于眉睫，他才在处于被动的形势下，开始了东征。临行之时，还带上一个和吴三桂具有亲谊的明降臣张若麒同行[③]。这就表明到此时此刻，还未下定消灭山海关明军势力的决心，反而对招抚吴三桂寄予幻想。在行军途中又遇上吴三桂派遣的几个山海关豪绅地主前来请降，他们用花言巧语欺骗李自

---

① 吴伟业：《绥寇纪略》卷九《通城击》。
② 管葛山人：《平寇志》卷十。著者说，系江右高安马大令所闻吴三桂幕客语。
③《贰臣传》卷八《张若麒传》。

成，企图阻止东征。这一阴谋诡计在一定程度上曾是起了作用的[①]。

吴三桂本以总兵官镇守宁远，当北京势危，明政府调他入卫，而他故意迟迟其行，以观变化。后听到京城已破，崇祯自缢，乃返回山海关，联合豪绅地主，反抗大顺政权。据当时当事人之一佘一元《山海关志》卷五《兵警》所记：

> 四月十九日，传令聚演武堂，合关辽两镇并绅衿誓师拒寇。二十日，祭旗、斩细作一人，与诸将、绅衿歃血同盟，戮力共事。

根据资料，这伙所谓“绅衿”，可以考知其姓名者为：李友松、谭邃寰、高选、刘泰临、曹时敏、程印古、冯祥骋、吕鸣章、吕鸣夏、刘台山、黄镇庵、马维熙、佘一元。李友松到吕鸣章这八人被称为“八大家”[②]，无疑更是家大业大的豪强地主了。他们的活动情形，从佘一元的诗里可以看到一些。今节录有关之句于此：

> 吴师旋关日，文武尽辞行。士民争骇窜，农商互震惊。二三绅儒辈，蚤晚共趋迎。一朝忽下令，南郊大阅兵。飞骑唤吾侪，偕来预参评。
>
> 仓库净如洗，室家奔匿多。关辽五万众，庚癸呼如何！事势不容诿，捐输兼敛科。要盟共歃血，士民尽荷戈。[③]

很清楚，豪绅地主已和吴三桂结成同盟。他们不仅向当地的农民和商人强征粮饷，用以组织武装来对抗农民军，而且也参与了吴三桂的降清活动，有佘

①（光绪）《永平府志》卷六十五《李友松传》，附程儒珍《关门举义诸公记》。

②（光绪）《永平府志》卷五十八《高选传》。程儒珍为“八大家”中程印古之九世孙。据云其家藏有程印古等《上墨勒根王（多尔衮）书》原稿。

③（光绪）《临榆县志》卷九《纪事》，附佘一元《述旧事诗》。

诗为证：

> 平西招我辈，出见忽迟回。冯（祥骋）吕（鸣章）暨曹（时敏）程（印古），偕余五骑来。相随谒摄政，部伍无喧豗。[①]

再看下面的两段记述：

> （吴三桂）兵至永平，闻其妾陈沅被虏，还兵击（唐）通，通败。……自成闻之，令降将（白）广恩援通，兵亦溃。自成别以贼将二万守关，而遣通实银四万两犒三桂军，欲因以招之。三桂佯受金缓贼，而书乞本朝兵入关。[②]

> 议诈降缓贼以待大清兵，（高）选随生员李友松、谭邃寰、刘泰临、乡耆刘台山、黄镇庵六人，轻身绐贼。行至三河，遇贼，遂羁而东。[③]

陈沅之事，非关主要，勿庸置论。李自成连用两个降将都告失败之后，仍想以犒赏办法进行笼络；而吴三桂却在接受犒金后又来了个缓兵之计。李自成把六个假降代表带到了山海关，他们想从阵前逃脱，其中五人立被处死，余下高选"身被三矢"跑掉。事后他们还自慰地说："关城卒赖以完。"[④]

于此再把李自成东征行军的里程和日期来核算一下。北京距山海关约七百里，按照当时正常行军，每天可走一百二十里，若兼程则能走二百里，当时清

---

① （光绪）《临榆县志》卷九《纪事》，附佘一元《述旧事诗》。
② 《贰臣传》卷七《唐通传》。
③ （光绪）《永平府志》卷五十八《高选传》。
④ （乾隆）《永平府志》卷十八《李友松传》。

军就是以这样的速度进军的。而农民军四月十三日由北京出发[①]，至二十一日才到达山海关，走了整整八天。如果进军速度不是这样的缓慢，就可在清军未到关门的前几天攻破关城，歼灭吴军。由于决策不定，终于坐失胜敌的良机！

清自从崇德八年（1643年）皇太极死后，大权归于摄政王多尔衮，他积极准备进攻明朝。次年春，他曾派人往陕西一带寻找农民军，想利用他们的力量，“协谋同力，并取中原”[②]。但后来得悉北京城已被李自成占领，便改变策略，立即集结大军而开始行动。《清世祖实录》记此次出兵，由多尔衮任统帅，“统领满洲、蒙古兵三之二，及汉军、恭顺等三王、续顺公兵”[③]。满洲几乎是以倾国之师对着大顺农民军猛扑过来。

起初，多尔衮并不知道吴三桂要投降，因此其行军计划仍走侵明老路，即绕过山海关，由长城突入。等三桂派人来请求救兵，乃改变路线，直趋关门。当时的接洽情形和经过，随军朝鲜世子李淫从官《沈馆录》卷七有详细的记述：

> 四月十五日卯时，行军五里许，九王（多尔衮）驻兵不进，未知其由。俄闻有俘获汉人之说，世子使译官徐尚贤，微探于阵中，则范文程密言曰：“山海关总兵吴三桂，遣副总一人、游击一人来言，……贼锋东指，列郡瓦解，唯有山海关独存，而力弱兵单，势难抵挡。今闻大王业已出兵，若及时促兵来救，当开山海关门，以迎大王。”

接着又记：夕时，衙译李荮叱石以九王分付来言曰：“自明日当为倍程。”有了这样一个出乎意料的好机会岂能错过？清军自然要兼程而进了。而此时李

---

① 李自成东征的出京日期官书不载；私著如赵士锦《甲申纪事》、计六奇《明季北略》等书均记为“十三日”，当可信据。

②《明清史料丙编》第一本《顺治元年致西据明地诸帅书稿》。

③《清世祖实录》卷四，顺治元年四月丙寅。

自成离开北京已经三日，尚在东征行军途中。

还有，大顺农民军东征部队的实际兵数不超过六万人[①]。清官书所说的农民军“二十余万”，纯属有意地夸大和捏造。吴军原有“关辽五万众”，加上所招练的乡勇，只乡勇都司臧国诏等“统集乡勇三万余人”，为数比农民军就多。清军的兵数虽然难于考知，但据李湗在山海关所目睹“胡兵似倍于流贼”，至少在十万以上。合起来，吴、清联军是以多于农民军三四倍的兵力来展开战斗的。因此，山海关这一战役，不是以少胜多，相反，是以多胜少，并且是突然增多，猝不及备。至于农民军东征部队之所以只有此数，主要原因是，进入北京后，外调频繁，兵力分散。戴笠等《怀陵流寇始终录》卷八说：“破京师，兵渐分。”计六奇《明季北略》卷二十也说：“北直等处皆有大小智勇、果毅伪将军分驻。”而且北京也需要留兵坐镇。因此开赴山海关的部队就不可能很多了。虽然如此，这支东征部队却是久经锻炼、能征惯战的队伍，它不仅具有骁勇顽强的战斗力，而且保持极为严格的纪律性。大顺农民军由陕西出发，到进入北京，以及东征途中，根据可信资料证明：一直是严守军纪，从不扰民[②]。

（二）战斗实况考察

战斗共进行了两天。

第一天，四月二十一日，李自成率领大顺农民军东征部队到达山海关，当日即展开攻夺关城的战斗。据《山海关志》卷五《兵警》记：

> 四月二十一日，李自成至关，两镇（关、辽）官兵布阵于石河

---

① 记大顺农民军东征部队人数的有二来源：一为多尔衮的告捷奏疏，云“二十余万”。另一则为当时留在北京的私人闻见记录，如佚名《燕都日记》说“兵数万”；程源《孤臣纪哭》说“兵六万”；《明史纪事本末》《罪惟录》等书均作六万。更有佘一元《山海关志》也说农民军“各营数万人”。据此，六万应是接近实际的数字。

② 农民军的军纪是极为严肃的。就是在东征行军中，也不曾骚扰百姓，并且遇见秀才即“令戴巾”以示爱护（光绪《丰润县志》卷九《杂记》）。这些记述都出于目睹者所言，是可以确信无疑的。

西。大战自辰至午，忽西北角少却，寇兵数千骑，飞奔透阵，至西罗城北，方欲登城，守兵用炮击之，又遣偏将率师迎剿，尽歼之。

山海关除关城以外，四面各有城，东西名东罗、西罗，南北名南翼、北翼。李自成采取三面夹攻的战略，对西、北、东三城实行围抄。南翼城面朝大海，敌人无从逃窜，故放置未围。由于西罗城位向关内，前有石河，所以就在这里首先接触，展开激战。

经过半天的交战，农民军忽遭小挫，实际并非农民军攻战不力，其中别有情节，佘一元在其所编《山海关志》中不能明言，而于写《述旧事诗》时透漏了此事，曰："逾日敌兵至，接战西石河。伪降诱贼帅，游骑连北坡。将令属偏裨，尽歼付城阿。"原来他们设了一个伪降计，农民军将士信以为真，因而遭受挫折。敌人从佯受犒金、伪降缓师到此次临阵诓诱，这一系列狡诈行动，使质朴少机的农民军上当受骗。

同时农民军集中兵力攻打北翼、东罗二城，这是敌人具有重要战略意义的据点，因为由此可以作为后退之路。这里的战斗非常激烈。据当时把守北翼城的吴军副总兵官冷允登所述：

当王师（清军）之未至，正流寇之实关。亲王（吴三桂）领兵当锋，派守北城。奈此城逼山受敌，贼欲联络直下，故独日夜狠攻。①

又据把守东罗城的乡勇头目、地主绅士马维熙说：

关门之镇城与东罗城、西罗城，委用"总理"、"协理"职等与吕鸣章等十人，而东罗孤当贼冲，危急劳瘁，倍于两城。②

①《明清史料丙编》第五本《山海关副总兵冷允登启本》。
②《明清史料丙编》第五本《平西王下马维熙等揭帖》。

从上面所引资料可以看出，在吴军对抗农民军的战斗当中，山海关豪强地主是充当着吴三桂的左右手，他们承担了三个城的守御工作。

经过二十一日的昼夜激战，守御北翼城吴军已濒临危殆，难于支撑。就在二十二日清晨，吴三桂往见多尔衮的时刻，“忽报北翼城一军叛降”[①]。这说明吴军主力已开始瓦解。综观第一天的战况，十分明显，单凭吴三桂是抵挡不了农民军的。吴三桂自己也有着这样的估计，在当农民军尚未开到的前一天，即二十日，多尔衮接到他的投降书即说：“已迫旦夕，且急愿如约，促兵以救。”[②]其张皇无主之状可以想见。农民军围攻山海关仅仅一个昼夜，吴军已成为陷阱之兽了。

第二天，四月二十二日，为清军参加战斗的一天。清官修各书对此均有较详的论述，由于清统治者要蓄意借此战役来夸耀自己的武功，因而对关键性的行动，务为隐约之词，以致情节抵牾，真相欠明。现在将这一天的战斗情况以及前后动态再考察一下。

四月二十日，多尔衮在连山得到吴三桂的投降书，即下令倍程前进，于二十一日夜赶到山海关。据《沈馆录》卷七记：“二十一日……至关十五里许，日已昏黑，屯兵不进，一昼夜之间行二百里矣。”并且还记了当夜的情景，清军“披甲戒严，夜半移阵，骈阗之声，四面沓至，关上炮声，夜深不止”。表明入夜后关内尚在持续酣战。

多尔衮对农民军的战斗力是有着高度估计的，所以他说“不可轻击”。明降将洪承畴对他也讲过“未可以昔日汉兵（明军）轻视之”[③]的话。狡猾而机警的多尔衮害怕农民军，不敢来个硬碰硬，于是先让吴三桂去打头阵。清国史馆《多尔衮传》是这样地写着：

---

①《山海关志》卷九《附录》。

②《沈馆录》卷七。

③《清世祖实录》卷四，顺治元年四月庚午。

既列，令三桂居右翼，悉众搏战。是日，大风扬沙蔽天，咫尺莫辨。贼力斗良久，我军呼噪者再，风遂止。从三桂阵右突出，冲贼中坚。

这段记述算是清官书中最为近实的文字。然而读起来仍使人有含糊其辞之感。现在且将刘健《庭闻录》来对照一下，情节曲折，显然有差：

二十二日复战，贼知边兵劲，成败待此一决，驱其众死斗。三桂亦悉锐而出。……满兵蓄锐不发。苦战至日昳，三桂几不支，满兵乃分左右翼，鼓勇而前，以逸待劳，遂克大捷。①

下面又记：

自成挟二王（崇祯第二、三子）于庙冈，立马观战。贼众我寡，三面受敌，我兵东西驰突，贼众亦左萦而右绕之，阵数十交，围开复合。②

《庭闻录》是参据吴军表功奏报写成的，所述二十二日战况，与官书相比应更接近事实。战斗情况应该是，吴三桂军同农民军交战到了第二天的过午时刻，已经被围困起来，几番想冲杀出去，围开复合，而清军却按兵不动，作壁上观，直到双方精疲力竭，才从阵右猝然冲出。农民军就在这种不利的形势下，吃了大亏，打了败仗的。

再看《沈馆录》所记战况：

两军酣战于城内数里许庙堂前，飞丸乱射于城中，……炮声如

---

①② 刘健：《庭闻录》卷一《乞师逐寇》。

雷，矢集如雨。清军三吹角，三呐喊，一时冲突贼阵。发矢三巡，剑光闪烁。是日风势大作，一阵黄埃，自近而远，始知贼之败也。

忽然刮起的这阵狂风，虽然不明风向如何，但对农民军一定会有不利影响。因为他们刚一接触清军，而狂风大作，自然对清军起了掩护作用。

于此还须辨明一事，即“一片石之战”。《清世祖实录》卷四记载，清军四月二十一日到达山海关的当晚，曾“败贼将唐通马步兵数百人于一片石（距山海关约二十里），斩数百人，贼兵遂遁”[①]。清军是根据吴三桂的报告而出击的。看来像是一支巡逻队，他们回去必定报知清军消息。因此官私各书所说，李自成于阵上发现清军而“失惊退走”的话，同说农民军有二十余万一样的不足置信，都是替清军吹嘘的话。

还有，农民军在这次战役中并不是一败涂地、溃不成军的。佘一元即说：

甲申王师（清军）入关，与流寇战此地（石河）以西二三十里间，凡杀数万人。……然所杀间多协从，以及近乡驱迫供刍粮之民。[②]

《沈馆录》也说：“流贼尚有六七万通向山东（西）。”这些话都应属事实。清军越过北京追击农民军，在庆都（今河北望都县）接仗中，清军主将多铎“潜身僻地，畏缩不前”[③]。吴三桂参与此役，想要借此立功，结果也并无所获。这都证明大顺农民军退出北京后仍然保持着强劲的战斗力。至于说，为什么在这以后未能重振？这自另有原因，须要别作研讨。

经此初步考察，真相大体可明，从而得出两点结论：

一、大顺农民军这次战役之所以失败，原因在于进入北京后，在军事上产

---

①《清世祖实录》卷四，顺治元年四月辛巳。

②（乾隆）《永平府志》卷二十二，佘一元：《山海关石河西义冢记》。

③《清世祖实录》卷四十四，顺治六年六月壬寅。

生麻痹大意的思想，因而既不计划，也不侦察，单凭愿望来行事。毛泽东在论战略问题时曾有这样的论断：

把军事计划建立在一相情愿的基础之上，这种计划是空想的，不符合于实际的。鲁莽的专凭热情的军事家之所以不免于受敌人的欺骗，受敌人表面的或片面的情况的引诱，受自己部下不负责任的无真知灼见的建议的鼓动，因而不免于碰壁，就是因为他们不知道或不愿意知道任何军事计划，是应该建立于必要的侦察和敌我情况及其相互关系的周密思索的基础之上的缘故。①

李自成和他的战友就是犯了把一相情愿当作军事计划，专凭热情来做的严重错误。等事情发展到迫于眉睫的时候，方才匆匆出征，因而就成了鲁莽的军事家，以致遭到失败。

二、尽管如此，从战斗实况完全可以证明，大顺农民军在山海关的战斗第一天是打了胜仗，第二天仍然打胜了，如果没有清军来参战，结局一定是大获全胜的。

（原载《历史研究》1978年第3期）

① 《中国革命战争的战略问题》，载《毛泽东选集》第一卷，第164页。

清朝开国基地——兴京和盛京

清朝有三个都城，北京而外，一名兴京（今辽宁新宾满族自治县），一名盛京（今沈阳市）。这两个都城都定名于皇太极（清第二帝，史称太宗），当时盛京名上冠“天眷”二字，意思是托天眷爱，取得天下。

兴京名赫图阿拉，为爱新觉罗氏以祖居所在，清肇祖猛哥帖木儿就曾住在这里。它原是明朝的建州卫，猛哥帖木儿作过建州左卫都督，七传到努尔哈赤（清太祖）得袭世职。由于其父祖死于明万历十一年（1583年）明军围攻古勒城之役，家道衰落，仅留下遗甲十三副。但努尔哈赤胸怀大志，才艺超群，时年二十五岁，他就凭靠这点武装奋起创业，用了五个年头（1583—1587年）统一了建州。于是在虎栏哈达山南岗修建都城，“筑城三层，启建楼台”。这座城靠山修筑是为的利于防御，当时女真各部间的战斗是极为频繁的。

努尔哈赤在此城中度过十六个年头（1587—1603年），其间曾作出许多创造性的事业，诸如，制造满文、炼铁开金银矿、组织旗军牛录（基层部队）等等都是。努尔哈赤为要谋图发展，感觉到必须迁都，就在距离虎栏哈达五里许老祖居赫图阿拉筑城，此处虽然也是山坡，而坡度较平，形势开阔，便于向外发展。从这两座都城的遗址来看，赫图阿拉比虎栏哈达规模大得多。《清太祖实录》卷三记载，筑城时，“以牛羊犒筑城夫役者三”，当时宰牛羊，三次犒劳役夫。过了二年（1605年），“又于城外复筑大都，宰牛羊犒赏夫役五次”。努尔哈赤居此新都十年，经济大有发展。例如，和内地贸易的贵重土产人参，旧法以水浸润，商人故意推延不买，水参难耐久，只得廉价出售。努尔哈赤创造一法，把人参煮熟晒干再卖，这样便可待价高沽，果然赢得厚利。因而“所济甚众，民用益饶”。经济充裕了，兵力自然增强，在此期间将海西女真四部之三尽行吞并，叶赫首领布扬古对明政府讲：“哈达、辉发、乌喇三国（合叶赫海西四部），满洲（建州女真自称部族之名，满族名称即由此而来）已尽取之。今复侵我叶赫。其意欲削平诸国即侵明，取辽东以建国都，而开原、铁岭为牧马之场矣。”一点不错，努尔哈赤的抱负正是如此。努尔哈赤有勇有谋，工于心计，他对明朝表面上作出极其恭顺的样子，暗地里储积力量，扩大地盘。到1615年更在赫图阿拉建造“佛寺及玉皇诸庙于城东之阜，凡七大庙”。这标志着已具备有一个独立国家规模。并且成立八旗部队，以“原旗有黄白蓝红，将此四色镶之为八色（黄白蓝旗镶红边，红旗镶白边）”。1616年（万历四十四年），努尔哈赤建立天命年号，自称大金，史称后金。

这是公开与明对峙的开始，然而其行动尚存顾忌，派人伐木造攻具，托言为制马槽。1618年（天命三年），一举占领抚顺城。这是攻明的第一次胜仗。转年明朝发兵讨伐建州，分四路来，意图围歼赫图阿拉。努尔哈赤采取了“凭你几路来，我只一路去”的战略，集中优势兵力打败其主要一路，接着三路全垮，这就是历史上著名的萨尔浒战役。萨尔浒战役的获胜不仅保卫了赫图阿拉，而且了解了明军内幕和将帅无能。于是乘胜西进，就在距离沈阳二百里许的界凡，“筑城架屋居之”。努尔哈赤说：“我们不要回都城了，就在这里牧马，过两月到八月，马肥壮，又可兴师攻明。”并且将家属搬来，表示要久居此地。在此期间灭了叶赫，将海西全部合并。当时后金兵锋所及已达沈阳城门。为了便于进军，又于1620年自界凡迁到萨尔浒，一年之间拔沈阳，取辽阳，广阔的辽东尽为后金所有。

努尔哈赤之所以能如此顺利地取胜，固然依仗兵力强悍的八旗部队冲锋陷阵、奋战无前，而政治腐朽、军事废弛的明朝难于抵挡。但还有一个因素就是他善于收买利用辽东被俘者，把在战争中抢夺来的金钱大量给予那些愿意听从指使的人，放他们回去作攻城的内应。沈阳、辽阳二城都是用这一招攻破的。

辽沈之役是继萨尔浒战役后又一次大胜利，对清朝开国起着决定性的作用，从此有了肥沃土地和广大人口，粮食和劳役等问题基本解决。所以努尔哈赤对其家族和臣属们极为得意地说："你们最爱吃肉、烫酒，但今天到了这富足的辽东，更要大吃大喝了！"（《满文老档》太祖朝）辽阳城西是辽东的政治中心，由于城大且失修，遂另在城东太子河边创建宫室，名曰东京，并将赫图阿拉的祖陵也迁葬了来（后又迁回）。五年之后（1620—1625年），又迁都沈阳，从虎栏哈达到此，凡五迁其都。

努尔哈赤最后决定迁都沈阳，是经过深刻的观察考虑的。他指出："沈阳四通八达之处，西征大明，从都儿鼻渡辽河，路直且近；北征蒙古，二三日可至；南征朝鲜，自清河路可进。"（《清太祖实录》卷九）沈阳又经由皇太极的扩大兴建，成为"周围九里，八门正戴，方隅截然"的帝都，举凡太庙、宫阙、衙署、学宫之完备，并且为了兴文教，立孔子庙；为了倡忠义，立关帝庙；为了笼络蒙古，建立喇嘛庙——实胜寺（《盛京通志》卷）。沈阳的宫殿（今称沈阳故宫）在建筑上有其独具特色的，如八角殿（即大政殿举行朝政和典礼所在）的结构，十王亭的安排，都反映了清开国的政治组织的规模和性质。八角象征八旗，在东京即建有八角殿。十王即"十固山执政王"。按照努尔哈赤的建国理想，由八固山（八旗旗主）"同心干国"，从中择立一人为君。此所谓"十王"，当是所指定参与朝政的十王，与八旗为两事。因为八旗之中是不限定必为八固山，即一旗也可有两个旗主。当然这都是由功劳、资格和亲疏等关系所定。

在沈阳的福（葬努尔哈赤）、昭（葬皇太极）二陵，是我国现存地面建筑完整的两处帝陵，其地宫为入关后所补建，规模雄伟，工程精丽，与清宫同为东北旅游胜地。我建议可从兴京到盛京，即从新宾到沈阳，并其间共五个都城，将现存者加以整修装饰，已毁者竭力保留痕迹，成为一条旅游线，使游览者得睹中国最后一个皇朝的崛起发展历程。既凭吊史迹，又观赏景物，岂不美哉！跂予望之。

（原载《明清史论著合集》，北京大学出版社1988年版）

清代八旗组织与皇权集中的矛盾斗争

以往在学界，一般认为满人无不在旗，八旗只是清代的一种兵制。《清史稿》也将八旗入《兵志》，故八旗制度只是一个军事组织，不是一个政治组织。这是不对的。八旗制度是一种政治、军事合二而一的组织，亦即“政出于军”的组织。

在努尔哈赤时代，八个旗之间是一种平行关系，努尔哈赤是最高统帅，“凡有杂物收合之用，战斗力役之事，奴酋（努尔哈赤）令于八将（八旗主），八将令于所属柳累（牛录），柳累将令于所属军卒，令出不少迟缓”[①]。可见，旗权即政权。清代皇权集中和明代不同。朱元璋建立明朝以后，在中央机构中废去中书省和丞相，使六部和一切兵刑大权都总揽于皇帝，所以皇帝的权力很大。到永乐时，建立了内阁，内阁虽然只能作皇帝的顾问，但在皇帝的指使下，有协助办理政事之权，又重用司礼监宦官，给予他们“出使、专征、监军、分镇、刺官民隐事”[②]等大权，说明皇帝的权力不断“下放”。而清朝的皇权集中，却经历了崇德、顺治、康熙、雍正四朝。清朝统治只有三百来年，而皇权集中的矛盾斗争则在有清一代经历了上百年。可见，清代皇权集中与旗权分立之间相互抗衡也是一个漫长的历史过程。

① ［朝鲜］李民寏：《建州闻见录》。
②《明史》卷三百四《宦官传序》。

一、八旗的建立与旗主

16世纪后期至17世纪初，在努尔哈赤的领导下，女真建州部的社会生产力得到了显著的发展，一般使用铁制农具和牛耕，农业产量不断增加，品种齐全，农业在当时已成为主要的生产部门；手工业和商业也很发达，出现了专门的银、铁、皮革、木等制造业，改进了人参等加工技术，同时又和明朝在边境地区进行商业往来。与这一生产力相适应的社会组织就是八旗制度。

满洲八旗是由氏族制度组织发展而来的。早在努尔哈赤之前，女真建州部"凡遇行师出猎，不计人之多寡，照依族寨而行，满洲人出猎，开围之际，各出箭一枝，十人中立一总领，属九人而行。各照方向，不许错乱。此总领呼为牛录（华言大箭）厄真（华言主也）"①。到了明神宗万历二十九年（1601年），随着建州部社会生产力的不断发展，势力不断强大，努尔哈赤"以徕服者众"②。于是，在这种牛录组织的基础上，并参考其先世金朝猛安谋克制度，把本部和各部的壮丁组织起来，正式创建旗制，即黄、白、红、蓝四色，规定三百人为一牛录，其长称为牛录额真。万历四十三年（1615年），努尔哈赤又以"既削平诸国"，每三百人设一牛录额真，五牛录设一甲喇额真，五甲喇设一固山额真，每固山额真左右设两梅勒额真；并在原有四旗的基础上建立镶黄、镶白、镶红、镶蓝四旗，合称为八旗。每旗为七千五百人，八旗共六万人。当时，努尔哈赤及其二子代善、八子皇太极、五子莽古尔泰、长孙杜度、侄阿敏分领八旗。八旗内壮丁"出则为兵，入则为民"③，"无事耕猎，有事征调"④。其后，在明熹宗天启、思宗崇祯年间，又在满洲八旗的基础上，增加了蒙古八旗和汉军八旗，共为二十四旗，总人数不超过十八

---

①《清太祖武皇帝实录》卷二，辛丑年。
② 蒋良骐：《东华录》卷一，己亥年二月。
③《清太宗实录》卷七，天聪四年五月壬辰。
④ 魏源：《圣武记》卷一《开国龙兴记一》。

万人。

满洲八旗以努尔哈赤为最高统帅，满洲人都属于八旗，“八旗各有旗主，各置官属，各有人民，为并立各不相下之体制”，“旗下人谓之属人，属人对旗主有君臣之分”[①]。八旗旗主（八和硕贝勒）是其所辖旗的长官，掌握军事、行政管理和组织生产的大权（八旗内名为“骁骑校”的官职，其职责为管户口，包括田宅、兵籍）。可见，八旗中每个旗都是一个独立的政治势力，旗权即政权。

万历四十四年（1616年），八旗共尊努尔哈赤为“覆育列国英明汗”，建元天命，定国号为“大金”，史称“后金”。努尔哈赤以年齿序列，命次子代善为大贝勒，弟舒尔哈齐子阿敏为二贝勒，五子莽古尔泰为三贝勒，八子皇太极为四贝勒。代善、阿敏、莽古尔泰、皇太极亦称为四大贝勒，成为清初著名的四大王。努尔哈赤又命额亦都、费英东、何和里、扈尔汉、安费扬古为五大臣，“同听国政”，“谕以秉志公诚，励精图治”[②]。

天命七年（1622年）三月，努尔哈赤在回答众贝勒“基业，天所予也，何以宁辑。休命，天所赐也，何以凝承”的问题时说：“继朕而嗣大位者，毋令强梁有力者为也，以若人为君，惧其尚力自恣获罪于天也。且一人纵有知识，终不及众人之谋。今命尔八子为八和硕贝勒，同心谋国，庶几无失。尔八和硕贝勒内，择其能受谏而有德者，嗣朕登大位；若不能受谏，所行非善，更择善者立焉。”[③]这即如明清史界泰斗孟森先生所说：“八贝勒分治其国，无一定君主，由八家公推一人为首长，如八家意见有不合，即可易之。”这就是努尔哈赤的“口定宪法”[④]。实际上，努尔哈赤之“口定宪法”，正说明了八旗旗权即为政权，反映了氏族选举制的残余。有清一代的满洲大臣对皇帝都自称为“奴才”，引以为荣，这是和皇帝亲近之人才这么称呼，也同样反映了氏族

① 孟森：《八旗制度考实》，载《明清史论著集刊》，中华书局1984年版，第218、221页。

②《清史稿》卷一《太祖本纪》。

③《清太祖实录》卷八，天命七年三月己亥。

④《八旗制度考实》，第218页。

制残余的浓厚存在。

既然八旗的每一位旗主都等于“君上”，本旗之人就是其臣仆，这在清初虽然是天经地义，但实际上就蕴含着八旗的内部矛盾斗争。因为努尔哈赤生前并未指定皇位继承人，其死后，皇权的执行形式是四大贝勒共同听政，并排议政，所以八旗内部争夺旗权和皇位继承权的斗争逐渐尖锐起来，愈演愈烈。这正是清初皇权不集中的必然结果。

二、八旗旗权的矛盾斗争

综观八旗旗权的矛盾斗争，大致经历了三个时期，才最终走上皇权集中。这三个时期是：

第一时期：天聪崇德时期。这一时期主要是代善、阿敏、莽古尔泰、皇太极四大贝勒之间的矛盾斗争。

“贝勒”为满语，汉语译为“王”。四大贝勒中，代善领两红旗，阿敏掌镶蓝旗，莽古尔泰掌正蓝旗，皇太极领正白旗。皇太极虽位居四大贝勒之末，但因对明战争中功勋卓著，在旗权即政权的争夺中，处于有利位置。同时，他又得其兄代善及两红旗的支持，余下五旗不能与之抗衡，遂在众贝勒的“支持”下，得以“嗣父皇以登大位”。

皇太极登上“大位”后，开始打破八旗并立制度，实现皇权的初步集中。

努尔哈赤在世时，已将八旗中最精锐的两黄旗交给了他喜欢的阿济格、多尔衮、多铎三兄弟掌管。三兄弟的母亲乌喇部纳喇氏是努尔哈赤的宠妃，权势颇大。据称纳喇氏“饶丰姿，然心怀嫉妒，每至帝不悦，虽有机变，终为帝之明所制。（努尔哈赤）留之恐后为国乱，预遗言于诸王曰‘俟吾终，必令殉之’”①。努尔哈赤死后，纳喇氏不愿殉葬。皇太极等贝勒强迫其殉葬，允诺“恩养”阿济格、多尔衮、多铎兄弟。“黄色是憨（汗）”。黄色为汗所专用。

---

①《清太祖武皇帝实录》卷四，天命十一年八月。

皇太极使用手段，把自将的正白旗与夺得的杜度领的镶白旗，同三兄弟领的两黄旗，不动编制，互换旗帜，从而成为两黄旗主，有力地加强了他的汗位。

天命十一年（天启六年、1626年）七月，皇太极即位，改明年为天聪元年。之后，皇太极就开始皇权的初步集中。首先，他设八大臣（又称八固山额真），即在每旗设总管旗务大臣一名，“总理一切事务，与诸贝勒皆坐共议，出猎行师，议定启奏，各领本旗兵行，凡国中大小事，皆听稽察”。又设十六大臣，“佐理国政，审断狱讼，不令出兵驻防”；再设十六大臣，“出兵驻防，以时调遣，仍审理词讼”①。从而分散了八旗旗王的政治权力。天聪三年正月，皇太极借口“诸兄宜节劳，谕以弟侄代直”，又指使礼部参政李伯龙“请定朝会班次仪制”，迫使代善公开表态：“我等奉上居大位，仍并列坐，甚非心所安。请上南面中坐，我与莽古尔泰侍坐于侧，外国蒙古诸贝勒坐我等下。”②从而实现了皇太极“南面独坐”，突出其独尊地位的愿望。

天聪三年（1629年）到崇德七年（1642年），皇太极不断压抑他的兄弟们，继续提高自己的权力。天聪四年五月，明军围滦州，阿敏“怯不往援”，致使滦州失陷。之后，阿敏又擅自放弃永平，“杀降者”。六月，皇太极以此为由，集诸贝勒大臣议定阿敏十六大罪，“削爵，幽禁”。崇德五年（1640年）十一月，阿敏“卒于幽所，爵除”③。阿敏死后，其所领镶蓝旗由其弟济尔哈朗管理。

阿敏被幽禁后，皇太极就把矛头对准了莽古尔泰。天聪五年十月，以莽古尔泰“于御前露刃，大不敬”，宣布对其“罚银万两，撤五佐领归公”④。七年（1633年）十二月，莽古尔泰去世后，其所领正蓝旗归皇太极所有。这样，皇太极就独领镶黄、正黄、正蓝三旗。

阿敏、莽古尔泰既死，三大贝勒中仅剩下代善一人，势单力薄，又加之皇

---

①《东华录》卷一，天命十一年七月。

②《清史列传》卷一《代善传》。

③《清史列传》卷三《阿敏传》。

④《清史列传》卷三《莽古尔泰传》。

太极不断借口压抑，只得对其唯命是从。至此，威胁皇太极地位的三大贝勒势力已被清除，八旗共治的局面也被取消，皇权得到了初步集中。

第二时期：顺治元年（1644年）至康熙十年（1671年）。这一时期，斗争形势主要是黄白两旗之争，两黄旗为顺治帝所领，两白旗为多尔衮所领。

崇德八年（崇祯十六年、1643年）八月，皇太极去世，八旗内部矛盾和斗争又爆发了。

皇太极尸骨未寒，“诸王兄弟相争为乱，窥伺神器”①，斗争双方剑拔弩张，两黄旗大臣谋立肃亲王、皇太极长子豪格为帝，兵丁们也“张弓挟矢，环立宫殿”②。而此时三十二岁的睿王多尔衮，历经百战，具有一定的领导才能，得到八旗部分势力的拥戴。大贝勒代善的次子硕托和孙阿达礼出头倡立多尔衮接续皇位，对代善说：“众已定议，立睿王矣。”③可是，却立了皇太极第九子、年刚六岁的福临为帝，年号顺治，济尔哈朗和多尔衮为摄政王。但多尔衮多方排斥济尔哈朗，不令其预政。这种结果曾是经过一番复杂曲折斗争的。斗争的胜利者是福临生母博尔济吉特氏。她一面把握住老成持重的代善作为依靠力量，一面对具有接续皇位资格的多尔衮运用手腕进行笼络。清初所传的“太后下嫁”，便是笼络术之一。但是，八旗矛盾仍然存在。顺治元年多尔衮统兵入关后，由于掌握了最高军事大权，势力膨胀，于自己的两白旗外，“上三旗”也任凭其摆布调动，相形之下，福临等于傀儡。这时多尔衮是怀有夺位企图的，只是时机尚未成熟他就死了。

顺治七年（1650年）十二月，多尔衮射猎，坠马丧生。次年二月，顺治帝即向朝廷内外宣布多尔衮的罪行，内容之一即有多尔衮“独擅威权，不令郑亲王（济尔哈朗）预政，以亲弟豫郡王为辅政叔王，背誓肆行，自称‘皇父摄政王’。又亲到皇宫内院，以太宗文皇帝之位原系夺立，以挟制皇

① 《清世祖实录》卷一，顺治元年十月丁卯。

② 《清史稿》卷二百四十九《索尼传》。

③ 《东华录》卷四，崇德八年八月丁丑。

上”[①]。其实，这都是真事。结果，将多尔衮的正白旗（当时是八旗中最精锐的部队），收入“上三旗”，定为两黄一白；“下五旗”为镶白、两红、两蓝，八旗位次经过这次改变，便固定下来。这次斗争的结果标志着皇权又重新得到了集中。

等到圣祖玄烨继承皇位（年号康熙）时，清统治集团已加深了接受历代封建传统的政治意识，认为父死子继乃天经地义，理所当然，伯叔辈不能篡夺。可是这一点虽然解决了，而旗各有主的这种政治观念和心理状态并未消失，而且旗和旗间由于长期斗争结成了仇隙。康熙初年，四位辅政大臣中苏克萨哈和鳌拜之间，你死我活、残酷无情的拼斗，其根本原因，即在于此。

顺治十八年（1661年）正月，世祖福临去世，次子玄烨即帝位，以索尼、苏克萨哈、遏必隆和鳌拜为四位辅政大臣。四位辅政中，只有苏克萨哈属正白旗，其余三人索尼属正黄旗，遏必隆和鳌拜属镶黄旗。

鳌拜与苏克萨哈，“论事多龃龉，积而成仇”。于是，鳌拜“因苏克萨哈籍隶正白旗，欲以蓟州、遵化、迁安诸庄改拨镶黄旗，而别圈民地给正白旗”[②]，从而挑起了正白旗和镶黄旗的争斗。在这场争斗中，负责执行换地任务的户部尚书苏纳海，为正白旗人，自然站在苏克萨哈一边，但鳌拜凭借着自己掌握的实权，硬是把地给更换了，还将苏克萨哈灭族，苏纳海及对换地持反对态度的直隶总督、巡抚都被处死。这次换地事件，实际上也是八旗内部争权夺利的一场矛盾斗争。

康熙八年（1669年）五月，玄烨以鳌拜“结党专擅，弗思悛改，命议政王大臣等，逮治鳌拜罪”[③]。玄烨宣布鳌拜的罪行多达30条，因原文较长，不一一列举[④]。但这30条罪行几乎都与八旗贵族间的矛盾斗争有关，可见，玄烨为了整顿朝纲，奋发图治，绝不能容许有鳌拜这样的权臣当道，更不能使之助长旗籍之间的互相仇视和敌对。康熙朝八旗统率权逐渐转归皇子掌握，就是在

① 《东华录》卷六，顺治八年二月初十日。
②③ 《清史列传》卷八《鳌拜传》。
④ 参见《清圣祖实录》卷二十九，康熙八年五月庚申。

削弱了这种敌对情绪。

第三时期：康熙末年至雍正初年。这一时期，老一代旗主贬死殆尽，进一步削弱旗权，强化皇权，皇帝统领八旗，完成了对八旗的改革。

清朝统治经过顺治时期，到了康熙时期，老一辈的八旗旗主相继过世，平定三藩时的主要将领杰书、岳乐等人都是年轻一辈的旗主了。清廷平定三藩，康熙帝的皇权得到了进一步的集中，而旗权也随之进一步削弱。到了康熙中叶以后，八旗旗主的斗争和各旗权势均衡问题，可以说是得到了基本解决，“上三旗”和“下五旗”完全归皇帝统一掌管，从此没有一个旗主敢于公开对抗皇帝了。但是，各旗旗主的势力还没有完全铲除，对八旗的治理还有待进一步加强。为此，玄烨还在继续努力化解八旗旗主的势力。

康熙十八年（1679年），在各旗设置都统、副都统，并规定他们的职责是：“掌满洲、蒙古、汉军八旗之政令，稽其户口，经其教养，序其官爵，简其军赋，以赞上理旗务。”[①]康熙帝还规定：“凡上三旗大臣、侍卫、官员人等，俱不许在诸王门下行走，即诸王属下人，非该属处，亦不许私相往来。”[②]五十七年（1718年）十月，玄烨鉴于“每旗都统、副都统，或有起家微贱，专意徇庇，一应补授官员，并佐领等事，恒有迟至数年，或十年不奏者，或一官病故已久，数年尚仍给俸者，一切事件漫不稽察”。于是借正蓝旗满洲都统延信领兵在外之机，下了一道谕旨：“满洲、蒙古、汉军三旗之事，著十阿哥办理；正白旗满洲都统和礼，差往云南，其满洲、蒙古、汉军三旗之事，著十二阿哥办理。如此则别旗，各相效法，自必发愤勤事。”[③]皇帝委派自己儿子统领各旗，这在过去是绝对办不到的事情。此举正说明了皇权集中的高度。

与康熙帝平定三藩之乱的同时，清廷内部又起皇子间长达数十年争夺储位的斗争，具体表现在太子党和非太子党的斗争。

---

① （光绪）《钦定大清会典》卷八十四《八旗都统》。
② 《清世宗实录》卷三，雍正元年正月己酉。
③ 《清圣祖实录》卷二百八十一，康熙五十七年十月庚午。

按清制，皇子成年后，都要被分别封入“下五旗”，一些年长皇子还要受封爵位；同时皇帝还要从“上三旗”内，拨给他们一定数量的佐领。皇子和本旗宗室王公、旗员具有恒定不变的主奴关系。这就使皇子们在争夺储位中有了资本。

康熙十四年（1675年）六月，玄烨“建立元储”，宣布以嫡子胤礽为皇太子。胤礽主要得到康熙初年四位辅政大臣之一索尼之子索额图为首的满洲大臣，及一些中下层旗员的支持，后发展成为太子党。反对胤礽的主要是“下五旗”王公与“上三旗”部分大臣，其核心人物就是皇八子胤禩。这部分人被称为反太子党。胤禩本人就是八旗中的少壮派岳乐的女婿，他得到大学士马齐、领侍卫内大臣阿灵阿、内大臣鄂伦岱、翰林院掌院学士揆叙的有力支持。而马齐、阿灵阿、鄂伦岱、揆叙都是镶黄、正黄旗大臣。反太子党到处散布“皇太子行事，凶恶已极”[①]，并企图雇人杀害胤礽。“下五旗”王公的反太子的舆论和活动被玄烨斥之为“乱之首也”[②]。胤禩及反太子党的夺权行为受到康熙帝的厌恶和斥责，他本人也被剥夺了继位之权。胤禩与反太子党虽然最后未能达到由胤禩取代储君之位的最终目的，但是，“螳螂捕蝉，黄雀在后”，一向行韬晦之计的皇四子胤禛，也是反太子党的一个核心人物，靠拉拢步军统领、镶黄旗隆科多和川陕总督年羹尧，于玄烨去世后，迅速夺得皇位，改元雍正。

胤禛即位之后，竭力树立自己的至高无上的君主地位，将八旗旗主和旗员一律视为自己的仆人。

雍正元年（1723年）正月，胤禛重申了康熙年间“上三旗”大臣、侍卫、官员人等，不许在诸王门下行走的禁令。他在一道谕旨中严令领侍卫内大臣及旗下大臣等，“各将该管侍卫、官员等严行稽察。嗣后，如有私相行走之人，一经查出，即行参革。如不纠参，经朕查出，或被旁人首告，定将该管大臣一并从重治罪”。七月，胤禛鉴于“下五旗”诸王“将所属旗分佐领下人，挑取一切差役，遇有过失，辄行锁禁，籍没家产，任意扰累，殊属违例”，规定：

---

①②《清圣祖实录》卷二百三十五，康熙四十七年十月甲辰。

> 嗣后仍照旧例，旗分人员，止许用为护卫、散骑郎、典仪、亲军校、亲军，或诸王挑取随侍之人，或欲令所属人内，在部院衙门及旗下行走者，兼管家务，或需用多人，以供差役，或补用王府官职，或令随侍子侄，著列名请旨，将奉旨之处，知会该旗都统等，令都统等覆奏。其旗分人员，不许擅行治罪，必奏闻交部。倘有仍将旗分人员妄行扰累，令其多供差役，兼管散职，著该都统等奏闻。若都统等隐匿瞻徇，一经御史参劾，即将该都统等治罪。[①]

这就剥夺了诸王旗主各种特权，保证了皇权的行使。

雍正元年七月，胤禛借给事中硕塞一折条奏："八旗都统印信，清文系固山额真字样。额真二字，所关甚巨，非臣下所可滥用，应请改定，以昭名分。"立即下令，"将固山额真改为固山昂邦，伊都额真改为伊都章京，将八旗印信改铸给予"[②]。"额真"满语本意为"主子"，固山额真意为"旗主"；昂邦本意为"臣"，固山昂邦本意为"管旗大臣"。这条谕旨明确无误地宣布了皇帝和八旗的关系，即只有皇帝一人才可称为主子，八旗旗主和旗下臣属一律是皇帝的仆人，必须按照皇帝的旨意办事。

是月，胤禛命八旗各派满洲御史二员，"稽察八旗一应事务，调旗派用"。三年十二月，他为防止稽察旗务御史"但图苟且过去"，命令他们将每月"所承接事件若干，已完事件若干，未完事件若干，俱著查明，如有逾限堆积等事，一经查出，即行参奏"。六年，胤禛又在一道谕旨中说，稽察旗务御史，"如果行走好，朕即将伊等用于部院"[③]。从而确立了皇帝直接统帅、管理八旗的地位。

---

① 参见《清世宗实录》卷三，雍正元年正月己酉；卷九，雍正元年七月癸巳。

②《清世宗实录》卷九，雍正元年七月壬辰。

③ 参见《清世宗实录》卷九，雍正元年七月癸巳；《钦定八旗通志》卷首九《敕谕三》。

雍正元年十一月，胤禛在一道谕旨中说："八旗人等，人君抚驭群下，如父母之于子，保惠爱恤之心无所不至，然必为之计其长久。"宣布，"上三旗"侍卫穷苦者，每月赏给马钱，每旗百分。另外对护军校、骁骑校、八旗旗员等也给予不同的赏赐。"务期生养安全，俾尔等家给人足，子孙安享太平。尔等宜咸知朕意"[①]。雍正四年五月，他又在一道谕旨中说："我朝自太祖、太宗肇造区宇，至皇考百有余年，满洲等世沐殊恩。朕承皇考之命，嗣此宏基，天唯一日，国止一君，八旗人等，亦唯感戴大君，一心事朕而已。"[②]这就是告诉八旗，只有雍正帝才是他们的"大君"，才是他们的父母，只有他才能给八旗带来幸福，八旗旗主和旗员都必须一心一意地侍奉他。

上述胤禛所采取的各种措施，取得了很大的成效，"当时上三旗风俗，只知有君上"，而下五旗"虽各有该管之主，而其心亦只知有君上，而不知有该管主也"[③]。皇权集中由此得以进一步的强化。

三、从"议政王大臣会议"到"军机处"

努尔哈赤时代，正是满洲从家长奴隶制到封建制过渡时期。努尔哈赤是个大家长，可以指挥八个旗，但八个旗也是各自独立的。这就决定了后金初期国家中枢必然由原始社会末期的酋长会议过渡到亲贵议政制度。

万历四十三年（1615年），努尔哈赤设置议政大臣（时称理政听讼大臣）五人，又设扎尔固齐十人佐理。天命七年（1622年）三月，又实行八和硕贝勒"共议国政"制度。根据现有资料分析，这一时代议政会议的时间、组成人员、议政程序和会议内容大致如下：

第一，议政会议的时间。努尔哈赤在设五议政大臣时，规定"五日一视

① 《钦定八旗通志》卷首九《敕谕三》。
② 《东华录》卷二十八，雍正四年五月十七日。
③ 《清世宗实录》卷四十四，雍正四年五月戊申。

朝”[①]。这就是说，当时的议政会议要在“英明汗”努尔哈赤的领导下，每五日在“公所”举行一次聚会，共商国政。

第二，议政会议的组成人员。当时，“凡有所谋，必与执政诸贝勒大臣共议”[②]。当时的“执政诸贝勒”是努尔哈赤次子代善、弟舒尔哈齐次子阿敏，努尔哈赤五子莽古尔泰、八子皇太极、十子德格类、十二子阿济格、长孙杜度（长子褚英之子）。可见天命时期的议政会议是以“英明汗”为核心、带有强烈家族政治色彩的国家中枢。

第三，议政会议的程序。努尔哈赤在设五议政大臣时规定：“凡有听断，先经扎尔固齐十人审问，然后言于五臣，五臣审问，言于众贝勒，议定奏明。”又规定：“凡事不可一人独断，如一人独断，必至生乱。国人有事，当诉于公所，毋诉于诸臣之家。其有私诉者，曾付以鞭索，俾执而责之。贝勒诸臣有罪，束身静听，如例审断，有执拗不服者，加以重罪。”这就是说，国有大事，“英明汗”和八旗旗主都不能一人独断，要按照上述程序严格执行，并要在“公所”议政，但“英明汗”有终审权和决定权。

第四，议政会议内容。议政内容主要是决定国之大政，推选举汗。此时，凡“军国重务”如满洲的军事、政治、经济、司法诉讼等都为议政内容。汗的推举也要由议政会议决定。天命元年三月，努尔哈赤在回答众贝勒有关“基业”的提问时说，他的继承人要在八和硕贝勒“能受谏而有德者”中选择。他还强调说：“至于八和硕贝勒共理国政，或一人心有所得，言之有益于国，七人宜共赞成之；如己既无才，又不能赞成人善，而缄默坐视者，即当易此贝勒，更于子弟中择贤者为之。”[③]

天命十一年（1626年）七月，努尔哈赤去世。九月，以大贝勒代善为首的议政王大臣会议，公推皇太极继位。皇太极继位后，从八旗中提出八个人，

---

①《东华录》卷一，乙卯年。

②《清太宗实录》卷七，天聪四年六月乙卯。

③ 以上引文未注出处者，分见《东华录》卷一，乙卯年、丙辰年；《清太祖实录》卷八，天命元年三月己亥。

设立了八大臣和议政处。崇德二年（1637年）四月，皇太极又颁下谕旨，规定每旗各设议政大臣三员，他们的任务“大要有三：启迪主心，办理事务，当以民生休戚为念，遇贫乏穷迫之人，有怀必使上达，及各国新顺之人，应加抚养”。应该说，皇太极的这些措施，是运用议政王大臣会议进一步削减了八旗旗主的权力，但同时又不可能立即彻底削弱八旗旗主的势力。因为他在谕旨中还告诫议政大臣：“尔等凡有欲奏之事，不可越尔固山额真，如某事应入告，当先与固山额真公议，然后奏闻。”①

议政王大臣会议是清初最高的议政机构。当皇权力量强大时，议政王大臣会议的权力也就小些；反之，当皇权力量相对弱时，议政王大臣会议的权力也就大一些。福临即位初，多尔衮摄政，大权独揽，排斥和打击诸王、贝勒、大臣权势，使议政王大臣会议变得有名无实。后来，他又将投靠自己的人拉入议政王大臣会议，从而使自己的权势更加强大。多尔衮去世、福临亲政后，又对议政王大臣会议进行了改组，将清廷掌军政大权的诸王、贝勒、大臣拉入其中，结果使议政王大臣会议权力增大。正如著名史学家谈迁所说：“清朝大事，诸王大臣佥议既定，虽至尊无如之何……六部事，皆议政王口定。”②

福临去世后，玄烨即位，清廷以索尼、苏克萨哈、遏必隆、鳌拜为四位辅政大臣，又将议政王大臣会议架空。玄烨亲政后，又改变了南书房的性质，使皇权得以集中和加强。

南书房于顺治年间即已存在，位于乾清宫西南隅，为皇帝读书之处。玄烨亲政前后，非常注意吸取汉族统治者的经验教训，为此十分注重读书。他说：

> 朕自冲龄，性耽学问。践阼迄今，罔自暇逸。未明求衣，待旦视事，讲臣执经，群臣入奏，未尝一日，不与相接。既退，裁决庶务，披览章疏，有间则书册翰墨之外，无他嗜好。端居乾清宫，取六经之

---

① 《清太宗实录》卷三十四，崇德二年四月丁酉。
② 谈迁：《北游录·纪闻下·国议》。

书，发而读之，以求契夫古人之心，将以致其用而未能也。又上下古今，盱衡数千载，思昔人之所以致其用者，而求之纪志表传编年纪事之文，将以致其用，而知其心之所存。朝斯夕斯，怡然忘倦。①

康熙十六年（1677年）九月，玄烨以翰林院侍讲学士张英等，“每日进讲，启导朕心，甚有裨益”②。而以“近侍内并无博学善书者，以致讲论不能应对”为由，下令在“翰林内选择二员，常侍左右，讲究文义”③，并“简侍讲学士张英、中书高士奇等入直，以备顾问”④。这样南书房也成了“内廷词臣，直庐之处”⑤。此后，南书房的作用虽然继续为皇帝讲经读史、唱和诗文、探讨“圣贤义理”，但已有了为皇帝拟进谕旨、讲求治道的政治功能。南书房这一性质的演变，实际上使皇帝收权于议政王大臣会议，议政王大臣会议和内阁均无权反对南书房的指令，这样皇权在康熙年间又得到了进一步的增强。

雍正年间的军机处，延续了康熙年间南书房的政治功能。

雍正初年，由于清廷与准噶尔部作战，为了紧急和有效处理西北军务，同时又因内阁在太和门外，“儤直者多，虑漏泄事机”，于是在隆宗门内，设立军需房，选“内阁中书之谨密者，入直缮写”⑥。后来，又改军需房为军机房，雍正八年（1730年），又易军机房为军机处。军机处虽然不是个公开的机构，但从其作用来看，是个实际的内阁。它的职权主要是：

第一，军机处直接发布命令，指挥一切。举凡军事、政务、财政、教育及编纂“方略”等，均由军机处综理。例如，“方略”，就是“军略”，每次军功告蒇，及遇有政事之大者，军机处都要奉旨纂辑成书，纪其始末，或曰方略，

①⑤ 鄂尔泰、张廷玉等编纂：《国朝宫史》卷十二《宫殿二》。
② 《清圣祖实录》卷六十九，康熙十六年九月庚辰。
③ 《清圣祖实录》卷六十九，康熙十六年十月癸亥。
④ 《东华录》卷十一，康熙十六年十月。
⑥ 赵翼：《簷曝杂记》卷一《军机处》。

或曰纪略，都由方略馆承办，军机大臣兼任该馆总裁[①]。

第二，军机处以军事为主，置政务于其下，实际上削弱了内阁权力，由军机处取而代之。康熙时期，虽赋予南书房以政治职能，而机要事务仍属内阁。雍正以来，“本章归内阁，机务及用兵皆军机大臣承旨。天子无日不与大臣相见，无论宦寺不得参，即承旨诸大臣，亦只供传述缮撰，而不能稍有赞画于其间也”[②]。无论军事、政治上的重大决策，均由皇帝最后裁决。

由上述军机处的职权可以看出，军机处由于皇权高度集中，最为专制，所以军机处的权力又远远地超过了明朝内阁。

清代皇帝下的谕旨主要有两种：一是“明发”，即公开文书。这要交给内阁发出。明发谕旨一般说来都不重要，皇帝只是一般地问问各地的水、旱、风、雹等灾情。另一种是密递，即密件。这是由军机处拟稿，经皇帝审定或朱批后，再由军机处交兵部驿站发出去，这种谕旨格式一般为“军机大臣×××字寄×××，×年×月×日奉上谕”，故也称为“字寄”；又因军机处位处内廷，还称“廷寄”；再有这种谕旨机密性很强，故也称为“密寄”。“密寄”一般说来都是军国大事，尤其是军事占有很大比重。

军机处办公的题例，主要是：一是承宣，宣诏皇帝谕旨。二是寄信（“字寄”），下发皇帝的密旨。三是奏事，将大臣上奏的机要密件呈交皇帝。四是议覆，大臣上奏的奏折呈交皇帝后，皇帝不能马上决定时，则让军机大臣再讨论，然后将结果奏报皇帝，由皇帝最终裁决。

军机处所用的人，一般来说都是绝对忠实于皇帝、颇有才干的大臣，其中最为著名的就是满人鄂尔泰和汉人张廷玉。鄂、张二人在雍正一朝颇为皇帝所信任，拥有很大的权力。《清史稿》中《鄂尔泰传》《张廷玉传》赞扬二人：“庶政修举，宇内乂安……可谓极心膂股肱之重矣。”鄂尔泰死后，配享太庙，赐号“襄勤”；张廷玉死后，赐祭葬，谥号“文和”，是汉人官僚中唯一入太庙

① 《簷曝杂记》卷一《军机处》。
② （光绪）《钦定大清会典》卷三《军机处》。

之人。鄂、张二人生前和身后都享有极高的荣誉。

军机处设立后，议政王大臣会议“议政之权遂微，然犹存其名，以为满大臣兼衔”[①]。就是说，“议政王大臣”一职此后演变成为清廷奖赏满洲勋臣贵胄的一种虚衔了。乾隆五十六年（1791年）十月，弘历下谕旨说：

> 国初以来，设立议政王大臣，彼时因有议政处，是以特派王大臣承充办理。自雍正年间，设立军机处之后，皆系军机大臣每日召对，承旨选办。而满洲大学士、尚书，向例俱兼议政虚衔，无应办之事，殊属有名无实。朕向来办事，只崇实政，所有议政空衔，著不必兼充。嗣后，该部亦毋庸奏请。[②]

从此，议政王大臣会议便退出了清代政治舞台。

军机处的设立，从一定意义上标志着清代皇权的矛盾斗争宣告结束，专制主义皇权得到最终确立。

（原载《清史论丛》2007年号，李尚英据商鸿逵先生于20世纪60年代初授课笔记整理，再次修订）

---

① 昭梿：《啸亭杂录》卷四《议政大臣》。

②《清高宗实录》卷一千三百八十九，乾隆五十六年十月乙丑。

清初内地人民抗清斗争的性质问题

治清史者，每以崇祯十七年、顺治元年（1644年）清政权中心由沈阳移至北京，并宣布定都于此开始，到康熙二年（1663年），清军攻破荆襄十三家的最后据点茅麓山（今湖北兴山县）为止，这二十年作为一个历史阶段处理。这是因为，这一时期清政权面对的是全国各族人民掀起的抗清斗争的浪潮，其中包括不愿附清的知识分子和明朝在南方的残存势力，以及大顺、大西农民军余部。这场斗争持续了二十年之久。它的性质是阶级矛盾还是民族矛盾，史学界存在着不同的看法和争论。本文即就这个问题提出自己的意见，请求指教。

一、由于民族高压政策激起的内地人民抗清斗争

清朝取代明朝的封建统治像是很容易，实则很不容易。不像明之代元，顺帝妥懽帖睦尔北走，大都遂陷，中原地区即渐进入安定状态。这次改朝换代并不是一帆风顺的，内地各族人民坚持抗清斗争整整二十年。顺治元年（1644年），清军统帅摄政王多尔衮和明山海关守将吴三桂勾结一起，打败李自成，进入北京，宣布定都于此。即在当年阴历五月，“令兵部传檄直省郡县，归顺者官吏进秩，军民免迁徙，文武大吏籍户口钱粮兵马亲赍至京，观望者讨之”①。以此表示代明统治。而后即开始了民族高压政策，首先是“圈地”和

①《清史稿》卷四《世祖本纪一》。

“逮捕逃人”。就在这年十二月，借“清察无主之地，安置满洲庄头”[①]为名，强行圈占北京周围五百里内肥沃耕地，致使户以万计的农民，小部分沦为八旗农奴，绝大部分则相率失业，流离异乡。这些农民，老弱转死，壮者走险。直到1649年（顺治六年），洪承畴还说：“国门（北京）之外，大盗公行……应于良乡、通州、海子（南苑）、昌平四面俱选拔满洲官兵巡缉。”[②]直隶巡抚于成龙曾在大道上修筑长墙，拦挡“响马”。有人写诗讽刺：“百里长墙拦贼马，绿林昨夜绕官衙。”[③]所谓绿林响马就是被圈去土地、房舍，无家可归的农民。

顺治元年九月即“始严稽察逃人之令”[④]。逃人的问题，乃是由于皇太极多次率兵侵入直隶（河北）、山东地区，掠走大量壮丁，变成八旗奴仆。他们随从入关，思念家乡，寻觅亲人，逃亡为情理当然之事，而满洲贵族集团为此专设“督捕衙门”逮捕他们。四出搜索，广事株连，严酷惩治，举国骚然。就连一个已封王爵的耿仲明，奉命南征，在行军途中因部下掩护逃人，竟被逼自杀[⑤]。事情是多么严重！还有，满洲贵族派出家奴霸占市场，纵许旗兵掠卖人口。如此种种残酷横暴的恶政虐行，必然要激起“赞成平等的联合，而不赞成互相压迫”的内地广大人民的反抗怒潮。

更加严厉无情的是强迫“剃发”。剃发就是要按照满洲打扮将头发束成辫子。说来这并不算一件大事，可是，对于民族传统装饰习惯，硬要立刻加以改变，必定遭到顽强的抗拒。顺治二年，清军攻占南京后，即下令“直省（各省）限旬日剃发”[⑥]，“遵依者为我国之民，迟疑者同逆命之寇”[⑦]。这道高压的命令，是进一步掀起内地人民抗清斗争的导火线。清入关后，虽然在继续追击李自成，但注重点乃是南京的明政权。代表清政权的多尔衮，抱有统一天下的宏愿，他不允许“天有二日”。我们都知道多尔衮曾致书史可法，要他劝朱

①《清世祖实录》卷十二，顺治元年十二月己未。
②《清世祖实录》卷四十二，顺治六年二月。
③ 柴桑：《京师偶记》。
④⑥《清史稿》卷四《世祖本纪一》。
⑤《清史稿》卷二百三十四《耿仲明传》。
⑦《清世祖实录》卷十七，顺治二年六月丙寅。

由崧“削号归藩”，就是说福王不能称弘光皇帝。可法答书不屈，于是进攻扬州，打下南京，捣毁了弘光政权。实际上早在这以前，多铎已得到往取南京的密谕[①]。多铎的攻潼关，入西安，是英王阿济格由蒙古向陕北进军，沿途骚扰，耽误行军。一个拥有半个中国疆域的，有可能演成偏安之局的南京弘光政权垮台了。此时满洲贵族们满以为大业已成，可无顾忌，于是变本加厉，为所欲为起来。怎料想，竟招致来遍及内地长达二十年的抗清斗争。

我们且粗粗地作一观察。

就在占据南京的第二个月，即顺治二年闰六月，清派出洪承畴以“招抚南方总督军务大学士”名义坐镇南京。他虽然也曾招降了“明南京翰林科道卿寺部属等一百四十九人”[②]，然而南方人民的抗清兵锋却环绕着南京周围展开了激战。这时明唐王朱聿键继弘光在福州称帝，年号隆武。长江南北纷纷组织义师，在其号召之下风起云涌地行动起来。乡官金声“受唐王敕，起兵于徽州，众十余万”[③]。有许多明宗室得到人民的支持，在徽州、饶州、溧阳、金坛等地“联结南北党羽，谋犯江宁”[④]。三年正月，南京居民作内应，约通明宗室朱谊石、谊泐“合众二万来犯，火攻神策门”，洪承畴吓得要“疏请还京”[⑤]。此时英霍山区（安徽）、太湖水域（江苏）都高举抗清旗帜进行战斗。英霍各寨的队伍中间包括宗室、乡绅、农民和知识分子，这支联合抗清武装坚持斗争达七八年。太湖渔民张三等和进士吴易同时在这个地区起兵抗清，吴易被俘牺牲，张三坚持斗争直到康熙初。这支队伍曾进攻苏州，“焚抚、按、府、长、吴五署”。清巡抚土国宝被打得跑到瑞光寺塔上避难[⑥]。

这时的斗争组织和形势是一种全民抗清，乡官和知识分子同人民武装联结一起进行反清战斗。顺治四年，洪承畴奏报：“故明推官陈子龙阴受伪鲁王部院职衔，结联太湖巨寇，潜通舟山余孽。”[⑦]鲁王名朱以海，是在浙江和朱聿

---

①《清世祖实录》卷十四，顺治二年二月辛酉。
②④⑤《贰臣传·洪承畴传》。
③《清史稿》卷四《世祖本纪一》。
⑥ 顾公燮：《消夏闲记摘抄·平定姑苏本末》。
⑦《清世祖实录》卷三十二，顺治四年五月己未。

键在福建同时建立的明政权。朱以海只称“监国”，未建年号，舟山（浙江定海县）是其根据地。

再回头来看北方和西北。清于定都北京后，曾任用大批降附汉官作北方各省的总督、巡抚，意图利用他们抚定地方，而结果正如清官方所言：“我以抚收贼，贼反以抚愚我。有司涂饰耳目，又以抚自愚。”[①]清所派招抚山东的王鳌永到了济南说：“东省士民（地主）愿归附，特以盗贼充斥，无由达。”[②]最可笑的是，清天津巡抚李犹龙以“积寇尚多”无法招抚，竟“赴贼营会饮”[③]，想从联系感情入手。山东、河南的抗清斗争都很激烈。顺治元年未退走的大顺农民军将领王鼎铉“占据内黄县城，勾结土寇苏自兴，各称总督大元帅，并联山东、河南贼寇，势将燎原”。大顺政权的存在虽然很短暂，而在河北、山东却普遍派出地方官吏。这个地区的豪绅地主乘着农民军主力退走山、陕之际，组织武装，执杀大顺官吏，如饶阳田维嘉、益都房可壮、新乡张缙彦等都是这样干的。其中品质恶劣、行动凶残的数张缙彦。他先曾上表拥戴李自成，此时又回到本籍“集‘义军’，擒伪官，收复列城”[④]。经过这群地主还乡团的反攻倒算，把农民由“贵贱均田之制”分得的土地再夺了回去，无疑要激起他们的强烈反抗。农民军首领赵应元杀王鳌永于青州，谢迁杀孙之獬于淄川，就是对这群地主的正义的惩处。山东人民的抗清斗争战术极其机动灵活，顺治四年，清方山东军报：“大兵（清军）之出，贼即飘遁。师行西南，贼扰东北。”“我出师某地，贼知之；我出师某向，贼知之。而贼避我，我不知也；我行师归，而贼尾我，我不知也。”[⑤]窘迫狼狈之状可见。

山东地方在明末已经有如嘉祥满家洞军和曹州榆园军等著名农民武装组织。满家洞军领袖宫文彩曾“竖事闯逆，遵奉伪号”[⑥]。榆园军领袖李化鲸又

① 《明清史料丙编》第五本。
② 《贰臣传·王鳌永传》。
③ 《贰臣传·李犹龙传》。
④ 《贰臣传·田维嘉传》。
⑤ 《明清史料丙编》第六本。
⑥ 《明清史料甲编》第一本。

“拥立故明宗室，僭号称王”[①]。山东人民的抗清组织在动荡中逐步形成为各阶级、阶层的联合战线。

山、陕地区先是为大顺农民军所控制。李自成率领主力部队退往湖北，此地区所留余部仍在坚持抗清斗争。顺治六年（1649年），清山西官报：“各州县报贼者，日常数四，此煽彼惑，已通满三晋矣。”[②]又报：“省会（太原）危亡至急，贼氛聚结至众。”[③]山、陕抗清斗争有一特点，是农民军和明军以及明宗室联合作战。顺治四至六年间，山、陕战斗十分炽烈。这时明大同总兵官姜瓖一度降清又叛，也起了煽动作用。明将万练、刘迁等连占宁武、岢岚、保德、代州、繁峙、五台等州县[④]。农民军将领“虞胤等称伪永历年号，陷蒲州及临晋、河津等县”[⑤]。顺治四年，清陕西官报：“结连刘二虎等寇（农民军），受孙守法（明将）之术，擅称隆武年号，向攻兴城，克陷紫阳。……接武大定（明将）倡扶明而戕顺民，南山、仁河一带竟成乱阶矣。”[⑥]六年，赵荣贵拥明宗室朱存檥，称秦王，聚数万人进攻阶州。

与此同时，甘肃回族人民也拥立延长王朱识锛，发动反清斗争。

北方和西北人民的抗清斗争和南方人民是互通声气、联合作战的。特别是陕西接连川湖，更便于和大顺军领袖郝摇旗、刘体纯等取得联系。长江中下游和北方、西北广大地区的抗清斗争，使清军应付不暇、疲于奔命。因而以多尔衮为首的满洲贵族阿济格、豪格、勒克德浑等王、贝勒都率领八旗禁旅出动了。顺治八年，福临亲政，曾下谕说：“各省土寇……年来屡次扑剿而管兵将领，杀良冒功，真盗未歼，民乃荼毒。”[⑦]正是反映出这种动荡不宁的真实情况。

---

①《明清史料丙编》第七本。
②《明清史料丙编》第八本。
③《明清史料丙编》第三本。
④《逆臣传·姜瓖传》。
⑤《清世祖实录》卷四十五，顺治六年八月癸巳。
⑥《明清史料丙编》第六本。
⑦《清史稿》卷四《世祖本纪一》。

二、农民军联明抗清策略和两大战场的形成

在满洲贵族的民族高压政策下，大顺、大西农民军余部先后都采取了联明抗清的策略。对此史学界有着不同的评论，有的认为是得计，有的认为是失策。我觉得应当就农民军当时的处境和所具条件来看，先谈大顺军。李自成率军退往湖北，在行军途中遭遇地主武装袭击牺牲，重要将领刘体纯、郝摇旗、李过、高一功等，值此败军之际，又骤然失去自己的领袖。清军正在后面跟踪追击，湖北在明军手中。再加上在退军当中分成两支，刘、郝为一支，李、高为一支，一时难于产生统一指挥的领袖。此时此刻，不降清，也不联明，岂不背腹受敌？何况处于民族矛盾急剧上升的时候，抛开阶级对立，联合起来共同御敌，既为大义所归，也符合人民的愿望。应当说，联合抗清的策略是对的，不是错误的。当然，明臣何腾蛟、堵胤锡辈的意图，是要笼络住农民军，作为靠山，来抵挡清军。据当时清湖北巡按马兆煃奏报说："明旧抚何腾蛟召集流兵，亦不下五六十万，雄踞湖北，乘机窥伺。我皇上若不急发大兵南下，恐两王（阿济格、勒克德浑）已定之疆土，非复朝廷之所有也。"①流兵就是指的大顺农民军。就是靠着这支身经百战的禁旅开辟了持久抗清的西南战场。

本来大顺农民军的力量是能挡住清军的进攻，何腾蛟其人也是忠于明朝的正派人物。他纠集所部明军并结合农民军，组成"十三镇"，一时军威大振。但实际上这些明军将领多不用命，只有郝摇旗、李过能同腾蛟真诚合作，听从指挥。顺治三年，会师岳州，"独赤心（李过）自湖北至"②。次年，何腾蛟率师出衡州，"惟郝永忠（摇旗）、王进才（大顺军将领）以兵至"③。五年，降清明将金声桓在江西发动叛乱，李成栋在广东发动叛乱，清军被迫退出湖南，因而"失地多复"。可是堵胤锡不顾大局，为了私怨，唆使李过夺占马进

---

①《明清史料丙编》第六本。

②《明史》卷二百八十《何腾蛟传》。

③ 温睿临：《南疆逸史·何腾蛟传》。

忠（农民军将领早降明者）的驻地常德城。进忠“焚庐舍而去”，过也“弃空城引而东。所至守将皆烧营弃城走，湖南已复州县为一空”[①]。在湖南的抗清战斗中，大顺农民军最为出力。顺治三年，“战于岳州城下，又战于藤溪，战于湘阴，皆大捷”[②]。由于南明诸臣完全沿袭明末那种排除异己、互相倾轧的腐朽恶劣风习，朝纲无法振作。甚至被称为忠贞之士的瞿式耜，对郝摇旗也心怀歧视，《明史·瞿式耜传》说，摇旗“与式耜构难”。实际则是，郝摇旗和清军激战后，从灵川退至桂林，瞿式耜主持国务，竟无一语相慰劳，也不予以安置，摇旗如何而不气愤？桂林的冲突，就是由此造成的。

大顺军的联明抗清斗争始终如一。顺治十年，清朝派到湖南经略西南军务的洪承畴奏报说：“湖广有孙可望（大西农民军）抗拒于南，郝摇旗、一只虎（李过别号，过已死，其子来亨统率所部）肆毒于北。”[③]此时郝摇旗、李来亨是在川湖山区组成“十三家军”继续抗清。

和大顺农民军在两湖、广西联明抗清的同时，在东南地区也开辟了长期抗清战场，那就是浙东、闽南及海上。这个战场是在南京失陷后在浙东开始的。清著名史学家全祖望论到当时形势有言：“浙西诸府州并起义兵，苏松嘉湖，列营数百，而浙东又建国（指鲁王朱以海）。杭州孤悬。”又道：“杭州不复能守（对清方说），可径渡三吴，一窥白下（南京）。”[④]为什么非但未能如其所愿，而在一年之后，浙东的局面便垮下来？鲁王朱以海说得对：“江上之时，师不能成功，病在不归于一。”[⑤]但是，我们决不能因此而轻视浙东的抗清斗争。那些参加抗战、坚贞不屈、视死如归的志士仁人，给予继起者的激励鼓舞是巨大的。像熊汝霖、孙嘉绩、钱肃乐、张国维等人，都是激于义愤起兵，自知兵少势弱，而敢于战斗，不怕牺牲，这种大无畏精神是值得我们永远景仰的。

---

① 《明史》卷二百七十九《堵胤锡传》。
② 《南疆逸史·何腾蛟传》。
③ 《贰臣传·洪承畴传》。
④ 全祖望：《鲒埼亭集·钱肃乐第二碑铭》。
⑤ 《南疆逸史·监国鲁王》。

浙东失败后，朱以海由郑彩抚往福建。福建人民和具有正义感的乡绅纷纷起兵，当时的形势是："义师起，八郡同日发。""福州城外，营头千种，皆禀监国鲁王令，农夫渔翁，俱任都督，衣穿袄袯，腰系印绶。至村妇化僧，亦授职衔掌兵，城中饿夫逃出者，悉隶其籍。"[①]很显然，这里出现的是全民抗战。无怪清浙江福建总督陈锦奏报说："闽省遍地皆贼。"就在这种大好形势下，"先后复三府（建宁、邵武、兴化）、一州（福宁）、二十七县（漳浦、海澄、连江、长乐等）"[②]，迫使清方"调江、广、两浙之兵来救"[③]。由于明朝文武诸臣不能团结对敌，仍然落于失败。最后张名振和张煌言拥护朱以海投奔郑成功。成功驻兵中左所（厦门），张名振见到他，"袒背示之，涅'赤心报国'四字，深入肤"[④]。名振在成功的布置和指挥下两次进攻长江，连破镇江，题诗金山。张煌言更是以忠诚真挚之心同郑成功合作抗清，始终无间。

后期的抗清领导者，西南战场为李定国，东南战场为郑成功。两人同样坚持抗清，给予满洲贵族集团以沉重的打击。清臣魏裔介说："天下生民所以不安，以云南有孙可望，海上有郑成功也。"[⑤]顺治十年以后的形势正是如此。这时清派出的孔有德、耿继茂、尚可喜三汉将已进入两广。在西南战场上，和清军对垒作战的主力军由大顺军换上了大西军。大西农民军的抗清经过是，最初多尔衮想要招抚张献忠，曾向他表示："前此扰乱，皆明代之事。"[⑥]意思是说不再追究造反的事了。而献忠对此根本不予理睬，亲率所部直冲陕西。临行之时，叮嘱孙可望等："我死，尔急归明，毋为不义。"[⑦]此虽出于封建文人私笔，情实容有出入，但至少可证张献忠是不曾反对联明的。大西农民军杰出领袖张献忠于顺治三年牺牲在西充抗清战场后，部众由孙可望、李定国、刘文秀、艾能奇四员大将率领退出四川，径往云贵。此时明朝残存政权的代表朱由

---

① 海外散人：《榕城纪闻》。

②③《南疆逸史·监国鲁王》。

④《清史稿》卷二百二十四《张名振传》。

⑤《清世祖实录》卷一百，顺治十三年四月辛未。

⑥《清世祖实录》卷二十一，顺治二年十一月戊辰。

⑦ 王源鲁：《小腆纪叙》，转引自谢国桢《清初农民起义资料辑录》。

榔，即永历帝，辗转流徙两广、湖南、贵州间。大西军的联明抗清策略原是以孙可望为首的四将都同意的。当时的西南形势虽然两湖两广均为清军占有，而云、贵、四川尚在明朝手中。清帝福临曾说："四川较福建更为岩疆。平西王(吴三桂)、李国翰同驻汉中，庶无他患。"[①]凭靠这种条件，抵御清军，谋图恢复还是有希望的。我们看，顺治九年，李定国一举打下桂林，孔有德被迫自杀，接着在衡州阵上击杀清亲王尼堪，北京闻讯震动。正应乘此胜利规复两湖，伸入长江，而孙可望疑忌定国，将派在军中作监视的将兵悄悄撤走，以致定国不得已转师广东，想攻取广州作为据点，后以乏援退走。破坏西南抗清阵线的是孙可望，他自到了云南后，并不是想建立农民政权的根据地，先自称"国主"；接着就要明朝封他为秦王；封后又想改明朝为"后明"，作篡位准备。最后因对李定国使用阴谋诡计暴露，遭到部属反对，日陷孤立，乃于顺治十四年在四面楚歌声中带着少数随从人员跑到长沙，在清经略洪承畴面前屈膝投降了。孙可望的降清，使清军对云贵内部虚实和险要据点完全掌握。又从孙可望带来人员中挑选熟悉云贵地理形势的十九人，充当向导，协助进兵。

我们对孙可望出卖民族的恶劣品质和可耻行为，已不足齿及。只对李定国，有的同志认为他曾接受明朝晋王封号，扶持朱由榔作皇帝，是意味背叛自己的阶级，也不应给予肯定和赞扬。这种讲法，不是公允之论。李定国身当民族矛盾高度激化的时候，能放弃同地主阶级的斗争，转而为保卫民族利益和生存而战，这正是大义所在。至于接受封爵，尊奉明朝，在封建时代，方式只能如此。我们不可以此苛求于古人。李定国忠实地执行联明抗清策略，当时对人民和民族是有益的。

东南战场上的郑成功给予清朝的打击和威胁也是极其沉重的。成功是明总兵郑芝龙的儿子，福建南安县秀才。郑芝龙经洪承畴以同乡关系拉拢他于顺治三年降清，成功独不降。当时东南明朝武力操于郑氏，郑鸿逵、郑彩均握有重兵。由于芝龙的出降，力量削弱分散。成功得到叔父鸿逵的帮助，起兵海上，

---

①《清世祖实录》卷一百二，顺治十三年六月癸卯。

招集郑氏旧部，结成一支禁旅，纵横出入于闽粤江浙沿海各府县。清军虽然很勇敢，其所擅长是弓马，畏惧水战，因而对郑成功感到十分棘手，难于对付。因此百般设法想要招抚他，封为“海澄公”“靖海将军”，他都不接受，清朝非但不怒，反而“优诏答之”；后命郑芝龙自狱中作书，告以“不降且族诛”[①]。他本大义灭亲，拒绝父命。清统治者恼火了，顺治十二年（1655年），派出郑王世子济度率领大军来讨，既不能取胜，更在交战中损失战船“匿不奏闻”[②]。次年，郑成功进兵浙江，攻下舟山，占领温州、台州。清闽浙总督屯泰奏报：“自舟山失守，海寇猖狂，逆艅千余，直泊台州。”[③]同年八月，福建巡抚宜永贵奏报：“海逆数十万袭陷闽安镇，直薄省城，连营数十里，攻围旬余。”[④]十六年，成功大举进入长江，兵围南京，“四府三州二十四县，望风纳款；维扬、常、苏，旦夕待变”[⑤]。清帝福临在北京接到军报，先是准备退走关外，经他的母亲责斥，又羞恼成怒，用剑砍碎御案，大喊要亲征[⑥]。情势之紧张可见。于此还应指出，郑成功的坚持抗清，并不是什么要答报明赐姓之恩，而是由于他具有反民族侵扰的强烈抵抗意志和保卫本民族生存和尊严的正义感。

顺治十年以后的抗清斗争，主要依靠李定国和郑成功两人的领导。两人差不多同时奋斗于两大抗清战场。两人的逝世只隔一月，定国于康熙元年（1662年）六月病死勐腊，成功于同年五月死于台湾。在抗清期间，他们多次通讯，互相砥砺，互相声援，直坚持到最后一息。

三、内地人民抗清斗争的性质问题

上面举述了二十年抗清斗争过程中的一些具体事实和全局形势。在这里再

① 参见《清史稿》卷四、卷五《世祖本纪》。
②⑤ 魏源：《圣武记·国初东南靖海记》。
③《清世祖实录》卷九十七，顺治十三年正月己亥。
④《清世祖实录》卷一百三，顺治十三年八月癸巳。
⑥［德］魏特：《汤若望传》，杨丙辰译。

举出几点突出的情况，以有助于对这一阶段历史活动实际和实质的明了。

（一）由人民参加组成抗清武装

清军南下，江南是“嘉兴、平湖、嘉善、江阴、华亭、青浦、嘉定、昆山、上海、句容、溧阳，所在逐杀长吏为明守”。“时吴中民兵十余万，客贾僧道，咸来助师。”[①]先从扬州之役看起，守城拒清牺牲的，除史可法、任民育等明朝官吏外，有“诸生（秀才）高孝缵、王士琇、王缵、王绩、王续等，又有武生戴之藩、医者陈天拔、画士陆愉、义兵张有德、市民冯应昌、舟子徐某”[②]。其不见于记录者一定还很多。江阴人民的抗清斗争就更加壮烈了，“四乡居民，咸分队伍，树旗帜，集教场，议战守，填塞道路，无容足处”[③]。他们的令箭上标“大明中兴”字样。清军统帅豫王多铎以他的名义射入城中的招降书，得到的回答是：“愿受炮打，宁死不降。”[④]主持守城的不入流小官吏典史阎应元，在城角楼上留言，有“六万人同心死义”之语。由人民组成的义兵是和地方乡官以及知识分子结合在一起的。主持嘉定守城是做过参政的侯峒曾，他到了城内“乡兵列帜往迎”，即“与士民分部巡守”。嘉定的义兵有“王家庄兵”“石冈兵”“南翔兵”，他们把降清明将李成栋的部队打得落花流水[⑤]。义兵之起和严酷执行剃发令有很大关系，江阴、嘉定是这样。其他如嘉兴“剃发令下，嘉兴民不从，不期而会者数千人，相与杀秀水令朱之臣，闭门自守”[⑥]。太仓城内执行剃发，“四境之民怨之，治民相攻，钲鼓日至城下”。于此可以说明，是由民族高压政策激成官民联合起来一致抗清的。

（二）知识分子参加抗清队伍

在二十年的斗争当中，知识分子参加到反清行列的很多，他们起了号召、

---

①⑥《南疆逸史·死事》。
②《明史》卷二百七十四《史可法传》。
③④ 赵曦明：《江上孤忠录》。
⑤ 朱子素：《嘉定县乙酉纪事》。

鼓动和组织的显著作用。叶廷秀、阎尔梅就参加过山东榆园军。南方更多，首先在江阴明伦堂上倡言“头可断，发决不可剃”[①]的许用就是秀才。经他鼓动，顺治二年闰六月朔下午，“北门外民，奋袂而起”[②]。协助侯峒曾守嘉定城的有举人张锡眉、董用圆，秀才马元调、唐全昌、夏云蛟等，城破之日皆死。浙东之役，萧山秀才徐芳烈“措饷招募”组成义兵。平湖秀才马元方“手刃平湖北令（清朝所派县官）”响应起义。参与拥奉鲁王朱以海的海宁顾名佐、查继绅、查继佐（《罪惟录》著者）更都是有名的秀才[③]。还有身在清军占领区内向抗清斗争的领导者暗地联系，密报敌情的知识分子。芜湖秀才沈士柱“以西通李定国，牵连被执”；慈溪秀才魏耕“上书郑成功，请乘南风入京口”，后又上书张煌言“备陈金陵（南京）虚实，请以舟师再举”，被人揭发，死在狱中[④]。江南战场几乎无役无有知识分子参加。

当本民族处于危急存亡之际，能不顾身家、奋起抗击的知识分子，和恬不知耻、俯首降敌的，必须严加区别。像侯方域那样人，他不仅附清，还向清总督张存仁出谋献策镇压榆园军，与叶廷秀、阎尔梅就成为一个鲜明的对比。即是如魏裔介、熊赐履等人，清朝尊之“先正”，也不配称为时代的正面人物。正面人物应当是张煌言和洪育鳌。张是浙江鄞县举人，二十年中随同张名振、郑成功坚持抗清斗争，历尽艰险，百折不挠，最后被执，就义杭州。洪育鳌是福建晋江县秀才，随郝摇旗、李来亨入川东，和他们一同抗清，坚持到底。郝摇旗、刘体纯、李来亨等领袖牺牲后，他也绝不离开据点一步，壮烈牺牲在巫山。

（三）荆襄十三家拥立韩王

荆襄十三家领袖郝摇旗等，早在明唐王朱聿键汀州遇难后，即拥立韩王朱本铉，继“隆武”改年号为“定武”，比“永历”建元还早一年。这说明这支

---

①②《江上孤忠录》。

③④《南疆逸史·死事》。

农民军的联明抗清策略已做出决定并见诸实行。孙可望以秦王名义招致郝摇旗，摇旗回答说："老侄年来举动，何以至是？"[①]这可能是针对其争封号和种种傲行而发，也说明郝摇旗是一位忠诚老实的农民领袖。大顺军在李自成牺牲后，主力部队分成两大支，一支为郝摇旗、刘体纯率领，一支为李过、高一功率领。李、高死后，李来亨率众转移到川湖山区，从此两支农民军结成一体，同心同德联合抗清。据《罪惟录·韩主纪》："定武十七年（康熙元年、1662年），来亨被困，弃七连，保谭家寨。永忠（郝摇旗）与二虎（刘体纯）合力，从来亨北御，大战四昼夜，北协湖广之师大挫。"大顺军的拥立韩王和大西军的拥立桂王一样，他们抱着同一个目的，那就是李定国说的"恢复旧京，荡清海内"。其拥明是借明朝旗号号召人民起来抗清，因为它是当时代表内地人民的一个象征。

（四）郑成功改厦门为思明州

顺治十三年（1656年），郑成功改厦门为思明州，以示抗清决心。成功为要遵守明朝正朔，在这年颁行了《永历十年大统历》。他还要保持明朝衣冠制度，因而"东南不剃发者咸来集焉"[②]。强迫剃发改装，也决不是一件小事，它意味着满洲贵族要彻底征服内地人民，所以才采用这种无比残酷的措施，"留头不留发，留发不留头"，因此激起内地人民主要是汉族人民的强烈反抗。当时清臣陈名夏曾背地里向人说："留发复衣冠，天下即太平。"[③]陈名夏的获罪处死，这是罪款之一。郑成功攻打南京，"近迫金山，与北师约：吾战满兵，不战汉兵"[④]。这也反映出来一种由民族矛盾斗争出发的心理作用和义气表现。

从这些矛盾斗争的事实和现象来看，应当说，这一阶段的斗争是由民族矛

---

① 查继佐：《罪惟录·韩主纪》。
②《南疆逸史·监国鲁王》。
③《清史稿》卷二四五《陈名夏传》。
④ 查继佐：《东山国语·台湾后语》。

盾激成的，它的性质是民族矛盾，不是阶级矛盾。不错，在这个历史阶段内，一个时候，一个地区，阶级矛盾和斗争仍是十分激烈的，如直隶被围占土地的流民对满洲贵族，山东经反攻倒算被夺走土地的农民对官僚地主，以及江南各地奴仆、佃户对豪强地主等等都是。但是事态的发展，却使民族矛盾越来越尖锐化，在政治比重上，暂时形成阶级矛盾斗争居于次要和服从的地位，民族矛盾上升为主要和主导的地位。这时的斗争情况是：所有内地，无论南北东西，在长期的斗争中，都打起了明朝旗号。他们的斗争目标十分鲜明，就是打败清军，保持旧制。一方是内地各族人民为主，包括大顺、大西农民军和不降附的明朝兵将，官吏、乡绅以及知识分子；一方则是由满洲贵族集团指挥的旗军和归附明军，以及降清的官僚地主。这样的对垒形式，决不能说他们是为明清皇朝争夺天下，是各为其主的阶级内部矛盾和斗争；也不能说是农民反对地主残酷剥削和压迫的阶级矛盾和斗争，只能说是内地各族，各阶级、阶层的广大人民反抗满洲贵族的民族高压政策和残暴行为的民族矛盾和斗争。我们对待历史既不可以离开事实作一种设想的推论，也不可以把斗争次流代替主流颠倒其主次地位。

中国古代历史上汉和匈奴，唐和突厥，宋和辽金，都存在过民族间的矛盾和斗争，最后还是融合，还是统于一。明和清也是这样。中国是一个多民族统一的国家。我们论述祖国的历史，不能回避民族矛盾斗争，并且应当明辨是非，从而论定事件曲直、人物正邪。这样做，在今天只会“有利于团结各族人民，而不是分裂人民”[①]。因为使各族人民明了历史的底情真相，知道发动战争的是贵族头子，遭殃受害的是劳动人民。这就使各族人民更加紧密地团结在党的周围，热爱祖国，保卫我们统一的红色江山。

还要回答的是，明败清胜，清代明而有天下，又是什么原因呢？这个原因可以用毛泽东的《矛盾论》来解说：“任何事物的内部都有其新旧两个方面的矛盾，形成为一系列的曲折矛盾。斗争的结果，新的方面由小变大，上升为支

① 毛泽东：《关于正确处理人民内部矛盾问题》。

配的东西；旧的方面则由大变小，变成逐步归于灭亡的东西。”这个历史发展规律也适用于说明明清两朝的交替。清先世原是明代属卫（建州左卫），万历时，努尔哈赤作建州卫都督，封龙虎将军。他脱明独立，但比明为小。明是统治全国的朝廷，比清为大。但它腐朽堕落，被农民起义军打垮，清乘机入关击败农民军，进而争取代明统治中国。由于内地人民的抗清力量分散，得不到一个强有力领导中心。相对，清朝是一个新兴起的势力，它的军事政治是统一的，胜败之局就是由此而决定的。

可是，清朝做到缓和民族矛盾、恢复社会经济，则又用了二十年时间。我们常说的清军入关定都北京，只用了四十天，而统一内部却用了四十年，就是指此而言。在这后二十年期间，是通过军事上的平定三藩和收服台湾；经济建设和政治改革上的治河、垦荒、停止圈地、停止逮捕逃人、改明藩田为自耕地（更名田），以及举办博学鸿儒科等一系列有益人民和安定社会的措施，才得以实现的。所以，清人说，康熙二十年以后，“海内始有起色”①。到了这时，社会基本的阶级矛盾也伴随着封建经济的恢复和发展有了较大缓解。

（原载《中华文史论丛》1980年第1辑）

① 陆陇其：《论直隶兴除事宜疏》，载《清经世文编》卷二十八。

略论清初经济恢复和巩固的过程及其成就

我感到近年来历史学者论述清初史事，有一个偏向，即多着重看其入关后对社会经济破坏的一面，对恢复和成就的一面则颇为忽视，即使提到也是估计不足。这是不对的。不容否认，清军入关，在其进行战争的一个阶段中，中国社会确实是遭受破坏，并且是很严重的。这是因为八旗贵族本其掠夺惯习，再加上投降汉兵帮凶助虐，大肆抢掠杀戮，无恶不作。而清廷此时为要筹集应付汉族人民抗战的军费开支，更是横征强派，无孔不入[①]。当时的情况是："大兵所至而田舍一空。"[②]"以兵饷之故，正月开征，民间尚未播种，而追呼敲扑，急逾星火。"[③]因此，关内的民众，除开一部分壮者参与抗清部队以外，

① 清人关后曾免除明季三饷加派，这是以其名义已不存在，无法续征，正好借作一种收买人心之计，实际一切索取是很繁重苛厉的。据顺治十七年给事中姚延启所说："天下之民，有圈地之苦，有逃人之苦，有喂养马匹供应大兵之苦，有封船之苦，有纤夫之苦，有打造战船之苦，有藩府朘削之苦，有驿递骚扰之苦，有盗贼焚掠海寇出没之苦，又有水旱不时之苦。天下原未太平，民生原未丰裕也。今不问疾苦，概责之以十分之钱粮，而此外又有私摊私派，或一年三四次派，……如此之类，过于正赋者不知几许矣。"（姚延启：《敬陈时务疏》，载贺长龄《清经世文编》卷十二）这还不是人民负担的全部内容，例如，已经明令蠲免的官买事项，名义上说用钱买，实际"所发之银，不足原价之半，而州县下吏，阴喻其意，或私派于里民，或取办于行户，物数既完，原银并缴，百姓累赔而不敢明言"。（柯耸：《清厘吏治三事疏》，载《清经世文编》卷二十）总之，与明朝相比是有增无减。

② 萧震：《请正人心疏》，载《清经世文编》卷十四。

③ 陆陇其：《论直隶兴除事宜疏》，载《清经世文编》卷二十八。

大都相率逃亡，有的更被掳去当作商品出卖，有的遭到屠杀[①]。总之，生产资料和劳动力都受到严重的摧毁破坏，当然使得社会陷入经济萧条民人穷困的愁苦境地。

然而，等到军事结束，清廷从事恢复经济工作，其所经历时间却并不很长，并且成绩颇著。其所以能够如此，主要是由于三藩被压平，全国统一，社会秩序稳定。其次是由于军事胜利，清统治者内部矛盾缓和，皇权得以进一步集中。没有这些条件，恢复是不可能的。当然，康熙帝玄烨本人具有一定的才能，也应该算上。

因此，康熙二十年（1681年）以后是清朝经济恢复的一个大转折点。在此以前，正如浙江大儒吕留良所说："今日之穷，为羲皇以来所仅见。"[②]在此以后，陆陇其说："自康熙二十年以后，……海内始有起色。"[③]

于是，即在玄烨所实施的整理田赋制度、垦荒和治河等一系列措施下，中国广大劳动人民归返乡园，重新拿起锄头投入农业生产，同时手工业也跟着推动起来。就这样依靠他们的辛勤劳动，又创造出巨大财富，使社会由破败逐渐转变为繁荣。因为"在这样的社会中，只有农民和手工业工人是创造财富和创造文化的基本的阶级"[④]。

根据资料观察，清初经济恢复的过程，应该是，从康熙二十年到五十年为经济基本恢复阶段。之后，从康熙五十一年到雍正十三年则为经济达成巩固阶

① 明清之际，由于战乱时间过长，因之人口锐减，这是可以想象到的。但其具体情况应该是：壮者逃亡，老弱转死，其中更有一部分壮者是参加起义军和抗清部队。至于被屠杀的自然也不会少，可是，有些历史学者对此作出了过大估计，也不妥当。因为杀戮只是一个短时期的事，不再攻城陷阵，大规模是不可能的。我们看康熙朝着手恢复时，除江西、四川、云、贵等省以外，一般并不显示人少，可以了然。还有，清军的掳卖人口也占有一大部分人，三藩战争时，"入闽满兵掠浙东子女役为奴者数万"（《国朝先正事略》卷七《于成龙》）。"西安之民……逃人及卖人满洲者十六七"（陆耀：《切问斋文钞》卷十九《李中孚与布抚台书》，李颙对满人布雅弩说，逃人卖人是为避犯忌讳，实际上都是被掳走）。这一类记载很多。三藩军也和清兵一样都是到处掳人出卖。

② 蒋良骐：《东华录》雍正七年五月乙丑，谕引吕留良文集语。吕死于康熙二十二年。

③《论直隶兴除事宜疏》，载《清经世文编》卷二十八。

④《毛泽东选集》，第595页。

段。因为此后一个阶段所作所为都是对于前一个阶段存在问题的解决和事业的扩充。

本文即是就上面两个阶段中的重要措施及其成就作的初步考察和分析，目的在说明清初经济曾是通过一些什么措施取得恢复和巩固的，其过程有多长，成就有多大。

我们知道，清朝在18世纪，是亚洲一个强盛统一的多民族大帝国。它的建立不是偶然的，正是凭借了这一走向的社会经济发展四方的事业。这对中国历史发展来说，是具有重大历史意义的。如果忽视或过轻估计它的恢复和成就这一面，那就对这一时期所表现出的社会繁荣和国力强盛这一具体事实不可能得到正确的了解。

一、经济基本恢复阶段

康熙八年（1669年），年轻的玄烨亲政后，即察觉到入关以来满人掠夺破坏行为的严重危害性，从而认识到想要巩固在中国的封建统治，必须停止这种行为。于是，他把八旗贵族和兵士们的掠卖人口、经商放债等恶行，以及入关后清廷两大恶政，如圈地、逃人等，逐步予以停止或限制，特别是在三藩平定以后，由于皇权集中，更得以作出断然的处置。

其所着手恢复的对象，即是农业，因为封建经济的基础即是农业。因此，在这一个阶段中一切重要措施都是为了恢复农业生产而做出的。当时摆在面前的重大问题有两个：一是广大未耕的荒地，二是多年失治的河患。经过玄烨的努力，这两个问题基本上都获得解决。此外他在节约上也做了很大努力，并且实行普遍蠲赋，这对恢复事业也起了一定的作用。

第一，整理田赋制度和进行垦荒

这时存在广大农民身上的最严重的问题是负担过分繁重，加以官吏从中滥征私派，农民无法维持生活，以致农村中“荒地甫报开垦，则熟地又报抛荒”。玄烨在三藩平定后，首先，取消康熙十三年以后所加一切杂税，并停止田赋预征，对纳赋限期也放松，一变已往“不苦于正额之有定，而苦于杂派之无穷”和“无日不追呼，无时不敲扑”的横征暴敛情况，使地方行政归于正常状态，然后开始整理田赋制度。

清朝入关向自夸称以为能继明善政，实际它并未能把明政好坏加以选择或修改，直是一骨（股）脑地全部继承下来，正如熊赐履所说：“国家章程法度一踵先朝之旧，……承讹袭陋，苟且因仍，曾不闻略加整顿。”[①]田赋制度也不例外。清入关后即按万历间田赋原额编成《赋役全书》颁发地方执行，另对民户发给“易知由单”（上面刊载应纳银米实数），征收用“截票”，票分二联，一给农户，一存政府。在这种做法里面是存在着很多弊病的，因为易知由单虽名为易知，实在是“款项繁多，小民难以通晓”[②]。并且官吏更把它压下“不行晓示”，另“设立名色，恣意科敛”[③]。对由单“纸版之费，用一派十，民间受累”。截票也是“借名磨对稽察，将花户所纳之票强留不给”，以致“已完作未完，多征作少征”[④]。

玄烨首先于康熙二十六年把易知由单停刊（只江苏保留），随后于二十八年改行“三联印票”，即增加截票的一联，成为“一存州县，一付差役应比，一付花户执照”。这样，官吏不得再借词磨对，强留不给，民户手里可以拿到一联作为凭据。后来又发觉征收中仍有弊病，“有公然科敛者，阖邑道里，共摊同出，名曰软抬；各里各甲，轮流独当，名曰硬驮，奸胥土豪，包揽分肥，苦累小民”[⑤]。三十九年又实行用“滚单”（此法在顺治八年虽曾公布，但在此时方才用力推行）。这种“滚单”在征收程序上是很周到便捷的，其法系以五户、十户共用一单，在民户名下注明田亩和应征银米数字，春秋两季各应完税若干，分作十限，由甲内首名挨次滚催，一限既完，二限接起。滚单实行之后，得到的反应是，“法行民称甚便”。

封建时代的人们有言：“粮为万年赃。”这是说要钱粮征收清楚无弊是很难

① 熊赐履：《万言疏》，载《切问斋文钞》卷十三。
②③④《清文献通考》卷二《田赋考》。
⑤《光绪会典事例》卷一七二《户部田赋》。

的。但是，在一个振作革新的朝代，经过一番创制改革总要能够好一些。因此，康熙朝对田赋制度中纳粮手续的改革和推行，无疑对农民可以相对地解除一些无理负担，对官吏豪绅多少也能给予一些限制，因为一种制度愈公开愈完整，就愈能使劳动人民少受欺蒙。

清朝田赋制度在封建时代中是有其一定程度的优良点的。其所谓田赋催科四法，“以分限（分期征输）之法纾民力，以输催（滚单）之法免追呼，以印票（三联票）之法征民信，以亲输（自封投柜）之法防中饱”[①]，都是在康熙朝推行起来的。这些方法的推行，对经受长期战乱蹂践的农村秩序的再建立和农业生产的恢复和发展是有着很大促进作用的。

明末清初间荒地很多，清入关后虽曾着手进行垦荒，但终如御史徐旭龄所言：“行之二十余年而无成效。”他指出其原因是：“一则科差太急，而富民以有田为累；一则招徕无资，而贫民以受田为苦；一则考成太宽，而有司不以垦田为职。”[②]玄烨亲政后开始整理垦荒事业，即是参考徐旭龄所指出的三点来做的。

玄烨把垦荒起科年限从原定三年逐次放宽，先宽到四年，又到六年，中间一度到十年。由于起科年限展宽，对推动垦荒收到了效果。吴熊光《伊江笔录》（下编）曾记述：“贵州平定之初，荒田谕垦不应，王抚燕请减赋宽以六年。疏云：‘赋虽减重就轻，田则易荒成熟。’于是滇民鼓舞争赴，以次开辟。”

又定出招民开垦酌量叙用的办法：“贡监生员民人垦地二十顷以上，试其文义通者以县丞用。不能通晓者以百总用。一百顷以上文义通顺者以知县用，不能通晓者以守备用。”[③]显然这是以爵赏来诱致富人投资垦荒。这一办法公布于康熙十年，虽然两年后三藩事件即爆发，但在北方还是收到一定的效果。到康熙二十四年，如直隶、山东、河南诸省耕地比顺治末便大有增加，可以

---

① 乾隆朝《大清会典》卷十《户部田赋》。
② 《东华录》，康熙七年四月辛卯。
③ 《清文献通考》卷二《田赋考》。

为证[①]。

在遭受战祸最严重的地区，如四川、云南、贵州以及陕甘诸省，这时都显示地多人少的现象，清廷对之又作出许多招徕工作[②]。

除开清廷做的垦荒工作以外，还有一件值得提到的事情，那就是劳动人民的自动垦荒。在农业恢复的过程中，由于土地逐渐被地主所占有，因而被迫挤出来大量农民，他们为求生计便变成为垦荒生力军，"湖广民人往四川开垦"，"山东民人到口外种地"[③]。这虽然不是清廷所预计，但他们的这一行动对垦荒事业却做出了很大的贡献。

经过这样一些措施和行动，到康熙五十年的时候，取得显著成效。玄烨在五十一年（1712年）考虑停征丁赋问题时曾用夸大的口气说："云南、贵州、广西、四川等省，……自平定以来，人民渐增，开垦无遗，或沙石堆积难于耕种者有之，而山谷崎岖之地已无弃土，尽皆耕种矣。"[④]

当然，他这话并非尽合事实，但接近事实，因为这时西南各省的土地虽然不是已经"开垦无遗"，而实际上大部分却都在耕种，只是隐匿的多，报出的少。从下面的一些事实可以看出，康熙五十二年，玄烨曾追究过湖南为什么还有五百余顷荒地，派人去调查，等回来报告竟是："荒芜田地四万六千一百顷有奇。"[⑤]雍正七年，曾以四川"从未经勘丈，故多所隐匿"，派人去丈量，结

① 根据《清文献通考》卷一、二《田赋考》所载田土："顺治十八年直隶为四十五万九千七百七十二顷，山西为四十七万八百七十一顷，山东为七十四万一千三百三十六顷，河南为三十八万四百〇三顷。康熙二十四年直隶为五十四万三千四百三十四顷，山西为四十四万五千二百二十一顷，山东为九十二万五千二百六十八顷，河南为五十七万二千一百〇六顷。"

②《清文献通考》卷二《田赋考》载：对陕甘，康熙三十二年"招徕西安等处流民复业，每户给牛一头并犁具银共五两，谷种银三两，雇觅人工银二两"。五十三年，"准甘肃村堡之中有荒地未种者，查出拨于无地之人耕种，并动库银买给牛种"。对四川，二十九年"以四川民少而荒地多，凡流寓愿垦荒居住者，将地亩给为永业"。同时对云南定出老荒地纳粮分上中下三则减征，以鼓励垦种。三十二年以"滇省明代勋庄田地照老荒田地之例，招民开垦，免其纳价"。对贵州也行"招徕劝垦"（《清通典》《通志》对此并有记载）。

③《清文献通考》卷二《田赋考》。

④《东华录》，康熙五十一年二月壬午。

⑤《东华录》，康熙五十二年十月丙子、五十三年九月庚戌。

果："旧册……都计二十三万余顷，丈得四十四万余顷，增出殆及半。"[①]实际这些土地并非全是荒芜，而是被隐匿。当时各省土地隐匿的情况极为严重和普遍。尤以西南诸省为甚，康熙末年，四川巡抚年羹尧报告所征钱粮说："仅及原额十之一，民间视隐田漏赋竟为常事。"[②]雍正初为处理云南摊丁入亩问题，胤禛的谕旨也说："俟查出吴逆（三桂）平定后隐匿田土，量加增摊。"[③]显然这些隐匿的土地都在地主豪绅和官吏勾结下被掩护着实行耕种。

土地有隐匿，玄烨是很知道的，他说："各省民田未有不溢于纳粮之额数。"[④]又说："天下隐匿田地不少，但不可搜剔耳。"[⑤]他对土地不肯深究细查的这种态度是可以理解的，这和他对吏治要地方官在乡绅身上"不必吹毛求疵，务以安静为善"[⑥]是同一的态度。因为玄烨统治中国的主要政策是笼络汉族地主阶级作为其统治政权的骨干，因而就必须要照顾到他们的利益，以便取得他们的帮助和支持。

从这种土地的严重隐匿情况来估看，说康熙末全国原有土地基本上恢复耕种，应该不算夸大[⑦]。

在恢复农业生产的工作中，玄烨在亲政后所处理的明藩土地也是一件大事情。《清会典》记载：在直隶、山西、山东、河南、湖北、湖南、陕西、甘肃八省都有所谓"更名地"，即是由这项土地变更而成。其总的数字，据我初步

---

① 《清史稿》卷二百九十四《宪德传》。

② 年羹尧：《请立劝惩官员之法疏》，载《滇南文略》卷五。

③ 《东华录》，雍正三年二月丙申。

④ 《东华录》，康熙二十七年三月壬午。

⑤ 《东华录》，康熙五十年正月戊辰。

⑥ 《东华录》，康熙二十九年九月乙卯。

⑦ 康熙末全国耕地数字，据雍正二年奏销册为六百八十三万七千九百一十四顷，以之与《明万历会典》所载万历田土七百〇一万三千九百七十六顷相比，少十八万余顷。可是，万历田土数字是在张居正"以溢额为功，有司争改小弓以求田多，或掊克见田以充虚额"（《明史》卷七十七《食货志一》）的情况下得出来的。清朝则是在各省普遍"隐匿开垦"时期的一个统计数字，并且从省的个别数字来看，清比明一般都多，只是湖广，明为二百二十一万六千一百九十九顷，清为八十四万一千〇一十七顷。明朝湖广土田数字是要有疑问的，因为它竟比当时的南直、浙江、江西的总数（共为一百六十四万二千〇五十八顷）还多出五十七万余顷。

调查所得，除直隶一省尚未查出，其余七省共有十六万六千余顷[①]。其中以河南、湖北（包括湖南，明称湖广）为最多，山东、陕甘次之，山西较少。这与

---

① 清更名地：

（1）山西省

据《晋政辑要》（乾隆郑源璹编，光绪刚毅增辑）卷九《户制·田赋一》："更名地一万一千九百七十九顷三十六亩"。

（2）山东省

《康熙济南府志》卷十六《赋役志》："更名原额地二千八百七十五顷三十五亩。"

《乾隆泰安府志》卷八《田赋》："东平州更名庄田拨剩地三百七十一顷二十五亩。"

《乾隆武定府志》卷十一《田赋户口志》："阳信县更名原额地大亩十顷十亩，折小亩二十七顷二十七亩。""海丰县更名黎敬等庄原额地四百七十九顷九十九亩。"又"更名社洒原额地七十四顷五十七亩"，"乐陵县更名羊厂原额地二百一十七顷四十五亩"。

《乾隆兖州府志》卷十三《田赋志》："更名原额地五千〇八十三顷八十三亩。"又"更名原额并新垦地五百〇四顷四十四亩"。

《乾隆曹州府志》："郓城县实在更名屯厂地二千八百七十六顷九十五亩。""濮县实在更名籽粒地三千〇十五顷九十亩。""范县实在更名籽粒地五百三十八顷四十八亩。"

《嘉庆东昌府志》卷八《垦田》："更名地一千三百四十五顷九十四亩。"（据原注包括聊城、博平、德平、临清、恩县、武城、东昌卫七处。）

《康熙青州府志》卷五《丁赋》："益都县更名地二十七顷四十亩。""临淄县更名地五顷九十亩。""更名槐树坡令史屯地二顷。又更名地五十四顷八十三亩。""博兴县更名地七十六顷三十三亩。又更名红花园地四顷九十亩。又更名地一顷六十八亩。""乐安县更名原额地二十一顷二十二亩，又九顷七十九亩。""寿光县更名地四十三顷九十六亩。又十一项六亩。又十八亩。"

"临朐县更名籽粒地五顷一亩。又六十九亩。""安邱县更名地十七顷五十五亩。"

《乾隆莱州府志》卷三《丁赋》："昌邑县更名原额地四百〇六顷八十亩。""潍县更名原额地五百六十顷十亩。""高密县更名原额地六百一十三顷七十三亩。"

按以上八府更名地共为一万九千二百七十四顷五十五亩。

（3）河南省

各志多不载更名地数字，但据《雍正河南通志》卷二十《田赋则壤》所记："康熙八年四月收并更名并各卫所熟荒大小等地十一万四千一百二十四顷四十八亩。"按清初屯田仍明之旧（雍正时内地卫所屯田并于州县），查《明万历会典》卷十八《户部屯田》："河南都司见额屯田五万五千五百九十八顷二十三亩。"以之与上数相减，所得应即更名地，数字是五万八千五百二十六顷二十五亩。

（4）湖北省

据《嘉庆湖北通志》：

武昌府："江夏县更名地成熟田地草洲湖港基园共九百四十八顷七十亩。""武昌县更名田地十九顷八十六亩。""嘉鱼县更名地田地白沙水垱共一千五百七十三顷四十五亩。""蒲圻县更名田地四十顷九十二亩。""咸宁县更名地田地五十二顷八十二亩。""崇阳县更名地田地三十六顷九十八亩。""通城县更名地田地九十三顷八十一亩。""兴国州更名田地塘五十一顷五十三亩。""通山县更名地田地十七顷四亩。"按以上八县一州共更名地二千八百三十五顷十一亩。

明史诸王传及食货志所记的情况相符合。这项土地能够有十六万顷，超过八旗入关所圈占的数字，并且这项土地都是比较肥腴的，因此，其所起的作用应该是颇不小的。

当时清户部原要把这项土地“分荒熟酌量变价”①作为一笔特别收入，并且已经卖去了一部分。玄烨下令停止出卖，改为“未变价地亩给予原种之人改

汉阳府：“汉阳县更名地成熟田地山场一千六百二十三顷十四亩。”“汉川县更名地田地草场遗地等项三千五百四十七顷四十四亩。”“孝感县更名田麦地四千〇九十七顷六十亩。”“黄陂县更名地田地塘八百三十一顷三十九亩。”按以上四县共更名地一万〇九十九顷五十七亩。

安陆府：“钟祥县更名田地七千五百六十八顷二十七亩。”“京山县更名田地一千九百三十顷五十三亩。”“潜江县更名田地一千六百七十二顷二十四亩。”“天门县更名田地七千六百五十七顷二十七亩。”按以上四县共更名地一万八千八百二十八顷三十一亩。

襄阳府：“襄阳县更名地成熟田地一千八百七十七顷五十五亩。”“宜城县更名地成熟田地九十顷十四亩。”“南漳县更名地成熟田地七十二顷五十亩。”“枣阳县更名地成熟田地一千五百〇七顷二十六亩。”“谷城县更名地成熟田地五百三十三顷七十九亩。”“光化县更名地成熟田地一千〇七十三顷七十四亩。”“均州更名地成熟租地六十亩。”按以上六县一州共更名地五千一百五十五顷五十八亩。

郧阳府：“郧县更名地成熟田七顷六十七亩。”

黄州府：“黄安县更名地田地塘二百〇二顷五十八亩。”

荆州府：“江陵县更名地田地三千七百八十二顷四十一亩。”“公安县更名成熟田三百三十四顷十四亩。”“石首县更名地田地一千一百二十二顷九十五亩。”“监利县更名地二千二百〇七顷九十九亩。”“松滋县更名地成熟洲地二百五十顷二十四亩。”“枝江县更名地田地五十六顷十六亩。”按以上六县共更名地七千七百五十三顷八十九亩。

德安府：“安陆县更名田地七十八顷三十六亩。”“云梦县更名地田地塘四百九十七顷十七亩。”“应城县更名田地六百二十一顷五十六亩。”“随州更名地成熟田地塘山九百四十一顷四十七亩。”“应山县更名地田地四十一顷八十四亩。”按以上四县一州共更名地二千一百八十顷四十亩。

荆门直隶州：“更名地成熟田地七十八顷六十四亩。”“当阳县更名地亩田地十一顷九十七亩。”“远安县更名地亩上中下水乡田共九顷九十九亩。”按以上一直隶州及两县共更名地一百顷六十亩。总共更名地四万七千一百六十三顷七十一亩。

（5）湖南省

据《嘉庆湖南通志》卷三十六《田赋》：“更名田，长、岳、常、澧四府州属共田地山塘三千九百九十一顷五十六亩。”

（6）陕西省、甘肃省

据（康熙）《陕西通志》属陕西东布政使司（西、延、凤、汉、兴四府一州）：“废秦韩瑞郑四藩：原额废藩本折赡赐烟庄自置王田共地九千八百六十八顷四十三亩。”属西布政使司（平、庆、临、巩四府）“废肃、韩、楚、沐四藩原额，废藩本折赡田，自置并油斤王田共地一万六千〇二十五顷三十五亩。”总共更名地二万五千八百九十三顷七十八亩。

以上七省共有更名地十六万六千八百二十九顷二十一亩。这只是一个初步考查，供作参看，当然还不够完全。

①《清通典》卷一《食货·田制·民田》。

为民户”[1]。所以，这项土地便被称作“更名地”。从此各原种人即以所承种的土地“与民田一例输粮”[2]，都变成为有地的自耕农。这一来，他们既不再遭受如明王府时代那样“渔敛惨毒”“多方掊克攘夺”的虐待，又把王府自置地“输粮之外，又纳租银”的负担也去掉[3]。无疑，这些举措对激励一批农民生产主动性起到了推进作用。

我们应该承认，玄烨对这项土地的处理，算是对农民的一个很大让步，因为他没有把土地完全变价归之有钱有势的豪绅地主，而是把其中的大部分无偿地给予原种地人。但是，也应该指出，其所以如此大方地来作出处理，也并非纯然要施行恩赐，还是为的迅速把这项土地变荒为熟，因为其中包括有荒田，清朝田赋记载中有所谓“更名成熟”“更名新垦”，即系指此而言。康熙八年谕旨中对此有“将无人承种余田，招民开垦”之言，可以窥悉个中情实。因此，这件事情也即进行垦荒工作的项目之一。

第二，治河

康熙朝曾大力从事治河。玄烨说：“听政以来，以三藩及河务、漕运为三大事，夙夜廑念，曾书而悬之柱上。”[4]他为什么把河务、漕运和三藩集团势力同等看待，这样的重视呢？因为当时黄河多年失修，造成巨大灾患，并且影响到运河的航行，漕粮北运受到阻滞。其情况是极为严重：北面黄河“尽归决口，北流入海，正河淤浅，漕不得达。宿迁以东，北岸民田皆成巨浸”[5]。南面“淮扬七州县（山阳、盐城、高邮、宝应、江都、泰州、兴化）田地一片汪洋”[6]。这样破坏下去，必致如当时河道总督靳辅所言：“三面壅遏而黄流无去路，……势必冲突内溃，而河南、山东二省恐俱有沦胥及溺之忧。”[7]

---

①《清通典》卷一《食货·田制·民田》。
②《清通典》卷一《食货·田制·民田》。
③《清文献通考》卷二《田赋考二》。
④《东华录》，康熙三十一年二月辛巳。
⑤张蔼生：《河防述言·杂志第十一》。
⑥《靳文襄公奏疏》卷四《详陈臆说疏》。
⑦《靳文襄公奏疏》卷一《河道敝坏已极疏》。

早在康熙十六年（1677年），三藩战事尚在进行，玄烨即任用靳辅，开始治河。靳辅和他的幕客陈潢在治河工程上尽了很大努力，并且做出了卓越成绩。当时的施工重点在黄淮运交叉地带——徐淮，他们在这里先做了疏流工作，疏导黄淮合流，使黄水归还故道，恢复正常状态。接着又作护堤工作，在这项工作中更创造性地作出如坦坡、减水坝等有效筑修，这样就使水的危势得以逐步消减。

清廷对治河的要求是：要能防止黄河的泛滥溃决，要能维持运河的航行通畅。靳辅、陈潢在达成了前一个要求以后，又在后者的施工中取得许多成功，如在挑浚运河清水潭时使“数十里之间竟成长堤二道，粮艘行乎其间，永无漂涨之患”[①]。又借开引河疏导黄河水的机会，在北岸开辟成一条一百八十里长的“中河”，从此“使漕船出清口，止于黄河行二十里许，……永免黄河风涛之险阻”。“民船北上，因经黄河者止二十里，小舠叶舟皆可直达于通州。”[②]玄烨曾怀疑过这条中河的功用，派人去查看，回来的报告是：“中河内商贾船行不绝。”[③]

在靳辅、陈潢的督修之下，不但“水归故道，漕运无阻”[④]，而且几百年被淹的低洼之区“山（阳）宝（应）高（邮）江（都）四州县河西、潴水诸湖，向之万顷汪洋茫无涯际者，目今逐渐涸出”[⑤]。

后来靳辅、陈潢由于在治河工程的措施步骤中与玄烨意见不合，更重要的是由于在涸出的土地上实行屯田，以致触犯本地绅宦地主的利益而遭受攻击[⑥]，

---

①②《河防述言·杂志第十一》。

③《东华录》，康熙二十七年四月庚申。

④《东华录》，康熙二十三年七月乙亥。

⑤《靳文襄公奏疏》卷三《恭报合龙疏》。

⑥ 靳辅、陈潢想要增辟财赋收入，抵补河工费用。在涸出的土地上重新丈量，进行屯垦，而遭到当地地主反对。因为“豪强占利，私垦亦多，司事者从而清厘之，怨谤乃起”（《河防述言·辨惑第十二》）。当地作侍读官的乔莱即反对靳辅，他说：“七州县（淮扬七属）之田起科不等，有三四亩折一亩者，有十余亩折一亩者，以地有硗瘠也。今但据丈量，而以其余为官田卖之，……将有田四十顷者没入其三十顷，而以十顷之田纳四十顷之赋。”（潘耒：《翰林侍读乔君墓志铭》，载《清朝文征》卷十）靳辅在其《生财裕饷第一疏》中明明说“有主荒地瘠田，……准照什一之数，缴纳钱粮”，可见决不是为顾虑多纳赋，而是怕损失土地。

靳辅被免职，陈潢下狱病死。康熙三十年以后的河工就由玄烨自己来计划修治。

玄烨对治河也作了很大努力，在其南巡中，每次都是亲临工地视察指挥。他虽然在治河上和靳辅、陈潢有不同的意见，可是，在当时清廷中却只有玄烨能认识到靳辅、陈潢所做的成绩，说他们："一切经理之法具在，虽嗣后河臣互有损益，而规模措置不能易也。"[①]

在玄烨继靳辅、陈潢之后治河时，社会已大见安定，物力日增，由于具有这样好的条件，因而作出更大的成绩。玄烨一方面把控制洪泽湖的高堰大堤培高，并堵塞唐埂六坝（靳辅原用以减淮水）使"洪泽湖水高，力能敌黄，则运河不致有倒灌之虞"[②]。又于"清口筑挑水坝，挑黄水使趋北岸，免倒灌清水之虞"[③]。这就巩固了黄淮合流入海的稳定状态。另一方面挑浚淮扬七属下河，疏导积水入海。又筑堤束水，引湖水入江，使"不仅淮扬七州县涸出，而盱眙、泗州积田地亦渐次涸出"[④]。后来又建闸改宽泄水，又使"徐州一带民田可无淹没之虞"[⑤]。

这一治河工程的完成，消除了黄河中下游各省多年的水患威胁，恢复了江淮被淹地区的农田耕种，并且实现了南北水路交通干线运河的运输畅行，这对当时社会经济恢复和发展就起了有力的支援和推动作用。

玄烨曾就南巡中所见到的情况说："初次到江南时，船在黄河两岸，人烟树木皆一一在望。康熙三十八年（第三次南巡）则仅见河岸。四十二年（第四次）则岸去河基已低，是河身日刷深矣。……闻下河连年大熟，亦从前所未有也。"[⑥]治河对农业生产恢复的影响，于兹可见。

当然，在此还应该指出，这些成绩的取得，固然和靳辅、陈潢以及玄烨的设计和努力有关，但更重要的是劳动人民的巨大力量，他们成千成万的都在"风雨昼夜，露宿草栖"之中勤劳地工作着，并且得到的工钱有时竟是"仅免

---

①《东华录》，康熙四十六年五月戊寅。
②《东华录》，康熙四十二年三月辛酉。
③《东华录》，康熙四十二年十月戊寅。
④⑤《东华录》，康熙四十六年五月壬子。
⑥《东华录》，康熙四十四年二月庚寅。

枵腹之苦，不能更计其养家之需”[①]。

此外，玄烨在同时还修治了近畿诸河，尤其对永定河，把它视作治黄以外的第二大工程。他曾经多次亲自去督修。在深冬之际“以豹尾枪立表于冰上，亲用仪器测量”[②]。永定河向有“小黄河”之称，从卢沟桥以下“冲激震薄，迁徙弗常”。时常和畿南诸水汇流，泛滥成灾，给予直隶中、东部地区以重大危害。康熙三十七年（1698年），从良乡起到东安开辟了一条长二百余里的新河道，在两岸修筑长堤，束水出三角淀以达西沽入海[③]，这样才使“湍水轨道，横流以宁”。永定河之名即定于此时（原名浑河）。

康熙四十四年（1705年），玄烨在巡幸中见到的是：“直隶自苑家口以下，向年永定冲决之处，今百姓皆筑舍居住，斥卤变为膏腴。”[④]

由此可见，康熙朝治河是清初安定社会恢复经济的重要措施之一。

当然，这时的治河，虽然是取得了一定的成绩，但由于在封建制度之下，发动人力物力是受着一定限制，并且也限于当时的科学知识技术水平，不能设想可以根除河患。

第三，实行节约和蠲免

清廷在三藩未定以前，财政经济是非常困难的，曾经使用种种方法如裁减职官、鼓励关税溢额征收、增加盐课杂税以及开捐纳等等，都不能得到解决。造成这种情况固然是由于当时应付汉族人民的抵抗和三藩军费的庞大支出，但其最高统治者如多尔衮、顺治帝福临及其以下满洲贵族们的奢侈浪费也是一个重要原因。多尔衮为要在口外避暑筑城，即“新增钱粮加派”[⑤]。福临设内十三衙门，“金花钱粮尽给宫中之费”[⑥]。玄烨开始改变这种奢侈浪费风习，厉行节约，在短期间即收到显著效果，到康熙二十六年即实现“目下国计充裕”

---

①《靳文襄公奏疏》卷五《大挑月河疏》。
②《东华录》，康熙三十六年十月丙子。
③ 王庆云：《石渠余纪》卷六附《永定河不宜复故道论》。
④《东华录》，康熙五十二年四月丙子。
⑤《东华录》，顺治七年七月乙卯。
⑥《东华录》，顺治十八年正月丁巳《遗诏》。

的局面。这虽然也和军事行动结束有关，但如果清廷不能实行节约，这个局面是不可能实现的。

玄烨在整顿经费开支时说："厘剔诸弊……则国课不致妄费，户部储有余财。"[①]经他裁革紧缩的结果，"前（顺治朝）光禄寺一年用银一百万两，今止用十万两；工部一年用银二百万两，今止用二三十万两"[②]。当时供使役的"宫中不过四五百人"[③]。其他如理藩院等浮费又多裁减。并且严格审查支出，令户、工两部所用钱粮"十日一次奏闻"[④]。我们看现存的康熙末雍正初这一时期《光禄寺吃食钱粮等项数目表》原册[⑤]，其每一个月的开支不超过四千两，少则只六七百两。可以证明实行节约并非虚言。

同时，玄烨很重视实行蠲免田赋，这和实行节约同样是他从事恢复经济的重要措施。他说："历年敦崇节俭，严核浮冒，盖欲为布德行惠之资。"[⑥]他认为"欲使民生乐业，比屋丰盈，惟当己责蠲租"[⑦]。

从康熙二十五年起，几乎每年对一省或对数省都实行"普免"（免征全年田赋）。四十八年时，以户部库存达到五千余万两，曾对全国"自五十年为始，三年之内，全免一周"。这种蠲免的措施对恢复经济是收到了相当效果的，如江西是遭受战祸极重的省份，到康熙二十七年即由"积年蠲免银米二百万有奇，民生渐裕"[⑧]。

我们对康熙朝实行蠲免所收到的效果，还应该作出较大的估计。因为当康熙中期全国尚存在相当数量的自耕农，蠲免的好处能够轮到他们的身上。民众生活能够变得宽松一些，他们对生产的兴趣就一定会加浓，积极性就会提高。

可是，等到了康熙末年，情况则逐渐发生变化，据玄烨自己所见到的已是

---

①《东华录》，康熙二十四年三月辛酉。
②《东华录》，康熙四十五年十月乙巳。
③《东华录》，康熙四十八年十一月癸未。
④《东华录》，康熙四十九年四月辛酉。
⑤《光禄寺吃食钱粮等项数目表》，北京大学图书馆藏。
⑥《东华录》，康熙二十六年十一月辛丑。
⑦《东华录》，康熙二十四年四月辛丑。
⑧《清史稿》卷二百七十四《王骘传》。

“田亩多归搢绅豪富之家”“小民有田者少，佃户居多”。这时的蠲免便和劳动人民关系很少，而都是便宜地主了。

封建政权的性质规定了它和地主阶级的利益是一致的，因此，清统治者虽然洞悉此中情实，但不能作出何种断然的处置。康熙四十九年（1710年），由于兵科给事中高遐昌疏请对佃户的蠲免问题，清廷规定成：“田主免租七分，佃户三分。”[①]结果是空有此例，并不兑现。直到乾隆时，为佃户免租还要州县官对地主“善为劝谕，感发天良”[②]。乾隆帝弘历希望地主们能够“推朕爱民之心，自行酌量，将佃户应交地租，酌予减收”[③]。由此可见，从康熙末年以后，蠲免的好处是统统归于地主。

虽然如此，玄烨目睹农村中土地日益兼并的严重情况，还是要尽力想办法，那就是在康熙五十一年所作出的“盛世滋生人丁，永不加赋”。他想要以停止征收新增人丁税，来稳定住他所估计出的“小民有恒业者十之三四，余皆赁地出租，免能度日”的农民。只是他的办法未能制止地主和官吏从中作弊，因而没有收到预期的效果。这一问题到雍正并地丁才得以解决。

通观从康熙二十年到五十年这一个阶段，清廷通过上述各项重要措施，取得了社会经济的基本恢复。

这时，除西南诸省恢复较为迟缓以外，在各地普遍显示出丰盛景象。据玄烨在康熙四十年以后的巡幸中所见，已是“畿辅秦晋，民俗丰裕”[④]，“浙江……农桑遍野，户口蕃殖”[⑤]。他又说：“观近日南方风景，民间生殖，较之康熙三十八年南巡时似觉丰裕。”[⑥]这些话固然系出皇帝之口，不能即信以为实，但与其他资料所示情况比看，是和事实不甚相远的。这时内地和沿海各

---

①《清通志》卷八十六《食货略六·蠲赈上》。

②《续孚惠全书》卷一。

③《续孚惠全书》卷三。

④《东华录》，康熙四十二年十二月庚寅。

⑤《东华录》，康熙四十三年十月甲戌。

⑥《东华录》，康熙四十二年二月丁酉。

省土地绝大部分全已耕种，淮扬固已“无尺寸之荒”[①]，河南也是“其不耕者大都斥卤砂碛之区”[②]，山东被排挤出来“至数十万人之多”也并不显人少，福建也是“户口繁息，较往年数倍”。这些都具体说明社会已由荒凉破败转变为繁盛兴旺。

跟随社会经济的恢复，城、镇也都热闹起来了。这时著名的工商业城市苏州是“郡城之户，十万烟火”[③]。其“阊门内外，居货山积，行人水流”[④]。据雍正元年苏州织造胡凤翚所奏：“有染房踹布工匠……总计约有二万余人。”[⑤]证以最近在苏州发现的石刻资料，早在康熙三十二年，地方官即有碑禁止踹匠“齐行增价”，五十四年踹匠更要求建立“踹匠会馆”[⑥]，其人数在当时显然不会少了。同时大的市镇如汉口是“舟车辐辏，百货所聚，商贾云屯”[⑦]。小市镇如双林镇（属湖州）是“吴越闽番，至于海岛皆来市焉，五月载银而至，委积如瓦砾”[⑧]。在三藩战乱中被破坏最厉害的景德镇，这时也恢复成为“人居之稠密，商贾之喧阗，市井之错综，物类之荟萃，几与大邑等”[⑨]。在杭州北新关所通过的“上赖江西闽广，下赖苏松常镇等商货”是“百物辐辏，商贾云集，千艘万舳，往回不绝”[⑩]。长江以南竟是这样的繁华。同时北方城市也同样已经恢复，不仅北京“民舍市廛，日益增多，略无空隙”[⑪]，而进京孔道涿州也是“往来者林林总总，阛阓喧阗”[⑫]。

我们还可以用雍正初年的辟置州县来说明这时社会经济恢复的程度。从雍

① 盛枫：《江北均丁说》，载《清经世文编》卷三十。

②《清史稿》卷二百九十四《王士俊传》。

③ 沈寓：《治苏》，载《清经世文编》卷二十三。

④ 孙嘉淦：《南游记》。

⑤《雍正朱批谕旨》第四十八册《胡凤翚奏折》。

⑥ 纪庸：《新发现的清初苏州手工业工人罢工史料》，载《人民日报》1957年3月25日。

⑦《南游记》。

⑧ 唐甄：《潜书·教蚕》。

⑨ 唐英：《陶人心语》卷六《重修浮梁县志序》。

⑩（雍正）《北新关志》卷首《记四境图说》。

⑪《东华录》，康熙二十六年三月丙子。

⑫ 程庭：《停骖随笔》。

正二年起陆续在各省增添或提升了许多州县，如山西即有九个州提升为直隶州，山东有四个直隶州提升为府，江苏更以“地广人稠，尤称繁剧”之故析置出来十四个县①。其余各省也多有增辟或复旧。这种扩大地方行政机构的措施，毫无疑问，就是标志着从康熙以来的社会经济的上升。

清初经济恢复的过程之所以并不很长，是可以理解的。因为它是在明末农民大起义“打击了当时封建统治，因而也就多少推动了社会生产力的发展”之后，把“封建的经济关系和封建的政治制度基本上依然继续下来”。并且它所继续的是中国封建后期经济高度发展的明朝。它又从明朝的灭亡和应付各族人民的抗清中取得许多经验教训。于是，杰出的满族统治者玄烨，在其完成统一之后，采取一方面扶持汉族地主，另一方面对劳动人民也作出一些适当的让步的政策，这样就推动了中国社会的巨大生产力继续前进，从而社会经济得到了迅速恢复。

二、经济达成巩固阶段

清朝在这一阶段的经济工作，是在上一个阶段经济恢复事业的基础上作出的，它给予了这些事业以稳定和巩固的力量。其中起着重要作用要指出的有：一、对丁税和火耗的处理和解决。这是上阶段中一个未能解决和一个需要解决的重大问题。二、奖励和推进农业以及筑海塘、兴水利等。这些措施都使社会经济得以从恢复更进一步达成巩固。因此，这一个阶段已经不是恢复的过程，而是达成巩固的过程了。中国历史上所谓“康雍之治”，就是指的这两个阶段的整个过程说的。

现在分别地来谈：

第一，并地丁和定火耗

并地丁，对农村劳动者来说，是免除无地的人丁税；定火耗是限制官吏在

---

①《清文献通考》卷二百七十二至二百八十二《舆地考》。

田赋上对农民的任意加征。

并地丁的问题和康熙末年作出的“滋生人丁，永不加赋”是相关联的一回事。因为在封建社会中，经济恢复的过程同时也即是土地集中的过程。玄烨原想要用这种取消新增丁税的办法来稳定农村社会，他在谕旨中说曾经亲自询问农家，有“并无差徭，共享安乐”[①]的余丁。不知这些余丁都是出于“搢绅豪富之家”。实际的情况是，“富者即多幸脱，承差者俱属穷黎”，因为“富者巧干夤缘，因之粮多而丁日减，贫者无力周旋，因之粮少而丁日增”，这就形成了“素封之家多绝户，穷檐之内有赔丁”[②]的奇怪现象。归根结底，负担丁税的尽是有地和无地的贫农。永不加赋并不能解决问题。

这种情况到雍正初年更加严重化，据湖广总督迈柱在其《请丁随粮派疏》中说：“有地之家，田连阡陌，所输无几；贫民粮仅升合，所输丁银独多。盖缘地卖丁存，而富豪多与书役勾通，改换裁派，以致报册有丁，追呼无业，贫民偏受其累。”[③]同时山西布政使高成龄在其《条奏丁银归入地粮疏》中也说：“流民未尽复业，即现在穷黎多无恒产，或以执鞭为业，或以烧罐为生。富者田连阡陌，竟少丁差，贫民地无立锥，反多徭役。”[④]失地的贫农和小手工业者都受着这样严酷的丁税逼压，于是造成“或逃或欠”的混乱不安局面。

并丁于地的办法在康熙末年边远省份如广东、四川个别已在实行。到雍正朝，由于情况愈来愈严重，于是就把这一办法由直隶开始陆续在内地各省普遍推行起来。从此把三百多万的丁税银两摊入地亩征收，有地的人按地多寡连丁一齐缴纳，无地的不再负担丁税。清廷重新规定田赋每两应摊的数目，这是根据原来田赋的轻重定出的，乍看起来，赋重的地方，以赋与丁相比，匀到赋银的每两之上反少；相对赋轻的地方匀到的反多。实则赋轻的地方，由于几十亩地才纳赋银一两，因而轮到每亩所摊还是少，其赋重的地方所摊还是比较多。

---

① 《东华录》，康熙五十一年二月壬午。
② 曾王孙：《堪明沔县丁银宜随粮行议》，载《清经世文编》卷三十。
③（嘉庆）《湖北通志》卷十八《政典一·户口引》。
④（乾隆）《任邱县志》卷十一《艺文》。

其内容大致如此。

这样就使搢绅富户“一例输将”，不再如以前的那样“幸脱”。从此以后，不仅无地的人不再负担丁税，有地而自食其力的农民所负担的丁税也比较合理。还有住在农村中的织布、烧罐等小手工业者也可以苟延残喘，这些人都不必再逃亡。因此，实行并地丁，对当时的农村来说，是起了一定程度的“撑危扶倾”的作用。并且这样做对清廷也有很大的好处，因为“丁皆有土，有所借而不致流亡，里甲不累，考成不碍”[①]，税收从而得到保证。

当雍正初年讨论地丁合并时，朝臣复议中有云：“庶使无地穷民免输纳丁银之苦，有地穷民无加纳丁银之累。”[②]胤禛曾驳斥说：“既称有地，何谓穷民?”他不知道并地丁的最大效果正是照顾了有地的穷民，自然也应该包括佃农在内，因为他们也还是有地可种的人。至于那无地和无业穷民，则仍然是无法生活，其充当地主的长短工的，在地主们受到新增丁税负担的刺激下，他们被剥削程度会更加重，处境更要凄惨，最后，势所必然，仍是要走出农村来。

并地丁是有两种积极意义的：一、无地的劳动人民不再向政府交纳丁税，解脱了长期加于他们身上的繁重徭役束缚。所以，当时有很多地主来反对，他们说：“使富户坐困于输丁，而一切游手作末者，皆相率而为化外之民。虽逃丁以鬻贩邀厚利，而官莫得敛而役焉。”[③]正因为劳动人民相率成为化外之民，可以到各地去充当工匠和经商，因而有助于当时大小城镇的繁荣。可是，又因为这时的城市手工业和商业还不能容纳这许多人，因而其中一部分人便落为“纷于镇集，散于江湖”的无业游民。二、劳动人民由于不再有添丁纳税之虑，人口逐渐繁殖起来。弘历曾说：“较之康熙年间计增十余倍。”我们再从私人记载看一下，乾嘉间人诸联《明斋小识》卷四《户口》记，青浦县（属江苏松江）人数：“顺治朝三万一千五百二十五口。乾隆丁未（五十二年）核户版增至五十四万六千二百三十九口，内男丁三十万一千四百二十六，妇女二十四万

---

① 《堪明沔县丁银宜随粮行议》，载《清经世文编》卷三十。

② 《东华录》，雍正元年九月戊戌。

③ 邱家穗：《丁役议》，载《清经世文编》卷三十。

四千八百十有三。”人口的增长实可惊人！自然，这里面也由于既合并丁税，官吏豪绅不必再搞那套“新增丁则放富升贫，除故丁则移甲换乙”①的隐匿人口的鬼把戏，从而户口公开了。但是，从当时清廷对待由人口繁殖粮食发生恐慌问题的着急情况来看，如胤禛要拔烟苗，又劝止农民不要“以米谷饲养豚豕”②，人口确实是增多，也是无可怀疑的。

火耗是由明朝田赋继续带下来的，其性质等于一种公开加赋。名义上是借收入的赋银有耗折而加征，实际官吏即以此作为侵吞肥己的最方便法门。

火耗在康熙帝整理田赋中一直是一个需要解决的重大问题。这种火耗的加征在州县是“任意加增，视为成例”，在漫无限制之下，赋银“重者每两至四五钱”③，等于半倍田赋，而偏僻州县以赋额原少之故，“税轻耗重，数倍于正额者有之”④。

这种火耗也同丁税一样，实际上的负担者是广大农民，因为其缴纳的情况是“乡愚多输，而搢绅胥吏听其自便”⑤。其所以如此，也即如顾炎武所指出：“两者，必其地多而豪有力，可以持吾之短长也；铢者，必其穷下户也，虽多取之，不敢言也。”⑥

在康熙末年由于火耗太重，常常引起各地发生混乱不安现象。湖南因火耗征收过重，“百姓穷蹙不支，多致流离转徙”⑦。河南更因火耗激起民变，康熙五十六年在宜阳、渑池、永宁、阌乡一带有亢挺、李一临、王更一等率领农民劫走县官、围攻城池的大暴动，“巡抚总兵不能压平”⑧。

在被压榨的人民已是由于不能忍受而暴动，而在压榨者又由于州县征收火耗要以其中一部分分送上司，因而“州县有所借口而肆其贪婪，上司有所瞻循

---

① 戈涛：《请丁银仍归地粮疏》，载《清经世文编》卷三十。
②《东华录》，雍正五年三月庚寅。
③《东华录》，雍正元年正月辛巳，谕知州知县谕布政司。
④⑤ 钱陈群：《条陈耗羡疏》，载《清经世文编》卷二十七。
⑥ 顾炎武：《钱粮论下》，载《清经世文编》卷二十九。
⑦《东华录》，康熙四十二年二月丁亥。
⑧《清史稿》卷五十一《张廷枢传》；（光绪）《阌乡县志》卷末《纪事》。

而曲为容隐"①。大小官吏上下一手这样来做，以致由"加派横征，侵蚀国帑"，造成各省普遍亏空。

雍正即位后，由于发现亏空从而引起整理火耗的问题。先是胤禛责令各省须要设法弥补亏空。雍正二年，河南巡抚石文焯首先提出要把"捐谷耗羡存府充公"②。以后，山西巡抚诺岷又提出把"耗银二十万两，留补无着亏空"③，于是清廷开始讨论这个问题。原来阁议是要"禁提解"的，后来有山西布政使高成龄奏说"州县耗羡银两自当提解司库"，然后"凭大吏酌量分给（州县），均得养廉"④。当然这样做也即可以把火耗用来弥补亏空了。

胤禛同意了高成龄的这个办法，于是决定了"耗羡必宜归公，养廉须有定额"两条原则，这就是说，把地方所征火耗银两归入国库，然后再从中按官职大小发给一种定额的津贴，这种津贴叫作养廉。这样，清廷就把应征火耗重新规定了一下，对过重的火耗作了适当的减轻（一般每两作二钱上下）。官吏各有自己应得的养廉可支，不许再私下加征。

应该承认，清廷定火耗这一措施，在当时官吏"任意加增，罔知顾忌"的情况下，对"乡愚多输"的农民来说，是会有些好处的。因为"画一之规模"总比"无艺之征敛"要能好一些。但同时也应该指出，由于火耗而规定出的养廉，却不能做到名实相符，因为官吏决不肯即守此清廉。火耗归公本等于把不合法税收合法化，其结果必然使得官吏再弄出新的花样来代替火耗，所以后来就有"平余"出现。这项银两本来是出于钱粮耗羡之内的，到乾隆时便变成为一种加税了。

胤禛在处理火耗问题以后，连带把关税盈余、盐课公费等原为官吏饱私囊的统统归公，因之使国家收入激增，岁入竟超过四千万。

总起来说，并地丁和定火耗的结果，是阻止和稳定了从康熙末年以来不断发生的农民逃亡和农村混乱不安现象，是弥补了国库亏空，增加了政府收入，

---

①《东华录》，雍正二年七月丁未。

②《东华录》，雍正二年三月丁丑。

③④《东华录》，雍正二年六月乙酉。

因而就给予了清朝封建经济很大的巩固力量。

第二，奖励和推进农业和筑海塘、兴水利

雍正朝对农业作出了许多奖励和推进工作。为了鼓舞农业生产，命令州县“岁举老农，给以顶戴”①，把农民的地位提高起来。为了推进边远地区的垦耕事业，广东人民不会种旱田，就“选山东、河南善种旱田者往教”；四川苗族人民不懂得耕种，就“择湖广、江西在蜀之老农，给以衣食，使教之耕”②，把边远地区人民的农业知识和技术水平提高起来。又把开垦升科的年限规定为“水田六年，旱田十年”，成为经久的制度③。从康熙以来，由山东、直隶、山西劳动人民在口外开垦了大量耕地，这时又专为他们设置了政府机关（古北口、张家口、归化城三同知），使其所有家产得到稳固和保障，并且“嗣后再有出口种地之人，……准其居住耕种”④。

同时又继续康熙治河事业，筑修江浙海塘，这是清初治黄以后的又一项大的水利工程。海塘的工程从明以来即多年失修，到清初，塘堤不断被海潮冲决，“漂没庐墓田畴不胜计”，并且还有“海水时得冲入内河，则田畴必变为斥卤”的危险。雍正朝对海塘开始扩大修建，把从浙东、西以达吴淞连江带海沿岸全部予以整修。海塘工程的重点在浙江，到雍正八年，工程告一段落时，海患大大减除。乾隆二十三年（1758年），所立浙江海神碑文中有云：“雍正八年，海塘造成，……近海州县不知有水患者二十余年于兹。”⑤更由于塘堤的修复，塘内之地都垦辟成为新田，扩大了耕种面积，如余姚、上虞两县因“无北湖之患，而复盖湖渐高，遂成沃壤”⑥。又从塘外涨出来几十里长的新土地，“不特保护塘根，亦以次变成沃壤”⑦。

---

①《东华录》，雍正七年正月壬申。
②《清通志》卷八十一《食货略一》。
③《乾隆会典》卷十《户部田赋》。
④《东华录》，雍正五年二月庚辰。
⑤ 翟均廉：《海塘录》卷首。
⑥ 连仲愚：《上虞塘工纪略》卷一，引县志所载雍正三年事。
⑦ 杨鑅：《海塘揽要》卷一《图说》。

筑修海塘，不仅保护了东南沿海肥沃地区的农业，并且也安定了苏松嘉湖杭诸府各重要城镇的手工业和商业。

此外，对各省水利兴修也比康熙朝更扩大，从内地诸省以及陕甘云贵各河渠均有疏浚。其中规模最大是直隶水利，自从明朝汪应蛟、徐贞明在直隶创始种稻以来，种稻成为一种最引人兴味的事情，雍正五年曾专设“营田水利府”，分为东西南北四局，展开大规模的经营，并“募浙江老农课导耕种之法”。到七年，“营成水田六千顷有奇”[①]。因而引起北方农民对种稻的兴趣，当时“民间闻风兴起、自行播种者若霸州、文安、大城、保定、新安、安州、任邱共七百一十四顷”[②]。又据当时管理东局（天津局）的陈仪所说：“白塘、葛沽间斥卤变膏腴，丰润、玉田地多沮洳，仪教之开渠筑圩，皆成良田。”[③]

这一工作虽然未能一直进行到底，但已经收到相当成效，并为以后北方推行水田创造了条件。

即在从康熙五十一年到雍正十三年这一个阶段里，又通过上述一些措施，使清朝封建经济在农业生产推进和农村稳定的局面下，得以巩固。这以后，更继续向前发展，即出现了清朝最盛时期的社会经济繁荣。

根据以上所述，要说明的一点是，清初经济不是经过一个多世纪才恢复，而是由恢复到巩固只经过半个多世纪，更由此进到最盛，以此成就达成了它的“百年之治”。

就在这一成就之下，表现出来经济繁荣面积比前代更加扩大了，从而手工业生产更加增长了，商业活跃更加推广了。我们只看这时的纺织业，江浙出产的所谓杭纺、湖绉、南京缎，从内地销行到辽远边疆。棉织业也由原来最发达的松江、苏州扩展到无锡。无锡有布码头之名。南京不出丝，无锡不出棉，它们完全是由市场的需要增加而推动发展起来的。此外，如湖北、直隶也有作为

---

①《清文献通考》卷六《田赋考六》。

②《直隶通志·营田四局工程序》，载《清经世文编》卷一百八。

③《清史稿》卷二百九十一《陈仪传》。

商品的大量棉布生产出来[①]。

由于棉织业的发展，从而推动起棉花种植面积的扩大，这时北方已普遍种棉，直隶的好地都栽种了棉花。方观承在其《棉花图跋》中说，直隶棉花“输溉大河南北，凭山负海之区”。

其他如瓷、铁、纸、糖以及茶、烟等手工业也都随着市场的推广而增加其产品数量。

这时从南到北，从内地到边疆，到处都熙熙攘攘，直打成一片。东南的苏松嘉湖杭等城市和环绕着它们的许多乡镇之间，“商人往来如织，客店林立”，形成一个广阔的工商业活跃场所。长江中游的汉口成为“户口二十余万，五方杂处，百艺俱全”，“盐、当、米、木、花布、药材六行最大”[②]的巨镇，这就是说，两淮盐、湖广米、苏松花布和川陕云贵的木材、药材都把此地作为交换中心了。即汉水流域也成为内地向西北进行货物交换的水路干线，“漫川关（属陕西商州山阳县）市集，盛于县城居多，……吴楚货物从汉水转输商洛者皆由此，故列市日益多”。“大竹河（属四川太平县）商贾聚集，为太平通水程之所，……山内所产药材茶叶由此顺流而下，至陕西紫阳任河口，计程三百六十里，合汉江直达襄阳。襄樊花布等货溯流至此，起旱运发各处。”[③]

从淮安往北沿运河的各地，淮安是“四方豪商大贾，鳞集麇至，侨户寄居不下数十万”。淮关更为南北货物运输咽喉，“长堤一望，舳舻衔尾，背负踵

① 湖北是“江陵有京庄门庄之别，监利车湾者售，蜀客贯布者相接踵”（《光绪荆州府志》卷六《物产》引乾隆施廷枢志），四川成为湖北布的销售市场。在广东“冬布多至自吴楚，松江之梭布，咸宁之大布，估人络绎而来”（李调元《南越笔记》卷五《葛布》）。在陕西“绸帛资于江断，花布来自楚豫”（《清经世文编》卷二十八，陈宏谋《巡历乡村兴除事宜檄》）。在西南西北地区，湖北布也非常活跃。直隶“景州之布……结白细好比于吴中”（《嘉庆一统志》河间府三·土产）。“肃宁之布，几同松之中品。”（《授时通考》卷七十七《木棉》）正定生产的布以“郡近秦陇，晋贾集焉，故布甫脱机即并市去”（乾隆《正定府志》卷十二《物产》）。

② 晏斯盛：《请设商社疏》，载《清经世文编》卷四十。

③ 王昶：《商洛行程记》，陈明申：《夔行纪程》，分载《小方壶斋舆地丛钞》第六帙、第七帙。

至，百货骈集”[①]。济宁是“自商贾贩夫以至织纫补缝工匠医巫卜祝商僧之属，阛城溢郭，辐辏鳞萃，无虑数十万”[②]。临清是“甲第连云，人物熙攘。……锅店街最为繁盛之地，东南纨绔，西北裘羯皆萃于此”[③]。德州是“水陆所交，轮帆毕凑，人烟稠密，商货纷纭”[④]。进入直隶境如泊头、广川各镇（都属河间），也都是“商旅聚集”，而天津更是“商贾通津”[⑤]的重地了。当时官粮船都附带运输商货，如东昌府的熏枣“每包百斤，堆河如岭，粮船回空，售以实船”[⑥]。河间府的枣也“南随漕舶以贩鬻于诸省”[⑦]。甚至洞庭湖的“大桥肥皂粮舟挟载运行两京”[⑧]。

由内地通往边疆的要道，如通蒙古的张家口，“凡内地之牛马，多取给于此，贾多山右人，率出口以茶布兑换”，并由此往恰克图，换来俄罗斯的“哈喇、明镜、阿敦绸等物”[⑨]。通西藏的打箭炉，也成为烟茶米布的重要市场，特别是茶叶，“江南、江西、湖广等茶商利货多往”。其繁盛的情况是“商旅满关，茶船遍河”[⑩]。

新疆地区，据乾隆间人七十一所记：哈密“西关外商贾云集，百货备至，交易纷纭”。乌鲁木齐“字号店铺，鳞次栉比，市衢宽敞，人民辐辏”。阿克苏“内地商民，外藩贸易……每逢八栅尔会期（市集），摩肩雨汗，货如雾拥”。叶尔羌“山陕江浙之人，不辞险远，货贩其地。……货如云屯，人如蜂聚”[⑪]。

清帝国的强盛就是依靠了这样一个广阔繁荣的社会物质力量。

---

① （乾隆）《淮安府志》卷十三《盐法叙》，卷十四《关税叙》。
② 刘淇：《济宁州守潜竹吴公寿序》，载（乾隆）《济宁州志》卷三十二。
③ 《贺王昌序》，载（乾隆）《临清州志》。
④ 吴锡麒：《还京日记》。
⑤ 《嘉庆重修一统志》卷二十二。
⑥ 王培荀：《乡园忆旧录》卷三。
⑦ 纪昀：《阅微草堂笔记》卷十三。
⑧ （道光）《洞庭湖志》卷五《物产》。
⑨ 秦武域：《闻见瓣香录》甲卷《张家口》。
⑩ （乾隆）《雅州府志》卷五《茶政》。
⑪ 七十一：《新疆纪略》上卷。

因此，再要说明一点，那就是，由于这样一个社会经济广阔繁荣和发展，加强了中国内地和边疆的经济联系，使得具有悠久血肉历史关系的中国各族人民更进一步发生密切的结合。18世纪中国之所以扩大发展，这一具有重大历史意义的事实和清初经济恢复及其成就是分不开的，没有这个成就是不可能实现的。当然，清统治者的主观愿望是“开疆拓土”，满足其封建统治的野心，并且是使用民族压迫的方式，而不是民族协作的方式，但在客观效果上却因此形成一个统一的多民族的地大物博的近代中国。我们可以说，清朝替今天“我国各民族已经团结成为一个自由平等的民族大家庭”做了一些准备工作。

（原载《北京大学学报》1957年第2期）

论清代的尊孔和崇奉喇嘛教

有清一代对孔子和达赖、班禅两位大喇嘛，给予了极为崇高的地位。特别是康熙帝玄烨，亲莅曲阜，拜祭孔庙；以达赖、班禅及哲卜尊丹巴为藏蒙人民无上的宗教主。玄烨和其前后凡五帝，他们一贯奉行不怠，从而受到广大汉族和藏族、蒙古族，当然主要是汉族地主及其知识分子和藏族、蒙古族上层分子的拥护，使他们倾向清朝，无生贰心。若说这是带有政策性的措施，也无不可。而清统治者于此却能运用自如，取信于众，不能不说是一个大成功。本文试就其活动经过和内容，略举所见，并加赘论于下。

一、尊　孔

当明万历朝努尔哈赤以女真族建州卫中一位落泊家族子弟，凭其父祖“遗甲十三副”起兵，经过三十多年的斗争，统一女真，脱明建国。应当承认，他是中国女真族中的一个伟大人物。但是，他只具有弓马本领及粗略的战略战术。传说他好看小说《三国演义》，汉文水平也不过如此而已。努尔哈赤并不明了何为治国平天下之道，观其以“八和硕贝勒共议国政”的训言，说明他的政治知识只是中国历史上边区部落约束子弟的方法。至于其创制满文，冶炼铁器，也只是为了需要，实不足以言文治。有一段颇富意趣的有关当时情状的记录，抄举于此：

> 辽阳生员杨某，顺治十七年，总督松江，与无锡进士刘果远会饮，演梨园。酒酣，杨拍案呼曰："止，板误矣！"刘问曰："老总台精审音律乎？"杨曰："予命亦藉是获存。……初清之破辽东也，恐民贫思乱，先拘贫民杀尽，号曰'杀穷鬼'。……又二年，恐民富聚众致乱，复尽杀之，号曰'杀富户'。……惟四等人不杀：一等皮工，能为快鞋，不杀；二等木工，能做器用，不杀；三等针工，能缝裘帽，不杀；四等优人，能歌汉曲，不杀。惟欲杀秀士。时予为诸生，……闭门读书面颇肥白，被获。问曰：'汝得非秀士乎？'对曰：'非也，优人耳。'曰：'优人必善歌，汝试歌之。'予遂唱四平腔一曲，始得释。"[①]

所谓辽东之破在天命六年（明泰昌元年、1620年），沈阳、辽阳相继为后金攻占，明经略袁应泰焚死于辽阳城楼，明军大溃。听言后金兵在努尔哈赤率领下的这种肆行杀戮，应是可信据的资料。至于《清实录》记述种种恩德，当为后代饰美之词。

披览清初记载，提出尊孔及必须有知识分子参加，方能具备国家规模，讲求治平之道，乃是由皇太极开始的。我们看，尚在天聪初年即命达海翻译汉文书籍。天聪六年（1632年），为了加强文字使用效率，将满文增添圈点，这正说明其文化的发展和进步。但这时皇太极还未能深知诵习儒家经典的必要，"上（皇太极）幸文馆，观巴克什达海所译武经"[②]。很显然，他所注重的是军事知识。后来天聪、崇德数年间，多次举行考试，从满蒙汉人中具有文化的录取生员举人[③]。当时为了从习武经到读儒经史籍曾是经过一番争辩的。天聪六年九月，汉官王文奎上《条陈时宜奏》云：

---

① 计六奇：《明季北略》卷二《辽阳陷·附记辽事》。
② 蒋良骐：《东华录》卷二，天聪五年正月。
③《东华录》卷三，天聪八年四月、崇德三年八月。

> 昔鲁哀公问政，孔子对曰："文武之道，具在方册。"孟子又云："圣如尧舜，不以仁政，不能平治天下。"……且汗（谓皇太极）尝喜阅《三国志传》（按：应是《三国演义》）。臣谓此一隅之见，偏而不全。其帝王治平之道，微妙者载在"四书"，显明者详诸史籍。宜于八固山读书之笔帖式内，选一二伶俐通文者，更于秀才内，选一二老成明察者，讲解翻写，日进"四书"两段，《通鉴》一章。……汗无曰："此难能也。"自畏自画，更勿曰："乃公从马上得之，乌用迂儒之常谈也。"①

从这段话颇可反映出皇太极在当时的政治思想认识水平。翌年，又以宁完我奏说："如要正心修身，齐家治国，则有孝经、学庸、论孟等书。……督令东拜、常耐等译写，不时呈进。"②皇太极和努尔哈赤的政治理想和作风迥然不相同。努尔哈赤定都沈阳，说道："沈阳形胜之地，西征明，从都儿鼻渡辽河，路直且近；北征蒙古，二三日可至；南征朝鲜，可由清河路以进。"③努尔哈赤就是要征服邻近，扩展势力，也即"马上得之"。皇太极即位后则是一面继续用武，一面营建都城，举凡太庙、宫阙、衙署、学宫，无不俱备之外，最值得注意的是，建立了孔子庙。崇德元年八月丁丑（上丁）祭孔，他曾慨叹地说道："我兵之弃永平四城，皆贝勒等不学无术所致。顷大凌河之役，城中人相食，明人犹死守，及援尽城降，而锦州、松山、杏山犹不下，岂非其人读书明理尽忠其主乎？"④

顺治元年（1644年）十月，清朝正式迁都北京，以摄政王多尔衮为首的清统治者，继续皇太极的志愿，意图统治全中国。这从多尔衮所给史可法书中不许"天有二日"之言，即清楚地表明了态度。他命多铎率军追击李自成，而

---

①《天聪朝臣工奏议》卷上，天聪六年九月。
②《天聪朝臣工奏议》卷中，天聪七年七月初一日。
③《清太祖实录》卷九，天命九年三月己酉。
④《清史稿》卷二《太宗本纪一》。

却暗令到河南后，即转师攻取扬州，进而捣垮南京明朝所树立的政权。所以四月三十日李自成退出北京，五月初二日，多尔衮率兵进入北京，即宣布“本朝定鼎燕京”，随即便以君临华夏的姿态，命明朝官员，“令兵部传檄直省郡县，归顺者官吏进秩，军民免迁徙，文武大吏籍户口钱粮兵马亲赍至京，观望者讨之”[①]。由于清入关对待内地广大各族人民作出圈地、屠城、强逼剃发、俘卖人口等一系列虐政暴行，激起来长达二十年之久的普遍南北的武装反抗战斗。必须说明，并非是南明小朝廷有什么号召力量，而是因为广大各族人民，包括大顺、大西两支农民军抱有坚决抗清的斗志。它的性质乃是由民族压迫而使明末阶级矛盾转升为民族矛盾的一场斗争。

可是，新兴的清朝却俨然以代明而治的资格自居了，当年八月，在北京派官祭孔。十月乙卯（初一），顺治帝福临由沈阳入关至京，又正式举行“亲诣南郊告祭天地，即皇帝位”的大典礼，封孔子六十五代孙胤植，按照明代待遇，袭封衍圣公。恢复孔子“至圣先师”位号，修饰京师文庙，并沿明制，举经筵时必在弘德殿祭告孔子。总之，作为一个改朝换代的封建传统皇帝，如何对待孔子都一一敬谨遵行。

等到康熙帝玄烨平定三藩，收复台湾，中国内部完成统一，便开始第一次南巡。其任务虽然是要去视察和治理黄河工程，但还有两项任务，应当说，也都是具有重要性质的政治任务，一是到南京祭明太祖陵，一是到曲阜祭孔子庙。祭明陵是为表示尊重并接受前朝正统，于此且不详谈。玄烨在回銮中专程前往曲阜，瞻拜孔子，并将这次亲到孔子家乡祭奠情况编成《幸鲁盛典》。这是清代尊孔崇儒的第一部皇家专书。玄烨在序文中说：“朕惟自古帝王，声教翔洽，风俗茂美，莫不由于崇儒重道。”其礼节之隆重，超越历代。玄烨在孔庙奎文阁前下辇车，步入大成门，在大成殿中孔子像前行三跪九叩礼，并宣谕曰：“至圣之德，与天地日月，同其高明广大！……特书‘万世师表’四字悬额殿中。”还把“所有曲柄黄盖留供庙庭，四时飨祀陈之”。他道：“朕今亲诣

① 《清史稿》卷四《世祖本纪一》。

行礼，务极尊崇至圣，异于前代。”[①]诚然如此，玄烨曾往观孔子“燕居之所”，“于堂（诗礼堂）后观孔宅遗井，命汲水尝之”[②]。如此做法，可谓极尽亲挚倾慕之能事了！以后，其子孙皆能效法遵行，并加提高尊崇，终一代而不衰。雍正帝胤禛追封孔子先世五代王爵。乾隆帝弘历将大成殿改铺黄色琉璃瓦，意使与帝王同尊。玄烨可算得上是历代皇帝尊孔的典型，于大力提倡诵读儒家经典之外，还以自己的理解和名义命臣属编纂《易》《书》《诗》及《春秋》等儒家经典。胤禛和弘历也相继有做。更要提到的是，康熙三十六年（1697年），玄烨平定朔漠，及乾隆二十年（1755年），弘历平定准部，都祭告孔子，这简直和郊庙、社稷、陵寝同等看待了。

二、崇奉喇嘛教

我国西藏的喇嘛教，当明代中期经宗喀巴由红教改立黄教，衣冠皆着黄色。其教旨传演大乘，摒弃幻术。所传两大弟子为达赖和班禅，世世转生，称曰“呼毕勒罕”。此法也行之于其他“胡图克图”（大喇嘛）。达赖三世时明武宗朱厚照曾派人往迎请他来京，中途被阻，未能实现。后俺答汗往迎，表示虔诚，并献上许多珍宝，黄教乃盛行于蒙古诸部。东北女真勃兴，黄教欲推广传播，此时值皇太极在位，其族本有萨满教及供祭堂子的信仰，并且开始接受中原儒家思想文化，对喇嘛存有排斥之见。崇德元年（1636年），他的谕旨说：

> 喇嘛等以供佛持戒为名，潜肆奸贪，直妄人耳。蒙古诸人深信其忏悔超生等语，致有悬转轮、结布幡之事。嗣后俱行禁止。[③]

后以蒙古人来附者日众，皇太极必须考虑笼络蒙古的方针政策，其对蒙古

---

①② 《清圣祖实录》卷一百十七，康熙二十三年十一月己卯。
③ 《东华录》卷三，崇德元年三月。

喇嘛送来的元朝时期铸造的“玛哈噶拉佛”金像，即供奉于盛京（今沈阳）实胜寺。从此和喇嘛教的关系更加亲近。崇德四年（1639年），皇太极想要遣使去敦请达赖，因喀尔喀（外蒙古）“有违言，不果”。嗣后“达赖、班禅及藏巴汗、顾实汗遣伊喇固散胡图克图等贡方物，献丹书，先称太宗为‘曼殊师利大皇帝’。曼殊者，华言‘妙吉祥’也。使至盛京，太宗躬率王大臣迓于怀远门。……留八阅月乃还”[①]。这是西藏和清朝直接通好的开端。顺治九年（1652年），达赖五世到北京，福临接见于南苑行宫，大宴于太和殿，并特修建黄寺以居之。这座寺庙对喇嘛教起了很大作用，正如弘历所言：“嗣是达赖喇嘛、班禅额尔德尼，间岁奉贡遣使，咸馆寺中。而蒙古喀尔喀各部之以番觐至者，靡不识所向方，和南皈依。”[②]

顺治十年（1653年），达赖归回西藏。清朝封他为“西天大善自在佛领天下释教普通瓦赤喇怛喇达赖喇嘛”。达赖得到这个尊号，回藏之后，大兴黄教，重建布达拉宫及各处许多寺院[③]。应当说，这是喇嘛教在西藏和蒙古以及京师等地扩大传播的大好时机。乃竟不幸，在此以后的不长时期内发生了一个极其不顺的变化。即顾实汗逝世，维护西藏局势的有力人物没有了；兼之达赖年纪渐老，凡事听信第巴（政务官）桑结，任其擅权行动。桑结是不愿帮助清朝统一中国的，当三藩叛乱时，他帮助吴三桂，以达赖名义出面调解，奏言：“三桂若穷蹙乞降，可宥其一死；倘竟鸱张，不若裂土罢兵。”受到玄烨的严斥[④]。窥其意图是在“裂土”，即使中国分裂，形成割据，西藏也要这样。后来三桂之孙吴世璠以割给西藏以中甸、维西二地乞求援助，足证他们之间为互相往来和依靠关系了。康熙二十年（1681年）三藩事件结束；次年，达赖也死去了，于是藏中发生混乱。

先是桑结玩弄了一个把戏，假称达赖五世未死，因为“入定”，居于高阁之上，不接见人。经过玄烨的多方探查，获悉内幕真情，责问桑结。桑结不敢

①③《清史稿》卷五百二十五《西藏》。
②《日下旧闻考》卷一百七《御制重修黄寺碑文》。
④ 魏源：《圣武记》卷二。

再行隐瞒，乃请求为他保密，玄烨答应了。但是，总需要解决继承达赖六世的“呼毕勒罕”问题。桑结曾以己意立了一个六世，名叫罗布藏仁青策养嘉穆错，驻镇西藏的拉藏汗（顾实汗之孙，等于藏王）不同意，因此两人成为仇对。桑结欲阴谋毒死拉藏汗，结果反遭其杀害。于是拉藏汗奏请玄烨将桑结所立达赖废去。玄烨为了安定西藏，加给拉藏汗封号，并命将桑结所立达赖送来北京。这个达赖在半道上病死。由拉藏汗另立的六世名叫阿旺伊什嘉穆错。而青海等台吉认为这个达赖是假的，不予承认。他们又立了一个达赖，名叫罗布藏噶尔桑嘉穆错。玄烨感到一时难于处理，便将这个达赖安置在青海塔尔寺。这当然是个暂时的权宜办法。

康熙五十五年（1716年），准噶尔部首领策妄阿喇布坦（噶尔丹之侄）突然率兵入犯西藏，包围布达拉宫，执杀拉藏汗，将其所立达赖拘禁起来。于是玄烨发兵入藏平乱，清军分两路进兵，一由青海，一由四川。青海之兵兼担任护送青海所立达赖，并联合蒙古诸部出兵帮助；四川之兵得到亲清的喇嘛和藏族人民帮助，乘皮船渡河，顺利抵达拉萨，两路均无大战。准噶尔兵知不能敌，退回伊犁。五十八年（1719年），这个最后的达赖六世（也即七世）在拉萨坐床，那个被拘禁的达赖六世送来北京。在这个曲折复杂的过程中，玄烨的对策是哪个达赖能够得到藏蒙上层分子和民众的拥戴，哪个就是真的，总期依靠喇嘛教的力量安定广大西北边区。

今须加述者，为玄烨对喇嘛教的另一安排，即他对漠北蒙古的大喇嘛哲卜尊丹巴地位的提高尊崇。这个大喇嘛名叫格根（又作葛根），是喀尔喀土谢图汗之弟，出身贵族，自幼赴藏接受达赖、班禅的法戒，以他为哲卜尊丹巴胡图克图（宗喀巴的第三弟子）的呼毕勒罕。他回到蒙古大施法教，蒙古人奉之为活佛，实际上就是蒙古喇嘛教的教主。当康熙中期，喀尔喀蒙古内部发生矛盾争执，玄烨于康熙二十五年（1686年）邀请达赖派代表和他所派大臣等共同进行调解。可是，玄烨却要哲卜尊丹巴胡图克图参与会议，借此提高其地位。格根在回奏中说：“今蒙圣慈念喀尔喀七旗不睦，遣使于达赖喇嘛。而达赖喇嘛亦遣噶尔亶西勒图为使赴盟。谕臣亦至盟坛，共议其事，臣当遵旨，同赴盟所。”[①]这次会议本已解决了问题，喀尔喀汗及济农、台吉等“俱至噶尔亶西勒图、泽（哲）卜尊丹巴胡土克图前设立重誓，自今以后当永远和协”[②]。而厄鲁特蒙古（西蒙古）最强首领噶尔丹抱有统一蒙古的野心，再加桑结与之勾结帮助，互通消息，因而他也派人到会观察动静。噶尔丹派的人便指责喀尔喀对待达赖代表不够礼敬，即谓不应使哲卜尊丹巴与之同等座席。以此激怒了土谢图汗，将其执杀。于是双方战争爆发，喀尔喀战败，全部尽遭噶尔丹兵践踏。喀尔喀之众商议何去何从之计，格根是一个最有权威者，他主张去往内地，投奔康熙大皇帝。于是率领部属抵达内蒙古，玄烨急命安置在科尔沁水草地带，并发给粮食、衣服、牲畜、银两，直到战争告一结束，方重返故乡。

玄烨对格根的亲昵优待实超过达赖、班禅。喀尔喀诸王归回外蒙古后，格根即跟随玄烨往来于北京、热河间，不离左右。在北京旃檀寺中，玄烨和他对席参禅。其后他虽偶归蒙古，而大多时间则留北京。格根于雍正元年（1723年）逝世于北京。清朝政府给他的评语是：

> 泽卜尊丹巴胡图克图，原系法教内之第一人，数世行善，垂九十年。当噶尔丹叛乱时，身率七旗之喀尔喀等来归，最为有功！……圣祖仁皇帝（玄烨）面谕之曰：“癸卯年，朕寿七十，尔寿九十，大庆之年，尔必前来，断勿食言。”胡图克图领旨而回。今虽年迈衰病，遵谕来京，谒见梓宫，志愿已遂，泊然示寂。[③]

胤禛对之备极哀荣，除“照达赖喇嘛、班禅额尔德尼之例，给赐名号印册”，他还巧合地讲出：“皇考圣祖升遐系甲午日，今胡图克图圆寂亦系甲午日，佛果圣因，证明不昧。”[④]他亲至灵前“悬帕供茶”。格根对祖国的巩固统

---

① 《清圣祖实录》卷一百二十六，康熙二十五年六月乙卯。

② 《清圣祖实录》卷一百二十九，康熙二十五年十月戊午。

③ 王先谦：《东华录》，雍正元年三月丙申。

④ 王先谦：《东华录》，雍正元年三月丙申。

一作出重大贡献，清朝政府称之为功臣，是当之无愧的！

三、赘 论

玄烨自幼是一个肯于勤学的人，在中国帝王当中很是突出的。他于所写《乾清宫读书记》中自道："朕自冲龄，性耽学问，罔自暇逸。未明求衣，待旦视事，讲臣执经，群工入奏。……有闲则书册翰墨之外，无他嗜好。"[①]又道："宫中图籍盈几案。朕性好读书，丹黄评阅辄经寸……或赋诗，或作古文，或临池洒翰，以写其自得之趣。止此数事，已不觉其日之夕矣。"[②]

综观玄烨一生称得上是个"敏而好学"的人。然而他却不是一个"焚膏油以继晷，恒兀兀以穷年"的儒生，正是如他所常讲的要学"帝王之学"。他的"崇儒重道"虽然遵顺父祖所行，而更是和他接近一些好讲道学之人有关。举例说，如熊赐履，就是他早期受到影响的一个。赐履每言"自开辟以来，未有及孔子；自秦汉以来，未有及朱子；朱子乃三代以后，绝无仅有之人"[③]。这话玄烨很能听得进去，认为把孔丘、朱熹抬高，是笼络汉族知识分子的一个妙招。但是他并不是想作"登营入室"的颜、曾、思、孟那般人物，作为皇帝来说，他决不是梁武帝萧衍，而是要用儒术道学收拢汉族知识分子，并以此统治广阔的中原地区的雄才大略的君主。玄烨六次南巡，口称是省方问俗，实际上乃是，一治理黄河，解决漕运；二联络知识分子，使之倾向清朝（治理黄河另有专文，不再于此多述）。玄烨于康熙十八年举开"博学鸿儒科"，延揽大批学者文士到北京参加考试，接受官职，命他们纂修明史，这就是一个最好的笼络手段和安置方法。此外，对不甘心入彀的高蹈之士，也给予宽容优礼，如傅山、李因笃等即是。其后对具有影响的著名大儒孙奇逢、顾炎武、李颙、黄宗羲以及梅文鼎等，即赞扬其本人，且任用其门生子弟，凡此种种，皆为清史上

① 《清圣祖御制诗文集》一集卷二十。
② 《清圣祖御制诗文集》一集卷八《宫中自课记》。
③ 唐鉴：《清朝学案小识·守道学案》。

盛传之美谈，毋庸赘述。再观玄烨在南巡中屡屡接见当地在家的官员及知识分子，并且多具趣闻。兹略举数事于下：

康熙二十三年（1684年），玄烨第一次南巡，至苏州，曾参加过博学鸿儒科，授给翰林院编修的汪琬，闲居在家，亲来迎驾。玄烨“赐汪琬书字，凡行楷三十有五行，一百三十有一字，乃临故尚书董其昌所录诗余三阕也。……末又有‘癸亥（康熙二十二年）春，临董其昌书’九楷字”①。可证玄烨的“临池洒翰”不是自夸的。

康熙三十八年，第三次南巡，至苏州。这天正好是玄烨的诞辰，本地知识分子举人吴廷桢、顾嗣立等迎驾，嗣立进“万寿圣德诗一千字”。廷桢的“举人”资格是冒籍在北京顺天府考中的，被黜了，玄烨特给予恢复。四十四年，第五次南巡中，玄烨又至苏州，“集举、贡、监诸生与山林川泽之士于学宫，亲定诗题而试之”。来了个扩大规模的考试。这回仍有顾嗣立等人，“每人给路费银六十两，俱集阙下，内廷供职”②。这批人都参加了《佩文韵府》《广群芳谱》《历代诗余》《钦定方舆路程考略》等书的编纂工作。更有趣的是，玄烨要考冒籍被黜的吴廷桢，命其登上御舟，作一首七言绝句，限用“江”韵。他写的是：“绿波潋滟照船窗，天子归来自越邦。忽听钟声传刻漏，计程今已到吴江。”当他写出前二句时，接不下去了，正在焦急间，忽听御舟上的钟声作响，即景生情，而诗遂成，一时笑称，此钟为救命钟。

乾隆帝弘历事事效法祖父玄烨，也举开“博学宏词科”，也做过六次南巡。他照样来收拢知识分子，并且更加扩大优待。乾隆二十二年（1757年），对“浙省进献诗赋考取一等之童凤三、陈文组、顾震、钱受谷，著照乾隆十六年之例俱特赐举人，授为内阁中书”③。按乾隆十六年，为弘历第一次南巡，曾召浙江诸生谢墉等三人为举人，授给内阁中书官职。同时对“江苏、安徽二省进献诗赋考取一等之进士王昶，著授内阁中书，遇缺即补。曹仁虎等六人，俱

---

① 汪琬：《尧峰文钞·御书阁记》。
② 顾嗣立自订《闾邱年谱》。
③《清高宗实录》卷五百三十四，乾隆二十二年三月庚子。

著特赐举人，授内阁中书”[①]。弘历的这种作法即玄烨对汉族知识分子政策的继续。治清史者谈起康熙、乾隆两次博学词科，每以为康熙朝名儒高士多有拒辞，乾隆朝则惟恐不前，殊不知这正说明五十年后这一招的成功。

然而，必须指出，对尊孔作得最诚挚敬慎样子的玄烨，他自己既不要当忠笃的儒家信徒，而且更不愿意满族人当信徒。尽管他勤习诗书，熟弄翰墨，而于满汉界限却是严加区分的。创制发展满文的达海，通晓汉籍，“满洲群推为圣人”[②]。祭酒阿里瑚请求从祀孔庙，竟以汉官韩菼一言而止[③]。若玄烨有所主见，韩菼何敢发此议论。又阿什坦翻译《大学》《中庸》《孝经》等儒书多种，以教满人，他是满洲科举廷试第三名。曾上奏：“学者立志，宜以圣贤为期，读书务以经史为重。”又奏云：“治国莫重于教化，教化莫重于风俗。……于是满洲人知崇正学，尚经术，而邪说不得行。”[④]阿什坦的操守极高，权臣鳌拜胞弟穆里玛之妻为阿什坦之妹。鳌拜希望见他，坚拒不往。像这样的人诚可称为粹然儒者。玄烨也曾赞美说：“阿什坦，我朝之大儒也。”[⑤]按道理说，阿什坦是可以进孔庙而无问题的，然而未能。由此使我想起严复评议玄烨之言：“即如从祀文庙一端，汉人所视为绝大政本者，圣祖（玄烨）且以为无关政体，故不许满人从祀孔子庙庭，其用意可谓远矣。”[⑥]我却说，其心思可谓妙矣！嗣后乃孙弘历比祖父更加用意，用汉文写了数百卷集子，到处吟诗刻石。而对满人的名字译汉不许与汉义相通。偶闻侍从讲汉语，便大加申戒。及至中期以后，满人文士皆仿汉人有雅字别号，所谓“国书”已成具文，可以说，这祖孙二人对此实在是枉费心机！

至于对喇嘛教，清统治者曾是给予崇奉尊敬的，除达赖和班禅两大师而外，其于内外蒙古哲卜尊丹巴和章嘉两胡图克图，也并加尊崇，一如对孔子和程朱。然而，玄烨对假道学也经常冷嘲热讥，对反复无常的大喇嘛也必予查究

---

① 《清高宗实录》卷五百三十四，乾隆二十二年三月壬子。
② 《清史稿》卷二百二十八《达海传》。
③ 朱彝尊：《韩菼墓碑》。
④⑤ 《八旗通志·阿什坦传》。
⑥ 严复：《救亡决论》。

严惩。他和祖父皇太极所见相同，并不迷信。他说："若蒙古等惑于喇嘛，室中所有，为之罄尽。此皆愚人，但崇信祸福之说，而不知其终无益也。"[①]

可是，玄烨和弘历却大费国帑，修盖喇嘛庙，在西藏自毋庸论，热河的外八庙，原来并不止八个，主要为喇嘛庙，即弘历所言"因其教不易其俗"[②]。北京的雍和宫，乃是弘历以其父胤禛为皇子时的府第扩展兴建，成为北京最大规模的一座喇嘛庙。

玄烨为要迎取拉藏汗所立达赖六世来京，有一段讲话，说：

> 前遣护军统领席柱等，往擒假达赖喇嘛，及第巴妻子时，诸皇子及诸大臣俱言，一假达赖喇嘛，擒之何为？朕意以众蒙古俱倾心皈向达赖喇嘛，此虽系假达赖喇嘛，而有达赖喇嘛之名，众蒙古皆服之。倘不以朝命遣人往擒，若为策妄阿喇布坦迎去，则西藏、蒙古皆向策妄阿喇布坦矣。[③]

其用意的所在完全道破。因此，我们读弘历《喇嘛说》一文，就愈发明晓清统治者的意图究竟了。弘历特制了两个金奔巴瓶，一放置西藏，由达赖或班禅将各个呼毕勒罕的名字，书签放入瓶内，会同驻藏大臣共同掣签，抽出谁来就是谁。一放置北京的雍和宫内，照样由"理藩院堂官会同掌印之札萨克大喇嘛共同掣签"，从而产生内外蒙古胡图克图的新呼毕勒罕。此法既不违背黄教所信仰，更可取信于众，不能说不是一种高超微妙的措施方法。

总之，清朝统治者，特别是玄烨和弘历的尊孔和崇奉喇嘛教是成功的，其成功的惟一原因，是善于"因势利导"。恩格斯讲过一段话：

> 主要人物是一定阶级和倾向的代表，因而也是他们时代一定思想

---

①《康熙起居注》康熙十二年十二月初六日。
② 弘历：《永乐寺碑记》。
③《清圣祖实录》卷二百二十七，康熙四十五年十月乙巳。

的代表。他们的动机不是从琐碎的个人欲望中，而正是从他们所处的历史潮流中得来的。[①]

这话恰好可以揭示其成功的原因和道理。

（原载《社会科学辑刊》1982年第5期）

①《马克思恩格斯选集》第四卷，第343-344页。

康熙皇帝

清代康熙皇帝（圣祖）玄烨是中国历史上一位杰出的地主阶级政治家。明清之际的中国，处于阶级矛盾和国内民族矛盾十分尖锐复杂的剧烈斗争之中，社会生产停滞破坏，人民生活极度痛苦。玄烨在位期间（1662—1722年），国家日益统一，劳动人民得以在安定的环境中进行生产，不断创造社会财富，社会经济由凋敝转向繁荣，文化事业亦有所发展。由于清王朝前期（包括康熙、雍正、乾隆三朝）繁荣强盛，因而有康乾盛世之称。而这个盛世的基业正是在康熙朝开创和奠定的，为此作出巨大贡献的玄烨是值得表彰的重要历史人物。

一、少年亲政，计擒鳌拜

康熙皇帝，姓爱新觉罗氏，名玄烨。1616年，建州女真领袖爱新觉罗·努尔哈赤摆脱对明王朝的臣服关系，在东北建立政权，国号大金，史称后金。其子皇太极继位后，更族名满洲，于1636年改国号为清。1643年，皇太极去世，其子福临即位，年号顺治。1644年，明朝覆灭，清王朝成为全国性的政权。1661年，顺治帝去世，其第三子玄烨即位，年号康熙。其父亲是满洲族，生母佟氏（顺治帝的妃子、玄烨登基后尊为皇太后）是汉族，他的亲祖母即顺治帝生母博尔济吉特氏是蒙古族，所以，他是出生于包括三个民族血统的婚配家庭。

玄烨出生于顺治十一年（1654年）三月十八日，即位时才八岁。两年后他的母亲佟氏去世了，他是在祖母博尔济吉特氏的照护和教养下长大的。博尔济吉特氏出身蒙古贵族，是皇太极的妃子，福临即位后尊为皇太后，玄烨即位后尊为太皇太后。她富有才识，有谋能断。福临在二十四岁那年死于天花，天花在那时被认为是一种可怕的病症。福临生前没有确立太子，于是由皇太后博尔济吉特氏作主，让那个已经出过天花、聪明健壮的八岁孙儿继承皇位，他就是康熙皇帝玄烨。

说到康熙帝玄烨的一生成就，应该指出，他早期的军国重大决策，大都是经他祖母指点或赞可的。史书上即说，朝廷有黜陟人事，康熙帝“多告（太皇太后）而后行”。她在康熙二十六年（1687年）病逝，活了七十五岁。玄烨深深地怀念她，曾说：“忆自弱龄，早失怙恃（指父母），趋承祖母膝下三十余年，鞠养教诲，以至有成。设无祖母太皇太后，断不能有今日成立。”情况确是如此。玄烨幼小时，受到祖母的抚养；长大之后，又得到她的辅导。他即位后，几乎天天都到祖母宫中请示问安。她曾教导玄烨说：祖上依靠骑射开创大业，所以“武备不可弛”；朝廷用人行政，也要“虚公裁决”。还告诫说：为人君者“必深思得众得国之道”，夙夜勤政，以求国家康富，王朝永存。

玄烨幼年即位，政务由四位辅政大臣主持。辅臣中居首位的是索尼，其次是苏克萨哈、遏必隆和鳌拜。他们都是为创建清王朝立过军功的满族勋贵，但不能和衷共济地处理朝政。特别是鳌拜，专横跋扈，还一再制造残酷打击异己的冤狱。第一次是强迫圈换旗地事件。原来在顺治初期，入关的八旗满洲[①]用武力圈占京师和附近地区的土地，那时摄政王多尔衮当政，他所属的正白旗占地较好。多尔衮死后，正白旗归属皇帝，但同原属皇帝的正黄、镶黄两旗仍存在着矛盾。索尼是正黄旗，遏必隆和鳌拜是镶黄旗；只有原为多尔衮部属的苏克萨哈是正白旗，他在四辅臣中比较孤立。康熙五年（1666年），鳌拜提出：

---

① 清太祖努尔哈赤时，把所有满洲成员编为八个部分，命名为正黄、镶黄、正白、镶白、正红、镶红、正蓝、镶蓝八旗。太宗皇太极时，又把归附的蒙古人和汉人编为八旗蒙古和八旗汉军。八旗既是政治军事组织，又是社会生产组织。清军入关后，军民合一的八旗制度内其生产职能趋于消失，八旗完全成为军事组织，《清史稿》将八旗纳入“兵志”。

过去圈地分配不合理，镶黄旗与正白旗所圈土地应该互换，如互换土地后不够数，则“另圈民地补足”。对此，苏克萨哈和同属正白旗的户部尚书苏纳海，以及有关地区的地方长官直隶总督朱昌祚和保定巡抚王登联，都持反对态度。在四辅臣中，属于两黄旗的索尼和遏必隆也赞同换地，于是鳌拜不顾苏克萨哈的反对，竟悍然将苏纳海、朱昌祚和王登联处以绞刑，家产没收，强力推行换地。

鳌拜在四辅臣中虽居于末位，但实权最大。因为索尼年老多病，遏必隆为人庸懦，苏克萨哈比较孤立，所以鳌拜得揽权专断。康熙六年（1667年）六月，索尼病故，鳌拜更是目空一切，俨然以首席辅政大臣自居。七月，十四岁的康熙帝宣布亲政，原来的辅臣依例应该归政，由皇帝亲自主持朝政。苏克萨哈立即上奏，请求离开朝廷，去守护顺治帝的陵寝，这实际上也是对迷恋权力的鳌拜将了一军。鳌拜于是诬害他要求守陵是假，实是怨望而不愿归政，应以大逆论罪。康熙帝不同意如此处罪，鳌拜就在殿上攘臂上前，强词夺理，一定要把苏克萨哈置于死地。鳌拜几年来把持朝政，朝廷大臣多为他的同党，刚刚亲政的年轻皇帝终于未能制止这一诬害冤案，结果，苏克萨哈及其子孙均被处死。

多尔衮摄政和顺治帝亲政期间，都采取适应中原汉族地区情况的政治、经济、文化政策。他们依照明朝的体制，建立封建专制的中央集权制，在维护满族贵族特权的前提下，注意争取汉族的上层和知识分子。鳌拜等四人辅政后，宣扬遵照祖制，竭力恢复入关前的旧制度，反对接受中原地区比较先进的制度和文化。鳌拜强行圈换旗地，严重地影响当地生产的进行，使大批平民失去土地，就是阻碍社会经济发展的一个明显例子。鳌拜在康熙帝宣布亲政后仍图独揽朝政，更是威胁了皇权。他根本不把年轻的皇帝放在眼里，皇帝若不顺从他的意见，他便不顾朝仪，在殿上大嚷大吵，有时当着皇帝的面随意训斥大臣。朝臣的任免，由他安排；朝廷重要政务，有时就和亲信在他家里商议决定；朝臣见到鳌拜要磕头。他一时权势熏天，简直成了“太上皇”。

年轻而才略过人的玄烨不能容忍鳌拜如此专权下去，但清除他又谈何容易。鳌拜不仅在朝廷中布满了同党，在八旗军中也很有影响。他的亲弟弟穆里玛就是统率镶黄旗的都统（一旗的最高长官）。因此，玄烨在亲政以后，表面上对鳌拜还是优礼有加，先封他一等公，第二年又加官太师。这样，鳌拜更是趾高气扬，为所欲为，这个跋扈而又鲁莽的权臣哪里料到，少年皇帝已在不露声色地部署着清除他的计划。

玄烨亲政后，还整天召集一批年轻的侍卫练习摔跤，满语称之“布库之戏”。在鳌拜眼中，皇上仍是一个贪玩的少年，胸无大志，不爱理政。玄烨召集的这批卫士都是经过挑选的，既年轻真率，又健壮勇敢，他们因皇上亲切地对待自己而感激非常。一天，玄烨问他们是怕鳌拜，还是怕皇上。他们齐声回答不怕鳌拜，并表示了对皇帝的绝对忠诚。玄烨见此情况，知道完全可以信赖他们来实施自己的计划了。在宫中，玄烨有他祖母指点教导，这是不成问题的，而在外朝，他同朝臣接触还不多。为了有个有经验的亲信大臣经常在身边，康熙八年（1669年）五月，他设法使已故辅臣索尼之子、皇后（索尼长子之女）的叔父索额图，由吏部侍郎改任一等侍卫。这次调动是由索额图自请解职调任的，并没有引起鳌拜的怀疑。隔不了几天，一场带有戏剧性的政治斗争就揭幕了。

五月十六日，鳌拜入宫上朝，冷不防康熙帝一声令下：“把鳌拜捉拿起来!”那些年轻的侍卫们飞快地一拥而上，施展起摔跤的勇健身手；鳌拜虽然壮武有力，也无法抗拒，登时就被捆绑起来。朝廷宣布了鳌拜的三十条罪状，其主要内容是：违背先帝（顺治帝）重托，欺君擅权，紊乱国政；不尊皇上，凡事不依理进奏，甚至强逼皇上依允；与其弟穆里玛和大学士班布尔善（系皇族）等结成奸党，贪贿聚敛；与同党在家私定政事，专断独行；诬害和擅杀大臣苏克萨哈、苏纳海等人；强行圈换旗地以及残害人民；等等。三十条大罪的中心内容是侵犯了皇帝的权威，损害了皇权的集中统一。

在玄烨亲自主持下，对鳌拜及其同党处分如下：鳌拜虽然犯了死罪，顾念他为创立王朝立过许多军功，免去死刑，禁锢终身；其子纳穆福作恶不少，也加以禁锢。只将少数几个罪行最大的帮凶，包括其弟穆里玛、侄儿塞本得和大学士班布尔善等人问了死罪，其余附从者大都从轻发落。依附鳌拜的山西、陕西总督莫洛平时为官清正，玄烨下诏宽贷，免予治罪。第二年考察地方官，朝臣重提依附鳌拜之事，拟将莫洛撤职。玄烨又下谕说，总督职在管理地方，安抚百姓，莫洛能得民心，可免去处分，照旧供职，不久还提升他为刑部尚书。上述处理做到了区别对待、宽严得当。接着，又为被鳌拜诬害致死的苏克萨哈和苏纳海等昭雪平反，还下令永远停止圈地。

在清除鳌拜集团这场重大斗争中，十六岁的青年皇帝玄烨的机智、沉着、勇敢、果断，是表现得很突出的。鳌拜集团代表清朝统治阶级中保守落后的势力，他们企图恢复入关前的旧制度是不得人心的。清军入关已二十多年，就是满族亲贵中也有愈来愈多的人反对这么做。鳌拜虽然烜赫一时，但实际上是极为孤立的。因此，玄烨一举剪除鳌拜集团，不仅没有引起朝廷混乱，朝政反而为之一新。

二、果断决策，平定三藩

玄烨肃清败坏朝政的鳌拜集团后，他所面临的最迫切需要解决的重大问题，是如何处理以吴三桂为首的三藩势力。这时南明政权和农民军的抗清武装力量已被消灭和镇压，然而广大的南方和一部分西北地区，都由三藩及其他明朝降清的将领控制着。他们对清廷阳奉阴违，彼此互通声气，一有风吹草动，就有发生大规模叛乱的可能。

所谓三藩，是指清朝所封的三个藩王：平西王吴三桂、平南王尚可喜、靖南王耿精忠。吴三桂原为明山海关总兵，后勾引清军入关，镇压农民军，被封为平西王。平南王尚可喜和靖南王耿仲明都是入关前降清的明将。耿仲明死，其子继茂袭爵；继茂死，其子精忠袭爵。吴三桂镇守云南、贵州，尚可喜镇守广东，耿精忠镇守福建。他们拥有重兵，把持当地军政，在辖区内肆意掠夺资源，广征关市货税，擅矿藏之利，营商贸易，以至开设当铺，高利盘剥，还把所得的大量资财用于扩充军力。其中吴三桂所占地盘最广，兵力最众，势力最大，他甚至可以选派本应由朝廷任命的地方军政官员，号称“西选”，连朝廷也无可奈何。三藩势力日益膨胀，在三藩控制地区内，中央朝廷的政令难以贯彻，影响全国的统一和清王朝的安危。玄烨看到了这种危险性，他不能听任这股地方割据势力坐以自大。他曾说：“朕听政以来，以三藩及河务、漕运为三大事，夙夜廑念，曾书而悬之宫中柱上。”可见他对解决三藩问题是早下定了决心的。

康熙十二年（1673年）三月，尚可喜上疏，以自己年老多病，请求朝廷允许他归辽东养老，由他儿子尚之信承袭王爵，继续镇守广东。玄烨认为这是着手裁撤三藩的好机会，于是下谕应允尚可喜归老辽东，但同时以广东业已安定、不需要该藩镇守为理由，不准其子袭爵镇粤，而是令该藩所属全部将士和家口随尚可喜撤回辽东。这一来，触动了吴三桂和耿精忠，他们为了试探朝廷意图，也假作姿态，于七月间先后奏请撤藩。清廷接到奏章后，朝臣们估计到吴、耿是言不由衷，意在试探，但对于如何答复他们，却疑虑重重。兵部尚书明珠、刑部尚书莫洛和户部尚书米思翰等少数大臣主张撤藩。包括大学士索额图、图海在内的大部分廷臣，怕由此激起叛乱，特别是吴三桂兵力雄厚，又老于兵事，一旦有变，难于平定，所以倾向于迁就息事，不主张撤藩。朝臣一再商议，得不出一致的意见。

玄烨在朝议不决的情况下，果断地作出决策：下谕允准吴、耿所请，令三藩俱撤。他早已料到吴三桂蓄意反叛，所以明确地指出：“三桂蓄异志久，撤亦反，不撤亦反。不若及今先发，犹可制也。”他决心去迎接一场艰巨的斗争。

吴三桂原来以为朝廷会挽留他继续留镇云贵，哪知九月间朝廷使节到达昆明，向他传达的却是撤藩令。吴三桂经过一番紧张的军事部署，于这年（康熙十二年）十一月二十一日公开举起了叛旗。他认为自己久经战阵，兵众将勇，多百战之余，非入关后已渐失锐气的八旗兵所能对抗。对于才二十岁的年轻的康熙帝，更认为远非自己的对手。他自称“天下都招讨兵马大元帅”，建国号为“周”。吴三桂的军队很快就进入湖南，于康熙十三年（1674年）二月即攻占岳州（今岳阳）。吴三桂派人四处煽动汉族将领起来叛清。这年正月，四川的提督郑蛟麟等首先响应。二三月，已故定南王孔有德的女婿孙延龄率领孔的旧部在广西，靖南王耿精忠在福建，也先后叛变。接着，湖北、浙江部分地区的守将也倒向吴三桂。不到半年时间，叛乱的凶焰几乎燃遍了半个中国。

清廷获悉吴三桂反叛后，满朝大哗。大学士索额图竟声言应将建议撤藩的大臣处斩，以向吴三桂谢罪。玄烨则态度鲜明地说："（撤藩）出自朕意，他人何罪?"他毅然下令讨伐吴三桂，并把吴三桂在北京的儿子、额驸（驸马）吴应熊（其妻为皇太极庶妃之女）下狱处死，以表示平叛的决心。吴三桂原先轻视地称玄烨为"乳臭未退"，此时得知其子被诛，朝廷决心讨伐，于是大惊道："（想不到）少年（指玄烨）乃能如此!"

在部署平叛军事方面，年轻的康熙帝也是胸有成竹。先派八旗精锐部队开赴荆州（今湖北江陵），挡住吴军北进，同时分东西两路集中兵力，东部集中点在山东兖州，西路在山西太原。各地征调来的部队在这两地集结待命，前线所需援兵由这两地抽派前往，并随即从后方再行补充。如此随开赴随补充，源源不断，既少鞭长莫及之虑，又无远征疲惫之劳，从而较好地保证了前线兵力供应和部队的战斗力。

南下清军和北上吴军在荆州形成隔江对峙之局。玄烨估计到吴军不能长驱北上，势将东下夺取江西，以图与福建的耿精忠联合一气，于是加强清军在江西省城南昌的防御力量。吴军果然来攻，因清军事先有备，未能得逞。玄烨的这一着是有战略意义的，它切断了吴、耿两军的会合，有利于清军实施各个击破的方针。吴三桂和耿精忠反叛后，年老的平南王尚可喜并不响应，而是上奏清廷，表示愿"捐躯矢志，保固岭南"。玄烨立即下谕嘉奖，要他尽心防御。这样，广东算是暂时稳定住了。

康熙十三年（1674年）十二月，陕西提督王辅臣袭杀主持陕西军事的莫洛，倒向吴三桂，于是川陕广大地区都落入叛军之手。对此，玄烨忧虑地说："三边（指川陕地区）一摇，势难猝定。"因为陕西扼整个西北地区的咽喉，而且吴三桂可以由此进攻北京，果真如此，大局就难以收拾了。次年二月，王辅臣攻陷甘肃的兰州，西北局势进一步恶化。就在这种情况下，三月间，内蒙古察哈尔部的首领布尔尼乘机发动叛乱。当时八旗兵大都派往南方和西北作战，北京一带空虚，无兵可派。玄烨大为焦虑，祖母孝庄文皇后一开始就支持撤藩平叛，还颁发内帑犒军。她出身蒙古贵族，对蒙古各部情况比较了解，此时给玄烨出主意说："可用图海，此人才略出众，必能取胜。"图海虽然反对过撤藩，但战事既起，他却是勇于用命的。于是玄烨即派图海为副将军，随同抚远大将军、信郡王鄂札征讨布尔尼。皇族鄂札是名义上的主帅，实际上主持军事的是图海。当时北京无兵可调，朝廷批准图海的建议，从八旗家奴中挑选几万名健壮的男丁，在一个早上集合于京师北城的德胜门外，即刻编队开拔，不许逗留。这支临时组成的队伍在沿途抢掠财物，图海不加禁止。一到达察哈尔，他更公开向部下士兵宣布：布尔尼是元朝皇帝的后裔，珍宝极多，打败他，你们就可以致富。这批家奴人人出力奋战，连战获胜，迅速平定了布尔尼的叛乱。事后许多官员奏劾图海纵兵抢掠，玄烨鉴于这支临时凑成的队伍本无战斗力，图海不得已才以财货来诱使他们效力死战，就未予治罪。

再说王辅臣率所部禁旅叛变后，玄烨除遣军征讨外，又采取了政治攻势。他指派在北京任官的王辅臣之子带着谕旨去安抚王辅臣，说是过去不知道王与莫洛有私怨，以致发生意外之变，"咎在朕躬，于尔何罪？"王辅臣面对玄烨的诚心安抚和吴三桂的竭力拉拢，态度动摇，叛附不常。康熙十五年（1676年）五月，图海率甘肃提督张勇等紧紧困住王辅臣所在的据点甘肃平凉城，一面用大炮攻城，一面派人谕降。王辅臣在六月间被迫出降，玄烨仍让他任原官并加将军称号，令其立功赎罪。至此，清军重新控制了西北的局势，于是得以全力投入南方的战斗。在这里，显示了玄烨在策略运用上的高明。

康熙十五年是平叛战事的关键性一年，战局发生了巨大的变化。这年四月，吴三桂军进攻广东，尚之信劫持其父尚可喜，叛附吴三桂，于是以吴三桂为首的叛乱成了三藩之乱。但是，六月间王辅臣投降，形势又开始有利于清军。十月间，清军打到福州，耿精忠出降。原来耿精忠曾邀台湾的郑经一同反清，郑军登陆后，彼此又为争夺地盘而冲突起来。六月间，玄烨获悉耿军在福建一些地方自动撤退，他敏锐地断定，耿军必是为郑军"所逼"，于是令康亲王杰书等迅速乘机进兵。果然不出玄烨所料，耿、郑两军发生冲突，耿精忠腹背受敌，无力支持，被迫在清军逼攻下投降（后来仍以叛逆罪被清廷处死）。尚之信看到形势发展对自己愈来愈不利，也在十二月间归降。次年尚可喜去世，由尚之信承袭平南王，后被告发"犹存异志"，被清廷赐死。

耿精忠和尚之信投降后，作战范围大大收缩，吴三桂开始陷于孤立状态，优势明显地转到清军一边。不过吴三桂仍拥有大量精锐部队，清军还难以迅速获胜。康熙十七年（1678年）三月，吴三桂在湖南衡州（今衡阳）称帝，八月间死去，由其孙吴世璠继位。这年夏，双方争夺衡州东南百余里的永兴，吴军围攻城中清军，外围的清军竟不敢救援，直到吴三桂死了，才得解围。由于叛军尚有一定实力，所以在吴三桂死后，战事还拖了三年之久。

当时身为八旗兵统帅的皇族王公，除了康亲王杰书和岳乐等少数人，大都贪图逸乐，缺乏斗志，不堪胜任军事重责。最突出的例子是，在荆州前线正面对敌的统帅、顺承郡王勒尔锦，从战争开始到吴三桂死去的六个年头里，他一直呆在荆州，不敢渡江南下作战。玄烨为夺取胜利，毅然地使用汉族将领与汉兵（绿营兵）。他还注意调和满、汉将领的关系，如曾嘱咐西北地区统帅、皇族洞鄂说："将军张勇，劳绩甚茂，慎勿轻侮，致滋嫌隙。"在陕甘地区，玄烨依靠张勇、赵良栋、王进宝等汉将重新控制了局势。在此后入川与夺取昆明的战斗中，王进宝和赵良栋先后建立了突出的军功。

康熙二十年（1681年）十一月二十八日，清军攻入云南省城昆明，吴世璠自杀，平定三藩的战争打了八年，至此结束。在这场战争中，玄烨虽未亲临前线，但始终掌握着作战进程的全局。一开始，他对兵力作了很好的部署，此后迅速平定了布尔尼的叛乱，争取了王辅臣，楔入江西以破坏吴、耿两军的会合，抓住战机而逼使耿精忠投降；在这些重大的军事行动上，玄烨表现为一个具有战略眼光的统帅。他为及时掌握军情和迅速下达命令，专门设立了一种军讯站，用快马传递，一昼夜最快可飞驰八百里，从北京到荆州或西安，五天便可到达，发挥了畜力交通的最高效能。至于重用汉将及绿营兵，也是取得作战胜利的一个极为重要的原因。总之，玄烨不愧是把平叛战争引导到胜利的最高决策者。

平定三藩之乱，扫除了盘踞广大地区的地方割据势力，废除了三藩残害人民的种种虐政，这是符合国家统一的历史趋势和人民愿望的。清王朝也由此加强了中央集权制和皇权。当昆明攻克、叛逆覆亡的捷报在夜半传入北京皇宫时，玄烨不由得十分欣喜而又兴奋，他曾作了题为《滇平》的律诗一首，末句云："回思几载焦劳意，此日方同万国欢。"由于获得平叛的巨大胜利，群臣奏请给康熙皇帝上尊号，以表示对他的无比崇敬。想不到玄烨干脆回答说："其勿行！"他在敕书中把上尊号的举动看作是"无谓之润色"，并表示削平叛乱后不该泰然自足，而应该"登进贤良，与民休息"。他没有在胜利面前陶醉。三藩战争结束后，他决心解决台湾问题，以求得祖国的进一步统一。

三、统一台湾，底定海疆

台湾自古属于中国。沿海人民很早就往来于大陆和台湾，有的留居下来，和当地人民共同开发台湾。宋以后对台湾实施了行政管辖，台湾从此成为我国的海上岗哨和东南屏藩。明朝末年，福建人郑芝龙等率大批移民至台。郑芝龙降清后，其子成功仍坚持抗清。明清易代之际，荷兰殖民者乘中国内部发生战乱的时机，趁火打劫，侵入台湾，盘踞四十年之久。伟大的民族英雄郑成功，于顺治十八年（1661年）率兵驱逐了荷兰侵略者，光复了祖国的神圣领土台湾。他在第二年病逝台湾，其子郑经嗣位为延平王（南明桂王政权所封），仍保持明朝的名号，同清朝处于对立的地位。

玄烨在亲政后即谋统一台湾，他的基本方针是攻抚兼施，但以力争和平抚定为主。三藩战争期间，耿精忠联合郑经反清，玄烨指示臣下，对郑氏"宜用抚"。台湾郑氏集团企图只向清廷朝贡称藩臣，而保持事实上的独立割据状态。对此，玄烨坚决不允，他说，"台湾皆闽人"，不能视同外藩，台湾必须置于清政府直接管辖之下。

在三藩战争后期，玄烨即着手筹划解决台湾问题。为了准备军事进取，他慎重选择足以胜任这一重担的统帅。经过物色和考察，玄烨选拔了两个既熟悉军事又了解台湾情况的沿海地区的人才，即浙江会稽（今绍兴）人姚启圣和福建晋江（今泉州）人施琅。姚启圣在清军征讨耿精忠时是一个随军效力的落职知县，他能文能武，在三藩战争中屡立军功。康熙十七年（1678年），玄烨把他由福建布政使提升为福建总督。他任总督后，与其他将领配合，陆续攻克为台湾郑氏集团所占据的福建沿海地方。他曾密奏进取台湾的军事计划，又依照玄烨重视招抚的旨意，在漳州设立一座"修来馆"，专门接待来投诚的郑军将士，殷勤款待，授以禄位赏赐。经过努力争取，不少郑军将士纷纷来归。

康熙二十年（1681年）正月，郑经去世，其子克塽继延平王之位，但幼弱不能理事。同年六月，姚启圣奏陈：郑经死后台湾内部互相猜忌，宜乘机进攻。玄烨认为时机确已来到，即在七月间派施琅为福建水师提督，着手进取台湾。施琅原为郑芝龙部下，降清后，在福建沿海同台湾郑氏军队多次作战，后被玄烨召往北京，当了十三年内大臣，长时间在玄烨身边，玄烨深知他的才干过人，很信赖他。施琅到福建后，调整和训练部队，运集物资，察候风势，积极做好进兵准备。当时大臣中对进取台湾意见不一，有的要求从缓，玄烨不予同意。为了进兵时统一事权，不受掣肘，玄烨采纳大学士明珠的建议，决定不令姚启圣同行，只让姚负责粮饷物资等后勤供应，而命施琅一人领兵前往。

康熙二十二年（1683年）六月十四日，施琅率水师从福建铜山（今东山岛）出发，经七天战斗，于二十二日攻下了台湾的门户澎湖岛，军威大振，促使郑克塽奉表投诚。玄烨得报后立即表示允许，说："以兵力攻取台湾，则将士劳瘁，人民伤残"，所以特下旨招抚。清廷授予郑克塽公爵；任郑氏大将刘国轩为天津总兵官，守卫京师门户，以示对真心投诚者的信任，使刘国轩等投诚将领大为感激。在进取台湾的过程中，充分表现出玄烨的知人善任，他使姚、施两人各得其用，各展所长，终于出色地贯彻执行了他的攻抚兼施、以抚为主的方针。郑氏归附后，施琅于八月十三日率水师和平开入台湾，台湾人民"壶浆迎师，接踵而至"，为台湾的和平统一而欢欣万分。

在对待台湾的善后问题上，也显示了玄烨的远见卓识。当时大臣中有两种意见。施琅等人主张在台湾设立府县，坚守其地。另外一些人则主张弃而不守，甚至有人妄议仍归荷兰，使其称藩进贡。玄烨摈斥后者的荒谬主张，采纳前者的正确建议。他断然宣示："台湾弃取，所关甚大……弃而不守，尤为不可。"清廷决定在台湾设置台湾府，下辖三县，隶属于福建省，置于清中央政府的统一管辖之下。从此，这一面积三万六千平方公里的祖国神圣领土，成为统一的中国不可分割的一部分。清政府又派遣总兵官一员，领兵万人，驻扎于台湾、澎湖，同闽粤江浙沿海各镇联防，使东南的海上防务空前地巩固起来。

由于取得统一台湾的巨大胜利，朝臣们又奏请上尊号，又一次为玄烨所拒绝。他认为上尊号无非是"矜张粉饰"，并说："朕但愿以平易之道，图久安长治，不愿烦扰多事。"统一台湾，为海峡两岸人民带来了安定的局面，人民得以安居乐业，从事生产。从此，台湾与大陆的经济文化交流大为加强，台湾经济的发展也加快了。台湾问题的解决，对于祖国的统一事业和东南海疆的安全都具有重大的意义，这的确是有关长治久安的大事。

四、击败"罗刹"，缔结和约

统一台湾之后，玄烨紧接着又投入了粉碎俄国（当时译称"罗刹"）侵略、保卫祖国北方边疆的重大战斗。

沙皇俄国从十六世纪中叶开始，即向东方进行武力扩张，不断蚕食西伯利亚地方。明亡清兴之际，沙俄殖民者乘中国内部战乱不已，武装侵入黑龙江流域，强占了黑龙江北岸的雅克萨和上游石勒喀河畔的尼布楚等地。入侵者大肆掠夺和野蛮残害当地的中国少数民族。如玄烨的一件谕旨中就揭露说："俄罗斯国罗刹等无端犯我索伦（当地达斡尔、鄂温克等族的统称）边疆，扰害虞人（猎人），肆行抢夺。""反遣其部人于飞牙喀、奇勒尔等处肆行焚烧。又诱索伦、打虎儿、俄罗春（鄂伦春）之打貂人额提儿克等二十人入室，尽行焚死。"

早在康熙十年（1671年），玄烨即指示宁古塔（今黑龙江宁安县）将军，对罗刹"尤当加意防御，操练士马，整顿器械，毋堕狡计"。平定三藩和统一台湾之后，他对大臣们说："罗刹扰我黑龙江、松花江一带三十余年……朕亲政之后，即留意于此，细访其土地形胜、道路远近及人物性质，以故酌定天时、运饷、进兵事宜，不循众见，决意命将出师，深入挞伐。"这说明他对粉碎沙俄侵略、收复被占国土，早已在周密筹划之中，时机一旦成熟，就立即把筹划中的收复雅克萨的战役付之行动。

雅克萨战役的准备情况大致如下：康熙二十一年（1682年），玄烨遣八旗兵将领郎坦和彭春（一作朋春）等人赴雅克萨一带侦察，细致地了解敌情和水陆交通路线。他调兵一千五百人，制备战舰，演习枪炮，并在黑龙江的瑷珲（今爱辉县境内）及其以北的呼玛尔二地建筑木城，作为前进的据点。又从内蒙古科尔沁十旗和锡伯、乌拉等地的官屯，调来足够三年之用的粮食，还令索伦部供应牛羊肉品。

各项准备工作完成之后，康熙二十四年（1685年）正月，玄烨下令向雅克萨进兵。他下谕说，"罗刹无故犯边"，扰害索伦、赫哲、飞牙喀、奇勒尔等地，剽劫人口，抢掳村庄，攘夺貂皮，肆恶多端，虽屡经宣谕，令其停止，反而扰害益甚，窃据雅克萨如故，所以"应即翦灭"；同时表示"兵非善事，不得已而用之"，特令领兵统帅再次向罗刹宣谕，给以机会，令其"献地归诚，俾还故土"。总之，决心用军事行动来粉碎沙俄的武装侵略，但同时争取和平解决的途径。

玄烨任命满洲正红旗都统彭春为统帅，会同宁古塔将军萨布素，收复雅克萨等地。除满洲旗兵外，还调来内蒙古骑兵和福建藤牌兵。彭春于四月间进兵，很快就包围了雅克萨城。五月间，雅克萨守敌被迫投降；清军拆毁了该城城堡，又救出了被敌俘掠的索伦和达呼尔族的一百余户人口。战后，宽大释放了被围投降的俄军头目托尔布津及其部下，清军则移驻瑷珲。可是第二年即康熙二十五年（1686年），托尔布津竟率众卷土重来，又窃据了雅克萨。玄烨得报后，即派萨布素率师前往。清军重创守敌，击毙了托尔布津，紧紧围住雅克萨，并夹黑龙江两岸驻兵，以阻截从尼布楚方向来的增援俄军。

沙俄侵略者在雅克萨一再惨败，被迫表示愿意言和，并请求清军撤围。玄烨本就争取和平解决，于是允许议和，下令清军撤除对雅克萨的包围，以示议和诚意。双方谈判议定中俄东段边界，清政府派大臣索额图等为谈判代表。玄烨指示他们说："尼布潮（楚）、雅克萨、黑龙江上下及通此江之一河一溪，皆我所属之地，不可少弃之于鄂（俄）罗斯。"俄方代表无理要求领有尼布楚和黑龙江以北的雅克萨等地，索额图即遵照玄烨的指示严厉拒绝。

谈判中途，中国北部发生了准噶尔首领噶尔丹大举进攻喀尔喀蒙古的严重事件。玄烨为了集中力量处理这一国内问题，决定在谈判中作出一些让步，于是提出以尼布楚东面的额尔古纳河为界，把尼布楚让与俄方，至于黑龙江以北地区则决不放弃。对此，在军事较量中一再受挫的沙俄表示接受。康熙二十八年七月二十四日（1689年9月7日），双方正式签订《尼布楚条约》。该约规定，以额尔古纳河、格尔必齐河及外兴安岭至海，为中俄的东段边界，岭、河以南属中国，以北属俄国。这样，俄方领有包括尼布楚在内的额尔古纳河以西地区，获得了有利的通商渠道，中国方面则收回了被沙俄侵占的雅克萨等地。这个条约从法律上肯定了黑龙江和乌苏里江流域的广大地区都是中国的领土①。总的说，这是双方在平等基础上进行谈判而签订的一个平等条约。

收复雅克萨战役的辉煌胜利和《尼布楚条约》的缔结，是中国军民爱国奋战的结果。玄烨作为最高的决策者和组织者，始则作好充分准备，不打无把握之仗，以期必胜。继则在胜利的有利形势下进行和谈；而在噶尔丹问题发生后，又能着眼于国内外形势的全局，在维护黑龙江和乌苏里江流域广大领土的前提下，灵活地作出局部的让步以促成和约的缔结。在夺取军事胜利和达成和约的全过程中，显示了玄烨卓越的军事外交才干。

① 后来沙皇俄国通过武力等手段逼迫清政府签订不平等条约，强占了黑龙江以北地区和乌苏里江流域以及今新疆以西等地区，共抢占了我国一百五十多万平方公里的领土。

五、亲征漠北，出兵安藏

清初，我国蒙古族分为三大部分，分居于蒙古戈壁大沙漠及其周围，漠南蒙古居今内蒙古地区，漠北喀尔喀蒙古（包括土谢图、车臣、扎萨克图三部）居今蒙古人民共和国一带，漠西厄鲁特蒙古（包括和硕特、准噶尔、杜尔伯特等部）居今天山北部和青海一带。漠南蒙古最先隶属于清朝，其后喀尔喀和厄鲁特也通贡于清，但与清廷只保持着比较松弛的臣服关系，而且内部很不统一，内争频仍。康熙十年（1671年），在内斗中得势的噶尔丹成了准噶尔汗，他不仅领有准噶尔部居住的伊犁河流域，而且依凭武力，控制了厄鲁特其他各部，还占据了天山南路。

康熙二十七年（1688年），噶尔丹利用土谢图汗和车臣汗火并的机会，大举进攻喀尔喀蒙古。喀尔喀宗教领袖大喇嘛哲卜尊丹巴率领部众南逃，向清廷求救。玄烨立即下令打开归化（今呼和浩特市）、独石口和张家口的政府粮仓，接济喀尔喀部众，发给银两和布匹、茶叶等物，又给予牲畜，指定漠南蒙古科尔沁草原作为他们临时放牧地，很快就把他们安顿下来。直到八年后战事结束，喀尔喀人民才重返外蒙古故乡。

噶尔丹进攻喀尔喀得手后气焰高涨。玄烨遣使令他遵旨议和，他根本不听，反而在康熙二十九年（1690年）五月，以追击喀尔喀部为名，从科布多（今蒙古国吉尔格朗图）发兵东犯，击败途中的守御清兵，兵锋直抵南距北京仅七百里的乌兰布通（今内蒙古克什克腾旗南境）。噶尔丹称兵作乱，不仅使中国的北部和西北部广大边疆地区陷于一片混乱，当地人民深受祸害，而且他暗地同沙皇俄国有所勾结，因此更加重了这场祸乱的危险性。

面对这一严重局势，玄烨一面令索额图通过传谕在京的俄国商人，向俄国提出警告：如果俄国方面与噶尔丹勾结进犯，则是“负信誓（违背《尼布楚条约》）而开兵端”；一面于七月间派其兄裕亲王福全和其子胤禔等率大军迎战噶尔丹。他决定亲征，随即离京北上，进驻博洛和屯（今河北隆化县），不久因病回京，由福全督师前进。

八月初，两军在乌兰布通相遇，展开了激战。噶尔丹军多年来进攻得逞，气焰嚣张，作战勇悍。他们依山面水，依托森林，将一万匹骆驼缚足卧地，环列如栅，名为“驼城”，在驼背上架起箱垛，蒙以湿毡，士卒在垛隙间发射火枪和箭。刚一接仗，清军伤亡不少。大将佟国纲中枪阵亡。从午后鏖战到天黑，清军的炮火终于摧毁了驼城，随即发起猛攻，噶尔丹军大败。狡猾的噶尔丹立即派人向清军求和，福全竟令部下“暂止勿击”，因此丧失了乘胜歼敌的战机，让噶尔丹逃回科布多。玄烨讨伐噶尔丹的第一次战役就这样结束了。

乌兰布通战役结束后，玄烨为了加强对喀尔喀部的管辖，举行了多伦会盟。漠南内蒙古早已编为四十九旗，置于清政府比较严格的管辖之下。在乌兰布通战役中，内蒙古各旗遵依清廷的统一调动，发挥了很大的作用。喀尔喀与清廷只维持松弛的羁縻关系，其内部又彼此侵夺不已，致使噶尔丹得以乘机进攻。康熙三十年（1691年）五月初旬，玄烨在多伦诺尔（今内蒙古多伦县），召集喀尔喀各部首领和内蒙古各盟旗王公们，以宴会形式举行会盟，接着举行了盛大的阅兵仪式，让与会者看一看清军的强大军容。玄烨调解了喀尔喀内部土谢图汗与车臣汗之间的矛盾，又将喀尔喀蒙古依照内蒙古之例，分编为三十四旗，各旗设世袭的扎萨克（旗长）来管理。原来的各级首领则依清朝的封爵制度，封以亲王、郡王、贝勒、贝子、公、台吉等不同品级，废除了蒙古贵族旧的称号济农、诺颜等（“汗”号仍保留）。玄烨向喀尔喀各部首领下谕说：“尔等困穷已极，互相偷夺，朕已拯救爱养，今与（内蒙古）四十九旗一体，编设各处扎萨克，管辖稽察，其各遵守。如再妄行，则国法治之矣。”

通过多伦会盟，喀尔喀蒙古同内蒙古一样，实行了清政府统一管辖下的盟旗制度，大大加强了清朝中央政府与喀尔喀蒙古的关系。这不仅对噶尔丹的分裂势力在政治上是个沉重打击，而且对中国这个多民族统一国家的巩固和发展，也产生了深远的影响。玄烨曾说：“昔秦兴土石之功，修筑长城，我朝施恩于喀尔喀，使之防备朔方，较长城更为坚固。”他认为通过加强同边地少数民族的政治关系来巩固边疆，比单纯依靠军事防御工程更为有效，这不能不说是处理民族问题上的一种高明之见。

噶尔丹败走以后，仍然盘踞在原喀尔喀地区，玄烨决定再次征讨。他先作了一番深入的调查，以知己知彼。玄烨得知噶尔丹与其侄策旺阿拉布坦争夺权位，互相仇视，便尽力笼络后者，使之阻截噶尔丹返回伊犁的退路。这时，内蒙古各旗和新编的喀尔喀各旗，以及深受噶尔丹蹂躏掠夺的西套厄鲁特（即阿拉善蒙古，居河套以西），都积极协助清军。这样，噶尔丹就被大大地孤立起来了。

康熙三十五年（1696年）二月，玄烨组织对噶尔丹的第二次征讨。当时噶尔丹驻扎在克鲁伦河（今蒙古人民共和国东部）一带。玄烨分兵三路：东路由黑龙江将军萨布素率领，越兴安岭向西前进；西路由抚远大将军费扬古等率领，由宁夏越沙漠北进；他亲率中路，从独石口出长城北进。原定三路军分进合击，后因东西两路行进较迟，玄烨就及时改变计划，他率领行进顺利的中路大军越过大沙漠，迅速向克鲁伦河逼进，同时密谕费扬古截断噶尔丹的归路。

五月初旬，不相信皇帝会远涉沙漠亲征的噶尔丹，在克鲁伦河北登上山头，望见南岸清军大营"军容山立"，而且有皇帝御用的黄幄龙纛，不禁大为惊恐。他自知无力抵挡亲征大军，便连夜西遁。十三日，逃到昭莫多（在今蒙古人民共和国乌兰巴托东南），同清西路军相遇。清军依山布阵，居高临下，以逸待劳。噶尔丹军拼命苦战，不能打开一条通路。傍晚时，清军分三路猛冲敌阵，杀得噶尔丹只带数十名骑兵向西狂奔。当时噶尔丹在阿尔泰山以西的旧部已归属其侄策旺阿拉布坦，天山南北和青海等地原受他控制的各部落也不再听命于他，他已众叛亲离，走投无路。就在这种情况下，玄烨仍给噶尔丹以机会，表示只要他肯投诚，当以优抚喀尔喀的"恩例"来对待他，但噶尔丹拒绝受抚。康熙三十六年（1697年）三月，玄烨第三次亲自出征，进驻宁夏（今银川市），北上到了今河套西北的狼山一带。噶尔丹逗留在大草滩上，逃窜无路，给养断绝，在这年闰三月，他服毒自尽。

噶尔丹的失败是注定了的。他妄图割据自立，这是违背全国统一的历史趋势和各族人民根本利益的。他一味用武力征服手段来扩张自己的地盘，毫无理由地袭杀了西套和硕特的鄂尔齐图汗，疯狂进攻喀尔喀部，使该部数十万民众处于水深火热的困境。他对所控制地区内的各族人民残酷掠夺，征发不已。他的所作所为终于使他自己陷于完全的孤立。善于观察和掌握形势的玄烨则利用敌方的矛盾和困难，首先在政治上居于绝对优势的地位。在军事上，他不仅运筹帷幄，而且一再不避艰险，亲自出征，从而能及时把握战机，终获全胜。他在初征时曾有诗云："执迷思梗化（指噶尔丹），伐罪事专征。武略期无敌，王师出有名。"的确，清军征讨噶尔丹是师出有名的，是正义的。经过三次出征，终于取得了彻底的胜利。

平定噶尔丹之后，玄烨因势利导，进一步加强清廷和青海和硕特蒙古的关系。青海和硕特的创业者顾实汗（或作固始汗）早就归附于清朝，顺治帝曾赐以"遵文行义敏慧顾实汗"的封号。他死后，该部无人继立为"汗"，其子孙分领部众，称台吉。当噶尔丹强盛时，他们畏惧其势，对清朝的态度若即若离。康熙三十六年（1697年），噶尔丹败亡。当时玄烨暂驻宁夏，青海和硕特诸台吉要求前来拜见，命他们在秋后赴京朝觐。这年冬，他们来京觐见皇帝，参加了玄烨在玉泉山举行的阅兵大典。玄烨封顾实汗之子达什巴图尔为亲王，其余台吉赐封贝勒、贝子等爵。这次朝觐和赐爵，不仅密切了清廷同青海和硕特蒙古的君臣隶属关系，而且由于当时的西藏为和硕特部所控制，从而又为清政府加强对西藏的管辖提供了有利的条件。

早在明朝末年，顾实汗趁西藏内部不和，率军入藏，成了当地的主要当权者。由于他的奏请，清廷邀五世达赖喇嘛赴京。顺治九年（1652年），达赖五世到京，次年返藏，清廷封为"西天大善自在佛所领天下释教普通瓦赤喇怛喇达赖喇嘛"。康熙二十一年（1682年），达赖五世逝世，其属下第巴（执政官）桑结嘉措秘不发丧，冒用达赖名义，把持藏政，并同噶尔丹相勾结。康熙三十五年（1696年），玄烨从被俘的准噶尔士兵那里得知这一情况，即遣使入藏，严词质问桑结，桑结表面上表示认罪。桑结为了掌握更大权力，企图谋害拉藏汗（顾实汗之孙），结果反被拉藏汗所杀。拉藏汗亲附清廷，玄烨赐封为"翊法恭顺汗"。

再说策旺阿拉布坦，他协助清军平定噶尔丹，是出了力的。但他一旦掌握了准噶尔部的统辖权之后，尽管表面上臣服于清廷，而实际上却步噶尔丹的后尘，走上了军事扩张的老路。他乘西藏内部纷争不稳，于康熙五十五年（1716年）派大策凌敦布多等率兵入藏，次年攻入拉萨，杀害了拉藏汗，由此藏中大乱。

拉藏汗曾向清廷告急，但来援清军在由青海赴藏途中遭准噶尔兵伏击，败退而回。玄烨计划再次出兵，同时解决青、藏地区的地方统治者正为之纷争不休的达赖喇嘛的继承问题。原来在桑结死后，拉藏汗曾迎立了一位达赖喇嘛，但人心不附，青海和硕特部台吉又另立了一位达赖喇嘛。玄烨为顺应青海、西藏当地人民的信仰和意愿，决定派兵护送青海所立的达赖喇嘛入藏，以扭转西藏的动乱局势。朝中大臣鉴于上次援军失利、途远路险，多不主张出兵。青海和硕特诸台吉慑于准噶尔的兵力，也不敢行动。玄烨的态度十分坚决，他指出：西藏与青海、四川、云南等地相近，若继续为准噶尔兵所占，则边地“将无宁日”；而且准噶尔兵既能冒险犯难而入藏，则清军同样能往，所以“安藏大兵，决宜前进”。

康熙五十七年（1718年），玄烨命其第十四子胤禵为抚远大将军，进驻青海，统一指挥入藏军事。这次出兵，做了充分的准备和周密的部署。先派兵在阿尔泰和巴里坤两处（各在今新疆北部和东部），对准噶尔地区虚作攻势，以牵制策旺阿拉布坦，使之不能抽兵援助其在藏的部队。然后组成两路入藏大军。一路担任护送达赖喇嘛入藏的任务，于康熙五十九年（1720年）春从青海启程，浩浩荡荡向拉萨进发。这一路除满、汉兵外，还有青海和硕特、喀尔喀和内蒙古的部队参加。另一路由四川南下，轻装急进，以副总兵岳钟琪为先锋。岳钟琪争取藏族地方官和人民的协助，用皮船抢渡拉萨河，于八月间最先进入拉萨。清军兵威所至，没有遭遇重大抵抗，准噶尔兵退回伊犁地区。

清军护送达赖喇嘛所过之处，藏族人民不分男女老幼，成群结队，奏打着乐器来迎接。这年九月十五日，由玄烨诏封的“弘法觉众第六世达赖喇嘛”在拉萨布达拉宫举行坐床大典，正式成为全藏的宗教领袖。清政府留兵四千以卫成西藏；又授给拉藏汗的旧属康济鼐、隆布鼐和颇罗鼐以贝子等爵位，命前两人管理前藏地区事务，后者管理后藏地区事务。西藏由此获得了安定的局面。

这里要插叙一笔，即玄烨一贯重视军备，安不忘危。康熙二十年（1681年）夏，他亲自出长城外踏勘土地，设置了“木兰围场”（相当今河北围场县），作为清军行围打猎的习武场所。以后除了少数年份，他几乎年年举行“木兰秋狝”，以示“安不忘危，训兹貔虎（训练武士）”。他在临终那年曾感慨地回顾说：“从前有以朕每年出口行围，劳苦军士条奏者。不知国家承平虽久，岂可遂忘武备！”并举进兵安定西藏为例说：“我兵直抵西藏，立功绝域，皆因朕平时不忘武备、勤于训练之所致也。若听信从前条奏之言，惮于劳苦，不加训练，又何能远至万里之外灭贼立功乎？”

经过平定噶尔丹和派兵安定西藏，清朝中央政府加强了对蒙古和西藏地区的管辖，进一步巩固了边疆，祖国的统一事业又前进了一大步。在这个基础上，经过雍正和乾隆两朝的继续努力，终于彻底平定了准噶尔部，把天山南北的今新疆地区和西至巴尔喀什湖的广大领土，置于清政府的直接管辖之下。在清朝前期底定辽阔无垠的边疆地区的宏伟事业中，玄烨和大批效力疆场将士建立了不朽的功勋。

六、改善经济，安定民生

明清之际的长期战争，使社会经济大受破坏，国计窘困，民生十分艰难。玄烨亲政后，努力改变这种境况。康熙二十年（1681年）三藩战争结束后，清初受到严重破坏的经济开始有明显的回升。所以后来有人说：“康熙二十年之后，海内始有起色。”玄烨在改善经济和安定民生方面，主要做了下列几项工作。

（一）治理河患

明末清初长期战乱，黄河失修，经常决口，特别是下游苏北地区灾情严重，人民流亡，无法生产。有时黄河、淮河同时闹水灾，使作为南北水路交通干线的运河阻断，以致漕运不通。明清时每年有三四百万石官粮，经运河由南方运至京师地区，称为漕运。漕运不通，给京师一带官府和驻军的粮食供应造成困难，这在当时被认为是有关国计的大事。因此，玄烨亲政后把河务和漕运看作是必须解决的两大问题。

康熙十六年（1677年），清军对吴三桂作战已占了明显的优势，这就使清政府得以同时着手治理河患。玄烨派原任安徽巡抚、重视农田水利的靳辅为河道总督，主持治河。靳辅又延聘对水利深有研究的一名秀才陈潢为幕客来协助自己，他采择的治河方针和技术措施，大都出自陈潢的建议。黄河含沙量很大，河床因泥沙淤积，不断升高，一遇汛期或下雨量过多就易成水灾。靳辅和陈潢依照明代治河专家潘季驯的“以堤束水、借水攻沙”的方针，结合当时当地的实情和实践经验，制定了有效的治水措施。他们用开引河（挖旁河）和筑减水坝的方法来缓和迅猛的水势，成功地堵塞了决口。接着，在黄河北岸开挖中河，使漕船经中河北驶（过去要在黄河中航行一百八十里，风浪险恶，易致覆船），从而保证了航运的安全。

玄烨始终关注治河工程的进行。他六次南巡①的目的除了了解吏治民情，便是为了视察河工。第一次南巡时，他舟过高邮、宝应，目睹民间田庐漂没，灾民痛苦非常，深为关切。玄烨登岸视察了洪泽湖东高家堰等处堤坝，作了一首《阅河堤诗》，亲自书写后赐给靳辅，面奖他几年来治河“著有成效”，要求他“益加勉励，早告成功，使百姓各安旧业，庶不负朕委任至意”。靳辅果然不负重托，他在陈潢协助下，用八年时间，大体上治理了河患。康熙二十七年（1688年），由于一些朝臣的接连奏劾和攻讦，玄烨不适当地将他免官，但仍肯定他“挑河筑堤，漕运无误，不可谓无功”。第二年，玄烨再次南巡，亲闻百姓和船工们“俱称颂原任总河（河道总督）靳辅，感念不忘”，立即撤销对

① 玄烨六次南巡的时间是：第一次，康熙二十三年（1684年）；第二次，康熙二十八年（1689年）；第三次，康熙三十八年（1699年）；第四次，康熙四十二年（1703年）；第五次，康熙四十四年（1705年）；第六次，康熙四十六年（1707年）。

靳辅的革职处分，改为以原来官品退休。由于继任的河道总督治河无方，靳辅在康熙三十一年（1692年）又被任命为河督，但当年就因病逝世了。玄烨曾指出，靳辅“一切经理之法具在，虽嗣后河臣互有损益，而规模措置不能易也”。

重视实践的玄烨亲自钻研治河技术。他曾在宫中用木料制作河道模型，灌水以测验水势冲击的情况。他南巡检查河工质量，亲自用水平仪等仪器进行实测。他曾说：“河道关系漕运、民生，若不深究地利水性，随时权变，惟执纸上之陈言，或徇一时之成说，则河工必至于坏。”靳辅去世后，玄烨更具体地督治河工。他了解过去的治河经验，访问老河工，亲自勘查，比较深入地掌握了水利知识。他提出的培堤束水以刷深河身，筑坝与深挖河身并行，使水分流以减轻黄河水倒灌运河的危势等具体措施，实施后都收到了良好效果。玄烨第四次南巡时乘船检阅河工，看到黄河河身刷深后水位下降，昔日受涝洼地获得收成，不禁欣喜地说：“河工大约已成功矣！”玄烨亲自主持治河，任用靳辅等优秀的水利人才，依凭人民提供的巨大人力物力，特别是广大河工的血汗劳动，终于取得成效。从靳辅治河见效以后，黄河无大患者约五十年。

修治北京附近的永定河也值得一谈。该河原名芦沟河或浑河，挟沙而行，河水浑浊，有“小黄河”之称。在卢沟桥以下，水势冲荡，迁徙无定，常酿致河北平原水患。修治浑河，完全依玄烨设计施行。康熙三十七年（1698年），他亲赴沿河地带，乘小船勘测淤浅之处，还询问当地百姓。玄烨了解到该河流经北京南固安、永清二县，与清河合流，至霸州后水势陡增，最易发生河患。于是从京西良乡县的旧河口起，经固安、永清，另辟一条长二百里的新河道，采用修治黄河的“筑堤束水刷沙”的方法，使冲荡不定的水势受到约束，平稳地流至天津西沽入海。当年七月修治浑河告成，玄烨特将该河改名为“永定河”。此后河流稳定无患者垂四十年。

治河成功，使河患地区人民得以安居生产，交通贸易不再阻断，又使漕运畅通，政府税收少受影响（河患严重则势必减收赋税），这是大有利于国计民生的。玄烨认真学习水利知识，重视调查和实践，始终掌握河工进程，这种躬亲其事的务实精神是值得表彰的。

（二）垦荒和改良谷种

清王朝定都北京以后，为恢复农业生产，一开始即采取奖励垦荒的政策。顺治年间因许多地区处于战争环境，也缺乏切实的措施，垦荒的收效不大。玄烨亲政后，于康熙十年（1671年）规定：凡原非官员的贡监生员民人，垦地二十顷以上，试其文义通顺者，以县丞（文八品）用；不能通晓者，以百总（武七品）用。垦地百顷以上，文义通顺者，以知县（文七品）用；不能通晓者，以守备（武五品）用。这种对垦荒规模较大者奖以官职的规定，虽然是鼓励地主富户的，但确也起了作用。过去垦荒，规定三年内"免科"即免交田赋。康熙十年、十一年、十二年，又分别展宽为免科四、六以至十年（康熙十八年又恢复为六年），这对刺激垦荒是很有效的。在受战争破坏严重的地区，清政府还发给垦荒者以耕牛、农具和粮种等。如康熙三十二年（1693年），为招徕陕西流民复业，每户给牛一头、犁具银五两、谷种银三两、雇觅人工银二两。所开垦的无主荒地，依法作为垦者私有的永业田。人口较密地区的贫民多到人稀地旷的边远省份去开垦，山东百姓到关外垦种的尤其多。

康熙五十五年（1716年），玄烨说："或有言开垦者，不知内地实无闲处，今在口外种地度日者甚多。"可见康熙末年，内地荒地多已开垦。通过垦荒扩大耕地面积，是当时发展农业的基本措施。清政府也因耕地扩大而增加了田赋收入。玄烨还注意改良耕作方法和粮种，这里介绍一下他发现、培育和推广"御种稻"的经过。

康熙十九年（1680年）六月，在中南海丰泽园种的几亩玉田稻中，玄烨发现有一颗特大的稻已经结穗，籽粒饱满，比周围的稻子要早成熟两个月。他留下这棵稻的种子来年再种，仍在六月间成熟，试种多年，肯定是优良品种。后来玄烨想到，这个稻种如在炎热的南方栽培，会成熟得更早，有可能一年连种两次，则"亩有倍石之收"，能大大提高亩产量。康熙五十四年（1715年）开始，他令臣下在苏州、南京等地试种，结果证明这种"御用稻"在江南可以成为一年两熟的双季稻种，两季相加的产量显比当地原来的单季稻为高。可惜几年后玄烨去世了，由于无人继续大力支持等原因，这个优良稻种未能在江南推广，不过康熙皇帝培育御种稻的事迹还是作为美谈而传下来了。

（三）废除圈地令和规定“更名地”

上面讲到，清军入关后，八旗满洲（包括满族贵族和八旗官兵）用武力圈占了京师及附近地区大量田地，这既加深了满汉的民族矛盾，又影响了农业生产的进行，玄烨在康熙八年（1669年）惩治鳌拜后，立即下了一道诏旨：“比年以来，复将民间房地圈给旗下，以致民生失业，深为可悯。自后圈占民间房地永行停止，其今年所已圈者，悉令给还。”这对于缓和民族矛盾和稳定民心、恢复生产，起了积极的作用。

同年，玄烨还下令把尚未被圈占入官的前明藩王的庄田，“给予原种之人，改为民户，号为更名地，永为世业”。这些庄田在明末农民起义中多归农民（大都是原来的佃户）所有。清政府曾规定将这些明藩田产变价出卖，要求耕种者出钱购买，从而引起耕种这些庄田的农民的不满。玄烨改变了变价出卖的规定，决定将尚未变价出卖的废藩田正式给予耕者，同时规定，凡已变价出卖者，农户可将已缴的田价银抵作来年的正赋。这样，就正式承认了耕者对这些土地的所有权。这类更名地在直隶、山东、山西、陕西、甘肃、河南、湖南、湖北等省都有。规定更名地，实际上也是部分地承认了明末农民起义的已得果实，这对缓和清朝统治者同农民的矛盾和促进生产，也是有利的。

（四）改革赋制

清王朝建立后，其赋役制度基本上沿袭明朝。田赋（即钱粮）和丁役是封建政府加在人民头上的主要负担。田赋除一部分征收粮食作为漕粮外，都折纳银钱；丁役即男丁（十六岁以上、六十岁以下）的劳役也折收丁役银。顺治年间，纳赋手续有所谓“截票”，即二联单，由田户和官府各执一联。胥吏多借口核对，留下应给田户的一联，使之失去纳赋凭据，然后捏称未缴或少缴而肆行勒索。康熙二十八年（1689年），改截票为“三联票”：一给田户，一存地方官府，一交经手的差役。这样，使胥吏失去扣留田户纳赋凭据的借口。三十九年（1700年），又施行“滚单法”，即把五户或十户合为一单，单上载明各户田亩及应征收的银米数以及春秋两季各应缴若干，分成十限，挨次滚催。该法手续简明，限期固定，对政府征收和田户缴纳都比较方便，又减少了不法胥吏从中舞弊的机会。三联票和滚单法只是征税手续的一些改进，影响还不大，康熙时期赋役的重大改革是著名的“滋生人丁，永不加赋”。

康熙后期，社会安定，经济大有起色，封建国家的府库比较充裕。在这种情况下，玄烨于康熙五十一年（1712年）二月下谕：“今海宇承平已久，户口日繁，地亩并未加广。应令直省督抚，将现今钱粮册内有名丁数，勿增勿减，永为定额。其自后所生人丁，不必征收钱粮。”即以康熙五十年全国的人丁户口数字为准，把当年的全国丁银总额作为永久不变的丁银征收数，此后不再因人口增加而增加丁银。这一规定从康熙五十一年开始实施。相对来说，地主阶级地多丁少，劳动人民丁多地少，“滋生人丁，永不加赋”，对于无地少地的农民有一定的好处。实行这一改革，意在使农民不因丁银过重而逃亡，这对安定农村是起了作用的。

（五）减免赋税

玄烨懂得，人民过度穷困，生计无着，这是不利于封建王朝的长治久安的，所以他说：“民为邦本，休养宜先。”当时封建国家的主要赋税是田赋，其次是人丁银（两者合称地丁银）。玄烨就把蠲免田赋和丁银作为贯彻与民休养政策的基本措施。如他说的：“从来致治之道，裕民为先。故必蠲免田租，时加膏泽。”[①]

蠲免，包括全免或部分减免。最经常性的是对灾区的“灾蠲”。中国幅员辽阔，每年总有一些地区遭灾，所以几乎年年有灾蠲。据《清史稿·圣祖本

① 《清圣祖实录》卷二百十。

纪》所载，玄烨在位时平均每年因灾蠲免的有七十多个州县。皇帝出巡经过之地例予蠲免，叫作“恩蠲”。如玄烨第三次南巡，宣布江南（指苏皖二省）和浙江蠲免康熙三十四、五、六年的逋赋（拖欠的田赋）；山东的泰安等二十七个州县因受灾元气未复，蠲免康熙三十六年拖欠的地丁银米。对受战争影响较大的地区，也常施行恩蠲。如征讨噶尔丹时负担较重的陕西省和直隶的宣化、山西的大同，蠲免康熙三十六年的田赋。

平定三藩和统一台湾后，国内日趋安定，国库也较宽裕，蠲免的次数和数额就更多更大了，而且常常预先宣布蠲免一省或数省明后年的赋税。规模较大的一次为康熙四十二年（1703年），宣布蠲免山东、河南、云南、贵州、广西、四川六省明年的田赋和浙江省后年的田赋。康熙四十五年（1706年），玄烨鉴于民间缴纳当年赋税已感拮据，实在无力补交过去的欠赋，于是下令蠲免全国的逋赋，总计为银三百八十九万七千多两。康熙四十九年（1710年）规定：在下年开始的三年内，全国各省轮流蠲免一年田赋和历年逋赋，三年共蠲免地丁银三千八百零六万四千余两，这已远远超过康熙年间每年全国田赋总额银二千四百四十四万九千余两。据不完全的资料统计，康熙朝蠲免总数超过了银一亿五千万两。

玄烨在谈到汉文帝的免田租（即田赋）诏书时曾说：“蠲租乃古今第一仁政，穷谷荒陬，皆沾实惠。然非宫廷力崇节俭，不能行此。”对此宜说明两点。其一，在历代帝王中，玄烨确是比较节俭的。他注意吸取明亡的教训，对明朝宫廷的靡费引以为鉴，告诫后世要“鉴往规来，禁浮返朴”。其二，蠲免田赋是封建时代减轻民间负担的主要措施，但田赋的承担者是土地所有者，所以蠲免的受益者主要是地主特别是大地主，其次才是小土地所有者和自耕农，而向私人地主纳租的广大佃户并不能直接受益。康熙四十九年（1710年）规定：此后蠲免田赋，业主免十分，佃户免三分，永著为例，这样才使佃户也能在蠲赋时略受其益。当然，蠲免并不能从根本上改善人民的困境，正赋以外的加派和地方官吏的横征暴敛，在康熙朝也未能杜绝。

关于玄烨的经济政策，也应该提到康熙前后期某些从积极到消极的转变。

清朝初年，由于同时控制沿海一些地方和岛屿的南明政权和郑成功斗争，清廷厉行禁海令，禁绝外洋贸易。南明政权覆灭，三藩平定，接着台湾统一，形势起了变化，玄烨即于康熙二十三年（1684年）下令开放海禁，准许民间商船出海贸易，也允许外国商船来华贸易。其后对外贸易进展颇速，既有利于沿海人民的生计，也增加了政府税收，更具有促进商品经济和手工业生产的积极意义。可是到了康熙五十六年（1717年），玄烨又下令限制，中国商船除仍许赴东洋（日本）外，禁止赴南洋（东南亚）等地贸易，禁止出洋贸易的汉人留居国外，对来华贸易的外商也严加限制。他这样做，是由于害怕大陆人民和留居海外的人民通过频繁的接触而进行反清活动（所谓“海贼”）。康熙后期，也改变过去准许民间开矿的规定，一再加以限制，除禁开新矿，还强行封闭了一些已开的矿。这是为了怕引起明末那样的“矿徒之祸”，即矿工为反对朝廷残酷掠夺而掀起反抗斗争。玄烨这些旨在加强统治的措施，反映了康熙后期社会阶级矛盾比前期有所发展。而对外洋贸易和采矿的限制和打击，都是不利于商品经济和社会生产力的发展的，至于禁海更是一种落后的闭关自守政策。

从康熙朝总的情况来看，社会经济的恢复和趋向繁荣仍是主要的。玄烨在位期间，除了治河、垦荒、废除圈地令、实行更名田、不增丁银、大量蠲免田赋外，还把向手工工匠征收的“班匠银”逐步归并于田赋，压缩了官营手工业，使宫廷和官府需用物品大半由贡派改向商人购买，放宽了对私人纺织业机户拥有机张数额的限制，禁止内地税关溢额征税（贸易额增长后仍维持原定税收总额）。这些措施，有利于促进中国封建社会末期正在孕育着的资本主义萌芽，以康熙朝为开端，全国不少工商业城镇日益兴盛起来。

七、重视文教，进用文士

在历代帝王中，玄烨是以崇尚文治、优容文士见称的。他曾说：“政治所先，在崇文教。”清朝在入关后，即沿用明朝定期举行科举考试的制度。玄烨为了争取在全国有影响的文人学者，特此举行了一次博学鸿儒科。那是三藩战争还在进行的康熙十七年（1678年），玄烨下谕："自古，一代之兴，必有博学鸿儒，振起文运，阐发经史，润色词章，以备顾问著作之选。"因此令臣下荐举"学行兼优、文词卓越之人，不论已仕未仕"，由他亲试录用。第二年，在皇宫内的太和殿举行考试，录取了五十名，都是有名望的绩学之士，其中朱彝尊、邵远平、尤侗、汪琬、施闰章、陈维崧、吴任臣、毛奇龄和严绳孙等，更是卓有成就的诗词古文作家或精通经史的学者。这五十人都授职为翰林官，参加《明史》的编写工作。

明亡后，不少文人学者一直不向清廷屈膝，宁死不当清朝的官，对这些人，玄烨一般都加以优容。如顾炎武多次拜谒明太祖和崇祯帝的陵墓，而以宁死不从的态度来拒绝参加博学鸿儒科考试和与修《明史》；黄宗羲也拒绝参加博学鸿儒科考试和赴京修《明史》。玄烨便对大臣徐乾学说，可请黄宗羲到京师备位顾问，不担任官职，如他想回家，随时可派官员护送回去。徐答以"黄年事已高，不会来了"。玄烨即"叹息不置，以为人材之难"。李颙也拒绝参加博学鸿儒科考试，后来玄烨到西安时召见他，他自己不去，遣子前往。玄烨不以为罪，还特赐亲笔所书"志操高洁"四字，以示褒扬。王夫之避居深山，拒见湖南地方大吏，由于处在优容文士的康熙时期，也得终老山林。对这样一些不愿臣事清朝的学者，玄烨能在政治上给以优容，使他们在晚年得以专心著述，这不能不说是一种明智的态度。

玄烨笼络文士，在南巡时也不乏其例。如首次南巡到苏州，他把亲笔写的临董其昌的长卷赐给回乡翰林汪琬。第五次南巡，以他的名义，对"举贡监生生员人等，有书法精熟、愿赴内廷供奉抄写者"，在江宁（南京）、苏州、杭州三地分别考试，共录取了六十人，并赐予衣物，发给赴京的路费。这次南巡归途中，玄烨还邀家居不仕的大数学家梅文鼎到御舟中，共同探讨天文历算之学，一连谈了三天，赏赐有加，临别还写了"绩学参微"四字赐给梅文鼎。在封建时代被认为是至尊无上的皇帝，主动地请平民学者研讨学术问题，这是很难得的。下面不妨再举第三次南巡到苏州时的一桩趣事：有个因冒充籍贯考中举人而被革去功名的人叫吴山抡，来献诗篇。玄烨为试其是否真有才学，命登御舟领题作诗，用三江韵作绝句一首。吴山抡先得“绿波潋滟照船窗，天子归来自越邦”两句，下句续不上来，正当窘迫之际，忽听舟中钟声作响，顿时灵感触发，即续句云：“忽听钟声传漏刻，计程今已到吴江。”此诗得玄烨赞赏，当即赐他恢复功名。

不少汉籍文士被玄烨引为文学侍从之臣，有的还提升为中央最高官署内阁的长官（大学士）。鳌拜当权时，满籍大学士人数多于汉籍大学士。在玄烨清除鳌拜后，到康熙末年任命的满、汉大学士的人数，倒过来为一与二之比。康熙十六年（1677年），他选少数博学善书的汉籍翰林官入值于乾清宫的南书房，称“南书房行走”，职务是陪皇帝作诗写字，讲论文史，后来也让他们草拟谕旨，参与机密，成为亲信近臣。

组织大批文人学士编纂书籍，是玄烨振兴文教的一大成就。除“奉敕撰”者外，用“御撰”“御批”“钦定”名义编撰的，同样出于臣下之手。康熙年间，这类官修书计五十余种（其中有的完成于雍正以至乾隆年间），超过了一万五千卷，内容很广，现列举若干种于下：

经部：关于经籍的一些“解义”“汇纂”，精义不多。著名的有影响很大的《康熙字典》，讲音韵的《音韵阐微》也仍有参考价值。

史部：最重要的是《明史》。玄烨很关心《明史》的编撰，曾指示主持修史的大臣：“史为永垂后世之书，关系最重，必据实秉公，论断得正，始无偏诐之失，可以传信后世。”此外，还有《清世祖实录》《平定三逆（指三藩）方略》《亲征平定朔漠（指平定噶尔丹）方略》等史籍，关于制度的《康熙大清会典》和地理文献《大清一统志》（完成于乾隆年间）等。

子部：《性理精义》和《朱子全书》是关于理学的，《万象考成》和《数理精蕴》（这两种加上经部的《律吕正义》合称《律历渊源》）是重要的天文历算书，《广群芳谱》是有关农艺的，《佩文斋书画谱》是有关书画的类书，辞书《佩文韵府》和《骈字类编》是姊妹篇，《渊鉴类函》是类书，万卷的《古今图书集成》（原名《古今图书汇编》，雍正初年重编后改名），在明修《永乐大典》大部散佚后，成了我国现存最大的一部类书。

集部：九百卷的《全唐诗》是篇幅最大的一部诗总集，还有《全金诗》《四朝（宋金元明）诗》《佩文斋咏物诗选》《历代题画诗》。《历代诗余》和《历代赋汇》各为词、赋的汇编。

玄烨曾对臣下说："博采藏书，原期有裨治道，除六经、正史外，其余无益书籍，不必采取充数。"这表明，他大量编书的目的在于宣扬封建正统思想，有裨于清王朝的"治道"。不过，大规模地修纂包括多方面内容的书籍，对于整理古代文献，记载当时的政事，振兴文教，毕竟起了很大的作用。通过编撰书籍，还发挥了大批学有专长的文人学者的积极性。如徐元文主持修《明史》时，黄宗羲虽未应聘，但他出于对祖国历史文化的责任感，还是支持其弟子万斯同以布衣身份应聘前往，并把自己掌握的一些明代史料交给万斯同，后又同意徐元文延请他的儿子黄百家进京修史。他本人对修史中遇到的问题和初稿审定也作过具体的帮助指教。徐乾学奉旨主持修《大清一统志》，玄烨同意他带着书局到太湖洞庭山这个幽静处所去工作。他延聘了杰出的地理学家顾祖禹、胡渭、黄仪、阎若璩等参加编撰，使这部重要通志的编著有一个很好的开端。

清王朝是以满洲贵族为首联合汉族地主和蒙古、藏等族上层分子建立的全国性政权。清初统治者多尔衮和顺治帝，都重视录用汉官（在满族贵族掌握主要权力的前提下）和接受比较先进的汉族文化，以扩大统治基础和笼络人心。玄烨在更大的程度上努力奉行这样的政策。应该说，这不仅对扩大统治基础，而且对泯除民族隔阂和巩固多民族国家的统一，也具有积极的意义。至于组织大批学者进行大规模的修书活动，则促进了学术文化的繁荣，给后世留下了重要的文化遗产。康熙一朝被认为是封建社会后期一个文教昌盛的时代，并非过誉。

这里也应该谈及文字狱。残酷迫害汉族知识分子的清初文字狱，大都发生在雍正尤其是乾隆年间，康熙亲政后主要是一起《南山集》案[①]。康熙五十年

---

① 康熙二年（1663年）的《明史》案，被杀者七十余人；康熙六年（1667年）四月的江南《忠义录》案，被杀者三人。这两起文字狱，都是康熙亲政前辅政的鳌拜集团定的案。

(1711年)，翰林院编修戴名世被告发，他在未仕前写的《南山集》中有眷怀明朝和冒犯清朝尊严之处，犯了“大逆”罪。刑部拟判戴名世凌迟处死，其近亲多人和为该书作序的著名古文家方苞等斩首，连同其他株连判罪的共三百余人。玄烨肯定此案系“叛逆”性质，但处理上则把戴名世由凌迟改为斩首，拟斩者改为充军，其他株连者免予处刑。过后，他应大学士李光地的推荐，任方苞为文学侍臣，入值南书房。康熙末年，还命方苞任武英殿修书总裁。应该说，玄烨对《南山集》案这桩迫害事件是有责任的，但他尚未把文字狱作为贯彻封建文化专制主义政策的惯用手段，在加强思想统治方面，他主要是尊孔亲儒，竭力宣扬理学。

八、尊孔崇儒，勤政好学

自汉代开始，孔子创立的儒学被历代封建统治者奉为思想正统，在汉族士大夫以至人民群众中有极深的影响。玄烨同他的父亲顺治帝既尊孔又崇佛有所不同，他是独尊儒术的。他非议历代帝王中的“崇尚佛老者”和“任用名法者”，断言“帝王立政之要，必本经学”。

扫除鳌拜集团的第二年，康熙九年（1670年），十七岁的玄烨接受儒臣熊赐履的建议，依照历代的成例，开始举行经筵日讲，由讲官为他讲解儒家经籍和正史，有时由他试讲，与讲官相互讨论。他不满足于隔日进讲，后改为无特殊事故则逐日进讲不辍。他在三藩战争炽烈进行期间，也令讲官“乘间进讲”。平定三藩后，他在第一次南巡归途中到曲阜拜谒孔庙，举行隆重的祭孔典礼，在大成殿亲行三跪九叩大礼，在诗礼堂听孔子后裔讲经，亲题“万世师表”匾额悬之大成殿，还把御用仪仗中的曲柄黄盖留孔庙中以示“尊圣”。总之，可谓竭尽尊崇之礼了。玄烨尊孔崇儒，对于笼络士心是很有作用的。

孔子以后，儒学在历代流传中既有继承，又有演变。宋代朱熹一派的儒家哲学称理学（或称道学），把以忠君为核心的封建纲常视作永恒不变的绝对天理，这种旨在维护封建统治秩序的学说，最为玄烨所崇奉。他曾说：“朱夫子集大成而继千百年传绝之学，开愚蒙而立亿万世之规。”他特命理学名臣李光地等摘录朱熹的学说，编了一部《朱子全书》。明永乐年间官修的《性理大全》，摘编宋儒理论言论而成，他也经常阅读并经常向臣下推荐，鉴于此书七十卷的篇幅太大，又命李光地等节编为十二卷的《性理精义》。

宣扬儒术、尊崇理学的目的何在呢？玄烨称颂《尚书》记载“帝王道法，关切治理”。他曾下谕说：“惟以经学史乘，有关修齐治平（修身齐家治国平天下）、助成德化者，乃为有用。”他在《日讲四书解义·序》中概括地说：“万世道统之传，即万世治统之传也。”总之，目的在于从思想上加强封建统治，所以把儒家所宣扬的历代思想上相承的“道统”归结于历代王朝政治上相承的“治统”。

儒家学说总的来说是为剥削统治阶级服务的，但对在不同历史时期和不同方面所起的具体作用应作具体的分析。例如儒家的民本思想和仁政思想，对包括玄烨在内的不少地主阶级政治家就起过一定的积极影响，轻税薄赋和与民休息即其体现之一。然而到了清代，理学已经成了维护落后的封建君主专制、钳制人们思想言论的工具。玄烨推崇理学，是他消极面的反映。

不过玄烨毕竟是位奋发有为的政治家，他力求国家臻于富强，所以反对空谈理学而崇尚实行。玄烨一再指责一些儒臣“假借道学之名”而言行不相符。他说：“明理之后，又须实行；不行，徒空谈耳。”他从亲政到逝世，从军国大事到日常政务，始终勤勉不懈，御门听政即为突出的一例。所谓御门听政，即每天早朝时亲自听取臣下面奏政事，进行垂询，再同内阁大学士等左右大臣商讨需要处理的问题，听取他们的意见，最后由他作出决断。除了遇祭庆大典、祖宗忌辰、后妃崩逝、本人有病以及其他事故，他始终坚持每日御门听政，这在历代帝王中是罕见的。

玄烨注重力行务实，不好粉饰虚名。前已述及，他视上尊号为无谓的“润色”和“粉饰”。他说过，政绩如何，“后人自有公论，若夸耀功德，取一时之虚名，大非朕意”。他希望左右侍臣如发现他错批奏章，当即奏闻，以便改正，因为事多而致错是事理之常，“如谓己必不错，则过反大矣”。他晚年曾自谓：

“朕之生也，并无灵异，及其长也，亦无非常。”一个封建皇帝，能不虚饰夸功，不喜臣下谀颂，不神化自己，承认自己也会有过错而盼臣下指出改正，这是难能可贵的。

一生勤政的玄烨，在晚年究竟精力渐衰，对于处理繁重的政务，也有“精神渐不如前”之叹。特别是储君问题，他至死也未能解决。康熙十四年（1675年），他立已故皇后赫舍里氏（大臣索额图的侄女）所生的皇次子胤礽为太子。封建帝王都深忌臣下依附储君而不是只忠于自己。索额图奉事太子极勤，引起玄烨的疑忌，在康熙四十二年（1703年）竟遭监禁，不久被处死。康熙四十七年（1708年），玄烨下谕废黜太子，所宣布的罪名之一是“欲为索额图报仇”。但次年又复立胤礽为太子，看来这是为了杜绝一些皇子进行觊觎储位的活动。康熙五十一年（1712年），玄烨声言“胤礽行事乖戾，断非能改”，再次予以废黜。此后，皇子中谋夺储位的活动迄未停止，这不能不影响到皇室的稳定。对此，玄烨烦躁焦虑，也为此诛罚过一些大臣，但问题未能解决，他至死也未再立太子。康熙六十一年（1722年）十月十三日，六十九岁的玄烨病逝于北京西郊畅春园。玄烨的第四子雍亲王胤禛（清世宗）在其舅舅、大臣隆科多的竭力支持下，继承了皇位，改年号为雍正。雍正年间，胤禛残酷迫害以致诛戮同他争夺过最高权力的几个兄弟。鉴于以上情况，后来论清史者多对玄烨未能妥善安排皇位继承人，加以訾议。这也反映出剥削统治阶级争权夺利的内斗是不可避免的，有时甚至是很尖锐的。

玄烨不仅一生勤政，而且一生好学。据他自己说，他五岁开始读书，除四书五经等儒家经典和《史记》《汉书》《通鉴》等重要史书，对诸子百家、佛教和道教的经典，也莫不涉猎。他还通音律，喜爱书法绘画，对传统的学术文化有广泛的了解和相当的研究。特别值得提出的是他对自然科学的爱好和努力学习。

康熙初年，钦天监（朝廷主管天文历法的机构）的官员以中国旧法推算历法，比利时人传教士南怀仁则以西方科学方法进行推算，各持一说，纷争不休。康熙八年（1669年）正月，玄烨令一批大臣率领两派不同意见的人，到观象台进行实测，结果证明南怀仁的测算是正确的。玄烨即决定采用南怀仁所定的历法，并任命他为钦天监的监副。玄烨后来回顾说，当时双方因历算所见不同而互相参劾，“朕思己不知焉能断人之是非，因自愤而学焉”。受他聘用教授西方科学文化的传教士，最初是南怀仁，后来又有葡萄牙人徐日升、法国人白晋和张诚、意大利人闵明我等。他向他们学习西方的数学、天文学、地理学、医药学，以及哲学、音乐和绘画等。

玄烨学习西方自然科学收获最大的是数学和天文，介绍从西方传入的数学《数理精蕴》，就是他亲自主持编纂的。他重视知识的实际运用，在治理黄河和永定河时，亲自用仪器勘测地势、水位和流量等，取得了良好的效果。他经历多次战争，深感地图对于“相度形势，调遣将士”实为必要，而旧的地图不够准确，于是组织一批外国传教士和中国的勘测人员，使用新的测绘法，在全国范围内进行大规模的地理测绘工作，终于完成了《皇舆全览图》。该图的正式测绘始于康熙四十七年（1708年），于五十五年（1716年）完成绘制，五十八年（1719年）刻成铜版图（另于五十六年和六十年还刻过木版图）时，玄烨说：“《皇舆全览图》，朕费三十余年心力始得告成。”这是包括整个准备工作而言的。《皇舆全览图》是第一部用近代科学的测绘法绘制的比较精确的中国地图，它不仅在中国地理学史上而且在世界地理学史上都被认为是一部重要的文献。玄烨肯定先进的西方近代科学，但并不盲从。例如，他经过亲自测算，发现西方历法有误差，就指出：“西洋法大端不误，但分刻度数之间，积久不能无差。”

对于传授自然科学的西方传教士，玄烨的态度是尊重知识，为我所用。除上述外，他还命南怀仁试制大批新式火炮，用于平定三藩之乱。在谈判签订《尼布楚条约》时，命徐日升和张诚担任中国代表的翻译。这些西方传教士来华是传教的，所以涉及对待西方天主教的态度。康熙八年（1669年），玄烨任用南怀仁时，废除了鳌拜驱逐传教士的命令，但禁止中国人信奉天主教。经多年了解考察，他于康熙三十一年（1692年）允许中国人信天主教，因为当时一般传教士还能尊重中国的传统文化与习俗，“并非左道惑众，异端生事”。康熙四十三年（1704年），天主教罗马教廷派使来华，竟宣布不许中国教徒祭祖、祭礼、祭天。对此，玄烨断然下令驱逐教廷来使，并规定传教士除非保证定居中国，永不西归，否则不许在中国传教。后来他又表示“西洋之教不可行于中国”，宣布西洋人“除会技艺人留用外”，其余不许留居中国，这实际上就是禁止他们在中国传教。对于允许或禁止传教，玄烨以是否尊重中国的传统文化习俗、是否遵守中国法律和不干涉内政为转移的，这从政治外交上说，是合理的、正确的态度。

玄烨尽管关心和学习自然科学，注重应用，但从整个文化政策来看，他最重视的还是经学和理学，开科取士还是考试儒学和八股文，近代的自然科学技术还没有被放在更重要的位置，因而也没有取得更大的进展。尊孔重儒，推崇理学，是为整个清朝封建统治阶级的利益效劳的，作为清朝最高统治者的玄烨采取这样的政策是可以理解的。不过，历史地来看问题，就当时整个中国学术文化界而言，在学习自然科学方面，玄烨毕竟是站在先进行列中的，他在接受和传播近代自然科学方面的成绩是应该肯定的。

十七八世纪的中国，封建制正在走向没落，而社会仍在向前发展着。玄烨这个历史人物，其消极方面是同维护落后的封建制相联系着的，其积极方面则是顺应着历史发展的步伐的。十七八世纪的中国，以繁荣强盛的面貌屹立在世界的东方，玄烨雄才大略，励精图治，为开创这个兴盛的局面作出了杰出的贡献。特别是康熙时期中国作为多民族大国得到进一步的统一和巩固，对中华民族的发展具有重大的历史意义。历史上有功于中华民族发展的杰出人物包括玄烨在内，都是值得后世纪念的。

（原载《历代帝王传记丛书》，中华书局1990年版）

论康熙

康熙是中国历史上一位封建皇帝的年号，他在位的六十一年（1662—1722年）期间，在政治、军事、经济以及国防等方面都曾发生过许多动荡变化，经由他拨乱反正，孜孜求治，从而取得了巨大的成绩。因此，对待这样一个杰出的历史人物，应当作出恰如其分的评述。当然，历史上的重大变化和发展，绝非单靠个人的明智才能可以任意操纵安排的，乃是因为这个杰出人物的活动符合了时代要求。17、18世纪之际，中国之所以变化和发展，乃是由于各族人民切身备尝长期战乱不宁、生产停滞、社会萧条、民不聊生之苦，因而产生了一致的愿望，即要求统一和安定的愿望。

恩格斯说到历史人物动机背后的动力时，有这样一段话："与其说是个别人物、即使是非常杰出的人物的动机，不如说是使广大群众、使整个的民族，以及在每一民族中间又使整个阶级行动起来的动机。"①中华民族自古迄今一步步发展壮大，正是凭赖这种来自广大群众行动起来的动机。康熙帝之所以成为杰出的人物，也正是因为他处于当时形势下，能够顺应时代潮流，把握人心动向，因势利导，获得胜利。于是就在他的统治时期内，中国出现了一个统一安定和繁荣的好局面。康熙是"时势造英雄"。

此外，康熙本人的思想和作风等也和他的事业成就有着密切关系。还有从他的一生活动看，有正确的一面，但不容否认，也有错误的一面，因此必须作

---

①《马克思恩格斯选集》第四卷，第246页。

出比较公允的功过评价。

本文只是对康熙一生的活动，就其要端，试作评述，以言定论，则尚有待。

于此附带地提一下，康熙，姓爱新觉罗氏，名玄烨，满洲族。他的亲祖母是蒙古族，生母是汉族。满族是具有三千多年历史的中华民族大家庭中老资格成员，他是这个成员的后代子孙。

一、进行统一的斗争

从明崇祯到清顺治（1628—1661年），再加上其前后约四十年当中，中国内部发生剧烈的变乱，其间有陕北农民大起义冲击明政权的阶级矛盾和斗争，有清军入关激起内地人民反抗的民族矛盾和斗争，直到康熙二年（1663年）茅麓山战斗结束，继明而立的清朝才算在形式上压平反抗力量。可是，里里外外存在着的矛盾及种种必须解决的问题，都罗列在面前，不能给予解决，不仅无法正常进行政务，并且随时可能再发生变乱，另外还有国防问题也在一步紧一步地逼胁上来。

玄烨登极（1661年）年方八岁，尚在童年，设置四个辅政大臣代理国政。康熙六年（1667年）宣布亲政，但有名无实，大权仍掌握在辅政之一鳌拜手中。因为其他三辅政，索尼已死；苏克萨哈就在亲政的当月七日被鳌拜诬杀；遏必隆为人怯懦，凡事屈从。于是鳌拜在朝广树党羽，把持大权，飞扬跋扈，独断独行，眼里根本没有这个年轻的皇帝。据康熙说："鳌拜于朕前办事，不求当理，稍有拂意之处，即将部臣叱喝。又引见时，鳌拜在朕前理宜声气和平，乃施威震众，高声喝问。""凡用人行政，鳌拜欺朕专权，恣意妄为。"[①]要想奋发图治，首先就要整肃朝纲，那就非搬开这块阻碍国务正常进行的大绊脚石不成。康熙捉鳌拜是一次带有戏剧性的行动。因为鳌拜在朝中党羽众多，

---

①《清圣祖实录》卷二十九，康熙八年五月戊申。

不能硬下手，于是康熙把自己装作一个好玩的青年，天天和一群同自己年龄相近的侍卫在一起练习摔跤，不太过问政务。鳌拜因此便更加放心。一天，趁鳌拜入朝之际，来了个冷不防，突然下令捉鳌拜，这群小伙子一拥而上就将他捆绑起来。然后，宣布鳌拜三十条罪状，软禁终身。这件事乍看来似是轻而易举，实则，若非康熙沉着、机智、勇敢，是难于成功的。

权臣铲除，朝政刷新，从康熙九年（1670年）起，恢复内阁制度，举行“经筵”讲座，颁布《圣谕十六条》并巡视关外等等，展示出一种振奋有为的规模和气象。

过了三年，三藩事件爆发。康熙进行统一的斗争是由朝内而本部，而海上，而边区，一步步来实现的。三藩事件早在康熙预料和预计之中。他说：“朕听政以来，以三藩及河务、漕运为三大事，夙夜廑念，曾书而悬之宫中柱上。”[①]三藩是三个被封授王爵的明将，他们是平西王吴三桂、平南王尚可喜、靖南王耿精忠（袭父、祖之爵）。清政府使用他们率兵进攻南明，由此得以坐镇一方，吴在云贵，尚在广东，耿在福建。他们在名义上隶属中央，实际各拥重兵，干涉地方，恣意横行，形成割据。再加上和他们互通声气的一些汉籍将领，其兵数的总和超过八旗部队，成为清政府的严重威胁。

康熙正在寻找解决三藩的机会时，尚可喜上疏表示愿归老辽东，以子之信袭爵。接着吴三桂、耿精忠也作出同样的表示，来试探朝旨。有了这个机会，康熙便抓住不放，立刻作出决定：三藩俱撤，并且不准尚之信袭爵。这一来，吴三桂首先揭起叛旗，耿精忠继而响应，尚之信要挟其父也反了，其他与吴素有联系的汉将也纷纷而起，一时战火燃遍长江以南半个中国。

三藩事件爆发在康熙十二年（1673年），玄烨二十岁。他面临此事，毫不惊慌，派兵遣将，从容应付。他的战略是：“保守荆州（湖北）以固军民之心。”然后派兵进入江西，因为“江西水路皆与楚闽接壤”，这样就可以截断吴、耿连通一气。吴、耿的部队是很猛劲的，他们很快就伸进到湖南和安徽。

① 《清圣祖实录》卷一百五十四，康熙三十一年二月辛巳。

同时后方也并不安静。康熙十二年，北京有杨起隆领导八旗家奴的起义；十四年有内蒙古察哈尔布尔尼的叛乱，甚至西藏达赖也向康熙建议对吴三桂“裂土罢兵”[①]。康熙对这些波动，或予以镇压，或置之不理，都还容易解决。而最堪忧虑者是西北的局势，他指出：“三边动摇，势难猝定。”[②]果然，陕西提督王辅臣受到吴三桂的引诱叛变。康熙对王辅臣采用军事、政治两结合的策略，而以招抚为主，尽管他一再叛附不定，并戕杀经略莫洛，仍予宽容，最后把他争取过来。从此便可以集中力量应付南方。康熙很能驾驭汉将，西北将领如张勇、赵良栋、孙思克、王进宝等均对他忠诚效力，这些将领在三藩战争中，保卫西北，进取云南，起了决定性作用。康熙还善于使用降附的汉将，如吴三桂的将领林兴珠，在抗击俄罗斯的战役中建立功勋，韩大任于抵御噶尔丹的乌兰布通之役奋勇战死。康熙对吴三桂的少数民族兵笼络得也很好，“酌给赏赉”，放回云南，后清军进攻时，他们“或输馈粮糗，以资军用；或乡导前驱，并力杀贼”[③]。

平定三藩共用了八年时间，最后获得胜利。这一战役始终全靠康熙运筹指挥，于此充分显示出他的高超的政治手腕和卓越的军事才能。战争结束之后，广大内地实现统一，官吏遵行政府命令，军队调动受到约束，进入了有秩序、有纪律的国家规模。

接着就是一个海疆问题，即争取台湾郑氏归附大陆的问题。台湾自古属于中国，决不能任其割裂而不问。康熙在长时期指挥作战的实践中，取得丰富经验，认识到要平定海疆、争取台湾，非重用汉人不可，特别是闽浙人，因为他们熟悉沿海情况。于是康熙选出两个本领出众的人来，一是会稽县人姚启圣，一是泉州人施琅。就以姚启圣作福建总督，他善于从事招抚工作，在漳州设立“修来馆”，“凡言自郑氏来者，皆延致之，使以华縠鲜衣，炫于漳、泉之郊，供帐恣其所求。不终岁，其五镇大将廖琠、黄靖、赖祖、金福、廖兴以所部

---

①《平定三逆方略》卷十四。
②《平定三逆方略》卷十二。
③《平定三逆方略》卷二十四。

降”[①]。从此郑氏势力逐渐受到削弱，沿海地带从而取得安静。康熙二十年（1681年），郑经（成功长子）死。子克塽继立，年幼，内部矛盾重重。康熙认为取台时机已到，遂派出留在身边十三年作内大臣的施琅，到福建担任水师提督，“规复台湾”。施琅为调整兵力，审度风势，耽搁了一年多，一时内外杂言纷起，而康熙对施琅完全信赖。康熙二十二年八月，施琅率兵出发，经过澎湖一战，即顺利地开进台湾，郑克塽表示愿意归附，即授予公爵。其大将刘国轩任为天津总兵。在这一事件中，充分证明康熙知人善任的才能和魄力，他能够放手使姚、施二人都得以各展其长，各尽其能。

于此还必须提到的是，当时对台湾的善后措施，清政府存在着两种不同的意见：一种主张设置府县，加强管理；另一种则主张放弃不要，甚至想把它送给荷兰[②]。康熙对后者的荒谬主张给以摈斥，采纳了前者的意见。康熙的这种坚定态度和远识，对于完成中国统一具有重大关系，是应当给予肯定和赞扬的。从此祖国神圣领土台湾，划为福建的一府三县，隶属于清政府管辖之下。

这时辽阔的北方边区还存在着两个问题：一是中国内部准噶尔首领噶尔丹的谋图作乱；一是俄罗斯入犯黑龙江流域的侵略活动。康熙对此情况早已掌握并时刻加以密切注视，等三藩和台湾问题解决，腾出手来，立即处理此事。先解决俄罗斯入犯的问题。

从十六世纪末，俄罗斯即开始东进，占有西伯利亚，随着伸出魔爪侵犯我国黑龙江地区，大肆抢掠杀害当地各族人民，中国出兵抗击完全是为的保卫边疆。康熙说：“罗刹扰我黑龙江、松花江一带三十余年。……朕亲政之后即留意于此。”[③]又说：“俄罗斯罗刹无端犯我索伦边疆，扰害虞人，肆行抢掠。”“反遣其部人于飞牙喀、奇勒尔等处肆行焚烧。又诱索伦、打虎儿、俄罗春之打貂人额提儿克等二十人入室，尽行焚死。”[④]侵略者的企图单单是侵扰地方

① 全祖望：《鲒埼亭集》卷十五《姚启圣第二神道碑》。
② 李光地：《榕村全书》第十册，《文贞公年谱》。
③《清圣祖实录》卷一百二十一，康熙二十四年六月癸巳。
④《清圣祖实录》卷一百十二，康熙二十二年九月丁丑。

和残害人民为止吗？否！它更抱有征服中国的野心，要中国向沙皇纳贡称臣[①]。

康熙于二十二年，即任萨布素为黑龙江将军，对俄罗斯进行军事防御措施。转年俄人占据我国雅克萨、尼布楚二城。“人不犯我，我不犯人；人若犯我，我必犯人。”中国军在康熙亲自策划和指挥下，集结八旗和蒙古骑兵、福建藤牌兵，以彭春为统帅，只用了几天时间，就攻克雅克萨城，夺救回来被掳走的索伦、达呼尔百余户人口[②]。第二次作战又获胜。俄方提出愿和的要求，康熙答应了。于是在康熙二十八年七月二十四日（1689年9月7日），经双方签字缔结了《尼布楚条约》。为使俄人来华贸易停留和贮货方便，将原定以尼布楚为界改为以额尔古纳河为界，这正是我国一向对外采取宽让政策的具体表现。

就在这时，准噶尔的问题爆发了。康熙二十七年（1688年），噶尔丹对喀尔喀（北部蒙古）突然发动一场大规模袭击，连占三部地，北边一时大乱。喀尔喀首领之一大喇嘛哲卜尊丹巴带领全部人民南来避难。康熙闻讯，立刻下令开归化城（今呼和浩特市）、独石口、张家口粮仓接济，并发给银两、布匹、茶叶等物，又补给了牲畜，把他们妥善安置在内蒙古科尔沁草地。八年之后，战事结束，喀尔喀人民才得以重返故土。

噶尔丹十分猖狂，竟然率兵冲到距北京七百里的乌兰布通（在克什克腾旗境）。京师震动，铺店多关闭停业。康熙迅速派兵迎截，将其打退，由此乃决定用兵收拾边区。康熙于三十五年（1696年），亲自挂帅分三路进讨，噶尔丹知不能敌，由克鲁伦河张皇遁走，被西路统帅费扬古击溃于昭莫多。第二年，噶尔丹自尽，康熙命其侄策旺阿拉布坦管理准噶尔部。以后准噶尔虽仍有反复，但平定的基础是在这时打下的。这一战役的结果，喀尔喀全部内属，按照清制分别授予其首领封爵，据当时理藩院所奏，喀尔喀“四十九旗人丁二十二

① 刘泽荣译：《康熙间俄国来文原档》第一号。
②《清史稿》卷二百八十《彭春传》。

万六千七百有奇”[①]。同时青海厄鲁特和硕特部及西藏均进一步加强内属。从此清政府的命令可以下达全国，直到边疆。中国各民族要求统一的愿望实现了，它的实现应当说和康熙的英明决策与努力奋斗是分不开的。

二、恢复和发展生产的措施

康熙在进行统一斗争的同时，即开始一面禁止入关后的一切虐政暴行，诸如圈占房地、逮捕逃人、掠卖人口、霸占市场等；一面则积极谋划恢复和发展生产，主要是农业生产。因为不能在这方面取得成效，便没有经济力量作后盾，如何经营四方？在平定三藩时，财政即极感困难，所以曾有开办捐纳、增课盐杂等措施，然而其一岁的收入也只能增多二三百万两，主要还必须依靠生产发展。康熙自亲政之后，即着手这方面的工作，康熙八年（1669年）“以直隶废藩田地予民”即是一例。综论康熙一生的业绩，这是一个重要的环节，今概括为四项分述于下。

（一）治河

黄河自明末以来，由于战乱频繁，堤防多年失修，到康熙初造成巨大灾患。黄河与淮河互相冲激，不能合流入海，以致波及运河，漕粮受阻。更加严重的是，河水漫溢不止。当时北面黄河“尽归决口，北流入海，正河淤浅。宿迁以东，北岸民田，皆成巨浸”[②]；南面“淮阳七州县（山阳、盐城、高邮、宝应、江都、泰州、兴化）田地一片汪洋”[③]。这样听其泛滥下去，必致如河道总督靳辅所讲，“黄流无去路，……势必冲突内溃，而河南、山东二省俱有沦胥及溺之忧”[④]。

①《清史稿》卷七《圣祖本纪二》。
② 张蔼生：《河防述言·杂志》。
③《靳文襄公奏疏》卷四《详陈臆说疏》。
④《靳文襄公奏疏》卷一《河道敝坏已极疏》。

康熙对河患是极其关心的，曾道："朕自十四岁，即反复详考，如宿迁以下高家堰等运河。"[①]高家堰是用以约束淮水的，是治河的重点工程所在。康熙感到所制河图"绘于纸上，平漫难辨高下"，要使"刻木制成一图，观看易明"[②]。于此可见，他对治河是如何地用心钻研。康熙十六年（1677年），三藩战争正在进行，即任用靳辅开始治河。当时所谓治河即修治黄、淮、运三河，目的是疏导黄、淮合流入海，恢复运河正常航行，并使江北人民脱开水患，安定从事生产。就当时的水利工程技术水平来说，是一个艰巨难办的事情。靳辅以河道总督督治，极为勤奋尽心，他又得到一个治河能手陈潢作幕客，只用了一年的时间，七个州县的民田"皆出水可耕"。康熙于二十三年（1684年）第一次南巡，阅视河工，对靳辅"赐诗褒美"。但是，这时的治河方法，只能是筑堤束水以冲刷泥沙；开河引水，以缓和水势，谈不到根治，所以决口总是难免的。正是由于这样，中外臣属对治河各持己见，争论不已。后来为了如何疏泄积水问题，靳辅和协同他治河的安徽按察使于成龙形成对立。而靳辅又因将涸出土地招民屯垦，收租"以裕河库"，这本是好事，却触及当地豪绅地主的利益，经其诬陷，辅竟被免职，陈潢也牵连下狱。最后，实践证明，还是靳辅、陈潢的治河方法有效。康熙曾以肯定的口气说，靳辅的"一切经理之法具在，虽嗣后河臣互有损益，而规模措置不能易也"[③]。总之，就这时的治水技术水平来讲，也只能做到这样。靳辅和陈潢是继承明朝潘季驯"以堤束水，借水攻沙"的方法，加上一些辅助性的如开中河、修堤坡等工程，这样做确是收到了成效。而康熙监督甚勤，每次南巡以视察河工作为重点，也起了很大推动作用。康熙在六十年（1721年）时候说："自元至明以来，岁有冲决，未有安澜二十年如今日者。"[④]这无疑对生产发展、社会繁荣以及政权稳定，都具有积极的意义。

与此同时，康熙还修治了浑河。此河从卢沟桥以下"冲激震薄，迁徙弗

---

①②④《清圣祖圣训》卷三十三《治河》。
③《清圣祖实录》卷二百二十九，康熙四十六年五月戊寅。

常”，有“小黄河”之称，既威胁着北京对外交通，也成为沿河人民的严重灾害。经过康熙亲自督修，到四十年（1701年）竣工，改名为“永定河”。在康熙五十五年时候，“堤岸坚固，并无泛滥”，“泥村水乡，捕鱼虾而度生者，今起为高屋新宇，种谷黍而有食矣”①。其修治之功效显然可见。

（二）垦田

有人曾说：“康熙二十年（1861年）以后，海内始有起色。”②这话是有根据的。也就是说，从这时起生产才显示出恢复状貌并向前发展。康熙在这方面是尽了很大努力的。早在康熙十二年（1673年）即宣布“嗣后各省开垦荒地，俱再宽限，通计十年方行起科”③。更在这以前，康熙八年下令户部停止“将（明朝废藩）荒熟田地酌量变价”，而要“将现在未变价田地交与该督抚给与原种之人，令其耕种”④。这项土地即被称作“更名田”，因为是经由政府明令给予原耕种者，归为他们名下所有，“与民田一例输粮”，使之变成自耕农。可以设想，经此鼓舞，无疑其生产热情定然会高涨起来。这项土地据不完全统计，有十六万六千八百多顷，超过八旗圈占北京周围土地的面积；并且藩田多属肥沃好地，因而所起的作用和影响还是不小的。

对招民开垦土地，定出来具体奖励办法：“贡监生员民人垦地二十顷以上，试其文义通者，以县丞用；不能通者，以百总用。一百顷以上，文义通顺者，以知县用；不能通晓者，以守备用。”⑤很显然，这是用授给官职号召有钱的地主们来开垦。与此同时，老百姓们也以放宽起科年限踊跃参加垦荒，如“湖广民人往四川开垦”，“山东民人到口外种地”⑥，云南、贵州的人民也“鼓舞争赴，以次开辟”⑦。据康熙亲自所见，口外田地生长良好，说：“朕数年避暑塞外，令开垦种植，见禾苗有高七八尺，穗长一尺五寸者。……内地之田，

---

①《永定河志》，宸章：《阅河长歌序》。
② 陆陇其：《论直隶兴除事宜疏》，载《清经世文编》卷二十八。
③④《清圣祖圣训·恤民》。
⑤⑥《清文献通考》卷二《田赋考》。
⑦ 吴荣光：《伊江笔录》卷下。

虽在丰年，每亩止收一二石；若边外之田，所获更倍之。”[①]在当时确实起了作用。康熙在谕旨里说：“今河南、山东、直隶（河北）之民往边外开垦者多。大都京城之米自口外来者甚多。……京师亦常赖之。”

到康熙五十年左右的时候，农业生产取得显著成绩，特别是边远省份。康熙说：“云南、贵州、广西、四川等省，……人民渐增，开垦无遗，或沙石堆积难于耕种者有之，而山谷崎岖之地已无弃土，尽皆耕种矣。”[②]这话虽然难信尽符实际，但总接近实际。

（三）蠲免

康熙对地丁钱粮实行蠲免，是在三藩和台湾问题解决，内地和海疆进入安定，大力开展恢复生产的时候开始做起的。他认为，“欲使民生乐业，比屋丰盈，惟当已责蠲租”[③]。在这方面做得很突出，康熙二十二年（1683年），“蠲免云南全年钱粮”[④]。二十六年（1687年），“蠲免江宁等七府、陕西全省钱粮，合计六百万有余”。户部认为“如此之多，不敢轻议”。康熙说：“六百余万未足为多也。”[⑤]从此以后，各省钱粮不断蠲免。值得提到的是，这种蠲免钱粮是在国库充裕的情况下作出的。康熙四十一年（1702年）有一道谕旨：“比年以来，附近省分俱屡行宽免，惟云南、贵州、四川、广西等处，未得常邀蠲恤。今户部库帑有四千五百万两，每年并无糜费，国帑大有赢余。朕欲将四省四十三年钱粮悉行蠲免。”[⑥]更有，在康熙四十八年（1709年）所下谕旨又道：“见存户部库银贮五千余万两。时当承平，无军旅之费，又无土木工程。朕每年经费极其节省。……去年蠲免钱粮至八百余万两，而所存尚多。”[⑦]有人曾作过统计，说：“自康熙元年至四十四年，所免钱粮共九千万有奇。”[⑧]康

①《清圣祖圣训·广种植》。
②《清圣祖实录》卷二百四十九，康熙五十一年二月壬午。
③《清圣祖实录》卷一百二十，康熙二十四年四月辛丑。
④⑤⑥《清圣祖圣训·蠲赈》。
⑦《清圣祖实录》卷二百四十，康熙四十八年十一月丙子。
⑧《伊江笔录》卷上。

熙五十二年（1713年），大臣张鹏翮对康熙说：“此数年因皇上所免钱粮甚多。今见动用至四十九年钱粮。上曰：‘即动至五十年钱粮，亦无妨。’”[①]在军事、河工需要大量经费开支之下，到康熙末年国库仍饶有存储，这充分说明当时生产发展，主要是农业生产已达到相当高的程度。

也有人指出过：“康熙六十一年（1722年）户部库存八百余万，雍正间渐积至六千余万。”[②]其原因是清楚的，即是由于康熙多次实行蠲免。

实行蠲免，其中存在着一个问题，即康熙自己所讲的“如蠲免地丁钱粮，不过于田多富户有益，其无地穷民，未必均沾实惠”[③]。但是，对此却做不出有效的措施。这是因为作为一个封建皇帝，总是要维护他所代表的地主阶级利益，所依靠的首先是地主。康熙曾道：“赖有富户居积，犹以散粜民间，以济荒歉。若使尽为灾黎，其何以堪？”[④]所以，蠲免虽然起到了一定的调剂作用，但并不能解决贫富悬殊的问题，因而阶级矛盾和斗争仍然在一步步走向激化。

（四）节约

无论什么时代，节约是由贫穷转为富裕不可缺少的一个要着。康熙在其统治期间，从宫中到政府，比较能够实行节约。其一生事业取得成功，这是关键措施之一。

康熙对宫中费用确是注重节约的。他曾道：“朕于宫中费用，从来力崇俭约，期以有余，沛恩百姓。若非撙节于平时，安能常行蠲赈之事耶？”[⑤]有人曾引康熙二十九年（1690年）廷臣奏疏说：“宫中用度，木柴，明代用二千六百万斤，今止七八万斤；红螺炭，明用一千二百万斤，今百余万斤。”[⑥]这可能说得比较过分，可见政府各机关的开支压缩减少则应属事实，不容妄言。据

---

①《清圣祖圣训·恤民》。
② 魏源：《圣武记》卷十一《武事余记》。
③《清圣祖实录》卷二百八十三，康熙五十八年正月壬寅。
④《清圣祖圣训·蠲赈》。
⑤《清圣祖圣训·圣德》。
⑥ 吴廷燮：《清财政考略》。

康熙四十九年（1710年）上谕："理藩院向来每年赏赐供应外藩宾客，用银八十万两。今裁减浮费，一年止需八万两矣。"[①]又五十六年（1717年）上谕："从前工部及光禄寺，每年动钱粮数十余万，近俱节省，减至数万。"[②]当时实行严格检查开支制度，命令户、工两部所用钱粮"十日一次奏闻"。我曾看到康熙末雍正初这一时期《光禄寺吃食钱粮等项数目表》档册[③]，其每月的开支不超过四千两，少则六七百两，足以证明节约之事并非虚夸。

综观上面四项措施，可以说，这就是康熙进行统一斗争所需要取得物质财富的保证，没有它便无从措手，更谈不到成功了。

三、争取知识分子的政策

早在皇太极尚未称"清"以前，就从八旗奴仆中挑选汉秀才举行考试，这可算是"振兴文教"的开头。等宣布建立清朝，这年（崇德元年、1636年）八月上丁日"遣官祭孔子"，这就意味着要采取中原的一套文教制度。迁都北京的第一年（顺治元年），袭封孔子六十五代孙孔胤植为"衍圣公"。顺治三年（1646年），举行会试，考取进士，从此全部继承了明朝的尊孔及科举制度，开始大量吸收汉族知识分子。但是由于清统治者使用民族高压政策，清兵南下，严令剃发易装，并大肆屠杀，激起内地广大人民强烈反抗，战斗延续二十年之久，知识分子也参加到抗清的行列。战事结束，这些知识分子手中虽然已无武器，而仍心存敌视，其中颇有品德高尚、学识渊博，受到人民尊重的。因此，康熙深切感到必须把这些知识分子争取过来，对于社会安定、文化繁荣具有决定性的作用。于是在三藩战争尚未结束，即于康熙十七年（1678年）降旨，特别举行一次"博学鸿儒"考试。为此颁布谕旨说："凡有学行兼优、文词卓越之人，不论已仕、未仕，在京三品以上及科、道官；在外督、抚、布、

---

①②《清圣祖圣训·圣德》。

③《光禄寺吃食钱粮等项数目表》，北京大学图书馆藏。

按，各举所知，朕亲试录用。”被举荐的人于“明年（1679年）三月，召试体仁阁。凡百四十三人，赐宴，试赋一、诗一。帝亲览试卷取一等彭孙遹（下从略）等二十人。二等李来泰（下从略）等三十人”[①]。这五十人俱授给翰林官。通过这种办法，确是网罗到一批知名之士。其中如朱彝尊、邵远平、潘耒、尤侗、汪琬、施闰章、陈维崧、吴任臣、毛奇龄、彭孙遹等，都是学问扎实、文才出众的。此外，还有愿意参加、因亲丧等事故不能来的，如惠周惕、曹溶、汪懋麟等。不管来与不来都被称为“征君”，这在当时算是一个光荣头衔。

康熙所最重视的，更是那些在当时学术界具有威望的人物，如顾炎武、黄宗羲、李颙等。同时和他们持同一态度，推荐不出的，还有不少人，如万斯同、李塨、应㧑谦、范镐鼎、冉觐祖、徐夜等都是。顾炎武是严峻表示宁死不出来的。李颙被抬到西安后，水浆不进，绝食以拒。康熙对此并不发怒，一概包容。因为他晓得这样做，不仅不会危及清政权，相反，倒可由此减弱敌视情绪。这正是康熙运用政策的高明之处。我们看，参加了考试的潘耒，就是顾炎武的亲近门人；李因笃与李颙、李柏并称“关中三李”，总有着一定的学术关系的；黄宗羲的态度则更和缓，后来即派出他的儿子百家和门人万斯同到北京参与纂修《明史》工作。总起来看，举行“博学鸿儒科”对争取知识分子是获得成功的。于此还要指出，尽管顾、黄、李等人对清朝的态度是严守名节，决不受职，可是他们既皆剃发为清朝之民，并且也不拒绝和朝中或地方官有所接触，无疑这对清政权就起了安定作用。至于那些逃避草莽、托迹空门的王夫之、方以智等人，可以听其逍遥物外，他们是不会做出什么破坏活动的。

“博学鸿儒科”还起了一种显著的作用，即使得朝中重要官员特别是满洲贵族大员知道尊重知识分子，如像本不肯来北京参加考试的山西著名学者傅山，他“令其孙执鞭，乘一驴车，至崇文门外，称疾野寺。八旗自王公侯以下

① 《清史稿》卷一百九《选举志》。

及汉大臣之在朝者，履满其门”[①]。在康熙身边当侍卫的曹寅，就是在这时结识了许多名士，为他后来作织造、盐官时，在南方替康熙拉拢知识分子打下了基础。

康熙对所录取的这批知识分子的工作安排，是派他们担任纂修《明史》。这一着也很高明，借此还可以拉拢来不愿作清朝职官，却愿为前朝修史的具有真才实学的人，像万斯同、刘献廷、王源等就是。他们都是通过朝中高级官吏以延聘方式招致来的，因而有“布衣”之称。万斯同在北京就颇受朝野人士的敬重，其友人李塨曾记道：“朝廷平定三藩后，尚词学，公卿从风靡。读书名士，竟会都门。季野（斯同之字）以博淹强记为之冠。开讲会，皆显官主供张，翰林、部郎、处士率四五十人，环坐听季野讲。”[②]正是在这种浓厚的学术活动气氛中，将知识分子慢慢争取过来，使他们由敌视转变为亲附。

康熙在巡行中到处争取知识分子。康熙四十二年（1703年），他到西安，首先问及李颙，希望能够见到他。颙推病不出，便命将其著作取来。颙派他的儿子送来所著书，康熙亲自接见并对他说：“尔父读书守志，可谓完节。朕有亲题‘志操高洁’匾额并手书诗帖，以旌尔父之志。”[③]四十四年（1705年），南巡回銮途中，在德州接见著名天算学家梅文鼎，“命坐赐食，三接皆弥日。御书‘绩学参微’以赐之”[④]。康熙在南巡中多次接见当地知识分子，广泛地进行联系，企图在文化活动和接触中消除汉满民族间的隔阂。

康熙除利用编纂《明史》来笼络知识分子以外，还扩大延揽他们从事编书工作。康熙时期编成了许多书籍，内容无所不备，有的在今天仍有研究参考价值。而他的这一作法是和他的争取知识分子政策连结在一起的，举例说，徐乾学是当时的著名文臣，作都御史，被参劾“招摇纳贿”。然而并未治罪，只给假回籍，仍命在太湖洞庭山带领书局纂修《一统志》，借此便笼络来阎若璩、

---

① 吴翊凤：《人史》。

②《李恕谷年谱》卷三。

③《刘泗宗作墓表》，载《耆献类征·儒行》。

④《方苞作墓表》，载《耆献类征·儒行》。

顾祖禹、胡渭、黄仪等许多专家学者。这种编书的风气还影响到皇族，皇三子允祉即用杨文言纂修《律历渊源》；用陈梦雷编辑《古今图书集成》。桐城文派创始人方苞，受到《南山集》文字狱牵连，本应治罪，给予赦免，命参加编书，后任“武英殿修书总裁官”[①]。总之，康熙认识到要想社会安定，政权稳固，必需笼络来一大批知识分子，使他们肯于在清政权统治下受职任事，至少不再心存敌意，不再谋图反抗。因此，他对那些即使是隐居逃世、拒不出来作官的人，只要不作公开的诬蔑言论和反清活动，就给以宽容，听其“我行我素”。如像李颙，遁居土室，屏绝交游，不但不加追究，反而予以赞勉。顾炎武洁身世外，埋头著述，也便听之。至于黄宗羲，他还受聘在地方书院讲学，那就更是受欢迎的了。我们要知道，康熙之所以要这样做，主要目的在于取得其政权的稳固。如果一旦触及政权的威信和安定时，那就决不会饶恕的。康熙只是一个有作为的君主，并不是一个善良的人。

四、思想和作风

清朝皇帝研读儒家经典是从康熙开始的。康熙八年（1669年），“幸太学，释奠先师孔子，讲《周易》《尚书》”[②]。这年康熙十六岁，当然只是一种表示尊孔的形式而已。但是从此却一步步由先作出典范，然后认真学习起来。康熙九年所颁行的《圣谕十六条》，其首条即为“敦孝悌以重人伦”，要标榜什么是极其鲜明的。

康熙是嗜好读书的一个人，学习方面颇广，举凡词章、声韵、历算、律吕等无所不究。但对哲理的研求，乃是儒家的几部经典。康熙九年，下谕礼部“举经筵”。经筵是仿效明朝为皇帝专设讲习“四书”“五经”的一种制度，有“经筵讲官”。康熙对此做得最勤，就在三藩战争炽烈之际，他仍然命令“每日

① 《清史稿》卷二百九十《方苞传》。
② 《清史稿》卷六《圣祖本纪一》。

进讲如常"[①]，并要求"侍臣进讲，朕乃覆讲，互相讨，庶有发明"[②]。还告诫讲官："嗣后经筵讲章，称颂之处，不得过为溢辞，但取切要，有裨实学。"[③]这说明他是想要把儒家的一套学术理论学到手，以便从而发挥"内圣外王、修齐治平之道"。康熙极推崇《尚书》，说它"记载帝王道法，关切治理。朕留心研究，……著将《尚书讲义》刊刻颁行"[④]。他想要得到什么东西是很清楚的。康熙是笃信儒家学说思想的，其对儒家以外的学说是持否定态度的。他说："诸子百家，泛滥诡奇，有乖经术。"[⑤]并且批判地指出："古来人君，穷兵黩武者有之，崇尚佛老者有之，任用名法者有之。"[⑥]这显然是说的汉武帝、梁武帝和秦始皇等。可以说，康熙是一个遵行儒术的封建君主。

康熙对政治讲究实用。对《资治通鉴》颇为肯定，说它"事关前代得失，甚有裨于治道"。而对《左传》则不甚许可。在一次举行武科考试时，有人提到要考此书，他道："左传浮夸。"[⑦]意思就是说它不切实用。而称赞明朝张居正所著的《尚书直解》和《四书直解》，说它"俱精实之义，无泛设之词"[⑧]。因此，他认为"经学史乘，实有关系修齐治平，助成德化者，乃为有用"[⑨]。说"学问无穷，不徒空言，惟当躬行实践"[⑩]。《四库全书提要》在康熙所撰《易经》和《书经》的《日讲解义》条下，曾概括地指出：于《易》"以示人事之宜，宜于帝王之学"，不是"儒者拘泥章句，株守一隅"。于《书》"大旨敷陈政典，以昭驭之纲，……而名物训诂，不复琐琐求详"。封建时代所谓"帝王之学"就是如此，康熙是善于运用它作为统治术的。

康熙的思想渊源固然出于儒家，但他却并不迂阔执拗，他以为"自古帝王治天下之道，因革损益，期于尽善，原无数百年不敝之法"[⑪]。

---

①②《清史稿》卷六《圣祖本纪一》。
③⑩《清圣祖圣训·圣学》。
④⑨《清圣祖圣训·文教》。
⑤《清圣祖圣训·法祖》。
⑥《清圣祖实录》卷二百五十三，康熙五十二年二月庚戌。
⑦《清史稿》卷二百六十二《李光地传》。
⑧《清圣祖实录》卷一百二十，康熙二十四年四月乙丑。
⑪《清圣祖圣训·圣治》。

康熙好讲理学，对宋朝朱熹极尽恭维之能事。可是对待那些自命为理学家的臣属们，每当看到他们虚伪作态、名实不符的地方，更加以无情地揭露。江苏巡抚张伯行，平时大谈理学，负有清官之名。康熙指出说："其刻书甚多，刻一书非千金不得此，此皆从何处来者？"[①]他挖苦河道总督张鹏翮："从来大儒，持身接物，当如光风霁月。尔平时亦讲理学，乃一味苛刻严厉，岂所谓光风霁月乎？"康熙认为，要讲理学，就须言行一致，不能口是心非，冒充有高尚道德。他说："终日讲理学，而所行之事，全与其言相谬，岂可谓之理学？"[②]由于他重视实际行动，不喜空谈，因而并不排斥与朱熹学术思想相对立的王守仁。他看到汤斌所写的《王守仁论》，要他讲一讲。斌不敢推辞，遂婉转地说："守仁致良知之说与朱子不相刺谬。"又说："守仁直节丰功，不独理学。"康熙听了以后表示说："朕意亦如此。"[③]

康熙在政治、军事以及法制等方面的思想，都是从儒家思想理论中发挥出来的。清统治者遵循明朝，以敬天、法祖、勤政、爱民四语为标榜。康熙于此除勤勤恳恳执行以外，对勤政一事最为力行不怠。他在作过了三十年皇帝时说："朕听政三十年，夙兴夜寐，有奏即答，或有紧要事，辄秉烛裁决。"[④]根据现存档案材料，这并非自诩。当他的"右手病，不能写字，用左手执笔批旨，断不假手于人"[⑤]。由于他是这样地勤于政事，因而要求臣属也要这样做，说："凡为臣子，必实心任事，兴利除弊，不苟且塞责。"[⑥]他的办法是严格甄审，以定黜陟，说："昔人有言，正朝廷以正百官，正百官以正万民。举贤退不肖，正百官也。二者不可偏废。如但举贤而不退不肖，则贤知所勉，而不肖者不知所惩。"[⑦]康熙所讲的这个办法，确实是治国要诀。要使全国归于"正"，就应当使朝廷先"正"，然后百官才能"正"，这样万民即广大人民也就必然都随着"正"了。但是，他认为这还不够，必须予以严格甄别，把好的提

---

①②④《清圣祖圣训·饬臣工》。

③ 李元度：《国朝先正事略·汤斌传》。

⑤《清圣祖实录》卷二百六十三，康熙五十四年四月丙寅。

⑥《清圣祖实录》卷一百十五，康熙二十三年四月庚子。

⑦《清圣祖圣训·澄叙》。

拔上来，坏的淘汰下去。不然的话，只有好的勤于职守，那坏的不受惩罚，这怎么行。康熙很知道人才难得，因此他既留心选择，更要进行考验，说："凡人必试之而后始知。"[1]他曾感慨地说："知人难，用人不易。致治之道，全关于此。"[2]他很重视群臣的品德行为，说："君子、小人，势不两立。孟子所谓一曝十寒，于进君子退小人，亲贤远佞之道，最为明快。人君诚不可不知也。"[3]

康熙五十六年（1717年）时候，康熙曾有一道长谕，可以说是他的政治思想大纲。其中于心愿、作法和希望有这样一些话："共四海之利为利，一天下之心为心。体群臣，子庶民，保邦于未安，制治于未乱。夙夜孜孜，寝寐不遑。宽严相济，经权互用，以图国家久远之计而已。"[4]

从康熙的一生事业来看，当然是做出了很多的成绩。如康熙五十年（1711年）宣布"滋生人丁，永不加赋"，其一种意义是要老百姓的负担减轻些，这算是"子庶民"吧。还有他常告诫地方官吏不要多事扰民，说："从来与民休息，道在不扰。与其多一事，不如省一事。朕观前代君臣，每多好大喜功，劳民伤财，紊乱旧章，虚耗元气，上下讧嚣，民生日蹙，深可为鉴。"在当时，需要恢复元气，发展生产，官不扰民，确是一个重要条件。不过，康熙之所以重视此事，其内心里还存在着一种顾虑，即害怕老百姓造反。因此他说，如果对老百姓不加防范，他们就会"任意行走，结成党类，渐致人多势盛，……明代李自成即其验也"[5]。这应当就是他所谓的"制治于未乱"吧。

关于康熙的军事思想，主要有这样几点：一、广行招抚。对三藩、台湾及准噶尔都采取的这种策略。其对吴三桂，已经揭起叛旗，仍然允许认罪归附[6]；对噶尔丹更是如此。最突出的是对待王辅臣，他三叛三附，并且杀死经

---

①《清圣祖圣训·治河》。
②《清圣祖圣训·澄叙》。
③④《清圣祖圣训·圣治》。
⑤《清圣祖实录》卷二百四十六，康熙五十年四月戊申。
⑥《逆臣传·吴三桂传》。

略莫洛和赍送表章的使臣，最后对他还是“诏复辅臣官爵”[①]。康熙的战略思想是，用此可以防止扩大战乱和分化孤立敌人。二、信任降将。施琅、林兴珠、韩大任、朱天贵等人，归附之后，或建立大功，如施、林；或战死疆场，如韩、朱。大任死于乌兰布通之役，朱天贵死于澎湖之役。三、不打无准备之仗。对三藩，早有精神准备，事件爆发，毫不惊慌，从容应付。对台湾，更是多年观察筹备，时机一到，立即进行。其对俄罗斯的抗击，不但先派人出去，借打猎为名，侦探敌方情况；同时在瑷珲、齐齐哈尔修建木城作为抵御堡垒，向内蒙古科尔沁及锡伯等官屯征集粮食，备足三年需用。所以康熙说：“备足军食，永戍黑龙江，以困逼之，鄂罗斯遂窘迫归顺。”[②]四、等待时机，不轻发动。康熙说：“《书》云：‘明四目，达四聪。’朕于天下无事不洞悉，然知之即发，亦非大体。”[③]这话在对处理西藏事件的实践中，得到充分的证明。第巴桑结多年隐瞒达赖五世之死，康熙已经调查得十分清楚，直等到五十九年（1720年），藏中大乱，乃云：“观此情况，似乎易结。”于是派兵护送青海的达赖六世入藏坐床。从此西藏获得安定。

康熙的法制思想是主张“罪疑惟轻”，说：“与其绳以刑罚，使人怵惕文网，苟幸无罪；不如感以德意，俾民蒸蒸向善，不忍为非。”[④]他要“以德化民，以刑弼教”。这纯粹出于儒家思想。他的意思是，不能不教而诛，但对该当治罪的还要治。又说：“刑者所以禁暴止邪。若豪猾奸宄，毋使漏网；贫弱无知者，虽偶失于宽，亦不为过纵。”[⑤]因此，对待贵族大吏则必要重处严惩。康亲王杰书的家人辱骂顺天府丞王维珍，即“从重治罪，伊主一并察议”[⑥]。太仆寺少卿胡简敬在本县地方作恶多端，“一门济恶，霸占民人妻女、田产，

---

①《逆臣传·王辅臣传》。
②《清圣祖圣训·训将士》。
③《清圣祖实录》卷二百六十六，康熙五十四年十一月辛丑。
④《清圣祖圣训·圣治》。
⑤《清圣祖圣训·慎刑》。
⑥《清圣祖圣训·严法纪》。

诬告盗情，致毙人命”，即命将胡简敬“于彼处（本县）正法治罪”[①]。山西巡抚温保、布政使甘度，为官极恶，致使“蒲州之民，皆逃入山中”。康熙即派人往抚，嘱咐所派的人说：“如不肯降，即押温保、甘度至彼处立斩。”[②]这真是大快人心之举。当然，在封建时代，法律是经由地主阶级制定的，它是保护其阶级利益及种种特权的工具，但重视法纪与不重视还是有区别的。

至于康熙本人的作风，对他的一生业绩也有一定的影响。今举数点于下：

（一）不接受尊号

康熙在每次进行统一的斗争中获得胜利时，朝臣藩属总是奏请加上尊号，他都严峻拒绝，并且坦率地讲出道理。康熙二十年（1681年），平定三藩，请上尊号。他说：“八年之间，外内骚动，兵民交困……倘若再延数年，百姓不几疲敝耶?”[③]二十二年（1683年）争取到台湾郑氏后，群臣以为海疆安谧，请上尊号。他说：“若称尊号，即入于矜张粉饰矣。”[④]二十六年（1687年）击退了俄罗斯入侵，喀尔喀蒙古请上尊号。他说：“自兹以后，无相侵扰，亲睦雍和，永享安乐，更胜于上尊号也。”[⑤]三十六年（1697年）五月讨灭噶尔丹，大学士等请上尊号。他坚决地说：“朕之尊号，不必加，亦不必再奏。”[⑥]六月，又扩大规模地作请求，“诸王、贝勒、贝子、公、文武满汉官及远近士民，赴畅春园，请上尊号”[⑦]。他又坚拒说：“不必行，毋复再奏!”[⑧]到他年五十岁时，群臣又请上尊号，这是第五次了。康熙曾讲出来一段话：“天视天听，视乎民生。后人自有公论。若夸耀功德，取一时虚名，大非朕意，不必敷陈。”[⑨]在接连取得胜利之后，能够如此坚决地拒绝颂扬，在封建帝王当中还是罕见的。

①②《清圣祖圣训·严法纪》。
③④⑤⑥⑦⑧⑨《清圣祖圣训·圣德》。

（二）不神化自己

康熙五十六年（1717年），他六十四岁时说："朕之生也，并无灵异，及其长也，亦无非常。"[①]又有一次对臣下说，你们总是说："皇上由天授。虽古圣人岂有生来即无所不能者？凡事俱由学习而成。"[②]他不回避触忌的言词。一次看到经筵讲稿《易经·乾卦》"亢龙有悔"一节下面注"不应讲"。康熙便说："天道人事，亢则有悔。《易》中所言，无非此理，正宜以此为戒，不必避忌。"[③]当然，康熙虽然能认识到不应神化自己，但他还是信天的，"朕思政事失于下，则灾患应于上"[④]。一闹地震他就修省，一遇天旱他就求雨。当然，求之古人破除迷信是很难的，况且他是需要假神道以设教的。

（三）不骄傲自满

康熙说："'满招损，谦受益'。圣人久安长治之道，只在能持满而已。"[⑤]一次命臣下撰拟谕旨，见其中有"海宇升平"等语，便告诫说："自后谕旨中，凡此矜张盈满之言，勿复拟入。"[⑥]这种能保持谦逊而不骄傲自满的态度，也是值得予以肯定的。

五、几点缺失

无论是谁，就其一生的活动事迹来看，有其优点，也必然要有其缺点。作为一个封建皇帝，康熙更不能例外。因此，对待像康熙这样的历史人物，必须指出其缺失所在。在这里就所见到的姑举四点：

---

①《清圣祖实录》卷二百七十五，康熙五十六年十一月辛未。
②③《清圣祖圣训·圣学》。
④⑥《清圣祖圣训·圣德》。
⑤《清圣祖实录》卷一百十一，康熙二十二年八月壬戌。

（一）没有建立一支科学技术队伍

康熙本人是颇嗜爱自然科学的。他曾接近过许多懂得科学技术的西洋天主教传教士，并且从他们那里学到了关于天文历算以及技术等知识，会使用仪器测量水势，还能计算闸口的流水量。在三藩战役中命南怀仁制造火器，因为“西洋炮轻便，便于运动”[①]。如此等等，决不能说他不知道科学技术的重要。然而，他却没有建立起一支中国人自己能掌握科学知识，并制造西洋先进器械的队伍。这是为什么？究其原因应当是，信赖祖传弓马惯技。所以他能由用侍卫练摔跤捉了鳌拜，建立“善扑营”，而不用西洋人的科学技术来建立铸炮厂。再就是，猜忌广大汉人学会科学技术之后，唯恐难于控制。二者必居其一。但不管怎么说，使中国落后于世界科学水平，应当是他的一个巨大的缺失。

（二）闭关自守

在台湾问题解决后，于康熙二十三年（1684年）开放海禁，在广东、福建、浙江、江苏设立四个海关，准许商人载货出洋贸易。据康熙自己说，这样做对“闽粤边海，生民有益”，并且可以使“富商大贾，懋迁有无”[②]。当时沿海顿然呈现出一片繁荣景象。这样一直维持了将近三十年，到康熙五十年（1711年），又重行海禁，其主要原因是害怕内地人民和海外勾结生事。清朝从入关以来即感到沿海所谓“海寇”难于扫清，同时当时中国的造船业很发达，所造出海贸易的船只，出去的多，回来的少，更使得他产生疑虑。最后将对外贸易限制在广州一地，经由清政府所承认的官商，即所谓“十三行”包办起来。闭关政策无疑是会阻碍工商业的扩大发展，这就使有可能走向资本主义道路的萌芽受到摧折。其更加严重的是，从此消息闭塞，无从竞争，最后落得中国光挨打。康熙也曾预见到中国未来必有外患，可是并没有做出积极措施。

---

① 《清圣祖实录》卷五十八，康熙十四年十一月庚子。
② 《清圣祖圣训·恤民》。

这不仅仅是缺失，应当说是罪过。

（三）严酷的政治镇压

清朝到康熙后期，已然经过六七十年的统治，民族矛盾得到缓和，内地人民对清朝的仇视情绪渐渐消逝。而康熙于五十二年（1713年）大兴“《南山集》文字狱”，案情内容姑不具述，自是因为触及所忌。而将年逾花甲的老翰林戴名世处死，甚而还将与之有文字牵涉、已经死去的方孝标开棺戮尸，并株连众多。康熙在位期间发生过两起大的文字狱，一是康熙二年（1663年）“庄廷鑨明史案”，当时康熙年方十岁，可以不负责任。二是康熙五十年（1711年）戴名世“《南山集》案”是康熙亲自处理的，竟如此残忍，其仁政之云何？还有处理明皇子事件。康熙四十七年（1708年），在山东捕获崇祯第四子朱慈焕，强指他和浙江大岚山起义有联系，把一个七十六岁改姓瞒名、以教读为生的老塾师凌迟处死，以此与康熙在南巡中多次亲祭朱元璋孝陵相对照，又将何以自解？

（四）不定皇储

康熙建立皇储一事，从康熙十四年（1675年）“立皇子胤礽为皇太子，颁诏中外”，到五十一年（1712年）“复以罪废，锢于咸安宫”[①]。在这将及四十年中间，一再废立，直到他临终前未能解决立谁的问题，夺嫡夺位的斗争即由此而生。康熙有二十四个儿子[②]，难道找不出来一个堪当储位的吗？及今观之，大概他是被诸子及贵戚等人包围，加上他晚年多疑，以致没有能够安排好此事。这虽然属于爱新觉罗一姓的家务，但是对民众和国家也有着一定的关系，因而也不能不算是康熙的一个缺失。

综观康熙一生的活动，对于我们这个多民族统一的国家确是做过一些有益

①《清史稿》卷八《圣祖本纪三》。

②《清史稿》卷一百六十四《皇子世表四》，康熙有三十五子，其中十一个儿子早殇。

的事情，不容抹煞。因为当17、18世纪之际，中国屹立东方，成为一个繁荣强盛的国家。我们各民族之间的关系比以前加强了，国家的基础比以前巩固了。后来西方殖民主义者费尽心机想要瓜分中国，终未得逞，这固然由于各族人民联结一起、心向北京，但和康熙一生的努力经营是分不开的。论功行赏，他应当领到一个大份。他的缺失也应当指出，上面举出了四点，此外还有。从历史上看，不论多么赫赫有功的人物，也必然有其缺失。我们不可苛求于古人，但却要指出来，为的是从中吸取教训，作为诫鉴。

（原载《社会科学辑刊》1980年第2期）

关于康熙捉鳌拜

本文单就康熙捉鳌拜这一事件，举述其事实经过和发生原因，以求对清初政治史研究有所裨益。

由来已久的八旗内部矛盾和斗争

努尔哈赤在实现了建州内部的统一之后，凭着这个势力当上明朝的建州卫都督和龙虎将军。他的部队先是由十人为一“牛录”，后扩充为三百人一“牛录”，成立四旗（黄、白、蓝、红），再扩充为八旗（原有四色加上镶边），每旗的人数高达七千五百人，总共六万人。但是，由于缺乏一定的经济基础，八旗虽然统一于努尔哈赤指挥之下，其人口、财产却分属各旗所有。

八旗各有旗主，各置官属，旗下人民奉旗主为君，形成八个并立的军政组织，旗主都是努尔哈赤的亲信子侄。他的理想是从八旗旗主中选择有才德者来作继承人。可是，在他生前并没有做到这一点，所以他死之后，就发生了继承问题。八旗内部的矛盾和斗争便由此开场。斗争的结果，是由努尔哈赤第八子皇太极取得了继承的资格。这是因为皇太极在对外战争中立功独多，努尔哈赤死时，他兼领镶黄、正黄两旗，又得到其兄正红旗旗主代善的支持，余下五旗不能与之抗衡，遂得“嗣父皇以登大位”。虽然如此，而皇权的执行形式是四大贝勒（即四个旗主）共同听政。四大贝勒为代善、阿敏（努尔哈赤之侄）、莽古尔泰（努尔哈赤第五子）和皇太极。他们四人同坐议政，并未形成君臣体统。

八旗内部的矛盾斗争是极其残酷激烈的。皇太极先将阿敏幽死，其所领镶蓝旗转给济尔哈朗；接着莽古尔泰也死去，其所领正蓝旗归为己有，合起镶黄、正黄，称作“上三旗”。当时还有四小贝勒，是阿济格、多尔衮、多铎、济尔哈朗。前三人为努尔哈赤晚年宠妃纳喇氏所生之子，此时多尔衮十五岁，多铎十三岁，两人已领有正白、镶白二旗，这显然是由于努尔哈赤偏爱幼子。再加上有一个三十九岁正当盛年的纳喇氏控制于上，势力强大，自为皇太极所难容，因而乃有逼她殉死之事。当时多尔衮幼小，二十二岁的阿济格庸愚无能，济尔哈朗为阿敏之弟，属于旁支，不能争位，皇太极的地位就这样得以稳固下来。皇太极的这种做法意味着打破八旗并立制度，开始皇权的初步集中。

1643年（崇祯十六年、崇德八年），皇太极死去。八旗内部矛盾和斗争又爆发了。这时多尔衮已经三十二岁，并具有一定的才能，得到八旗部分势力拥戴。代善的次子硕托和孙阿达礼出头倡立多尔衮接续皇位，对代善说：“众已定议，立睿王（多尔衮）矣。”[①]可是，结果却立了皇太极第九子，年方六岁的福临（顺治）。这曾是经过一番复杂曲折斗争的。斗争的胜利者是福临的生母博尔济吉特氏。她一面把握住老成持重的代善，作为依靠力量；一面向具有接续皇位资格的多尔衮运用手腕进行笼络。清初所传的“太后下嫁”，便是笼络术之一，但是八旗矛盾仍然存在。1644年（崇祯十七年、顺治元年），多尔衮统兵入关后，由于掌握了最高军事大权，势力膨胀，于自己的两白旗外，“上三旗”也任凭其摆布调动，相形之下，福临等于傀儡。这时多尔衮是怀有夺位企图的，只是时机尚未成熟，他就死了。

1650年（顺治七年），多尔衮死去没过两月，即“暴多尔衮罪于中外”。其罪行内容有“亲到皇宫内院；以太宗文皇帝（皇太极）之位原系夺立，以挟

① 蒋良骐：《东华录》卷四。

制皇上”[①]。其实，这都是真事。结果，将多尔衮的正白旗（当时是八旗中最精锐的部队），收入“上三旗”，定为两黄一白；“下五旗”为两红、镶白、两蓝，八旗位次经过这次改变，便固定下来。这次斗争的结果标志着皇权的进一步集中。

等到玄烨（康熙）继承皇位时，清统治集团已加深接受历代封建传统的政治意识，认为父死子继乃天经地义、理所当然，伯叔辈不能篡夺。可是这一点虽然解决了，而旗各有主这种政治观念和心理状态，并未消失。并且旗和旗间由于长期斗争结成了仇隙。康熙初年，四个辅政大臣中苏克萨哈和鳌拜你死我活的残酷无情拼斗，其根本原因，即在于此。因此必须从皇太极夺位开始，在八旗并立和皇权集中的统治阶级内部斗争过程当中，才能找到解说。

康熙为什么要捉鳌拜？

1661年（顺治十八年），刚刚八岁还在童年的玄烨宣布登基，同时以福临的遗命指派了四个辅政大臣，他们是索尼、苏克萨哈、遏必隆、鳌拜。四人都是异姓功臣子弟。这种安排显然是想抑制爱新觉罗氏子孙直接干政，是一种加强皇权的措施。尽管如此，还不可能做到彻底，因为八旗的旗主尚在，旗下属人把他们认作是自己的“主子”，八旗并立的传统意识仍然存在。这种任用异姓大臣作辅政的组织形式，有点近似明朝的内阁首辅和次辅，具有相当于宰相的身份。

有人撰文加在鳌拜身上的罪行，主要是：他（鳌拜）“率祖制，复旧章”，议事“必举太祖、太宗为词”，继续推行圈占土地的反动政策。……鳌拜怂恿和助长三藩割据势力，支持吴三桂在云南“开鼓铸”、圈地，甚至要云贵的总

---

①《东华录》卷六。

督巡抚听从吴三桂节制[①]。作为历史科学工作者，对引述事情，首先要求实事求是。我们绝非要替鳌拜作辩护，他是一个权臣，这是肯定的。现在要指出的是，这些事情全不能加在鳌拜的身上。鳌拜被捉后，曾宣布他所犯下的三十条罪状，却无一条涉及上面所列之事。所谓"率祖制，复旧章"云云，系针对福临《罪己遗诏》所指"纲纪法度，用人引政，不能仰法太祖太宗"为言。治清史者都知道这个遗诏出于太后博尔济吉特氏的授意。因此康熙初年曾一度将依照明制设置的内阁和翰林院取消，恢复关外时的"内三院"。这种改变并非鳌拜所能主张，为何诿罪于他？如果要列举四辅臣当政时期的重要措施，如"乡、会试停制义（八股），改用策论"[②]等，还应当说是革新进步的。

谈到圈地，清军进入北京，即下令将北京周围"荒地及前明庄田无主者，拨给东来官兵"，实际上是夺占了民间大量耕地，以致迫使成千上万人家相率失业。但是，鳌拜所做的仍是把已经圈定二十多年的旗地进行更换。此事起因于多尔衮偏袒自己所领的正白旗，把镶黄旗应有之地强迫拨归正白旗。当时对待黄、白旗连发饷俸都不能公平，"于驻防沧州两白旗兵丁，则给饷不绝；于驻河间两黄旗兵丁，则屡请不发"[③]。多尔衮死后，虽然正白旗归入"上三旗"，可是旗与旗之间的斗争仍然存在。四辅政中，只苏克萨哈属正白旗，余三人，索尼属正黄旗，遏必隆、鳌拜属镶黄旗。鳌拜发动更换土地在1666年（康熙五年），当时索尼和遏必隆以同属黄旗之故支持鳌拜。而负责执行换地任务的户部尚书苏纳海，是正白旗人，自然站在苏克萨哈一边，从而形成斗争对垒。这一斗争，蒙受灾难的是老百姓，"被圈夹空民地，百姓环诉失业。……旗地待换，民地待圈，皆抛弃不耕，荒凉极目"[④]。八旗贵族只顾争夺土地，哪管人民死活！最后硬是把地更换了，并且将苏克萨哈灭族，苏纳海以及对换地持反对态度的直隶总督、巡抚都被处死。于此要澄清的是，鳌拜不是继续圈

---

①《论康熙维护国家统一和抗击沙俄侵略的斗争》，《北京大学学报》1974年第6期。

②《清史稿》卷四《世祖本纪一》。

③《清世祖实录》卷五十六，顺治八年四月辛亥。

④《清圣祖实录》卷二十，康熙五年十一月丙申。

地，而是八旗为争夺已圈的好地打内仗。

至于说鳌拜怂恿和助长三藩割据势力，则纯属无稽之言。倒是有一个怂恿和助长的人，就是洪承畴。当洪承畴将要从西南调回北京时，吴三桂曾向他问“自固之策”。他回答道：“不可使滇中一日无事也。”三桂听罢“顿首谢”[①]。以后吴三桂“欲揽事权，构衅苗蛮，借端用兵不休”[②]，就是受到洪承畴的教唆干的。

把云南的“开鼓铸”，也说成鳌拜助长割据，这是缺乏历史常识的胡诌乱扯。云南地方初定，需要使用货币，吴三桂上疏说：“鼓铸新钱，散给行使，俾人民有交易之便。”[③]正是极需这样来做的。清自定都北京后，全国各省、府、镇“遵式铸钱”，中间有时停止，有时恢复。1667年（康熙六年），清政府命各省复开鼓铸，这是封建朝廷实行钱法的必然措施，云南为产铜区铸钱更为方便。

清政府曾准许各省驻防旗兵，“立庄田于所驻地，给田人各三亩（浙江除外）”[④]。吴三桂也曾为其藩下兵丁请求圈拨云南土地。巡抚袁懋功奏止此举，将已垦出的耕地作为佃田，纳租藩下[⑤]。这当然是一种变相的圈地行为。接着又请求将明云南的沐氏庄田也归藩有。清政府既允许驻防旗兵圈地，如何能不允许在云贵拥有强大武力的吴三桂做呢？辅政大臣又怎敢出头反对？玄烨自己就说：“朕听政以来，以三藩及河务、漕运为三大事，夙夜廑念，曾书而悬之宫中柱上。”[⑥]连这位青年皇帝也长久感到三藩存在的严重威胁。

1662年（康熙元年），清政府命吴三桂总管云南、贵州两省。这是因为，他在攻入云南时千方百计想活捉朱由榔（永历），建立大功，“缅甸屡得三桂檄，恐由榔自戕，密使人防守”[⑦]。就这样将朱由榔执回昆明杀害。因此，吴

---

①③ 刘健：《庭闻录》卷三。
②《逆臣传·吴三桂传》。
④《清史稿》卷一百十《食货志一》。
⑤《庭闻录》卷三；《清史稿》卷二百七十三《袁懋功传》。
⑥《清圣祖实录》卷一百五十四，康熙三十一年二月辛巳。
⑦《逆臣传·吴三桂传》。

三桂进封亲王，并总管云、贵“兵民事务，总督巡抚均听王节制”[①]。到1667年（康熙六年），总管职权便被撤销。这时鳌拜方矫旨诬杀苏克萨哈，他被捉还在两年之后。可以再举一例，次年（康熙七年），清政府选推云南巡抚，要派林天擎。得旨：“林天擎系平西王（吴三桂）下人员，现今王住云南，林天擎不应推此缺。”[②]鳌拜对此并无表示。综观以上事实和情节，如何能说鳌拜怂恿和助长三藩割据势力？

那么，玄烨为什么要捉鳌拜呢？就是因为他擅权专横，眼里没有皇上，不捉了他就不能维持朝纲的整肃和政务的推行，因而也就无法按照皇帝的旨意办事。鳌拜是摆牙喇（护卫亲军）出身，膂力过人，举止粗鲁，不懂得遵守朝仪恭敬皇上，动不动就在皇帝面前叱喝群臣[③]。英明有为的玄烨，如何容忍得住！玄烨在谕旨里说：“鳌拜于朕前办事，不求当理，稍有拂意之处，即将部臣叱喝。又引见时，鳌拜在朕前理宜声气和平，乃施威震众，高声喝问。……又凡用人行政，鳌拜欺朕专权，恣意妄为。”[④]因此，非搬掉这块阻碍政务正常进行的绊脚石不可。

玄烨捉鳌拜这一重大决策，是经过周密考虑和巧妙安排才动手的。因为鳌拜在朝中还有一些亲信党羽，一旦被察觉可能引起混乱。于是先挑选出一批年轻力壮的侍卫，集合在一起天天练习掼跤。鳌拜和其他朝臣见了，认为是年轻皇帝好武，并不介意。一天，玄烨问这班侍卫：“汝等皆朕股肱耆旧，然则畏朕欤！抑畏鳌拜也？”众曰：“独畏皇上。”[⑤]玄烨看到时机成熟，就乘鳌拜入朝之际，来了个冷不防，命令这群小伙子一拥而上，把鳌拜捆了起来。参与捉鳌拜的策划者是索额图，他是索尼（已死）的儿子，皇后的叔父，最为亲近。当时他已作了吏部侍郎，就在捉鳌拜的这年当月（康熙八年五月），“自请解任效力左右，复为一等侍卫”[⑥]。昭梿《啸亭杂录》卷一也说：“以弈棋故，召

---

①③《清史稿》卷六《圣祖本纪一》。
②《清圣祖实录》卷二十五，康熙七年正月戊申。
④《清圣祖实录》卷二十九，康熙八年五月戊申。
⑤ 昭梿：《啸亭杂录》卷一《圣祖拏鳌拜》。
⑥《清史稿》卷二百六十九《索额图传》。

索相国额图入，谋划数日。”五月捉了鳌拜，八月索额图便升任大学士。从这一系列活动可以觇知事件的内幕实情，同时也可看出玄烨在青年时代已是一个机智、沉着、勇敢的人物。

鳌拜的罪行分析

捉了鳌拜之后，玄烨即刻宣布他所犯的罪行三十条，以原文较长，不一一列举①。综其内容，不出擅权专横、眼里没有皇上和矫旨执杀大臣等三点，根本不涉及军国重大事务。鳌拜确是一个擅权乱政的权臣，但还够不上说危害国家的巨奸大憝。因此，对鳌拜的处分只是幽禁终身，其余同党有的处刑，有的被宽免并继续任职。而“文革”后期有文章却说“鳌拜策划政变，谋图杀害康熙”。他们引据《啸亭杂录》所记：“（鳌拜）尝托病不朝，要上亲往问疾。上幸其第，入其寝。御前侍卫和公托见其貌变，乃急趋至榻前，揭席刃见。上笑曰：‘刀不离身，乃满洲故俗，不足异也。’”此事《实录》、史传均不载。《清史稿·和托传》只记其作过侍卫，未述及此事。刀不离身乃满洲故俗，应是实情。不然的话，即此一事，必处极刑。至于说“策划政变”更是望风捕影，附会夸大之谈。三十条罪行几乎都和八旗贵族间的矛盾斗争有关，涉及汉臣的只有熊赐履一条。这是指他《应诏陈言疏》中有“春秋方富（指玄烨），正宜慎选左右，辅导圣躬”②的话，触怒了鳌拜，但并未治罪。当时汉臣敢讲话的还有冯溥，揭发鳌拜改批红本（皇帝所批文件）③，也没有受到迫害。由此可见，鳌拜的斗争对象在八旗内部，这是有所由来的。清入关后，八旗内部矛盾斗争仍然十分激烈，大贵族豪格（皇太极的长子）幽死，阿济格赐死，这和鳌拜矫旨执杀大臣是同一性质的行径。

鳌拜不仇视汉臣，是因为汉臣没有资格参与八旗内部斗争，因而也就触

---

①《清圣祖实录》卷二十九，康熙八年五月庚申。
② 李元度：《国朝先正事略》卷六《熊赐履传》。
③《国朝先正事略》卷三《冯溥传》。

犯不到八旗贵族的切身利益，如其不然，绝难幸免。清定都北京，首先实行了两种苛政：一圈地，已见上述；二逮捕逃人。逃人就是明末清军多次入犯华北平原，掳走了大批劳动人民，他们被分配给八旗充当奴隶，备受虐待，难于生存。等随从入关，便相率乘机逃匿。清统治者为此专设督捕衙门，在全国范围内进行搜捕，株连颇众，是历史上罕有的迫害人民的残暴行动。三藩之一耿精忠的祖父仲明，封为靖南王，1649年（顺治六年）率兵南下，由于部将掳带逃人"犯不赦之条"，以致仲明在行军途中畏罪自杀[①]。似此情况乍看来，殊难理解，实则一个集团对已经获得的利益决不肯放弃，逃亡奴仆被八旗看作是私有财产，所以对待此事极为严厉。上述文章把此事加在鳌拜身上，说他"拘捕和严惩逃奴"，既不符合事实，而且有欠公允。八旗贵族们对于无关其本身利益争夺的汉臣，态度便完全不同。其在明朝时，名誉好坏，是正是邪，一概不问，需要即用。冯铨曾给魏忠贤进献过《祝寿百韵诗》，臭名昭著。今天《明实录》天启朝的缺卷，就是他为了灭掉丑迹偷走销毁的。像这样的人，多尔衮一到北京，即"以书征铨，……令以大学士原衔入内院，佐理机务"[②]。从这些情实中可以明了，康熙捉鳌拜，其根源来于八旗内部的矛盾斗争。玄烨为了整顿朝纲，奋发图治，决不能容许有鳌拜这样的权臣当道，更不能使之助长八旗之间的互相仇视和敌对情绪。康熙朝八旗统率权逐渐转归皇子掌握，就是在削除这种敌对。捉鳌拜正是为达到这个目的的一种必要措施。

赘　言

关于玄烨捉鳌拜的起因和经过，略具上述。从玄烨对重大事务的处理方式来看，不是反儒而正是尊儒。在捉鳌拜的第二年颁布《圣谕十六条》，首条便

---

① 《贰臣传·耿仲明传》。

② 《清史稿》卷二百四十五《冯铨传》。

是“敦孝弟以重人伦”。又过了一年，即命编纂《孝经衍义》，同时“始开日讲”，讲的都是儒家经典。而如两次大规模战役，平定三藩后，“告祭岳渎、古帝陵、先师（孔子）阙里”。讨灭噶尔丹后，在《御制平定朔漠告成太学碑》中写道：“出则告于神祇，归而遣祀阙里。”玄烨对儒家以外的学说是持批判态度的，他说：“诸子百家，泛滥诡奇，有乖经术。”[①]还说：“古来人君，穷兵黩武者有之，崇尚佛老者有之，任用名法者有之。”[②]意思很明显，这些作法他都反对。他主张“以德化民，以刑弼教”；“天下当以仁感，不可徒以威服”[③]。不言而喻，这些东西都是从儒家学说得来的。玄烨很注重实际，他赞许明朝的张居正，说他所著的《尚书直解》《四书直解》，“俱精实之义，无泛设之词”[④]。其对自命为儒家代表的一些人，他们有所建议，是者采纳，非者拒绝。李光地建议收服台湾，便予以采纳；收服后又提出放弃，则遭到摈斥[⑤]。他听从熊赐履的推荐，派内大臣费扬古担任征讨噶尔丹的西路军统帅，关键性的昭莫多之战获得大胜[⑥]。于此可见，玄烨对待事物英明果断，他不是一个迂阔保守的儒生。

至于玄烨对祖国统一的巩固和加强所做出的卓越贡献，应当给予肯定的评价。但必须指出，其所以能够实现，乃是历史发展趋势，也是来源于广大各族人民要求统一的一致愿望。

（原载《历史教学》1979年第5期）

---

①《清圣祖圣训》卷十一。
②《清圣祖圣训》卷四。
③④《清圣祖圣训》卷十二。
⑤《国朝先正事略·李光地》；《榕村全书·李文贞年谱》卷上。
⑥ 彭绍升：《熊赐履事状》。

论康熙平定三藩

在十七、十八世纪之间约半个世纪当中，疆域辽阔、人口众多的多民族统一的封建中国获得了进一步的巩固和加强。这是通过康熙平定三藩、降服台湾和战胜准噶尔部蒙古三大事件实现的。于此拟就康熙平定三藩这一问题略作论述，以供参考。

一、三藩势力的养成及其割据状态

早在清未入关前，明将孔有德、耿仲明、尚可喜即相继率军并携带大批火器往投。清太宗皇太极为了笼络他们，都封之为王，其所统属，名义上虽隶八旗，实际是独立部队。崇祯十七年（1644年），明山海关守将吴三桂引导清军入关，清封他为平西王，所部也独自成军。等到清军大举南下，进攻南明政权和大顺、大西农民军，由于满洲本身兵力不足分配，又兼八旗主要为马兵，不习惯在山林沼泽地区作战，因而这些明降军便成为必须依靠的武力。就在这种情势之下，他们获得了扩张壮大自己实力的机会。

其中吴三桂以消灭南明最后的永历朝，并执杀永历帝朱由榔，立功独大，晋封亲王，遂留镇云南，兼管云、贵两省兵民事务，总督巡抚均“听王节制”。因此，其权势最大，所拥有的军队也最多，按旗兵编制的共五十三佐领，另外还有绿旗十营。耿、尚二部驻镇广东（耿部后移福建），各十五佐领，也有绿营。孔有德于顺治九年（1652年）在桂林被李定国包围，自杀，无子袭爵，所部由其婿孙延龄统率，驻镇广西。孔部兵额原来还多于耿、尚。这四部分军队合在一起总有十余万[1]，形成为清廷一个巨大的威胁势力。

吴、耿、尚合称三藩，三藩不仅各拥重兵，占据数省，飞扬跋扈，不听命令，并且声气所通，分布在各省的明降将，也大部分均视其意志以为进止。三藩在名义上虽然隶属清廷，实际同割据独立无异。他们对地方财政经济任意侵占把持，借以掠取物资，扩充实力。吴在云南，不仅“广征关市，榷税盐井、金矿、铜山之利”[2]，并且“招徕商旅，资以藩本，使广通贸易殖货财”[3]。当时如关东人参，四川黄连、附子，均为禁运之物，而藩下商人可以仗势贩卖[4]。尚在广东“令其部人私充盐商，据津口立总店”。耿在福建也同样是“横征盐课……勒索银米”[5]。广州为对外通商口岸，尚氏操纵把持，其“所属私市私税，每岁所获银两不下数百万”[6]，这必然影响到清廷课税的正常收入。其中吴三桂的行动尤为专横，“用人，吏、兵二部不得掣肘；用财，户部不得稽迟”[7]。他们为要长期保持割据状态，不断借端制造战乱，使地方不得安定，由此造成庞大的军费开支。据顺治十七年（1660年）户部所奏，云南加闽、粤，岁需俸饷二千余万[8]。当时清廷岁收银两也只是二千余万，其严重程度可知。这个数字尽管是指军事最为紧张时期而言，但三藩兵饷一直是一个巨大的数字则是肯定的。所以有“天下赋半为所耗”之说。再加上他们久在养精蓄锐，蠢蠢思动，因而与清廷的矛盾对立日趋尖锐化，成为不可终日之势。

同时，三藩的部属，违法乱纪，扰害人民。吴三桂在云南，圈占民田，令农民“佃种原田，照业主例纳租”，并“勒平民为余丁”，不从即诬指为逃人。又“诱人称贷责重息”，稍有负欠也诬作逃人[9]。耿、尚在广东也是“牟利子

①②《逆臣传·吴三桂传》；《平定三逆方略》卷一。
③《明季稗史汇编》卷二十六《四王合传·平西王吴三桂》。
④《清史稿》卷四百七十四《吴三桂传》。
⑤《清圣祖实录》卷九十四，康熙二十年二月甲午。
⑥《清圣祖实录》卷九十一，康熙十九年八月丙戌。
⑦ 刘健：《庭闻录》卷四《开藩专制》。
⑧ 魏源：《圣武记》卷十二《武事余记》。
⑨《庭闻录》卷四《开藩专制》。

母，单词陷人，田庐之劫夺，子女之掠卖，不知其几”[①]。当然，在当时这种侵害人民的暴行，并不只是三藩，满洲贵族及其驻防各地的八旗部队也是一样的。正是因为如此，所以全国人民生活不安，生业无着，日陷贫困。吕留良说：“今日之穷，为羲皇以来所仅见。”[②]唐甄说：“数十年以来，富室空虚，中产沦亡，穷民无所为赖。”[③]都反映出社会经济的凋敝。因此，雄才大略、积极图治的玄烨，要想肃清这种政治混乱状态和扭转经济危势，就必须先做到政权的集中统一。这样割据一方、破坏纪纲的三藩，也自然要成为他前进道路上的严重障碍物，而他决心要予以铲除了。

二、撤藩和事变的爆发

玄烨自亲政以后，对三藩的割据独立状态，日加注意起来。他说：“朕听政以来，以三藩及河务、漕运为三大事，夙夜廑念，曾书而悬之宫中柱上。”[④]又说：“朕自少时，以三藩势焰日炽，不可不撤。”[⑤]

玄烨亲政在康熙六年（1667年），时年十四岁。三藩嚣张跋扈，不可终日的气焰和必须解决的要求，早已在这个青年统治者的脑海中盘旋着了。

在康熙初年，清廷对三藩，特别是对吴三桂，已在逐步限制其事权，例如，要他缴还大将军印，截止其用人题补权，由此也使吴心生怨恨，因而双方的矛盾日益增剧。康熙十二年（1673年），尚可喜愿归老辽东，请以其子之信袭爵继续坐镇。玄烨认为这正是一个撤藩的好机会，不允其请，而以“广东已经底定”为词，命全藩撤退。这道命令连带触动了吴、耿。吴三桂为试探朝旨，也请撤藩。当时清廷的大臣会议，以惮于吴势，不敢作出决定，玄烨却毅然主张允许所请。接着耿精忠也请撤，于是三藩一齐俱撤。这一下，激起来一

① 《松陵文录》卷三，潘丰：《广南藩兵议》。
② 《清世宗实录》卷八十一，雍正七年五月乙丑，谕引《吕留良文集》语。
③ 唐甄：《潜书》下篇上《富民》。
④ 《清圣祖实录》卷一百五十四，康熙三十一年二月辛巳。
⑤ 《清圣祖实录》卷九十九，康熙二十年十二月癸巳。

场轩然大波。吴三桂首先举起叛旗，耿精忠、孙延龄以及与三桂素有联系的汉籍将领，纷纷响应，不到半年，战火燃遍长江以南半个中国。

当吴三桂的叛讯到达北京时，清举朝大震，大学士索额图竟发议杀掉同意撤藩的大臣，向三桂谢罪[①]。玄烨独坚持原命，只停撤耿、尚二藩，很明显，这是为孤立吴三桂，以便集中力量先消灭这个叛乱头子。于是向全国宣告，声讨吴三桂。玄烨对撤藩是早已下定决心的，在吴三桂请撤时，便肯定地说："今日撤亦反，不撤亦反，不若先发。"[②]因此，这一场战斗的爆发，自是在他所预料到的可能性范围之中的。清人魏源评论此事说："稍迟数载，或召入朝觐而杯酒释其兵权，未必不更操万全之策。"[③]殊不知根据当时实际情况和条件，这是不可能做到的。三藩和清廷由于长久存在矛盾，彼此之间猜忌已深，忽然俱召入京，自易生疑，必不肯来，而况玄烨年少，既无积威足以慑服他们，相反，他们对他却心存轻视。这样挨延下去，听其滋蔓，最后当更难于收拾。再从当时全国形势来观察一下，清廷的处境实在还隐伏着很大危机。吴三桂借与西藏互市北胜州，"岁遣人至藏熬茶"[④]，以进行联系工作。等叛变发动后，达赖喇嘛又向清廷提出"万一鸱张，莫若裂土罢兵"[⑤]的建议，他们之间关系的密切于兹可见。此外，东南海上的郑军时刻在企图攻入内地；西北准噶尔部已合并四卫拉特，更结合西藏，谋占回疆，夺取青海。清廷如果不能从速解决三藩、统一内部，一朝冲突俱发，其政权能否存在实成问题。当然，处于青年时代的玄烨，在此时未必即能具此远见，但他能对撤藩一事当机立断，不容延缓，使早日达成政权的集中统一，应该说是极为及时的、正确的。这从战斗爆发后，郑军的登陆和准军的大肆活动来看，也可以得到证明。

三藩的叛变具有民族矛盾性质，并且也可以说是清军入关后民族矛盾斗争的一种继续。可是，其主要内容则为发之于统治阶级内部的争夺权势的斗争。

---

①②《清史稿》卷二百六十九《索额图传》。
③《圣武记》卷十二《武事余记》。
④《清史稿》卷八十《西藏》。
⑤《清圣祖实录》卷五十四，康熙十四年四月乙卯。

三藩原想要利用民族反清情绪来扩大其斗争力量，并且也一度激起部分地区人民的响应，如江西等地即是。但他们所能号召的终于只是一群大小汉籍将领。其所以如此，一因三藩都是负明投清的降将，尤以吴三桂开关引敌、人们不屑与之为列。二因他们平时盘踞地方、横行霸道，人民久已恨怒在心，必以早日铲除为快。因此，他们只能是孤立于人民之外的一个叛乱集团而已。三藩的情状既然如此，所以清廷乃得名正言顺地来进行平乱工作。

三、交战的经过和清廷制胜的原因

这一场暴风雨般的叛变事件发生后，玄烨制订了一套作战计划。他一面调派八旗禁旅前往荆州（湖北南境）阻截吴军渡江；一面即妥善布置后方，将兖州（山东）、太原（山西）作为后方军队的两大集中点着手调度。他说："兖州地近江南、江西、湖广；太原地近陕西、四川，均属东西孔道，可发兵驻防，秣马以待。所在有警，便即时调遣。"[①]这样可以做到源源不断地支应前方。例如，从京师及直隶、山东征调来的军队，先集中兖州待命。然后随时向前方递进，后面接着又补充上来，"无鞭长不及之虑，无远征劳顿之苦"。当时吴三桂军很快即冲进湖南，但抵达岳、澧州（湖南北境）即被清军截住，隔江对峙起来。同时玄烨更指出江西的重要性，说"水陆皆与楚、闽接壤，尤宜固守"[②]。果然，第二年（1674年）耿精忠也叛变了，他和吴三桂企图打通联系，合力夹攻江西，由于清军早有准备，即未得逞。

清军固守江西是有重要战略意义的。因为这样即可以割断吴、耿两军的联合，把耿军限制在浙赣交叉地带，不得向长江伸展，使吴军也不能东出活动。并且可使东南财赋地区得到保障，使军需物资的征集有了可靠的来源。

从玄烨的东西两路布置来看，显然是对西北和江南同等重视，这是很有理

---

①《清圣祖实录》卷四十九，康熙十二年十二月庚申。

②《平定三逆方略》卷二。

由的。根据当时的情况，西北重要将领多属汉籍，如果有变，吴三桂即可与之串通一气，由侧面进攻北京，蒙古诸部也将有受到煽动的可能。结果正是如此。部署方竟，四川提督郑蛟麟，总兵谭洪、吴之茂等即响应吴三桂；陕西提督王辅臣也在拥兵观望，摇摆不定，吴三桂对之百般引诱，自己并准备西来指挥。玄烨针对这种情势，对这方面采取了军事政治两结合的策略。一面派兵压制四川，一面尽一切努力笼络王辅臣。王辅臣一再附而又叛，甚至戕杀了经略莫洛。玄烨仍甚宽容，并还专敕慰勉说："皆由莫洛控驭失宜，军心不服所致。"[①]最后王辅臣终于在康熙十五年归附过来。争取王辅臣是三藩事件当中的一项重要政治工作，是取得胜利的关键之一。因为当时西北形势如有变化，会关系到清廷的安危。玄烨曾忧虑地说过，"三边一摇，势难猝定"[②]。能够争取到王辅臣，保住陕西，吴三桂便不能从西北下手，这样，清廷更能腾出兵力来增援南方，并把战斗范围压缩在长江以南。

吴三桂的军队由于多年蓄养，并久经战阵，战斗力颇强，因而在交锋中清军常非敌手。即在王辅臣、耿精忠（康熙十五年附清）、尚之信（康熙十五年叛，当年又附清）等相继附清之后，外援尽失，已陷孤立，而清军精锐仍然不能战胜吴军。康熙十六年（1677年），据随同吴三桂在浏阳城楼观战的梁份所见是：

安亲王（岳乐）发兵十九路，自城北铁佛寺后布阵，至城之西南，长数十里。三桂亦发兵十九路以应之。将军王绪先陷阵，清军合围之数重，旗帜尽偃，金鼓无声，城上人尽失色，以为此军全没矣。少顷，闻交枪连发如急鼓，清兵纷纷坠骑。王绪军冲突无前，莫有撄其锋者，深入敌境，获全胜而返。

伪将军吴应贵者，三桂之侄也。搏战为流矢所中，贯腮坠马。夏

① 《清圣祖实录》卷五十二，康熙十四年一月癸酉。
② 《平定三逆方略》卷十二。

国相力战，救之而归。穆将军（占）追至城下，三桂于近城设伏以防，巨象伏冈下。敌至，起而冲之，清兵披靡而走。交锋者，凡三路，马宝（吴将）军大捷，余杀伤略相当。[①]

岳乐是清军统帅中最懂兵事的，穆占是满将中最骁勇的，其战况尚且如此。但是尽管如此，清军仍然迫使吴军放弃长沙，退走衡阳，最后归于失败。这是由于玄烨在整个平定三藩的过程中能够运用周密而机动的策略和战略，因而取得了胜利。

八年的长期战斗，自始至终是由玄烨担任总指挥的。他特立专门通讯机构，由“笔帖式”（一种办事官员）担任直接汇报军情工作。这个机构的差员每一昼夜可行千余里，由北京到荆州，五日可以往返，发挥了使用畜力交通的最高效能。这样对前方战况变化和将士勇怯，均能迅速知晓，及时处理，不误戎机。

此外，还应该指出，玄烨对于内部和后方也处理得比较妥善，这也是他取得胜利的关键之一。玄烨能笼络住一部分未叛变的汉将，使他们为清廷效力。他对待他们极为用心，知道满汉将领间容易发生矛盾对立，因而就特别注意调和这一点。玄烨嘱咐负责西北军事的贝勒洞鄂说：“将军张勇（甘肃提督）劳绩甚茂，慎勿轻侮，致滋嫌隙。”[②]又制定“绿旗官兵赏格”以鼓舞汉兵立功，他说：“自古汉人逆乱，亦惟以汉兵剿平，彼时岂有满兵助战哉！”[③]在平定三藩战斗中汉兵的战绩是最大的，例如，王辅臣的几次叛变，均未得手，即赖有张勇、王进宝等汉将出力防御。耿精忠进攻浙江，也以浙督李之芳能率军奋战，浙西才得保全。后来清军收复云南，仍然是汉兵领先，昆明的攻下，赵良栋实居首功。当时满籍将领由于多年养尊处优、生活腐化，大多不堪任使。他

---

① 刘献廷：《广阳杂记》卷二。本书记此战役，误作丙子（康熙三十五年），根据官书系在丁巳（康熙十六年）。

②《平定三逆方略》卷十七。

③《清圣祖实录》卷八十五，康熙十八年十月辛未。

们在前方“观望逗留，不思振旅遄进”[①]。至于那些担任统帅的满洲贵族，更是“敛取督抚司道等官财物，希图肥家”[②]。由此可知，如果没有汉兵参加，平定三藩是不可能的。

玄烨还能使后方社会在一定程度上保持安定，使朝野体制不乱。当三藩初起，康熙十二年（1673年），京城即有杨起隆领导旗下奴仆的起义。十四年，察哈尔蒙古布尔尼兄弟又发动反清。玄烨在这种极度紧张的形势之下，却能力持镇定，照常举行“经筵”，决不间断“日讲”。同时对汉族知识分子采取了广泛的笼络政策。康熙十三年下谕，要群臣保荐“其汉人中，素有清操，及才能堪任烦剧者，不拘资格”[③]。接着康熙十八年（1679年）更举开“博学鸿儒科”，招来大批知名文学之士。当时虽然还有如顾炎武、傅山诸人，不肯屈节，应命受职，但毕竟是少数，并且清廷对之也不过分相逼。很清楚，这种做法对稳定后方局面和缓和民族矛盾都起了一定的作用。

以上所述，都是清朝能够削平三藩的重要策略和战略内容。尽管如此，最后的胜利终属于谁，归根到底，还要看广大人民的人心向背。玄烨在亲政以后，适应当时客观形势的需要，曾经采取了一系列有益于人民的措施，诸如发给“更名田”、放宽垦荒年限以及修治河道等等，无疑会取得当时劳动人民的拥护。相对吴三桂等各霸一方、扩军弄权，所给予人民的只能是负担增重、痛苦加深。等他们发动叛变，更要强行勒索，吴三桂在云南、四川等省“加税田亩地丁额征，亩至五六钱，征催严迫，怨声四起”。又“凿山开矿，采取金银，日役苗夷万人，土司多忿怨”[④]。这样做怎能不被人民所抛弃呢。我们只看清军进入云南时，彝族人民从山上跑下来“输馈粮糗”，“乡导前驱”[⑤]，即可以证明。人心向背既然如此鲜明，那么胜败的结局也就昭然可定了。

---

①《清圣祖实录》卷七十一，康熙十七年一月戊戌。
②《清圣祖实录》卷九十二，康熙十九年十月辛亥。
③《清圣祖实录》卷四十六，康熙十三年三月甲申。
④《明季稗史汇编》卷二十六《四王合传·平西王吴三桂》。
⑤《平定三逆方略》卷二十四。

四、平定三藩对统一事业所起的作用

平定三藩之后，全国内部实现了统一。军队编制划一了，原来各自独立的吴、耿、尚、孔等部队，除吴部调往边区服役台站外，均重新编入八旗[①]，同时于荆州、福州、广州增设八旗驻防，广西、云南派用绿营镇守[②]。地方官吏的选任也整肃了，不但不再有如吴三桂那样任意坐缺补官的擅权行动，即一般督抚的推荐也有所限制[③]。这都说明清廷统治权力的集中和加强。

三藩存在时骚扰地方、搜刮人民的非法行为，曾经有人概括地指出过，是："在粤者五：曰盐埠，曰渡税，曰总店，曰市舶，曰鱼课。在闽者四：曰盐税，曰报船，曰冒扰驿夫，曰牙行渡税。在滇者四：曰勋庄，曰圈田，曰矿厂，曰冗兵。"[④]清廷对此都一一作了处理，有的取消，有的归还人民。总之，使沿海及西南地方的残破局面得到一定的恢复，并使广大劳动人民的负担也有所减轻。我们举广州作例，在三藩时期，"官兵悉居城内，官衙民舍迁移城外"[⑤]。军队是"混居学内（南海县学），殿宇之侧，即属旗房，楹舍之下，悉供牧马"[⑥]。等平定叛乱后，便很快走向恢复：

> 康熙二十二年二月，皇上命东粤文职公署复建城内。……历今四载，庭肃无哗，牍清罔滞。城内烟火渐稠，郊外桑麻日茂，游惰买犊于市，妇子馌耕于田。[⑦]

---

①《八旗通志》卷二十二至二十八《旗分志·汉军佐领》。
②《清朝文献通考》卷一百八十六、一百八十七、一百八十九《兵考·八旗驻防》。
③《清朝文献通考》卷五十五、五十八《选举考·举官》。
④《清史稿》卷二百五十《徐元文传》。
⑤ 李士祯：《重建镇海楼记》，载（雍正）《广州府志》卷五十七《文艺》。
⑥ 冯成：《重修南海县学记》，载（雍正）《广州府志》卷五十七《文艺》。
⑦ 郭尔所：《新建海南县治记》，载（雍正）《广州府志》卷五十七《文艺》。

这种记载纵然不无夸大，然而广州城郊人民的生活逐渐安定，生产逐渐正常，则是无可置疑的。在云南土地问题的处理上表现得更为显著，在这里不仅将藩下圈地还给人民，并解决了从明以来的重租官屯田地问题。云南官屯田租原比民赋多十几倍，而吴三桂更“按昔之租额，改为正供之粮额”[①]。云南平定后，根据资料所载，从康熙二十六年（1687年）起，将屯田并入州县，分别减轻[②]。这些措施，不削平三藩是不可能做到的。

此外，清军入关，满洲贵族曾作出了许许多多的坏事，如圈换土地、逮捕逃人、霸占行市、掠卖人口等等，大大蹂躏了关内人民，引起了他们的仇恨和反抗。玄烨通过长期用兵，使旗权得以进一步集中，因而遂能将这些恶政恶行都予以有效的停止或限制起来[③]。如果不是这样做，非但民族矛盾无从缓和，清政权想要得到稳定也是不可能的。

平定三藩，为清朝整顿边区、巩固疆域创造了有利条件，并为社会经济的恢复工作打下基础。当时人说，自康熙二十年（1681年）以后，“海内始有起色”[④]。即指这个时期而言。可见平定三藩是清政权进入稳定的第一步，是玄烨巩固加强全国统一工作所打的头一个胜仗，同时也是清代经济全面走向恢复的一个重要转折点。

（原载《历史教学》1963年8月号）

---

① 石琳：《进呈编辑全书疏》，载（雍正）《云南通志》卷二十七《艺文》。

② （雍正）《云南通志》卷四《建置》。

③ 分见《清圣祖实录》卷八十二，康熙十八年七月壬戌；卷一〇三，康熙二十一年七月己酉；卷一百十五，康熙二十三年五月甲申；卷一百二十，康熙二十四年四月戊戌；卷一百九十六，康熙三十八年十月庚子。

④ 陆陇其：《论直隶兴除事宜疏》，载《清经世文编》卷二十八。

康熙平定三藩中的西北三汉将

一、西北形势安危与平藩战争全局的关系

康熙十二年（1673年）十二月，南方的藩王之一、兵力最强的吴三桂叛变了。起因由于撤藩，先是藩王尚可喜称病请归老辽东，以子之信继镇，康熙帝玄烨只准归老撤藩，不准其子继镇。继而吴三桂与另一藩王耿精忠也请求撤藩，以此窥探朝旨，玄烨即下谕三藩并撤。于是，吴三桂首揭叛旗，战争爆发。清初在南方的藩王势力总共四部，平西王吴三桂镇云贵，平南王尚可喜镇广东，靖南王耿精忠镇福建，另定南王孔有德镇广西。后有德被明将李定国围困桂林自缢，部属由其婿孙延龄统辖。吴三桂一反，耿、孙及可喜子之信相继俱叛。与其同时，各地汉籍将领纷纷脱离清朝，战火燃遍南北各省。

吴三桂即在反叛之月，杀云贵总督甘文焜、云南巡抚朱国治；降贵州巡抚曹申吉、提督李本深，进占湖南沅州、辰州府；翌年，连占衡州、长沙、常德、岳州等府，前锋直达澧州，清军退守荆州，湖南尽失，形成清吴两军隔江对峙的局面。同时四川巡抚、提督、总兵等均叛附三桂。耿精忠军攻入浙江、江西，侵及安徽徽州，大江以南都成为交战地带。

吴三桂当叛变之年，虽然年已六十，而依仗兵力雄厚，久临战场，对八旗兵将心存蔑视。康熙帝玄烨年方二十，一般说来对政治、军事尚少经验锻炼，因而三桂也看不起他。等吴三桂叛变的信息传到北京，满朝震恐，此时的满洲

皇族贵胄是害怕打仗的，对由撤藩引起的战乱，他们是忧心忡忡的。但是，这位青年皇帝却对撤藩具有决心，他在亲政之后，就在宫中柱上大书“三藩及河务、漕运为三大事，夙夜廑念”①。后来追述当日的情景说：“尔时惟有莫洛、米思翰、明珠、苏拜、塞克德等言应迁移。……及吴逆倡叛，四方扰乱，多有退而非毁，谓因迁移所致。”②又说：“朕自少时，以三藩势焰日炽，不可不撤，岂因吴三桂反叛，遂诿过于人耶？”③甚至“如迁移之事，索额图奏称，奏议之人，应请正法。朕坚独断，必令迁移”。更说：“彼时十三省用兵数载，天下大事。皆朕一人独断，亦曾推诿尔等乎？”④事实确是如此。

吴三桂的反信传来，北京朝廷一阵混乱紧张，“诸臣（应为汉籍官吏）中有一闻变乱，即遣妻子回原籍址者”⑤。玄烨处境艰难，勇于自任，虽然引起大乱子，却能运用方策，随机应付，终于削除割据状态，统一中国内部，其功其才，值得称许。于此还要提到一人，即玄烨的祖母蒙古族博尔济吉特氏，她是孙儿的好助手，满汉群臣皆莫能及，“太皇太后不预政，朝廷有黜陟，上（玄烨）多告而后行”⑥。吴三桂变乱以来，“太皇太后心甚忧劳”⑦。平定内蒙古布尔尼之乱，就是她推举大将图海带兵前往的。

玄烨对平藩军事是作出全局防御和进讨安排的，即在正面先阻截住吴三桂军由湖南的伸进，东侧面抵止福建耿精忠军，西侧面防卫四川、陕甘的变动。所以将兖州、太原作为两个接应点，征调部队，加强训练，一拨接一拨地开赴前线。但军事动态是经常变化的，吴三桂占领湖南后，本想和耿精忠联兵夺取江宁（南京），被清军卡断于江西，未能如愿。三桂东下不成，便想由西而进，玄烨将战斗重点放在长江中下游，这当然是必要的。不料在西侧面突然发生陕西提督汉将王辅臣叛附吴三桂，辅臣和三桂夙有关系，他原为其属下援剿总兵官。吴三桂叛变一年以后，玄烨尚谕陕西总督哈占和王辅臣“捍御边境”，而

---

①《清圣祖实录》卷一百五十四，康熙三十一年二月辛巳。
②③《清圣祖实录》卷九十九，康熙二十年十二月癸巳。
④⑤《康熙起居注》康熙十八年八月八日。
⑥《清史稿》卷二百十四《后妃传》。
⑦《康熙起居注》康熙二十年十二月初七日。

这时四川已失，辅臣又变，西北局面出现动荡。当时八旗部队大部分调往南方，并且还加调了内蒙古部队补充。

在南方的满将满兵又多数不能用命，在西北的尤为怯懦畏敌，因此使玄烨认识到汉将汉兵的重要。他对总督哈占说：“秦中绿旗官兵，当拊循得宜，更加鼓励兵将，保障地方。”①玄烨曾派出大学士莫洛经略陕甘，并策划恢复四川。在莫洛前往时，玄烨谕吏兵二部说：“陕西边陲要地，西控番回，南通巴蜀，幅员辽阔，素号岩疆。”并颁布《绿旗官兵赏格》以资鼓励。王辅臣未叛前隶莫洛属下，随至宁羌（属陕西汉中府），煽动兵士，包围莫洛，莫洛中枪而死。玄烨对此事件不但不问罪，却以极大的容忍态度来招抚王辅臣。他给辅臣的敕谕说：“昔世祖章皇帝，知尔才勇兼优，拔于侪伍之中，置之侍卫之列（辅臣初从姜瓖叛变，嗣而降清，隶汉军）……特擢秦省提督……去冬吴逆叛变，人怀观望。尔独首倡忠义，举发逆札，遣子驰奏。益悉尔之忠诚纯笃，不负朕知。及经略莫洛奏请，率尔入蜀。朕以尔与莫洛毫无猜嫌，故令同往建功。兹兵变之后，召询尔子，始知莫洛与尔颇有隙，则朕之知人未明，俾尔变遭意外，忠尽莫伸，咎在朕躬。……即令仍回平凉原任，已往之事，概不追论。”②经略自杀，皇帝认错，玄烨为的是维持大局，不使战乱扩大。可是，并未收到效果。“今据报，逆贼（王辅臣等）已逼兰州，……临巩被陷，三边（明九边的西部三边）一摇，势难猝定。”③岂止如此。如果西侧面情势发生变化，必致威胁北京，危险性就更大了。莫洛死后，这方面的清军统帅为贝勒洞鄂，这个皇族出身的贵胄王子（多铎之子）龟缩在西安不敢进战。

玄烨对王辅臣仍积极从事招抚工作，辅臣接到谕旨，将送旨来的其子、大理寺少卿的王继贞留下，只使随来的祝表正还奏。王辅臣遂由宁羌进占秦州栈道阻断清军饷运，迫使清军退归西安，陕南的汉中、兴安皆为所据。叛势扩大了，“要约党附固原道陈彭受伪巡抚札，定边副将朱龙受伪招抚总兵札，各叛

---

①《平定三逆方略》卷二，康熙十三年正月戊午。

②《逆臣传·王辅臣》。

③《平定三逆方略》卷十二，康熙十四年正月丁丑。

踞城邑，合谋诱胁游击袁成梁以巩昌叛，副将江有仓、参将潘璃以阶、文、洮、岷叛，守备会文耀以临洮叛，兰州游击董正已潜结抚标弁卒作乱，举城从逆，同州游击李师膺据神道岭以叛，杀韩城知县翟世琪，陷洛川、宜川、鄜州，陕西郡邑骚动。延绥镇属之向水、鱼河、波罗各营、葭州及吴堡、清涧、米脂等县先后降贼”[①]。黄河以东的甘肃和陕西大部分皆已叛变，只剩下西安一府及邠、乾二州了，满将满兵退集在西安城中，净等着被包围挨打了。玄烨知道王辅臣既反便不可能很快真服，仍命祝表正携旨去招抚，表正对辅臣曾作责备语，遂遭杀害。辅臣表示须派遣具有威望的大臣来才愿受降。于是玄烨于康熙十五年（1676年）命大学士图海为“抚远大将军”出来，经过平凉一战，辅臣战败，才俯首降服。平凉战斗主要靠西北汉将王进宝和他带领的绿旗兵[②]。

当然，图海在满洲大臣中也是饶有智谋、善用时机的人，观其进攻十三家李来亨，压平察哈尔布尔尼，此次招抚王辅臣，采用幕客周昌之计，皆可证明。周昌，湖北荆门人，和辅臣所置总兵、布政使等为同乡，经其用蜡丸通讯，劝说辅臣归降，助军乃得入敌城[③]。图海是立了功的，只是图海这个人，谋略虽富，勇敢较差，他惟恐招致大乱，曾不同意撤藩。玄烨命其规复汉中、兴安，进取四川，他迟疑不决，以致“贼毁偏桥，兵不得进。状闻，诏严责”。所以后来玄烨说：“图海先经超授公爵，后出征川陕，并未著有功绩。”此言实在责之过甚。如果王辅臣坚决不降，西北乱势延长纷扰，必会影响南方战局的解决。在玄烨看来，图海不能担当平定陕甘、进取四川、收拾云南的重大任务。玄烨命其率兵亲赴湖北“会征三桂”。他“疏陈陕西初定，反侧未定状，乃授穆占征南将军，率满洲兵及平凉降卒往”[④]。即此可说图海非大将人才，玄烨是有知人之明的。以比王进宝、赵良栋等是差的。所以，平藩战役的西侧

---

①《逆臣传·王辅臣》。
②《清史稿》卷二百五十五《王进宝传》。
③《清史稿》卷二百五十一《图海传附周昌传》。
④《清史稿》卷二百五十一《图海传》。

面胜利端赖西北三汉将。

二、张勇、王进宝、赵良栋三汉将在恢复陕甘、四川、云南战斗中所起的作用

平藩事件的全局重点自是在对吴三桂。玄烨曾表示说："康亲王（杰书）进剿闽贼，虽属奏捷，朕不为喜。吴三桂为逆徒渠首，澧州实荆楚咽喉。"[①]但是荆楚正面清兵与吴军相峙，彼此均难突破前进。其浙江侧面，清兵与耿军力量一时不相上下，清军方面赖有总督汉臣李之芳协助，扼守衢州，阻挡联军前进，并常获小捷。后来台湾郑锦率兵登陆，耿军背后受到威胁，耿精忠才归服于清。已非本文论述范围，姑不详及。吴三桂要在川陕甘这个侧面寻找出路，企图从这方面进攻北京。经玄烨一面招抚影响西北局势安危的王辅臣，一面重用可堪信赖的西北三汉将，即张勇、王进宝、赵良栋。因为王辅臣虽然受降，终难依靠，而陕甘地方尚待恢复，此方面满将满兵人数既少，又多怯战。因此这副收拾乱局、恢复秩序的重担子，必须交派土著汉将张勇等了。

张勇，陕西咸宁县人，以明将降清，屡立战功，顺治帝福临曾有"当今良将如张勇者甚少"[②]之语。康熙初，他由云南提督调为甘肃提督，对处理西边蒙古藩部事件，颇奏效绩。后以战阵中敌流矢，伤骨腿瘫，只能坐理军务。他在指挥收复河东各地时，是乘车而不是骑马的将军。张勇的被倚重是在王辅臣叛变之后。康熙十四年（1675年）二月，甘肃巡抚华善疏言："逆贼王辅臣今据关山迤西，岐山迤北，黄河以南，与蜀贼（指吴军吴之茂等）连结，加以西番、土回乘隙屡犯，河西（指黄河西甘肃地方）危甚。其得免于沦陷者，提督张勇之力。目前情势，非提镇不能守，非提镇不能战，非提镇不能破贼恢复。事权不重，未免掣肘。"[③]当时甘肃提督驻镇甘州，所谓河西走廊之地。甘肃省会兰州已失，西北震动。因为兰州"外控西陲，内接临巩，为秦中要

---

①《平定三逆方略》卷九，康熙十三年九月。

②③《贰臣传·张勇》。

区"[①]。玄烨授勇为"靖逆将军"，封"靖逆侯"，敕谕张勇"仍兼管甘肃提督事务，总督不得节制，一切征剿机宜，听尔便宜以行。镇将各官悉听统辖调遣"[②]。将整个甘肃省的恢复任务委付张勇了。勇属下最得力的干将是西宁总兵王进宝，甘肃靖远县人，出身行伍，勇悍能战。收复兰州的战斗是极为艰困的，据张勇奏报："兰州陷贼，欲进兵恢复，其如河水已开。"[③]叛者"沿河盘踞，势甚猖獗"[④]。康熙十四年二月二十三日，王进宝"以革囊结筏，潜引渡河，败贼于河口，复设伏，大败之于新城"[⑤]。"深入八十里，次日抵皋兰（兰州府首县），营于九龙山。贼兵更番冲击，公（进宝）身先士卒，转战面前，辟易无敢当，遂拔安定，复金县，乘雪夜以破临洮，而兰州之外援绝。贼婴城固守，公急攻之，穷蹙乞降。"[⑥]兰州既复，甘肃形势乃变。康熙十四年至十五年之间，是陕甘由危返安的转折点。先是康熙十三年宁夏兵变，戕杀提督陈福，张勇荐天津总兵赵良栋继福为提督，良栋即甘肃宁夏人，与勇、进宝并称河西三将。康熙十五年二月，派出大学士图海"统辖全秦，自贝勒洞鄂以下，咸受节制"，清军才有了较有威望的统帅。这年六月王辅臣战败归服，甘肃大局渐趋安定，其恢复之力全靠三汉将，满将只作配合而已。玄烨颁旨奖励张勇说："秦省岩疆重地，军务方殷。张勇忠勤懋著，谋略优长。久镇西凉，恢复城池，志期歼灭贼众，底定秦陇，朕甚嘉之。"[⑦]乾隆帝弘历于乾隆四十七年在《张勇传》后写道："朕恭阅皇祖实录所载，扫除吴逆、平定川陕事迹，因取张勇、赵良栋、王进宝三人国史列传，详加披览，其功绩实有不可灭者。"[⑧]

清军恢复四川，端赖王进宝、赵良栋。这二将均由图海指挥，收降王辅臣后，陕甘大部分平定，只汉中、兴安未复。玄烨命令暂停这方面的军事行动，因为西北威胁已除，南中战斗正酣，必当先解决吴三桂。等到康熙十八年

---

①《平定三逆方略》卷十二《按语》。

②③④⑤《平定三逆方略》卷十三，康熙十四年三月。

⑥《王进宝神道碑》，载《国朝耆献类征》卷二百七十三。

⑦⑧《贰臣传·张勇》。

（1679年），三桂已于前一年死去，耿、尚二藩皆降，大势已定，乃于这年十月，“诏将军张勇、王进宝，提督赵良栋、孙思克取四川，王进宝、赵良栋行”①。

先恢复汉中、兴安，图海留在汉中“护诸军饷”。康熙十八年，图海回北京晋谒玄烨时，原要命他统兵入川，而他却踌躇徘徊。玄烨说：“前称逆贼屯踞宝鸡，图海等欲调各路之兵进剿。及贼败之后（宝鸡为王进宝之子副将用予攻破的），又不乘机扑灭，反藉称贼毁偏关，无路可通，竟尔却还。为此懦怯易退，何时乃得破贼？”②在西北侧面战斗中，不仅图海行动迟缓，即张勇、孙思克也表示有困难，张勇奏：“时届寒冬（康熙十八年九月），坚冰截路，转饷为难……候明春再行。”③孙思克考虑更多。玄烨指责他说：“孙思克奏称：‘贼多步行，逾岭登山，如履平地。小路曲径，贼所稔知。我兵前进，恐贼由曲径潜蹑我后，以绝饷道，为害滋甚。’朕思，秦地绿旗之兵为数甚多，其中步兵不少。且各省绿营向推秦兵精锐，贼能跋涉山岭。我兵豢养有年，何独不能？”图海不得已，最后表示：“如有进取之机，酌量分道而行。”④赵良栋的态度却大不相同，主张迅速发兵入川，奏称：“湖南已经平定，应复汉中、兴安，臣愿独任一路。”共分四路进兵，战绩以良栋、进宝二路为最：

> 良栋师自徽县（属甘肃秦州）进克略阳（属陕西汉中府），三桂将吴之茂败走。良栋复进取阳平关，徇沔县。进宝出凤县（属陕西凤翔府），定汉中，良栋与会师宁羌，各奏捷。⑤

玄烨立给赵良栋“勇略将军”称号，并令诸路士马听王进宝、赵良栋征调。紧接着进取四川，康熙十九年正月，良栋复成都，进宝复保宁。保宁与汉

---

①《平定三逆方略》卷二十六，康熙十八年十月。
②《平定三逆方略》卷四十六，康熙十八年七月。
③④《平定三逆方略》卷四十六，康熙十八年九月。
⑤《清史稿》卷二百五十五《赵良栋传》。

中连境，为川陕间要冲之地。吴三桂将王屏藩以重兵扼守，进宝、用予父子对之展开激战。史传有段极为生动的记述："大破之，追至锦屏山，连拔贼垒，夺浮桥。薄城，守兵贯弓注矢。进宝披襟示之曰：'何不射我？'守兵皆惊愕。用予斩门入。进宝戢诸军毋惊井里，皆曰：'此仁义将军也！'屏藩与其将陈君极缢焉。"[①]于此可见，王进宝在战场上的勇敢搏斗、一往无前的精神。赵良栋率兵入川。李元度为之作传，写其奋勇无前之状："公（良栋）与王公（进宝）分兵进师，昼夜兼行，抵白水坝，时康熙十八年除夕也。坝为川江（嘉陵江）上流，与昭化（县）唇齿，俗号铁门坎。贼防御甚力。公与贼夹江而阵，江水汹涌，无舟楫，将士有难色。公下令曰：'元旦渡江大吉，视吾马策所指，后者斩。'黎明，公骑骡马，率麾下五千人，横刀渡江。江水为万马腾簸，波涛尽立，呼声震天，贼连发炮，伤数十人，无敢回顾者，贼大惊。……方搏战，天忽风，吹马如吹船，顷刻抵岸……遂克成都。"[②]

成都乃四川省会，一经收复，全川倾服。玄烨即擢任良栋为云贵总督。其意以进宝留镇四川，良栋往攻云南。这样选才用将是具有卓知的。进宝勇敢有余，策略较差。良栋实堪当所任，此于云南战役中可以察见。值得一提的是，王赵二人之子，均具将才。进宝子用予，以进宝称疾回固原，由用予代为坐镇，击退吴三桂骁将马宝犯叙州，升任总兵官。良栋子弘灿，随父出征。康熙二十年（1681年），"良栋率师次朝天关，遣弘灿出马湖绕贼后，战凤凰村，再战观音崖。贼据崖，弘灿督兵攀崖袭其后，馘三百，俘八十余。……复泸州、叙州，遂克永宁，徇荣经。良栋与会师夹江，克雅州，进复建昌，渡金沙江。次武定"[③]。父子率兵进入云南境内。弘灿也任总兵官，后作到两广总督。赵良栋所率皆陕甘绿旗兵，其战斗力实超过八旗部队。

清军攻云南，系由三路进兵：一路以贝子彰泰为统帅，由湖南进；一路以赉塔为统帅，由广西进；一路即赵良栋，由四川进。因彰泰为皇族贵胄，三路

---

① 《清史稿》卷二百五十五《赵良栋传》《王进宝传》。
② 李元度：《国朝先正事略》卷十一《赵襄忠公事略》。
③ 《清史稿》卷二百五十五《赵良栋传》。

的最高掌兵权和指挥者是他。湖南、广西两路兵，于康熙二十年二月已会师昆明郊外。彰泰持围困敌城、日久自毙的决策。竟历经九个月，吴三桂孙世璠负固抗御，不能攻破。赵良栋率兵至，向彰泰请求即速攻城，并提出三点意见：一、投诚之人，不应分散为奴。二、兵队必须挨近城下，包围面不能离城过远。三、（为围困敌城筑起的）壕墙防范要严，不使有人寻柴割草[①]。当时满洲将帅士兵都不愿意积极接战，一则畏惧伤亡，二则企图抢掠。满洲惯习，作战必须多得财物，掠卖人口。如像赉塔算是满洲统帅中比较好的，然仍以“隐匿（尚）之信藩下妇女，下所司集质”[②]。彰泰就更差了，赵良栋谓“降者宜分别收养，不宜尽发为奴。彰泰不悦，以满洲语相驳诘。公（良栋）汉人，不解满语，因是抵牾”[③]。后玄烨勒令“急取城池”，方才全军出动。

赵良栋自告奋勇，亲率陕西绿旗兵六千人，首先挺进，战斗是极其激烈的。李元度所记颇详：“率所部亲冒矢石，取玉皇阁，进逼新城，贼据桥死拒。公伏马兵于南坝两岸，分步兵为三队营壕墙外，持大刀督阵。夜二鼓，攻桥，贼殊死斗。逆渠郭壮图亲搏战，三进壕墙，而伏兵应之。复以计，从一流济师，列炬如星，炮雨下，贼败走。公夺桥，追至三市街，再败之，天犹未晓也。黎旦，入东南二门……自公至军，八日而云南平。”[④]赵良栋在取云南战役中不仅建立大功，而且所部纪律严明，并敢于向满洲主帅抗辩，拯救了广大云南民众。据倪蜕《滇云历年传》：“惟总督赵良栋敛兵不入，即自率所部趋曲靖（在昆明东），秋毫无犯。将行，闻大将军议搜山洗谷，军士遂有先行纵恣不法者。良栋面彰泰，具稿奏劾，彰泰惧，议阻不行。滇民妇子安全无所离析，皆良栋之力也。”[⑤]玄烨在其所作《御制碑文》上也写道：“当大兵围滇，尔至，则决议急攻，潜渡新桥，摧锋三市，丑徒大溃。立下省城，实兹战之

---

① 《清史稿》卷二百五十五《赵良栋传》。
② 《清史稿》卷二百五十四《赉塔传》。
③ 赵良栋：《奏疏存稿》卷六《备陈三事早期荡平疏》。
④ 《国朝先正事略》卷十一《赵襄忠公事略》。
⑤ 《云南通志》卷一百四《引》。

力。”又云：“部伍森严，秋毫不犯。”[1]

三、平藩使用汉将策略的成功

清最高统治者爱新觉罗氏，打从努尔哈赤起家建国、组织八旗部队开始，即以其亲信子侄为旗主，掌兵权，都身临战阵，参加战斗。这个传统作法，直到入关迁都北京仍然如此。因此，在康熙时爆发三藩叛变事件，所担任方面的统帅，尽属皇族。应付正面的顺承郡王勒尔锦，是礼亲王代善孙勒克德浑子，命为“宁南靖寇大将军”，率兵前往。由于畏缩不敢力战，湖南很快尽失，只得坐守荆州。接着加派郑亲王济尔哈朗弟贝勒费扬武子尚善，为“安远靖寇大将军”前往助战。江西情势紧急，又派努尔哈赤第七子阿巴泰子安亲王岳乐，为“定远平寇大将军”，为对付吴、耿，截断其两军联通，同时再派济尔哈朗孙简亲王喇布由江宁（南京）往江西援助。东侧面派代善孙康亲王杰书为“奉命大将军”，往浙江抵御耿精忠。西侧面派豫亲王多铎子信郡王洞鄂，为“定西大将军”，讨伐叛逆王辅臣。清制，大将军为方面的最高统帅，诸将军均归管辖。玄烨对任用皇族曾作解释说：“非以诸将才能不足，念诸王、贝勒皆朕懿亲，指挥调遣，无所牵掣；守御征剿，足增威重。”[2]殊不知这时的皇族贵胄，由于多年养尊处优，大多数成为纨绔子，远远不能比其父祖，他们既乏战斗经验，也无勇气胆量。勒尔锦就是一个典型代表，不但不能戡平战乱，如同玄烨所言：“顺承郡王勒尔锦、贝勒察尼（多铎子，随勒尔锦出征，参赞军务）统领大军前往，不能竭力底定地方，但敛取督抚司道县官财物，希图回家为富足之计。”[3]其中只岳乐和尚善及贝子傅喇塔，尚能出谋划策，执行军务，余则皆庸碌无能，假威自尊而已。当时有人咏诗曰：“大将赐来黄带子，亲王自

① 见玄烨为赵良栋作《御制碑文》，载《奏疏存稿》。
② 《平定三逆方略》卷十，康熙十三年六月戊午。
③ 《康熙起居注》，康熙十九年十月二十六日。

领绿旗兵。”[1]这反映领兵的主帅都是皇族贵胄人物。

为平藩调配的清军将帅，皇族以下，尽属旗籍世勋，康熙十二年战事初起时，兵部于四月曾将分遣禁旅诸路调度情形移会尚可喜，从中可见驻防和进讨的计划概况。

经宁南靖寇大将军顺承郡王及贝勒等帅领大兵，由常、澧进平云贵。镇南将军尼雅翰，都统朱满、巴尔布等，帅师由武昌水路进取岳州、长沙，直入广西。都统宜理布等，帅师驻镇彝陵。都统范达礼、副都统德业立，帅师驻镇郧、襄。西安将军赫业、副将军胡礼布、西安将军瓦喀等，帅师由汉中进取四川。副都统扩尔坤、吴国桢等，帅师驻防汉中。镇西将军席卜臣，帅师驻防西安。复遣尚书莫洛经略陕西等处，帅大兵居中调度。镇东将军喇哈达等，帅师于山东、河南、江南要地驻防。安南将军华善等，帅满洲、汉军官兵，同镇海将军王之鼎等，于京口水陆驻防。扬威将军阿密达等，帅师同江宁将军额楚等，防守江宁、安庆沿江险要。征南将军赉塔，帅师由浙江平定福建。浙江将军图喇，率师驻镇杭州兼防海疆。定南将军希尔根、副将军哈尔哈齐等，由江西建昌、广信平定福建。平寇将军根特、巴图鲁席布等，率师赴广东会，同该藩（尚可喜）进剿[2]。这时吴三桂、耿精忠均反，湖南、四川已失。玄烨初意，显然要依靠八旗将士进行征战任务。但情形多有变化，对湖南的进取，被阻江北，难于伸展。双方交战于江西，孙延龄、尚之信先后也反，两广无从进军。耿精忠攻浙江，赉塔尚堪所任，然略无汉臣浙督李之芳相助防守衢州，局势犹难保住。杰书是个平庸无能的人，玄烨责备他说：“王守金华，将及二载，徒以文移往来，不亲统兵规剿，贼何自灭？宜刻期进取。”[3]李之芳可与图海相比，兼具文武才能，玄烨称赞他说：“虽不谙骑射，执刀立船首，率众突前破敌。彼时同出征者，还京皆称其勇。”[4]而情形变化最大的是西北，莫洛被

---

① 刘献廷：《广阳杂记》卷一。
②《清圣祖实录》卷四十七，康熙十三年四月癸亥。
③《清史稿》卷二百十六《杰书传》。
④《清史稿》卷二百五十一《李之芳传》。

戕害，王辅臣叛变，给予战斗全局影响特别大。

玄烨此时曾要亲征，他对洞鄂说："前各将军大臣，不遵指授，互相观望，迁延不进，以致逆贼得据大江之南。贼渠（吴三桂）未灭，故又有此变。朕欲亲至荆州。"[①]玄烨所言诚是，主要关键在无人能胜吴三桂。我们只看派往江西作战的简亲王喇布，吴三桂军占吉安，喇布呆在南昌，不敢出战。玄烨说："简亲王喇布自至江西，无尺寸之功，深居会城，虚糜廪饷。"[②]皇族贵胄都不中用，皇上发急，要亲自出马了。承担讨伐王辅臣的洞鄂也是个胆小鬼，命他进驻兰州，他躲在西安不动，以致兰州失守，偏关被毁，栈道断绝，诸城陷落，造成一片混乱。就在这样的军事实践中，玄烨逐渐认识到，平藩事件要想取胜，不使用汉将汉兵是不可能的。为了鼓励汉兵士气，玄烨曾谕张勇说："自古汉人逆乱，亦惟以汉兵剿平，彼时岂有满兵助战哉？"[③]玄烨讲这番话时在康熙十八年，吴三桂已死，南方形势渐定。然尚有汉中、兴安未复，进兵四川此为必取之地。四川关系重大，它联通云南、西藏，吴三桂之孙世璠有与西藏勾合的可虑。而他也看到，必须使用西北汉将才能奏功。后在康熙二十一年（1682年）时，他还追述道："王进宝、赵良栋当逆贼窃据汉中、四川等处地方，悉力固守。在外领兵诸将，咸以恢复为难。用特遣学士希福驰往传谕，从来汉人地方有变，即以汉兵戡定，尔等皆封疆大臣，久历戎行，应各率所隶部曲将士，相机进取。时赵良栋即首倡议，应行恢复，随允良栋议，刻期进剿。于是二人协力克取汉中。其兰州失陷时，王进宝遂乘筏渡河，恢复兰州、巩昌等处，剿御贼寇，所向奏功。"[④]玄烨鼓励汉将进兵收复失地，在赵良栋、王进宝身上起了显著作用。

玄烨使用汉将不仅能鼓励其奋战之气，还善于调解其互相之争。赵、王二将在进取四川的作战中曾发生争执。问题是分路进还是合路进，赵良栋主张分

---

① 《平定三逆方略》卷十一，康熙十三年十二月庚子。
② 《清史稿》卷二百十五《喇布传》。
③ 《清圣祖实录》卷四十七，康熙十八年九月庚子。
④ 《康熙起居注》，康熙二十一年九月初一日。

川西、川东两路，王进宝主张合路同进。窥察二人用意，总在争取成都立大功[①]。玄烨的战略决定同意分两路进兵，由王进宝取保宁，由赵良栋取成都。这样做进宝当然不快，因而对良栋发生嫌隙。在两路分取的情状下，正如玄烨所指："若成都不下，则虽攻保宁，未易即拔。若保宁未克，则虽下成都，难以固守，势必复致于退。"[②]玄烨还有倚重赵良栋的意思，认为良栋有勇有谋，比较进宝为优，从所给予良栋为"勇略将军"，进宝为"奋武将军"的称号来看，即可觇知。玄烨对二人的相争互劾处理得很好，他说："朕当二人讦奏之初，即已洞悉情事，念二人功绩并茂，惟欲保全，绝无究察之意……今二人俱至京师，如欲治罪，何难逮问重处？但朕意终以保全为念，特将二人互讦章奏，俱行发还，概不究问。"[③]当四川平定之后，王进宝奉诏来京，受到玄烨特殊优遇，"谒陵后，晨夕入朝，上亲临饷宴，笑语极欢。太皇太后及皇太子俱赐宴内廷，令近侍劝将军醉"[④]。

对待赵良栋，玄烨以其性格高傲自负，凌驾众将，对满将所佩服的只有赉塔、穆占，至于皇族诸王、贝勒、贝子等更不放在眼里，便有意挫折他一下，说："赵良栋乃一骄纵狂妄之人，凡事自云谙练，谓人莫己若也。人虽有十分才具，犹当退敛只作五分，谓一己之外无人，可乎？"[⑤]又指出其疏内："'殷鉴不远'之语，尤属悖谬，可谓不知礼矣！"[⑥]嗣后以再失建昌，降良栋职，来京授銮仪使。这其中亦有人向玄烨进谗谋陷之因。据昭梿《啸亭杂录》所记："公（良栋）本秦人，性憨。取蜀时见罪将军吴丹，丹为明珠侄，心怵之，乃授意兵部，故抑公功。"[⑦]此言出于满洲贵族袭礼亲王爵的昭梿之口，绝非空传，必有所据。还有一证，《康熙起居注》记，大学士明珠奏曰："观赵良栋所奏，似有怨怼之意。"[⑧]今读赵良栋《奏疏存稿》，常有对军事措施申辩之

---

① 《奏疏存稿》卷二《密陈悖旨并报分兵进剿疏》。
②③ 《康熙起居注》，康熙二十一年九月初一日。
④ 《王进宝神道碑》，载《国朝耆献类征》卷二百七十三。
⑤⑥ 《康熙起居注》，康熙二十年十一月十七日。
⑦ 昭梿：《啸亭杂录》卷九《赵勇略》。
⑧ 《康熙起居注》，康熙二十年十二月二十三日。

言，并有涉及吴丹者。吴丹佩将军印曾随王进宝攻保宁，后以永宁再失守，良栋劾其不赴援，解印还汉中[1]。明珠为当时朝中权臣，得罪其侄，必然报复，便借机射出暗箭中伤。玄烨还说过良栋曾“纵兵掠民”的话，必出明珠造谣，所幸玄烨终不糊涂。康熙二十五年（1685年），他念“良栋克云南，廉洁守法纪，复将军，总督原衔”[2]。

于此应当附带提一下的是，玄烨对平藩的策略，采用两手：一使用汉将，二招抚汉将。使用即如上述西北三汉将，是其招抚而来使用，而且招抚的策略极宽。康熙十三年四月，上谕即云：“如吴三桂服罪请降，王及将军等，仍议招致之。”[3]所以尚善至军，敢于致书三桂有“如输诚悔罪，应许自新”[4]之言。但是，这一手是收到了效果，耿精忠、王辅臣之降起的作用就很大。其后林兴珠之降，经其出谋献策，攻下岳州。玄烨对兴珠极为重视，给予侯爵，后命率藤牌兵参与雅克萨抗俄之役，建立功勋。此外朱天贵、韩大任等均能献身战场。即收服台湾的施琅也是由郑氏而来的降将，玄烨置之身旁，待同近臣，信任无疑，使其能献计立功，这都是玄烨运用招抚策略的成功。

从平藩的全部战局看，特别从西北侧面战局看，如果无有汉将汉兵的参加，胜利是不可能取得的。年轻的玄烨能从一起头依靠皇族的王、贝勒等挂帅，使用八旗将兵，到认识必须使用汉将兵，鼓励他们出力报效，这种改正作法可谓明智，实堪称许。

玄烨始终广泛采用招抚政策，使降将归附，俯首听命，有的更建立功勋以致牺牲战场，这也是取得胜利的一个因素。其后于台湾与准噶尔部用此政策收到显著效果。

至于玄烨对汉将还不肯信任方面，这是可以理解的。因为经吴三桂联络煽动，大部分汉将皆叛清附吴，作为一个满洲统治者，必然存有戒心。况且漠南

---

①《清史稿》卷二百五十四《吴丹传》。
②《清史稿》卷二百五十五《赵良栋传》。
③《平定三逆方略》卷一，康熙十三年四月。
④《清史稿》卷二百十五《尚善传》。

蒙古、西藏都发生波动，只看其三藩军事结束后，即出塞安抚蒙古，用意所在，即以觇知。

还有，玄烨战后对皇族诸统帅也作出一定程度的处理，虽有的奖功，多数予以惩罪，兹不详列。总之，玄烨平定三藩为的是恢复和巩固国家的统一，是有功的。本文只是就其平藩一个侧面战场的用人成功经过举述大略，为了解事件全局作参考。

（原载《北京大学学报》1984年第1期）

论康熙争取台湾及其善后措施

一、郑氏据台抗清的形势

台湾自古属于中国。考之史籍，东汉以来所称的夷洲就是台湾。从三国到隋这个时期，那里的人民已经和大陆多有往来①，唐以后大陆人民前往其地者，更是陆续不断。宋、元、明时期，中国政府接连在其地设置行政管理机构，明万历间，为了防御倭寇入侵台湾，又特设兵驻守②。台湾一直是祖国不可分割的一个组成部分。

明天启间，福建人颜思齐和郑芝龙等组织海上武装，即以台湾、澎湖作为活动根据地。后来颜思齐死去，郑芝龙归附明朝作游击将军，遇到福建大旱，乃奉命"招饥民数万人，人给银三两，三人给牛一头，用海舶载至台湾，令其芟舍开垦荒土"③。由于台湾土地肥沃，"所获倍于中土"。优越的地理条件，加上大陆传来的先进农业技术和工具，使该地生产有了显著提高，从而台湾社

---

①《后汉书·东夷传》："有夷洲及澶州，……世世相承，有数万家，人民时至会稽市。"《三国志·孙权传》："黄龙三年（230年），遣将军卫温、诸葛直以甲士万人，浮海求夷洲及澶州……但得夷洲数千人而还。"这个夷洲就是台湾。以后隋唐人称为琉球。台湾的名称，至晚开始于明初。据当时福建莆田县人周婴作的《东番记》称台湾为台员。员为湾的闽省读音。清人徐怀祖《台湾随笔·引》、《明史·鸡笼传》所说的万历时称台湾，当系由多年的俗称而定下来的。

② 顾祖禹：《读史方舆纪要》卷九十九。

③ 黄宗羲：《赐姓始末》。

会经济大为改观。

明末天启崇祯间，中国政治腐败，内部动荡不宁，西方殖民主义者西班牙和荷兰乘机侵入台湾。经过一场互相吞噬的斗争后，台湾为荷兰所独占。1661年（顺治十八年），我国伟大的民族英雄郑成功在东南地区进行抗清斗争遭到挫折，决定收复其父芝龙所经营的台湾作为基地，亲率大军一举驱走霸占了台湾近四十年的荷兰人，光复了失地。他在抵台之后，一方面按照明朝制度建立起一套“社稷、宗庙、学校”俱备的封建政治体系，并分置府县，施行民政；另一方面大力督导垦田，“围生牛而教之耕，……三年然后定赋”[①]。这样就使台湾完全同于内地。同时采取措施鼓舞汉族和高山族人民的劳动热情，使得生产以更快的速度向前发展。此时郑氏所据地方还有厦门、金门二岛，凭此口岸与内地商人联系，运输货物，经营贸易，当时有“郑氏五大商”之称[②]。郑氏形成为一支拥有雄厚物质基础的海上武装势力。

然而，不幸郑成功在到台湾的第二年便逝世了。骤然失去这样一位英勇坚强的领导者，使抗清斗争力量遭受严重打击。再加上其子郑经同诸叔争夺权势，内部分裂，以致郑氏亲族及重要部属相继投清。清政府为此特派专员分驻福建、广东，办理“安辑投诚事务”[③]。就在郑氏实力日益削弱的形势下，清军于1663年（康熙二年）攻下了厦门、金门，郑军退到澎湖、台湾。由于满洲将领缺乏海上作战经验，旗兵不娴水战，因此采取了固守的办法。郑经则在台湾仍奉明朝年号与清对峙。

1673年（康熙十二年），三藩变起，闽藩耿精忠联合郑经一起反清。郑军登陆，连占福建漳、泉、汀州和广东潮州四府地。后耿精忠又归清，郑军坚持不去，双方展开了激烈的战斗。直到三藩战事接近结束，清政府才得以集中力量迫使郑军退出大陆。康熙积极收复台湾使之合并于大陆，就是在三藩战事结束、内地归于统一的形势下实现的。

① 沈云：《台湾郑氏始末》卷四。
② 刘献廷：《广阳杂记》卷三。
③《清圣祖实录》卷十一，康熙三年正月丙子。

二、康熙争取台湾的策略和战略

清军在福建同郑军的角斗，几乎与三藩事件相始终。其间虽说胜负难分，实际清军常是损兵折将的。1678年（康熙十七年），海澄长泰之役，清兵三万，马万匹，俱被击溃，重要将领如前锋统领、都统、提督均战死①。当时玄烨给其统帅康亲王杰书的谕旨竟道："满汉官军间散人及厮役，有能倡率冲敌，直过潮沟抵于海澄，救出被困官兵者，准克复上等府城例，从优议叙。"②这显然暴露出清政府对自己的战斗力已经失去信心。可是，这个奋发图强、志在统一的青年皇帝玄烨，就在这种长期作战、屡遭失利的教训中，渐渐认识到，要想平定海疆，收服台湾，非重用汉人不可，特别是要重用闽、浙人。因为满洲将帅和兵士都不熟悉海疆作战技术，并且人地生疏，应付困难。郑军则属沿海土著，容易取得当地人民的援助。当时与郑军相呼应的所谓"山寇"，就是一种地方武装。同年，康熙帝玄烨首先提升福建布政使姚启圣作总督，命他担当起恢复地方的责任。姚启圣是浙江会稽县人，生长于海滨，是个能文能武的干才。耿精忠叛变时，他还是一落职知县。后投效军前，以屡建奇功作到布政使。玄烨在看到他接任总督后第一次条陈方略的奏折时，便得意地说："闽督今得人。"

当时在福建的清军主力为八旗部队。绿营积弊太深，腐化异常，其将官都"以食饷兵丁充伴当、书记、军牢等役"③。姚启圣先着手整顿绿营，规定经制，招募新兵，严格训练，建立起一支能在海疆地带担任战守的有力部队。接着，清政府又调来久著战绩的汉将万正色、杨捷，分任水陆两路提督。又由山东、河南等省征集大批善用鸟枪的汉兵，并集中和添造了许多战船。这一来，

① 《清圣祖实录》卷七十四、七十五，康熙十七年六月乙未、七月己亥；魏源：《圣武记》卷八《康熙戡定台湾记》。

② 《清圣祖实录》卷七十四，康熙十七年六月乙未。

③ 《清圣祖实录》卷七十五，康熙十七年七月戊午。

清军阵容顿然为之一新。击退郑军，重取厦门、金门，就是依靠这支经过整编的精锐部队来达成的。

玄烨争取台湾的全部策略和战略，是分作两步进行的。第一步先招抚。郑经自退出大陆后，萎靡不振，大权旁落。妻父冯锡范“构煽帷幄间，肺腑大臣皆侧目”[①]。因此众心涣散，内部呈现动摇。玄烨看清楚对方这种日益激化的矛盾现象，即针对这个缺口，集中力量进取。姚启圣是招抚工作的执行者，又是这种政治活动的能手。在他未作总督以前，如三藩骁将韩大任、潮州守将刘进忠等，都是经他劝说附清的。这对扭转战局曾起了重大作用。也正是由于这样，他才为玄烨所赏识而被加以重用。

姚启圣为招抚郑军将士，采取措施，展宽联系面，在漳州特设“修来馆”：凡是从郑军那边来投的人，不问职位大小，一视同仁，厚礼款待，授予官爵。著名史学家全祖望在为姚启圣写的神道第二碑中，记述当时他的活动情况：

> 大开修来馆于漳州，不爱官爵、资财、玩好。凡言自郑氏来者，皆延致之，使以华毂鲜衣，炫于漳泉之郡，供帐恣其所求，……于是不终岁，其五镇大将廖瑛、黄靖、赖祖、金福、廖兴以所部降，郑奇烈、陈士恺继之，林翰、许毅等均被用。[②]

这一着取得了两种巨大效果：第一，所谓郑氏的五镇大将，都是在沿海地带从事顽强抗清的武装力量。他们的归附，可使海疆地区逐渐趋于平静。第二，这些归附的郑军都是久经战阵的海上部队，加以整编即成为水师禁旅，从而增强了清军的实力。

在此还要指出的是，姚启圣所执行的这种扩大招抚工作，并非玄烨公开指示要他去做的，而是由他以地方官资格，自行筹划经费从事的。因此，当时北

---

① 《台湾郑氏始末》卷六。
② 全祖望：《鲒埼亭集》卷十五《姚启圣第二神道碑铭》。

京朝中诸臣都不明了内幕，都御史徐元文听到姚启圣挪用官款，便提出弹劾，说他“借司库银十二万，经营取息，侵占民利”[①]。玄烨见到奏折，却只佯示追查，敷衍而过。等启圣死后，虽“亏帑金以百万计”，亦“概予放免”[②]。因为他这样做，正符合着玄烨的意旨。

招抚工作既然取得效果，这就为争取郑氏的归附打开了大门。于是第二步即准备派兵入台。玄烨处理此事是极其慎重周到的，在厦门、金门攻下后，下谕兵部：“台湾、澎湖、暂停进兵。”[③]这是因为对人事的调整和配合，都需要作周密详审的考虑，并且还要注意观察情况，等待时机。当时在福建前线的军政大员如姚启圣、万正色，都不是指挥海战的将才。万正色身任水路提督，竟道：“台湾断不可取。”[④]就在这个时候，即1681年（康熙二十年），郑经死去，二子克壏、克塽各为所亲挟持，发生争位冲突。克壏被杀，克塽只有十二岁，不能理事。因此，内部益发混乱不安。玄烨认为时机已告成熟，乃发布“规复台湾”之令。

派兵入台是任用了曾留在他身边十三年之久、作内大臣的施琅。施琅是福建泉州人，原为郑氏部将。他既熟悉海疆情况，又富于海上作战经验，是一个卓越的水师统帅人选。玄烨对施琅是经过长时间观察考验而深知其能的，到此时便“特加擢用”，命他担任福建水师提督。施琅到福建后，为调整兵力，审度风势，又耽搁了一年多。当时朝廷内外对之议论纷纷，而玄烨则全然不为所动。1683年（康熙二十二年）六月二十三日，施琅率领水师出发，经七昼夜的海上鏖战，攻下了澎湖三十六岛。郑军主将刘国轩仓皇败走。在这场战役中，郑军二万士卒，二百只战船，统统被击溃[⑤]。郑氏无力再战，乃表示归附。玄烨授给郑克塽公爵，编入汉军旗，其大将刘国轩、冯锡范皆给予伯爵，国轩更被重用作天津总兵。从此这块面积三万六千平方公里的祖国神圣疆土，

---

① 《清史稿》卷二百六十《姚启圣传》。
② 李光地：《榕村全书》第十册，《文贞公年谱》卷上。
③ 《清圣祖实录》卷九十一，康熙十九年八月辛酉。
④ 《清圣祖实录》卷一百十六，康熙二十三年七月丙戌。
⑤ 施琅：《靖海纪事·克取澎湖大捷疏》。

重新归回统一的清政府管理之下。

玄烨收复台湾实现统一的胜利，不仅在于他对姚启圣和施琅的知人善任，而且整个策略战略的全面掌握和运用，也完全出之于他本人。举例来讲，当时在福建的大僚和将帅间，并不是十分和谐的，他们常为争功而互相排斥。1680年（康熙十九年）攻取厦门、金门，巡抚吴兴祚和水师提督万正色实居首功，而总督姚启圣却密陈兵部，指其先与郑军海澄守将朱天贵有约，非攻克之力。朱天贵是姚启圣正在进行招抚中的一员郑军大将。很明显，姚启圣这样做就是为了争功。玄烨对此，一面驳斥兵部妄议，仍予吴兴祚等叙功；一面也承认姚启圣有功，并重用了朱天贵。后来在进兵台湾的澎湖战役中，朱天贵作战最勇，以致战死。施琅在接受规复台湾的命令后，曾以免受牵制为理由，表示不愿督抚参与军事。玄烨即调开吴兴祚并提升他为两广总督，而以姚启圣专办军队后勤事务，使施琅能尽其心力，克奏全功。一天，玄烨和学士席柱谈到万正色、施琅二人时说："万正色前督水师时，奏台湾断不可取。朕见其不能济事，故将施琅替换，令其勉力进剿，遂一战而克。"[①]又说施琅是"粗鲁武夫，未尝学问，度量褊狭，恃功骄纵，此理之必然也"[②]。由此可见，玄烨不但知人善任，而且善于驾驭将帅，能深悉臣属短长，包容其短，使用其长。

三、关于台湾弃守争议的决定及善后措施

玄烨对待郑氏的政治态度以及台湾的善后措施，是非常正确的。其具体情况突出地表现在两件大事上：

（一）没有答应郑氏独立。自清军入关南下，明将郑芝龙在福建归附，清政府即对其子成功多次进行招抚。至康熙时，对成功子经又多次招抚，而经表示愿为藩属，仍奉明正朔，不剃发易服。当时清政府虽然没有接受这种条件以达成和议，但由于领兵作战的满洲贵族大多数畏惧海战，盼望能够早日罢兵，

①②《清圣祖实录》卷一百十六，康熙二十三年七月丙戌。

因而有一种想要答应郑氏要求的倾向。清在福建的平南将军赉塔，曾与郑经通书，有“不必剃发，不必易衣冠，称臣入贡可也，不称臣入贡亦可也”[①]的话。可是玄烨对待此事却非常慎重，从其前后一切言行来看，他是决不放弃统一台湾的。我们看1683年（康熙二十二年）郑军统帅刘国轩又派使者来，请求照琉球等国例，称臣入贡。玄烨当即予以拒绝。他说，台湾地方都是中国人，不能与琉球比，必须“剃发归诚”[②]。玄烨的这种坚定态度，对于保卫和巩固中国统一，关系至为重大，是应当予以肯定和赞扬的。

（二）决不放弃台湾。郑氏归附之后，清政府开始讨论如何处理善后问题。当时存在着主守与主弃两种不同的意见。这时姚启圣已经死去，只有施琅在。他是主守的，认为必须坚守台湾，决不可以轻言放弃，并提出警告说：如果弃掉台湾，那荷兰人正“无时不在贪涎，亦必乘隙以图”[③]。玄烨把这个问题交付臣下，广泛征求意见。有的人支持施琅，如大学士李霨即认为：“台湾独立海外，屏蔽闽疆，弃其地，恐为外国所据。”[④]有的则持相反之议，如内阁学士李光地即主张放弃台湾。他的理由是：“重洋之险，守则必设重戍，设重戍而固业其子孙，一旦濒海有警，隐然有夜郎自大之势。”[⑤]尤其荒谬的是，李光地更要把台湾送给荷兰。他说：“乘国威远播，丐其地与红毛，而令世守输贡，似尤永逸长安之道。”[⑥]由于当时有人以施琅为郑氏旧部，对其守台主张抱有怀疑，因而也有支持这种放弃之议的。经过一番争论，最后玄烨毅然决然地作出了必守台湾的决定，他说：“今日可守则守。若万世之后，我受命无疆惟休……”[⑦]这意思就是说，今天有力量守就守，千秋万世后凭天之福还是能守的。于是颁布“戍率更番之制”，派兵前往镇守。在处理这个重大问题上，玄烨能够于众议纷纭之中独具卓识，断然裁决，诚不愧为一个杰出的政治家。

① 魏源：《圣武记·康熙戡定台湾记》。
②《清圣祖实录》卷一百九，康熙二十二年五月甲子。
③《靖海纪事·恭陈台湾弃留疏》。
④《清史稿》卷二百五十《李霨传》。
⑤⑥⑦《文贞公年谱》卷上。

四、海疆的巩固和沿海生产及贸易事业的开展

台湾归附大陆，对十八世纪中国进一步巩固和加强统一局面，有着极其重大的意义。从1684年（康熙二十三年）起，清政府派出总兵统率兵士万人坐镇台湾，兼管澎湖[①]。它同江、浙、闽、粤沿海各提镇紧密联络，使东南海疆的国防工作得以空前增强。同时，由于海上军事行动结束，沿海地区进入安定，清政府解除了严酷的“迁海”令，使流离在外多年的当地人民得以返回家园，重理故业。海禁宽弛，促使劳动人民能够积极展开生产活动。我们且看定海地方的渔业情况：

> 自海禁既开，江南、浙省、福建沿海诸郡渔船，四五月间，毕集于此，名为“渔汛”。大小船至数千只，人至十数万，停泊晒鲞，殆无虚地。[②]

要使生产取得恢复和发展，地方安定是必需的条件。以厦门为例，1663年（康熙二年），清政府下令：“如顺治十八年例，迁界守边，厦门遂墟。”等到1680年（康熙十九年），郑军退去之后，则逐渐成为“人烟蕃庶，土地开辟，市廛殷阜，四方货物辐辏，骎骎比一大都会”[③]。

清政府在海疆安定、国防巩固的大好形势下，于1684年（康熙二十三年），在江、浙、闽、粤设立了四个海关，开始征收对外贸易的货税，并允许人民载货出洋。这一来，商人们也活跃起来了，“北至宁波、上海、天津、锦州；南至粤东，对渡台湾，一岁来往数次外，至吕宋、苏禄、实力、噶喇巴，

---

① 《清朝文献通考·兵制八》。
② （康熙）《定海县志》卷二《环海图记》。
③ （道光）《厦门志》卷二《分域略·沿革》。

冬去夏回，一年一次”[①]。当时人黄叔璥《赤嵌笔谈》所记福建和台湾间的贸易，其商品种类繁多，情况是：

> 海船多漳、泉商贾贸易，于漳则载丝线、漳纱、剪绒，纸料、烟、布、草席、砖瓦、小杉料、鼎铛、雨伞、柑柚、青果、橘饼、柿饼；泉州则载瓷器、纸张；兴化则载杉板、砖瓦；福州则载大小杉料、干笋、香菰；建宁则载茶。回时载米、麦、菽豆、黑白糖饧、番薯、鹿肉，售于厦门诸海口。[②]

从上面这段记载，可以清楚地看出，台湾虽然土地肥沃、物产丰富，可是它所需要的许多物品还得依靠大陆供给，同时大陆所需货物也要它来补充。这就说明台湾和大陆是血肉相连、不可分开的。当时大陆上的人民，特别是闽粤籍者，有许多迁到台湾从事开垦，同当地高山族、汉族等人民一起，发展了农业和手工业生产。台湾向以产稻著名，遇到大陆歉收之岁，即可将米麦运来做接济。这种互助互利的情况，只有在统一的政权下才能做到。由此益加证明，国家的统一是人民最大利益所在，即使在封建时代，已然如此。

（原载《中国史研究》1980年第4期）

---

① （道光）《厦门志》卷十五《风俗记》。

② 《台海使槎录》卷二《赤嵌笔谈·商贩》。

姚启圣和施琅

——清史札记一则

姚启圣和施琅二人，同是在康熙争取台湾郑氏归回祖国这个统一大业中，功勋卓著的。可是姚启圣对施琅以取台湾功得到封侯，心有不惬，这从全祖望为姚作的《第二神道碑铭》中表露得颇为明显。该文说："以首功封琅，……公疏言，此庙谟天定，微臣无力。天子疑以为有怼焉。"又说："琅至（由北京派来福建），即密疏，请以公（启圣）驻厦门，而己独以师进。"这就是说，施琅排斥姚启圣并夺了他的战功。我们研究清史，对此二人的情事始末，应当如何评议，是值得商榷的。

姚、施二人都是在清军入关时期归附清政府的。姚启圣是浙江会稽县秀才，投效清军，编入汉军镶红旗籍，作过几任知县。三藩事变中，随康亲王杰书和耿精忠战斗于浙江、福建，以屡立战功，任福建布政使。康熙十七年（1678年），清军和台湾郑军交战溃败，提升姚启圣为总督，康熙帝夸赞说："闽督今得人。"施琅，福建晋江县人，随郑芝龙降清，入汉军镶黄旗籍。从清军战于广东、福建，作到总兵。康熙七年（1668年），召入京，授以内大臣。就政治军事活动来说，姚启圣任福建总督后，曾做出许多显著成绩，如设立"修来馆"，即是其一。据全祖望所记："大开'修来馆'于漳州，不爱官爵、资财、玩好。凡言自郑氏来者，皆延致之，使以华毂鲜衣炫于漳泉之郡，供帐恣其所求。……不终岁，其五镇大将廖琠、黄靖、赖祖、金福、廖兴以所部降；郑奇烈、陈士恺继之；林翰、许毅等均被用。”[①]并将归降部队编制成军，这一来，既安定了海疆，又增强了海上战斗力量。清军第二次攻占厦门、金门，郑军退出大陆，与姚启圣的这种活动是分不开的。另一方面，施琅留在北京，一直呆了十三年，到康熙二十年（1681年）才被派去福建作水师提督，命他规取澎湖、台湾。

姚、施二人发生矛盾也就在这时。私家著作多偏袒姚，殊非公允之论。今据《清圣祖实录》所记综合观之，情事始末大致可明。康熙二十年八月，姚启圣上疏说：“臣军前所辖舟师，乃平阳总兵官朱天贵旧部。若令他人统辖，恐一时未能驯习。……请敕下浙江总督，速发朱天贵，并原带部下精兵三百人至福建，同臣协力进剿。”等到康熙二十二年三月，施琅上疏则说：“进剿台湾，选派水陆官兵，已足办贼。平阳总兵官朱天贵所部之兵，似不必更留福建，虚糜粮饷，请发回原汛。”康熙帝对此所下的命令，是要“朱天贵及原带官兵，仍留福建，在后策应，听施琅调遣”。他大概已经发觉姚、施有矛盾，因而想出这个调剂的办法。在这以前，康熙二十年，施琅已有疏言：“督抚均有封疆重寄。今姚启圣、吴兴祚（福建巡抚）俱决意逃兵。臣职领水师，征剿事宜，理当独任。但二臣词意恳切，非臣所能禁止。”康熙帝于此所下的命令是：“总督姚启圣统辖全省兵马，同提督施琅进取澎湖、台湾，巡抚吴兴祚有刑名钱粮诸务，不必进剿。”不久便把吴兴祚调离福建，去作两广总督。很显然，他们都在想争收服台湾的大功。可是，用兵之道，统兵大员必须意见一致，方能取胜。他深明此理，最后于康熙二十一年毅然决定：“著该督抚同心协力，催趱粮饷。施琅相机自行进剿，极为合宜。”施琅要求将组织部队和指挥作战的军权统于一，是对的。康熙帝最后决定无疑也是正确的。

康熙二十二年八月，施琅率军进入台湾，郑克塽举部归附。施琅由海道报捷，“疏至，正中秋，上赋诗旌琅功，复授靖海将军，封靖海侯”[②]。人们对

① 全祖望：《鲒埼亭集》卷十五《姚启圣第二神道碑铭》。
②《清史稿》卷二百六十《施琅传》。

此多替姚启圣抱不平。全祖望说："公（启圣）之入台，特过师枕席之上耳，其必用琅者，特以其为（郑）成功故将，欲借之以为先驱，而不虞琅之辄思攘功也！"[①]李元度说："（施琅）由海道奏捷，七日京师，公（启圣）由驿驰报，后施二日，上封施公靖海侯。将以次及公，公自陈无功。"又说："战功虽首施公，然实公所疏荐。至平日运筹，设间攻贼心，公之力尤独多云。"[②]《清史稿》论者也说："上命启圣同琅进，止兴祚毋行。既克，启圣告捷疏后至，赏不及，郁郁发病卒。"[③]

我认为根据《清圣祖实录》所记，不但不应当说施琅攘功，反而应当说姚启圣时刻在争功。康熙帝的谕旨明明要姚启圣同心协力催趱粮饷，作战由施琅相机自行进剿。也就是说，攻取台湾的军事要归施琅负责。据此，姚启圣只能以总督身份转奏胜利情况，论功行赏，首先应归施琅，其奏报时间速迟并无关系。其自陈无功，显系怀有怨愤心情。康熙帝命令姚启圣同施琅进兵取澎湖、台湾是在二十年十月；命姚启圣办理粮饷、施琅自行进剿是在二十一年十月；中间相隔一整年。而二十二年三月谕旨仍命朱天贵留在福建，听从施琅调遣。这也说明施琅为统帅。胜利之后，施琅居于首功自是理所当然，姚启圣有何委屈可抱？全、李出于私人偏袒，犹可理解。《清史稿》作者不据《实录》，漫然立论，实在有失谨严。

姚、施二人的所长所短，尽在康熙帝心目之中。他正是取长补短地来使用他们。康熙帝于平定三藩用兵中认识到，南方作战需用汉将汉兵，尤其是沿海地带非用当地人不可，姚、施二人的被重用，正是由此。姚启圣对整顿军备、安定地方、招服降者、削弱敌人，具有优长，但进行海上战斗则非其才。所以，当康熙十九年攻下厦门、金门后，即下令："台湾、澎湖，暂停进兵。"[④]这是为什么呢？是为考虑下一步的军事行动派何人充当统帅。经过审慎周详的

---

① 《姚启圣第二神道碑铭》。
② 李元度：《国朝先正事略》卷九《姚尚书启圣》。
③ 《清史稿》卷二百六十《列传四十七论曰》。
④ 《清圣祖实录》卷九十一，康熙十九年七月辛酉。

研究，然后将安置身旁十三年之久的内大臣施琅派去承担此任。因为康熙帝从长时期的观察考验当中，深知施琅是一个指挥海战的军事长才，并且忠诚可信。因此，可以说清朝争取台湾郑氏归回祖国这一胜利正是他识才善用的结果。

（原载《中国历史文献研究集刊》1980年第1集）

康熙南巡与治理黄河

我国的黄河，自古以来经常泛滥冲决，给沿河地区劳动人民带来严重灾害，因此治理黄河成为政府的一项重大工程措施。汉武帝刘彻就曾亲临瓠子（今河南濮阳县），督率群臣“负薪塞堵”。以后，历代皇帝中不少亲自参加治理黄河工程，持续达三十年之久的，只有清康熙帝玄烨。大家皆知，玄烨任用过著名河臣靳辅，取得卓越成效。但是靳辅于康熙前期死去，后期的工程乃由他亲自设计指点。玄烨六次南巡的主要任务是治理黄河，虽然也兼有“省方察吏”，了解民情以及笼络争取南方知识分子的目的，然而这都属于次要的。

玄烨治理黄河有两种要求：一、维持漕运。二、消除河患。黄河自西向东，运河从南往北，它们势必交汇于途。因此，如果黄河不能治好，运河必然受冲。这一来，每年几百万石南粮便无从输送北京，供给断绝，影响殊大。由于黄河进入下游平原，无所约束，四出漫溢，淹没耕田，农民失业，造成沿河周围地区的动荡不安。所以玄烨尚在青年时期，已认识到河患的严重性。他说：“听政以来，以三藩（指吴三桂等）及河务、漕运为三大事，夙夜廑念，曾书而悬之宫中柱上。”[①]因此，还在三藩战争进行中，于康熙十六年（1677年），即命靳辅制定治河工程规划。等到三藩、台湾和准噶尔的军事连续取得胜利，全国的统一局面日臻巩固，玄烨便更腾出手来大治黄河。他道：“今天下无事，

① 《清圣祖实录》卷一百五十四，康熙三十一年二月辛巳。

治河最要。”[①]在后期的河工上，玄烨以积极的态度从事修治，亲临指点，全面设计。尽管当时限于治河工程技术水平，不可能做到根治水患。但通过他的辛勤经营，从而赢得了有效结果，“黄河顺轨，安澜十余年”[②]。

本文以《清实录》记载为主，旁参别著，将玄烨三十年中关于治理黄河的活动及其成效，试作系统的论述。

一、清初的黄河为患与治理规划

黄河经常泛滥为患的原因，是它从中游以下即从河南开封向东流行，所经尽属平原，没有如上游的峡谷约束，因而任性四处冲荡。黄河是裹沙而行的一条泥水河，俗语说，“跳进黄河洗不清”，就是指此情况而言。它所裹带的沙土系由山陕及河南西部沿岸的水土流失来的，到了平原，泥沙难行，遂而沉滞，经久淤垫，河高于地，因而有“地上河”之称。实际上下游的黄河已成为无底无岸之河了。就从明代说起，洪武时曾有迁移开封城以避河患之议[③]，终明一代治理黄河为政府的重点工程。明末由于农民战争，河患无人问及，灾情更加严重。清入关后，一度实行民族压迫政策，暴政虐行激起内地各族人民的强烈反抗，战斗长达二十年之久。黄河的情况是：

> 濒河郡县，田土尽湮。各地方协济河工，一束之草，赔银数钱，征调繁兴，侵那万状。河夫工食，不能时给，物力已竭，绩用未成。中原重地，人民苦累，半由于此。[④]

康熙初年，由于河患多年失治，到处溃决，特别是徐州以下即徐州、淮

① 《清圣祖实录》卷二百三，康熙四十年三月戊申。
② 《清史稿》卷一百二十六《河渠志·黄河》。
③ 《明史》卷八十三《河渠志·黄河》。
④ 《清世祖实录》卷八十八，顺治十二年正月壬子。

安、扬州三府地方，为运河航行必经要道，必须在此穿过黄河；同时淮河也于此地汇合黄河一道入海，它们碰到这么一个浑身泥沙、横冲直撞的愣汉子，实在难于对付，矛盾冲突，几无宁日。清代的河患重点地区就在这里。当时这个地区由于河身淤垫，堤岸崩溃，黄水入海之路阻塞，发生倒灌，冲入淮河，破坏运道。玄烨亲政后，河患愈甚，这个青年有为、奋发图治的统治者对此极为关心，并且开始研究治河技术。康熙十一年（1672年），他给工部的谕旨说："河道屡年冲决。……朕观黄河，自宿迁（徐州府属县）以至清河（淮安府属县），皆为紧要。虽有遥堤一层，恐未足捍蔽水势，应否于遥堤之外，再筑遥堤?"①他这话是根据所进河图讲出的。十五年（1676年），黄河发大水。玄烨发令说："淮扬等处堤岸溃决，淹没田地，关系运道民生，甚为重大。其令工部尚书冀如锡、户部侍郎伊桑阿前往省视。"②他们回报河道总督王光裕贻误河工，极不称职。又派出吏部侍郎折尔肯、副都御史金俊去阅看，"察审得实"，将王光裕革职，换上来安徽巡抚靳辅。这说明玄烨对河臣的任免十分慎重。

靳辅是一员勤奋负责并肯于钻研治河工程的好官吏。他于康熙十六年（1677年）四月初五日抵宿迁（河工指挥部），初六日"开印任事"，初七日即前往淮扬灾区进行勘察工作。在其所上第一道奏疏中指出，"河道敝坏已极，修治刻不容缓"，并作了详细汇报：

> 自顺治十六年归仁堤（在泗州，为高家堰之屏障）冲溃之后，睢湖诸水悉由决口浸淮，不复入黄刷沙，以致黄水反从小河口、白洋河二处逆灌，停沙积渐，淤成陆地。至康熙六、七年间，各处大水，黄淮并涨。……淮河之水，由高、宝诸湖直射运河，冲决清水潭，下淹高、江等七州县（高邮、江都、山阳、盐城、宝应、泰州、兴化）之

---

①《清圣祖实录》卷三十九，康熙十一年六月辛丑。
②《清圣祖实录》卷六十三，康熙十五年十月壬戌。

田者多，而赴清口会黄入海者少。……海口淤，而云梯关亦淤。云梯关淤，而清江浦、清口亦淤矣。……夫以万里远来滔滔之水，竟至无路可去，则势必冲突内溃，而河南、山东二省恐俱有沦胥及溺之忧。[①]

在河患如此严重的威胁下，尽管三藩战争尚未结束，玄烨却下定决心着手治理黄河。

靳辅所制定的治河规划及具体措施，俱见其著名的《经理河工八疏》。他是从全局考虑而作重点施工的，首先提出挑清江浦至海口，作法是，挑清江浦以下历云梯关至海口一带河身之土，以筑两岸之堤。这即用筑堤束水刷沙法治下流，引导黄、淮入海。这是根据冀如锡的“南岸自白洋河至云梯关（约长三百三十里）止，北岸自清河县至云梯关（约长二百里）止，务须一律修筑”的奏报兴修的。靳辅更提出：“自云梯关外以至海口，尚有百里之遥，除近海二十里潮大土湿之处无容置议，其余八十里之河身情形，俱与云梯关内无异。”也应“量挑浚以导之，量筑堤以束之”。他又“切切以关外为重，而力请筑堤束水，用保万全”[②]。

其次为挑浚清口。这一工程也是由冀如锡等提出的，目的在于疏浚开通，使淮水能径奔清口，会黄刷沙。在当时这是一项关键性的治河工程。在洪泽湖下流自高家堰以西至清口约长二十里之地，为淮、黄二水交汇之所，已经渐渐淤成平陆，只有一道小河了。靳辅设计“于小河两旁离水二十丈之地，各挑引水河一道，俾其分头冲洗，庶可渐渐刷开”[③]。再次修筑“高堰坦坡”。坦坡的兴修应为靳辅的一项发明，因为他见到“堤下系坦坦平坡者，则虽遇大水而不致冲塌”。靳辅认为，坦坡能缓和水的激怒，“水之来也，不过平漫而上；其

① 靳辅：《靳文襄公奏疏》卷一《河道败坏已极疏》。
②《靳文襄公奏疏》卷一《经理河工第一疏》。
③《靳文襄公奏疏》卷一《经理河工第二疏》。

退也，亦不过顺缩而下”[1]。此外在工程上也多有创制，如“包土堵决”，用土以代木草埽，等等。总之，靳辅的这套规划和措施成为清代治河的成法。玄烨对此曾有“一切经理之法具在，虽嗣后河臣互有损益，而规模措置不能易也”[2]的赞许之言。

靳辅的这个工程措施，虽然因当时清政府军务繁重，对治河经费有所限制，未能大事兴修，但还是取得了显著成绩，做到运道无阻，海口开辟，下河七州县被淹土地涸出。以后对海口、下河工程虽然有所争议，情况有所变化，而这个成绩是不容抹煞的。

于此应当补举一人，即靳辅的幕宾陈潢。他是一个卓越的治河专家，这套规划及措施，基本上出于潢手。康熙治理黄河，陈潢应为首先立功之人，可惜因屯田一事受诬，折磨病死，事件的原委下面再讲。

二、六次南巡视察河工

玄烨共做过六次南巡，其所公布的任务主要是视察河工，实际可以说他是去从事治河实践。玄烨在宫中对治理黄河已在不断研究，特别是在治河后期，曾一并治理北京附近称为“小黄河”的浑河（永定河），经常亲临指点工事，取得更多实践经验，使他渐渐成为一个治河能手。如果论举清代善治河者，第一为陈潢，第二则应推玄烨。今将玄烨六次南巡中的治河活动情况介述于下。

康熙二十三年（1684年）第一次南巡。此时三藩叛乱平定，台湾郑氏归附，中原进入安定状态，玄烨乃南巡视河。因为在这七、八个年头里（1677—1684年），靳辅治河虽然取得一定成绩，但仍然存在着问题。玄烨曾告诫说：“今岁雨少水涸，恐未必有济。即目前河工告竣，亦因天旱易修，岂得遽恃为

---

①《靳文襄公奏疏》卷一《经理河工第三疏》。

②《清圣祖实录》卷二百二十九，康熙四十六年五月戊寅。

永固耶?”[①]翌年秋季，果然“山阳、清河等五县，河水冲决堤岸”[②]。这说明玄烨对河工具有远见及深思熟虑的科学态度。他说对治河“时加探讨，虽知险工修筑之难，未曾身历河工。其河势之汹涌漶漫，堤岸之远近高下，不能了然”[③]。所以玄烨要亲临工地视察，这次使他认识到“运道之患在黄河，御河全凭堤岸。必南北两堤修筑坚固，方可免啮”[④]。玄烨承认靳辅所设的减水坝能起分泄涨溢作用，但认为其弊处在“水流浸灌，多坏民田”[⑤]。希望能做到“黄河顺势东下，水行沙刷，永无壅滞，则减水诸坝皆可不用”[⑥]。他看见高邮等地方“虽水涸，民择高阜栖息。但庐舍田畴，仍被水淹，未复生业”[⑦]。心中非常忧虑，因而使他开始重视下河和海口工程。

回銮时，靳辅因河督衙署在济宁，照例应当送驾过德州。玄烨对他说：“送朕事小，河道关系重大，料理河工要紧，尔不必远送。”又道：“尔随我行走多日，朕的心事，尔亦知道了。尔的心事，朕亦知道了。”[⑧]此所谓心事就是指治河需要“运道民生”兼顾。因为必须做好这两点，清政权才能达于稳定。

过了五年，康熙二十八年（1689年）第二次南巡。在这五年期间为了海口和下河问题，担任下河海口工程的安徽按察使于成龙与靳辅持有不同意见。成龙主开浚海口故道，辅主筑长堤束水入海。对下河，成龙主挑浚导流归海。辅则主筑重堤控制洪泽湖水，不使漫淹七州县。除此争论之外，还有工程中设减水坝、开中河以及屯田等问题，最后靳辅竟由此受到罢职处分。这次南巡命靳辅、于成龙随行。这时于成龙已调直隶巡抚，河督改任王新命。玄烨在观察中，认为“修减水坝，令水势回缓，甚善”[⑨]。而对中河（自清河至宿迁黄河北岸堤内开的新河）则说：“小民商贾无不称便者，盖由免行黄河一百八十里

①《清圣祖实录》卷八十五，康熙十八年正月己丑。
②《清圣祖实录》卷九十一，康熙十九年闰八月丁亥。
③④⑤⑥《清圣祖实录》卷一百十七，康熙二十三年十月辛亥。
⑦《清圣祖实录》卷一百十七，康熙二十三年十月癸丑。
⑧ 靳辅：《治河书》卷一《圣略》。
⑨《清圣祖实录》卷一百四十，康熙二十八年三月乙亥。

之险耳。”仍然有可虑的是，“万一黄堤溃决，失于防御，中河黄河必将混而为一”[①]。玄烨肯定了靳辅的治河成绩，恢复了他的原秩。后于康熙三十一年（1692年）再任辅为河督，而辅即于这年病逝。

第三次南巡在康熙三十八年（1699年）。这十年中间，河工人事调动频繁，河督一职，先是罢免靳辅，任王新命；后复辅职，辅死，任于成龙，又改董安国，再任于成龙。由于这几个人都不称职，造成河患日趋败坏。玄烨在这个时期内主要精力用在压平噶尔丹作乱的战斗中。康熙三十六年（1697年）噶尔丹死，北疆大定。第三次南巡，康熙帝下谕说：

> 今边烽永靖，四方无事。独是黄淮为患，冲决时闻。下河地方，田庐漂没。……乃历年已久，迄无成功。今水势仍复横溢，浸漫城闾，沉没陇亩，以致民多失业。[②]

在这次南巡中，玄烨对河工败坏情况作了详细观察。他说：“今岁南巡，见黄河逼近清口，黄水倒灌，以致淤垫，洪泽湖水不出。自高家堰减水坝流入高、宝诸湖，自高、宝诸湖流入运河，以致下河田地，悉被淹没。”[③]玄烨指出工程要点为挑浚清口，“如不将清口挑浚，（洪泽）湖水不出，高家堰并运河堤工，虽加高厚，均属无益”[④]。提出使黄河流行稍向北移的治法，这样即可使清水即淮水畅流。以往“靳辅、董安国、于成龙但知筑堤御水，至于改河身使北，俾清水通流，并未言及”[⑤]。玄烨更要“刻木制成一图，观看易明”[⑥]。应当说，从第三次南巡以后，治理黄河工程是由玄烨设计施工的。

后三次南巡时河道总督为张鹏翮，此人治河本领虽不及靳辅、陈潢，然能听从玄烨的话，一切遵照指点去做，因而一步步收到了成效。康熙四十二年

---

①《清圣祖实录》卷一百三十八，康熙二十八年正月庚寅。
②《清圣祖实录》卷一百九十二，康熙三十八年正月辛卯。
③④⑤《清圣祖实录》卷一百九十五，康熙三十八年九月戊申。
⑥《清圣祖实录》卷一百九十六，康熙三十八年十一月乙未。

(1703年)第四次南巡，玄烨得意地说："向来黄河水高六尺，淮水低六尺，不能敌黄，所以常患淤垫。今将六坝堵闭，洪泽湖水高，力能敌黄，则运河不致有倒灌之患，此河工所以告成也。"①

康熙四十四年(1705年)第五次南巡，玄烨又指出："去年已奏河工告成，今年又冲决，其谓之何？尔(指张鹏翮)须日夜谨守保护。……尔等惟见清口之水流出，即以为成功，不思防御。倘高家堰六坝之水泛溢，则清水力弱，而黄水必复致倒灌矣。高家堰最关紧要，宜谨志之，毋忽！"②

张鹏翮与江西江南总督阿山为防治洪泽湖水侵入泗州、盱眙(属安徽)，想"于泗州之西溜淮套开河，使淮水分流"③。企图以此杀减上流水势。由于这是一项新工程，必须请玄烨来看过决定。为此于康熙四十六年(1707年)作第六次南巡。张鹏翮等本以为这一设计获得奖赏，却不料玄烨看后大为恼火，立刻把鹏翮等叫到行宫前，痛加申斥说："今日乘骑从清口至曹家庙地方详看，见地势甚高，虽开凿成河，亦不能直达清口。与尔等进呈图样迥乎不同。且所立标准开河，不独坏民田庐，甚至毁民坟冢。"④立命将工程停止。当地老百姓见到撤掉开河标准，踊跃欢呼："不惟生者沾恩，亦且下及枯骨。"⑤靳辅、张鹏翮全都不能体会出玄烨的所谓心事，他是把安定民生看作治理黄河的重要目的之一的。

三、在施工中的斗争

在治理黄河施工中不断发生激烈的斗争，其主要参与人物为靳辅、陈潢、崔维雅、于成龙和玄烨。发生的原因，首先作为最有决定权的玄烨，虽然算得上一个聪明人，他对河工很为关心并肯于钻研技术，但不可能短时期成为精通

---

①《清圣祖实录》卷二百十，康熙四十二年三月辛酉。
②《清圣祖实录》卷二百二十，康熙四十四年闰四月癸卯。
③《清圣祖实录》卷二百二十四，康熙四十五年正月己巳。
④《清圣祖实录》卷二百二十八，康熙四十六年二月癸卯。
⑤《清圣祖实录》卷二百二十八，康熙四十六年二月甲辰。

的专家，因而就难于判定工程的是非。其次，靳辅等虽然治河取得成绩，但水势变化无常，一旦遇到大水之年，很难保证不出问题。再有，崔、于等人对靳辅心存忌妒，立意与之对立争功，因此这就不单纯的是技术问题了。

靳辅曾夸口说："大修黄河，限三年水归故道。"结果"限满而水犹未归"[①]，以此受到"革职，戴罪督修"的处分[②]。就在这时，有个候补布政使名叫崔维雅的，呈献所著治河书二种：《河防刍议》《两河治略》。维雅在河南治河有成绩，玄烨即命他随同勘阅河工大臣前赴靳辅处会议。维雅举二十四事向辅质难，经辅一一驳辩之。其中最重要一事即拆除减水坝。维雅说："一个减水坝将来就是一个决口。"靳辅说："今黄、运两河全赖减水坝保全河道。"更指出："维雅一旦尽欲拆毁，从新另修，据其所议，不下费银五六百万两。且拆毁各坝，宣泄无资，则决黄河，决高堰，决漕堤，淤清口，垫运河之患，不久即见矣。"[③]可虑确是如此。况且当康熙二十年左右，大量用钱支付河工为清政府所难承担。到康熙二十一年，靳辅治河即已用去"二百五十一万两"，结果"黄河不归故道"[④]。

不用崔维雅了，接着于成龙出来。两方斗争的关键是下河和海口的修治问题。靳辅所持的理由是："下河其形尚卑于沿海之地。"然而"即使海口卑于内地，然俟其递流到海之时，釜底（形容下河低洼）之苗，未有不化为乌有者也"[⑤]。所以不主张挑浚下河。他说："惟有高家堰外，再筑重堤，水不归下河，庶有裨于淮扬七州县。至开浚下河，臣恐有海水倒注之患。"于成龙则说："今高家堰修筑重堤，停开海口，纵上流之水不来，而秋霖暴涨，天长（安徽）、六合（江苏）等处，奔赴之水泄归何处？（谓其必然泄入下河）臣愚以为海口仍应开浚。"玄烨对此作出决定："开海口，乃必然应行之事。尔等但论下河之应当挑与否，及重堤之筑与不筑耳。"又指出："九卿各怀私意，畏惧靳

①②《清圣祖实录》卷九十六，康熙二十年五月癸丑。
③《靳文襄公奏疏》卷四《详陈臆说疏》。
④《清圣祖实录》卷一百五，康熙二十一年十月丙戌。
⑤《靳文襄公奏疏》卷五《条陈下河疏》。

辅，不肯定议。”[1]皇上讲出这样的话来，当然严重了。玄烨并对靳辅海水倒注之说作了驳斥，然仍保留其说，以待证明。就在这场争议中，靳辅与担任海口下河工程的工部侍郎孙在丰，及漕运总督慕天颜，连并于成龙，均受到处分，而辅即被罢职。很显然，处分靳辅过重，而偏袒于成龙等。玄烨又派大臣往视河工实况，临行叮嘱说：“尔等至彼处，从公详看，是曰是，非曰非，据实具奏。”[2]等回来奏报，靳辅所修河工并无甚大错失，反而查明慕天颜阻挠河工，于成龙陈奏失实。

玄烨感到有再次南巡视察的必要，并命靳辅、于成龙随往。经过玄烨亲临调查得实，回銮到京后即下谕：“朕往南省阅视河道，江南淮安诸地方，自民人船夫，皆称誉前任河道总督靳辅，思念不忘。且见靳辅浚治河道，上河堤岸修筑坚固。其于河务，既克有济，实心任事，劳绩昭然。著复其原品。”[3]于成龙作官有廉洁风，然其人胸襟狭隘，更好与人争胜，对靳辅百般抨击，几近陷害。玄烨洞悉此情，一日，召于成龙问曰：“‘尔向日议河工事，曾面奏减水坝宜塞不宜开。汝今观减水坝果可塞乎？’于成龙奏曰：‘臣彼时妄言减水坝宜塞，于今观之，实不可塞。’上曰：‘尔前言靳辅糜费钱粮，并未尽心修筑河工。尔今观之何如？’于成龙奏曰：‘臣今亦照靳辅所修向行……’上曰：‘既如此，则尔所奏之非，靳辅所行之是，何以不明白陈奏？尔排陷他人则易，身任总河则难，此非明验耶！’”[4]在第三次南巡的第二年，于成龙死。换上了张鹏翮作河道总督，至此斗争方告宁息。

在治理黄河过程中，曾发生屯田事件，靳辅、陈潢为此罹遭残酷打击，以致忧愤病死。因此可以说，它是治河斗争中的一个侧面。屯田之议起于靳辅、陈潢。他们想把七州县涸出土地，招民垦种，用以补偿河工巨额开支。办法先照民间佃户例取租，三年后许纳佃价作己业。据所计划，除七州县额田外，余

---

①《清圣祖实录》卷一百三十四，康熙二十七年三月辛巳。
②《清圣祖实录》卷一百三十五，康熙二十七年五月壬申。
③《清圣祖实录》卷一百四十，康熙二十八年三月戊子。
④《清圣祖实录》卷一百六十二，康熙三十三年正月丙辰。

不下三四万顷，“可得佃价银二百七十万两”[①]。处于封建时代，土地是很难弄清楚的，根本原因在于，豪强操纵，隐匿不报，官私勾结，狼狈为奸。靳辅的这种倡议，势必引起他们的反对。情况正是“及辟土渐广，而豪强估利，私垦亦多，司事者从而清厘之，怨谤乃起”[②]。再者，须知玄烨最怕地方生事，“务求安静”，因此他不同意此举。加上组成的办理屯田班子又不得力，“误用县丞于宣、骆龙友，颇为扰累”[③]。据地方志记载：“屯田一案，当事胶于额编大数，委官丁理，遍踩民田，不除沟河道路，不问堤占柳废，共丈得一万四百余顷，仓猝报完。割裂村落，任置屯庄，勒逐地主他徙，人心惶迫，号声载野。”[④]这是清河一县的情状，所言或有夸大，然而因此引起骚扰不安自是事实。也正由于如此，获得玄烨点名问罪：“陈潢本一介小人。通国尽知屯田之说，江南人莫不嗟怨。”[⑤]

看来是靳辅、陈潢二人，性格憨直，态度顽强，为玄烨所难容。又加上和下河海口工程搅在一起。恰恰此时，权臣明珠以“植党纳贿”罪，靳辅受到牵连，结果靳辅罢职，陈潢被逮。后来虽得平反，潢已先死，继而辅也死去。应当说这是一个冤狱。靳辅在复职后，日以衰病，而仍题奏：“黄水涸出及河湖低洼之处，淤成膏腴熟地，豪强占种而不纳粮者亦复不少，应查出升科。”[⑥]在封建王朝中，正直能干的官吏想做出一番事业，往往遭遇危害。陈潢的朋友张留也记述屯田事说：“是时忌功者流，见治河告成，苦无从媒孽短长，适因屯田之事。奸民散布流言，欲阻扰屯政，以利其私，而忌者乘之，得以诬陷矣。”[⑦]情实就是如此。

---

①《靳文襄公奏疏》卷六《钦奉上谕疏·海口》。
② 张留：《河防述言·附注》。
③⑦《河防述言·附注》第十二《辨惑》。
④（乾隆）《清河县志》卷四《地亩》。
⑤《清圣祖实录》卷一百三十三，康熙二十七年正月丁酉。
⑥《清圣祖实录》卷一百五十七，康熙三十一年十一月甲寅。

四、三十年辛勤经营及其成效

玄烨早从青年时期即知治理黄河是一桩国家大事，时刻关注在心。以后无论处于军务如何紧张之际，从未忘却河工。前三次南巡期间，正值外抗俄罗斯入侵，内讨噶尔丹作乱，而仍得有机会便亲往视河。及后统一局面稳固，乃更放手治河。最后玄烨曾有“河工已经告成”之慰言。这就是从康熙十六年（1677年）任用靳辅作河道总督，迄康熙四十六年（1707年）第六次南巡，三十年辛勤经营所赢得的治河成效。今将玄烨在这一历程中所作出的贡献举述于下：

（一）关心河务，辛勤经营

玄烨关心河务，首先是要求保证漕运。他说：“一时漕运有误关系非轻。”[①]当内阁学士席柱从南方办事归来，向他奏报：“曾见靳辅颜色憔悴，河道颇好，漕运无阻。”他听了后得意地说：“前召靳辅来京时，众议皆以为宜更换。……今河工已成，水归故道，有裨漕运商民，使轻易他人，必致贻悔矣。”[②]事实是，经靳辅、陈潢的培堤建坝、开中河等一系列治理，运道已见显效，只须防修不误，即无问题。其次则是民生，即下河的水患。玄烨为此经营设计，颇费心思。第一次南巡，“御舟过高邮湖，见民间田庐多在水中。……因登岸巡行堤畔十余里，召耆老详问致灾之故”[③]。他们回答：“高、宝等处湖水，原有海口，以年久沙淤，遂至壅塞。今将入海故道浚治疏通，可免水患。”[④]玄烨注重下河海口工程即由此开始。靳辅和于成龙在这个问题上进行针锋相对的斗争。玄烨虽然有些倾向于成龙，但并无把握，以致发急地问

---

①《清圣祖实录》卷一百五十四，康熙三十一年二月辛巳。
②《清圣祖实录》卷一百十六，康熙二十三年七月乙亥。
③《清圣祖实录》卷一百十七，康熙二十三年十一月甲寅。
④《清圣祖实录》卷一百十七，康熙二十三年十一月丁卯。

群臣："尔等可有两全之良法否？"[①]第一次南巡后的几年内，玄烨对疏浚下河、开通海口的问题，委实大伤脑筋。他对靳辅所说的"高家堰外再筑重堤，水不归下河，庶有裨于淮扬七州县。开浚下河恐有海水倒注之患"[②]。虽不同意，但持保留态度，说"将来海口一开便有明验"。说明他自已还没有办法。

康熙二十八年二次南巡，下谕说：

> 如黄、运两河运道，民生攸系。朕日切心劳。比年工役，虽渐有绪，而应修应塞，议论纷纭。曩岁巡幸，曾允淮扬士民所请，疏浚下河。前已兴工，尚稽底绩。屡经廷议，请朕亲行阅视。今特諏吉南巡，躬历河道。[③]

很清楚，解决下河水患就是为的安定民生。又过九年，到康熙三十七年，玄烨仍然慨叹地说："曾命开音布、孙在丰、于成龙、王新命等专司开浚（下河）。伊等俱奏工程告竣，民生大蒙利益。……由今观之，止是虚縻国帑，水势并未消减，田亩并未涸出。"[④]三十八年三次南巡回京后，下河的问题还是未能解决。其原因在于用人不当，人非其选。于成龙等既不懂河工，又想借此争功，因而徒费国帑，不得实效。玄烨在这次南巡中说："比年以来……又动支数百万帑金，乃縻费钱粮，卒不能使积潦有归，田庐未涸，民生未遂。"[⑤]下河的水患确是非常严重的，举例来看，如清河县王家营镇，康熙二十七年秋，"大水日，崩崖数十丈，市井房舍，尽入蛟宫，妇子茕茕，向波而泣。其民中宵露处者有之，鸟飞兽散者亦有之，葱郁之区，几成旷野"[⑥]。再如安东县时家口："康熙三十五年，时家口遂决。……洪涛遍野，百里无烟，仅余治

---

① 《清圣祖实录》卷一百二十六，康熙二十五年六月甲戌。
② 《清圣祖实录》卷一百三十四，康熙二十七年三月辛巳。
③ 《清圣祖实录》卷一百三十九，康熙二十八年正月庚午。
④ 《清圣祖实录》卷一百九十一，康熙三十七年十一月乙酉。
⑤ 《清圣祖实录》卷一百九十二，康熙三十八年三月辛未。
⑥ 杨穆：《重建王家营镇记》，载《清河县志》卷十三《艺文》。

内（县署）半壁干土。”[①]

（二）钻研技术，发明创制

玄烨自己表示：“朕以河工紧要，凡前代有关河务之书，无不披阅。大约泛论则易，而实行则难。”[②]从其对治河的理论阐述和工程指点来看，他确是下了功夫，接受西洋自然科学知识及技术，能使用仪器测量水势高低。在第三次南巡中，玄烨登上堤岸以水平仪进行测量，指出说：“见河较高于田，行视清口、高家堰，则洪泽湖水低，黄河水高。以致河水逆流入湖，湖水无从出，泛溢于兴化、盐城等七州县。此灾所由生也。治河上策，惟以深浚河身为要。诸臣并无言及此者。”[③]靳辅、陈潢重堤坝，他兼重挑浚。玄烨不同意靳辅的“高家堰再筑重堤，水不归下河”的专治上河的方法。他说：“但顾上河而不顾下河，水何以治？”[④]对海口则说：“朕思海口为黄河入海之路，海口水势汛急，方能刷沙，河水乃得顺流，此为紧要所当急浚者也。”[⑤]玄烨的工程设想是：“若刷河底极深，径趋入海，诸水仍出清口归海，则高邮等不告水灾，而下河亦可无虞矣。”[⑥]治河并非不重堤岸，由他重视高家堰加固修筑即可说明。但他反对高家堰六坝的泄水，认为“减水坝各为减水，而四处奔泻，湮决甚多”[⑦]。所以，玄烨要固堤束水和深浚河身二者兼施。这样才能作到使淮水畅流，敌黄助运，下河海口也便从而得到解决。

玄烨利用改变河流曲直来起作用，认为“黄淮二河交会之口，过于径直，所以黄水常逆流而入。今宜将黄河南岸近淮之堤，更迤东长二三里，筑令坚固；淮水近河之堤，亦迤东湾曲拓筑，使之斜行会流，则黄河之水，不致倒灌

---

①（雍正）《安东县志》卷七《河防志》。
②《清圣祖实录》卷二百三，康熙四十年三月丁酉。
③《清圣祖实录》卷一百九十二，康熙三十八年三月庚午。
④⑦《清圣祖实录》卷一百九十五，康熙三十八年九月戊申。
⑤《清圣祖实录》卷一百六十二，康熙三十三年正月己未。
⑥《清圣祖实录》卷一百九十三，康熙三十八年五月丙戌。

入淮矣”[①]。同时又说：“宜于清口西，数曲湾处，试行浚直。”因为这里需要直，“河直则溜自急，溜急则沙自刷”。此外，如少设减水坝，多设滚水坝，对缓和涨流、控制漫溢也起了有效作用。这些工程措施，对靳辅、陈潢都有所补充和纠正，如滚水坝比减水坝，在作用上更为灵活。因为减水坝主要用于放泄，滚水坝则能“水长，听其缓漫而保堤工；水小，资其涵蓄以济运道”。玄烨经过长时间的钻研探索。在治河工程上取得了当行的发言资格和指挥本领，是理所当然的了。

（三）注重实践，实事求是

玄烨治理黄河能注重实践，实事求是。他承认治河之艰难，说：“河道实难尽知。”[②]但又抱定治河之坚志，说：“不清之水，朕有策以治之。”[③]这就使他产生了努力钻研河工知识，并求证于实践，从而获得真知灼见的要求。玄烨对河工持一种实事求是的科学态度，说：“知者言之，不知者不轻言。”[④]又说：“若不深究地形水性随时权变，惟执纸上陈言，或徇一时成说，则河工必致溃坏。”[⑤]这就是说，治河不能一味死靠书本中的条条，而要去深入实践，才能对随时发生变化的现实制定出有效治法。因此直到第三次南巡时，他还以老实的态度道出：“独黄河工程，尚难决定。”[⑥]玄烨虽然主张筑堤束水和深浚河身并重，然而他仍谦逊地说：“河身宜加深浚，人所共知，但难为法耳。”[⑦]实际他在这次视河中所做出的种种指点和措施，已是有了很完善的治法，认为对河身需要上下一齐动工，“不治其源，徒治下流，终无益也”[⑧]。其疏导下河也系有步骤地进行，“下河现有积水，不可不引出归海。俟引河工竣，黄河

①⑧《清圣祖实录》卷一百九十二，康熙三十八年三月庚午。
②《清圣祖实录》卷一百三十四，康熙二十七年三月辛巳。
③《清圣祖实录》卷一百九十五，康熙三十八年十月己亥。
④《清圣祖实录》卷二百五，康熙三十九年七月乙未。
⑤《清圣祖实录》卷一百三十九，康熙二十八年正月辛卯。
⑥《清圣祖实录》卷一百九十二，康熙三十八年三月甲申。
⑦《清圣祖实录》卷一百九十六，康熙三十八年十二月庚午。

归入故道后，再将下河、串场河、射阳湖、虾须沙沟一带挑通，引积水流出归海，庶河道永无冲决之患矣”[①]。再有拆除拦黄坝一事，对海口关系甚大。此坝为董安国任河督时所筑。于成龙再任河督时，玄烨发现此坝有害无益，命其拆除，成龙不听话而没有做。直到康熙三十九年，张鹏翮任河督才把它拆掉，果然“水势畅流，冲刷淤沙”[②]。

玄烨有一段对靳辅用减水坝的话，颇有意趣。有人弹劾靳辅用它放水淹没民田。玄烨道：“朕意不然。靳辅果能收水放水，则其亦非平常，必能成功。”[③]他们不知道下河之水，乃是由于“洪泽湖水势甚大，既不能泄，又加黄、运两河合并，势愈浩瀚，以致注溢”的。减水坝是一个出于不得已的消极办法，玄烨之所以承认减水坝的作用正是在此。

玄烨从治河用人的长期经验中，深深认识到“河工经理，唯在得人”[④]。最后他用了张鹏翮，这个人很听话，一切遵照玄烨的指点去做。玄烨曾以于、张二人作比较说：“面谕于成龙，清口宜筑挑水坝，挑黄水使趋北岸，方可免倒灌清水之患。……于成龙不遵朕旨，致无成功。……张鹏翮遵奉朕言，坝工筑成，黄溜遂直趋陶庄，清水因以直出。叠经伏秋大涨，并无倒灌之事。其浚张福口等引河，筑归仁堤，疏人字、芒稻、泾涧等河，开大通口（拆除拦黄坝后给予入海河道的名称），皆遵朕旨，一一告竣。”[⑤]这就是整理清口、修治源流的一整套治法。

到康熙四十二年治河成效大著，据河臣奏报：“海口大通，河底日深，去路甚速，淮水畅出，黄水绝倒灌之虞。下河等处洼下之区，俱得田禾丰收，居民安晏。”[⑥]

再到康熙四十四年，玄烨亲眼所见的河上情形是：“初次到江南时，船在

---

①《清圣祖实录》卷一百九十二，康熙三十八年三月庚午。
②《清圣祖实录》卷一百九十九，康熙三十九年六月癸卯。
③《清圣祖实录》卷一百三十五，康熙二十七年五月壬申。
④《清圣祖实录》卷一百六十二，康熙三十三年正月丙辰。
⑤《清圣祖实录》卷二百十三，康熙四十二年十月戊寅。
⑥ 玄烨：《御制诗文集》卷五，康熙四十二年十月初八日，谕工部。

黄河两岸，人烟树木皆一一在望。三十八年则仅见河岸。四十二年则河去岸甚低，是河身日刷深矣。……下河连年大熟，亦从前所未有也。”[①]下河民生总是一年一年地走向恢复了。

本文不再作长的结论，只列举玄烨在治理黄河上的二三点于此：

一、他的治河是在靳辅、陈潢的治河规划和技术基础上，加以发挥发展，制成一套经理河工方案，为后来所遵循。这是他有益于人民的一种贡献。

二、他的治河，应看作是统一和巩固中国的重要措施之一。因为这对18世纪中国社会安定和经济繁荣起着促进作用。这是他的不容抹煞的一笔功劳。

三、他明明知道陈潢为靳辅治河的唯一得力助手，并授予“佥事道衔”。其同靳辅坚持屯田乃是出于好的动机，是无罪的。辅得平反，潢竟不及。这应当说是玄烨在处理政务上的一个大缺失。

（原载《北京大学学报》1981年第4期）

①《御制诗文集》卷七，康熙四十四年二月二十五日，谕扈从大学士马齐等人。

清代皇商介休范家

——《红楼梦》故事史证之一

清代的大商人向以盐商和行商著称，此外还应当添上皇商。他们都是官商，具有特权。盐商包销官盐，行商即广东十三行，把持操纵对外贸易。皇商在名义上是为皇室采购需用物品，实则活动的范围极其广泛，他们是假官营私，只要有利可图，哪里都去，什么都买，通过私下经营，赚取厚利，大发其财。《红楼梦》第四回所举四大家族的俗谚口碑，其中之一，“丰年好大雪，珍珠如土金如铁”的薛家，就是“家中有百万之富，现领着内帑钱粮，采办杂料”的“皇商”。薛蟠的叔伯妹妹宝琴，八岁随父行商海外（第五十二回），“跟他父母四山五岳都走遍了。他父亲是好乐的，各处因有买卖，带着家眷，这一省逛一年，明年又往那一省逛半年，所以天下十停，走了五六停了”（第五十回）。这些叙写是确有根据的，符合实际的。兹根据所见资料，举述一家拥有数百万之富的大皇商，那就是正当清盛世的山西介休范家。因而并可作为《红楼梦》故事的一个史证，提供参考。

皇商的由来

皇商的由来和成立，是同清朝的崛兴和入关联系在一起的。当努尔哈赤尚未脱明独立，仍作建州卫都督时，其和内地人民进行贸易，是在明朝所指定的抚顺、清河、宽甸、叆阳四关地方。到皇太极建立清朝称皇帝，既和明朝形成敌对，而且不断发生战争，此时清已据有辽东，交战地带迫近山海关门，贸易便无法进行了。然而，清朝虽然独立建国，物资供应都还需要依靠内地。因此，他们采取两手办法：一手是抢夺。皇太极多次率兵冲进内地，越过北京，深入河北、山东等地，攻陷城池，抢夺财物，俘获人口，饱载而归。另一手是继续贸易。东边不能进行了，就挪到西边去，此时清朝已经征服漠南蒙古诸部，可以畅通无阻。于是就在张家口地方和内地商人开始交易。

张家口这个地方，早在明初已建立城堡，成为蒙古人民和内地商人进行贸易的场所。清朝是从崇德三年（崇祯十一年、1638年）二月开始，“遣劳萨以书告明宣府守臣，趣互市”。同年三月，“达雅齐等往张家口议岁币及互市”①。皇太极为了取得暂时安定，厚积物质力量，曾有过与明议和的意图，“议岁币”即系指此。由于崇祯帝朱由检刚愎自用，不肯公开与清议和，以致终于无成。而就在这年九月，清军从长城墙子岭攻入，明蓟辽总督吴阿衡战死，北京戒严。明重要将帅孙承宗、卢象升均死于此役。直到第二年三月，清军才由青山口退回关外，“凡深入二千里，阅五月，下畿内（河北）、山东七十余城”②。可是尽管这样厮杀拼打，张家口的贸易仍然不停地在进行。《八旗通志·弼喇什传》记，于崇德三年“往张家口宣谕互市”。六年“复奉命如初，时诸王大臣各遣其属随往互市”。很清楚，八旗贵族都在这里和内地商人作买卖了。这样的记录还有很多，不尽列举。看来张家口直到明朝垮台前是满洲和内地商人进行贸易的场所。于此还应指出，这七年（明崇祯十一年到十七年）当中，李自成、张献忠经过挫折再起，自成攻破洛阳，献忠打进襄阳，中原大乱。此时明朝对关外的清军已无抵御力量，崇祯十五年十一月，清军进入河北、山东，到翌年四月肆意活动，从容东归，如入无人之境。在这种形势下，张家口的贸易已完全控制在满洲手中。

张家口的贸易，使得满洲贵族集团有机会和内地商人发生联系和增厚情

①《清史稿》卷三《太宗本纪》。
②《明史》卷二十四《庄烈帝本纪》。

谊。当时在这里的商人多属山西籍，有所谓“八大家”之称。据乾隆《万全县志》卷十《志余》记：

> 八家商人者，皆山右人。明末以贸易来张家口，曰王登库、靳良玉、范永斗、王大宇、梁嘉宾、田生兰、翟堂、黄云发。自本朝（清朝）龙兴辽左，遣人来口市易，皆此八家主之。定鼎（定都北京）后，承诏入都，宴便殿，蒙赐上方服馔，自是每年办进皮张，交内务府广储司。

又乾隆《宣化府志》卷四十一《杂志》记：

> 其（八家）自言，本朝定鼎燕京，曾蒙召入都，赐服馔。自是籍隶内务府，每年交生息一百两，至今犹然。

这就是皇商的由来和成立过程。每年交内务府一百两银子，不过是故意作出的一种形式而已。

皇商即凭此买办特权，从中捞取厚利，大发其财。按照清朝制度，皇室所需物品，统归内务府广储司（初名御用监）承办，本来有“岁贡”，但不足需要，仍须“买办应用”。它有六个库：

> 银库，掌金钱、珠玉、珊瑚、玛瑙及诸宝石。缎库，掌龙蟒等缎、纱、绸、绢、布。皮库掌貂、狐、猞猁狲、水獭、银鼠等皮，及哆啰呢、氆氇、绒毾、羽缎、象牙、犀角、凉席。茶库，掌茶叶、人参、香、纸、颜料、绒线。衣库，掌朝衣、端罩、各色衣服。瓷库，掌瓷器及铜锡器皿。①

---

①（嘉庆）《大清会典事例》卷八百八十五《内务府》。

于此可知，皇商在“岁贡”不足需求的情况下，经手采买物品的门类非常广泛，贵重之物几乎无所不包。

“谁还不知道你薛家有钱？行动拿钱垫人。”[①]正是由于薛家是皇商，除了有钱以外，还藏有难于买到的贵重药品及木材。贾家需要人参、牛黄向薛家讨取；需要棺木也由薛家赠予。所以，贾母那么看得起薛家，总想亲上加亲，就是因为他家有钱。清代皇商就是这样拥有巨资的大商人，介休范家更是突出的一家。

范毓馪父子承办运粮买铜

皇商八大家传到乾隆时，“后嗣今多不振”，惟有介休范家，即范永斗之后，经范毓馪及子清注等接续经营，一直保持饶富。范毓馪于“燕、楚、交、广诸大都会，多所置办”。经其“口授指划，虽身其地者，弗能易察虚实，数千里外无遁情”[②]。范毓馪是一个具有经营商业本领的卓越人才，更由于范家世世代代从事边区贸易，他“承祖父遗业，晓畅边地，阨塞险易”[③]。在康熙中期西北用兵中，毓馪承担了向前方运送军粮的任务。因此他得以施展长才，受到清廷重用。当战争进行之际，粮饷供给最关紧要。康熙三十五年（1696年）五月，以马思喀为大将军，“将众兵粮凑足二十日给之，令其前讨，扈从兵止留七日口粮”。并“回军至拖陵，迎接粮饷。西路及两路（北、东路）饷，皆未如约而至”。玄烨在报告皇太后书中说：“臣穷追五日，……更欲前进，以军粮渐少，班师而还。”次年四月“前西路进兵时……粮饷稽迟，兵丁困馁，致有道殣”[④]。这就是康熙三十五、三十六年间玄烨亲征噶尔丹的军粮

① 曹雪芹：《红楼梦》第八十回，夏金桂语。

②③ 汪由敦：《范毓馪墓表》。

④《清圣祖实录》卷一百七十三，康熙三十五年五月戊辰；卷一百八十三，康熙三十六年四月丙申。

供给情况。此次战役虽然取得胜利，然而粮饷却多不能按时接济。

西路即展开决定性的昭莫多之战，道旁竟有饿死的兵士，这是何等的严重。为此，玄烨曾经责斥督运军粮的于成龙，说："尔自任巡抚及总河，惟知援引私人，其后运米亦仍如此。"①清人魏源对平定准噶尔部战役曾道："大军殄灭噶尔丹时，伊犁数千里，空无主。策妄生聚未盛，中国方乘屡盛之势，若骤进大军，收其部落，涣其羽翼（指策妄阿喇布坦），戍以偏师，立可郡县版籍。"②殊不知由于粮饷供给困难，无法继续深入，其关键正是在此。当时由政府官吏运粮不仅稽迟贻误军机，而且耗费过大，运一石米需银一百二十两。显然是官吏经手舞弊侵蚀所致。经过范毓馪的筹划核计，认为只需"三分之一足矣"。于是"遂以家财运饷万石赡察汉叟尔（即察罕泊，在喀尔喀西部，为接济前线吐鲁番的仓储地），军费一如所计，刻期无后者"③。范毓馪开始承担运粮任务是在康熙五十九年（1720年），这年，清将富宁安率兵进至吐鲁番，牵制住策妄阿喇布坦的兵力，然后乃得护送达赖六世由青海入藏坐床。范毓馪确实是立了一大功。更可注意的是，范毓馪先以私财运粮，说明他家的富有。

雍正年间，征讨噶尔丹策零继续用兵西北，范毓馪以运粮卓有成绩，受到奖赏。后由管理户部事务的怡亲王允祥推荐，他承担北路军粮的运输任务，"计谷多寡，差道路远近，以次受值"。其运程"以科卜（布）多为最远"。当时的情况是："有请于察汉叟尔官仓存剩借支运补者；有请于直隶、山西州县及湖滩河所仓粟支给，而输其值归司库，俾出陈易新者；有顿递于罗鄂波沿途支给者，擘画悉中机要。""车输驼负，所需人工、牲畜、器具、资装、刍粮、鞅靽，率先期集办，临事咄嗟应手"。做到"幕府所在，储胥充裕，军得宿饱"④。范毓馪筹划周密，调度有方，实在胜过庸腐贪蚀的官吏多多。

但是，还应指出，皇商范毓馪是凭靠自己富厚的资财和实践的经验，乘着运粮特有的机会和条件，放手经营大发其财的。当时随军作生意的商人很多。

---

①《清圣祖实录》卷一百八十，康熙三十六年二月戊申。
② 魏源：《圣武记》卷三《雍正两征厄鲁特记》。
③④《范毓馪墓表》。

《万全县志·志余》对此有较详记载：

> 初军需方亟，张家口岁集帑可百万。既设专司总理，其逐末业者则备车牛，借传顿，以网奇赢之利。市井驵侩，无虑数百家，佣率千指以上，然不自行也。……长途万里，跋涉经年。幸而得至，则易交券，官计程而偿，受其余息。或所托非类，亡没耗失，则征责立至，身家糜碎。

这些商人在官吏监视之下，私带货物卖给军营将士。情况是：

> 其黠者，稍稍附车尾，致百货、军中一柑之实，一瓮之浆，寸丝尺帛，悬值数金。归则易骡马毡裘，捆载云集，盖一往复间而所入已不赀矣。

当时边地军营中物价高昂很离奇惊人，“阿尔泰军营，一猪之价十余金，它物称是”[①]。

清朝凡有用兵之事，商人随军做生意，视为惯常。“诸商辐辏，兼贩私货，即范毓馪等亦藉其力”。大小商人互相结合从中图利，而官方又是不能离开商人的。因为如果完全用台站运米，则商人势必“各卖马驼，收拾廛房，异日粮或不敷，别有加运之事，一旦无从购募”[②]。其后越来越感到使用商人得力，到乾隆时，定边大将军庆复奏请：“尚书通智所运粮二万石，商人范毓馪运粮四万石，即于鄂尔昆仓内存贮。”[③]并且范家运粮能够先为政府垫款，“商人范毓馪请自行采买，回京领价”[④]。根据以上所述，范家历经康雍乾三朝承办运

---

① 王庆云：《石渠余纪》卷六《纪边外互市》。
②《清高宗实录》卷九，雍正十三年十二月戊子。
③《清高宗实录》卷十四，乾隆元年三月己酉。
④《清高宗实录》卷七十七，乾隆三年九月辛未。

送军粮，利用机会操纵经营，从而积成巨富。

范家还以皇商资格采买铜料，供应政府铸钱。清朝铸钱，在北京设宝泉局，属户部；宝源局，属工部；各省、镇也分别设立铸局。康熙中期以后，社会进入安定，民间交易频繁，钱的用途日以推广，因而铸钱的主要原料铜的需求也日加迫切。康熙三十八年，清廷“议以芜湖、浒墅、湖口、淮安、北新、扬州六关，应办宝泉、宝源二局额铜，改交内务府商人承办”。内务府回奏有：“张家口买卖商人等呈称，……六关额铜，专交承办，不误运解。”于是便“责成商人，令于六关监督处，领银采办”[①]。内务府所属张家口商人就是皇商，范家就是著名皇商之一。

康熙五十二年（1713年），又议：“查有内务府买卖商人，系身殷实之户，于办理铜务，尤所熟谙，应将各关办宝泉局额铜，悉责令如数领价采办。”[②]当时采办铜料多是内由云南，外由日本，有时还由越南等地去买。因此皇商的活动范围是极其广阔的。

乾隆十四年（1749年），“议采办洋铜，每年额定十五船，除官商范清注（毓馪第二子）铜船系领帑办铜外，民商自办者共十二船”，奉命出洋买铜的船只允许附带货物。二十五年（1760年），奏定，“除带糖霜、药材等货外，海船应配带绸缎三十三卷，以重一百二十斤为一卷，毋许浮多”[③]。范家直到乾隆后期仍在承办买铜。四十八年（1783年），范毓馪的侄儿清济“自办铜、盐二十年之久”。范清济经办铜、盐，其盐为长芦盐务，范家在西北还有自己的盐场，因而也是一个盐商。后来因办理铜料不善被撤掉，但“每年苏局（江苏铸钱局）所办铜，仍著伊侄（范）柴照旧承办”[④]。范家可称得上是世代皇商了。范毓馪确实是一个了不起的经商能手。他在乾隆间多次采买洋铜“运京局”及“输西安、保定、湖北、江西、江苏五布政使司鼓铸”[⑤]。运铜船只在

①《清文献通考·钱币考二》。
②《清文献通考·钱币考二》。
③《清文献通考·钱币考五》。
④《清高宗实录》卷一千一百七十二，乾隆四十八年正月壬寅。
⑤《范毓馪墓表》。

“贾舶风帆出没洪涛嶕屿中”，能够出色地完成任务，无论在边区或海上，他都是出色的当行经理人才。

不过，处在封建时代，范家经办采买任务，必须和官吏相勾结，并向之行贿，才能做得通。“伊独立……遣往军前办理粮饷事务，复授为额外侍郎。乃心怀狡诈，收受范毓馪等买米银两”[①]。又“奉天将军额尔图奏，参（人参）商范清注，馈送盘银四千两、缎十匹”[②]。不仅勾结行贿，还代人托情，包揽词讼。“提督鄂善于张鸣钧发掘银两案内，有俞长庚妻父孟鲁瞻转托范毓馪与提督说合，送银一万两，嘱其照拂”[③]。

在这里不禁令人联想到《红楼梦》中的皇商薛家。薛蟠曾经两次打死了人，结果都是通过托情行贿了结的。薛蟠打死酒店堂倌张三，薛家恳求贾政拯救，“贾政只肯托人与知县说情”。经由凤姐与贾琏代薛家“花上几千银子，才把知县买通”[④]。封建时代的官吏和商人就是这样互相勾搭、互相依赖来从中图财肥己，草菅人命。

雄厚的家资　豪华的生活

介休范家所拥有的家资确实是惊人的。当雍正九、十两年间（1731—1732年），对准噶尔用兵，北路统帅傅尔丹中了噶尔丹策零的诡计，全军溃退。范毓馪督运北路军粮，“所失米十三万余石”。清廷允许他“据实报销”，而他却“以军兴亟，不可悬待，复补运所失数，费白金百四十有四万，不以上计部（户部）”。等蒙古额驸策零反击获胜，清廷以“大兵既撤，所运科布多米胥改输内地。计部概以近值核估，运户所受远值应追缴”。这时运户已将所领价银用掉，无力补还。范毓馪即“代输所应追者二百六十二万余两”[⑤]。总

①《清世宗实录》卷一百五十九，雍正十三年八月辛未。
②《清高宗实录》卷一百四十一，乾隆六年五月癸巳。
③《清高宗实录》卷一百三十九，乾隆六年三月甲申。
④《红楼梦》第八十六回。
⑤《范毓馪墓表》。

计两次赔补款额达四百余万两，慨然解囊无窘态，真够得上雄财豪富之家了。

像范家这么大的家当，其生活的豪华铺张是可以推想而知的。举例来看，范毓馪的长子清洪作京官时“寓京邸，僮婢数千指以上，出入侈甚”[①]。雍正初显赫一时，炙手可热的大官僚年羹尧，被抄家时，“在京房屋一所，奴婢二百二十五口”[②]。范家的奴婢比年家还多。再拿《红楼梦》所讲贾府的“上下几百男女”来比，范家也比“贾家”无逊色。清盛世北京富人有“米贾祝氏”，“宛平查氏、盛氏”，“怀柔郝氏”[③]，实在应当补添上京城“介休范家”。

范毓馪之弟毓䄵，从守备作到总兵，就是凭“以驼佐军”取得的。连皇帝都知道范家有钱。湖广总督阿尔赛奏请将范毓䄵由直隶正定镇总兵移任苗疆。乾隆帝弘历说：“毓䄵富家子弟，谨慎无过，苗疆事重，不能胜也。”[④]范毓馪以运粮有功，雍正帝胤禛赐给他“太仆寺卿衔，章服同二品”。他的长子清洪作到浙江绍兴宁波台州兵备道。毓䄵的长子清涛作河南彰德府知府。余下的子侄辈也都作了官，至低是个举人[⑤]。无疑大多都是凭靠家财活动得来的。

范毓馪得到怡亲王允祥推荐承办运粮，应当是彼此久有交往。允祥为康熙第十三子，最受雍正帝胤禛信任，范家的活动得势，和他颇有关系。清代大商人都是紧紧依附朝廷，作它的统治支柱，皇商是重要支柱之一。朝廷一旦有事，皇商、盐商、行商三大商人都争相贡献。乾隆十三年（1748年），在金川事件中，“范毓馪、王镗有助饷加衔之事”。三十八年（1773年），有两广盐商人吴青岳等捐银二十万两。同时，广西商众李念德等“捐二十万两”。洋商潘振承等，亦照两省（两广）埠商（盐商），“捐银二十万两”[⑥]。

介休范家除交结贵族王公、地方大吏以外，对一般官吏也极为接近，并给予他们经济上的帮助。举例来说，有刘士铭，顺天府（北京）举人，作山西闻

---

① 朱筠：《笥河文集·范安人墓碣》。
② 吴振棫：《养吉斋丛录》卷八。
③ 昭梿：《啸亭杂录》卷二。
④《清史稿》卷三百十七《范毓䄵传》。
⑤《范毓馪墓表》；《国史馆范毓䄵传》。
⑥《清高宗实录》卷九百四十九，乾隆三十八年十二月丁未。

喜县知县。范家“先后资其金八千余。……及官楚中，闻范君疾，即悉索所有，得八千金命奴驰数千里，抵范氏。范已死，独其弟在，辞不受曰：‘兄临诀未尝言此，且家无券也。’”[①]由此可见，范家的交结甚广，对大的送礼，对小的周济，通过这种手段造成在宦场和商业上的特殊优势地位。

还要附带一提的，以范家这样雄厚的财富，只是代清廷承办采买和运输物资及经营卖盐制盐，决不投资于纺织等手工业和扩大再生产。这是为什么？就是因为受到清廷严格的经济控制，包括思想束缚。正是乾隆帝弘历对英国讲的“天朝物产丰盈，无所不有，原不藉外夷货物，以通有无”[②]。因此，这些大商人对当时社会经济，不是起推进作用，恰恰相反，是起阻碍作用。中国资本主义萌芽得不到正常发展，和这些大商人经营方向是有着不可分开的关系的。

（原载《明清史国际学术讨论会论文集》，天津人民出版社1982年版）

① 朱筠：《刘士铭行状》。
②《清高宗实录》卷一千四百三十五，乾隆五十八年八月己卯。

谈王小航

一提起“戊戌政变”这回事，总先要谈康梁。再呢，那便是“六君子”。可是其中还有一个“旧党疑（他）为党康，康党疑（他）为党旧”的大君子，曰王照，颇值我们一谈。

王照是河北省宁河县芦台镇人，小航其字也。在科甲上，中过进士，点过翰林。

光绪甲午（二十年、1894年）那年，中日因争朝鲜开仗了。这位新翰林回到了家乡办团练，据说办的成绩很好，很得直隶总督王文韶的赞许。芦台镇原是近畿要地，这时镇上有提督聂士成（“拳匪”之乱，战死杨村）带兵驻扎。聂兵不守纪律，骚扰百姓。王翰林看不下去，常常把聂兵捆到自己的团练局里拷打，打完了，用名片，送回聂营。聂因此怀恨在心，想陷害他。王照知道，不戒亦不惧，行如故，于是双方益水火。后来幸亏聂母重王为人，听说这事，把儿子痛责一番，方才缓解。后来聂王两人竟结为金兰之好。在这件小事上，我们便可看出王小航这个人是何等“倔强”“耿直”了。

从甲午到戊戌，中国因军事失败，政治上遂也起了内哄，像一千三百多名举人的“公车上书”，何让今日之罢课请愿。慢慢，皇上也觉着江山有些不稳，下诏求直言。这时王小航作礼部主事，应诏直陈，劝皇上奉皇太后出洋游历。尚书许应骙不给代奏，他向之质问，并责其抗旨。许愤，弹劾了他一本，说：“请圣驾游外洋，安知非包藏祸心？若贸然代奏，他日倘有意外，则王照之肉，岂足食乎！”不料这本没劾好，招恼皇上，斥道：“朕心自有权衡，无庸该尚书等鳃鳃过虑。”把许应骙同满尚书怀塔布、连四侍郎一齐革职，倒赏了王照四品京堂、三品顶戴。

奏折里有几句痛快话：

谓改旧章为伤元气，谓倡新政为启乱萌，以空谈正学术为纯臣（当指徐桐等），以大言轻外夷为良将（当指董福祥等），狂瞀之论，不知纪极。今到处乱民滋事，无不托言杀洋鬼子者，士大夫反称之曰义民，谓此为中国之元气。

各国视我内容，久已洞若观火，我何必掩耳盗铃？

王照同康梁在当时虽都被指为“新人物”，可是合作不来。康接近张荫桓，他弹劾张荫桓；康主削太后权，他主调和皇上、太后感情；康想利用武人，他觉得不行（康曾求他拉拢聂士成，他不办）。王照和梁启超关系很浅，他不满意梁对戊戌事件在文字上的抹煞事实，铺叙耸听。这些地方也足以见王小航的“真”，而厌权术。

后来政变的事弄穿了。“六君子”被杀，康梁逃走，王小航也跑了。

他跑到了日本。这时，革命与保皇两派人物在这儿活动，王都不理会，却看出来日本的假名字是件好物，从此便潜心揣摩，后来竟创制了官话拼音字，是一位成功的“国语教育”的开山大师。

王照在日本住了一年零八个月，到庚子（1900年）那年，他乔扮成一个和尚，冒充台湾人，偷偷归国。在山东境内逛了逛，写了一部《行脚山东记》，记得在烟台一段最有风趣：

一日，于旅馆遇一刘姓典史，高谈雄辩，意似对台湾人自炫才华。其言曰：“妙峰山，四月十八日，冻死百余人，其兆甚凶。光绪皇帝前年信用康有为，无故地要变法，我们中国铁桶的江山叫他闹坏了。”和尚问曰：“康有为何人？”典史曰：“篡位者也。”和尚问：“康有为为何官?”曰：“主事也。”和尚问：“主事之权，重大何如?”典史曰：“非也。保康有为者有多少大官耳。”和尚曰：“余尝听山西梆子腔《二进宫》等戏文，于保不保三致意焉。康有为何人，竟得如许之保乎?”典史曰：“然也。”和尚曰：“今康有为已杀否?”曰：“未也，逃跑耳。”和尚曰：“今朝中大臣，尚有奸者乎?”曰：“无矣，刚(毅)、荣（禄）二中堂皆忠臣。”和尚曰：“阿弥陀佛：中国即将兴矣。”典史方再有言，和尚则合眼击木鱼，高声诵经咒矣。

在天津创造官话字母时，因自己还是个被严缉的要犯，遂隐姓瞒名，称赵先生。当时天津名人严修很帮助他。甲辰年（光绪三十年、1904年)，曾自己投案，坐了两三个月狱。出来后，更大规模宣传起他的拼音新字来，在保定设“拼音官话书报社”，在北京开“官话字母第一号义塾”，编印修身、伦理、历史、地理、地文、植物、动物、外交等拼音官话书，销行至六万余部。他做这事时，环境极恶劣，那拉氏曾秘密派人入他的义塾，伺察寻隙。他毫不介意，还是一味干。到后来，流风所被，北方各省都有了传习官话字母的所在。劳乃宣也据以改成简字，在江宁开了“简字学堂”。

赞助王照提倡官话字母的还有两个名人：吴汝纶、袁世凯。吴很替他鼓吹，曾为他上书管学大臣张百熙。袁作直隶总督，在政治上很给了不少方便。袁子克定、克文，也都喜欢学官话拼音字。虽然，他因袁“背光绪帝而依附慈禧、隆裕”，终不与相见。民国二年（1913年)，在北京教育部开读音统一会，袁作大总统了，还想见他，他还推辞。

王小航是个痛快直爽人，无论对谁，决不敷衍，决不客气。他不满意一班书上学者，笔下文人。前几年曾对梁漱溟说：“朋友朋友，说真的吧!”胡适之先生很推服这两句话，在《小航文存·序》上说：“我们尽可以不赞成王先生的思想，但总应该对他这点说真话的精神，表示深重的敬礼。”记得有一次，一家举行新式婚礼，请他证婚，在致词时，借题把新式婚姻痛痛地骂了一顿，叫新郎新妇哭笑不得。

王小航的性情，可以代表中国北方人的“忮”（用李恕谷说法），忮，强也，而病在粗，所以他一遇到那行文弄字眼、讲话绕圈子的酸先生就要吵架。

民国二十二年（1933年），王照死在北平德胜门内自筑之水东草堂，年七十六。

我写这篇文字，除根据小航先生的《水东集》等书外，老友芦台王君还告诉了些事，谢谢！

民国廿四年夏某夜一时记

（原载《人间世》1935年第36期）

清初的理学界

谈清代学术，最盛的当然算考证学，其由宋、元、明传来的所谓理学，到了此时，已交末运，没有什么卓越地方足以表述的了。但是当清初几十年中考证学的壁垒未坚、基础不稳的时候，有几位理学大师依然是支撑着旧来的局面，大讲其“格物致知”与谁儒谁释诸问题，程、朱、陆、王还是整日价闹个不休。所以，在此期中，理学的势力仍相当存在，就是那几位清学的开创者多少也都同它发生过关系，如顾炎武主张“经学即理学”，不承认别有所谓理学，但于朱熹总表示尊护；黄宗羲为王学后劲，刘宗周的高足，早年也笃守师说；北方倡言实践实用的颜元也曾做过“深喜陆王，手抄要语”、“知周、程、张、朱学旨，期于主敬存诚”（《颜习斋先生年谱》卷上）的勾当。不过，后来他们对理学都未能如何奉行以张大其军，改变了研究的方向罢了。本篇就以这个时期内提出几个理学界的代表人物来，把他们的思想、持论以及派别之争，简略解述一番，或可藉以明了理学末期之大概情形。

我们研究清初学术史，于理学总见到一般人攻击王守仁，而很少人攻击朱熹，甚至还有一部分人提倡程朱，希图把宋学恢复起来。这固然因为王学到了明朝晚年如何心隐、李卓吾辈的洸洋恣肆，品行堕落弄得不成体统，人人痛恨，想着复返于程朱，此外，还有两个大原因：（一）君主的奖励。在专制时代，一种学术的振兴与朝廷的好恶有很大关系，当清朝初期几十年中，朝廷是很尊奉宋学，例如，清圣祖编纂的《性理精义》，同王士禛《池北偶谈》所记，他于“河南府二程祠、邵康节祠、凤翔府横渠书院、建宁府紫阳书院、徽州府文公阙里，皆颁御书‘学达性天’大字”的诸种举动，给与当日提倡宋学的人不少的助力。清初理学界稍觉有振作的气象，就受了些这个影响。（二）显贵者之拥护。清初大僚中有点学问的人大半都崇奉程朱，这许多人中固然有些品格不足称道的，可是也有几个端正可风的，如魏裔介、魏象枢、汤斌等都还能得到一般人敬仰，皆隐然充理学的护法大师，好像考证学里面的纪昀、阮元一样。

朱熹与陆九渊自从信州鹅湖寺论难以来，朱陆的异同成了理学中的大争点，后来治理学的人，不是宗朱毁陆，便是党陆非朱。到了元朝吴澄、郑玉等又渐渐从事朱陆的调和，及明王守仁出，阐明象山之学而光大之，陆王拉成了一系。于是理学遂衍为三个派别：（一）程朱派，（二）陆王派，（三）折中派。入清理学陆王派已极敝败，殆无声响，有声气的要算程朱派同折中派，而程朱派中旗帜最鲜明、态度最激烈的要推陆陇其。

陇其，字稼书，浙江平湖人（1630—1692）。曾作过两任县官，一任监察御史，治学宗朱熹，信奉最力，对于陆王一派学说是极端反对，时时用极猛烈的论调来攻击。他说：

> 自阳明王氏倡为良知之说，以禅之实而托儒之名，……王氏之学遍天下，几以为圣人复起，而古先圣贤下学上达之遗法，灭裂无余。学术坏而风俗随之，其弊也。至于荡轶礼法，蔑视伦常，天下之人，恣睢横肆，不复自安于规矩绳墨之内。……故愚以为明之天下不亡于寇盗，不亡于朋党，而亡于学术。学术之坏，所以酿成寇盗、朋党之祸也。（《三鱼堂文集·学术辨上》）

说王学“以禅之实而托儒之名”，是当时一般反对主学者的多数口吻，亦就是程朱派用以攻击陆王的惟一工具。其实宋明理学无论程朱，无论陆王与佛学的关系，根本说来，都脱离不了干净。假使没有佛学的成分羼杂在内，他们是绝不会放出那样的光辉异彩，亦绝不会成立了所谓理学。不过在这个拥朱气氛最盛的时候，若说程朱亦是禅，却要遭反对，颜元一派便是这样。如同王源所说："阳明既显杂于佛氏，程朱亦隐坏于佛氏。"（《居业堂文集·与方灵皋书》）这一类的话，为程朱派所最嫉妒，所最不愿闻。宋明理学家更把辨佛当作一桩大事，自己已经被佛缠绕住，却是都不承认。黄宗羲在《明儒学案发凡》上还说："程朱之辟释氏，其说虽繁，总是只在迹上；其弥近理而乱真者，终是指他不出。明儒于毫厘之际，使无遁影。"宗羲在理学中本属王派，说这话自然带着门户的成见，但是由这段话里可以看出他们对于佛的问题认为很重要，虽博达如黄，亦所不免。王阳明一派的理学在学术史上有很大的价值和地位，自不待言，只是传到后来多有流于猖狂，未免要受人排斥。陆稼书指摘他的弊病为"荡轶礼法，蔑视伦常"，是不错的。至于把明朝的亡亦归罪阳明，言词实有些过火，于此亦可见程朱派攻击陆王是无微不入了。

陆陇其不仅是对于陆王学派作猛烈的攻击，凡是同朱熹持论稍异的人，他都一致否认。他的意思是"宗朱子为正学，不宗朱子即非正学"。他评论明朝诸儒说：

整庵（罗钦顺）之学最为近之，然其论理气必欲舍朱子而自为一说，窃所不解。……凡此诸家（指王畿、王艮、顾宪成、高攀龙等）非不好学深思，以羽翼圣道为己任，然窥其微旨，皆不免有自辟门户，自起炉灶之意，而不肯纯以朱子为师。（《三鱼堂文集·答嘉善李子乔书》）

陆氏拿这种态度来论学真够严厉的了，也不能说没有偏衷了。陇其既是这样的笃守朱熹之学，对于当时那般持调和态度的人，自然是很不满意。他说：

南方有一黄梨洲，北方有一孙钟元，皆是君子，然天下学者，多被他教得不清不楚。（《三鱼堂剩言》卷八）

黄孙的人格学问，他是很敬佩，只是他们不能穷朱熹的理，便要否认。陆陇其确够得上朱熹的一个忠实信徒啊。

陆氏在《学术辨中》中有一段解释心与性，其用意本是要证明王学为禅，但他却正道着程朱陆王两派的重要相异处，他说：

是心也，神明不测，变化无方，要之亦气也。其中所具之理则性也，故程子（颐）曰："性，即理也。"邵子（雍）曰："心者，性之郛郭。"朱子曰："灵处是心，不是性。"是心也者，性之所寓而非即性也；性也者，寓于心而非即心也。……若夫禅者，则以知觉为性，而以知觉之发动者为心，故彼之所谓性，则吾之所谓心也；彼之所谓心，则吾之所谓意也。……阳明之病在认心为性。

按朱熹的讲心性是"仁、义、礼、智，性也；恻隐、羞恶、辞让、是非，情也。以仁爱，以义恶，以礼让，以智知，心也；性者，心之理也；情者，性之用也；心者，性情之主也"。"心主乎身，其所以为体者性也，所以为用者情也。"（《朱子学·天德第九》）王守仁则说："凡知觉处便是心。"（王阳明《传习录》下），"心之体性也。"（《答顾东桥书》）"心即性，性即理。"（《传习录》上）守仁之说原本自陆九渊的"心一理也，理一理也，至当归一，精义无二，此心此理实不容有二"（陆九渊《象山集·与曾宅之书》）的一元论哲学，为陆王学说的精髓，亦就是同朱熹"在即物派而穷其理"说法的根本冲突点。

比陆稼书年龄稍长而亦可算作程朱派的还有个陆世仪。世仪，字道威，江苏太仓人，与陆稼书并称"二陆"。陆道威的学识很优，全祖望很赞佩他，说："予维国初儒者，曰孙夏峰，曰黄梨洲，曰李二曲，最有名而桴亭（世仪之号）。先生少知者，及读其书而叹其学之邃也。"（《鲒埼亭集·陆桴亭传》）颜习斋亦说他的才识"在张仲诚、李中孚、王法乾之上"。（徐世昌《颜李师承记》卷二引）他对程朱非如陆稼书那样一味地尊尚，对于诽谤陆王亦不像陆稼书那样偏袒，只持一种公平之论而已。明亡后，即隐居不仕，从事著述生活，可谓理学中之醇厚者。在这个时候，尊奉程朱的人颇多，如张履祥、应㧑谦、方苞、王懋竑（懋竑的成绩在整理朱子学说，他所著《朱子学谱》一书，用力最勤，方法最严。梁任公先生说他“科学的研究朱子”）等都是派中的健将。不过理学入清，就大体说，已渐次衰微，虽在清初程朱一派略呈振兴之象，只视作一种“回光返照”罢了，昌盛二字是绝对谈不到的。

折中派的意思是觉到大家终日竟抱着门户之见，作孰是孰非之争，甚至诟骂百出，颇可以不必。无论朱子、阳明，都有长处，都有短处，长处固不可没，而短处也不必掩护它。当时持这种折中论调的有两个著名人物，一孙奇逢，一李颙，声誉资望都比陆陇其大得多。奇逢，字魁元（1584—1675），直隶容城人，学者称夏峰先生。清初讲学老师，诸儒中以他资格最老，当时北方学者颇受他的影响，且多半是他的门人。奇逢的学风是“以慎独为宗，以体认天理为要，以日用伦常为实际”。（汤斌《汤子遗书·孙钟元墓志铭》）夏峰说：“日用食息间，每举一念，行一事，接一言，不可有违天理拂人情。”（《语录》），“慎独是一流的工夫，千圣万贤总只是这一件事，无内外，无粗精，无大小，一以贯之。”（《语录》）他的思想出发点本来亦是属于王学的。夏峰对于朱王以为双方各有病症，须互相泄补，不可偏废。他说：“紫阳之后，实病不可不泄；姚江之后虚病不可不补，救紫阳之流弊，子静其对症；救姚江之流弊，念庵（罗洪先）其对症。”（《孙夏峰先生年谱》卷下）他著了一部《理学宗传》，想着把程朱陆王的异同调和一下。朱陆的学说是否能调和与须否调和在一起，那是另一问题，但由是书我们可以知道，孙氏的意思是不赞成理学中要分宗别派的。《理学宗传》中以周（敦颐）、程（颢、颐）、张（载）、邵（雍）、朱（熹）、陆（九渊）、薛（瑄）、王（守仁）、罗（洪先）、顾（宪成）十一人作正宗，他作自序说：“近古之统，元其周子，亨其程张，利其朱子……则姚江岂非紫阳之贞乎？”把朱熹同王守仁硬拉成一个系统，使宋明以来理学来个大合作，取消所谓宗派之分，固然是一种费煞苦心的调和好手腕，然亦算是“搅金银铜铁为一器”了。

夏峰既泯然于门户之见，对于那大讲派别，一味攻击陆王的人，当然要不满意，但他却抱持温和的态度来劝勉，以为学术辨难正是一种谏诤，仅可不必嚣嚣于异同之争。他道：

> 朱陆异同，数百年聚讼，文成效诤，论于紫阳，至今攻之者不遗余力。……濂溪为宋之大儒，而从祀独后，安得人人尽识姚江哉！（《夏峰集·答赵宽夫书》）
>
> 见有人尊信陆子者，则极力摈斥之，见有人指摘陆子者，则极力推奖之，此与朱陆何涉？适足明己之拘而不大。千古学术，岂一己之意见，遂为定评哉？（《夏峰答问补遗》）

孙氏的门弟子极多，著名的有汤斌、耿介、魏一鳌等，皆能奉其师之学。

李颙（1630—1705），字中孚，陕西盩厔人，在清初与孙奇逢、黄宗羲鼎足称三大儒。幼年环境极劣，《悔过自新小引》上自述："童年丧怙，三党无依，……既失蒙养之益，又乏受学之资。"他一身的成功很沾母亲训导之光。他因家况艰窘，到了十六岁才预备就塾读书，恰巧塾师又是个拜金主义者，嫌他穷，拒绝不收。颙的母亲便勉励颙说："无师遂不可学耶？古人皆汝师也。"（《二曲集·陈玉堪李母彭氏传引》）顾亭林亦称赞他说："坚苦力学，无师而成，吾不如李中孚。"（《亭林文集》卷六《广师》）颙的坚苦卓绝精神，确是很使人钦佩！

颙的讲学主旨是"悔过自新"，他以为无论什么"主敬穷理""先立乎大"都不出这四个字。其意思是人若"悔而又悔"便可"至于无过之可悔，新而又新"则能"极于日新之不已"。（《二曲集·悔过自新》）李中孚的学风本亦属心学一派，但他亦提倡"反身实践"，盖当时学风已由玄渐趋于实矣。

颙教人治学方法，先把"象山（陆九渊）、阳明、王守仁、龙溪（王畿）、近溪（罗汝芳）、慈湖（杨简）之书，熟读之，以洞斯道之大源"，然后再阅"程朱诸录及康斋（吴与弼）、敬轩（薛瑄）等集，以尽下学之功"。（《体用全学》）他对于朱陆两派的弱点亦都不加掩饰，说：“六经皆我注脚，为象山之失；满街都是圣人，为阳明之失。”（《国朝学案小识》卷四引）他指出朱熹一派的末流之弊：“谓高者徇迹执象，比拟模仿，畔援欣羡之私，已不胜其憧憧；卑者捍梏于文义，纠画于句读，疲精役虑，茫昧一生而已。”（《二曲集·答张敦庵书》）

从李颙受学的人很不少，但无甚知名者，有一王心敬，亦陕西人，还能继续颙的学说。

在这个极端“排王”的空气中，纯守王学的人已经很少了，可是还有一人能够与诋毁阳明者侃侃谈辩，不稍退摄，即邵廷采。廷采（1648—1711），字念鲁，浙江余姚人，与阳明为同乡。他的祖父受业于沈国模，国模得阳明高足钱德洪之传（据《儒林宗传》《文献征存录》），所以算个阳明嫡派。

廷采对于替阳明解释辩护，下言都极平允切实，不像程朱派的那样满口任意谩骂，他说：

> 阳明之学，为二溪（王畿、王艮）、周（汝登）、陶（望龄、奭龄）相沿多弊，佛氏遂入而鼓其帜。今之攻阳明者，无得于中，专藉先贤，标榜取胜，固非天下真学人。乃余人犹流守旧，妄以心意知物四无为宗主，而所为真阳明者失矣。（邵廷采《思复堂集·复友人书》）

复用儒释的分别，说：

> 天泉四言，阳明原本无极之说，儒也；龙溪浸淫无生之旨，释也。（朱筠《笥河文集·邵念鲁先生墓表引》）

廷采以为王学是中了当时禅宗的毒，禅宗大旨都附会依托于阳明，弄得佛儒混合成一。直到刘宗周出，始补偏救弊，使阳明之学复彰，因为念鲁于陆王派中是一崇奉刘蕺山（即宗周）学说的人。他在《清建蕺山书院公启》内说明，刘为晦庵（朱熹）之嫡嗣，新建（阳明）之功臣。指出："明儒虽众，必推王刘为一代程朱，王近明道（颢），刘近晦庵，而功勋节义过之，朱子之学得刘，而流弊始清，精微仍见。"（《复友人书》）他答李塨于明儒亦表示，"阳明而后愿学蕺山"（《笥河文集·邵念鲁先生墓表引》）由此看来，念鲁可算一个王学纠正派人物，只可惜这时候王学已交末运，无论如何是不能够得着许多人的信仰与响应了。

念鲁治学术的范围较大，朱筠撰墓表说，他曾"从同邑黄宗羲问乾凿度算法，会稽董玚受阵图，保定王正中学西历"。他平生著述大都属于史学，有清浙东史学的开派，黄宗羲以下，要算万斯同与念鲁，念鲁的盛名虽不及万，而影响浙东学风实不下于万也。

此外，像彭定求撰《阳明释毁录》，为阳明竭力辩护；李绂撰《陆子年谱》，与王懋竑《朱子年谱》亦足相颉颃，是皆王学派中之可称述者。

（民国）二十一年暑期漫述于北大研究所

（原载《中法大学月刊》1932年11月第二卷二期）

颜　元
——传记试作之一

一

朱元璋以匹夫起兵，打走了蒙兀儿（即蒙古），重新恢复汉族天下，传了十五代，到朱由检，国势大坏，西边的一众“流寇”杀人放火，闹了有十几年，慢慢的竟闹到京城，把由检逼的自缢而死；东边的满洲贵族便趁火打劫地进了关，赶走“流寇”，做了皇帝。虽然到后来朱家的一班臣仆在南方又接连着捧了几个朱家的后人，活动了一个时期，亦都终归于失败。

当此时，那般年老的士大夫，有气节的多殉国了，没羞耻的，便投降异族，剩下一班壮年知识分子，他们多是参加扮演过这出亡国剧的，投降是决然不肯，自尽又觉得这不是办法，当然他们最大的愿望是要恢复他们原来的国家，但这谈何容易？——没办法，就只好读书吧！在这个当儿，他们痛定思痛，不由得便追究起亡国的原因来。他们想，一国的败亡自然由于政治的窳败，军事的废弛，但这只是外壳；内瓤自还有它的主因存在，主因是什么呢？就是思想学术的走入歧途。

因为思想学术一错误，便把可造就的人才领入邪途，成了无用的人。国家没有可用的人，一旦遇急便不救了。

原来自从印度的佛教传入中国，历汉迄唐，朝野风靡，无形中浸润了中国本有的文化，人人都想学作菩萨，不管什么是齐家治国、平天下了。有那热心中国文化的士大夫，看到这种情形，心里十分担忧，就想把古代先王之道搬出作抵抗，这以后慢慢便产生了所谓“理学”。理就是道理，就是想用中国道理来抵抗外国道理。不过中国古来所传的都是些礼乐行政的勾当，没有什么玄妙深奥的道理，结果一班理学家打的旗帜虽是宣扬儒道，辟斥佛说，但谈起道理来，不知不觉间，依然是袭承了佛产，这就叫“原为驱贼去，反而招盗来”。——这些都是理学的来源，且不必细讲。单说其中有一最伟大的人物，名唤朱熹，他谈理学有两句口号是：“居敬穷理，格物致知。”

他的意思是，“欲致吾之知”就必须要“即物而穷其理”。他解释说：“凡天下之物，莫不因其已知之理而益穷之，以求至乎其极。”这话乍听来觉得是很具有科学精神的，但他却没有科学方法去做。他只会叫人多读书，他以为书若读多了便能通，一通则理便能穷，知遂可致。同时学者中也有些反对他的学说的，最著名的有陆九渊。他的主张是“直见本心”，说“心即理”，求知不必一定要全仗读书，只要“学苟知本，六经皆我注脚”。这与朱熹的谈法正相反了。这以后理学遂有了朱陆两个派别。

从南宋到明中叶，这个时期中，朱学比陆学盛。到了正德年间，有王守仁出，他的学说渊源于陆九渊，他更能发挥光大之，由本心说，另又举发出“良知”说。他道：“心者身之主也，而心之虚灵明觉，即所谓本然之良知也。”他认定了良知为一切动作的准则，致知功夫也就要凭着这个，故他有口号曰“致良知”。他反对“格物致知”，说：“天下之物，本无可格者，其格物之功，只在身心上做。”（王阳明《传习录·下》）因为要在“身心上做”，所以他又有“知行合一”之说。

王的学说在明朝势力最大，几乎笼罩了整个思想界。后来人们就把他同陆九渊合起称陆王。另外，因朱熹论学同程颐很相近，也合起称程朱，从此理学便造成了一个对峙局面。

明朝自中叶以后，国势渐渐趋于衰弱。在这个时期中，正是王守仁的学说掩袭一切最盛的时期。他们经一再的传授，里面形成了左右派，左派的人在行动上一向是不大检点的，因此就要招惹到一般正人君子们的反感。等到明朝一亡，人们想来想去，觉得国家的亡是由于这般王学派的人闹成的，于是，在亡国的悲痛情绪下，对他们怀恨起来，仇视起来。这时，社会上充满了攻王的空气，似乎是不骂上王阳明几句不算时髦，不得痛快！

王阳明不对了，可是谁对呢？看来朱熹比较实在些，于是就来“捧朱”。当时满洲皇帝也看着朱熹好，也来捧，一班揣摩风气的朝臣，就不用提了。就是那本来是王学派的人物，这时也多来想法调和程朱陆王以图补救；考证学所推为开山大师的顾炎武，他是讲“经世致用”的，在这时他也捐款修盖朱子祠堂。

在这“攻王捧朱”的浓厚空气里，没想到北方的一个偏僻小县——博野，出了一人，此人姓颜，名元，号羽齐，是一个农夫兼乡学究。他看出陆王固是买空卖空，要不得；程朱的冒充字号卖假货，更是不能要，因为他卖给了人家假东西使用，害处较陆王的空生意还要大。颜元用了大无畏的精神，毫不客气的把这些假东西全给指出。不管程朱，不管陆王，一齐推翻，并且进一步连汉唐的学术也都否认，他觉得真正的学术，只有周孔的三事三物六府四教，旁的全是假的，全没有用。经他这么一来，两千年来的思想学术一齐给推了一个大仰跤，从此以后便再不能像从前那样尊严的端坐在那儿了。

二

（一）

距今301年前，为明崇祯八年（1635年）。这年三月十三日卯时，颜元生。生时“适园挖井，因乳名园儿”。

这时他不姓颜，姓朱，因为他的父亲从小就卖给了朱家作后。朱家是蠡县刘村人，朱翁——颜元的义祖父，名九祚，号盛轩，在清顺治初年作过畿南兵备道的巡捕官，算是一个军人。颜元的父亲原是博野县杨村人，为人很勇武，很诚实。颜元在《父颜长翁实迹》上说：

翁名昶……形貌丰厚，性朴诚，膂力过人。尝与人较跌，时称猛悍者莫及。一肩所胜，二夫不能起。上唇微短，语艰如也。好种树，所种必成，尝云："欲实又欲深，棒椎也攫根。"幼为后于蠡东刘村朱氏，娶随东王翁喜亮女。（《习斋记余》卷十）

后来他的父失欢于朱翁，自觉在朱家住不下去了，就想逃走。恰巧那几年满洲兵常常进犯关内——那是崇祯十一年秋天，满洲兵又大举入关，俘人，劫物，夺城，在直隶山东境内足足地闹了一下，直到了第二年的春天才退出去。颜元的父亲就再次跟随满洲兵出的关，《父颜长翁实迹》上叙述他逃走的经过：

迨戊寅子月，东信迫，乃连夜与元母赌绩，以素课上所后，积其余市江青布为新腰囊，梅花纲巾，预为羢笠，缝履于袜。初六夜，谓元母曰："昔有人不得于父，自创二刃不死，鞅鞅出披剃为僧。其后二子者登第，擢显职，访求得之。恳还，卒不许。诰封亦不受，曰：'吾既不得于父，焉用家？焉用子？'"盖托言以相诀，而元母不悟也。明日东兵至，遂出从之去。（《习斋记余》卷十）

从此便一去不返，音耗断绝。直到康熙二十四年，颜元五十一岁时，才出关访知了父亲，已经去世，认墓奉主归乡。

颜元的父亲走后，朱翁又另置了一房侧室，生下一子，名叫晃，朱翁有了这个亲生子，对待颜元母子就冷淡起。在颜元十二岁上，他母亲王氏，也因不堪受家庭的待遇而改嫁。这以后便只剩下了颜元一人，一个无父无母的小孩子，过活在一异姓的家庭里，时时在遭受家人及其族人的歧视与欺凌。

因为颜元自少至长是在朱家，故受教育也全是在朱家。朱翁虽是一武夫，对小孩子们读书却很肯供给。这时朱家环境也还够好，颜元八岁便入塾读书了。开蒙的一位塾师名叫吴持明，字洞云，是一个怪人，一个乡学究不好好念文章却喜欢骑马射箭，讲论兵法，还会瞧病算卦，颜元后来的行医卖卜以至于想学仙，都是受了他的影响。

颜元小时天资很高，只是不怎么爱读书，整天价看寇氏丹法，学运气术。十五岁上，朱翁给他娶了妻室，自己因为正在学仙近不得女人，便不和太太同床，后来觉得仙是学不成的，才又同太太修好起来。又滥交了些匪人，遂把自己弄成一个轻薄少年的样子。虽然如此，他天性原是很纯良，自然的具有一种侠义与真诚。他见了斥说魏忠贤奸的书，就几日几夜的发恨，恨不得亲手去杀掉他。朱翁想用钱为他运动一个秀才，他绝食以拒，哭说："宁为真白丁，不作假秀才。"

这样子一直到了十九岁，他跟到一位贾先生读书。贾名珍，字袭什，蠡县人，才学品行都很好。颜元自从受了这位贾先生之教以后，恶习顿洗，安心用功读起书来。但不幸在这时朱家遭了一场官司，朱翁逃遁，颜元被拘去坐监。这时他的修养功夫已很好，虽身在缧绁，心思毫不烦乱，文章反而做得更好了。待官司打完出来，就考取了一名秀才。这时他的名字叫邦良，字易直。

朱家经过了这场官司，便穷起。这时朱翁年纪也已老，不能操作，家里一切用费全要依靠颜元担负，像耕地浇园种种劳苦工作他都须亲自去干。在这时颜元苦极了，一方面作书生，一方面还要作农夫。

颜元虽然是一秀才，却讨厌八股文，喜欢看《通鉴》。他见着了七家兵书很喜欢，就开始研究战术技击。他的武技到后来居然学得很是不错。

二十四岁时，他自己在家里开了一个家馆，招收学生念书。这时他的抱负很大，给自己的书斋起了一个名字叫"思古"，自号思古人。觉得张载对宋神宗说的"为治不法三代，终苟道也"的话很对，遂参考了些古书，著了一部《王道论》，主张政治复古，要施行古时候所谓"井田封建学校"等制度。书里有一篇名《济时》，是他认为当前可以先举行的，分九典五德，九典是：除制艺，重征举，均田亩，重农事，征本色，轻赋税，时工役，静异端，还师儒。五德是：躬勤俭，还声色，礼相臣，慎选司，逐佞人。

除制艺，重征举，便是反对考试制度。他以为考试最好结果只能知道才学，不能知道品德。况且所考的那些诗文制艺，揆诸实际，都无用处。就是考试时那些“问先察貌，索结登年，巡视搜检，解衣跣足”的手续，直是侮辱士人，大有伤于“崇礼义，养廉耻”之道。莫若采用乡举里选法，由乡而县，由县而府，由府而朝，经过若干年考核推荐，然后授以职位，这样才能得着品学兼优的真才。

颜元又要行王道非先除异端，即“妄谈祸福，侈说神仙”的僧道不可。他把韩愈的“人其人，火其书”的办法加了加密，作成九法：一绝由，不许异色人入中国。二去依，把妖像淫祠都毁掉。三安业，令年龄相若的僧道尼都匹配成双，尼姑若不够，用妓来替代，老的就送入养济院。四清药，再有异言惑众的人杀了他。五防后，凡有窝藏佛老等经卷的杀了，献出的赏他。六杜源，儒生要多著些辟异的书。七化尤，选资质优秀的僧人叫他接受儒教。八易正，叫他们读《四书》《曲礼》《少仪》《内则》《孝经》等书。九明法，弃邪归正了的僧道有孝行或廉义的表彰他，愚顽不悟的责罚他。

这部书后来改名叫《存治编》。

（二）

颜元开的家馆里，有一彭姓学生，他父亲号雪翁，好谈道学，与当时河北讲学大师孙奇逢、刁包诸人都有来往。因为他儿子是颜元的学生，他也就同颜元认识了。他送给了颜元几部道学家的书，颜元看后，这才知道原来八股诗文之外还有“道学”一回事。其中他最喜欢的是陆王学说，把要语手抄了一册，日夕奉诵效摩。这一来，这个自负不凡的乡学究，又兼着作了道学家。他自己追述当日的情形：

> 廿三岁，得陆王二子语录，而始知世有道学一派，深悦之，以为孔孟后身也。从之直见本心，知行合一，元虽不敏，一若有得于二子者。其时著《求源歌》《大盒小盒歌》《格物论》，大约皆二子宗旨也。见者称真陆王。（《习斋记余》卷六《王学质疑跋》）

《求源歌》《大盒小盒歌》，现在都保存下来，抄在这里，我们看看：

六经注脚陆非夸，只须一点是吾家。廿史作锨经作镢，诚敬桔槔勿间歇。去层沙壤又层泥，滚滚源头便在兹。溉田万顷均沾足，涤荡污尘如洗卮。小子勿惊言太远，试为阙塞负一畚。

盒诚大兮诚大盒，大盒中兮生意多。此中酿成盘古味，此中翻为叔季波。兴亡多少藏盒内，高山拍掌士几何。此处就有开匣剑，出脱匣外我婆娑。

盒诚小兮盒诚小，小盒生意亦不少。个中锦绣万年衣，就里佳肴千古饱。如何捧定无失却，如何持盈御朽索。忽而千里向谁觅，返而求之惟孔老。识得孔叟便是吾，更何乾坤不熙皞。呜呼！失而知哭，得乃知笑。（《颜习斋先生年谱》卷上）

又过了两年，他得读《性理大全》，从中晓得了程朱学说，觉得这比陆王又贴实多了，于是抛却“知行合一”改谈“主敬存诚”。每日从田里回来，不管身上是怎样的肮脏，也要偷空儿来会儿“静坐”，以后他更规定：“过事宁缺读书，勿缺静坐。”把周敦颐、朱熹奉作圣人，自己算是学作圣人。人们讥笑他，他毫不介意。据他自己说是：

至二十六岁，得《性理大全》，见周程张朱《语录》，幡然改志，以为较陆王二子，尤纯粹切实，又谓是孔孟后身也。进退起居，吉凶宾嘉，必奉《文公家礼》为矩获，奉《小学》《近思录》等书，如孔子经文。人或有一言疑论诸先生者，忿然力辨，如詈父母。（《习斋记余》卷六《王学质疑跋》）

在这时，保定一带最负声望的程朱派有刁包，祁州人，字非有。颜元因正在作朱子信徒，便和刁很亲近，常常向他求教。刁著的书有一部名《斯文正统》，他见着这书回到家里就立了一个“道统龛”，正位供奉伏羲周孔，两旁配颜曾思孟周程张邵朱，因为自己这时还作医生，遂又把虞龚添了上去。

这时蠡县又有一叫王养粹的，字法乾，也是个秀才，思想很奇特。他把帖括一类的文字全给烧毁，把佛像扔在井里。不论什么时候，在家或出门，衣帽都要穿戴齐整，不能随随便便。因此乡里中都看他作疯癫。颜元听说却赞许佩服的了不得，认为这是念书人的正当行为，写了一封信给他，盼望同他作个朋友。后来两人会着面，气味很是相投，便合作讲起“道学”来。他们定日功，抄家礼，一切礼节仪式都要按照朱子家礼来做。有一次颜元的太太从母家回来，在途中丢掉一双银花，心里烦腻，到家忘了行反面礼。他责备她说：失物是小事，行礼是大事，怎么能因“失银花小事”便“遽废礼”？

这样一来，颜元真个作起圣人，读书时一定要端坐，整日衣冠不去身。每逢朔望的头一天，必须要施行“斋戒”，就是到田里去耕地、走路也要敬。一天他骑驴出门，风寒吹面，自己为避风侧跨在驴背上，一会，蓦地觉悟说：“岂可因寒斜其身哉。”便赶忙又正过来。

他这样的专心学作圣人，慢慢有了成绩了。有一天，他早晨起来，行完了礼，静坐观“喜怒哀乐未发对气象”，觉和适，修齐，治平都在这里。他有一篇《柳下坐记》，记他作圣人的心得，煞是有趣：

思古人引仆控骤，被绵褐衣，驮麦里左。仆稞独至柳下，铺褐坐息。仰目青天，和风冷然，白云散聚，遂朗吟“云淡风轻”之句，不觉心泰神逸。覆空载厚，若天地与我外，更无一物事。微闭眸视之，浓叶蔽目，如绿罗裹宝珠，光耀在隐露间。苍蝇绕飞，闻其声不见其形，如跻虞廷，听《九韶》奏也。胸中不觉空焉洞焉，怡焉畅焉，莫可状喻。孔子曲肱疏水，颜渊箪瓢陋巷，当日不知作何心景，自谓今日或庶几矣！……惜也，工力尚浅，一念不敬，即一念不仁；一念不仁，即一念不如圣；一念不如圣，即一念不如天，以当前即是者，如隔万层山矣。吾心本体岂易见也哉？……今虽偶尔仿佛之，则仅可谓时至而已矣，何足恃哉？虽然，一时之天，与一日一月一岁之天，有以异乎？一时之心，与一日一月一岁之心，有以异乎？谨天人之动，密克复之功，如天之行健不息，即圣人之纯亦不已，岂不常如此时哉！（《习斋记余》卷二）

直到后来，他才发觉这完全是释家所谓“禅定”“禅悦”的工夫，宋明儒者用它“解心论敬”，以为凡中国的圣人便应该有这样的心境，有这样的修养。

三

（一）

颜元三十四岁时，朱媪——他的义祖母病没。他觉得父亲是从早年就逃走了，自己是长孙，自当代“承重”。便负责筹办起丧事，一切的节目，全按着《家礼》敬谨执行，先来了个“三日不食”；哭要“必哭尽哀”，哭到最哀恸时，甚至“鼻血与泪俱下”。这样的过了三天，到了第四天头上，入殓完毕，他又效仿《家礼》上所说的“朝一溢米，夕一溢米”的办法，施行吃米。这个办法是：一个“朝夕”便不许再吃，若“朝夕”遇哀至不能吃，就只好饿一顿。一个人不吃饭是不能够长久支持的，不多工夫，就把他饿的几乎要死。到后来他才查出原来古礼中“朝一溢米，夕一溢米”之后还有一句“食之无算”，朱熹竟把这句删掉了。

颜元又在殡宫外，大门里，修盖起“倚庐”，施行“寝苫枕块”。三个月“昼夜不脱衰绖”。又觉着在齐衰期内不能边坐，于是“虽宁卧，坐勿偏”。这么一来，挨饿再加上受累，他的义祖母是二月十四日死的，到了五月中，不满百天光景，他自己作践的已经不成个人样了。又因在地上睡，受了潮湿，浑身生出许多小疮，七月里便病倒。朱家一个老辈见他这种样子，起了怜悯心，对他说："你祖母从来没有生育过，怎会有你的父亲？你不是朱家的亲孙子，你若尽量的哀恸，作践死了，是白白的死呀！"他听了这话，初还怀疑，后来，去问了问他出嫁的母亲，才信以为实，这才减去一些哀恸。

这一场丧事的经过，使他亲身体验出来朱熹《家礼》的种种措置，与人情大相违背。他对它怀疑了，去考证了考证，原来朱熹把古礼删了许多，并且删改的都不怎么得当。这一来，使他对朱熹的信仰完全给打破，从此他把信仰一变而为研究。他详细地把朱熹学说研究了一下，结果，发觉出"静坐读讲"与孔子的学说大不相同；谈性指"气质有恶"，与孔孟说的性善又不大一样。于是恍然大悟，原来程朱口口声声道的所承继所宗奉的孔孟是假托的，是借招牌，他们的学说，别有一个渊源与传授呢。

第二年，颜元就写成了两部书，一叫《存性编》，一叫《存学编》，对程朱阳奉阴违的学说详加剖辨，并举出"孔孟学术真旨"。他以为孔孟的学术不是靠"静坐读讲"，是叫人从实际下手去学习，去工作。他把思古斋的名字也换了，叫"习斋"，表示"学习实习"的意思。从此他抱定宗旨，要"为后二千年先儒救掺杂之小失，为前二千年圣贤揭晦没之本源"，把恢复孔孟学术的大责任放在了自己的肩上。

原来程朱论性，把性分作两事：一理，一气。理，是天命，性理；气，是气禀，气质；说理是善的，气是恶的，颜元以为这完全脱胎于"释氏六贼"之说，与孔孟性旨大相径庭。《存性编》里首先驳这个：

> 盖气即理之气，理即气之理，乌得谓理纯一善而气质偏有恶哉？譬之目矣，眶疱睛，气质也。其中光明能见物者，性也。将谓光明之理专视正色，眶疱睛乃视邪色乎？余谓光明之理，固是天命，眶疱睛皆是天命，更不必分何者是天命之性，何者是气质之性。（《存性编》卷一《驳气质性恶》）

这是说性理同气质是不能分开的一件东西。"若无气质，理来安附"？人若离开形体，根本上便没有什么理之可言了。所以我们只应该怎么想法去运用这个善的形体向正轨实践，不应该认为它有恶来变化它。

颜元曾用“棉桃”作譬喻说：

> 天道浑沦，譬之棉桃，壳包棉，阴阳也；四瓣，元、亨、利、贞也；轧、弹、纺、织，二气四德流行以化生万物也。成布而裁之为衣，生人也；领、袖、襟、裾，四肢，五官、百骸也，性之气质也。领可护颈，袖可藏手，襟裾可蔽前后，即目能视，耳能听，子能孝，臣能忠之属也。其情其才，皆此物此事，岂有他哉？不得谓棉桃中四瓣是棉，轧、弹、纺、织是棉，而至制成衣衫即非棉也。又不得谓正幅、直缝是棉，斜幅、旁杀即非棉也。（《存性编》卷一《棉桃喻性》）

性既然是纯善无恶的，那么恶是怎么来的呢？他以为由于“引蔽习染”而来：

> 如衣之著尘触污，……其实乃外染而成，……仅只须烦擱涤浣，以去其染著之尘污已耳。……虽极垢敝亦不可谓衣本有污。（《存性编》卷一《棉桃喻性》）

颜元因程子常用水的清浊譬喻性的善恶，他也用以作譬说：

> 请问，浊是水之气质否？吾恐澄澈渊湛者，水之气质（指本来的性善），其浊之者，乃杂入水性本无之土（指习染的恶）……若谓浊是水之气质，则浊水有气质，清水无气质矣，如之何其可也？（《存性编》卷一《借水喻性》）

程朱是把人的性善同性恶一样认作是天生来的。说性恶是因偏而成，所以要想法变化它，使归于“中节”。这就是要行强制法。颜元极不以此说为然。他的意思是：若以性偏便成恶，那就是“指刀而坐以杀人也，庸知刀之能利用杀贼乎？”譬如“人家墙卑，易于招盗，诚有咎也，但责墙曰：汝即盗也，受乎哉？”性恶本是由习染而来，只要能使人“去其所本无”的恶便够了；程朱的性恶说，害处大极，它能使人“憎其所本有”，做出了坏事，还能够以“气质自诿”不负责任。

颜元对于发挥本性的善，同避免“引蔽习染”的恶的方法也举出，说是惟在明明德而已。他指出孔门的“求仁”同孟子的“存心养性”都是要明吾性之善，所以《大学》上的那句“明明德”以及《中庸》上的“尊德性”都是要尊要明人性本善的德——仁义礼智。德要一明便“无所不照”，便能“得其中正”，然后“耳、目、口、鼻皆奉令而尽职”，就决不会再去作恶了。他说：

譬之居高肆望，指挥大众，当恻隐者即恻隐，当羞恶者即羞恶。仁不足恃者，即以义济之；义不足恃者，即以仁济之。或用三德并济一德，或行一德兼成四德，当视即视，当听即听，不当即否。使气质皆如其天则之正，一切邪色淫声，自不得引蔽，又何习于恶、染于恶之足患乎？（《存性编》卷一《明明德》）

颜元在《存性编》里绘了有七个图（原是九个，经李塨并为七个）发明性善宗旨。证明人之性即天之道，无所谓理气两端。天地间没有“无理之气”，也没有“无气之理”。“天道无地，人性本善”，“人为丝毫之恶，皆自玷其光莹之本体”。

他又用图解释孟子的性、情、才，说依附在气质里的是性，从而发挥出的就是情，发挥出而见于事的就是才，所以可知：

非情才无以见性，非气质无所为情才，即无所为性。是情非他，

即性之见也；才非他，即性之能也；气质非他，即性、情、才之气质也；一理而异其名也。（《存性编》卷二《性图》）

事虽有三，而实际作用却仍是一物。

他解说由仁、义、礼、智中分别发挥出来的恻隐、羞恶、辞让、是非等的步骤：

见当爱之物，而情之恻隐能直及之，是性之仁；其能恻隐以及物者，才也；见当断之物，而羞恶能直及之，是性之义；其能羞恶以及物者，才也；见当敬之物，而辞让能直及之，是性之礼；其能辞让以及物者，才也；见当辨之物，而是非能直及之，是性之智，其能是非以及物者，才也。（《存性编》卷二《性图》）

这里面哪会有一些恶意？不过禀赋好的不受外物引诱，故能保持“本善”。禀赋差些的，一入社会，容易沾染恶习便把“本性”遮蔽起看不见了，这时若有人从旁提醒一下，或自已有所觉悟，还能复返性善。至于禀赋太差的，入世之后，习染越来越深，引蔽越来越远越厚，那就慢慢：

染成贪营鄙吝之性之情，而本来之仁不可知矣；染成侮夺残忍之性之情，而本来之义不可知矣；染成伪饰谄媚之性之情，与奸雄小巧之性之情，而本来之礼智俱不可知矣。（《存性编》卷二《性图》）

这样便没办法了，所以一个人作恶事并不是他的天性有恶，是因他成人以后，沾染上了恶，久而久之，养成习惯，而不易恢复罢了。

颜元又觉得古来教育人的方法，学教治是一致的。后来宋儒只讲“学”，不教也不治，这是把古法失掉了。《存学编》便是要恢复古代教育方法。他以为古时候教人只是先教人怎么样怎么样去做，不大爱多谈深奥的学理，主张：

何不观精一之旨，惟尧禹得闻，天下所可见者，命九官十二牧所为而已。阴阳秘旨，文周寄之于《易》；天下所可见者，王政、制礼、作乐而已。一贯之道，惟曾赐得闻，及门与天下所可见者，《诗》《书》《六艺》而已。（《存学编》卷一《由道》）

关于教学成法，古书里记载的很明白，就是《尚书》里的：

六府：水，火，金，木，土，谷。

三事：正德，利用，厚生。

《周礼》里的：

三物：六德——知、仁、圣、义、忠、和。

六行——孝、友、睦、姻、任、恤。

六艺——礼、乐、射、御、书、数。

所谓学，就是要学习这些事物。古时候就是“专以是学，专以是教，专以是治”。至于那高深玄奥的学理，一时即让不能领会，也没甚关系，我们只要先动手去学习，待学习熟了“见理于事”，自然就能明白了。

颜元既主张多学多习，对于汉唐宋明以来的多读多讲便极反对，他说：

人之岁月精神有限，诵说中度一日，便习行中错一日；纸墨上多一分，便身世上少一分。（《存学编》卷一《总论诸儒讲学》）

其意思是，只顾讲说没有用处，还是要习行才能有效于实际。他说“道之不兴，不在文之不详，而在实之不修”。又举出自己经验：

吾尝谈天道性命，若无甚扞格，一著手算九九数辄差。……以此知心中醒，口中说，纸上作，不从身上习过，皆无用也。（《存学编》卷二《性理评》）

所以，他教人“宁为一端一节之实，毋为全体大用之虚”。并曾用学医作譬，说：

辟之于医，《黄帝素问》《金匮》《玉函》，所以明医理也，而疗疾救世，则必诊脉、制药、针灸、摩砭为之力也。今有妄人者，止务览医书千百卷，熟读详说，以为予国手矣，视诊脉、制药、针灸、摩砭，以为术家之粗，不足学也。书日博，识日精，一人倡之，举世效之，岐黄盈天下，而天下之人病相枕，死相接也，可谓明医乎？愚以为从事方脉、药饵、针灸、摩砭，疗疾救世者，所以为医也，读书取以明此也。若读尽医书而鄙视方脉、药饵、针灸、摩砭，妄人也，不惟非岐黄，并非医也，尚不如习一科，验一方者之为医也。读尽天下书，而不习行六府六艺，文人也，非儒也，尚不如行一节，精一艺者之为儒也。（《存学编》卷一《学辨一》）

颜元又用学琴作譬，说：

以读经史，订群书为穷理处事，以求道之功，则相隔千里。以读经史，订群书为即穷理处事，曰道在是焉，则相隔万里矣。……譬之学琴然，诗书犹琴谱也。烂熟琴谱，讲解分明，可谓学琴乎？故曰以讲读为求道之功，相隔千里也。更有一妄人，指琴谱曰：“是即琴也，辨音律，协声韵，理性情，通神明，此物此事也。”谱果琴乎？故曰以书为道，相隔万里也。……歌得其调，抚娴其指，弦求中音，徽求中节，声求协律，是谓之学琴矣，未为习琴也。手随心，音随手，清浊疾徐有常规，鼓有常功，奏有常乐，是之谓习琴矣，未为能琴也。弦器可手制也，音律可耳审也，诗歌惟其所欲也。心与手忘，手与弦忘，私欲不作于心，太和常在于室，感应阴阳，化物达天，于是乎命之曰能琴。（《存学编》卷三《性理评》）

他认为，若一味地讲诵，不但不能学习，还妨害学习，因为：

一者，游思高远，自以为道明德立，不屑作琐繁事。一者，略一讲习，即谓已得，未精而遽以为精。一者，既废艺学，则其理会道理，诚意正心者，必用静坐读书之功，且非猝时所能奏效。及其壮衰，已养成娇脆之体矣，乌能劳筋骨，费气力，作六艺事哉？（《存学编》卷三《性理评》）

朱熹的“穷理居敬，格物致知”两句口号，从表面上看去是很好的，但他做来却全不是那么一回事。颜元在《存学编》说朱的穷理居敬是：

以读书为穷理功力，以恍惚道体为穷理精妙，以讲解著述为穷理事业。俨然静坐为居敬容貌，主一无适为居敬工夫，舒徐安重为居敬作用。（《存学编》卷二《性理评》）

颜元觉得这与孔门的“穷理居敬”不大同，孔门是：

曰：“博学于文”，盖《诗》《书》、六艺以及兵农、水火，在天地间灿著者，皆文也，皆所当学之也。曰“约之以礼”，盖冠婚、丧祭、宗庙、会同，以及升降周旋，衣服饮食，莫不有礼也，莫非约我者也。凡理必求精熟之至，是谓“穷理”；凡事必求谨慎之周，是谓

“居敬’。(《存学编》卷二《性理评》)

“格物致知”也是要实实在在地去对物才对，他认为“格”字，当如史书“手格猛兽”之“格”，“手格杀之”之“格”。(《习斋记余》卷六《阅张氏王学质疑评》)“乃犯手捶打之义，‘格物’，谓犯手实做其事。”(《颜习斋先生言行录》卷上《刚峰第七》)朱熹的“半日静坐，半日读书，那会去格物”?(《王学质疑评》)

朱熹曾讥讽陆九渊，说他的学说是：

譬如旅寓之人，自家不能送他还乡，但与说云：“你自有田有屋，大段快乐，何不便回去?”那人既无资送，如何便回去？又如脾胃受伤不能饮食之人，却硬将饭将肉塞入他口，不问他吃得吃不得？(《存学编》卷三《性理评》)

颜元就着也说：

朱子旅寓人，伤脾胃人二喻，诚中陆子之病，但又是手持路程，本当资送，口说健脾和胃方，当开胃进食，即是终年持说，依然旅寓者不能回乡，伤脾胃者不能下咽也。……岂若周公、孔子三物之学，真旅寓者之糇粮车马，伤脾胃者之参术缩砂也哉。(《存学编》卷三《性理评》)

他为什么这样不客气地批评宋儒呢？因为他觉得宋儒的“谈天论性，讲学著书”，“上者只学先儒讲著，稍涉文义，即欲承先启后；下者但问朝廷科甲，方能揣摩，皆骛富贵利达”。(《存学编》卷一《由道》)这样子的做法，对社会、国家毫无利益，慢慢还要养成一种重文轻武的风习，致使：“衣冠之士，羞与武夫齿；秀才挟弓矢出，乡人皆惊，甚至子弟骑射武装，父兄便以不才目之。”（《存学编》卷二《性理评》）结果把宋朝弄了个：“户比肩摩皆主敬习静之人，而朝陛疆场无片筹寸绩之士。”（《存学编》卷一《由道》）北宋人便“两手以二帝畀金，以汴京与豫矣”。（《存学编》卷二《性理评》）南宋人便“两手以少帝付海，以玉玺与元矣”。（《存学编》卷二《性理评》）

我们若是能造就成千成百的精通六德六行六艺，及兵农钱谷水火工虞的学者，朝廷大政也能措办了，险重繁杂的事也有人敢担任了，政治有政治的人才，军事有军事的人才，怎么还会遭到亡国的耻辱和灭族的危险？所以颜元恨极了宋学，他对宋元明以来的学人发叹道：“宋元来儒者，却习成妇女态，甚可羞！无事袖手谈心性，临危一死报君王，即为上品矣。”（《存学编》卷一《学辨一》）“吾读《甲申殉难录》，至‘愧无半策匡时难，惟余一死报君恩’，未尝不凄然泣下也。”（《存学编》卷二《性理评》）

（二）

颜元著了《存性编》《存学编》以后，自己觉得这种说法可算大发现，有积极提倡的必要。只是发愁自己地位太低，说出来不能有多大力量，就想找出一位在思想学术界里有权威的人来给鼓吹一下，于是就想到了当时在北方讲学资格最老、声望最大的孙奇逢。

孙的名字颜元早就知道。他早年朋友中如王之征、王介祺等都是孙的弟子。康熙甲辰（三年、1664年）那年，孙奇逢因所著《甲申大难录》被举发，北上对簿，抵容城原籍。颜元便想邀着王法乾同往问学，后来因为发了水，路不好走，没有成行。康熙九年春季，他托蠡县一位庠师姓耿的，给孙捎去一信，并附了《存性编》《存学编》二书向他求教。

信里对于学术和“性旨”都有简要的叙述：

> 某静中猛思，宋儒发明气质之性，似不及孟子之言性善最真。变化气质之恶，三代圣人，全未道及。将天生一副作圣全体，参杂以习染，谓之有恶，未免不使人去其本无，而使人憎其本有，蒙晦先圣尽

性之旨，而授世间无志人一口柄。又想周公、孔子教人以礼乐射御书数，故曰："以三物教万民而宾兴之。"故曰："身通六艺者，七十二人。"故性道不可闻，而某长治赋，某长礼乐，某长足民，一如唐虞之廷某农，某刑、某礼、某乐之旧，未之有爽也。近世言学者，心性之外无余理，静敬之外无余功。细考其气象，疑与孔门若不相似然。即有谈经济者，亦不过说场话，著种书而已。（《存学编》卷一《上征君孙锺元先生书》）

颜元满心满意地指望着这位理学调和派大师，见了他这封信能够"静眼一辨，及时发明前二千年之故道，以易后二千年之新辙，恢复儒运，重整乾坤"。哪想到这位八十一岁的老前辈接着了这个后生的信，大概是有点不大以为然吧，就连个回信儿也都没有给他！

有一次，颜元在祁州刁包家，听说州署里有一姓姜的，他老师名叫陆世仪，江苏太仓人，所著书里有教人学习六艺的话。他喜欢极了，以为"得遇知音"，忙着想借这书来看看，借了几次，那位姜君总没有肯借给。后来刁包就把南方朋友来的信里面有提到陆世仪的叫他看。原来陆氏论性也是不分天命气质，主张一般都是善，这与他的说法不期而合了。从此颜元便认定陆世仪是他一个同志，一个可以合作者。

康熙壬子年（十一年、1672年）春季，颜元的一位朋友彭君要到南方作县官去，托他顺便给陆世仪带去一信。另外，又把《存性编》《存学编》并《日记》都摘要的抄了一些，附在信里。他在信里从论汉晋以来学术的分歧与失传，说：

自汉晋泛滥于章句，不知章句所以传圣贤之道，而非圣贤之道也。竞尚乎清谈，不知清谈所以阐圣贤之学，而非圣贤之学也。因之虚浮日盛，而尧舜三事六府之道，周公孔子六德六行六艺之学，所以实位天地，实育万物者，几不见于乾坤中矣。迨于佛老昌炽，或取天地万物而尽空之，一归于寂灭；或取天地万物而尽无之，一归于升脱。莫谓日月星辰，山川草木，鸟兽虫鱼，人伦世故，举为道外，并己身之耳目口鼻四肢，皆视为累碍赘余矣，哀哉！……奈何赵氏（指宋）运中，纷纷跻孔子庙庭者，皆修辑注解之士，犹然章句也；皆高坐讲论之人，犹然清谈也。甚至言孝弟忠信如何教，气禀本有恶，其与老氏以礼义为忠信之薄，佛氏以耳目口鼻为六贼者，相去几何也？故仆妄论宋儒，谓是集汉晋释老之大成者则可，谓是尧舜周孔之正派则不可。（《存学编》卷一《上太仓陆桴亭先生书》）

他又对陆谈到当时非议程朱的危险，与自己的不忍坐视而不愿：

然宋儒，今之尧舜周孔也。韩愈辟佛，几至杀身，况敢议今世之尧舜周孔者乎？季友著书驳程朱之说，发州决杖，况敢议及宋儒之学术品诣者乎？此言一出，身命之虞所必至也。然惧一身之祸而不言，委气数于终误，置民物于终坏，听天地于终负，恐结舌安坐，不援沟渎，与强暴横逆内人于沟渎者，其忍心害理不甚相远也。（《存学编》卷一《上太仓陆桴亭先生书》）

这封信带去以后，也同孙奇逢的信一样，没有能获得一个答复。

（三）

颜元既认识了周孔“三物”之学，自己便真个躬习实践起来，先动手学习书射、歌舞、算法、拳法。这时有人想聘他去作馆师，他怕因教八股文耽误了自己的学功，推辞不就，还作了一首诗表明志向，诗道：

千秋绝业往追寻，才把功夫认较真。吾好且须从学习，光阴莫卖与他人。（《年谱》卷上）

这时他用世的心思越发大了，著过一部书叫作《会典大政记》，这书现在不传了。据他自己说，是参酌《大明会典》编成的，性质像是一部“行政施教大纲”。对这书很得意，曾作过一首诗曰：

> 肩担宝剑倚崆峒，翘首昂昂向太空。
> 天挺英豪中用否？将来何计谢苍生。（《年谱》卷上）

由这首诗便可以看出他的用世念头之大与抱负之非凡。

颜元当三十一岁时，就已开始规定一年中的常仪常功，并作日记自勘。以后差不多年年都有所增订。这年，他三十七岁，在常仪里增加了一个重要项目，即“斋戒”，内容是：

> 食肉不茹荤，饮酒不过三盏；不入内，不与秽恶；不吊丧，不问疾，不形怒。齐迁坐变食，沐浴著明衣，不会客，不主医方，专思神。小祭一日，时祭三日；大祭七日，戒三日齐。凡食必祭，祭必齐如也，惟馂余不祭。（《年谱》卷上）

在斋戒的日子，在大门外要悬挂一牌，上面写：“今日交神不会客，不主医方，亲友赐访请暂回，或榻他所，祭毕领教。”

常功方面，他在三十五岁时，亦规定了“自力常功”，“日习数，存理去欲”。每天作日记，心在时画一个○圈子，心不在时画●，算计算计白的有多少黑的有多少，便知道自己的“心存”功夫怎样。又多说一句话画个♂号，过了五个♂号便画一⊠号；忿怒一次画一♂号，过了五个♂号，便画一⊗号。

颜元反对静坐，主张习恭。他说，恭，就是《论语》上的“居处恭”的恭，与静坐大不相同，这是儒家的整修九容工夫。他也讲敬，却与宋人讲的不同，他的敬是《论语》上“执事敬”的敬，凡从事“三事六府，六行六艺”都算是敬。其意思是要叫人“合内外打成一片”，一方面要心动“履中蹈和”，一方面要身动“躬习实践”。他尤注重“习礼”，以为这是一种范围人的最好的东西，他说：

> 如时时敬其心，即孔子所谓“齐”，习礼于心也；时时提撕警觉，莫令昏蔽，即孔子所谓“明”，亦习礼于心也；每日正其衣冠，洁净整齐，非法服不服，即孔子所谓“盛服”，习礼于身也；至“目容端”，习礼于视也；“口容止”，“声容静”，习礼于言也；至于“手容恭”，“立容德”，习礼于持行也。凡“九容”“曲礼”，无非习礼于身也。礼真斯须不可去者。（《颜习斋先生言行录》卷下《教及门十四》）

后来就有人问，若行这么许多的礼岂不成了优人演戏吗？他答说：

> 今日正坐不及优人耳。彼平时演定，手足扮出，丝毫不差。学者终日袖手诵读，临事一切懵懵，顾以演仪为可耻乎？且以孔子之圣而与弟子习礼树下。朝廷之礼，前期旬余习仪，士犹羞之乎？以习行为羞，乾坤所以日非也。（《言行录》卷上《言卜第四》）

所以若遇没人同他行礼时，他便自己一人也“起习周旋之仪”。

颜元订过一个教条，叫学生们遵守，其中分孝父母、敬尊长、主忠信、申别仪、禁邪辟、勤赴学、慎威仪、肃衣冠等等。最有意思的是申别仪。别字是指“夫妇有别”，他说：“夫妇相敬如宾，相戒如友，必因子嗣乃比御，夫妇之天理也，必斋戒沐浴而后行。”（《颜习斋先生年谱》卷上）他对“比御”这件事特别重视，他曾对王法乾夸说过，他自己在“甲辰（康熙三年）、乙巳（康熙四年），功程颇可对，至夫妇三月一榻，身未尝比”。（《年谱》卷上）

肃衣冠，也是一条重要的，说：“非力作不可去礼衣，虽燕居昏夜不可科头露礼。”（《年谱》卷上）

颜元自己是没冬历夏不去衣冠的。有人就问：夏天这样不热吗？他回答说："妇女居室亲灶，而炎热不袒；男子奉父母遗体，乃不及女子乎？朝臣事君，终日不免冠，在野处士，愿諟天命，乃礼让贵人乎？"（《言行录》卷下《刁过之第十九》）他以为衣冠不整齐，便易流于亵渎，而失掉了人的尊重。所以说："衣冠不是要妆象好看，乃所以敬身，冠以敬吾首，衣以敬吾体也。"（《言行录》卷上《齐家第三》）

颜元是一极端反对佛说的人。他无事时从不登庙门，从不向和尚攀交情，见了和尚便劝他赶快还俗。康熙壬戌年（二十一年、1682年），他著了一部劝和尚还俗的书，叫作《唤醒途》，这书后来改名为《存人编》。他的意思是作了和尚便不能算人了，和尚再作平民不该叫还俗，应该叫归人伦。他最恨和尚有两件事：一是白吃饭，不工作；一是不娶妻生子。他觉得上自天子下至庶人都有事做，都要勤劳，和尚偏偏躲在了一旁偷懒白吃，是大不应该。和尚不娶妻，他以为这更是不对，因为这样办去，一方面是强制性欲，不尽人情；一方面要断绝人类，毁灭世界。他说：

> 禽有雌雄，兽有牝牡，昆虫蝇蜢，亦有阴阳。岂人为万物之灵而独无情乎？故男女者，人之大欲也，亦人之真情至性也。（《存人编》卷一《唤迷途·第一唤》）

男女婚配在人类生存中是最要紧的一件事，没有它便一切全没有。所以他说：

> 尧舜之道，造端乎夫妇，此端字，是端倪的端字，如织布帛之有头绪，如生草木之有萌芽。无头绪则布帛没处织，无萌芽则草木没处生，无夫妇则人何处生？一切伦理都无，世界都无矣。（《存人编》卷一《唤迷途·第二唤》）

（四）

颜元因父亲在自己小时逃走关东，心里早怀下寻父志愿。后来又晓得了自己是外姓子，便留心访问原来根底。慢慢访知了父亲原是博野县北杨村人，姓颜。去到北杨村一看，一位八十岁的亲祖母还在，一见之下，悲喜交集，遂想归宗。无奈，这时因有朱翁的关系还不能遽然就办，只好待其终年。这时，朱晃对待颜元是坏极了，先是挑唆朱翁赶走他，他听说了自请搬出去住。后来，有一次，朱晃竟要谋害他，他发觉了跳墙逃走。

他既然知道了自己姓颜，便不愿再叫朱邦良。康熙辛亥（十年、1671年）年，他把名字改叫元，因元字同自己的小名园字同声，是父亲在朱家时知道的。不过这时亦因有朱翁关系，还不能公开地使用这个姓名。等到康熙癸丑（十二年）年，朱翁去世，他正式办理了归宗，把家眷搬到北杨村去住，这才正式公开使用颜元二字。

归宗的第二年，颜元就打算出关去寻父，偏巧这时正当三藩乱起，满洲戒严，只好从缓。

这时，颜元有一件最挂心、最忧愁的事，就是“后嗣问题”。他觉得后嗣不立，自己不能安心地出外去寻父。他原来有过一个儿子叫赴考，六岁夭殇。过继了一朱姓子，在他归宗那年，叫他也归了宗。前后还买过四个女人，预备作姨太太，偏偏都遇到有毛病，不能生育。初买石姓女时，为媒所欺，女又痴又癫，把钱就退了回来想再另买。媒人把该女领走，又去转卖。他的学生李塨听说此事，忙去谏止，说他不应该退钱，恐该女再转卖，一旦落入歹人之手，这个责任是要他担负。他听了这话，汗流被面，忙得谢罪说：

吾过矣！吾父无处所，而年四十余，先人血嗣未立，德与行罪皆莫逭。前拟有子即出，后迫于时晚，以为但见子产即出，后更不及待，但见有孕即出。乃天降罚，老妻不育，置一婢为人所欺，短；又置一侧，为人所欺，痴。故眩乱之极，遂欲将此原金再图一人，而不

知过戾至此也！（《年谱》卷上）

说完，他立刻就同着李塨到蠡县城里拿钱又赎回石姓女，叫他父亲领走。这件事情的经过，使李塨大受感动，佩服了他的改过之勇，从此他也效仿他立日记自勘。后来颜元没办法，只好纳先所买的田姓女为侧室，终于亦没生育。四十七岁时，养了一同高祖侄儿，给名叫尔塨，哪料他又有隐疾，不能嬗嗣。只得再养一族孙为孙，给名叫重光。五十九岁上，还置过一房侧室，姓姜，也没能生育。看颜元一生，早年父逃母嫁，中年家人相仇，老年无子无孙，也算是一个苦人了。

康熙甲子年（二十三年、1684年）夏季，颜元只身出外寻父，这年他整五十岁，他抱了最大的决心，不得着消息不回头。这还是他生平第一次的出远门。从博野直达满洲的铁岭、抚顺、盖平，经了两千多里的路程，尝尽辛劳。一路之上，他因被孝心所驱使，到处求签祷告，祈灵神明。他有一篇《寻父神应记》，记了这回事，很有意思。

甲子年（康熙二十三年）四月初八日，告先祠启行。初九日，路祷关侯祠求签，得中平，谱曰“高祖遇丁公”。

五月十八日，逾永平东岭，野有关侯祠，入祷得签仍如前。二十日，抵山海关。廿一日，祝关侯祠。廿二日，祝武宁王庙。

六月十三日，过韩英屯（至沈阳）。十五日，祷城隍庙，求签曰大吉，再求则凶。

七月初一日，祷东岳庙，求签大吉，有“行人西北方上去，有人说与事根缘”，及“云开见日”之语。

八月朔，祷城隍庙，求签亦曰“大吉”，谱曰“好事将来”。

九月初一日，复祷东岳庙……

他到处粘贴报帖，求人代访父讯，听说有一点消息，便赶忙跑去看。有一次，他往盖平，途中几次的身陷泥浆，有一次人畜尽陷，不得出，他仰天叹曰："死此矣！"他用了这样的决死诚心，终于在第二年三月里得着了头绪，经过是这样：在沈阳南关，住有一妇人，名叫银孩，她听说了保定有一朱秀才来寻父，见报帖上所开的年龄、相貌，和她父亲颇酷似，就派人邀颜元到她家里谈说，一谈完全相符，她的父亲正是颜元的父亲。原来颜元的父亲到了关东，得一旗人的帮助，在沈阳开设糖房生意，另娶的妻室。等到满洲得了明朝天下，关内外交通恢复，他父便想回原籍看看，走至中途，买了一刘姓妇作妾，遂又折回沈阳。银孩就是这刘姓妾所生。后来他父亲还想回原籍，不幸在进山海关的时候，因身上带有人参，被搜检出犯了法拘禁起，等到释放之后，在沈阳的一些产业，已经净尽，妻妾也相继没去，自己剩下孤身一人。康熙壬子年（十一年、1672年）四月十一日，便死在了沈阳的一座庙名叫八王寺里。

这些情由，都经颜元证实了以后，便同银孩认成兄妹。在沈阳立主开吊，择定在四月初一日，自己亲身驾着车，奉载父主回籍。到了家又仍按照礼制，报了忧，成服，办的丧事。他算是完成了他一生中的一个大愿望。

（五）

康熙丁卯年（二十六年、1687年），颜元在祁州开了一座药铺，目的原是要借行医物色能担承圣道的人才，结果很是失望，"六阅月，仍抱膝独吟，兀坐药肆"。（《答陈瑞伯书》）第二年就把药铺搬回博野家里。

可是，在这个时期中，却因李塨的介绍，得与许三礼通信论学。许号酉山，河南安阳人，作官到副都御史。先是李塨在北京教馆，认识了许，谈学很是投契，许也就借此知道了颜元，得读他的《存性编》《存学编》。后来许先写了一封信给颜元，信里对颜元很恭维，说他是保定人物中杨椒山（继盛）、鹿江村（继善）、孙夏峰（奇逢）后第一人。又勉励他，要他在学问上能进一步从事于"庖羲之一画，唐虞之一中，孔门之一贯"。颜元回信说：

庖羲大圣一画，泄天地之秘，第大圣自喻，而以一画之散见，如

> 八八六十四卦，与天地共见之而已。唐虞之一中，第尧舜禹三圣面授，而以一中之作用，如三事六府，与天地共见之而已。孔门之一贯，第孔子与颜曾面授，而以一贯之散殊，如四教六艺，与三千人共见之而已……仆之驽骀，何敢躐等自诬？但愿勉习其散见。（《习斋记余》卷三《答许酉山御史书》）

许是信天的，以为天上有主宰。他作县令时，在衙署后边建盖一座“告天楼”，每早必要焚香对天作报告。他谈学主张“一中”，他说“圣道一中，原通天地民物为一”，“奋文揆武皆吾心性能事”。他的意思是：一个人应该文武全习，不应该把孔子认作一个“经学儒生”。后来颜元、李塨的思想都很受他的影响。颜元在“习恭”时，“时思对越上帝，谨言语，肃威仪”。（《年谱》卷下）在诚心整容的功夫上，要“于湛然虚静之中，懔上帝临汝之意”。（《年谱》卷下）这都是认识了许三礼以后才有了的。颜元写过一副对联是：“虚我观物，畏天恕人。”这“畏天”二字便和许三礼的思想有关系。

四

（一）

康熙辛未年（三十年、1691年），颜元五十七岁，他要到南边去传道，临出门时自励说：“苍生休戚，圣道明晦，敢以天生之身，偷安自私乎？”（《年谱》卷下）不过他的所谓“南边”实在不出直鲁豫范围，据他当时计划是想“自豫绕雍、扬转青、徐，而求师寻友”。（《习斋记余》卷三《寄桐乡钱生晓城》）不料出去了八个月，走到山东临城地带，忽然听说家乡大旱，“七月不雨，赤地千里”，便赶忙返回了博野。

他这次南游先到的安阳，这时许三礼已故，到墓上哭奠了一回，又到了辉县祭了祭孙奇逢，便由延津渡黄河去开封府。那时正是五月天气，自己在开封府城里摆了个瞧病带算卦的桌子，借以阅历人物。

一日，见一老翁走过，状貌非凡，颜元便挽他入座，谈了谈，原来他是孙奇逢的弟子名叫张灿然。两人谈起学，颜元对他详细地解释“博读博讲博看”的害处，希望他能从事“六府三物”之学。他听了这话也觉得很对，从此遂作成朋友。这一来，当地的一般读书人都知道这个瞧病算卦先生，原来是一学者，渐渐的便有人来问学。

颜元又到杞县鄢陵一带去游学，在那里又认识了些人。无奈这些人都因受了很深的宋学熏习，乍听到他的话，都觉得奇怪，格格不入。后来颜元到上蔡见着张沐，张也是孙奇逢的弟子，思想是趋向陆王的，在当时河南颇负名望，颜元同他谈学，他对颜元说：“修道即在性上修。故为学必先操存，方为有主。”（《年谱》卷下）颜元听了矫正他说：

> 是修性，非修道矣。周公以六艺教人，正就人伦日用为教，故曰“修道谓教”。孔门“学而时习之”，即此也，所谓“格物”也，物格而后可言操存诚正。先生教法，毋乃于《大学》先后之序有紊乎？（《年谱》卷下）

他们又讨论到考试方法，张说：

> 如无私，八股可也。（《年谱》卷下）

颜元说：

> 不然。不复乡举里选，无人才，无治道。（《年谱》卷下）

他在上蔡住了有一个月工夫，天天和张沐及其门人辩论学术主旨，无奈彼此终不能和。临别时张沐率弟子送行，颜元向张说：“承教不便自弃，勉加操存；先生操存有年，愿进习行，以惠苍生。”（《年谱》卷下）后来他回到家里还给过张沐一信，再申写此意，说我们若作学问：

> 不特学尧舜之精一执中，而并学其和修六府矣；不特学周孔之洗心操存，而并学其三物四教矣。是谓真学尧舜周孔者矣，是真传尧舜周孔者矣，周程张朱何足道哉？（《习斋记余》卷三《与上蔡张仲诚书》）

颜元这一趟南游，在学术上虽没有得着什么传人，却遇到两位侠客，这段因缘，也颇有趣。当六月里，他在开封时，偶然在街上闲步，遇到一少年，容表甚异，彼此遂招呼一下。颜元邀他来寓谈谈。到晚间他果来了，问了问他的志趣，他回答“愿学经济”。颜元便沽酒来和他对酌，他喝着酒，随掣出宝剑在院内舞起，一边舞，一边唱歌，歌道：

> 八月秋风凋白杨，芦荻潇潇天雨霜。
> 有客有客夜彷徨，彷徨良久鹳鸹舞。
> 双眸炯炯空千古，纷纷诸儒何足数？
> 直呼小儿杨德祖，尊中有酒盘有餐，倚剑还歌行路难。
> 美人家在青云端，何以赠之双琅玕。（《年谱》卷下）

翌晨，这少年送来一张名片告辞，上面写着“吴名士拜”四字。

后来颜元到商水，挐了这张名片去访一叫李子青的，也是一位侠客，好谈经世学问的。彼此一谈很投契，李见颜元带着一把短刀，便问：“君善此耶？”颜元逊谢。李遂仗然道：“君愿学之，当先拳法，武艺之本也。”

这时二人饮酒正酣，李就在月下脱去长衫，练了几趟拳叫颜元看，停一会儿，颜元从容地说：“如此可与君一试！”两人遂各寻了一根竹子作刀，比试起来，对走没有几个回合，颜元便“击中其腕”。李大惊，掷竹拜伏在地曰：“技至此乎！”第二天便叫他的三个儿子都拜在颜元门下受教。

他到河南这一趟，亲眼看见的一些人，个个都是“讲静说空”的宋学派。他伤心极了，回来对李塨沉痛地说：

> 予未南游时，尚有将就程朱，附之圣门支派之意。自一南游，见人人禅子，家家虚文，直与孔门敌对，必破一分程朱，始入一分孔孟。乃定以为孔孟程朱判然两途，不愿作道统中乡愿矣！（《年谱》卷下）

这以后，颜元对程朱的攻击是不能再相让丝毫的了。

（二）

康熙年间，直隶肥乡地方组建了一个漳南书院，主持人累次地来聘颜元去主教，他总推辞。康熙丙子年（三十五年、1696年）的夏天，他应允了，率领着继孙重光，和门人锺錂前往。到了之后，书院正在动工建筑。他这次来，本是抱了无限的愿望来的，要想借这书院施行他的“六府三事”的实学，书院的房屋是非要具一种新的规模不可。他同主人商量了商量，把书院的规模规定成这样一个局势。

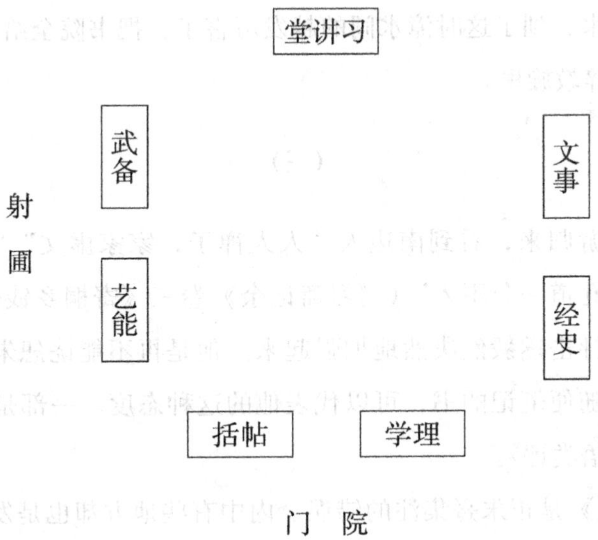

文事是课“礼乐书数，天文地理”。武备是课“皇帝太公以及孙吴诸子兵法，并攻守营阵陆水诸战法，射御技击”。经史是课“十三经，历代史诰制，章奏诗文”。艺能是课“水学，火学，工学，象数”。理学是课“静坐编著程朱陆王之学”。帖括是课“八股举业”。设理学帖括的意思，是为暂时“顺习应制”。等到将来能“积习正，取士之法复古”时，便把它取消。空起的房子改为“左处傧价”“右宿来学”。这两个斋的房子位置坐南向北，正对着习讲堂，意思是表示这两门学课与周孔为敌对，不算正学。六个斋每斋都设斋长，科设科领。院舍落成以后，他给习讲堂写了一副对联，写的是：

聊存孔绪励习行，脱去乡愿，禅宗训诂帖括之套；

恭体天心学经济，斡旋人才，政事道统气数之机。

这副对联就算是他的办学主旨与宣言了。

组织既定，他开始传授他的“三物”实学，一方面对学生“贯以智仁圣义忠和之德，孝友睦姻任恤之行”。一方面叫学生从事“习礼，歌诗，学书计，举石，超距，击拳”（《年谱》卷下）。他从五月到肥乡，一直到八月，三个月中，他实验他的教学方法，自己很是得意，说：“颇咀学习乐味！”没想到他来时已经在闹漳水，到了这时漳水闹的越发厉害了，把书院全给淹没，他叹曰：“天也！”只得辞教旋里。

（三）

颜元自南游归来，看到南边人“人人禅子，家家虚文”“非罢口敝舌辩开一分宋学，孔道一分不入”（《习斋记余》卷三《寄桐乡钱生晓城》），使他对于宋学的抨击遂毅然决然地加强起来。他是再不能饶恕朱熹的了。在晚年，他有两部随便笔记的书，可以代表他的这种态度。一部是《四书正误》，一部是《朱子语类评》。

《四书正误》是正朱熹集注的错误。内中有些地方却也是发挥颜元自己对

“四书”的见解。例如，他的学生问《大学》上的“致知在格物”一句怎么讲？他道：“物，即三物之物；格，即手格猛兽之格，手格杀之格。”譬如，皮帽是为取暖的，但“必手取而加诸首，乃知是如此取暖”；萝卜的味是辛辣的，但必“箸取而纳之口，乃知如此味辛”。所以必要“手格其物而后知致”。朱熹注作“穷至事物之理”，（按朱注是：致，推极也；知，犹识也；推极吾之知识，欲其所知无不尽也。极，至也；物，犹事也；穷至事物之理，欲其极处无不到也）那么“穷至不犹然一致字乎？穷至其理，不犹然一知字乎？是解成个致知在致知矣”。这怎么能讲得通？

又问《中庸》上“好学近乎知”怎么讲？他就反问学生说：“你心里是不是先有个多读可以破愚之见？”答说：“是。”他说：“你看今天下秀才晓事否？读书人便愚，多读更愚。但书生必自智，其愚却益深。譬如，工匠生来未必能那样巧，因为他常学此艺，便似渠心聪目明矣。所以好学礼则度数日明，好学乐则神明可通，好学射御书数兵农等则万事可理。”这就是“好学近乎知”的道理。

《孟子》上的“孔子曰操则存”的操字，他以为钱得洪的讲法最对。“操如撑舟之操，操舟之妙在舵，舵不是死操的。又如操军橹国柄之操，操军必要作进退如法，操国柄必要运转得天下”。朱熹说是“心操”，那是大错。

他读到《孟子·尽心篇》：“貉稽曰：‘稽大不理于口’。”解道：“理者，木中纹理也。其中原有条理，故语云顺条顺理。”“不理于口，犹言不顺于人口。”（《四书正误》卷六）

这些都是颜元对于“四书”见解和宋儒的根本不同处。

《朱子语类评》是专门批评朱熹的一书。朱熹叫人多读书，颜元反对极了这话。他说：

> 但入朱门者，便服其砒霜。………仆亦吞砒人也。耗竭心思气力，深受其害，以致六十余岁，终不能入尧舜周孔之道。但于途次闻乡塾群读书声，便叹曰：“可惜许多气力！”但见人把笔作文字，便叹

曰："可惜许多心思！"（《朱子语类评·训门人类》）

朱熹说："只要熟看熟读。"他质问说："试观尧舜至孔子，何尝有个熟看熟读？"

朱熹说：陆九渊"教人莫要读书，误人一生"。颜元以为教人读书才真是误人一生。他于是对宋儒下了一个总评说：

> 朱陆陈（同甫）三子，并起一时，皆非尧舜周孔之道之学也。龙川之道行，犹使天下强。象山之学行，虽不免禅宗，还不全靠书本，即无修和习行圣人成法以惠天下，犹省本来才力精神，做得几分事功，正妙在不以读书误人也。朱子更愚，全副力量用在读书。……较陈学不犯手，无杀战之祸；较陆学不须上智超悟，但工"之乎者也"，口说笔做，易于欺人，而天下靡焉从之。但到三十上下，耗气劳心书房中，萎惰人精神，使筋骨皆疲软，天下无不弱之书生，无不病之书生，一事不能做。
>
> 朱熹学术只是禅宗、训诂、文字、乡愿，四者集成一种人，而好间论古今人物事情耳。……朱子"半日静坐"，是半日达摩也；"半日读书"，是半日汉儒也。试问十二个时辰，那一刻是尧舜周孔乎？（《朱子语类评·训门人类》）

颜元为什么这样的一味同朱熹作对呢？因为他觉得朱熹的学说害处太大，它能使人亡国亡身。他叫人搁起"三事六府六法六行六艺"而不习，群天下而纳于之乎者也之局，整天价"只忧静坐，未能主一无适"，"只忧集注某字未妥"。结果，养成一群书呆子，一事不能做，一旦敌人杀来，就只会哭，就只会死。两宋的衰弱以至于灭亡，全是被这群受朱熹的教育养成了的书呆子给耽误的。他恨极了他们，发恨地喊出一句："宋儒为辽夏金元之功臣。"

（四）

颜元一生，在自身“力学”之外，很注意访求能继承他将来传学的人。在晚年他心目中，认为唯一有希望的，是他的弟子李塨。他曾对塨说：“吾与文升（姓张名鹏举，颜弟子）不言操存，与法乾不言经济，并语者惟子。”（《年谱》卷下）“吾所望与此道者，惟足下一人。”

说来李塨的聪明学力，实在也配得上作颜元的继承者。他从小就受学颜元，其父亲又是颜元生平父事之一，他们的关系是很深久很密切的。最好的，李塨的性情又比他老师活动些，一生足迹很远，交游也广，颜元一派的学问的树立与推广，实在全赖了他的努力。康熙已卯年（三十八年），那年他由浙江问乐毛奇龄回来，翌年秋，进京会试，在京里认识了许多有名的学者，像万斯同、胡渭、王源、梁份等，都同他成了好友，对他的思想学术都很敬服。其中王源和他谈学尤契，后来王源竟要拜颜元作老师，想同李塨共同担负起倡导“孔周正学”的责任。一夜，李塨与他同榻，睡到半夜，他把李塨唤醒，对他说：

> 吾自少闻道学，不慊；乃学经济，无所用；学古文，自谓必传于世。近闻吾子言颜先生学，又知文词亦属枝叶，非所以安身立命也。吾受业习斋决矣！（《李恕谷先生年谱》卷三）

又过了三年，到康熙癸未年（四十二年）六月，这位五十六岁的老名士，毅然跟了李塨去到博野北杨村，向一“瓮牖绳枢，潜修无闻”的乡学究，执贽从学，作了弟子。

颜元对这位大名士的来拜门，非常喜欢，对他说：

> 文升、刚主，道吾友英雄之气，与夫文章识力，想望久矣！近又闻因刚主言，为《省身录》从事身心，尤使仆喜而不寐，过谦不敢

当。然相期于周孔之道者，宁有耽乎？愿断自今，一洗诗文之习，实力圣学，斯道斯民之幸也。（《年谱》卷下）

因王源好谈兵，颜元便和他讨论了些兵阵上的事。问刀法，也讲诉了他。从此王源便一心踏地服膺颜元的实践实用之学。

王源在以前本是一目空一切、放荡不羁的狂士。自从师事颜元之后，一洗旧习，终日衣冠整肃，待人态度也较前和蔼了。他对朋友说：“众谓我目空并世人，非也；果有人，敢自侈大乎？”“吾所学乃今始可见之行事，非虚言也。”（方苞《李刚主墓志铭》）

王源受业颜元，虽然很晚，但正以他这样晚的年龄，这样大的名望，肯去向一暗然自修的乡学究去磕头作弟子，给了当日学术界一个大大的惊讶！这在颜元学术的传播上助力是极大的。

康熙甲申年（四十三年、1704年）八月，颜元忽然得病，病到了九月初二日，遂没，年七十岁。没的那天早晨，还勉励弟子们说：“天下事尚可为，汝等当积学待用!”

民国二十五年夏于北平

（原载《中法大学月刊》1936年第9卷第5期）

纪昀与道学

小时在蒙塾中读书，先生不许看杂书，看杂书便受申斥，甚至挨板子。其所谓杂书，大概指小说一类而言。若是看杂字书、杂事书，例如，《五六言杂字》《增广贤文》《万事不求人》等则皆许看。而大多数的学生们喜欢看的却又是小说。案上放的是《诗经》《书经》，抽屉里便是西游、封神，这就叫作口诵诗书、眼观魔法了。有一次，我也看小说，因我平素是不喜欢看的，忽然被先生发现，也便照例地申诫了一番，继而讲道："小说并非全不可看，只须捡好的看，可以增智力，助文兴。"遂举出两部，一部是《三国演义》，一部是《阅微草堂笔记》(以下简称《笔记》)。啊！我这才知道先生原来对小说也很熟悉。先生先背述了一段"难张温秦宓逞天辩"的天有头天有耳的辩答故事，接着即说，纪文达是大家数，文章清巻隽雅，是才子之笔。所可憾者是他好骂道学，很不应该，此处总须分别视之。意思是说，只可习诵其文，不可附和其态度也。后来又说到《聊斋志异》，文笔亦好，只是事迹太香艳，容易迷惑性情，年轻的人最不宜看。反正，我从此便喜欢读纪氏笔记，并且知道纪氏是好骂道学的了。

后来年龄渐长，知道的事情亦渐多，觉得纪氏的骂道学应该不应该，其原因理由，自颇有可以推研者，并不简单。因为他所讥讽的是那些假道学装假面目，欺世盗名，批评的是道学的高谈性理、空疏无稽。这些自皆有其事实与学术上的根据在，故只可问有没有、是不是，无所谓应该不应该。咳！说到这里，这也是因为人们对道学太尊崇了，程朱即孔孟，千古一统，后世人对之只许继承发扬，不许对峙驳议。在上者提倡之，处下者便附和之，而黠慧者便思假冒以取尊荣，于是假道学遂因之而产生。这些问题究竟应该如何处理解决？话先不论，实在亦很难论。只是我觉得纪氏所记的很有意思，又很有道理，倒是可以听听看看的。《笔记》中有这么两则：

> 肃宁有塾师，讲程朱之学。一日，有游僧乞食于塾外，木鱼琅琅，自辰逮午不肯息。塾师厌之，自出叱使去，且曰："尔本异端，愚民或受尔惑耳。此地皆圣贤之徒，尔何必作妄想！"僧作礼曰："佛之流而募衣食，犹儒之流而求富贵也。同一失其本来，先生何必定相苦！"塾师怒，自击以夏楚。僧振衣起曰："太恶作剧！"遗布囊于地而去。意必后来，暮竟不至。扪之，所贮皆散钱。诸弟子欲探取。塾师曰："俟其久而不来，再为计。然须数明，庶不争。"甫启囊，则群蜂坌涌，螫师弟面目尽肿，号呼扑救，邻里咸惊问。僧忽排闼入，曰："圣贤乃谋匿人财耶？"提囊径行。临出合掌，向塾师曰："异端偶触忤圣贤，幸见恕！"观者粲然。（《阅微草堂笔记》卷二《滦阳消夏录（二）》）

> 有讲学者，性乖僻，好以苛礼绳生徒，生徒苦之。然其人颇负端方名，不能诋其非也。塾后有小圃，一夕，散步月下，见花间隐隐有人影。时积雨初晴，土垣微圮，疑为邻里窃蔬者。迫而诘之，则一丽人匿树后，跪答曰："身是狐女，畏公正人不敢近，故夜来折花。不虞为公所见，乞曲恕。"言词柔婉，顾盼间，百媚俱生。讲学者惑之，挑与语，宛转相就，且云妾能隐形，往来无迹，即有人在侧亦不睹，不至为生徒知也。因相燕昵。比天欲晓，讲学者促之行。曰："外有人声，我自能从窗隙去，公无虑。"俄晓日满窗，执经者麕至，女仍垂帐偃卧。讲学者心摇摇，然尚冀人不见。忽外言某媪来迓女。女披衣径出，坐皋比上，理鬓讫，敛衽谢曰："未携妆具，且归梳沐，暇

日再来访，索昨夕缠头锦耳。”乃里中新来角妓，诸生徒贿使为此也。讲学者大沮。(《阅微草堂笔记》卷十六《姑妄听之(二)》)

贪财与好色，实亦人情之常，本无足惊叹，惟须问处之如何耳。饮食男女人之大欲，此本为自然要求，无可奈何，只须能守本分、合情理即可，而限制无须过苛，盖严苛亦无用，还是用感化劝诱之术，慢慢使之，趋正向善斯可矣。我于此中喜欢“真”的人，贪就认贪，好便说好。因为这样的人，总还有法感化过来，又因为贪财与好色的人，永远是不会绝迹人间的。奸商贪财，浪子好色，从古已然，将来还是仍然。或者因教育之力，可以减少一点，但也恐未必，总之决不会一个也没有。颜习斋说：“人性皆善，恶是由于引蔽习染来的。”大恶便是沾染深了的，此言诚是。我觉得，不但可有深浅之分，更应有内外之辨。那奸商浪子的恶，只是外皮的，容易刮剔洗涤；独独假道学，一面撑着颜面装腔作势，一面掩着行迹弄淫行诈。口口说的正心诚意，实际上是邪心假意。这种人最是要不得，盖其恶乃是内向的，剥去一层又一层，最深最厚，无有法了也。至于说到道学，亦何尝不可讲，只是要看如何的去讲。我们人人谁不需要有个安身立命的所在。而那所谓忠恕之道、先王之道、礼乐刑政、仁义道德，本是儒家修身治世之方，亦就是中国人民性情最喜欢、最接近的一条道。将这些去作申解，去作勤勉，那自然是最好了。可是自南宋以来，讲学之风大起，朱晦庵的造诣亦深，人格亦高，在学术上的成就与功绩亦很大，本无何可议的。只是可惜后来的一些人多迂阔不经，解释失当，越讲理越多，而离人情越远。理学能杀人，便是由此。

纪氏对道学家的讥讽与轻视亦自有其事实根据与学术立场。按明自中叶以后，王学支派繁多，就说是“左派”罢，泰州一支对于行动多狂放不检，人渐厌恶之，明亡之后，人们便以为是这班人闹出的。不知这才冤枉呢。还不如说是那些大爷皇帝同管家太监闹的，为较近于事实。可是这样便演成一种捧朱倒王的风势。进了清朝，真正好读书作学问的人都去作《日知录》，辨《古文尚书》了。那些作高官、专心奉承皇帝的，就想继续程朱作圣贤。呜呼，圣贤亦岂是容易作者哉？他们决不度量一下，穿起道袍，粉墨扮演，假道学于是大出。要寻找起来，其中所发生的笑话，不知有多少呢。所以我常想，清代康熙一朝的官，思想纯正、品行端方的尽有，而那假道学亦着实不少。反不如乾隆以后的来得清楚明白，只不过是奉迎攀结、加官进禄做什么说什么，倒是好也。我又尝见有两种人，一种人有钱，而见人口口声声说无钱；一种人无钱而说有钱。有钱说无，是惟恐人向之借贷，此本可原，但不必见人即说。无钱说有，则是怕人看他不起来撑腰板。此亦可原，但此心一存，已自卑鄙。总之又皆是欺人也。还是有说有、无说无为对耳。

纪氏在笔记中，又尝以他人所述神话假托之言，记有关学术思想之事，此则是汉宋之争了。然而颇有趣味与理路，如《笔记》卷一《滦阳消夏录（一）》中有一则云：

> 闻有士人至岱岳深处，忽人语出石壁中，曰："何处经香？岂有转世人来耶？"訇然震响，石壁中开，贝阙琼楼，涌现峰顶，有耆儒冠带下迎。士人骇愕，问此何地？曰："此经香阁也。"士人叩问经香之义，曰："其说长矣，请坐讲之。"昔尼山删定，垂教万年，大义微言，递相授受。汉代诸儒，去古未远，训诂笺注，类能窥先圣之心，又淳朴未漓，无植党争名之习。惟各传师说，笃溯渊源。沿及有唐，斯文未改。迨乎北宋，勒为注疏十三部，先圣嘉焉。诸大儒虑新说日兴，渐成绝学，建是阁以贮之。中为初本，以五色玉为函，尊圣教也。配以历代官刊之本，以白玉为函，昭帝王表章之功也，皆南面。左右则各家私刊之本，每一部成，必取初印精好者，按次时代，庋置斯阁，以苍玉为函，奖汲古之勤也。皆东西面，并以珊瑚为签，黄金作锁钥。东西两庑，以沉檀为几，锦绣为茵。诸大儒之神，岁一来视，相与列坐于斯阁。后三楹则唐以前诸儒经义，帙以纂组，收为一库。自是以外，虽著述等身，声华盖代，总听其自贮名山，不得入此门一步焉，先圣之志也。诸书至子刻午刻，一字一句，皆发浓香，故

题曰“经香”。……案：此事荒诞，殆尊汉学者之寓言。

纪氏以为此是汉学家所捏造者。此因当时汉宋彼此看不起，所以才有这些话产生。纪氏在文中略作评议亦甚公允，并无过激。他说：

> 夫汉儒以训诂专门，宋儒以义理相尚。似汉学粗而宋学精，然不明训诂，义理何自而知。概用诋排，视犹土苴，未免既成大辂，追斥椎轮，得济迷川，遽焚宝筏。于是攻宋儒者又纷纷而起。故余撰《四库全书·诗部总叙》，有曰：“宋儒之攻汉儒，非为说经起见也，特求胜于汉儒而已。后人之攻宋儒，亦非为说经起见也，特不平宋儒之诋汉儒而已。”（《笔记》卷一《滦阳消夏录（一）》）

这是当时汉宋之争的动因与实在情形，即是全然来逞意气了。平心而论，汉宋所持各有短长，汉学主由训诂以明经义，毋庸多作注解。自是实事求是，确凿无为是真功夫。而其短则在止于考核校订，且太琐碎，一字之释，动辄千言，忽略了大处。盖为学之道，是须要一贯相通本末贮备的。此可谓只能明其义，无能阐其微，更不必说能扬其大了。宋学只讲性理，厌事征考，但申大意，不究古训，结果常凭臆断，曲引成说，援据未坚，致失本义，而其长乃在能贯通、能致用，统程朱陆王颜李之学，其说虽不同，而其趋向则皆如此。此在今日而言，本无何冲突，一为科学式之基础研究，一为哲学式之综合解说而已。又汉学家的意思，在于作个能博能深的儒者，宋学则在作立言的圣人，我们只将戴东原的“弗能究先天后天，河洛精蕴，即不敢读元亨利贞”的话，与韩退之的“非三代两汉之书不敢观，非圣人之志不敢存”的话两相对照，便知其注力所在各自不同了。一是求博闻多识，一是作精读深修。如此一来，宋学以为汉学充其量不过是文士书生，不足以论大道。汉学则以宋学为迂夫陋儒，不足以考学术。其互相轻蔑，互相诋斥，自为势之所必然矣。

细说起来，纪氏虽是个汉学家，可并不是什么探索隐的考据家，自然也更不是深思孤诣的思想家，只是一个博闻强记的通儒。阮元序纪氏《遗集》说："公之学在于辨汉宋诸儒术之是非，析诗文流派之正伪。"这样也就够个通儒的气象了。可是纪氏却是汉学的维护者，在编纂《四库全书》这件事业上，他做了很大的帮助。我们只看刘文正、姚姬传是一方面，他与戴东原是一方面就可以明了啦。

（原载《文艺杂志》1944年第2卷第3期）

梅定九年谱

先生名文鼎，字定九，号勿庵，清江南省宁国府宣城县人。（《道古堂集·梅传》）按：江南省清初所置，康熙时分为江苏、安徽二省，先生遂籍隶安徽。

梅氏世居宣城县城东南七十里之柏枧山口，历宋元明，几十余代，厥后以食指益繁，析居蒲田等三十余村。（《绩学堂诗钞》卷四、《文钞》卷四、《重建梅氏宗祠碑记》、《宣城县志》）

父名士昌，号伞明。明亡后，弃诸生服，隐居治《易》《春秋》，尝以六十四卦爻与春秋二百四十年行事相比附成书，谓之《周易麟解》。经史而外，尤精象数。（毛际可撰传、《抗希堂集》、《道古堂集》）毛撰传谓“伞明故多藏书”。又谓先生“儿时侍父及塾师罗王宾，仰观星象，辄了然于次舍运旋大意”。则是先生的努力学术与成功，其渊源有所自了。

母胡氏。（方苞撰《墓表》）

崇祯六年癸酉（1633年）二月初七日，先生生。（《诗钞》卷四）

同年，友人毛际可（字会侯，号鹤舫，浙江遂安人）生。

十月，徐光启卒（1562—1633），年七十二（字子先，上海人，官至礼部尚书）。著译有《几何原本》二卷、《测量法义》一卷、《异同》一卷、《勾股义》一卷、《历学小辨》一卷，并与李之藻、王应麟、罗雅谷等修《崇祯历书》凡一百二十卷。此外，尚撰有《农政全书》六十卷、《农遗杂疏》五卷。（《明

史》本传、《明史·艺文志》)

是年，李天经（字长德，赵州人）以山东布政司右参政，代徐光启督修新法。(《明史·历志》)

是年，距开局修新历法，已经五年。先是礼部以旧法（大统、回回等术）推算，多滋谬误，于崇祯二年五月奏请开局修改历法。七月，李之藻同徐光启奉诏修历法。九月，开历局建观星台（即在今北平东长安街），并征西洋人邓玉函、龙华民、汤若望、罗雅谷等襄助历事。(《明史·历志》《明书》)

崇祯七年甲戌（1634年），先生二岁。

潘开甲（字东旸，浙江乌程人）生。

是年，魏文魁（自号玉山布衣，满城人，著有《历元》《历测》，是一个积极攻击西洋新历法者）。因言历官所推交食节气非是，遂命其至京测验，文魁败。是时言历者四家，大统术、回回术外，以西洋为西局，文魁为东局，言人人殊，纷若聚讼。(《明史·历志》《畴人传》)

崇祯十年丁丑（1637年），先生五岁。

是年，以李天经等所修历法屡验，最为密合，将废大统术，而管事另局历务、代州知州郭正中言，中法必不可尽废，西法必不可专行，应参合诸家兼收西法。(《明史·历志》)

崇祯十一年戊寅（1638年），先生六岁。

友人万斯同（字季野，浙江鄞县人）生。

三月，罗雅谷（Giacomo Rho）卒。意大利人，著《测量全义》《比例规解》《五纬表》《五纬历纬》《月离历指》《月离表》《日躔历指》《日躔表》《黄赤子球》《筹算》《历引》诸书。

是年，汤若望等以修历勤劳，不受官职，被赐房田优叙，并给署曰“钦崇天学”。(游艺《天经或问后集》)

正月，诏仍行《大统历》，如交食经纬，晦朔弦望，因年远有差者，旁求参考新法与回回科并存。（《明史·历志》）

崇祯十三年庚辰（1640年），先生八岁。

先生自束发受经于父及塾师罗王宾，往往于课余晚步时，得指示以三垣列舍之状，自是知星之可识，而天为动物。（《经星同异考·序》）

王丰肃（Alfonso Vagnoni）（后更名高一志，意大利人）卒。著有《空际格致》二卷，《西学修身》《齐家治平》诸书。

崇祯十四年辛巳（1641年），先生九岁。

季弟文鼏生。（《诗钞》尔素弟六十推得）

崇祯十五年壬午（1642年），先生十岁。

友人李光地（字晋卿，号厚庵，福建安溪人）生。

崇祯十六年癸未（1643年），先生十一岁。

汤若望共焦勖编《火攻挈要》。

八月，诏西法果密，即改为《大统历法》，通行天下，无何国变，竟未施行。（《明史·历志》）

顺治元年甲申（1644年），先生十二岁。

受业于石龙、陈明卿及陈蜚伯。《诗钞》卷四《喜石龙陈兆先过访序》上说："兆先先王父明卿先生，及其世父蜚伯先生，并某童时塾师也，计其时为甲申乙酉。"

是年七月，钦天监改用新法，得旨名《时宪书》，书面载钦天监依西洋新法印造字样。同月，汤若望进浑天星球一座，地平日晷、窥远镜各一具，并舆地屏图六幅，《诸器用法》一册。九月，若望进乙酉岁《七政经纬新历》。十

月，奏请刊刻《历书》及制造仪器。十一月，以若望掌钦天监事。(《东华录》《清文献通考》《汤若望奏稿》)

顺治二年乙酉（1645年），先生十三岁。

是年，汤若望修补《新历全书》告成。(《汤若望奏稿》)

顺治三年丙戌（1646年），先生十四岁。

是年，先生入学。《先王父研铭序》："已而鼎泮游，时年十四。"

友人潘耒（字次耕，又字稼堂，江苏吴江人，潘力田之弟）生。

是年，杨光先（字长公，安徽歙县人，徽州新安卫官生，亦一反对历法者）上言《时宪书》不宜用"依西洋新法"五字。(《孙渊如集·杨光先传》)

顺治四年丁亥（1647年），先生十五岁。

是年，黄宗羲奉母避难，居化安山（即四明山），注《授时历》。黄炳垕《梨洲年谱》谓："所著《春秋日食历》《授时历故》《大统历推法》《授时历假如》《回回历假如》《西历假如》《气运算法》《勾股图说》《开方命算》《测圆要义》诸书，约在此数年中。"

顺治五年戊子（1648年），先生十六岁。

门人陈厚耀（字泗源，号曙峰，泰州人）生。

友人刘献廷（字君贤，号继庄，大兴人）生。

友人王源（字昆绳，一字或庵，大兴人）生。

顺治六年戊丑（1649年），先生十七岁。

艾儒略（Giulio Aleni）卒，意大利人，著《几何要法》《职方外纪》等书。

顺治十年癸巳（1653年），先生二十一岁。

毛乾乾（初名惕，字用九，号心易，江西南康人）生。

薛凤祚（字仪甫，淄川人），从穆尼阁（西洋人），著《天步真原》。（薛凤祚《考验·叙》）

三月，敕赐汤若望为“通玄教师”。（《东华录》）

顺治十一年甲午（1654年），先生二十二岁。

是年，先生祖父逝世，年八十六。（《先王父研铭序》、《诗钞》卷四、《二月七日诞辰偶作》）

友人潘天成（字锡畴，别号铁庐，溧阳人）生。《勿庵历算书目》写步算历式条云：“友人潘锡畴，从余学历而苦于布算，故作此授之。”

十二月，龙华民（Nicolas Longobardi）卒。意大利人，著有《地震解》一卷。

顺治十四年丁酉（1657年），先生二十五岁。

是年七月，钦天监回回科秋官正吴明炫奏，汤若望推算天象舛谬三事：一遗漏紫炁，一颠倒觜参，一颠倒罗计。（《东华录》）

顺治十六年己亥（1659年），先生二十七岁。

友人李塨（字刚主，号恕谷，蠡县人）生。

阳玛诺（Emmanuel Diaz）卒，葡萄牙人。

顺治十八年辛丑（1661年），先生二十九岁。

友人方中通撰《数度衍》成。（《数度衍》凡例、《自序》）

康熙元年壬寅（1662年），先生三十岁。

是年夏，先生始获从明逸民竹冠道士倪观湖受台官通轨大统历算交食法，归与两弟依法推步，疑信相参，乃相与晨夕讨论，然后于气朔发敛之由，缠离朓朒之序，黄赤道差变之率，交食起亏复满之算，稍稍窥见藩篱。（《历学骈枝·自序》）按：先生在《勿庵历算书目·历学骈枝》条下云，顺治辛丑，始从倪受学，书目之年为追记者，难免有误。毛际可撰传又云，年二十七师事倪，则他人为作传更易生误。今从《骈枝序》自为可靠。

先生在三十岁以后，才积极研究天文算学，后来又以家庭经济状况不甚宽裕，同他的季弟文鼏，往四方去教读。先生在《经星同异考序》上说："年近三十，始从倪观湖先生受台官通轨算交食法，稍稍推广，求之《元史》《宋志》，溯唐及晋，至于西汉。……夜则披图仰观，昼则运筹推步。……如是者数年，及余得中西之图书稍多，友朋之益渐广，而仲弟（文鼐）不幸，已前弃世。尔素（文鼏）与余所有之书，手抄略备，多所撰定。然食指益众，家日益贫，余两人频年授徒，岁时相见，不过数四，往往羁栖于数百里数千里外，欲如向者之相聚探讨，不复可得。"

康熙二年癸卯（1663年），先生三十一岁。

门人李钟伦（字世得，李光地子）生。

王锡阐撰《晓庵新法》六卷。（《自序》）

揭暄撰《天地古今大观图》。（揭暄《诸图汇说》）

康熙三年甲辰（1664年），先生三十二岁。

仲弟文鼐入城读书，送之以《序》。

先生在《序》中，论到读书，不必一定求很安适的环境，只要心意踏实，便无不可。他说："……境苦乐无常，人心为之也。适千里者，百里跬步；适万里者，千里门庭，闭户先生瞻户外，屦惊跋涉矣。夏日中天，行者望扶苏一木，趋而憩之，如清凉国；重檐广厦，铺簟当风，待者交扇；喘若吴牛，夫一木不凉于广厦，户外不远于千里，心之所存，境从而变。……童稚妇女之謦欬，门以外之剥啄，偶接于耳而乱人心者，意相关也；号叫怒詈，鞭笞击斗之纷拏，杂然吾目，而无所动者，于意无涉也。故心有所扰，静乃成喧，及其既安，闹转成寂。……若必待日用所需，种种俱足，远离尘俗，遗世独立，乃始毕力为吾所欲为，自少逮老，安所得此闲旷之时与地而用之耶!”不过，这种心安闹转寂的工夫，做来却有些匪易，在昔学者多具这种精神，如颜习斋少年时“被系讯”而“作文倍佳”，都是虽经患难不能乱性的最好榜样。

是年，先生纂修家谱。(《宁国县南阳胡氏谱·小引》)

薛凤祚撰《历学会通》。(《自序》)

是年七月，杨光先以天主教（按：当时汤若望等皆传教士）所授江广图书金牌袋等呈控礼部。(《孙渊如集·杨光先传》)

康熙四年乙巳（1665年），先生三十三岁。

李光地辑《历象要义》。(《李文贞先生年谱》)

是年，杨光先上所著《摘谬论》及《选择议》二书，指汤若望“新法十谬”及“选择不用正”之误。汤若望及所属各员由是俱罢黜。(《东华录》)

是年，以杨光先为钦天监右监副，旋升监正，复用旧法。(《大统术》《孙渊如集·杨光先传》《清文献通考》)

康熙五年丙午（1666年），先生三十四岁。

本年秋，先生在南京得《象纬》残本，作有书后，云：“象纬图百余页……康熙丙午秋中，得之白下承恩寺中。”先生对于采访旧天算书，是极感觉兴趣，极肯卖力的。这年在南京搜寻了很不少的书，《书钞本星度后》上说：“丙午秋，余在金陵收得俞氏书肆中刻本。”

二月，杨光先奏言，候气之法，久失其传，十二月中气不应，乞准臣延访博学有心计者，与之制器测候，并敕礼部采取宜阳金门山竹管，上党羊头山秬黍，河内葭莩备用。(《东华录》）这种举动，真是可笑之至!

八月，汤若望（Schallvon Bell. Jean Adam）卒。著述甚多，《崇祯历书》中《恒星历指》《恒星表》《交食历指》《交食表》《测天约说》《大测》《学历小辨》

诸书，《新法算书》中《浑天仪说》《历法西传》《新法表异》诸书，皆其所著。

康熙六年丁未（1667年），先生三十五岁。

是年，《家谱》纂成。（《梅节母行略》）

康熙七年戊申（1668年），先生三十六岁。

友人方苞（字灵皋，号望溪，桐城人）生。

八月，因旧法不密，改用回回法。自此以后，诸历书俱交吴明烜推算。（《东华录》《清文献通考》）

十一月，杨光先奏称律管尺寸，虽载在司马迁《史记》而用法失传，今博访能候气之人，尚在未得，臣身染风疾，不能管理。（《东华录》）

十二月，南怀仁弹劾吴明烜造历差误。下旨著议政王贝勒大臣等会议历法，并召南怀仁与监官质辩，复令礼部堂官同至午门，测验日影。（《东华录》《清会典事例》《畴人传》）

康熙八年己酉（1669年），先生三十七岁。

是年，作诗有《同倪观湖先生登柏枧山绝顶望仙人台》。（《诗钞》卷一）

与方位伯（名中通，桐城人，方以智子）晤言筹算之善，然尚未见其筹算书。（《勿庵历算书目》）

胡亶撰《中星谱》。（亶号励斋，仁和人，所著尚有《周天现界图》《步天歌》）

是年，测验立春、雨水、太阴、火星、木星，南怀仁所推度数与所测皆符，吴明烜所指皆错。康熙九年，《时宪书》遂改交怀仁推算。（《东华录》）

二月，杨光先以历日差错，不能修理，左祖吴明烜，谓西洋之法，必不可用，被革职，旋论大辟，免死，宥令还家，卒于途。著有《不得已》二卷，编辑前后所上书状论疏而成。（《东华录》、程延祚《书杨光先事》、孙星衍《杨光先传》）

三月，南怀仁为钦天监监副，复用西洋新法。（《东华录》）

六月，照南怀仁所拟式样造观象台仪器，并安设台基。（《东华录》《清会典事例》）

八月，复汤若望“通玄教师”之名，追赐祭葬。（《东华录》）

康熙九年庚戌（1670年），先生三十八岁。

是年，所制《时宪书》书面去“依西洋新法五字，改为钦天监奏准”。（《清会典事例》）

康熙十年辛亥（1671年），先生三十九岁。

方以智来书征先生所著《象数》之书。（《诗钞》卷一）

是年冬，方以智死。（字密之，号鹿起，桐城人，晚为僧名弘智，字无可，别号药地和尚）。（马其昶《桐城耆旧传》）

惠士奇（字天牧，一字仲孺，江苏元和人）生。

康熙十一年壬子（1672年），先生四十岁。

是年，妻陈氏死，遂不复娶。（《方程论·发凡》、施闰章《梅定九诗序》、方苞撰《墓表》）

冬，《方程论》成，凡六卷。（自叙）

先生在《发凡》中叙述《方程论》成后，与友朋相质及刊刻的经过，可以窥知先生生平所交游：“论成后，冀得古书为征而不可得，不敢出以示人，惟亡友温陵黄俞邰太史、桐城方位伯广文、豫章王若先明府、金陵蔡玑先上舍，曾抄副墨。而昆山徐扬贡明府、檇李曹秋岳侍郎、姚江黄梨洲征君，颇加鉴赏。厥后，吴江潘稼堂太史，尤深击节。岁丁卯，薄游钱塘，内里阮于岳鸿胪付资授梓，属以理装北上，未遂杀青。续遇无锡顾景范、北直刘继庄二隐君，嘉禾徐敬可先辈、朱竹垞供奉、淮南阎百诗、宁波万季野两征士于京师，并蒙印可。又得中州孔林宗学博、杜端甫孝廉、钱塘袁惠子文学，共相质正，乃重加缮录，以为定本。谬蒙安溪李大中丞厚庵先生下询历算，命之论撰，以质同人，获与介弟安卿孝廉晨夕酬对，承其谬赏兹编，录副以归，手校剞劂，视余稿本，倍觉清明……”

八月，南怀仁奏参奸民杨燝南捏造《真历言》，旨命大学士图海等会同测验，燝南败，治之罪。（《东华录》）

康熙十二年癸丑（1673年），先生四十一岁。

是年，友人施闰章总裁郡邑之志，以分野一门相属。先生作《宁国府志分野稿》一卷、《宣城县志分野稿》一卷。（《宁国县南阳胡氏谱·小引》《勿庵历算书目》《施愚山先生年谱》）

是年南怀仁新制诸仪器告成，计天体仪一，黄道经纬仪一，赤道经纬仪一，地平经仪一，地平纬仪一，纪限仪一，擢怀仁钦天监正。

康熙十三年甲寅（1674年），先生四十二岁。

本年，作诗有《浮山大师辞》，（《诗略》）哀方以智之作。

先生以所著《方程论》就质方中通，作诗有句云："测量变西儒，已知无昔人。便欲废筹策，三率归同文。宁知各数理，灼灼二支分。勾股测体线，隐杂恃方程。安得以比例，尽遗古法精。"

是年，南怀仁以新制诸仪之制法用法，绘图列说，进呈名《新制灵台仪象志》。（《东华录》《清会典事例》）

康熙十四年乙卯（1675年），先生四十三岁。

是年，先生侨居南京从事搜钞书籍，并于苏州购得《崇祯历书》钞本。（《与刘望之书》《比例规用法假如序》）

在南京晤友人马德称（名儒骥，回教人）诸君，始知薛凤祚。（《勿庵历算书目》）作《勿庵揆日器》一卷。

康熙十五年丙辰（1676年），先生四十四岁。

是年春闲，仍作客南京。（《诗钞》卷二《卯辰间同客秦淮八月》）

康熙十七年戊午（1678年），先生四十六岁。

先生应乡试，得泰西历象书盈尺，穷日夜不舍，旦日且入闱，共族侄梅庚（字耦长，康熙朝举人）箧而置诸他所，则瞿然曰："余不卒业是书，中怦怦若有所亡，文于何有？"（梅庚《续学堂诗钞序》）

是年，施闰章欲偕先生入都，不果行。（《勿庵历算书目》）

友人黄俞邰为借到皖江刘潜柱所藏《比例规解》抄之，因先生所购《崇祯历书》中缺少此种也。（《勿庵历算书目》）

撰《筹算》成，凡七卷。

八月，南怀仁预推《七政交食表》成，表为汤若望所推，怀仁续成者，凡三十二卷，名曰《康熙永年表》。（《畴人传》）

康熙十八年己未（1679年），先生四十七岁。

是年，施闰章奉命纂修《明史》，寄书先生请为《历志》属稿，先生因作《历志赘言》一卷寄之。（《历学新说钞序》《勿庵历算书目》）按：是年诏修《明史》开局，《历志》为钱塘吴任臣分修，总裁者睢州汤斌，继以昆山徐乾学，经嘉禾徐善、北平刘献廷、毗陵杨文言，各有增定。最后以属余姚黄宗羲，又以属先生，摘其讹舛五十余处，以《历草》《通轨》补之，作《明史历志拟稿》三卷。（阮元《畴人传》）先生在《勿庵历算书目》上曾说："始见汤潜庵先生所裁定吴志伊元稿，大意多与鼎同，不知其曾见余所寄愚山（施闰章）《赘言》否？"

受臬台金长真西席之聘，授经官署，金询历法，先生为作测算之图。（《诗钞》卷二《勿庵历算书目》）

作《阳宅九宫书题辞》，力僻八宅九星等说之谬，云："近世相宅，率祖黄帝宅经，以八卦分东西四宅，余故尝疑之。岁己未，于山阴友人得所传幕讲僧

‘九星飞白’之说，吉凶方位与八卦正相反。……他不具论，姑以坎宅言之，在八宅，则西三门不可开；在九星，则离为五黄关煞，然则都邑有东西门者，皆为相犯，而官衙南面皆犯官煞乎？此不待智者知其不然矣。”

作《璇玑尺解》一卷。（《勿庵历算书目》）

黄百家复陈言扬书《论勾股》。（陈名订，海宁人，为黄梨洲门下书算最出色者）（《学算初稿》）

康熙十九年庚申（1680年），先生四十八岁。

春，先生大病于南京，秋分后始渐愈。

《病余杂著序》：“今年春，偶游白门，下榻于蔡子玑先（名鼐，江宁人，从先生学算，为刻《中西算学通》）之观行堂，血痔忽大作，加之自利，日数行，作楚殊甚。凡四阅月不止，气大陷，不能坐立，褚衣冠不见客者，百四十日。……至秋分后，乃有起色。”

先生汇集病中所著作，曰《病余杂著》。（《病余杂著》）

在南京以友人马儒骥之询，撰四省（陕西、河南、北直、江南）《表景立成》一卷。（《勿庵历算书目》）

冬，始由南京归里，有“一载羁栖观行堂，堪惊病里历年光”之句。

友人方中通为《中西算学通》作序。（《寄怀桐城方素北》《寄方位伯》二诗自注）

是年，先生有《寄怀青州薛仪甫》诗四首，内有句云：“窃观欧罗言，度数为专工。……简平及浑盖，臆制亦能工。……我欲往从之，为学殊难同。讵忍弃儒先，翻然西说攻。……晚始得君书，昭昭如发蒙。曾不事耶稣，而能彼术穷。”

先生讬淄川宰汪灿致薛仪甫（凤祚）书，时薛方病革，未得复。（《勿庵历算书目》）

康熙二十年辛酉（1681年），先生四十九岁。

是年八月朔日食，王锡阐以中西法及己法预定时刻分秒，至期与徐发（字圃臣，嘉兴人，著《天元历理》）等以五家法同测，己法独合，作《推步交朔》。（《推步交朔序》、钱林《文献征存录》）

江永（字慎修，安徽婺源人）生。

康熙二十一年壬戌（1682年），先生五十岁。

为季弟尔素制日晷，系诗六首，其二云："忆同师邵子，秦淮创斯器。复因山阴何，斟酌新其制。"（师邵，姓吴，字子远，丹阳人。何，字奕美，山阴人，皆先生之同学友也）

八月，南怀仁测得盛京北极高度，较京师高二度，照各省推算日月交食，表名《九十度表》。（《畴人传》）

王锡阐卒（1628—1682），年五十五（字寅旭，号晓庵，吴江人）。著有《晓庵新法》《大统西历启蒙》《丁未历稿》《推步交朔测日小记》《五星行度解》《日月左右旋问答》《圜解》《三辰晷志》等书。

康熙二十二年癸亥（1683年），先生五十一岁。

再参加纂修府志。《梅节母行略》云："癸丑癸亥，两修郡志。"

八月，先生患病。（《诗钞》卷二）

友人施闰章（字尚白，号愚山，宣城人）卒（1618—1683），年六十六。

康熙二十三年甲子（1684年），先生五十二岁。

夏，先生家居，撰《弧三角举要》成，凡五卷。（《自序》）

冬，先生去南京，曾晤友人袁士旦。

《送袁士旦归芜湖序》："吾友袁士旦（名启旭，宣城人，著《中江纪年稿》），多才负气，善诗古文……甲子冬，与余重晤金陵，稍稍得见其著撰……余癖嗜历学，刻有《中西算学通》，诗文家迂而畏之，不以寓目，顾袁子独好焉。"

两江总督于成龙邀修《江南通志》，先生以事辞未往。皖江陈焯致专函以《江南分野稿》见商。先生方病疟，力疾为之，无何志局易人，稿藏于家。（《勿庵历算书目》杭世骏撰传）按：康熙二十二年，有修《一统志》之举，诏各省修通志，《江南通志》成于二十三年，为书凡七十六卷。

利类思（Luigi Buglio）卒，意大利人，著有《不得已辩》。

康熙二十四年乙丑（1685年），先生五十三岁。

顾琮（字用方，满洲镶黄旗人，姓伊尔根觉罗氏）生。

康熙二十五年丙寅（1686年），先生五十四岁。

潘耒得见先生于宣城，遂定交。《方程论·潘序》："岁丙寅，过宣城，始得梅子勿庵，勿庵儒者，学行纯笃，覃精历学。"先生有《奉答潘稼堂检讨兼送归吴江》诗二首，其二："金岭有耆宿，道远不可至。一椷疏所疑，聊质平生意。双鱼既以达，溘焉问厌世。……谁知椠涧宽，近在吴淞澨。投薛亦有书，深问征十事。已矣今复徂，遗箧唯奇字。"薛凤祚居青州金岭驿，王锡阐为吴江人，皆当时历算学大师，先生均未获一晤。

四月，先生到太平县（宁国府属），游黄山。（《诗钞》卷三）

庄亨阳（号复斋，漳州南靖人）生。

康熙二十六年丁卯（1687年），先生五十五岁。

仲冬，先生去杭州，作《贾鼎玉诗序》。（《文钞》卷三《贾鼎玉诗序》）

是年作诗，其叙述《历算渊源》有云："积候稍精密，汉历惟乾象。（刘吉作）岌焯鸣晋隋，（晋姜岌《甲子元历》、隋刘焯《皇极历》）大衍继洪响。（唐一行作《大衍历》，诸法渐备）纪元与统天，（宋历十余改，惟二历称最）步算渐照朗。许郭起元初，（元郭守敬、许衡作《授时历》，集中历之大成，行亦最久）影测判寻丈。……爰征西国传，谈天如视掌。译用赖吴淞，析义仍吾党。"（西学之入，始于隋开皇己未，唐有《九执历》，元有《回回历》，明亦兼

用，至徐文定公光启译历书，其说始畅）

是年，汤斌卒（1627—1687），年六十一。

康熙二十七年戊辰（1688年），先生五十六岁。

是年，先生在西湖与毛际可定交。毛撰传云："曩者，岁在戊辰，余与梅定九先生晤于西湖，遂倾盖定交，日载酒赋诗，余为题其饮酒读书图而别。"

先生自杭州归。属友人张慎制器，并属弟文鼐作恒星黄赤二星图，文鼏因作《经星同异考》。

《经星同异考》："《经星同异考》一卷，发凡九则，吾季弟尔素之所手辑也。岁在戊辰，余归自武林。武林友人张慎硕忱，能制西器，手镂铜字，如书法之迅疾。余乃依岁差考定平仪所用大星，属硕忱施之浑盖，而属吾弟为作恒星黄赤二星图，因于星之经纬，逐一详校，乃知汤氏《历书图表》，南氏《仪象志》，互有得失……因取其星名之同而数有多寡，异于古人者别识之，以成此书。"按：张慎这个人很精于制器。刘献廷《广阳杂记》上亦说："张硕忱有自制自行时盘，暨两响小铳，皆精妙不让西人也。"

二月，南怀仁（Ferdinand Verbiest）卒，谥勤敏，所著除已指出者外，尚有《坤舆图说》二卷、《西方要纪》一卷、《不得已辩》一卷、别本《坤舆外纪》一卷等书。

康熙二十八年己巳（1689年），先生五十七岁。

先生以访南怀仁（时怀仁已卒）至京师，李光地闻往叩所学，遂与定交。李谓《历法宜略》仿元赵友钦《革象新书》体例，作为简要之书，俾人人得窥其门户。先生然之，遂拟作《历学疑问》。（《历学疑问》《榕村谱录合考》《清史稿·梅文鼎传》）

先生在都，史局以历志制器等事相与商榷。（《历学新说钞序》）

《与史局友人书》："鄙性于书之杂读者，不敢辄置，必欲求得其说，往往至废寝食，或累日夕不能通，格于他端中辍。然终耿耿不能忘，异日或读他书，忽有所获，则亟存诸副墨。又或于篮舆之上、枕簟之间、蓬窗之下，登眺之余，无意中砉然有触，而积疑冰释，盖非可以岁月程也。每翻旧书，辄逢旧境，遇所独解，未尝不欣欣自慰。然精神岁月，消磨几许，又黯然自伤！今欲出其所少得以公同好，则必从其简易者图之，或者不察，忽之以为无奇，岂知其臻兹易简，固自繁难中出哉。”从这一段话里，充分表露出先生治学精神的坚卓勤苦，至足钦佩！

是年，先生与揭暄书，揭寄先生以《写天新语》草稿，先生因摘录为《写天新语抄存》一卷。（《圜解序》《勿庵历算书目》）揭暄，字子宣，号韦纶，别号半斋，江西广昌人。先生称其深晓西法而别有发明，著《璇玑遗述》六卷，卷末一卷，盖初名也，后就正方中通，名之曰《写天新语》。暄卒年逾八十。（《圜解序》、《广昌志》、邱维屏《璇玑遗述序》）

黄百家（黄宗羲子）从先生问历法。（《勿庵历算书目》）

康熙二十九年庚午（1690年），先生五十八岁。

友人潘耒为《方程论》作序。（《与潘稼堂书》）

先生在北京得晤陆陇其，陆出其所藏明朱仲福《折衷历法》。先生为更正其名，曰《历学新说钞》，并为作序。

《书陆稼书先生诔言后》：“忆庚午岁，晤先生于京邸，出所藏灵寿县朱仲福《折衷历法》示余。余受而读之，则摘录郑端清世子载堉书也。……当正其名曰《历学新说钞》。……先生深以为然，因属余为序。”

于友人徐善处抄得王锡阐《圜解十二章》为之订补，并为作序。（《圜解序》《书徐敬可圜解序后》）先生所整理王锡阐的书不止《圜解》《勿庵历算书目》。王寅旭书补注条下说：“复因阮于岳副宪寄《讯稼堂钞》到《测食》诸稿，又因张简庵寄到《历法书》二卷，又于简庵处见其所定《大统法》及三辰仪晷，窃亦稍有附论。”

康熙三十年辛未（1691年），先生五十九岁。

本年夏，先生动手撰《历学疑问》，云："至辛未夏，移榻于中街寓邸，始克为之……如是数月，得稿五十余篇。"按：《历学疑问》初为三卷，嗣又补作二卷，以前三卷经李光地进呈，未敢私并，后二卷名《历学疑问补》云。

在京中与方苞会面，这时先生在京的朋友有万季野、王昆绳诸人。方撰《墓表》说："康熙辛未，余再至京师……君与四明万季野亦至……季野承念台刘公（宗周）之学，以《明史》自任，而兼辨古礼仪节，士之欲以学古自鸣及为科举之学者皆辏焉。旬讲月会，从者数十百人，而君所抱历算之说，好者甚希，惟安溪李文贞及其徒三数人从问焉。君常闭户殚思，与吾友昆绳、北固（刘辉祖）游，时偕来就余，而余亦数相过，乃知君博览群书于天文地理，莫不究切。"

先生曾到天津，陆陇其过访，与参商校刻朱仲福《历学新说钞》事。（《书陆稼书先生诔言后》《历学新说钞序》）

在津时，有沧州老儒刘介锡问历学，先生据历法正理告之，成《答刘文学问天象》一卷。（《勿庵历学书目》）

康熙三十一年壬申（1692年），先生六十岁。

本年春，著《几何补编》。

《几何补编·自序》："《天学初函》内有《几何原本》六卷，止于测面，其七卷以后，未经译出。……壬申春月，偶见馆童屈篾为灯，诧其为有法之形，乃复取测量全义量体诸率，实考其作法根源，以补原书之未备……爰命之曰《几何补编》。"

先生在京因友人之询，作十二乘方算例，名之曰《少广拾遗》。（《少广拾遗》）

晤袁士龙（字惠子，号觉庵，杭州人，著有《测量全义新书》）于京与潘耒书论历学。（《西国三十杂星考》）

《与潘稼堂书》："今之为授时法者，辄疑西说，而尊西术者，往往欲抹煞古人，良由各守师说，不复详考群书。……惟徐文定（光启）下语犹有斟酌，至开局数年之后，推重郭法，乃甚于前。”又批评薛凤祚、王锡阐二家的书说：“北海之书，详于法而无快论，以发其趣，又多草率，人不易读。王书用法精简而好立新名，与历法互异，亦难卒读。”

友人陆陇其卒（1630—1692），年六十三（字稼书，平湖人，清初理学中信奉朱熹最力者）。

先生曾到津，获见明遗老王中斋为作《八十寿序》。

《王先生八十寿序》：“旧金吾王中斋先生（王源之父）逮事先朝，抱黍离之痛。……又以人多惑野史，使美善弗彰，而以亡国之咎，归诸君上，乃著书一编，曰《崇祯遗录》。……先生家京师，甲申后弃而之四方，近始北归。余获见之津门，于是年八十矣。……余窃自幸，去崇祯甲申已五年，而及见先朝之遗老。”

康熙三十二年癸酉（1693年），先生六十一岁。

是年，先生旋里。为季弟文鼏《经星同异考》作序。（《经星同异考》）撰《笔算》五卷。

张雍敬来宣城问学。潘耒《宣城游学记》云：“秀水张简庵……潜心于历术，久而有得，著《定历玉衡》，主中历为多。余告之曰：‘此道甚微，不可专执己见，寅旭往矣，勿庵尚在，盍往质之，必当有进。’简庵毅然请行，索余书为介绍，重茧赢粮，走千里见勿庵，勿庵大喜，为之假馆授餐夕讲论，逾年乃归。归而告余，赖此一行得窃历法底蕴。余始知中历西历，其各有短长。”

子以燕中举。

康熙三十四年乙亥（1695年），先生六十三岁。

黄宗羲卒（1610—1695），年八十六（字太冲，号梨洲，余姚人）。

康熙三十八年己卯（1699年），先生六十七岁。

先生赴闽，仲冬始归。

《寄李安溪先生书》："贵省山水之奇，企慕已久！……今以方伯张公雅爱，携之阶行，由鄱湖溯流，取道铅山、崇安，经武夷宫侧，虽未得遂探九曲，而大王、幔亭诸峰，俨临舟畔，一路灵岩异境，应接不暇……因寒族祠堂有某经手诸务，冬十一月将复旋里。"

自闽北归，访毛际可于西湖，并请为作传。毛撰传："己卯冬，先生自闽北归，停棹湖墅，复枉道访余西湖邸舍，忽忽十余年……尽出所著《历学算学书》相示，且属为传。"

甬东陈克谐为先生作像。(《诗钞》卷四)

李鼎征刻先生《方程论》于安溪，先生有诗四章寄谢。(《诗略》、《诗钞》卷四)

冬十月，李光地刊刻先生所著《历学疑问》。(《李文贞公年谱》)

同里双溪施彦恪为先生发《征刻〈勿庵历算全书〉启》。

康熙三十九年庚辰（1700年），先生六十八岁。

养病坐吉山，校勘星度书。《书抄本星度后》："丙午秋，余在金陵收得俞氏书肆中刻本，内有星图，各系以入宿去极之度。己卯，客闽复得林君同人写本录其副。……今年庚辰二月，养疴坐吉山中，闲暇无事，乃取二事，详为校定。"

中秋，复罹寒疾，病间撰《环中黍尺》，凡五卷。

《环中黍尺小引》："环中黍尺者，所以明平仪弧角正形，乃天外观天之法而浑天之画影也。……庚辰中秋，鼎偶沾寒疾，诸务屏绝，展转床褥间。斗室虚明，心闲无寄。秋光入户，秋夜弥长。平时测算之绪，来我胸臆，积思所通，引伸触类，乃知历书中斜弧三角矢线加减之图，特以推明算理，故为斜望之形，其弧线与平面相离，聊足以仿佛意象，启人疑悟，而不可以实度比量，固不如平仪之经纬皆为实度，弧角悉归正形，可以算即可以量，为的确而简易也。病间录枕上之所得，辄成小帙。"

康熙四十年辛巳（1701年），先生六十九岁。

春，先生患病。《再寄李安卿孝廉书》：“辛巳首春，戒装入闽，濒行疾作，又不果行。”

康熙四十一年壬午（1702年），先生七十岁。

冬十月，康熙帝南巡，李光地进呈先生所著《历学疑问》。李在《恭纪》中说：“壬午十月，扈驾南巡，驻跸德州，有旨取所刻书集。回奏……有宣城处士梅文鼎《历学疑问》三卷，臣所订刻，谨呈求圣诲。奉旨……将书留览再发。二日后，承召面见，上云：‘昨所呈书甚细心，且议论亦公平，此人用力深矣。朕带回宫中，仔细看阅。’越明年春，驾复南巡，遂于行在发回原书。……中间圈点涂抹及签贴批语，皆上手笔也。”

撰《勿庵历算书目》。自序说：“余之从事历学也，余四十年……著述遂复多种，将欲悉出其书就正当世而未之能也，稍为胪列书名，各系数语，发挥撰述本旨。”按：这书就是先生所著历算书的一个总目提要，其中有许多种都未曾付刻。

友人万斯同卒（1638—1702），年六十五。

康熙四十二年癸未（1703年），先生七十一岁。

毛乾乾偕其婿谢廷逸来访，先生论学。

《方圆幂积说》：“癸未岁，匡山隐者毛心易乾乾，偕其婿中州谢野臣惠访山居，共论周径之理，因反复推论方圆相容相变诸率。”

秦二南来书问学，先生答之，并寄与《方程论》。（《与秦二南书》《复锡山秦二南书》）

是年春，先生应李光地聘，北上至保定。答《李安溪先生书》：“奉违忽复十年……兹承遣数千里宠命遥颁，勤勤恳恳，欲令偏端之学，垂诸永久。”

李光地刻先生历算书七种，其门下陈万策等均从受学。

《李文贞公年谱》：“癸未二月，公蒙赐《几何原本》《算法原本》二书。……未能尽通，乃延梅定九至署，于公暇讨论其说。因发其著，为付梨枣，曰《三角法举要》《弧三角举要》《笔算》《堑堵测量》《环中黍尺》《交食蒙求》《历学骈枝》。又使诸生从而受学，于是陈万策（字对初，晋江人）、魏廷珍（字君璧，景州人）、王兰生（字振声，交河人）及冢子锺伦皆通历算之学。”

弟文鼐作《比例规用法假如》。

康熙四十三年甲申（1704年），先生七十二岁。

十月，撰《平立定三差详说》。（《自序》）按：这书，先生孙瑴成以其与《历学骈枝》同为阐明授时精义的书，并增为《历学骈枝》第五卷。

潘开甲卒（1634—1704），年七十一。著《天文星野辨》《方舆历法》《律吕志》《花月田家历》诸书。（朱彝尊撰《墓志铭》）

康熙四十四年乙酉（1705年），先生七十三岁。

二月，清圣祖南巡，询先生于李光地。李答尚在臣署。闰四月回銮，李光地偕先生伏迎于河干，蒙召对御舟，从容垂问凡三日，赐御书扇幅及珍馔，临辞特赐“绩学参微”四大字。（《绩学堂诗钞》《李文贞先生年谱》《清史列传》）

先生所记载当时蒙召见的情形：

“四月二十日，蒙召见于临清州御舟，命所乘小舟随行。二十二、二十三日，并赐召对，赐食，赐坐，夜分乃罢，撤御前烛，命小黄门送归。二十四日，驻跸杨村，行谢恩礼。皇子传旨，命从官赋诗，时已醺黑……念臣鼎老病，特赐炕桌，命小侍卫执烛照之。诗成，命侍卫左右，扶掖而兴，既起立，仍命立定。少顷，然后移步，优恤可谓至矣。”（《诗钞》卷四）

撰《交食管见》。（《小引》）

秋，子以燕卒。杭世骏《梅定九传》谓：“以燕（字正谋）举人，于算学颇有悟入，有法与加减同理而取径特殊，能于恒星历指中摘出致问鼎。”

康熙四十五年丙戌（1706年），先生七十四岁。

六月，先生自保定归。（《诗钞》卷四）

陈厚耀进士。

门人李锺伦卒。

康熙四十七年戊子（1708年），先生七十六岁。

是年，先生有上孝感相国（熊赐履）诗四首，其三云："畴人守师说，蔑肯窥西书。欧罗矜别传，宁能征昔儒。二者不相通，樊然生龃龉。"（《诗钞》卷四）

惠士奇举乡试第一。

友人潘耒卒（1646—1708），年六十三。

友人毛际可卒（1633—1708），年七十六。

康熙四十八年己丑（1709年），先生七十七岁。

毛乾乾卒（1621—1709），年八十九。著有《测天偶述》《推算偶述》。（陈鹏年撰《传略》）

康熙四十九年庚寅（1710年），先生七十八岁。

冬，先生游苏州，友人杨作枚（字学山，无锡人，所著有《溯源星海》《王寅旭历书图注》《三角法会编》等）、秦二南（亦无锡人），拏舟过访先生于陈泗源（厚耀）学署。作枚出所著历算书，先生亦以《几何补编》相质。（《锡山历算书·序》）先生于此次得见杨昆山（字定之，杨作枚之祖）《方圆订注图说》。（《方圆幂积说》）

李光地撰《历象本要》成，既脱稿，邮致宣城，就正于先生。（《李文贞公年谱》）

康熙五十年辛卯（1711年），先生七十九岁。

先生以家祠渐被溪水，遂集合族人而谋迁徙重建。(《滋仲二侄六十寿言》《重建梅氏宗祠碑记》)

是年，李光地年七十，先生寄以诗，内有“遂使寒岩品，能邀圣主聪”之句，表示感谢荐引之意也。

惠士奇进士。

庄亨阳（字元仲，漳州南靖人），所著书曰《庄氏算学》，举人。

康熙五十一年壬辰（1712年），先生八十岁。

先生为杨作枚作《锡山历算书·序》。

孙珏成以生员被征入侍内庭，供奉蒙养斋，与魏廷珍、王兰生等汇编御制天文、乐律、算法诸书。(李祖陶《梅瑴成事录》)陈厚耀亦被命入蒙养斋修书。(江藩《汉学师承记》)

万光泰（字循初，一字柘坡，浙江秀水人）生。

康熙五十二年癸巳（1713年），先生八十一岁。

二月，钦天监官纪利安（西洋人），奉命制地平经纬仪。(《东华录》)

王兰生被赐举人。

陈厚耀以修天算书成，特授翰林院编修。(《汉学师承记》)

是年，纂定《律历渊源》。(内《历象考成》四十二卷、《律吕正义》五卷、《数理精蕴》五十三卷）按：是书雍正三年始刊刻告成。

康熙五十三年甲午（1714年），先生八十二岁。

孙瑴成被赐举人。

王元启（字宋贤，嘉兴人）生。

康熙五十四年乙未（1715年），先生八十三岁。

得赐《律吕正义》。

《谢赐律吕正义札子》："本年三月七日，江宁织造臣李煦送到皇上赐臣《律吕正义》一部。又臣孙梅瑴成家信内有，五十三年十二月廿三日，臣梅瑴成钦奉上谕：'汝祖留心律历多年，可将《律吕正义》寄一部去令看，或有错处，指出甚好……'"

与杨作枚书《论历学》。（《历学答问》）

孙瑴成赐殿试成进士。

门人刘允恭（名湘煃，江夏人，著《历学疑问订补》《五星法象编》《恒星经纬表根》《月离交均表根》《黄白距度表根》《日月食算稿》诸书）归江陵，先生送以诗。（《诗略》、《诗钞》卷四）

陈世仁（海宁人，著《少广补遗》）进士。

纪利安所制地平经纬仪告成，安设于观象台。（《清会典事例》）

康熙五十五年丙申（1716年），先生八十四岁。

宗祠重建落成，作《重建梅氏宗祠碑记》。

先生在二月七日《诞辰偶作》内说："我祖八六龄，精明体强固。……小子今八四，亦复何欣怖。"（《诗钞》卷四）

本年，先生曾住南京。（《诗钞》卷四《作家书后偶成》）

康熙五十六年丁酉（1717年），先生八十五岁。

冬，年希尧刻先生所撰《度算释例》于江宁藩署。（《度算释例自序》）

本年先生仍住南京，《腊月作家信成四绝句寄示孙玕成》，有"复此长干度岁除"之句。

康熙五十七年戊戌（1718年），先生八十六岁。

四月，《钦定七政四余万年书》告成。（《清文献通考》）

陈万策进士。

庄亨阳进士。

李光地卒（1642—1718），年七十七。

康熙五十九年庚子（1720年），先生八十八岁。

腊月，李塨来宁国，先生邀一会，遂来拜见。《李恕谷年谱》："刘允恭持门生帖来视，允恭旧日门生，此时从梅定九学数也。言：'定九欲来拜，八十八岁，不能行，请先生往一晤，不然，此生不得见矣。'明日乃同允恭往会定九，定九称格物之解极是。将别，定九凄然曰：'吾以先生为转气运之人，故使子弟群胆，且有许多事相商，恐老不能再见矣！'"

康熙六十年辛丑（1721年），先生八十九岁。

先生卒，有旨特命织造曹頫，经纪其丧。（《清史列传》《四库全书总目提要》）

去年冬，我在北平图书馆偶然看见他们从南方购到一部《绩学堂诗文钞》（乾隆二十二年定九孙瑴成所校梓），喜极！因此书甚罕见也。于是，遂思将此书作基本参考，辑一《梅定九年谱》，后来又搜集了许多旁的有关历算的事迹，草草地作完，但不过视作一种读书笔记而已，并不想把它发表。顷近翻阅《清华学报》，见有李俨君著的一篇《梅文鼎年谱》，寸衷颇慰，觉已有人先我而为之矣。及一细读，始知李君未见梅集，所谱行实，自有缺漏，然确也用了一番提要钩玄的工夫，因此才想不妨把我这篇拙辑亦披露一下，补其未备。十分惭愧的就是辑者学识肤浅，纰缪定不能免，又以对天算这门属外行，不能把梅先生的学术尽量地阐明。若能够有人再肯费番工夫，替梅先生撰一部很翔实的学谱出来，我是不胜祷祝跂望之至！

民国二十一年七月十八日附识于北平中法大学图书馆

（原载《中法大学月刊》1932年第2卷第1期）

清代要籍编年表

叙　例

书籍编年一事，以往还很少有人做过（这当然指中国），有的把它收在著者的年谱里，那是另一回事。我做这个表，是由读胡适之先生的《治学的方法与材料》一文引起。文里面有个八十一年的（1606—1687）《中西学术比较年表》，短短的几十年，便把中国和西洋近世学术的分野比较了出来。读后，觉它对于治学术史者的帮助极大，遂想起做这个清代的。做成，颜之曰《清代要籍编年表》。

我们若想知道一个时代的学术发展以及衰微情况，把这时代所产生的重要著作和有关学术的重要事件，编年来看看，可算得最好办法，最可靠办法。就按这个表说吧，尚未做到完美地步，已能看出，在清初，官家只管在那儿提倡理学，甚至后来把几个好讲理学的人抬入孔庙，理学也是抬不起头来的了。只有那几部属于史学范围的《宋元学案》《明儒学案》《朱子年谱》等书，还算是成绩。再看顾（炎武）、阎（若璩）、胡（渭）诸大师们的著作，部部都替后来的考证学开辟出来走的途径。中叶以后呢，虽有所谓载道的古文家，讲什么文章义法，可是就只有那么一部算不了回事的《古文辞类纂》。再高明一些，有一部《经史百家杂钞》，考证学里这时真是了不得。注经补史，文字音韵，金石校勘，辨伪辑佚，一部一部如雨后春笋般滋生出，笼罩了整个学术界。赶到晚清，风势又自不同，考证学的工作固还在继续做，可是有转方向去考证诸子的了。还有大批翻译声光、电化、政法、农工等西书的。这种新学问的介绍，加上今文经家的政治运动，哪哪都可以叫我们看出，这已不是个“皓首研经，兀兀穷年”的时代了。

本表标的“要”字，是为作收书标准的。可是能做到的，只是预防滥收，遗漏与否，便不敢说。因为“要”这个标准很难定，太要了便没多少书可收，不要了又要收不胜收，况且按道理讲，只要这部书，在这一段学术史上，有一些子价值，有一点儿影响，都不失为“要”。

粗拟了几个凡例，说明于此：

一、所收书籍以学术著作为主，其文艺从略。

一、于书最注重“撰就”与“刻成”年。有的撰就与刻成年相联太近，为免烦屑，不再举刻成年；有的是不得撰就年，仅知刻成年，只好举刻成年。惟对有关开创，代表著作，则增举“属笔”年、“付刻”年。

一、著者自己或他人代作的序，也检重要收录。

一、个人或国家有关学术的重要事件也收录。

一、间录有名学人的生没。

一、一书或一事有须说明的，加注于其下。

此外，尚有若干著作，或因一时未见其书，或不得考知其年，只好姑付阙如。又编排忽忽，容或有误，实为歉！敢祈教！

民国廿四年冬鸿逵写于中法大学图书馆

顺治元年甲申（1644年）

汤若望（德意志人）掌钦天监事，施行新历法。（《清文献通考》）

孙奇逢 六十一岁。

费经虞 四十六岁。

陈　确 四十一岁。

胡承诺 三十八岁。

傅　山 三十八岁。

黄宗羲 三十五岁。

陆世仪 三十四岁。

张尔岐 三十三岁。

顾炎武 三十二岁。

黄宗炎 二十九岁。

王夫之 二十六岁。

毛奇龄 二十二岁。

顾祖禹 十四岁。

费　密 二十岁。

李　颙 十八岁。

汤　斌 十八岁。

王锡阐 十七岁。

唐　甄 十五岁。

朱彝尊 十六岁。

陆陇其 十五岁。

万斯大 十二岁。

胡　渭 十二岁。

梅文鼎 十二岁。

颜　元 十岁。

阎若璩 九岁。

万斯同 七岁。

顺治二年乙酉（1645年）

王鸿绪生。

顺治三年丙戌（1646年）

潘耒生。

顺治四年丁亥（1647年）

孙奇逢编《理学宗传》。（《孙夏峰先生年谱》）

顺治五年戊子（1648年）

刘献廷、王源、邵廷采生。

顺治六年己丑（1649年）

顺治七年庚寅（1650年）

顺治八年辛卯（1651年）

顺治九年壬辰（1652年）

黄宗羲著《律吕新义》。（《黄梨洲先生年谱》）

吴伟业编辑《绥寇纪略》。（朱彝尊《跋》）

顺治十年癸巳（1653年）

薛凤祚在南京从穆尼阁著《天步真原》。（《考验叙》）

戴名世生。

顺治十一年甲午（1654年）

顺治十二年乙未（1655年）

王夫之著《老子衍》。（《王船山先生年谱》）

阎若璩读《尚书》生疑，开始著《尚书古文疏证》。（《阎潜邱先生年谱》）

顺治十三年丙申（1656年）

颜元学医。（《颜习斋先生年谱》）

顺治十四年丁酉（1657年）

孙奇逢的《中州人物考》成。（《孙夏峰先生年谱》）

颜元学技击。（《颜习斋先生年谱》）

顺治十五年戊戌（1658年）

孙奇逢的《畿辅人物考》成。（《孙夏峰先生年谱》）

谷应泰的《明史纪事本末》成。（《自序》）

颜元作《王道论》，后更名《存治编》。（《颜习斋先生年谱》）

顺治十六年己亥（1659年）

李塨、万经生。

顺治十七年庚子（1660年）

顺治十八年辛丑（1661年）

黄宗羲著《易学象数论》。（《黄梨洲先生年谱》）

顾炎武辑《山东考古录》成。（《顾亭林先生年谱》）

方中通的《数度衍》成。（《凡例》《自序》）

何焯生。

康熙元年壬寅（1662年）

梅文鼎著《历学骈枝》。（《自序》）

顾炎武自序《天下郡国利病书》。这书同《肇域志》都属笔于明，都于生前未完成。

康熙二年癸卯（1663年）

黄宗羲的《明夷待访录》成。（《自序》）

吴炎、潘柽章因庄廷𬓡狱被难。柽章年三十六（1628—1663）。

炎年与柽章仿佛，确年待考。

康熙三年甲辰（1664年）

薛凤祚的《历学会通》成。（《自序》）

钱谦益没，年八十三（1582—1664）。

康熙四年乙巳（1665年）

罢汤若望。以杨光先为钦天监正，复用旧历法。（《东华录》《文献通考》）

康熙五年丙午（1666年）

顾炎武的《韵补正》成。（《顾亭林先生年谱》）

揭暄校姚文燮刻方以智《通雅》。（姚文燮《凡例》）暄，方以智弟子。

康熙六年丁未（1667年）

顾炎武刻《音学五书》。(《顾亭林先生年谱》)

康熙七年戊申(1668年)

方苞、王懋竑生。

康熙八年己酉(1669年)

颜元著《存性编》《存学编》。(《颜习斋先生年谱》)

吴任臣的《十国春秋》成。(《自序》)

潘耒受学顾炎武,时在山东平原。(《顾亭林先生年谱》)

南怀仁(比利时人)作钦天监副,复用新历法。革杨光先职。(《东华录》)

康熙九年庚戌(1670年)

顾炎武刻《日知录》。(《顾亭林先生年谱》)

李清序马骕《绎史》。(李清《序》)

康熙十年辛亥(1671年)

计六奇的《明季北略》成。(《自序》)

惠士奇生。

费经虞、吴伟业、方以智没。经虞年七十三(1599—1671),伟业年六十四(1609—1672),以智生年待考。

康熙十一年壬子(1672年)

梅文鼎的《方程论》成。(《自叙》)

顾炎武在太原遇阎若璩。(顾阎二谱)

陆世仪没,年六十二(1611—1672)。

康熙十二年癸丑(1673年)

孙奇逢命门人魏一鳌辑《北学编》,汤斌辑《洛学编》成。(《孙夏峰先生年谱》)

费密到夏峰(在河南辉县),谒孙奇逢谈学。(《孙夏峰先生年谱》)

李绂生。

马骕没,年五十三(1621—1673)。

康熙十三年甲寅（1674年）

南怀仁新制《灵台仪象志》成。（《自序》）

康熙十四年乙卯（1675年）

徐乾学、纳兰成德，刻《通志堂经解》成。（徐乾学《序》）

孙奇逢没，年九十二（1584—1675）。

康熙十五年丙辰（1676年）

黄宗羲的《明儒学案》成。（《自序》）

康熙十六年丁巳（1677年）

黄宗羲序万斯大《学礼质疑》。（黄宗羲《序》）

陈确，七十四（1604—1677）。

康熙十七年戊午（1678年）

张尔岐没，年六十七（1612—1678）。

康熙十八年己未（1679年）

王夫之的《庄子通》成。（《王船山先生年谱》）

明史开局。直接间接参加这事的学者很多，如黄宗羲、顾炎武、万斯同、潘耒、朱彝尊、吴任臣、刘献廷、王源、毛奇龄、尤侗等都是。

顾栋高生。

康熙十九年庚申（1680年）

薛凤祚没，生年无考。

康熙二十年辛酉（1681年）

王夫之为僧先开编《相宗络索》。（《王船山先生年谱》）

江永生。

胡承诺没，年七十五（1607—1681）。

康熙二十一年壬戌（1682年）

颜元著《唤迷途》，又名曰《存人编》。（《颜习斋先生年谱》）

顾炎武、王锡阐没。炎武年七十（1613—1682），锡阐年五十五（1628—1682）。

康熙二十二年癸亥（1683年）

阎若璩在北京遇胡渭。（《阎潜邱先生年谱》）

李清、吕留良、万斯大没。清年八十二（1602—1683），留良年五十五（1629—1683），斯大年五十一（1633—1683）。

康熙二十三年甲子（1684年）

梅文鼎的《弧三角举要》成。（《自序》）

傅山没，年七十八（1607—1684）。

康熙二十四年乙丑（1685年）

康熙二十五年丙寅（1686年）

李锴生。

黄宗炎、魏裔介没。宗炎年七十一（1616—1686），裔介年七十一（1616—1686）。

康熙二十六年丁卯（1687年）

陈启源的《毛诗稽古编》成。（《四库提要》）

魏象枢、汤斌没。象枢年七十一（1617—1687），斌年六十一（1627—1687）。

康熙二十七年戊辰（1688年）

朱彝尊的《日下旧闻》成。

康熙二十八年己巳（1689年）

李塨对颜元正师弟礼。（《习斋》《恕谷》二谱）

康熙二十九年庚午（1690年）

徐乾学的《读礼通考》成，（子树穀《序》）实出万斯同手。

韩炎序高士奇的《左传纪事本末》。（《韩序》）

康熙三十年辛未（1691年）

程廷祚生。

康熙三十一年壬申（1692年）

梅文鼎的《几何补编》成。（《自序》）

黄宗羲序万斯同的《历代史表》。（黄宗羲《序》）

汪绂、厉鹗生。

王夫之、陆陇其、顾祖禹没。夫之年七十四（1619—1692），陇其年六十三（1630—1692），祖禹年六十二（1631—1692）。

康熙三十二年癸酉（1693年）

康熙三十三年甲戌（1694年）

徐乾学没，年六十四（1631—1694）。

康熙三十四年乙亥（1695年）

潘耒在福建刻顾炎武的《日知录》，并作序。（潘耒《序》）这就是现在通行的三十二卷本，以前刻的卷数较少。

黄宗羲、刘献廷没。宗羲年八十六（1610—1695），献廷年四十八（1648—1695）。

康熙三十五年丙子（1696年）

杭世骏生。

康熙三十六年丁丑（1697年）

胡渭的《禹贡锥指》成。（《略例》）

李塨往杭州问乐毛奇龄。（《李恕谷先生年谱》）

惠栋生。

康熙三十七年戊寅（1698年）

李塨著《大学辨业》。（《李恕谷先生年谱》）

康熙三十八年己卯（1699年）

李塨的《学乐录》成。（本书）

邵远平进呈《元史类编》。（《进书表》）

施彦恪为梅文鼎发《征刻〈勿庵历算全书〉启》。彦恪与文鼎同乡。

康熙三十九年庚辰（1700年）

万斯同序胡渭的《易图明辨》。（万斯同《序》）

李塨在北京交王源、万斯同。（《李恕谷先生年谱》）

刘统勋生。

康熙四十年辛巳（1701年）

李塨刻所著《大学辨业》，万斯同作序。（《李恕谷先生年谱》）

费密没，年七十七（1625—1701）。

康熙四十一年壬午（1702年）

秦蕙田生。

万斯同没，年六十五（1638—1702）。

康熙四十二年癸未（1703年）

李光地在保定刻梅文鼎的《历算书》，计七种：《三角法举要》《弧三角举要》《笔算》《堑堵测量》《环中黍尺》《交食蒙求》《历学骈枝》。（《李文贞先生年谱》）

王源偕李塨执贽颜元从学。（《颜习斋先生年谱》）

康熙四十三年甲申（1704年）

唐甄、颜元、阎若璩没。甄年七十五（1630—1704），元年七十（1635—1704），若璩年六十九（1636—1704）。

康熙四十四年乙酉（1705年）

李塨的《小学稽业》成。（《自序》）

姚际恒的《诗经通论》成。（《自序》）

康熙帝南巡回銮，在临清州召见梅文鼎问历算。（《李文贞先生年谱》）

全祖望生。

李颙没，年七十九（1627—1705）。

康熙四十五年丙戌（1706年）

胡渭作《易图明辨·题辞》。（《题辞》）

康熙四十六年丁亥（1707年）

康熙四十七年戊子（1708年）

李塨订王源《平书》。（《李恕谷先生年谱》）

潘耒没，年六十三（1646—1708）。

康熙四十八年己丑（1709年）

朱彝尊没，年八十一（1629—1709）。

康熙四十九年庚寅（1710年）

王源没，年六十三（1648—1710）。

康熙五十年辛卯（1711年）

海城卢承琰刻刘淇的《助字辨略》。（卢承琰《序》）

邵廷采没，年六十四（1648—1711）。

康熙五十一年壬辰（1712年）

康熙五十二年癸巳（1713年）

纂定《律历渊源》，内《历象考成》《律吕正义》《数理精蕴》。

戴名世因文字狱死，年六十一（1653—1713）。

康熙五十三年甲午（1714年）

王元启生。

胡渭没，年八十二（1633—1714）。

康熙五十四年乙未（1715年）

康熙五十五年丙申（1716年）

《康熙字典》成。（《御制序》）

毛奇龄没，年九十四（1623—1716）。

康熙五十六年丁酉（1717年）

康熙帝编《性理精义》。（《自序》）

卢文弨生。

康熙五十七年戊戌（1718年）

李光地没，年七十七（1642—1718）。

康熙五十八年己亥（1719年）

庄存与生。

康熙五十九年庚子（1720年）

蒋枢补辑《西河合集》。枢，毛奇龄弟子。

李塨在南京见着程廷祚。(《李恕谷先生年谱》)

康熙六十年辛丑（1721年）

江永的《礼书纲目》成。(《自序》)

江声生。

梅文鼎没，年八十九（1633—1721）。

康熙六十一年壬寅（1722年）

王鸣盛生。

何焯没，年六十二（1661—1722）。

雍正元年癸卯（1723年）

王鸿绪进呈《明史稿》。(奏疏）稿出万斯同手。

魏荔彤（裔介子）刻《勿庵历算全书》。(《小引》)

王鸿绪没，年七十九（1645—1723）。

雍正二年甲辰（1724年）

陆陇其从祀孔庙。

全祖望过杭州交厉鹗、杭世骏。据《全谢山先生年谱》，大约在这一二年内。

戴震生。

纪昀生。

雍正三年乙巳（1725年）

《律历渊源》刻成。

《古今图书集成》告成。(《进书表》)

傅泽洪的《行水金鉴》成。(《自序》)

王昶、程瑶田生。

雍正四年丙午（1726年）

《音韵阐微》成。(《御制序》)

雍正五年丁未（1727年）

赵翼生。

雍正六年戊申（1728年）

钱大昕生。

雍正七年己酉（1729年）

朱筠生。

雍正八年庚戌（1730年）

毕沅生。

雍正九年辛亥（1731年）

朱珪生。

雍正十年壬子（1732年）

姚鼐生。

余萧客生。

雍正十一年癸丑（1733年）

全祖望在京与李绂讨论李著的《陆氏学谱》。（《全谢山先生年谱》）

翁方纲生。

李塨没，年七十五（1659—1733）。

雍正十二年甲寅（1734年）

雍正十三年乙卯（1735年）

段玉裁、钱塘生。

乾隆元年丙辰（1736年）

全祖望和李绂在翰林院择抄《永乐大典》。（《全谢山先生年谱》）这是从《永乐大典》里辑书的开头。

桂馥生。

乾隆二年丁巳（1737年）

谢启昆生。

乾隆三年戊午（1738年）

任大椿、章学诚生。

乾隆四年己未（1739年）

《明史》告成。（《进书表》）

乾隆五年庚申（1740年）

崔述生。

乾隆六年辛酉（1741年）

王懋竑的《朱子年谱》成。（子箴传《识语》）

万经、王懋竑、惠士奇没。经年八十三（1659—1741），懋竑年七十四（1668—1741），士奇年七十一（1671—1741）。

乾隆七年壬戌（1742年）

戴震从江永学。（《戴东原先生年谱》）

乾隆八年癸亥（1743年）

厉鹗的《辽史拾遗》成，（《自序》）全祖望作《序》。（全祖望《序》）

邵晋涵生。

乾隆九年甲子（1744年）

戴震的《筹算》成。（《戴东原先生年谱》）这书后经增改，名《策算》。

汪中、钱大昭、王念孙生。

乾隆十年乙丑（1745年）

阎若璩、孙学林刻《尚书古文疏证》成。（阎学林《序》）若璩没时，书未刻成。

李锴的《尚史》成。（《自序》）

武亿生。

乾隆十一年丙寅（1746年）

全祖望动手补编黄宗羲的《宋儒学案》。（《全谢山先生年谱》）黄著未成而没，子百家续著亦未成。

江永的《律吕新论》成。（《自序》）

戴震的《考工记图注》成。(《戴东原先生年谱》)

洪亮吉生。

乾隆十二年丁卯(1747年)

《续文献通考》《皇朝文献通考》成。(《四库总目》)

黄叔琳的《史通训故补》成。(《自序》)

戴震作《转语二十章》序。(《戴震文集》卷五)

乾隆十三年戊辰(1748年)

顾栋高的《春秋大事表》成。(《总叙》)

乾隆十四年己巳(1749年)

戴震的《尔雅文字考》成。据《年谱》大约成于这几年间。书今不传。

方苞没,年八十二(1668—1749)。

乾隆十五年庚午(1750年)

庄述祖生。

李绂没,年七十八(1673—1750)。

乾隆十六年辛未(1751年)

何焯侄堂刻《义门读书记》。(何堂《序》)

钱大昕同褚寅亮在京研习算学。(《畴人传》)

刘台拱生。

孔广森生。

乾隆十七年壬申(1752年)

全祖望在广东主讲端溪书院,校定《水经注》,书凡七校(《全谢山先生年谱》)。

厉鹗没,年六十一(1692—1752)。

乾隆十八年癸酉(1753年)

陈鳣、孙星衍生。

乾隆十九年甲戌(1754年)

赵一清校定《水经注》。(《自序》)全祖望曾为作《序》。

卢见曾续刻朱彝尊的《经义考》成，（卢见曾《序》）朱没时未刻成。

惠栋的《后汉书补注》成，顾栋高作序。（顾栋高《序》）

乾隆二十年乙亥（1755年）

纪昀刻戴震的《考工记图注》，时震馆纪家。（《戴东原先生年谱·纪集》）这年戴震在京结识了许多有名人物，如纪昀、王鸣盛、钱大昕、王昶、朱筠等，声名于是大噪。

钱大昕的《三统术衍》成。（《自序》）

凌廷堪生。

李锴、全祖望没。锴年七十（1686—1755），祖望年五十一（1705—1755）。

乾隆二十一年丙子（1756年）

《仪象考成》成。

王鸣盛的《十七史商榷》成。

王念孙在京从戴震学，时震馆其家。（《戴东原先生年谱》）

乾隆二十二年丁丑（1757年）

戴震、惠栋交于扬州卢见曾署。（《戴东原先生年谱》）

郝懿行生。

乾隆二十三年戊寅（1758年）

戴震的《勾股割圆记》成。（《戴东原先生年谱》）

徐养原、姚文田生。

惠栋没，年六十二（1697—1758）。

乾隆二十四年己卯（1759年）

江永的《音学辨微》成。（《自序》）

纪昀的《沈氏四声考》成。（《自序》）

顾栋高、汪绂没。栋高年八十一（1679—1759），绂年六十八（1692—1759）。

乾隆二十五年庚辰（1760年）

乾隆二十六年辛巳（1761年）

梅瑴成辑刻《梅氏丛书辑要》。（《自序》）瑴成，文鼎孙。书较魏编增多。

秦蕙田的《五礼通考》成。（《自序》）

齐召南的《水道提纲》成。（《自序》）

张惠言、江藩生。

乾隆二十七年壬午（1762年）

余萧客的《古经解钩沉》成。（《后序》）

王元启的《史记三书正讹》成。（《自序》）

钱林、严可均生。

江永没，年八十二（1681—1762）。

乾隆二十八年癸未（1763年）

段玉裁受学戴震于北京新安会馆。（《戴东原先生年谱》）

焦循生。

乾隆二十九年甲申（1764年）

《重修大清一统志》成。（《四库提要》）

阮元生。

秦蕙田没，年六十三（1702—1764）。

乾隆三十年乙酉（1765年）

乾隆三十一年丙戌（1766年）

戴震的《孟子字义疏证声韵考》成。（《戴东原先生年谱》）

王引之生。

乾隆三十二年丁亥（1767年）

《续通典》《皇朝通典》《续通志》《皇朝通志》成。（《四库总目》）

程廷祚没，年七十七（1691—1767）。

乾隆三十三年戊子（1768年）

戴震受直隶总督方观承聘，修《直隶河渠书》。（《戴东原先生年谱》）未完成。后来王履泰的《畿辅安澜志》就是抄的这书。

汪莱生。

乾隆三十四年己丑（1769年）

戴震序余萧客的《古经解钩沉》。（《戴东原先生年谱》）

李锐生。

李兆洛生。

乾隆三十五年庚寅（1770年）

乾隆三十六年辛卯（1771年）

章学诚初识邵晋涵。（《章实斋先生年谱》）

洪亮吉、汪中在南京订交。（《洪北江先生年谱》）

这年秋天，朱筠提督安徽学政，洪亮吉、邵晋涵、王念孙、章学诚等都在署中。

乾隆三十七年壬辰（1772年）

章学诚动手著《文史通义》。（《章实斋先生年谱》）

纪昀的《史通削繁》成。（《自序》）

方东树生。

乾隆三十八年癸巳（1773年）

章学诚、戴震在宁波相遇，二人论史事多不合。（《章实斋先生年谱》）

开四库全书馆，纪昀作总纂官，戴震作纂修官。时学者如邵晋涵、翁方纲、姚鼐、任大椿、王念孙等，皆任总纂、协勘、纂修、分校诸官。

杭世骏、刘统勋（开四库馆的阻拦者）没。世骏年七十八（1696—1773），统勋年七十五（1699—1773）。

乾隆三十九年甲午（1774年）

《日下旧闻考》成。（《四库提要》）因朱彝尊的《日下旧闻》成。

戴震校《水经注》成。（以聚珍版印行）在四库馆动手校辑《古算经》共成十书。《方言疏证》亦成于在馆时。（《戴东原先生年谱》）

陈际新继作明安图的《割圆密率捷法》成。（陈际新《序》）

孙星衍、洪亮吉在南京订交，时孙肄业钟山书院，主讲人有卢文弨、钱大昕。（渊如、北江二谱）

乾隆四十年乙未（1775年）

段玉裁的《六书音韵表》成。（《寄戴东原书》）书初名《诗经韵谱群经韵谱》，成于乾隆三十五年，钱大昕作《序》。

凌曙、梁章钜、俞正燮、林春溥生。

乾隆四十一年丙申（1776年）

段玉裁在四川刻自己的《六书音韵表》。（《戴东原先生年谱》）刻戴震的《声韵考》，并为作《序》。

徐镇刻《徐霞客游记》。（徐镇《序》）以前这书皆传抄无刻本。

刘逢禄、胡承琪生。

乾隆四十二年丁酉（1777年）

戴震序段玉裁的《六书音韵表》《声类表》成。（《戴东原先生年谱》）《声类表》成于临没前十数日。

齐召南的《历代帝王年表》成。（《自序》）

钱大昭的《后汉书补表》成。（《自序》）

戴震没，年五十五（1723—1777）。

乾隆四十三年戊戌（1778年）

卢文弨序《戴氏遗书》。（卢文弨《序》）

余萧客没，年四十七（1732—1778）。

乾隆四十四年己亥（1779年）

章学诚的《校雠通义》成。（《章实斋先生年谱》）

王鸣盛的《尚书后案》成，（《自序》）序钱大昭的《两汉书辨疑》。

姚鼐的《古文辞类纂》成。（《序目》）

乾隆四十五年庚子（1780年）

段玉裁动手注《说文》。（陈奂《跋》）书初成为长编，名《说文解字读》，有卢文弨《序》。

钱大昕的《廿二史考异》成，（《自序》）《元史氏族表》成。（黄锺《跋》）

洪亮吉的《三国疆域志》成。（《洪北江先生年谱》）

孙星衍游苏州，与王鸣盛、江声讨论《尚书》。（《孙渊如先生年谱》）

乾隆四十六年辛丑（1781年）

徐松生。

朱筠没，年五十三（1729—1781）。

乾隆四十七年壬寅（1782年）

《四库全书》告成。（《进书表》）

《西域图志》告成。（《进书表》）

胡培翚、马瑞辰生。

乾隆四十八年癸卯（1783年）

《历代职官表》成。（《论旨》）

毕沅的《墨子注》刻成。（《自序》）

梁玉绳的《史记志疑》成。

乾隆四十九年甲辰（1784年）

洪亮吉的《汉魏音》成，（《自序》）《公羊谷梁古义》成。（《洪北江先生年谱》）

王筠生。

乾隆五十年乙巳（1785年）

焦循辍举子业，攻《易经》。（《易通释叙目》）

乾隆五十一年丙午（1786年）

翁方纲的《两汉金石记》成。（《自叙》）

梁玉绳的《汉书人表考》成。（《自叙》）

毕沅在开封刻赵一清《水经注》。

陈奂生。

王元启、孔广森没。元启年七十三（1714—1786），广森年三十五（1752—1786）。

乾隆五十二年丁未（1787年）

阮元的《考工记车制图解》成。（《雷塘庵主弟子记》）

汪中因朱珪问广陵遗事，著《广陵通典》。（《汪容甫先生年谱》）

王鸣盛序钱大昕《金石文跋尾》。（王鸣盛《序》）

卢文弨自序《群书拾补》。（《小引》）

乾隆五十三年戊申（1788年）

洪亮吉的《乾隆府厅州县图志》成。（《自序》）

钱塘的《淮南天文训补注》成。（《自序》）

章学诚开头编《史籍考》（《章实斋先生年谱》），书不传。章编这书是借毕沅的助力，时沅为河南巡抚。

邵晋涵的《尔雅正义》刻成。（本书）序钱大昕《补续汉书艺文志》。（邵晋涵《序》）

朱骏声生。

庄存与没，年七十（1719—1788）。

乾隆五十四年己酉（1789年）

毕沅的《释名疏证》成。（《自序》）

钱大昕序洪亮吉《东晋疆域志》。（钱大昕《序》）

汪远孙生。

刘文淇生。

黄武三生。

任大椿没，年五十二（1738—1789）。

乾隆五十五年庚戌（1790年）

赵翼的《陔余丛考》成。（《小引》）

焦循的《群经宫室图》成。（《事略》）

钱大昕序卢文弨《群书拾补》。(钱大昕《序》)

钱塘没，年五十六（1735—1790)。

乾隆五十六年辛亥（1791年）

段玉裁的《古文尚书撰异》成。(《自叙》)

刘宝楠、钱泰吉、董祐诚生。

乾隆五十七年壬子（1792年）

石刻蒋衡所书《十三经》于太学。

汪中写定《述学》付刻。(《汪容甫先生年谱》)

孙星衍的《京畿金石考》成。(《自序》)

钱大昕序惠栋《古文尚书考》。(钱大昕《序》)

龚自珍生。

乾隆五十八年癸丑（1793年）

阮元序焦循《群经宫室图》。(阮元《序》)

江声的《尚书集注音疏》刻成。(《小引》)

段玉裁的《周礼汉读考》成。(《自叙》) 另有《仪礼汉读考》，仅成一卷，作于嘉庆十九年。

钱大昭的《三国志辨疑》成。(《自序》)

乾隆五十九年甲寅（1794年）

孔广廉刻孔广森《大戴礼记补注》，阮元作序。(阮元《序》) 廉，广森弟。

朱珪序金榜《礼笺》。(朱《序》)

魏源生。

汪中没，年五十一（1744—1794)。

乾隆六十年乙卯（1795年）

赵翼的《廿二史札记》成。(《小引》)

卢文弨的《仪礼注疏详校》成。(《自序》)

袁钧辑《郑氏佚书》二十三种。(《自叙》)

卢文弨没，年七十九（1717—1795）。

嘉庆元年丙辰（1796年）

王念孙的《广雅疏证》成。（《自序》）

阮元的《山左金石志》刻成。（《雷塘庵主弟子记》）

梁玉绳的《志铭广例》成。（《自序》）

邵晋涵没，年五十四（1743—1796）。

嘉庆二年丁巳（1797年）

阮元召集两浙诸生二十余人，编辑《经籍籑诂》。（《雷塘庵主弟子记》）

王引之的《经义述闻》成。（《自序》）

王鸣盛、毕沅没。鸣盛年七十六（1722—1797），沅年六十八（1730—1797）。

嘉庆三年戊午（1798年）

《经籍籑诂》成。（臧镛堂《序》）

阮元注释《曾子》，从《大戴礼》中抽出来的。

王引之的《经传释词》成。（《自序》）

洪亮吉刻《十六国疆域志》成。（《洪北江先生年谱》）

江声作《重刻惠士奇礼说》序。

嘉庆四年己未（1799年）

阮元的《畴人传》成。（《凡例》）序焦循的《里堂学算记》。（阮元《序》）

钱大昕的《十驾斋养新录》成。（《自序》）

顾观光生。

江声、武亿没。声年七十九（1721—1799），亿年五十五（1745—1799）。

嘉庆五年庚申（1800年）

钱大昕的《元史艺文志》成。（《自序》）

徐有壬生。

嘉庆六年辛酉（1801年）

桐乡冯集梧继刻毕沅《续资治通鉴》成。（冯集梧《序》）

阮元在浙江立诂经精舍，聘王昶、孙星衍主讲。（《雷塘庵主弟子记》）

章学诚没，年六十四（1738—1801）。

嘉庆七年壬戌（1802年）

谢启昆的《小学考》成。（《自序》）

孙星衍的《寰宇访碑录》成。（《自序》）

严可均的《说文声类》成。（《自序》）

汪士铎生。

谢启昆、张惠言没。启昆年六十六（1737—1802），惠言年四十二（1761—1802）。

嘉庆八年癸亥（1803年）

程瑶田的《通艺录》成。（《自序》）

戚学标的《汉学谐声》成。（《自序》）

洪亮吉的《乾隆府厅州县图志》刻成。（《洪北江先生年谱》）

焦循的《毛诗地理释》成。（《自序》）

嘉庆九年甲子（1804年）

凌廷堪的《燕乐考原》成。（《自序》）

阮元的《积古斋钟鼎彝器款识》成。（《自序》）

焦循的《论语通释》成。（《自序》）

郝懿行的《山海经笺疏》成。（《自叙》）

洪颐煊的《汉志水道疏证》成。（《自序》）

洪饴孙的《三国职官表》成。（《自序》）

钱大昕没，年七十七（1728—1804）。

嘉庆十年乙丑（1805年）

王昶的《金石萃编》成。(《自序》)

刘逢禄的《春秋公羊经何氏释例》成。(《自序》)

焦循的《剧说》成。(本书)

阮常生刻钱大昕《恒言录》。

张穆、邹汉勋、鲁一同生。

纪昀、桂馥、刘台拱没。昀年八十二(1724—1805),馥年七十(1736—1805),台拱年五十五(1751—1805)。

嘉庆十一年丙寅(1806年)

阮元的《十三经注疏校勘记》成。(《雷塘庵主弟子记》)

严可均的《说文校议》成。(《自叙》)

戴煦、郑珍生。

王昶没,年八十二(1725—1806)。

嘉庆十二年丁卯(1807年)

洪亮吉的《春秋左传诂》成。(《自序》)

朱次琦生。

朱珪没,年七十六(1731—1807)。

嘉庆十三年戊辰(1808年)

王念孙序段玉裁的《说文解字注》。(王念孙《序》)

段玉裁序阮元的《十三经注疏校勘记》。(段玉裁《序》)

凌廷堪的《礼经释例》成。(《后序》)

郝懿行的《竹书纪年校正》成。(《自序》)

嘉庆十四年己巳(1809年)

阮元刻凌廷堪的《礼经释例》。(阮常生《序》)刻郝懿行的《山海经笺疏》。(阮元《序》)

段玉裁序戴震的《声类表》,(段玉裁《序》)距戴没三十有三年矣。

陈乔枞、陈立、冯桂芬生。

洪亮吉、凌廷堪没。亮吉年六十四(1746—1809),廷堪年五十五

（1755—1809）。

嘉庆十五年庚午（1810年）

海昌查氏刻沈炳震《新旧唐书合钞》。（吴煦《刊刻缘起》）

李汝珍的《李氏音鉴》成。（《凡例》）

邵懿辰、陈澧生。

嘉庆十六年辛未（1811年）

龙万育在成都刻顾炎武的《天下郡国利病书》、顾祖禹的《读史方舆纪要》。（本书）

张其锦刻凌廷堪的《燕乐考原》。（张其锦《跋》）其锦，凌弟子。

洪颐煊的《平津读碑记》成。（《自序》）

郭麐的《金石例补》成。（《自序》）

李善兰生。

曾国藩生。

嘉庆十七年壬申（1812年）

洪颐煊的《管子义证》成。（《自序》）

孔广廉刻孔广森的《公羊春秋经传通义》，阮元作序。（阮元《序》）

段玉裁序江有诰所著音韵书，计《诗经韵读》《群经韵读》《楚辞韵读》《先秦韵读》《古韵谱》等。

陈奂从段玉裁学于苏州，动手著《诗毛氏传疏》。（《例言》）

江有诰执弟子礼段玉裁于苏州。（江氏《音学十书》）

嘉庆十八年癸酉（1813年）

段玉裁的《说文解字注》付刻。（江沅《后叙》）

林春溥的《竹书纪年补证》成。（《自序》）

蒋光煦、陈介祺生。

钱大昭、汪莱没。大昭年七十（1744—1813），莱年四十六（1768—1813）。

嘉庆十九年甲戌（1814年）

孙星衍的《尚书今古文注疏》成。(《孙渊如先生年谱》)

林春溥的《战国纪年》成。(《自序》)

陈鳣的《续唐书》成。(《自序》)

周寿昌生。

程瑶田、赵翼没。瑶田年九十(1725—1814),翼年八十八(1727—1814)。

嘉庆二十年乙亥(1815年)

段玉裁的《说文解字注》刻成。(陈奂《跋》)

王念孙序汪中《述学》。(王念孙《序》)

焦循的《易学三书》成。(《叙目》)

孙星衍的《尚书今古文注疏》刻成。(《自序》)

郝懿行的《补宋书刑法志食货志》成。(《自序》)

凌曙的《春秋繁露注》成。(《自序》)

姚鼐、段玉裁没。鼐年八十五(1731—1815),玉裁年八十一(1735—1815)。

嘉庆二十一年丙子(1816年)

包世荣的《毛诗礼征》成。(《自序》)

崔述、庄述祖没。述年七十七(1740—1816),述祖年六十七(1750—1816)。

嘉庆二十二年丁丑(1817年)

徐松著《西域水道记》《汉书西域传补注》。(《事辑》)

陈鳣、李锐没。鳣年六十五(1753—1817),锐年四十九(1769—1817)。

嘉庆二十三年戊寅(1818年)

江藩在广州刻《汉学师承记》,时居阮元署。(阮元《序》)

刘毓崧、钟文烝生。

翁方纲、孙星衍没。方纲年八十六(1733—1818),星衍年六十六

（1753—1818）。

嘉庆二十四年己卯（1819年）

王引之的《经传释词》刻成。（阮元《序》）

陈寿祺的《三家诗遗说考》成。（《自序》）

龚自珍从刘逢禄受《公羊春秋》。

邹伯奇生。

嘉庆二十五年庚辰（1820年）

焦循的《孟子正义》成。（《事略》）

阮元在广州立学海堂。（《雷塘庵主弟子记》）

焦循没，年五十八（1763—1820）。

道光元年辛巳（1821年）

《新疆识略》成。（《御制序》）松筠编，初名《伊犁总统事略》，进呈始赐今名。实出祁韵士、徐松之手。

俞樾生。

道光二年壬午（1822年）

道光三年癸未（1823年）

阮元刻所著《四库未收书提要》。（阮福《记》）

钮树玉著《段氏说文注订》。（《自序》）

汤斌从祀孔庙。

董祐诚没，年三十三（1791—1823）。

道光四年甲申（1824年）

何秋涛生。

道光五年乙酉（1825年）

胡承珙的《仪礼古今文疏义》成。（《自序》）

雷学淇的《古经天象考》成。（《自序》）

项名达的《勾股六术》成。（本书）

郝懿行、徐养原没。懿行年六十九（1757—1825），养原年六十八

（1758—1825）。

道光六年丙戌（1826年）

方东树著《汉学商兑》。（《序例》）

道光七年丁亥（1827年）

胡承珙的《小尔雅义证》成。（《自序》）

罗士琳的《演元九式》成。（本书）

冯登府的《金石综例》成。（《自序》）

王引之奉旨校订《康熙字典》，辑《考证》。（《奏折》）

姚文田、钮树玉没。文田年七十（1758—1827），树玉生年待考。

道光八年戊子（1828年）

孙奇逢从祀孔庙。

刘文淇、刘宝楠、陈立同赴乡试，病十三经旧疏多舛驳，欲仿江氏（声）、孙氏（星衍）《尚书》，邵氏（晋涵）、郝氏（懿行）《尔雅》，焦氏（循）《孟子》别作疏义。文淇担任《左氏传》，宝楠担任《论语》，立担任《公羊》。（陈立《论语正义序》）陈书成，曰《春秋公羊传义疏》；刘宝楠书子恭冕续成，曰《论语正义》；惟刘文淇之《左传旧注疏证》，虽经子毓崧、孙寿曾踵续，终未成书。

黄以周生。

钱林没，年六十七（1762—1828）。

道光九年己丑（1829年）

《皇清经解》成。（夏修恕《序》）

徐松的《汉书西域传补注》刻成。（《事辑》）

董基诚刻《董方立遗书》。（张成孙《序》）基诚，祐诚兄。

凌曙、刘逢禄没。曙年五十五（1775—1829），逢禄年五十四（1776—1829）。

道光十年庚寅（1830年）

潘祖荫生。

道光十一年辛卯（1831年）

王念孙的《读书杂志》成。（子引之《读书杂志余编·诵语》）书非一次撰成。这年成的有《晏子春秋》《墨子》，连以前所撰共十种。逮没后，子引之又编辑遗稿数百条，曰《余编》。

江藩没，年七十一（1761—1831）。

道光十二年壬辰（1832年）

陈立的《白虎通疏证》成。（《自序》）

程恩泽的《国策地名考》成。（《自序》）

王念孙、胡承珙没。念孙年八十九（1744—1832），承珙年五十七（1776—1832）。

道光十三年癸巳（1833年）

俞正燮的《癸巳类稿》付刻。（程恩泽《叙目》）

王闿运生。

华蘅芳生。

道光十四年甲午（1834年）

黄汝成集释《日知录》。（《自序》）

马瑞辰序胡承珙的《毛诗后笺》。（马瑞辰《序》）

王引之没，年六十九（1766—1834）。

道光十五年乙未（1835年）

马瑞辰的《毛诗传笺通释》成。

吴大澂生。

道光十六年丙申（1836年）

刘宝楠的《汉石例》成。（本书）

洪颐煊的《诸史考异》成。（《自序》）

汪远孙没，年四十八（1789—1836）。

道光十七年丁酉（1837年）

王筠的《说文释例》成。（《自序》）

周济的《晋略》成。(潘树辰《序》)

李兆洛的《历代地理志韵编今释》刻成。(《序例》)

王笃刻姚际恒的《诗经通论》。(王笃《序》)

陈奂序胡承珙的《毛诗后笺》。(陈奂《序》)

戴望、张之洞生。

道光十八年戊戌(1838年)

王梓材、冯云濠得黄全《宋元学案稿》,续订刻成。(何凌汉《序》)

罗士琳校演元朱世杰的《四元玉鉴》之《四元玉鉴细草》成。(张岳崧《序》)

道光十九年己亥(1839年)

洪钧、杨守敬生。

道光二十年庚子(1840年)

陈奂的《诗毛氏传疏》成。(《例言》)

魏源的《诗古微》成。(《自序》)

罗士琳的《续畴人传》成,阮元作序。(阮元《序》)

俞正燮没,年六十六(1775—1840)。

道光二十一年辛丑(1841年)

李兆洛、龚自珍没。兆洛年七十三(1769—1841),自珍年五十(1792—1841)。

道光二十二年壬寅(1842年)

陈澧的《切韵考》成。(《自序》)

苗夔的《说文声读表》成。(《自序》)

魏源的《圣武记》成,(《自序》)《海国图志》成。(《自序》)

吴荣光的《筠清馆金石录》成。(《自序》)

王先谦生。

道光二十三年癸卯(1843年)

陈杰的《算法大成上编》刻成。

严可均没，年八十二（1762—1843）。

道光二十四年甲辰（1844年）

缪荃孙生。

道光二十五年乙巳（1845年）

《仪象考成续编》成。（《奏议》）

徐建寅生。

马建忠生。

道光二十六年丙午（1846年）

朱右曾的《逸周书集训校释》成。（《自序》）

杨尚文刻郑复光《镜镜詅痴》，张穆作序。（张穆《序》）

道光二十七年丁未（1847年）

道光二十八年戊申（1848年）

陈澧的《汉书地理志水道图说》成。（《自序》）

徐继畬的《瀛寰志略》成。（《自序》）

陆应谷刻吴其濬的《植物名实图考》。（陆应谷《序》）

孙诒让生。

徐松没，年六十八（1781—1848）。

道光二十九年己酉（1849年）

何秋涛《校正元圣武亲征录》成。（《自序》）

阮元、梁章钜、胡培翚、张穆没。元年八十六（1764—1849），章钜年七十五（1775—1849），培翚年六十八（1782—1849），穆年四十五（1805—1849）。

叶昌炽生。

道光三十年庚戌（1850年）

王筠的《说文句读》成。（《自序》）

咸丰元年辛亥（1851年）

朱骏声进呈所著《说文通训定声》，赏国子监博士。（《论古》）

钱绎的《方言笺疏》成。(《自序》)

方东树没，年八十（1772—1851）。

咸丰二年壬子（1852年）

李善兰同英人伟烈亚力在沪，动手翻译欧几里得的《几何原本》。(《自序》)

廖平生。

咸丰三年癸丑（1853年）

马瑞辰、邹汉勋没。瑞辰年七十二（1782—1853），汉勋年四十九（1805—1853）。

咸丰四年甲寅（1854年）

严复生。

夏燮刻汪莱的《衡斋算学遗书》。(夏燮《序》) 燮，莱弟子。

王筠、刘文淇没。筠年七十一（1784—1854），文淇年六十六（1789—1854）。

咸丰五年乙卯（1855年）

李善兰同英人伟烈亚力续译欧几里得《几何原本》，(李善兰《序》) 同英人艾约瑟译胡威立《重学》成。(李善兰《序》)

魏源的《书古微》成。(《自序》)

林春溥刻《竹柏山房十五种》成，作《总序》。(《总序》)

刘宝楠没，年六十五（1791—1855）。

咸丰六年丙辰（1856年）

丁晏的《左传杜解集正》成。(《自序》)

咸丰七年丁巳（1857年）

魏源没，年六十四（1794—1857）。

咸丰八年戊午（1858年）

陈澧的《声律通考》成。(《自序》)

康有为生。

朱骏声没，年七十一（1788—1858）。

咸丰九年己未（1859年）

何秋涛进呈《朔方备乘》。（《谕旨》）

李善兰同英人伟烈亚力翻译罗密士《代微积拾级》。（李善兰《序》）翻译侯失勒《谈天》。（李善兰《序》）

王照生。

咸丰十年庚申（1860年）

曾国藩编辑《经史百家杂钞》。

祁寯藻刻张穆的《蒙古游牧记》。（祁寯藻《序》）

徐有壬、戴煦、蒋光煦没。有壬年六十一（1800—1860），煦年五十五（1806—1860），光煦年四十八（1813—1860）。

咸丰十一年辛酉（1861年）

邵懿辰没，年五十二（1810—1861）。

同治元年壬戌（1862年）

陈乔枞的《今文尚书经说考》成。（《自序》）

夏鸾翔的《万象一原》成。（《自序》）

汪曰桢的《历代长术辑要》成。（《题辞》）

吴嘉善编订徐有壬的《割圆八线缀术》。（吴嘉善《序》）

总理衙门奏设同文馆于京师。

顾观光、何秋涛没。观光年六十四（1799—1862），秋涛年三十九（1824—1862）。

同治二年癸亥（1863年）

陈奂、钱泰吉、鲁一同没。奂年七十八（1786—1863），泰吉年七十三（1791—1863），一同年五十九（1805—1863）。

同治三年甲子（1864年）

俞樾的《群经平议》《诸子平议》先后成。（《序目》）

叶德辉生。

郑珍没，年五十九（1806—1864）。

同治四年乙丑（1865年）

刘恭冕继其父宝楠著《论语正义》成。（刘恭冕《后序》）

曾国荃刻《船山遗书》。

谭嗣同生。

同治五年丙寅（1866年）

李元度的《国朝先正事略》成。（《自序》）

同治六年丁卯（1867年）

李善兰的《则古昔斋算学》刻成。（《自序》）

刘毓崧没，年五十（1818—1867）。

同治七年戊辰（1868年）

李善兰因郭嵩焘荐入同文馆，作算学教习。（《畴人传》三编）

同治八年己巳（1869年）

章炳麟生。

戴望的《颜氏学记》成。（《自序》）

徐鼒子承礼刻《小腆纪传》。（承礼《识语》）

陈乔枞、陈立、邹伯奇没。乔枞年六十一（1809—1869），立年六十一（1809—1869），伯奇年五十一（1819—1869）。

同治九年庚午（1870年）

同治十年辛未（1871年）

同治十一年壬申（1872年）

潘祖荫的《攀古楼彝器款识》成。（《自序》）

汪士铎的《南北史补志》刻成。（《后序》）

曾国藩没，年六十二（1811—1872）。

同治十二年癸酉（1873年）

华蘅芳、徐寿、徐建寅等，入江南制造局作提调。（《江南制造局记》）

戴望没，年三十七（1837—1873）。

同治十三年甲戌（1874年）

冯桂芬没，年六十六（1809—1874）。

光绪元年乙亥（1875年）

张之洞作《书目答问》，（《略例》）实出缪荃孙手。

光绪二年丙子（1876年）

康有为从朱次琦学。（《康南海自编年谱》）

光绪三年丁丑（1877年）

钟文烝没，年六十（1818—1877）。

光绪四年戊寅（1878年）

光绪五年己卯（1879年）

陈澧的《切韵考外编》成。（《自序》）

光绪六年庚辰（1880年）

康有为治公羊学。（《康南海自编年谱》）

江南制造局设翻译馆翻译格致、化学、制造各书。（《江南制造局记》）

光绪七年辛巳（1881年）

朱次琦没，年七十五（1807—1881）。

光绪八年壬午（1882年）

周寿昌的《汉书注校补》《后汉书注补正》成。（《自序》）

陈澧、李善兰没。澧年七十三（1810—1882），善兰年七十三（1811—1882）。

光绪九年癸未（1883年）

吴大澂的《说文古籀补》成。（《自序》）

光绪十年甲申（1884年）

王先谦的十朝《东华录》刻成。

邵武徐榦刻邵廷采《东南纪事》《西南纪事》。（徐榦《跋》）

陈介祺、周寿昌没。介祺年七十二（1813—1884），寿昌年七十一（1814—1884）。

光绪十一年乙酉（1885年）

王先谦在江阴南菁书院编辑《皇清经解续编》。（《奏折》）

潘祖荫刻庄述祖的《说文古籀疏证》。

康有为著《人类公理》。（《康南海自编年谱》）《大同书》即由此书扩充而成。

光绪十二年丙戌（1886年）

褚可宝的《畴人传三编》成。（《自序》）

廖平的《今古学考》成。

光绪十三年丁亥（1887年）

光绪十四年戊子（1888年）

昆陵恽氏校刻李兆洛的《历代舆地沿革图》。（恽彦琦《序》）

《皇清经解续编》刻成。（《自序》）

光绪十五年己丑（1889年）

姚振宗的《后汉艺文志》《三国艺文志》成。（《叙录》）

康有为著《孔子改制考》。（《自序》）

汪士铎没，年八十八（1802—1889）。

光绪十六年庚寅（1890年）

梁启超受学康有为。（《康南海自编年谱》）

王先谦主讲长沙思贤讲舍。

潘祖荫没，年六十一（1830—1890）。

光绪十七年辛卯（1891年）

王先谦的《荀子集解》刻成。（《葵园自订年谱》）

康有为的《新学伪经考》刻成。（《康南海自编年谱》）

光绪十八年壬辰（1892年）

王先谦的《合校水经注》刻成。（《葵园自订年谱》）

光绪十九年癸巳（1893年）

孙诒让的《札迻》《墨子间诂》成。（《自序》）

黄以周的《礼书通故》刻成。

黄澧补刻其父奭《汉学堂逸书考》成。（刘富曾《序》）

洪钧没，年五十五（1839—1893）。

光绪二十年甲午（1894年）

郭庆藩的《庄子集释》成。（王先谦《序》）

朝廷谕禁《新学伪经考》。（《康南海自编年谱》）

康有为著《春秋董氏学》。（《康南海自编年谱》）

李元瑞补刻马国翰《玉函山房辑佚书》成。（李元瑞《序》）

光绪二十一年乙未（1895年）

王先慎的《韩非子集解》成。（《弁言》）

杨守敬的《隋书地理志考证》成。（《自序》）

光绪二十二年丙申（1896年）

康有为的《孔子改制考》《春秋董氏学》成。（《康南海自编年谱》）

吴大澂的《窸斋集古录》成。（《自序》）

张荫桓编辑《西学富强丛书》。内中所收多属翻译的自然科学与社会科学书籍。

光绪二十三年丁酉（1897年）

陆润庠刻洪钧的《元史译文证补》成。（陆润庠《序》）

光绪二十四年戊戌（1898年）

张之洞的《劝学编》成。（《自序》）

马建忠的《文通》成。（《自序》）

设京师大学堂。许景澄为总教习，美人丁韪良为西总教习。（《北大校史略》）

谭嗣同被杀，年三十四（1865—1898）。

光绪二十五年己亥（1899年）

孙诒让的《周礼正义》成。(《自序》)

杨守敬在两湖书院作地理教习。

河南安阳小屯村龟甲出土。

黄以周没，以周年七十二（1828—1899）。

光绪二十六年庚子（1900年）

王先谦的《汉书补注》成。(《序例》)

徐建寅编辑《格致丛书》。

马建忠没，建忠五十六（1845—1900）。

光绪二十七年辛丑（1901年）

康有为的《春秋笔削大义微言考》成。(《自序》)

严复译斯密亚丹《原富》成。(《自序》)

复兴大学堂（因受“拳乱”停办），归并同文馆。吴汝纶为总教习，严复为译书总办。(《北大校史略》)

徐建寅没，年五十七（1845—1901）。

光绪二十八年壬寅（1902年）

严复译英斯宾塞尔《群学肄言》成。(《译余赘语》)

华蘅芳没，吴大澂没。蘅芳年七十（1833—1902），大澂年六十八（1835—1902）。

光绪二十九年癸卯（1903年）

刘鹗编印《铁云藏龟》。(《自序》)

俞樾序《新学大丛书》。

光绪三十年甲辰（1904年）

杨守敬的《水经注疏》成。(《邻苏老人自编年谱》)

王照在北京设“官话字母第一号义塾”，提倡所创官话拼音字。

光绪三十一年乙巳（1905年）

杨守敬删所著《水经注疏》为要删刻之。(《邻苏老人自编年谱》)

孙诒让的《名原》成。(《自序》)

魏光焘刻魏源的《元史新编》成。

劳乃宣编《合声简字谱》，在南京开办简字学堂。（重订《合声简字谱序》）

光绪三十三年丁未（1907年）

俞樾没，年八十七（1821—1907）。

简朝亮的《尚书集注述疏》成。（《后序》）

皮锡瑞的《经学通论》成。（《自序》）

光绪三十四年戊申（1908年）

孙诒让没，年六十一（1848—1908）。

宣统元年己酉（1909年）

王先谦的《庄子集解》成。（《自序》）

大学堂筹办分科，经科监督为柯劭忞。（《北大校史略》）

张之洞没，年七十三（1837—1909）。

宣统二年庚戌（1910年）

罗振玉著《殷商贞卜文字考》。

宣统三年辛亥（1911年）

浙江图书馆刻万斯同的《儒林宗派》。（本书）前无刻本。

劳乃宣作大学堂监督。（《北大校史略》）

（原载《中法大学月刊》1936年第8卷第5期）

校《桃花扇传奇》

孔尚任《桃花扇》一书，为清人传奇名著，流播最广，版刻也最多。久闻海盐朱逿先先生藏有原椠之本，不经示人。近经江阴刘半农师假得，嘱为一校，遂据与李氏兰雪堂本对勘一过，及竟，知原本镌工粗，字多刻讹；兰本每以意擅改原文，止求字句雅驯，反致失真，校刊书籍，殊弗应尔尔也。又原本中俗体字颇多，憯怱怱蒇事，未能一为甄录为憾。

民国二十二年十一月鸿逵识

据原本校兰雪堂本

序　一页十三行，"扼腕时艰者"。"扼"，原本作"搤"。

小引

小识

本末　一页三行，"宏光遗事"。原本"宏"，作"弘"，下多同。

二页十八行，"名公巨卿"。"巨"，原本作"钜"。

三页十八行，"当场团圆"。"圆"，原本作"圞"。

凡例　一页十四行，"删繁就简"。"简"，原本作"减"非。

二页十五行，“语句整炼”。“炼”，原本作“练”误。

考据　三页七行，“秦淮灯船”。“船”，原本误作“般”。

三页十四行，“寇湄字白门”。“白”，原本误作“自”。

六页五行，“钱牧斋”。“牧”，原本误作“收”。

七页四行，“冒辟疆寿序”；九行，“冒辟疆同人集二篇”。二“冒”字，原本并误作“昌”。

纲　领

目录　兰雪堂本作四卷，卷一、卷二曰“上本”；卷三、卷四曰“下本”。原本仅分上本、下本，凡二卷。

砌抹　一页十七行，“绳”。原本“绳”，下有“索”字。

四页九行，“本棒”。“棒”，原本作“棍”。

题辞　原本于题文者，曰“跋语”；于题诗词者，始曰“题辞”。

一页十一行，“桃源逸叟黄元治”。“叟”，原本作“史治”，下有“跋”字，余皆仿此。

三页一行，“山姜子田雯”。原本“雯”下有“题”字，余皆仿此。

四页十三行，“千仞冈樵人宛平陈于王”。原本无“宛平”二字。

五页一行，“左兵噪皖江”。“噪”，原本作“哗”。

八页十七行，“枉写桃源避世诗”。“诗”，原本作“时”是也。

九页十七行，“夜夜冬青泣杜鹃”。“泣”，原本作“哭”。

后序　二页十七行，“无烦金压”。“压”，原本作“厌”非是。

三页十六行，“勘追疾疏之陈东”。“勘”，原本作“敢疾作奏”。

四页十行，“嘲风笑月”。“笑”，原本作“啸”。

四页十一行，“握巫山之暮雨”。“山”原本作“峰”。

五页十四行，“元都嫩蕊”。“元”，原本作“玄”。

六页三行，“觞剑阴藏”。“觞”，原本作“腹”。

以上各篇兰雪堂本合为卷首，原本则散见于上下卷之首末。

上 本

试一出 先声 二页七行顶批：“真作春秋、毛诗读矣”。“真”，原本作“直”。

二页十七行，“还求总说几句”。“说”，原本作“括”。

第一出 听稗 一页一行，“崇祯癸未二月”。原本无“崇祯”二字，当系误夺。

一页四行顶批：“关甚兴亡”。“关”，原本作“管”。

二页十三行顶批：“先举徐公子”。“举”，原本作“题”。

六页十八行，“只管矇瞳着两眼定六经”。“瞳”，原本作“赠”。

七页十四行顶批：“指出有旨有趣”。“指”，原本作“搆”。

第二出 传歌 三页十一行，“就叫甚么苏昆生”。“就叫”，原本倒作“叫就”。

第三出 哄丁 四页十八行，“腰颠腰颠”。“颠”，原本并作“攧”。

第四出 侦戏 一页七行，“驰驱上国”。“驰驱”，原本作“驱驰”。

四页十四行，“呵呀呀”。原本作“阿耶耶”。

五页九行，“去如走兔，来似飞鸿”。“鸿”，原本作“鸟”。

六页八行，“不必气恼”。“气”，原本作“吃”。

七页二行顶批：“多会算计”。原本作“多”，用美人计。

第五出 访翠 一页九行，“信步踏青”。“信”，原本作“借”是。

二页十五行，“那会期做些甚么”。原本无“那”字。

原本四页十四行，当兰雪堂本四页十五行顶批有“此例在教坊司，尚有查例说堂也”十三字，兰本无。

五页七行，“做个破承题罢”。“承题”，原本误作“题承”。

五页八行，“冰绡汗巾”。“绡”，原本误作“消”。

五页十行顶批："破承艳丽"。"破"，原本作"题"。

六页一行，"茶量如何"。"如何"，原本作"何如"。

六页十六行，"净唱介"。"净"原本作"末"误。

第六出　眠香　二页七行，"些须小意"。"小"，原本作"引"。

三页六行，"众向生揖介"。"向"，原本作"与"。

四页十五行顶批："捧砚脱鞋"。"鞋"，原本作"靴"。

四页十六行，"旦捧砚生写扇介"。"写"，原本作"书"。

第七出　却奁　一页四行，"混了亲爷"。"爷"，原本作"爹"。

一页八行，"末扮杨文骢上"。原本脱"扮杨文骢上"五字。

四页十七行，"趋附权奸"。"附"，原本作"赴"。

六页十三行尾评："文章关键"。"键"，原本作"捩"。

第八出　斗榭　四页十六行，"中散奏筝琶"。"奏"，原本作"闹"。

五页九行顶批："称心称意"。上"称"字，原本作"满"。

第九出　抚兵　二页十四行，"选士皆娇娃"。"娃"，原本误作"哇"。

三页二行，"你不要错怨咱家，你不要错怨咱家"。二"你"字，原本皆作"您"。

三页十四行，"你且忍枵腹"。"你"，原本亦作"您"。

四页十二行，"顺流东下"。"下"，原本作"去"。

五页三行尾评："淋漓酣畅"。"酣畅"，原本作"北调"。

第十出　修札　一页十八行，"狂风暴雨"。"狂"，原本作"猝"。

三页十六行，"妥当"。"妥"，原本作"底"。

五页八行，"挥麈"。"麈"，原本作"尘"误。

第十一出　投辕　一页七行，"许俺们"。八行，"俺们依旧鼓噪"。"俺"，原本并作"咱"是。

三页六行，"你的此来意"。"此"，原本误作"北"。

三页十四行，"大江滨"。"滨"，原本作"濒"。

四页十一行顶批："嬉笑怒骂"。"怒"，原本作"谩"。

五页十八行，“捽茶钟于地下介”；六页二行，“顺手捽去了”，“顺手捽去”，三“捽”字，原本皆作“摔”。

六页二行，“心竟作不得主么”。原本无“竟”字。

第十二出　辞院　一页十行顶批：“见事生风”。“生风”，原本例作“风生”。

五页九行，“香沾翠被冷”。“冷”，原本作“池”误。

第十三出　哭主　二页一行，“捶背搔痒介”。“搔痒”，原本作“修养”。

第十四出　阻奸　三页三行，“还有那二罪”。“二”，原本作“一”。

三页六行，“那第三大罪哩”。“哩”，原本作“呢”。

第十五出　迎驾　二页五行，“韩赞周”，“李沾”。“赞”，原本作“替”；“沾”，作“治”，均系刻误。

第十六出　设朝　三页八行，“理当大拜”。“理”，原本作“礼”。

第十七出　拒谋　五页四行，“不去如何”。“如何”，原本作“何如”。

第十八出　争位　六页八行顶批：“忍国仇而报私恨”。“忍”，原本作“恕”。

第十九出　和战　三页四行顶批：“当此时，解恨息争稍晚矣，何侯生不早计及之”。原本无。

第二十出　移防

第二十出　闲话　一页十三行，“逃走奔命”。“奔”，原本误作“莽”。

四页十七行，“风雨益发不住了”。原本无“了”字。

六页十四行，“雨洗山笼翠”。“山”，原本作“鸡”是。

下　本

加二十一出　孤吟

第二十一出　媚座　一页一行，“崇祯甲申十月”。原本无“崇祯”二字，当系误夺。

一页十七行，“设席安坐”。“安”，原本作“苏”。

第二十二出　守楼　三页十六行顶批：“温饱足矣”。“温饱”，原本作“饱暖”。

四页一行，“梳头穿衣罢”。原本无“罢”字。

第二十三出　寄扇　一页二行，“香炉懒去烧”。“炉”，原本作“鑪”。

一页三行，“点脂红让娇”。“点”，原本作“胭”。

一页十八行，“憑栏凝眺”。“憑”，原本作“凭”。

二页七行，“袖掩春风面”。“风”，原本作“图”。

第二十四出　骂筵　二页三行，“诙谐”。“诙”，原本作“谈”。

七页七行顶批：“殆尤胜焉”。“胜”，原本作“甚”。

第二十五出　选优　二页一行顶批：“风流可观”。“观”，原本作“睹”。

三页十一行顶批：“参透机关”。“机关”，原本作“鸡肋”。

七页八行，“瘦损宫腰剩一把”。“把”，原本作“抓”。

第二十六出　赚将　三页十四行，“待俺区处了”。“待”，原本作“任”。

第二十七出　逢舟

第二十八出　题画　一页四行，“贵筑”。“筑”，原本作“竹”。

一页八行顶批：“晓露调色”。“晓”，原本作“收”。

二页十一行顶批：“出力描写”。“描写”，原本作“做作”。

二页十四行，“尘封网罩”。“罩”，原本作“罥”是。

七页九行，“得保性命”。“得”，原本作“暂”。

第二十九出　逮社　一页十行，“精雕善印”。“雕”，原本作“开”。

三页六行，“从那里来的”。原本无“里”字。

第三十出　归山　三页十行，“红衲袄”。“衲”，原本误作“纳”。

第三十一出　草檄

第三十二出　拜坛

第三十三出　会狱　三页八行顶批：“断定宁南”。“定”，原本作“倒”。

第三十四出　截矶

第三十五出　誓师　一页十三行顶批："令闻之者"。原本"闻"上无"令"字。

第三十六出　逃难

第三十七出　劫宝

第三十八出　沉江　一页八行，"仪征"。"征"，原本作"贞"。

五页四行，"虔请高僧"。"僧"，原本误作"工"。

第三十九出　栖真　二页十行，"几曾作女红"。"作"，原本作"并"。

三页十一行顶批："往往如此"。"此"，原本作"斯"。

第四十出　入道　四页十七行，"绕投法座，遥赴宝山"。"绕"，原本作"远"。

八页十行，"书难到"。"到"，原本作"稍"，当系"捎"之误刻。

十页一行，"那知道"。"那"，原本作"怎"。

续四十出　余韵　九页二行顶批："是骂是愧是敬是爱"。"是骂"下，原本有"是嘲是愤"四字。

（原载《中法大学月刊》1934年第5卷第5期）

清孝庄文皇后小记
——清史札记一则

处于明清改朝换代之际，清朝统治集团中有一个极其出色而且所系甚大的人物，即"孝庄文皇后"。她姓博尔济吉特氏，出身于蒙古科尔沁部所谓"戚畹贵族"之家。努尔哈赤二妃、皇太极一后四妃、福临（顺治）二后，皆出于博尔济吉特氏，因此"科尔沁以列朝外戚，荷国恩独厚，列内扎萨克二十四部首"[①]。孝庄博尔济吉特氏于天命十年（1625年）嫁给皇太极作妃，年十四岁，是正妃"孝端文皇后"（崇德元年，1636年称后）的侄女，是顺治帝福临的生母，是康熙帝玄烨的亲祖母。

博尔济吉特氏是一个聪明能干而富有谋略的女子。皇太极逝世时她三十二岁，福临六岁。清初无立皇嗣制度。努尔哈赤的政治理想是，由八家（八个旗主）共治，从中推举一人为主，这个人需要"有才德能受谏者"。"若不纳谏，不遵道，可更择有德者立之"[②]。实际上这个办法并未见诸施行，皇太极的继承父位就不是按照这样做的。等皇太极死后，就有两个具有继承资格的人，一是他的九弟多尔衮；一是他的长子豪格，两人都要争夺皇位。蒋氏《东华录》记："阿达礼、硕托登床，耳语礼亲王（代善，皇太极之兄）曰：'众已定议立睿王（多尔衮）矣。'"[③]礼亲王代善为正红旗旗主，在八旗旗主中行辈最长、

① 《清史稿》卷七十七《科尔沁部》。
② 《清太祖武皇帝实录》卷四。
③ 蒋良骐：《东华录》，崇德八年八月丁丑。

威望最大，皇太极的即位他是主要的支持者。此时多尔衮和他的同母弟多铎领有两白旗，势力堪与皇太极自将的两黄旗相抗衡，因而得到满洲贵族多数的拥戴。这反映了当时多尔衮的活动情况。

《清世祖实录》卷三十七记："当两旗大臣谋立肃王（豪格）为君，以上（福临）为太子，及议时，乃言我意亦如此。"①这个表示同意的人是郑王济尔哈朗，他是皇太极的叔伯兄弟，镶蓝旗旗主，后来和多尔衮同任辅政大臣。这反映了豪格的活动情况。

就在这种极度紧张的斗争形势下，博尔济吉特氏施展其灵活高妙的政治手腕，将多尔衮和豪格的野心谋图一一击退，结局是"礼亲王代善等奉上（福临）嗣位"②。她之所以能取得胜利，乃是因为一方面将一言九鼎、举足轻重的代善争取到，使他拥戴福临；另一方面将握有实力、呼声最高的多尔衮笼络住，使他放弃争位。至于豪格，则和福临同是两黄旗的主子，旗众拥立福临，他也就难于有所活动了。

当清军入关前后，曾有着"太后下嫁"的传说，太后即指这个博尔济吉特氏，下嫁即嫁给多尔衮。多尔衮死后追查其罪行，有"自称皇父摄政王""亲到皇宫内院"③等条款。当然单凭这些记载还不能作为下嫁的确证。但即使有此事，也只能把它当作一种政治手段看待。正如恩格斯所讲的："对于王公本身，结婚是一种政治行为，是一种借新的联姻来扩大自己势力的机会。"④对清统治集团来说，值此明清争夺天下之际，能息止满洲内部矛盾斗争、稳定政治纷扰局面的，正是这个博尔济吉特氏。应当说她是一名清朝开国功臣。

检读《清世祖实录》曾发现有许多处透露出多尔衮的争位野心并未完全消除。郑亲王曾向巩阿岱云："皇子（福临）即帝位，更复何言？惟以他人篡夺

---

①《清世祖实录》卷三十七，顺治五年三月己亥。按：两旗系指正黄、镶黄两旗。

②《东华录》，崇德八年八月。

③《东华录》，顺治八年二月己亥。

④ 恩格斯：《家庭、私有制和国家的起源》，载《马克思恩格斯选集》第四卷，人民出版社1972年版，第74页。

为忧。”巩阿岱以此言告睿王，“遂陷郑王于罪”[①]。“先是睿王多尔衮专政，潜有异志。上尝幸睿王邸第，随驾内大臣及侍卫等不及二十人，一等侍卫喀兰图闻之，惧有叵测，急归家，挟弓矢追从，密为防卫”[②]。甚至多尔衮自己也说过：“若以我为君，以今上（福临）居储位，我何以有此病症？”[③]据此，在多尔衮逝世不到百日就爆发了对他的削爵问罪，绝非是无缘无故的。在处理这一政治事件中，其具有重要意义的，乃收并正白旗于皇室。因为此旗为多尔衮所领有，经其偏私装备成为禁旅，归皇室后，与两黄旗合称“上三旗”。这样作既将两白旗分开，又加强了皇室力量。原来的“上三旗”为两黄和正蓝，经此一番变化，正蓝换成正白。我们还要看到，首先出来揭发多尔衮罪行的是正白旗属臣苏克萨哈。以后玄烨登极，四辅政大臣中第二位即为苏克萨哈，这都是有所由来的。治清史者都知道，关于福临逝世、玄烨即位的一切措施和安排，皆出于博尔济吉特氏的授意和决定。由此而推度对多尔衮事件的发动和处理，必然也是出于她的决策。不然的话，很难设想十四岁的青年皇帝福临能具有如此的魄力。

福临死时，玄烨八岁。当时曾有个汉族人安徽桐城县秀才周南，来北京“诣阙条奏十款”，其一为“请垂帘”[④]，遭到了博尔济吉特氏的严厉拒绝。她不愿意当女皇，而愿意辅助其孙儿玄烨办理国家大事，“太后不予政，朝廷有黜陟，上多告而后行”[⑤]。三藩事变时，漠南蒙古察哈尔部布尔尼乘机作乱，派遣笔帖式出身的图海领兵前往，就是她的主意。图海在顺治时曾获罪免死解职，福临死后以“遗命起用”[⑥]，实际即由于博尔济吉特氏对图海的才能赏识。“吴三桂既叛，察哈尔复蠢动。事闻，圣祖（玄烨）忧之”。孝庄文皇后说：“图海才略出众，曷任之。”当时“诸禁旅皆南征，宿卫尽空”。图海出一奇策，于紧急中集合“八旗家奴之健勇者，得数万人”，把他们组织成一支战

①③《清世祖实录》卷六十三，顺治九年三月癸巳。
②《清世祖实录》卷七十七，顺治十年八月丁丑。
④《清圣祖实录》卷二，顺治十八年三月甲子。
⑤《清史稿》卷二百十四《孝庄文皇后传》。
⑥《清史稿》卷二百五十一《图海传》。

斗队伍，开赴内蒙，压平了叛乱[1]。于此充分说明，博尔济吉特氏不行垂帘听政，是有自知之明；能选用图海，是有知人之明。

综观博尔济吉特氏的一生，身经三朝政局变化，扶立两个幼年皇帝，在晚年时候更策助玄烨进行统一事业接连取得胜利。玄烨对其祖母有一段真挚感人的讲话，他说："忆自弱龄，早失怙恃，趋承祖母膝下三十余年，鞠养教诲，以至有成。设无祖母太皇太后，断不能致有今日成立。"[2]

博尔济吉特氏死于康熙二十六年（1687年）十二月，年七十五岁。临终前对玄烨说："太宗（皇太极）文皇帝梓宫，安奉已久，不可为我轻动。况我心恋汝皇父及汝，不忍远去，务于孝陵近地择吉安厝，则我心无憾矣。"[3]玄烨遵从遗嘱，将其灵柩安厝在东陵风水墙外，称为"暂安奉殿"，意思是暂时停放在祭殿之中，等待以后下葬。这座祭殿还是把她所爱住的紫禁城慈宁宫新宫五间迁建陵园的。她的灵柩一直停放了三十多年。其迟迟未葬之故，应是玄烨在考虑要不要运往关外昭陵。到雍正二年，经她的重孙雍正帝胤禛作出决定，修建地宫，正式安葬，定名曰"昭西陵"[4]。这是清陵的一个特例。清史上称她"孝庄文皇后"，这是指她是太宗文皇帝皇太极的皇后，孝庄是谥号。她由妃称后，是因为她的儿子和孙子都作了皇帝而追封的。

1979年夏，初游览东陵，听介绍陵园故事，当讲到"昭西陵"时，言语间带出一种轻蔑讥讽的口气，这是不对的。我们对待历史人物应当持实事求是的科学态度，既不过誉，也不苛求。对于功过是非，务须从大处着眼，作出公允的评价。至于以汉族统治阶级一己的伦常观念来作评量，尤为不可。

（原载《清史论丛》1982年第三辑）

① 昭梿：《啸亭杂录》卷五《图文襄公用兵》。
②《清圣祖圣训·圣孝》。
③《清圣祖实录》卷一百三十二，康熙二十六年十二月壬申。
④《清通典》卷六十二《礼凶二》。

顺治皇帝的三位皇后

清朝迁都北京的第一帝顺治福临，六岁登极，只活了二十四岁，是个青年皇帝。但他却有过三位皇后，一废一疏一爱，情况颇似明世宗朱厚熜。厚熜也有三后，一责一废一立，其中也多蹊跷，此当别谈。今只将福临的三后根源始末探述一下，作为皇帝的家庭问题，写下这一段清朝故事。

根据所知，福临共有十四位具有名分的嫔妃，如果加上已封东宫，他死后再嫁孙延龄的孔四贞（定南王孔有德女，有德战死广西后入宫，延龄为有德部将子），就是十五位了。现在专谈三个皇后。

第一后博尔济吉特氏是蒙古科尔沁部卓礼克图亲王吴克善之女，福临亲政前即被聘为后。顺治八年（1651年）八月十三日，册立为皇后，举行大婚礼。“十五日，上御太和殿，诸王贝勒文武群臣上表行庆贺礼。是日以册立皇后诏告天下”[①]。从此朝野上下皆知正宫娘娘已定。过了两年，即顺治十年八月，忽然宣布要废掉她。这一举动引起了震动，汉臣本于封建传统作法，上疏劝谏。礼部员外郎孔允樾激切地说：“窃思太子一言一动，万世共仰，况我皇后正位三年，未闻显有失德，特以‘无能’二字，定废嫡之案，何以服皇后之心？何以服天下后世之心？”[②]结果遭到“上严拒”。令人注意的是，满洲贵族大臣却不发言，有人以为是因摄政王多尔衮曾参与聘后之事[③]，此时多尔衮已

① 《清世祖实录》卷五十九，顺治八年八月庚申。
② 《清世祖实录》卷七十七，顺治十年八月庚寅。
③ 《清史稿》卷二百十四《世祖废后》。

死，并宣布其罪状，而福临年已长大，坚决要废，遂无人敢言。揆诸事理，应为后者。因为顺治八年二月已揭发多尔衮之罪，八月始册立皇后，主持人当为皇太后孝庄，因而与多尔衮无关。

福临亲政后所行之事，多不能顺从孝庄的意旨，此于其遗诏中可以证明。这次废后，竟以“请从上旨”，将皇后降为“静妃”，改居侧宫。《清史稿·后妃传》又载：“上（福临）好简朴，后则嗜奢侈，又妒，积与上忤。”这也应是后者之动因所致。福临是个纵情任性的青年皇帝，若照和他接触颇多的耶稣会教士汤若望所讲，他又是“性欲本来就很强烈的皇帝”①。由此看来，奢侈属于微末，绝非主因，妒则是不容许的。上面谈到的明世宗朱厚熜，其第一后为陈氏，据《明史·后妃传》载：“帝性严厉。一日，与后同坐，张、方二妃（后为第二、第三皇后）进茗，帝循视共手。后恚，投杯起，帝大怒。后惊悸，堕娠崩。”情由虽然不同，性质则是一样。福临自己曾道，他的第一后“容止足称佳丽，亦极巧慧。乃处心弗端，且嫉刻甚，见貌少妍者，即憎恶，欲置之死。虽朕一举动，靡不猜防，朕故别居，不与接见”②。这位第一后博尔济吉特氏为福临生母孝庄文皇后的侄女，他们的结婚是带有政治意义的，因为清皇室与蒙古贵族联姻在当时可以起到巩固北疆的作用，况且孝庄以其同姓亲属配给皇帝又可以掌握内廷的权势。接着，顺治十一年（1654年），福临再聘第二后，科尔沁贝勒绰尔济之女博尔济吉特氏。绰尔济为寨桑孙，孝庄为寨桑女，论行辈，第二后为孝庄的侄孙女。

第二后的待人处事不同于第一后，“秉心淳朴”，但福临以为她“又乏长才”③。因而对她仍很疏远，并且总是找碴儿压抑她。据《清史稿·后妃传》：“顺治十五年正月，皇太后不豫，上责后礼节疏阙，命停应进中宫笺表，下诸王、贝勒、大臣议行。三月，以皇太后旨，如旧制封进。”而据《清世祖实录》载，顺治十四年（1657年）冬，孝庄患病，这年十二月二十八日愈好。福临

① 杨丙辰译：《汤若望传》。

②③ 福临：《端敬皇后行状》。

为此“发内帑银十万两，一半给八旗兵丁，一半遣官赈济畿辅贫民”。十五年正月初三日，为此颁大赦诏，曰：“帝王以孝治天下，莫大乎事亲。……近者……皇太后圣体违和，朕夙夜恭事，忧念实深。幸赖我圣母懿德素昭，弘庥克迓，仰荷天地祖宗眷佑，今已大安。……遘兹莫大之嘉祥，宜布非常之恩赦。”“其自王公以下，中外臣僚，并加恩赉。直省逋赋，悉与豁免。吏民一切诖误，咸赦除之。”[①]这年孝庄四十六岁，年事不算高，病非过重，福临如此大举，他定然是想借此作文章，也就是要废第二后。福临在表白董鄂氏的美德时曾讲：“朕为皇太后祷祀于上帝坛，旋宫者再。今后（第二后）曾无一语奉询，亦未曾遣使问候。是以朕以今后有违孝道，谕令群臣议之。然未令后（端敬皇后董鄂氏）知也。后闻之，长跽顿首，因请曰：‘陛下之责皇后，是也。然妾度皇后，斯何时？有不焦劳忧念者耶？特以一时未及思，故失询问耳。陛下若遽废皇后，妾必不敢生。’”[②]很显然，废此后就是想立董鄂氏为皇后。如果实现此举，董鄂氏的皇后称号，就不是追谥，而是正位中宫了。

为什么没有做到呢？应是由于孝庄的坚决抵制。观顺治十五年三月，“以皇太后旨，如旧制封进”，可以证明。再观当顺治十三年四月，建造乾清、坤宁二宫及景仁等宫殿将及告竣，应册立嫔妃。六月，奉皇太后谕，“举行册立嫔妃典礼”。礼部得旨：“先立东、西二宫皇妃。”同月，皇太后谕：“孔有德女孔氏（四贞）宜立为东宫皇妃。”从明以来，宫制东居西上。七月，福临第十一弟襄亲王博穆博果尔死。八月，立董鄂氏为“贤妃”。又过了四个月，正式册立董鄂氏为皇贵妃（仅次于皇后），并且颁诏大赦[③]。在一年当中清宫妃嫔安排无疑是有斗争的。董鄂氏的入宫，似非孝庄所愿。汤若望所说的“顺治皇帝对于一位满籍军人之夫人，起了一种火热爱恋”。[④]满籍军人应为博穆博果

①《清世祖实录》卷一百十四，顺治十五年正月庚子。
②《端敬皇后行状》。
③《清世祖实录》卷一百五，顺治十三年十二月戊寅。
④《汤若望传》。

尔，夫人应为董鄂氏。而况因董鄂氏受宠，前两后均是孝庄的亲族，一已废，一又将被废，如何能容忍？据《清史稿·后妃传》载，这位第二后对孝庄感情深厚，康熙二十六年，“太皇太后不豫，太后朝夕奉侍。及太皇太后崩，太后悲痛。诸妃主入临，太后恸甚，几仆地”。

董鄂氏为满洲世族，三代武职，父名鄂硕，隶正白旗。据《清史稿·鄂硕传》，原以军功于顺治九年（1652年）授巴牙喇甲喇章京。十三年（董鄂氏入宫之年）擢内大臣。十四年，以其女册封皇贵妃，进三等伯。董鄂氏入宫凡四年，死在顺治十七年（1660年）八月。她虽然宠冠后宫，所行并无失德。福临于所撰《行状》中的一些过分赞美之词固不能认作真实，但述及一事，反映出其性情温善，行为谨慎。当她的父兄死时，《行状》记到：

> 初，后父病故，闻讣哀怛。朕慰之。抆泪对曰：“妾岂敢过悲，遗陛下忧？所以痛者，恨未答鞠育恩耳。今既亡，妾衷愈安。何者？妾父性夙愚，不达大道。有女获侍至尊，荣宠已极，恐心无所惧，所行或不韪，以是每用忧念。今幸以时终，荷陛下恩恤，礼至备，妾复何恸哉？”因遂辍哀。后复有兄之丧，时后属疾未使闻。后谓朕曰：“妾兄其死矣！曩月必遣妾嫂来问。今久不至，可知也。”朕以后疾，故仍不语以实，慰安之。后曰：“妾兄心矜傲，在外所行多不义。以恃妾母家，恣要胁，容有之，审尔讵止辱妾名，恐举国谓陛下以一微贱女，致不肖者，肆行罔忌。故夙夜忧惧，寝食未敢宁。今幸无他故没，足矣。妾安用悲为？”

据此可以略见董鄂氏的母家情况。董鄂氏有弟费扬古，十四岁袭鄂硕三等伯爵。康熙三十五年（1696年）昭莫多之役，费扬古分兵三路齐攻噶尔丹，展开鏖战，大胜之。噶尔丹从此一蹶不振，最后走死。康熙帝玄烨说：“昔朕欲亲征噶尔丹，众皆谏止，惟费扬古与朕意合，遂统兵西进……直抵昭莫多，俾奸狡积寇挫衄大败，累年统兵诸将，未有能过之者。”[①]为清初满将的佼佼者。

福临对董鄂氏确存在着一种异乎常态的狂恋。董鄂氏逝世，他曾闹着要出家当和尚，尽管其中还有其他因素，而董鄂氏之死给他的刺激是非常巨大的。虽然和尚未能当成，可是曾经削发，并起了“行痴”的法名[②]。

总结顺治帝的三后，一废，降为静妃；一要废未废，并且老寿，直到康熙五十六年逝世，享年七十七岁，仅长于玄烨十三岁，颇受其尊奉。清制，后帝而死的后妃不合葬，此第二后遂别造陵曰孝东陵；一死后追封为皇后，即端敬皇后董鄂氏，乃与福临合葬“孝陵”。同时合葬者还有玄烨生母佟氏，本汉族女，抬旗称佟佳氏，入满洲，康熙二年死，年二十四岁。孝陵造成，与同葬。

福临的家庭问题，在清代实具特异。《清史稿·后妃传》载：“国初故事，后妃，王、贝勒福晋，贝子、公夫人，皆令命妇更番入侍，至太后（孝庄）始命罢之。”这与董鄂氏入侍当有关系。又康熙以后的后妃皆出身旗籍，再无藩部蒙古女，此变化亦或有因。这篇短文所述固属帝王家务琐碎，不足以语政事大端，然亦涉及一些内廷规制，作为清宫掌故观之可耳。

（此文与岑大利合作，原载《紫禁城》1983年第6期）

① 《清史稿》卷二百八十一《费扬古传》。
② 耿先：《续指月录·玉林绣》。

清代孝庄孝钦两太后比评

清代早期和晚期出现过两个著名的太后，即孝庄和孝钦。孝庄为太宗皇太极妃，蒙古族人，姓博尔济吉特氏，出身贵族家庭，父亲寨桑，受封内蒙古科尔沁部贝勒。她生了世祖福临，在顺治朝称太后，康熙朝称太皇太后。活了七十六岁（1613—1688），清史上称她为“孝庄文皇后”。孝钦为文宗奕詝（年号咸丰）妃，满洲人，姓叶赫那拉氏，出身旗籍职官人家，父亲惠徵，作安徽道台。她生了穆宗载淳，在同治朝称太后，宣统朝称太皇太后。活了七十四岁（1835—1908），清史上称她为“孝钦显皇后”，时称“慈禧太后”，又称“西太后”。

最巧合的是，这两个太后的经历、资格和寿命都很相近，并且都曾在实际上掌握朝政几十年，直到老死，所不同者，只是一个不公开，一个公开而已。然而，两人的政治表现和生活作风却大相径庭。她们对近三百年中国的兴衰强弱有着重要的关系和影响。今就可以征信的资料记录将她俩作一对比，并予以评议，当有助研讨清史问题的参考。

垂帘听政

中国历史上女性临朝执政，开始于汉吕后，司马迁专为她写了《本纪》，这说明是和皇帝同等对待的。之后，历后汉、晋、唐、宋、明，均有过类似这样的人物。至于垂帘之称，最先见于《旧唐书·高宗本纪》：“上每视朝，天后

（武则天）垂帘于御座后，政事大小，皆预闻之。”从此垂帘便成为女性执政的专用词汇。

清代的孝庄、孝钦两太后都有机会实行垂帘，可是，孝庄不愿意垂帘，而孝钦则力争垂帘。她们两人都参与过政治上激烈复杂的斗争。崇德八年（1643年）皇太极死，由年刚六岁的第九子福临嗣位，这个定局并不是一帆风顺实现的。由于皇太极生前未曾指定继承人，他的长子豪格（肃王）和第十四弟多尔衮（睿王）都正当盛年，并有各自所主旗分的大臣拥戴，豪格有皇太极自将的两黄旗（镶、正），多尔衮有两白旗（正、镶）的支持。结果，孝庄运用策略、施展手腕，使豪格和多尔衮都放弃了争位的念头。经过的情况是，豪格“当国忧时（指皇太极死），图尔格、索尼、图赖、锡翰、巩阿岱、鳌拜、谭泰、塔瞻八人往肃王家中，言欲立肃王为君，以上（福临）为太子”[①]。镶蓝旗旗主济尔哈朗也表示拥立豪格，“当两旗（镶黄、正黄）大臣谋立肃王为君，以上为太子，及议时，乃言我（济尔哈朗）意亦如此”[②]。多尔衮除两白旗外，红旗的硕托和阿达礼（正红旗旗主代善的子孙）也拥戴。多罗郡王阿达礼谓睿亲王曰：“王正大位，我当从王。”又固山贝子硕托遣吴丹谓睿亲王曰：“内大臣图尔格及御前侍卫等皆从我谋矣，王可自立。”[③]这些活动反映出当时八旗内部的一片混乱状态。

聪明机智的孝庄一手抓住在八旗中资格最老、威望最高的正红旗旗主礼亲王代善。代善为皇太极之兄，原具有和皇太极争汗位的资格而推让不争，这时他正是有着左右大局的力量。有一段颇为生动的记录：“阿达礼、硕托偕贝勒罗洛宏同视礼亲王足疾。阿达礼、硕托登床，耳语礼亲王曰：‘众已定议立睿王矣，王何嘿嘿？’”[④]很显然，嘿嘿即表示对多尔衮继承皇位不同意。最后的结局，由福临嗣位，其主要的支持和拥戴者就是代善。孝庄在这场斗争中赢得胜利，其手段是极为灵活巧妙的。在八旗势力中，代善掌握两红旗；两黄旗

①② 《清世祖实录》卷三十七，顺治五年三月己亥。
③④ 蒋良骐：《东华录》，崇德八年八月丁丑，为皇太极死于八月初九日后第八天。

和正蓝旗均为皇太极所自将，豪格、福临皆为皇太极之子，拥立何子，旗中大臣当无争执；镶蓝旗旗主为济尔哈朗，称小贝勒，力量较差，必然要听从代善。这样共有六旗拥立福临，多尔衮及其弟多铎等所主的两白旗便难于抗衡了。在清初有着一个传说，是“太后下嫁”，即孝庄曾和多尔衮结婚。这件事固然缺乏确证，然蛛丝马迹也有可寻。顺治八年，宣布多尔衮罪状，其中有“自称皇父摄政王，又亲到皇宫内院”等语。此言见蒋氏《东华录》[①]，后来重修《实录》将其删去。其实即使在汉族中，叔嫂相配也属惯常之事，只有仕宦人家不肯公开这样作罢了。若孝庄果有此事，正好说明她能随机应变，从而显示其政治手腕的高明。也正是如恩格斯所讲：“是一种借新的联姻来扩大自己势力的机会。”

当时清朝的大局就是这样取得安定的，“代善等奉上（福临）嗣位，王、贝勒、大臣等共为誓书，昭告天地，以郑亲王济尔哈朗、睿亲王多尔衮辅政”[②]。据此，多尔衮的名次尚在济尔哈朗之后。后来多尔衮作为清军统帅入关获胜，乘机扩张自己的势力，称摄政王，这是另一回事。根据当时情况，孝庄是掌握大权的，她若是个野心家，想行垂帘是有可能的。后来福临逝世，有个江南秀才名叫周南的，到北京上书请孝庄垂帘，就是明证[③]。而孝庄却并无此意图，她只愿连辅两代幼主，而不愿公开临朝听政。

和孝庄恰恰相反，孝钦却拼命地争取垂帘。咸丰十一年（1861年）七月十七日，文宗奕詝死于热河避暑山庄，只有一子，即清穆宗载淳，为孝钦所生，皇位继承本无问题。但载淳刚六岁，同于福临登极时，不能亲理政事，奕詝遗命派载垣、端华、景寿、肃顺、穆荫、匡源、杜翰、焦佑瀛八人，“赞襄一切政务”。他们遂以“赞襄政务王大臣”名义发出咨文，宣称：“本王、大臣拟旨缮递后，请皇太后（当时有两太后，一为奕詝后孝贞，一为孝钦，母以子贵，并称太后）、皇上钤用图书，上系‘御赏’二字，下系‘同道堂’三字，

---

①《东华录》，顺治八年二月己亥。

② 此据蒋氏《东华录》记载，福临于八月二十六日即皇帝位。

③《清圣祖实录》卷一，顺治十八年三月甲子。

以为符信。”[①]并改年号为“祺祥”。以为这样做，大局本来可以稳定了。然而，孝钦决不甘心充当无权的太后，她要争夺实权，于是展开一场激烈残酷的斗争。奕詝由于英法联军入侵北京，被逼从圆明园仓皇出走，奔往热河，派其弟恭亲王奕䜣留守北京，向侵略者卑躬屈膝求和。孝钦便利用奕䜣进行夺权。

当时清政府有两个政治中心：一在热河，为载垣等八赞襄所主持，其中以肃顺为首；另一在北京，为首的是奕䜣，并包括其弟醇亲王奕譞及统率京军的胜保等。奕䜣和奕譞位跻亲王，未列赞襄，心生忌妒，更以和议有功，遂与肃顺等形成对立。孝钦看出这种矛盾来，便乘此空隙将奕䜣召至热河，秘密定计除掉肃顺等。孝钦的作法是，一面授意廷臣要他们奏请垂帘听政，另一面布置圈套捉拿肃顺等。即先由御史董元醇出头奏请垂帘，说：“虽我朝向无太后垂帘之议，而审时度势，不得不为此通权达变之举。”[②]此议遭到肃顺等的反驳，他们用上谕的名义责备道：“我朝圣圣相承，向无皇太后垂帘听政之礼。……该御史奏请皇太后暂时权理朝政，其属非是。”[③]至此，孝钦和载垣、肃顺等的斗争展开了。孝钦的最毒一招是指责他们假造咸丰帝遗命，在杀肃顺时即以载淳名义发出谕旨云：“载垣、端华、肃顺于七月十七日皇考升遐，即以赞襄政务王、大臣自居。实则在皇考弥留之际，但面谕载垣等立朕为太子，并无令其赞襄政务之谕。载垣等乃造作赞襄名目。”[④]实则奕詝朱笔遗命今宛然俱在，完全证明孝钦云云纯属捏造。孝钦先派肃顺护送皇帝灵柩，然后她同孝贞带小皇上及载垣、端华等从近路奔回北京。抵京后即将载垣等逮捕下狱。又命奕譞迎头去截肃顺，遇于密云县境，将他捉拿。肃顺在狱中看见载垣、端华，曾叱道：“早听吾言，何至今日！”[⑤]结果，载垣、端华被赐自尽，肃顺被处斩。

于是，取消“祺祥”年号，改为“同治”，意谓两太后共同治国。咸丰十一年十月初九日，“上（载淳）御太和殿即皇帝位，受朝贺，颁诏天下，以明

①《清代档案史料丛编》第一辑，第35页。
②《清代档案史料丛编》第一辑，第91页。
③《清代档案史料丛编》第一辑，第94页。
④《清穆宗实录》卷七，咸丰十一年十月辛酉。
⑤《清史稿》卷三百八十七《肃顺传》。

年为同治元年”。孝钦更迫不及待地要会议“垂帘章程”。二十六日，“议上垂帘章程，懿旨（太后的旨意）依议”。“十一月初一日，上奉慈安（孝贞）皇太后、慈禧（孝钦）皇太后御养心殿，垂帘听政”[①]。从奕詝逝世到实现垂帘共经过一百零三天，清史上称为“辛酉政变”，辛酉是咸丰十一年的纪年干支。

肃顺等是中了孝钦的阴谋诡计。揣度肃顺在狱中见到载垣等所讲的那些追悔之言，他们可能要软禁孝钦，独尊孝贞。如果出现这种局面，清末政治必有改观。肃顺这个人，以满洲贵族能严惩满籍大臣耆英、柏葰等，而保护汉臣左宗棠，并“破格擢用”。即此一点，已属难能。至少比起孝钦的顽固保守、反对改革要强得多。

对待国家大事

孝庄、孝钦两太后，无论垂帘不垂帘，都手握大权，参与朝政，凡属国家大事必须要先问问她们，然后方能付诸实施。孝钦更是专揽一切，大小事情无不干涉。今将其有关政治荦荦大者，相比一下。先举孝庄的三件大事。

（一）追论多尔衮罪

孝庄运用谋略赢得福临嗣位。可是，满洲皇族内部的斗争并未由此宁息。摄政王济尔哈朗曾道：“皇子（福临）即帝位，更复何言？惟以他人篡夺为忧。”[②]他人即指多尔衮。他本人更明显地讲出：“若以我为君，以今上（福临）居储位，我何以有此病症？”[③]多尔衮入关获胜，其权势和地位从而扩大提高，排挤与之同任摄政王的济尔哈朗，自称“叔父摄政王”，继而又称“皇父摄政王”。而将豪格幽禁致死，将济尔哈朗罗织成罪。他自己俨然成为太上皇。这些情况，孝庄都看在眼里，但却隐忍不发。所以之故，一因多尔衮掌握

---

① 参见王先谦《东华录》，同治二咸丰十一年十月，同治三咸丰十一年十一月，按：《清穆宗实录》不及王录详明，可能有删动。

②③《清世祖实录》卷六十三，顺治九年三月癸巳。

兵符，不可轻动。二是南方李定国、郑成功抗清战斗正在炽烈进行。等多尔衮一死，还不满百日，即宣布其罪状，昭示中外。这年为顺治八年（1651年），福临虽然亲政，但只是一个十四岁的少年，能够做出如此震动朝野的大举动吗？应该说是不可能的，无疑是出于孝庄的指授和安排。

孝庄所以要追论多尔衮的罪，固然由于他擅权自为，行动越分，而更重要的乃在借此整顿八旗内部。清以八旗立国，在关外时，皇太极自将镶黄、正黄两旗。入关以后，多尔衮的权势扩大，地位提高，除所领正白、镶白两旗外，其余六旗统统置于自己指挥之下，对皇权集中威胁甚大。追罪多尔衮后，将其正白旗与两黄旗合起来称“上三旗”，直属皇帝。这就是从皇太极即位开始削减旗主权势、集中皇权的一种继续，是孝庄于福临即位后在皇权集中斗争中的进一步胜利。

（二）捉鳌拜

鳌拜当过亲军（摆牙喇），勇悍惯战，立功最多。孝庄用他为四辅政大臣之一。四辅政是：索尼、苏克萨哈、遏必隆和鳌拜。索尼隶正黄旗，遏必隆和鳌拜隶镶黄旗，只苏克萨哈隶正白旗。索尼年老，不能理事。遏必隆遂与鳌拜合手排挤苏克萨哈。他们成为敌对是由于圈地。清朝入关将北京周围五百里内耕地强行圈占，分给八旗，多尔衮徇私将应归镶黄旗的好地分给正白旗，因此造成旗与旗间的严重矛盾。此时鳌拜硬要再把它调换过来，苏克萨哈代表正白旗的利益，坚持不同意。鳌拜竟矫命将苏克萨哈全家处死，并将对换地持反对态度的户部尚书苏纳海、直隶总督朱昌祚、巡抚王登联等全都杀掉。鳌拜在朝擅权跋扈，为所欲为。他以私仇杀死内大臣费扬古及其当侍卫的儿子，有人偷盗他的马，就把偷马人并管御马的头目全都执杀。鳌拜根本没把康熙帝玄烨这个年轻的皇帝放在眼里。一次，玄烨要往南苑海子行围，命鳌拜报知孝庄，他竟敢说：“皇上自已去吧！”[①]

---

①《清圣祖实录》卷二十九，康熙八年五月己未。

英明能干的孝庄岂能容得这样的权臣存在？于是捉鳌拜这场富有戏剧性的表演开始了。它是通过精心策划和巧妙安排的，编剧和导演者应当是孝庄，玄烨只是充当着主要演员。玄烨对鳌拜的桀骜不驯、目无君上是久已积怒在胸的，他曾指出："鳌拜于朕前办事，不求当理，稍有拂意之处，即将部臣叱喝。又引见时，鳌拜在朕前理宜声气和平，乃施威震众，高声喝问。"[①]康熙六年七月，玄烨亲政，就在这月，鳌拜将苏克萨哈及其全家处死，而也在这月，却给鳌拜晋一等公爵。这种欲擒先纵的作法，必出孝庄授意。因为难于设想，十四岁的玄烨能有如此度量和魄力。又在捉鳌拜之前，先使皇后之叔、索尼之子索额图，由吏部侍郎任上"自请解任，效力左右，复为一等侍卫"[②]。很明显，其帮助组织年轻侍卫练摔跤的正是索额图。玄烨天天同这些年轻力壮的小伙子厮混一起，摔跤作戏，不问政治，使鳌拜失去警惕。一天，乘鳌拜入朝，玄烨一声令下，这群小伙子拥上前去，立刻把他捉了。这个锦囊妙计必定是孝庄授予的。

（三）平定三藩之乱

康熙十二年（1673年）底，平西王吴三桂在云南揭起叛旗。这年玄烨二十岁，虽然已经成长并表露出是一个英勇有为的青年皇帝，但对孝庄仍是"朝廷有黜陟，上多告而后行"[③]。据此可知，玄烨力排众议，坚决撤藩，自是先取得孝庄同意的。孝庄对驻镇南方的汉籍各藩王是颇具戒心的。顺治九年，李定国攻破桂林，定南王孔有德自尽，即将有德之女四贞收养宫中，封为东宫皇妃，待年和福临成婚[④]。后福临死去，又使四贞出宫再配有德部将子孙延龄。这些措施就是为了笼络藩王从而控制其部属。吴三桂之子应熊作"额驸"，用意也是如此。三藩事变中内蒙古布尔尼乘机作乱，孝庄能选用图海平定之。图

① 《清圣祖实录》卷二十九，康熙八年五月戊申。
② 《清史稿》卷二百六十九《索额图传》。
③ 《清史稿》卷二百十四《孝庄文皇后传》。
④ 《清世祖实录》卷一百二，顺治十三年六月癸卯。

海是顺治朝因处理刑事失误被免职的，孝庄命玄烨特任为都统。布尔尼发动叛乱在康熙十四年，一时北方震动，京师禁旅尽调南方，无兵可派。图海纠集八旗壮健家奴，组成队伍出征，获胜而归[①]。足见孝庄具有知人善任之明及应付骤然事件的卓越才能。

于此再举孝钦三件大事来比看。在她掌权专政期间，除太平天国乃系由其内部矛盾斗争激化，以致失败，毋庸举述外，再列三事。

（一）对法对日两次战争

这两次战争都发生在孝贞死后，也就是由孝钦独自当国的时期，结局是连遭惨败，丧权辱国，割地赔款，国防不守。若使孝钦能一心为国，鼓励将士，筹备防务，坚持抵御，必不致失败如此。孝钦一生所追求的只是把权和纵欲，国家危亡，人民苦难，全然不介于怀。在其周围的只是一群顺承意旨、听从指使的满汉奴才，尤以李鸿章最为突出，他善于迎合孝钦的卖国心理活动，主张对侵略者“含忍议款，徐图自强”。上句是真情所在，下句乃欺骗之谈。他们的卖国活动，具体执行者虽是李鸿章，而从中作主的正是孝钦。

（二）下毒手镇压变法运动

中法、中日战争接连失败之后，志士仁人痛感国事日非，濒临灭亡危险，非发愤图强、革新旧制，不足以自存。此时有两个领袖人物：一是孙中山，他曾上书李鸿章建议救国大计，未予理睬。中山一气远赴国外组织“兴中会”，对清政府展开誓不并立的正面斗争。一是康有为，他也上书清政府倡言变法，经过多次特别是光绪二十一年（1895年）集合各省举人的“公车上书”，给予朝野中外震动甚大。当时光绪帝载湉已是二十八岁的长君，心知要转弱为强必须改革，乃召见康有为与之商榷国家大事，想依靠他及其弟子梁启超等来进行改革。载湉虽非英明有才的君主，但其志愿是可嘉的。他曾下谕说：“时局如

---

① 昭梿：《啸亭杂录》卷五《图文襄公用兵》。

此，国势如此，必须变法自强。”又说“五帝三王，不相沿袭”[①]。关键是，孝钦虽宣布撤帘，而大权仍握手中，“朝廷大政，必请命乃行”[②]。孝钦是不愿意变法的，因为一经改制，皇帝必然要有权，对自己不利。而载湉和康有为等对孝钦及其周围人物，既不防范，也不深知。孝钦得到密报，认为自己有被劫持的可能，乃下了毒手。先派亲信荣禄任直隶总督，掌握住北洋军权，接着将接近载湉的大学士翁同龢“开缺回籍”，赶出北京。然后逮捕参与变法的、历史上称为“戊戌六君子”的谭嗣同等，将他们处斩。康有为、梁启超逃往国外，载湉被幽禁瀛台，孝钦再临朝执政。戊戌为光绪二十四年（1898年）的干支，变法运动就在这年，因而史称“戊戌变法”。出现在晚清的这一线曙光，又被私欲熏心、惟权是图的孝钦的一片黑云遮盖起来。

（三）利用义和团当炮灰

孝钦怨恨载湉背着她搞变法，便想把他废掉，另立一个傀儡皇帝。找出来宣宗旻宁（道光）之孙、端王载漪之子，名唤溥儁的。其支属虽然疏远，而载漪的福晋为孝钦的侄女，和她为近亲，因而被召进宫中，称“大阿哥”，准备过继给载淳作皇帝。可是，中外情况已然不同以前，内部存在帝、后两党之争；外面所谓列强各有其自己的打算，英助帝党，俄助后党。因此孝钦要行废立，并不那么简单容易。正在这时，爆发了义和团的爱国抗外运动。孝钦便想利用中国人民仇恨外国在华暴行的斗争行动，让义和团去充当炮灰，为她出一口气。至于国家危殆，人民涂炭，则全不考虑。结果，尽管义和团团众敢于战斗，不怕牺牲，终以组织分散，武器缺乏，加上官军腐朽，难于配合，因而节节败退，京城及直隶、山西等地相继陷入八国联军之手。孝钦挟持着载湉并少数亲贵等逃奔陕西。就是那个李鸿章，他代表清政府向侵略者卑躬屈膝乞和，答应他们提出的在中国种种特权利益，赔偿了他们骇人听闻的巨额银两四万万

① 朱寿朋：《光绪朝东华录》，光绪二十四年四月乙巳。
②《清史稿》卷二百十四《孝钦显皇后传》。

五千万。在商议条款时，孝钦表示说："当视我力之所能及，以期其议之必可成。"[①]她真真是一个祸国殃民的千古罪人！

生活和作风

孝庄和孝钦在生活和作风上迥乎不同，孝庄比较节约，这从顺治"遗诏"中可以得到反映。人人皆知，"遗诏"实出孝庄旨意，十二款中有二款涉及生活浪费："国用浩繁，兵饷不足。而金花钱粮，尽给宫中之费，未尝节省发施"；"经营殿宇，造作器具，备极精工。无益之地，靡费甚多"[②]。孝庄既责备福临，她自己必不如此。康熙时诸战役，她能节省宫廷用费犒赏出征军士，"特出宫中撙节银两为赏赐之用"[③]，即为明证。

和孝庄相反，孝钦的生活排场和本人享受大大超过了孝庄。今略举一些可信的记录于此：

> 太后用膳时，南向，坐于一长桌之一端，桌上布置银碗、银碟无数，皆盛以极珍异之食物。[④]（此为美国女画家卡尔在宫中所目睹）

另据孝钦的一张御膳单子，计有：

> 珍贵大件佳肴共十八品、燕窝火锅两上、克食一桌。同时还有挂炉猪和挂炉鸭、蒸食、炉食等。[⑤]

再有，裕德龄在宫中陪侍孝钦用餐时所见，更为详细：

---

①《光绪朝东华录》，光绪二十六年十二月癸亥。
②《清史稿》卷四《世祖本纪》。
③《清圣祖圣训·圣孝》。
④［美国］卡尔：《慈禧写照记》，陈霆锐译。
⑤ 参见单士元《故宫史话》。

> 今天猪肉就有十种不同的烧法，肉圆有红白两种，红烧肉圆是用酱油煨的，极可口。有笋炒肉丝、樱桃煨肉、葱炒肉片，后者太后极爱好，也合我的胃口。还有猪肉鸡蛋饼、白菜煨肉、萝卜煨肉。羊肉、鸡鸭也有好几种煮法。在桌子中央是一只大碗，口径约有二尺（英尺），和其他碗盏一样是黄底子的瓷器，这里面盛着清汤鱼翅、全鸡全鸭。……今天的面食种类也不少，有烘的，有蒸的，有油炸的，有甜有咸。制成各种美丽的形状，像龙形、花形、蝴蝶形等。还有一种是中间有馅心的。又有各种的酱，也是太后极喜欢吃的。此外还有糖汤做的绿豆糕、花生糕等。①

一天的饭食种类如此繁多，不禁令人为之咋舌！

孝钦用餐时，更是派头十足，直同演戏。一次她往西陵致祭，乘坐火车，据管理铁路事务者所见情况是：

> 太后在车中，停车进膳，皇上同桌，侍食于下，后妃立侍于后。传菜从东南门进，即撤一菜从西北门出，如是川流不息，至膳毕止。太后下箸，皇上亦下箸。太后以空碗分配后妃，但见后妃就碗食之不已，不知其果否下咽，太后箸止亦止，自皇上以下侍太后食，手口若机械之相应。②

有人未免要问，关于饮食和排场，孝钦如此奢侈靡费，孝庄身受最高奉养，恐也不能过于减缩吧。对于这点，由于尚未发现具体记录资料，难作比看。但可举一事，即康熙二十六年，也即孝庄逝世之年，在此以前有三藩、台

① 德龄：《清宫二年记》。
② 孟森：《记陶兰泉谈清孝钦时事二则》。

湾以及抗俄诸战役，无疑需要浩大军费开支，而清政府还能大治河患、大行蠲免。据康熙二十一年工部奏："当军需浩繁之际，该督（河道总督靳辅）题请大修河道（黄河），一劳永逸。皇上特允所请，给银二百五十一万余两。"[①]又据康熙二十六年，大学士等奏："查江宁七府、陕西全省应免钱粮共六百万两有零。亘古以来，未有蠲免如此之多者。……上曰：'朕念切民生，即多蠲亦所不惜。'"[②]如果宫廷和政府不行节约，何能如此？可见孝庄在世之时康熙朝力求节约以充裕国库的好行动，应该说是孝庄树立起来的，这和她的生活作风是分不开的。

比了饮食排场，再比比居住情况。孝庄终其一生不曾修造一处园林，她要避暑，就由孙儿玄烨伴随去口外喀喇城一带小住。清初所建园林，如畅春园、圆明园以及热河避暑山庄等，都是在她死后兴工的。孝钦则大大不然。奕䜣死后不久，就要刷新避暑山庄、修饰宫苑三海。更借载淳亲政为名，提出重建圆明园的要求，恭王奕䜣说了声"从缓"，便将他由亲王降为郡王。后更大修清漪园，即颐和园。当时有两个不识趣的御史，一叫屠仁守，上疏请孝钦"居慈宁宫，节游观"。结果立刻被"诏严责，革职永不叙用"[③]。一叫吴兆泰，请孝钦"罢园（颐和园）工，以慰民望"，也是被免职回籍[④]。而孝庄呢，直到死前一直住在慈宁宫。她对玄烨说："我最喜爱这五间殿房。"等她死后，玄烨遵照她的遗言，将她生前居住的宫殿迁建孝陵之南，名曰"暂安奉殿"，并没有建陵。至雍正朝才就地为她建陵，称作"昭西陵"。

孝钦生平最羡慕"孝圣宪皇后"，她是乾隆帝弘历的生母，活了八十六岁，生际盛世，享受丰侈。当她六十、七十、八十岁时，曾举办过三次整寿，"庆典以次加隆"。但遗憾的是，孝钦却生不逢时，六十岁时发生中日战争，七十岁时又遭到八国联军入侵。她本想要阔气一下，炫耀中外，满足虚荣，但两次

---

①《清圣祖实录》卷一百四，康熙二十一年九月乙酉。
②《清圣祖实录》卷一百三十一，康熙二十六年九月乙未。
③《清史稿》卷四百四十五《屠仁守传》。
④《清史稿》卷二百三十二《吴兆泰传》。

庆寿都不能如愿。这算是她一辈子最不愉快的逆心事了。

清代承办皇室事务归内务府，宦官只供宫廷指使。福临在位时曾设立十三衙门，任用宦官。他在遗诏中曾作自责说："祖宗创业，未尝任用宦官。且明朝亡国，亦因委用宦寺。朕明知其弊，不以为戒。设立十三衙门，委用任使，与明无异，致营私作弊，更逾往时。"[①]孝庄对此极为痛恨，福临死后，替福临剃度当和尚的亲信宦官吴良辅即被处死。嗣后直到咸丰朝没有出现过弄权败政的宦官。而从孝钦开始，则又宠用宦官。封建王朝皇帝任用宦官，是为充当爪牙，监视臣民行动，其中多数人是行为不善的。孝钦所作所为更为明显，其于善者除之，不善者宠之。劝她改革图强的寇连材就被杀掉，助她奔走夺权的安德海就得到任使。同治八年，孝钦派安德海往南方，借"查考采办诸物价值"[②]为名，勒索榨取珍宝，途中被山东巡抚丁宝桢以宦官私出违制，奏闻朝廷，孝贞"立命诛之"[③]。孝钦由此仇恨孝贞，所传孝贞因食孝钦所献含毒食品暴死，揆诸情由，当属可信。

孝贞死于光绪七年（1881年），此后孝钦惟我独尊，所行益发肆无忌惮。她又宠用宦官李莲英，莲英依仗孝钦作主，擅权纳贿，无恶不作。晚清时期环绕孝钦周围的一些亲贵如恭王奕䜣、庆王奕劻等，都大搞贪污，公开卖官，而李莲英实为代表，究其根源，这种腐朽贪婪的恶劣作风就是孝钦一手造成的。

由于孝钦念念不忘一个权字，因而自皇帝以下都必须绝对服从其意旨，"顺我者昌，逆我者亡"。她对待家族成员的残忍无情作风，尤为显著。载淳是她的亲生子，虽系患天花而死，然观载淳生前与孝钦殊少母子之情，反而和孝贞亲昵。更在载淳死后不到百天，其皇后阿鲁特氏即被逼殉死。此事在清皇族中间传为虐媳惨闻[④]。当时朝臣也有议论，御史潘敦俨借岁旱上言："后崩在穆宗升遐百日内，道路传闻，或称悲伤致疾，或云绝粒殒生。"[⑤]其所以如此

---

①《清史稿》卷四《世祖本纪》。
② 金梁：《近世人物志·安德海》。
③《清史稿》卷二百十四《孝贞显皇后传》。
④ 溥仪：《我的前半生》。
⑤《清史稿》卷二百十四《孝哲毅皇后传》。

对待阿鲁特氏，就是认为，载淳的不够顺从是由她教唆的。

接着经过孝钦选择，立了奕𫍽的儿子年方四岁的载湉。载湉之所以得立为帝，以其母乃孝钦之胞妹，和孝钦是近亲。可是，孝钦对载湉照样严酷少情。载湉从小到大，即从登基到逝世，号称皇帝，实同囚犯，丝毫没有自由。载湉的妃子珍妃，违反了孝钦的意旨，便被投入井中活活淹死。载湉的死因迄今仍为疑案。看来，康有为对溥仪说的："毒死我显后（孝贞），鸩死我毅后（阿鲁特氏），忧怒而死我穆宗（载淳），今又废弑我皇上（载湉）。"[①]所言虽非尽属实情，但孝钦对待亲族手段的狠毒残忍则是不屈说的。

孝庄对待家族则完全不是这样，其作风恰恰和孝钦相反，一慈爱一凶残，成为鲜明对照。福临两后皆出博尔济吉特氏，对之一废一疏，而宠爱董鄂妃越情逾制，孝庄能尽予包容。顺治十五年正月，"皇太后（孝庄）不豫，上（福临）责后（所疏之后）礼节疏阙，命停应进中宫笺表，下诸王、贝勒、大臣议行。三月，以皇太后旨，如旧制封进"[②]。其抑制福临仅仅如此而已。郑成功率军围攻南京，福临一时冲动，大喊亲征，孝庄耐心从旁劝止。三藩之乱，玄烨要亲征，孝庄以后方安定为重，教他留京坐镇。其能包容持重如此！

孝庄与孝钦，一个顾大局，一个逞私欲，行径作风竟然相异乃尔！

孝庄和孝钦是出现在清代前后期政治舞台上的两个突出人物。今将其一生主要活动归纳成上述三节，加以对比，谁功谁罪，昭然若揭。即孝庄对十七、十八世纪中国的巩固统一及得以强盛，有功；孝钦对十九、二十世纪中国的损失疆土及导致衰弱，有罪。由此并使我感到，对待历史人物，在其所处环境和遭遇多有相似的情况下，予以比评，应不失为一种可以采取的研究方法。

（原载《故宫博物院院刊》1982年第3期）

---

①《戊戌变法档案史料》附录《康有为向溥仪谢恩折》。
②《清史稿》卷二百十四《孝惠章皇后传》。

康熙宫廷生活一瞥

清代康熙皇帝（圣祖玄烨）在中国历史上算得上是一个有本领的，究其一生，确实做过些有益于国家和人民的事业。不贤识小，在这里只就他在宫廷生活中的几项活动，略作举述，这对评议康熙帝其人或许也可供参考吧。

读书和科研

康熙帝从青年时期就好读书，亲政不久，年方十六岁时，就是“听政之暇，无间寒暑，惟有读书作字而已”。当他五十一岁时，能够做到“目前陈列诸书，欲稽考某卷某处，但指令近取之，亦即可得”[①]。无怪他对儒家经典四书五经熟烂成诵了。一次，他巡视山海关外，路过永平府，亲口出题考知府，题目就是：“知之为知之，不知为不知，是知也。”

皇帝读书宫中，有一种名叫“经筵”的形式，是由讲官专为皇帝讲解经史要籍的。康熙帝对此十分认真，还在三藩未叛以前，康熙十二年（1673年）夏，他对讲官们说：“向来隔日进经，朕心犹然未惬。嗣后，尔等须日侍讲读。”他并不呆呆听讲，他的做法是“侍臣进讲，朕乃复讲，互相讨论，庶有发明”[②]。康熙帝绝不是以举经筵摆架子，而是真正的勤学苦读。康熙帝于

---

①《清圣祖实录》卷二百一十七，康熙四十三年八月庚午。

②《清圣祖圣训·圣学》。

“四书五经”都撰有“汇纂”和“讲义”，其中颇有他的心得体会哩！康熙帝的书法艺术也造诣甚高。他喜爱明人董其昌的字，经久临摹，臻于妙境，常书长卷赐给臣下，并能作榜书。热河行宫正门“避暑山庄”四大字，就是他的亲笔，温雅遒美，令人赞赏。

不只儒家经典，康熙帝还努力学习自然科学。他从二十岁开始，即命耶稣会教士南怀仁、徐日升、闵明我等，给他轮班进讲科学理论和技术，每日达二三小时之久[①]。他对天文、算学、地理、乐律等专门学术均具有一定的水平。他曾在宫中充当算学老师，教梅瑴成（清初著名算学家梅文鼎之孙）代数，教陈厚耀几何。著名的算学家蒙古族人明安图也跟康熙帝受业。康熙帝既通达科学理论，还能掌握技术，治河即用仪器测量流水量。他最重实践，像种稻米，即经过多方试验培育出优良品种，所产之米叫“御苑胭脂米”，色红味香，煮粥最美。《红楼梦》写的庄头乌进孝送给贾府的就是这种米。康熙帝研究种植稻米非常用心，在南巡中看见舟中满载猪毛、鸡毛，问其故。答曰：“福建稻田以山泉灌之，泉水寒凉，用此则禾苗茂盛，亦得早熟。”他回到北京，将用玉泉山泉水灌溉的稻米，按照此法去作，“果早熟丰收”[②]。

饮食和器用

作为一个皇帝，每天用餐标准无疑要比一般人高得多，但是康熙帝却比较简单。他说：“朕每日进膳二次，此外不食别物，烟酒及槟榔等物皆属无用。”[③]还有值得称道的是，他不吃补药，也不要人按摩。他道：“亦非所宜。”认为保持健康“惟饮食有节，起居有常，如是而已”[④]。更令人佩服的

① 萧若瑟：《天主教传行中国考》。
② 《清圣祖实录》卷一百五十九，康熙三十二年六月庚子。
③ 《八旗通志·敕谕》。
④ 《清圣祖实录》卷二百三，康熙四十六年六月己酉。

是，他拒绝“仙方丹药”，也即反对寻求长生不老术。康熙二十八年（1689年）第二次南巡，有人进献《炼丹养身秘书》。他对献者痛加责斥后，掷还其书，由此引出以后他对人的生命寿夭问题的一套哲学理论。康熙帝说：“人之有生必有死，如朱子（宋人朱熹）之言，天地循环之理，如昼如夜。孔子云居易以俟命，皆圣贤之大道，何足惧乎？”“朕之生也，并无灵异，及其长也，亦无非常。”[①]这种符合科学实际的人生观和反对神化自己的精神，求之封建皇帝，实在难能可贵！更其妙绝的是，当他年近花甲时，嘴上胡须添了几根白的，有人劝他用“乌须药”。他拒绝说：“从古以来有几个白须皇帝？我若能须发皓然，岂不为万世之美谈乎！”这种开朗畅达的心怀也是极为可嘉的！

康熙帝一生所用的器物和居室，也是俭朴无华的。于其在位的前期，康熙二十五年（1686年）以前，一年中大半时间住在畅春园（位于北京西郊，是清皇家最早修造的一处园林）。此园是就明皇戚李伟的清华园旧基修造的。据康熙帝自己说是：“茅屋涂茨，略无藻饰。”有个被召见赴畅春园的汉官，曾记述此园的情状，说：“垣高不及丈，苑内绿色低迷，红英烂漫。土阜平陀，不尚奇峰怪石也；轩楹雅素，不事藻绘雕工也。”[②]这可作证明。同康熙帝多有接触的耶稣会教士法国人张诚，也记道：“宣诏我们进入他（康熙帝）平日宴息的寝宫，那里既不富丽，也不堂皇。我们在那里见到的一切陈设都很朴素。”[③]这也可证明。康熙帝生活简单，不事铺张是可信的。于其在位的后期，康熙四十二年（1703年），修造了热河“避暑山庄”。从此，一年中他要有半年左右时间住在那里。康熙帝死之后，他的儿子雍正帝却不愿意住在那里，不但一次未去塞外，还把其父陈设运回北京。并对臣下说：“服御之物，一惟质朴，绝少珍奇。昨检点旧器，及取回避暑山庄陈设，思慕盛德，实无终

① 《清圣祖实录》卷二百七十五，康熙五十六年十一月辛未。
② 程庭：《停骖随笔》。
③ ［法国］张诚：《张诚日记》。

已。”[①]无论什么时代，居于高位的人，能够服用俭朴，不务奢华，都是应当予以赞许的。扩建增饰避暑山庄，乃是他的孙子乾隆帝做的。

（原载《紫禁城》1981年第3期）

①《清史稿》卷九《世宗本纪》。

康熙和木兰围场

木兰围场是清统治者康熙帝玄烨的一大创建。对于其建立经过，行围规制和狩猎方法，更重要的是活动目的，都应加以阐述。这个围场，在清史上应作专题研究。木兰围场，由今年上溯到康熙二十年创建，整整三百年了（1681—1981）。围场的同志们要出专刊纪念，索文于我，此诚盛举，义不容辞，遂就所见官私记录，简述梗概于下。

出塞行围　勤司武事

行围打猎本来是满洲人在关外时期的一种生产方式和生活习惯，并且是军事需要，他们自称擅长弓马，不是夸大。然而，自顺治元年（1644年）清兵在山海关打败李自成，移清政府于北京，清统治者渐渐耽逸恶劳，不似先前。摄政王多尔衮在其掌政时期，要加派钱粮在口外建造喀喇城（今河北滦平），作为避暑之所，虽然他也兼事行围，实际是在享乐，观其在出塞中屡向藩属索献美女，就是明证。顺治帝福临亲政，年方十四岁，曾一度出塞接见内蒙古翁牛特部杜棱郡王、巴林部色布腾郡王和乌珠穆秦部贝勒赛棱额尔德尼等[①]，这不过摆摆样子罢了。清统治者真正出塞活动，乃是从康熙帝玄烨开始的。

康熙二十二年（1683年）六月，三十岁正当盛年的玄烨和七十一岁年逾

① 《清史稿》卷五《世祖本纪二》。

古稀的祖母，她是出身蒙古科尔沁贵族家庭的太皇太后博尔济吉特氏，由北京出塞，名为避暑，实抱有重要政治目的。当时的国内形势是，中原的三藩和台湾事件相继结束，而在战乱期间察哈尔部布尔尼曾发动叛变，虽经压平，但蒙古仍须加强安抚联系。同时四十多年来俄罗斯侵入我黑龙江流域，步步逼犯，日愈严重。玄烨感到，必须亲往东北，观察敌情，决定方策。在此前一年三月，玄烨即往盛京（今沈阳），以告祭福（努尔哈赤）、昭（皇太极）二陵及永陵祖陵（今辽宁新宾县）为名，泛舟松花江，召见宁古塔将军、副都统等将帅，赐宴并赏赉兵士[①]。这年十二月，“郎谈使黑龙江还，上罗刹（俄罗斯）犯边事状，命宁古塔将军巴海、副都统萨布素率师防之。建木城于黑龙江呼马尔，分军屯田”[②]。抵御俄人侵略事件，当别为专题论述，兹不烦言。玄烨同祖母此次莅临内蒙古之行，其目的就是：一为安抚联系蒙古诸部加强内附；再为在塞外训练八旗部队以对付俄罗斯；还有喀尔喀和准噶尔互相敌对，纠纷不已，必致发生冲突，需做多方准备。

此次出塞，这位英明有为的年轻皇帝玄烨，他对蒙古地区的山川形势做了实地观察，并进行围猎活动。同年七月，他由内蒙古向皇太后上奏说：

> 臣随侍圣祖母，临幸乌喇岱、兴安、拜察地方。……凡所经过，皆大山茂林，并无土产佳物。惟畋猎所获鹿尾鹿脯，因时当盛暑，腌晒成干，曾经进奉，未知到日，其味何如？蒙加餐否？……将臣鸟枪所得鹿尾，亲手法制，并榛榛，令坐塘笔帖式等驰送。[③]

玄烨的生母早逝，此位皇太后为福临的继后，其原配皇后被废，两后皆出科尔沁部博尔济吉特氏，皆与太皇太后同为家族近属。此后高寿，康熙五十六年（1717年）卒，年七十七岁。玄烨对她很孝敬。就从这年起，直到康熙六

①②《清史稿》卷七《圣祖本纪二》。
③《清圣祖实录》卷一百十一，康熙二十二年七月己卯。

十一年（1722年）——玄烨在位的最后一年，年年出塞巡察并行围。只有康熙三十五年，以亲征噶尔丹未行围。即在这年于昭莫多地方击溃了噶尔丹。

木兰围场这块土地是由其周围喀喇沁、敖汉、翁牛特等部奉献出来的，其地点、界限和范围是：

> 木兰围场，在承德府北境外蒙古各部落之中，周一千三百余里，东西三百余里，南北二百余里。东至喀喇沁旗界，西至察哈尔旗界，南至承德府界，北至巴林及克什克腾旗界，东南至喀喇沁旗界，西南至察哈尔镶白旗界，东北至翁牛特旗界，西北至察哈尔正蓝旗界。凡围场六十有七。[①]

围场的规制是经由玄烨逐步建置起来的。康熙二十二年，玄烨同其祖母赴内蒙古时，已设有围场管理人员。这年"七月庚午朔，御皇幄，赐管理围场阿鲁科尔沁郡王色楞额、额驸巴特玛及台吉等宴"[②]。但设备简略。在康熙四十五年以前，玄烨自热河赴围场途中所驻地方为热河上、下营，没有行宫。后来才建有"中关""波罗河屯""张三营"等行宫了[③]。围场的扩大兴修则在乾隆朝。乾隆帝弘历对其祖父玄烨创建木兰围场，有段总结性的话：

> 皇祖每年出口行围，于军伍最为有益，而纪纲整饬，政事悉举，原与在京无异。至巡行口外，按历蒙古诸藩，加之恩意，因以寓怀远之略，所关甚巨。[④]

完全道出玄烨创建木兰围场的寓意所在和作用所关。

---

① 嘉庆重修《大清一统志·直隶省承德府附围场》。
② （乾隆）《承德府志》卷首十六。
③ （光绪）《大清会典事例》卷七百八《兵部·木兰行围》。
④ （乾隆）《热河志》卷四十五《围场》。

行围的参加者，除满汉王公而外，兵士为八旗满洲、蒙古，因其主要要求弓马技艺，汉军和绿营不调。随往围场有文职官员，系为办理政务使用，如高士奇以班随侍卫之列，有“十二羽林皆健将，只容款段一书生”[①]诗句。围期以二十日为度。弘历在乾隆六年初次出塞行围，即遵祖制，他说：“昔我皇祖每岁举行所经由道路及一切事宜，俱有章程。朕今岁踵行，悉遵旧制。”[②]

玄烨本人的弓马功夫很高超，其到晚年时候自述围猎收获：

朕自幼至今（康熙五十八年），凡用鸟枪获虎三十五、熊二十、豹二十五、猞猁狲十、麋鹿十四、狼九十六、野猪一百三十二，哨获之鹿凡数百，其余围场随便射获诸兽，不胜记矣。朕曾一日内射兔三百十八。[③]

玄烨所说，当有根据。围场塞山产鹿最盛[④]，因而围猎所获主要兽类是鹿。“木兰”为满语，义即哨鹿，木兰围场即猎鹿的围场。“每岁仲秋之候，鹿始出声而鸣，效其声以致之，曰哨鹿”[⑤]。做法是“上（皇帝）搜猎木兰时，于黎明亲御名骏，命侍卫等导引入深山叠崎中，寻觅鹿群。命一侍御举假鹿头，作呦呦声，引牝鹿至，急发箭殪毙，取其血饮之”[⑥]。北京八旗人家讲究吃鹿肉，以为美味。《红楼梦》第四十九回中写史湘云烧新鲜鹿肉，大家争食，交口称赞。这些鹿肉应是参与行围的官和兵们在木兰围场分赏得来的。

于此必须指出，玄烨的出口行围，不是为的打猎寻乐，而是不忘武备。他在位的最后一年，康熙六十一年，他说过：“从前曾有以朕每年出口行围，劳苦军士条奏者，不知国家承平虽久，岂可遂忘武备？”[⑦]木兰行围的主要目的，

① 高士奇：《随辇集》卷六《从猎》。
② （乾隆）《热河志》卷四十五《围场》。
③ （光绪）《大清会典事例》卷七百八《兵部・木兰行围》。
④《承德府志》卷二十九《物产》。
⑤《清文献通考》卷二百七十《舆地・木兰》。
⑥ 昭梿：《啸亭杂录》卷一《哨鹿》。
⑦ （光绪）《大清会典事例》卷七百八《兵部・木兰围场》。

端在于此。

联系蒙古　巩固北疆

玄烨通过木兰行围的活动，加强与蒙古贵族和广大蒙古族人民的联谊，从而筑牢了祖国北大门，达到稳定北疆的目的。在这方面他是成功的，是立下了丰功伟绩的。

当康熙朝，“四十九旗诸札萨克蒙古（内蒙古）随围执役”①。内蒙古早于清政权在关外时即内附，并且互通姻好，谊属至戚。康熙三十年（1691年）多伦会盟，喀尔喀（外蒙古）举部内附，玄烨在多伦行幄大阅军容，八旗满蒙汉参加校射和施放火器，“众大呼前进，声动山谷”。玄烨“亲阅喀尔喀营寨，其穷困者赏以银布，大赉喀尔喀贝勒，贝子、公、台吉等牛羊”②。

为了扩大联系，玄烨出塞更召集喀尔喀等参加校射。康熙三十五年（1696年），一次，玄烨命喀郡王色冷阿海、台吉阿里雅等及厄鲁特降人射。“上（玄烨）率诸皇子射，连中十矢，诸皇子皆屡中。喀尔喀及蒙古诸王、台吉与厄鲁特降人，无不惊服”③。此时噶尔丹仍在坚持和玄烨对敌战斗。喀尔喀协助清军作战，玄烨对其诸王等讲：“尔等于引路、探信、牧马、掘井诸事，甚为效力。……昔朕以汛界之内为一家，今土喇、克鲁伦以内皆为一家矣。”④喀尔喀为祖国统一付出了巨大力气，树立了卓越功勋。玄烨对扈从诸臣所说的“昔秦兴土石之工，修筑长城。我朝施恩于喀尔喀，使之防备朔方，较长城更为坚固”⑤，这话是符合实际的。联系蒙古行围校射的活动，木兰围场是活动中心。康熙中期以后修建避暑山庄则是和木兰围场起着联合作用。可以说，围场是习武场所，山庄是欢宴地方。

---

①《热河志》卷四十七《雪猎注》。
②《清圣祖实录》卷一百五十一，康熙三十年五月己丑、庚寅。
③《清圣祖实录》卷一百七十七，康熙三十五年十月甲申。
④《清圣祖实录》卷一百七十三，康熙三十五年五月庚子。
⑤《清圣祖实录》卷一百五十一，康熙三十年五月壬辰。

在习武欢宴之外，对联系蒙古还应提到的两个方面，一是满蒙结亲。自满洲开国以来，满洲和蒙古族的结亲是连续不断的。玄烨的上三代，努尔哈赤先娶蒙古科尔沁部明安女，又娶该部孔果尔女。他的女儿莽古济嫁敖汉部琐木诺杜棱。皇太极所娶科尔沁部女作后妃的更多。阿霸垓部女作妃的博尔济吉特氏，其所抚养的蒙古女，皇太极即命弟多尔衮娶之。皇太极的第一、二、三、四、五和八女，均嫁给蒙古科尔沁、察哈尔、巴林等部。玄烨的二十女中，有六女下嫁蒙古，除巴林、喀喇沁、翁牛特、科尔沁外，第六女和硕纯悫公主嫁给喀尔喀部策棱，即与准噶尔部战斗立大功者。雍正帝胤禛为酬其功建立赛音诺颜部，使喀尔喀成为四部[①]。玄烨出塞行围时，常常亲临驻居于蒙古的公主府第，以联戚谊。这种连续几代的满蒙结亲，在政治关系上，正如恩格斯所讲，"是一种借新的联姻来扩大自己势力机会，起决定作用的是家世的利益，而决不是个人的意愿"[②]。可是，处于家和国在封建时代不可分的情势下，这样做对国家的统一会是有益的。

二是赈济援助。玄烨出塞行围中，对蒙古人民的生活生产以及教导其务正业等等，极为关切，并进行了许多具体措施。康熙三十年，"遣官五路分查蒙古各旗佐领内贫人"。其办法是，"今先查明贫乏之户，由本旗札萨克及富户喇嘛等抚养，不足，则各旗公助牛羊。每贫台吉，给牛三头，羊十五只；每贫人给牛二头，羊十只。令其孳育，永作生理，毋为盗贼，亦不致流亡。取具众旗承领赡养贫人数目印结，一并送院（理藩院）注册存案。倘日后有以贫穷告者，照册将该管札萨克议处。有告赈不实者，仍治以罪"[③]。清政府对蒙古的赈济援助是接连不断的，并派专员前往襄助进行教导。康熙三十七年十一、十二月，玄烨为此连下两道谕旨，一、十一月丙戌谕："近者巡幸所经敖汉、奈曼、阿禄科尔沁、扎鲁特等处，见其水草甚佳，为孳生蕃息之地。而蒙古等渐

---

①《清史稿》卷一百六十六《公主表》；卷二百九十六《策棱传》。

② 恩格斯：《家庭、私有制和国家的起源》，载《马克思恩格斯选集》第四卷，1972年版，第74页。

③（光绪）《大清会典事例》卷九百九十一《理藩院·优恤》。

至窘迫者，由其牲畜被盗，不敢夜牧故耳。朕察知其情，曾著原住郎中李学圣往翁牛特，员外郎喇都浑往策妄札卜，主事耆冷往敦多布多尔吉等处以教育之。”二、十二月丁巳谕：“原任内阁学士黄茂等前往教养蒙古，请训。上曰：‘尔等至彼，查明实无生计者赈给之。至于劝善惩恶，尤为要务，会同蒙古王、札萨克等严禁盗贼。……敖汉、奈曼等处田地甚佳，可种百谷。如种谷多获，则兴安等处不能耕之人，就近贸易贩籴，均有裨益，不须入边买内地粮米，而米价不致腾贵也。’”①

玄烨曾号召八旗宗室、觉罗、满洲、蒙古、汉军和革职官吏以及平人等，均可报名前往蒙古担负教养任务。并且宣布一二年后可以撤回，不使长留②。这充分说明清政府对蒙古的生活生产和社会安定的关心。我们再看对喀尔喀部，康熙四十年六月甲子，谕喀尔喀台吉等：“兴安境内尔等数旗，穷困已极。自噶尔丹之事以来，……尔台吉内尚有无马徒步者。……今将台吉内马一骑者，给牝马九；有二骑者，给牝马八；有三骑者，给牝马七；有四骑者，给牝马六；有五骑者，给牝马五；无马贫穷台吉，皆给牝马十。其乳既可取食，所生马驹又可各立生业。”③其筹计之周详细致可见。经过这样的措施安排，到康熙四十六年（1707年），用了将近十年工夫，大见成效。“内地之田，虽在丰年，每亩所收止一二石；若边外之田，所获更倍之”④。玄烨还指出：“朕数年避暑塞外，令开垦种植，见禾苗有高七尺，穗长一尺五寸者。”河道总督张鹏翮不相信，玄烨命人“特刈数本”，送给他看⑤。当时蒙古所产粮食常有运来北京出卖的。虽然国内统一战争波及蒙古，以致人民逃迁，牲畜亡失，牧地践踏，生活困顿，而经过赈济支援，使濒临绝境的蒙古地区社会经济得以复苏，出现了繁荣富足的景象。本来蒙古地方“田土高而且腴，雨雪常调，无荒歉之年”⑥。有此好条件，再加上人为的努力，一定会变贫为富、改变面貌

---

①《清圣祖实录》卷一百九十一，康熙三十七年十一月丙戌、十二月丁巳。
②《清圣祖实录》卷一百九十一，康熙三十七年十一月丙戌。
③《清圣祖实录》卷二百四，康熙四十年六月甲子。
④⑤《清圣祖实录》卷二百三十一，康熙四十六年十月戊午。
⑥《清圣祖实录》卷二百二十四，康熙四十五年三月己未。

的。当年，蒙古诸王、贝勒、贝子、公、台吉各率所部进献马驼，“上（玄烨）却之”。众皆叩首奏曰：“比年以来，马匹蕃滋，衣食丰足，高厚之恩，万难仰报。”[①]这番奏语，当属事实。

结 语

“楛矢石砮”，远自上古肃慎以来进献中原，著名于世。迄至近古，辽人所谓“女真万人不可敌”，即指其弓马长技而言。清出女真，顺治元年定都北京，旧习仍存。玄烨经常在京郊南苑行围，偶渡浑河（后改称永定河），遇有阔野即行围。木兰围场更是大规模地辟建，其先于避暑山庄而建立，即在重视习武。同时也通过军事演习进行联系蒙古诸部，有效地巩固祖国北疆。避暑山庄是木兰围场的发展产物，是进而适应对西北藏、回各边疆民族来朝会联欢的需要。玄烨老年作诗有句云：“岁岁经行处，山川照旧时。峰峦不改色，鬓发已如丝。……行伍原齐备，屏藩任指麾。薄来厚往义，远近普恩施。”[②]

综观玄烨巩固中国统一的策略和措施，是出色成功的。乃孙弘历继承所业，完成遗志，应当肯定。乃子胤禛，在位十三年中，不曾一次行围，也未一莅山庄。他强词推说：“予之不往避暑山庄及木兰行者，盖因日不暇给，而性好逸，恶杀生。”然而，又接着说：“是予之过，后世子孙，当遵皇考（玄烨）所行，习武木兰，勿忘家法！”[③]木兰围场的创建，对伟大祖国的巩固统一所起之作用，是不可轻视的。因而“木兰秋狝”在清史上必须予以应有的地位。

（原载《明清史论著合集》，北京大学出版社1988年版）

---

①《清圣祖实录》卷二百三十一，康熙四十六年十月乙酉。
②《热河志》卷四十五《圣祖御制诗》。
③《热河志》卷二十五《弘历避暑山庄后序》。

漫话西郊畅春园

畅春园是清代皇家在北京西郊修造的头一处园林，圆明园和清漪园（即颐和园）都在它之后。现在它只剩下两座孤零零的庙门，残存在北京大学西门外左斜对面。最近在它附近开设一家餐厅取名“畅春园”，这很好！希望餐厅能作出点有实惠的贡献。比如，可以添制一品“康熙豆腐”，因为这是康熙帝玄烨曾经自夸过的御膳佳肴。

这处园林的修造年代，应是在平定三藩叛乱以后。康熙二十六年(1687年)，皇帝“巡幸畿甸”，即“还驻畅春园”[①]。修造园林，据康熙帝自己说，是因为“久积辛劬，渐以滋疾”。他看中这处原为明代皇亲李伟的废园，于是“因兹形胜，构为别墅”。此园修造工程质朴，康熙帝说它是“茅屋涂茨，略无藻饰”[②]。康熙末年有一位赴畅春园引见的官吏记所目睹，谓：“垣高不及丈，苑内绿色低迷，红英烂漫。土阜平陀，不尚奇峰怪石也；轩楹雅素，不事藻绘雕工也。”[③]

当时，除举行庆贺、宴会等典礼性质的活动外，康熙帝很多时间是住在畅春园。园内的“澹宁居”前殿就是“御门听政，选馆引见之所”[④]。康熙二十七年即有谕旨，要“科道官有条奏事，赴畅春园面奏”。凡受职、领赏的臣属

---

①《清史稿》卷七《圣祖本纪》。
② 玄烨：《畅春园记》。
③ 程庭：《停骖随笔》。
④《顺天府志》卷四。

都到畅春园谢恩。

当时在畅春园周围有着许多处园子，都是赐给皇子们居住的，圆明园就是赐给雍正帝的一处。还值得一提的是“西花园”，它在畅春园西部，为皇太子胤礽的住所，后来皇子皇孙都住在这里。有人从满文资料发现，西花园的监造者为内务府曹家。这或许就是曹寅，此时他正作内务府郎中。因此说不定曹雪芹创写“大观园”，曾参考过他家所藏此园的模图烫样。从地址方位看，很可能就是北京大学的承泽园宿舍一带。

畅春园和雍正“夺嫡”也有牵涉，因为康熙帝就死在这里。关于“夺嫡”一案的真相，事属宫廷隐秘，难于作出确考。但雍正帝为谋夺皇位者之一，则是没有疑问的。康熙帝生前曾一再立废太子，最后仍未确定皇嗣为谁，以致造成诸年长皇子间为夺位明争暗斗、骨肉相残。雍正这个人深藏机算，佯示忠厚，装出一副不关心皇位的样子，使康熙帝对他不加怀疑。而他暗地里却攀结日常侍从在康熙帝身边的隆科多，同他相互勾联，从中弄诡，假传遗命，夺得皇位。今天，我们对这场皇族内部的矛盾斗争并不感兴趣，因为它和老百姓没有直接关系。如果对清代皇帝作出评议的话，雍正帝还算得上是个有作为的，因为他曾做了些如刷新吏治、整顿财务等有益于人民的事。同时他又是凶残横暴的，因为他曾大兴文字狱，广肆杀戮知识分子及无辜人民。

咸丰十年（1860年），畅春园与圆明园同时被英法联军烧毁，如今只剩下两座庙门，其偏北的一门，上题“敬建恩佑寺”，是雍正帝为父康熙帝所谓“荐福”修建的，在此供奉乃父御容，“岁时展享”。偏南的一门，上题“敬建恩慕寺”，是乾隆帝为其生母钮祜禄氏修建的。

（原载《北京日报》1981年2月22日）

清朝的东西二陵

我国最后的一个王朝——清朝，它的许多皇陵仍然保存较为完整。清朝皇陵共有五处，有三处在辽宁省，一是永陵，在兴京（今辽宁新宾县）启运山，是肇祖原皇帝、兴祖直皇帝、景祖翼皇帝和显祖宣皇帝的陵寝。二是福陵，在盛京（今辽宁沈阳）天柱山，是太祖高皇帝（即努尔哈赤）的陵寝，俗称东陵。三是昭陵，在盛京隆业山，是太宗文皇帝（即皇太极）的陵寝，俗称北陵。这三处陵寝统称盛京三陵。另外两处便是清朝入关后在河北省遵化县和易县建的东西二陵，这是清陵的主要部分。

清室入关后营建的最大的陵寝——清东陵

东陵位于河北省遵化县境内，距北京二百四十里。这块地方原是明朝崇祯皇帝朱由检选中的，因他感到昌平陵园已无佳穴，遂想另觅坟地。当时天下大乱，未能兴工。后来被清顺治帝福临选中，他死了，就采用这块地方建陵，称为孝陵。这算是在关内建起的祖茔。凡是皇陵总要建在都城附近。其后依次是康熙的景陵、乾隆的裕陵、咸丰的定陵、同治的惠陵，共五座帝陵。另外还有慈安、慈禧等四座后陵，以及五座妃园寝、一座公主墓。清陵的修建规制仿效明朝，所不同的是，明十三陵中只成祖朱棣的长陵有“圣德神功碑”，清陵则有多个。石人、石兽，只明长陵有，清各陵则都有。门殿名称也不一样，如主殿，明作“祾恩殿”，清作“隆恩殿”。

清孝陵中葬的是骨灰罐

“顺治出家”当和尚这个故事，在民间流传颇广。有的说顺治帝赴五台山出家，康熙帝曾陪同祖母前往探视，这完全出于附会。事实是，顺治帝确曾起过出家的念头，并且净了发，取了“行痴”的法名。可是家却没有出成，作为皇帝，想要出家是有许多难关的。如果他真的当了和尚，也就不能葬入皇陵中了。顺治帝死后是火葬的，孝陵中没有他的尸体，只有骨灰罐。

陵区之外的昭西陵

人们到清东陵游览，会看到在大红门外，有一座单独的皇后陵——昭西陵。有人会问为什么昭西陵要建在这里，此事也是传说不一。陵中人是太宗文皇帝皇太极的一个偏妃，由于生了顺治，被尊为“太后”；孙儿康熙嗣位，又尊她为“太皇太后”。清朝称她为“孝庄文皇后”。她本应当葬在沈阳皇太极昭陵，而安放在这里，是有一段历史的。她出身于蒙古贵族之家，姓博尔济吉特氏，是清初政治舞台上极有影响的一位人物。崇德八年（1643年）皇太极逝世，其十四弟多尔衮和长子豪格都想嗣位。这位偏妃却颇具谋略，把野心勃勃、伺机争位的多尔衮与豪格都给排除掉了，而使自己所生的六岁幼儿顺治登了基。另外，清初所传“太后下嫁”，即指博尔济吉特氏嫁给多尔衮。这件事虽未公开宣布，也不是全属子虚。叔嫂相配，在汉族中早就视为常事，只是皇室贵族们有忌讳。满洲贵族入关，取代朱明统治，当然要保持所谓的体面，臣属更是不敢提及。看顺治八年（1651年）所宣布的多尔衮罪行中，有“自称皇父摄政王，又亲到皇宫内院”等语，说明上述传说不是胡编出来的。至于豪格，他和顺治同为皇太极之子，叔叔多尔衮拥戴顺治，他自然不敢妄动。这是博尔济吉特氏的一大“功劳”。后来八岁的康熙嗣立，也是通过她的巧妙安排。据记载，康熙前期的朝政乃是“朝廷有黜陟，上（康熙帝）多告而后行”。她死于康熙二十六年（1687年），终年七十五岁。

昭西陵之所以建置在东陵，是遵从博尔济吉特氏的遗命。她在临终前曾对康熙说："太宗奉安久，不可为我轻动。况我心恋汝父子（顺治、康熙），当于孝陵近地安厝。"于是康熙帝便把她的灵柩并所居住的宫殿"慈宁宫"迁建于东陵，称为"暂安奉殿"，停厝起来。一直停了三十余年，到雍正二年（1724年），才正式下葬地宫。称"昭西陵"是以此陵从方向看在沈阳昭陵之西。

清陵的丧葬制度是，从建昭西陵后，凡皇帝已葬，死于其后的皇后都另起陵，所以有孝东陵（顺治皇后，死于康熙五十六年、1717年）、泰东陵（乾隆生母，死于乾隆四十二年、1777年），还有昌西陵、慕东陵、定东陵等等。

既有东陵，缘何又建西陵

西陵在河北省易县境内，距离北京二百五十里。人们对西陵往往提出一个疑问，雍正帝为什么要在易县另立祖茔，难道东陵没有佳穴可定吗？当然不是。乾隆帝裕陵就建在景陵之旁，祖孙靠近的呀！再从雍正帝对待康熙帝的态度看，他是极尽孝忠的，亲自送陵到寝地，亲笔题写景陵匾额，并在畅春园内修建恩佑寺供奉康熙帝御容，时时叩拜。为什么在他死后却远离父墓五百里外安葬，实在令人费解。若说雍正帝有过什么超越父王的建树，也实在难以具体指出。从他的一生来看，文治尚有可记，武功则一塌糊涂。较为站得住的推测，应是他的"夺嫡"之故。皇位得于不正，心怀内疚，因而不愿葬在其父之旁。雍正帝在位十三年，为了争夺皇位，残杀兄弟，诛戮近臣，闹得天翻地覆。因是之故，他自己总是时起猜疑，惴惴不安。举个例子就可说明：自热河避暑山庄建成后，康熙帝、乾隆帝几乎年年前往，每年留驻半年左右；独雍正帝一次未临，并将山庄乃父的陈设之物搬回北京。如此措置，不是为提防暗算，又是为了什么？凡此种种，可以多少说明雍正帝另建西陵的根由吧。

雍正帝早在即位后六年就着手寻觅陵地。他派出了最亲信的十三弟怡亲王允祥，带同精通“风水”的两江总督高其倬，爬山越岭，于雍正八年（1730年）勘定太平峪“吉地”，即今泰陵。随后其孙嘉庆帝昌陵、重孙道光帝慕陵，都在此处。再后，咸丰帝定陵、同治帝惠陵都在东陵，光绪帝崇陵则在西陵，都是临时安排，并没有成为轮流定制。

清东陵和西陵居于京城东西两侧，群峰环列，水泉回绕，自然景色实非寻常。确是游览和观赏古代皇陵建筑的最佳之所。

（原载《旅游》1980年第2期）

中国茶事丛考

——历代的茶政

这篇文字所述的时代，截止于清，所根据的参考书，就重要的有：《唐书》《新唐书》《宋史》《元史》《元史新编》《新元史》之食货志及“九通”中《食货略》《征榷考》，《清会典》《古今图书集成·食货典·茶部》，内中多有引录原书处，则悉据注其所出。

中国人嗜茶之风大盛于唐，茶有税亦始于唐。《唐书·食货志》上说：“（德宗建中）四年（783年），度支侍郎赵赞议常平事，竹木茶漆尽税之，茶之有税，肇于此矣。”这算是中国榷茶的一个起头了。榷茶的动因是筹议常平，所谓常平，就是设置官署，遇物贱时增价而籴，遇物贵时减价而粜，此法起源于汉宣帝时。赵赞在当时所议的税率是十分取一，所税尽用作常平本钱，但这时军用浩繁，常赋不足，这笔税款，随收就随挪用的，也未能够拿来作本钱储蓄。后来遇着泾原节度使姚令言造反，进犯京师。唐德宗李适出奔奉天（唐所置县，今陕西乾县），又自行悼悔，亟下诏罢税竹木茶漆等。贞元八年（792年）闹水灾，曾诏令减税。九年，盐铁使张滂以国用须要有供储，又奏请恢复茶税，办法是：“于出茶州县及茶山外商人，要路委所由定三等，时估每十税一，充所放两税，其明年以后，所得税钱外贮。若诸州遭水旱，赋税不办，以此代之。”（《文献通考·征榷考》）得诏许可，遂委滂具处置条目，每岁得税钱四十万缗。中国茶的正式收税自此竟开始了。从此以后，收税总是收税，用它来替代遭水旱的赋税，是无希望的！

穆宗时候，方镇常常发生兵事，国家帑藏很是空虚，加上他又好兴土木，需款孔殷。这时有盐铁使王播主张增加天下茶税，《唐书·食货志》谓其“率百钱增五十，江淮、浙东西、岭南、福建、荆襄茶，播自领之；两川以户部领之，天下茶加斤至二十两”。这时茶政都是由盐铁使及户部兼管。到唐文宗李昂时，盐铁转运使王涯奏请变江淮岭南茶法并请加税，于是命涯为榷茶使专司理茶政，不过王涯所行的茶政太恶太厉，很引起人民的反对与忿怒。郑樵《通志·食货略》说，他“徙民茶树于官场，焚其旧积，天下大怨！”《唐书·王涯传》亦载：“涯就诛，群皆诟詈，抵以瓦砾。”王涯任榷茶使的时期很短，后来诸道盐铁转运茶使令狐楚就奏请停止，一依旧法，唯在纳榷的时候，须节级加价。这样商人转卖虽稍较有贵者，于扰害茶商茶户总轻得多了。令狐楚的奏疏中曾指摘王涯，说：“岂有令百姓移茶树于官场中栽植，摘茶叶于官场中造作，有同儿戏，不近人情。”（《唐书·令狐楚传》）嗣后李石为相，又把茶税归于盐铁，仍恢复了贞元之制。

唐武宗李炎即位以后，盐铁转运使崔珙又增加江淮茶税，那时候私自贩卖茶的很多，官家很严格地取缔和禁止。据《册府元龟·邦计部·赋税》所载，当时盐铁司关于茶税奏文：“园户私卖茶，犯十斤至一百斤，征税一百文，决背杖二十；至三百斤，决背杖二十，钱亦如上。累犯累科，三犯已后，委本州上历收管，重加徭役，以戒乡闾。”又说：“贩私茶无得杖伴侣者，从十斤至一百斤，决背杖十五，其茶并随身物并没纳，给纠告及捕捉所繇，其囚牒送本州县置历收管，使别营生，再犯不问多少，准法处分。三百斤已上，即是恣行凶狡，不惧败亡，诱煽愚人，悉皆屏绝，并准法处分，其所没纳，亦如上例。”只是因为当时地方的行政系统，颇形紊乱，私贩无法禁绝。如《新唐书·食货志》所说：“是时茶商所过州县有重税，或掠夺舟车，露积雨中，诸道置邸以收税，谓之‘搨地钱’，故私贩益起。”

待宣宗李忱大中初，盐铁转运使裴休谋划改善的方策，立了税茶法十二条。《文献通考·征榷考》载，裴休所陈整理茶税、禁绝私贩的办法：“正税茶商，多被私贩茶人侵夺其利，今请委强干官吏，先于出茶山口，及庐、寿、淮南界内，布置把捉，晓谕招收，量加半税，给陈首帖子，令所在公行，更无苛夺。”《新唐书·食货志》亦载：“裴休著条约，私鬻三犯皆三百斤，乃论死；长行群旅，茶虽少皆死；雇载三犯至五百斤、居舍侩保，四犯至千斤者，皆死，园户私鬻百斤以上，杖背，三犯加重徭；代园失业者，刺史、县令以从私盐论，庐、寿、淮南皆加半税，私商给自首之帖，天下茶税，倍增贞元。”从唐建中以来，茶政的沿革，大抵如上所述。可注意者，就是这时的茶已渐渐成了一种很大的贩售事业了。

宋代关于茶的法制，虽比较缜密，亦比较复杂，累次地加以改变，情形是愈降而愈苛。今综合论来，可分为四个时期：一官收官鬻，一贴射，一通商，一禁榷兼通商。在宋初是用官收官鬻法，《宋史·食货志》说：“择要会之地，曰江陵府，曰真州，曰海州，曰汉阳军，曰无为军，曰蕲州之蕲口，为榷货务六。”设置这六个所谓“务”的来征榷茶货。在淮南之蕲黄庐舒光寿六州有十三个山场，“蕲州曰王祺、石桥、洗马，（又有黄梅场，景德二年废）黄州曰麻城，庐州曰王同，舒州曰太湖、罗源，寿州曰霍山、麻步、开顺口，光州曰商城、子安”。（《文献通考·征榷考》）六州采茶的人民叫作园户，都隶属在这十三山场，每年除输定额之茶以代租税者外，其余官家都收买了。关于收买的方法，《文献通考·征榷考》说：“凡园户岁课作茶输其租，余则官悉市之。其售于官者，皆先受钱而后入茶，谓之本钱。百姓岁输税愿折为茶者，谓之折税。”此外卖茶的地方，在“江南则宣、歙、江、池、饶、信、洪、抚、筠、袁州，广德、兴国、临江、建昌、南康军，两浙则杭、苏、明、越、婺、处、温、台；湖南则江陵府、潭、澧、鼎、岳、鄂、归、峡、州，荆门军，福建则剑南、建州”。这些地方所产的茶，输租折税同于山场，都送到六个榷货务，由官来买。

《文献通考·征榷考》载六务所受茶，“江陵府受本府及潭、鼎、澧、岳、归、峡州茶，真州务受潭、袁、池、吉、饶、抚、洪、歙、江、宣、岳州，临江、兴国军茶，海州务受杭、湖、常、睦、越、明、温、台、衢、婺、州茶，汉阳军务受鄂州茶，无为军务受抚、吉州，临江军而增南康军茶，蕲口务受潭州、兴国军茶”。鬻茶的方法是“商贾之欲贸易者，入钱若金帛京师榷货务，以射六务十三场茶，给券随所射予之，谓之“交引”，愿就东南入钱若金帛者，计直予茶如京师”。（《文献通考》）所谓“交引”，即领运茶时所发给的执照，叫作“茶引”，办理这种发给的手续，便叫“交引”。凡茶入官以轻估，出以重估，所以官家的利很薄，商人销售的地方，如两河及陕西一带以至外邦，获利亦很厚。又官家所卖的茶钱，除本钱外，即为茶利，即为岁入之课税。是时茶的产品有二类：一片茶，一散茶。片茶产于福建光州、岳州、岳辰、澧州等处，有名蜡面茶者，亦片茶，惟福建所制尤精，其龙凤茶常用以充岁贡。散茶出淮南、荆湖、江南、江浙等处。这时的茶皆禁私贩，仅川陕、广南，听民人自行买卖，但不许出境。其惩办私贩，据《宋史·食货志》：“太平兴国二年(977年)，主吏盗官茶，贩鬻钱三贯以上，黥面送阙下。”“凡民茶折税外，匿不送官及私贩鬻者，没入之，计其直论罪。”“太平兴国四年，诏鬻伪茶一斤，杖一百，二十斤以上弃市。”

《宋史·食货志》载：“雍熙后用兵，切于馈饷，多令商人入刍粮塞下，酌地之远近而为其直，取市价而厚增之。授以要券，谓之‘交引’，至京师，给以缗钱”（按此即见《钱法》）。又移文江淮、荆湖，给以茶及颗末盐。端拱二年（989年），置折中仓，“听商人输粟京师，优其直，给茶盐于江淮”。这就是所谓“虚估加抬”的办法，皆受茶于官，再去转卖。只是后来弄到“虚估日益高，茶日益贱，入实钱金帛日益寡”，“而入中者以利薄不趋，边备日蹙，茶法大坏了”。

淳化三年（992年），曾允监察御史薛映、秘书丞刘式等之请，废去诸榷货务，令商人自就出茶州军官场算买，另行贴射，但行之未久，仍恢复榷务。到仁宗天圣时，三司使李咨复祖刘式之意，请罢“三说”，行贴射法。（乾兴以后，商人入中刍粟，给以东南缗钱、香药、犀齿，谓之“三说”；庆历时又以茶、盐、香药、缗钱四物，谓之“四说”）《宋史·仁宗本纪》云：“天圣元年三月癸卯，行淮南十三山场贴射茶法。”其法：“以十三场茶买卖本息，并计其数，罢官给本钱，使商人与园户自相交易，一切定为中估，而官收其息，如鬻舒州罗源场茶，斤售钱五十有六，其本钱二十有五，官不复给，但使商人输息钱三十有一而已。”（《宋史·食货志》）所以叫作“贴射”的，是因为茶先辇送入官，再随商人所指射者付给，又给券为验，商人就官场买茶，官家坐收贴纳的利益。十三场茶既行贴射法，商人有射六务茶的，仍入钱京师，给以六榷货务茶，而增加其所值。如当时“海州、荆南增为八万六千，真州、无为、蕲口、汉阳增为八万”，所给的茶皆值十万。

嘉祐年间，又诏弛茶禁，行通商法，先是景祐中有叶清臣建议，请罢榷茶，行通商，收租税钱。时下三司议，皆以为不可行。嘉祐中著作佐郎何鬲、三班奉旨王嘉麟又皆上书，请罢官给本钱，纵园户贸易。其法即《文献通考·征榷考》所谓，“园户之种茶者，官收租钱；商贾之贩茶者，官收征算”。是也，王嘉麟曾进所作《登平致颂书》十卷、《隆衍视成策》二卷，淮南转运副使沈立亦集《茶法利害》为十卷，陈说通商法的利益。这时富弼、韩琦、曾公亮等执政，极赞成通商法，竭力主持，后来宋仁宗赵祯又遣使官去到各路询察了利害，于嘉祐四年（1059年）二月颁诏施行，当时除蜡茶仍禁以外，其余的茶都肆行各地了。同时学士如刘敞、欧阳修等都对通商法持反对论调，但据陈止斋说：“自此茶不为民害者，六七十载矣，此韩琦相业也。”（《文献通考·征榷考》）总之，通商比较起榷务，实在是省却了许多烦苛。

神宗哲宗两朝，茶法无大更革，可以一说的，就是榷蜀茶一事。蜀中的茶，旧来无榷禁。熙宁七年（1074年），始遣三司干当公事李杞入蜀经划买茶，以著作佐郎蒲宗闵同领其事，创设官场买卖。起初蜀中的茶园，不植五谷，唯适宜种茶，税额总三十万。《宋史·食货志》谓其“赋税一例折输，盖为钱三百，折输绸绢皆一匹；若为钱十，则折输绵一两；为钱二，则折输草一围”。李杞把税额提为四十万，法令加严，当时诸路虽行通商法，蜀中却行禁榷，蜀民甚以为病。据御史刘挚谓其害，有“园户有逃而免者，有投死以免者”之语。

崇宁大观之间，蔡京秉权，禁榷法同通商法兼用，先是恢复禁榷法，设诸路措置茶事官，在诸路州县置司置场，施行禁榷荆湖、江淮、两浙、福建七路的茶，所给茶引，有长引短引之分。《宋史·食货志》云："民赴场输息，量限斤数，给短引，于旁近郡县便鬻，余悉听商人于榷货务入纳金银、缗钱，或并边粮草，即本务给钞，取便算，请于场，别给长引，从所指州军鬻之。"后又用通商法，罢去官置茶场，令商人就所在州县，或京师给长短引，自向园户买茶，茶贮以笼篰，官为抽盘，输息讫，批引，再行贩卖。宋代晚年的茶法都是朝行夕改，纷纷不一，民听眩惑，紊乱极矣。

宋南渡以后，虽说与金朝成了对峙的局面，而产茶的区域仍然还在宋朝势力范围内。金朝人用茶皆仰给于宋，除去宋人岁供之外，皆贸易于宋之榷场。宋置榷场，为卖给金人茶，把出口税加重，可以耗金人之财，所以当时严禁商贩私自运茶入金。《宋史·食货志》说："隆兴二年，淮东宣谕钱端礼言，商贩长引茶，水路不许过高邮，陆路不许过天长。如愿往楚州及盱眙界，引贴输翻引钱十贯五百文。如又过淮北，贴输亦如之。当是时，商贩自榷场转入虏中（指金），其利至博，讥禁虽严，而民之犯法者自若也。"

然而，金朝亦觉得用宋茶是"费国用而资敌"的。金章宗承安四年（1199年），命在淄密、宁海、蔡州，各置官坊造新茶。后来因为官造新茶造得太坏，难以销售，于是进一步定茶禁，禁人民食茶，七品以上的官才许食，可是仍不得卖出及用以作馈送，有犯者按斤两立罪。到宣宗时又改制，亲王公主，及现任五品以上官许食，仍禁不得卖馈，其余的人都禁食，有犯者徒五年，告发者赏宝泉一万贯。这真是一种不得已而为之的办法了。考当时金人食茶的风尚和数量，都很可观。《金史·食货志》载，泰和五年（1205年），尚书省奏："茶，饮食之余，非必用之物。比岁上下竞啜，农民尤甚，市井茶肆相属。商旅多以丝绢易茶，岁费不下百万，是以有用之物而易无用之物也。若不禁，恐耗财弥甚！"元光二年（1223年），省臣奏中有"今河南、陕西凡五十余郡，郡日食茶率二十袋，袋直银二两，是一岁之中妄费民银三十余万也。奈何以吾有用之货而资敌乎"之语，这样无怪乎要禁食茶了。

于此有一事须附述者，即用中国茶易番夷人之马。据《续文献通考·征榷考》说："明邱濬谓，自唐世回纥入贡以马易茶，盖西北人嗜茶有自来矣。西北多嗜乳酪，乳酪滞膈，而茶性通利，能荡涤之故也。”中国茶的对外贸易，亦就从唐世开始。宋朝初年，经理蜀茶，在原、渭、德顺三郡置互市市马。熙宁间，遣李杞入蜀经划买茶博马事，在熙河置六卖马场。嘉泰三年（1203年），又置四川茶马司，办理茶马事务。宋初以茶易马颇占便宜，以一驮茶，即可易一上驷；逮及南宋，易一下驷，亦须十驮茶矣。到明朝，因为需要马的缘故，对茶马政最为重视。

元代的茶法，大率因袭宋的旧法以为制。至元五年（1268年）（尚未灭宋），曾用运使白赓言榷成都茶，于京兆、巩昌置局，官为发卖。六年始立西蜀四川监榷茶场使司，以掌管茶政。十二年（1275年），既灭宋，复用左丞吕文焕言榷江西茶，以宋会子五十贯准中统钞一贯。十三年，定长引短引计茶收钞之法，先以三分取一，后又增取三分之半。十七年（1280年），又在江州置榷都转运司，总理江淮、荆湖、福广的茶税。用运使卢世荣言，除去长引，专用短引，在各路出茶地方设立提举司，专任散据卖引。到晚年运司与提举司多有抑配留难之弊，以致茶户消乏。至正二年（1342年），监察御史李宏曾痛言其故，亦法制之未善也。（《续文献通考·征榷考》云：“榷茶十六提举司，曰杭州、曰宁国、曰龙兴、曰建宁、曰庐州、曰岳州、曰鄂州、曰常州、曰湖州、曰潭州、曰静江、曰临江、曰平江、曰兴国、曰常德府、曰古田。”）

至元间所定关于贩茶赍据领引的手续，《续文献通考·征榷考》说：“客旅兴贩茶货，纳正课钞，出给公据，前往所指山场装茶，出山赍据赴司缴纳，给引赍引随茶验引。发卖毕，三日内限赴所在官司批纳引目，违匿者杖六十，因而转用，或改抹字号，或增添夹带斤重及引不随茶者，并同私茶法。”后来又从茶引之外添置茶由，用以给零卖茶者。

元朝的茶有末茶、叶茶两种。唐宋时所用的茶，都是把细末制成饼片，用时先要把它碾开。到元朝又有末茶之说，现在行得最普遍的算是叶茶了。

有元一代的茶课，是由约而渐趋于博。当至元十三年（1276年）时，所征收止一千二百余锭，自后历年递增。到了延祐七年（1320年），逐增至二十八万九千余锭，几乎到三百倍。

明代茶法有三种：一商茶，一官茶，一贡茶。三种中贡茶是专为供上用的，每岁贡额四千斤有奇，以福建建宁所出为最上品，有探春、先春、次春、紫笋及荐新等名号。官茶是贮边易马，间征课钞。商茶则给卖，输课给引，略如盐制。当至正十一年（1351年），元尚未亡，明太祖即立茶法，其制："令商人于产茶地买茶，纳钱请引。引茶百斤，输钱二百，不及引曰畸零，别置由帖给之，无由引及茶引相离者，人得告捕。置茶局批验所，称较茶引，不相当即为私茶。凡犯私茶者，与私盐同罪。……后又定茶引一道，输钱千，照茶百斤；茶由一道，输钱六百，照茶六十斤。"（《明史·食货志》）征课是："凡卖茶之处，赴宣课司，依例三十分抽一分，芽茶叶茶，各验价纳课，贩茶不拘地方。"（《续文献通考·征榷考》）商人将茶卖完，随于所在官司缴纳原引，如有"停藏旧引，影射私茶"者，于私茶同罪，山园茶主不许将茶卖与无引由的客商。明朝的批验茶引所独有应天府、常州府、杭州府三处，距离各产茶地方颇远，商人往返殊感不便，且批验茶引所不详茶商姓名贯址，皆冒名给引，故退引不能催其缴回。茶货出山，经过官司，既不从公盘诘，又不依例批验，是竟管卖引，不行批验之职，商人遂弄出停藏旧引影射私茶之弊了。后来用尚书王恕言，改之，听茶商径赴产茶府州纳课买引照茶。论起明代茶法来，比较前代的榷务、贴射、交引等等烦琐，已是宽简多多。

明朝的茶政，最重要的是"以茶易马"这件事。明代如南直隶的常州府、庐州府、池州府、徽州府，浙江的湖州府、严州府、衢州府、绍兴府，江西的南昌府、饶州府、南康府、九江府、吉安府，湖广的武昌府、荆州府、长沙府、宝庆府，四川的成都府、重庆府、夔州府、嘉定州、泸州、雅州等处，都是产茶地方。惟川陕的茶课为最重，因市马的缘故，立法亦最禁严。洪武四年（1371年），纳户部议，令采汉中茶易马，"每十株，官取其一。无主茶园，令军士薅采，十取其八，以易番马"。此后川陕一带即置仓贮茶，设官掌管易马事宜，如秦、洮、河、雅诸州均设置茶马司。（明茶马司：四川一，陕西四）初，易马定例分三等：上等马与茶四十斤，中等三十斤，下二十斤，后来屡有增益，定为上百二十斤，中七十斤，驹五十斤。对于私茶的禁令亦很严厉，洪武时，驸马都尉欧阳伦使西域，因贩私茶，赐死罪。明律例，私茶出境与关隘失察者，并凌迟处死，为制番易马，故不得不加边禁之严。明初收马之法，制金牌信符。洪武中，遣曹国公李景隆赍往西番市马。三十一年（1398年），景隆还，得马一万三千五百余匹，给茶五十余万斤。金牌信符是为与诸番结约用的一种契物，凡四十一面，上号藏内府，下号降各番，篆文上曰“皇帝圣旨”，左曰“合当差发”，右曰“不信者斩”。差发附近边族以纳马，而运茶于边劳赏之，计洮州火把藏思囊日等族，牌四面，纳马三千五百匹；河州必里卫西番二十九族，牌二十一面，纳马七千七百五匹；西宁曲先、阿端、罕东、安定四卫，巴哇、申中、申藏等族，牌十六面，纳马三千五十匹，每三年一遣官合其符。番人纳马，不说是易马，说是差发；给以茶，不说市马，说是劳赏，这都是尊崇中国体统，振威外夷的意思。永乐时停止这种茶马金牌，后来屡谋恢复，都未能办到。

明朝又置御史巡视茶马。永乐十三年（1415年），曾差御史三员巡督陕西茶马。其后成化、正德均设巡茶御史。正德以后，茶法逐渐废弛，据《明史·食货志》说：“武宗宠番僧，许西域人例外带私茶，自是茶法逐坏。”又说：“明初严禁私贩，久而奸弊日生。洎乎末造，商人正引之外，多给赏由票，使得私行。番人上驷，尽入奸商，茶司所市者，乃其中下也。番得茶，叛服自由，而将吏又以私马窜番马，冒支上茶。茶法、马政、边防于是俱坏矣。”事当末年，百凡俱废，发生这种舞弊情形，是自然而然、不能免的。

入清初年，关于茶马事项，多仿明世之旧。顺治二年（1645年），定陕西茶马事例，差茶马御史，辖管陕西五茶马司（洮岷茶马司、河州茶马司、西宁茶马司、庄浪茶马司、甘州茶马司），召商与西番易马。七年（1650年），定陕西茶引从部颁发，以巡茶御史吴达之请。大小茶引，概用平分例，商人领部引，输价买茶，交茶马司，一半入官易马，一半给商发卖。这时易马之例，上马给茶十二篦（一篦重十斤），中马给九，下马给七。凡通接西番的关隘处所，严禁夹带私茶出境。到康熙时，因招中无几，裁撤了茶马御史，归甘肃巡抚兼管，渐渐停止易马。后来雍正间，复行中马，旋又停止。清代中马之制未能久行的缘故，是清代版图较明为大，向之西番，今尽为内地，所谓“渥洼天马皆枥上之驹”，当不必像明朝那样需马孔亟了。

清代产茶区域颇广，几乎遍于中国，榷茶之制，于明略同。凡茶商买茶，须先具数赴官纳银，官发给茶引，才允许出境售卖。每引一道，配茶一百斤，茶数不够百斤的，叫作畸零，别给由帖。贩卖茶时，茶与引不许相离，经过关津，批验所依例照验，将引由截角，运茶到各省州县发卖，须先赴地方官验明。卖茶已毕，即将原给引由赴住卖官司告缴。山园茶主不得将茶售于无引茶商。茶引有行销与坐销的区别，这都属于行销引的。茶引的颁发有一定额数，除去直隶、奉天、山东、山西、河南、福建、广东、广西，并无茶课不颁茶额引外，江苏、安徽、江西、浙江、湖北、湖南、甘肃、四川、云南、贵州等省，均颁茶引。关于引课的征收轻重也不一样，大约边省比较重些。有清内地的引茶没有什么大变更，到咸丰年间，太平天国乱起，曾国藩等为暂裕军需计，用抽厘之法。据江西省咸丰九年（1859年）所定章程：“分别茶厘、茶捐两宗，每茶百斤，除境内抽厘银二钱，出境又抽银一钱五分有零外，向于产茶及设立茶庄处所劝办茶捐，每茶百斤，捐银一两四钱，或一两二钱不等。”（《清朝续文献通考·征榷考》）嗣后各省渐次推行，即所谓“厘金”者是也。忆自道光以来，与外国通商，中国茶占了出口品的大宗，几乎独霸世界茶市（中国与欧人贸易，明中叶已开始。清初，对外贸易，采禁锢政策，有所谓“公行”者把持贸易权，当时出口物亦以茶为最多）。光绪十二年（1886年），茶的输出竟达二万万三千万斤，据调查各国需茶五万万斤，中国茶已占其半矣。但是，因印度、锡兰、日本的茶推销于欧美日盛，中国茶贩路日减，此中原因很多，如捐税过重，制造不求改良及缺失资本，坐使昔日独擅之利，被人攫夺，曷胜浩叹！

（原载《中法大学月刊》1933年第2卷第5期）

中国茶事丛考（二）

——造茶与饮茶之沿革

茶成为一种普遍饮物，比较起酒，要晚得多了。虽然古籍中有些关涉到茶的记载，如《尔雅·释木篇》记“檟，苦荼”。扬雄《方言》谓“蜀西南谓茶曰蔎”（陆羽《茶经》），等等，都是属于训诂范围。（按：茶字，不见古字书，盖即荼之俗写。大概是在唐时演变成的，观唐碑文时有作荼或作茶可知，故徐铉注《说文》，于荼字曰：“此即今之茶字。”又荼字意义甚多，清陆心源谓“有苦菜之荼，有茗荈之荼，有茅莠之荼，有萑芀之荼，前人述饮茶之源，往往因是而发生误会也”。）不足以证知饮茶情形究竟如何。又有些书所记载，非是失之于简，即是不堪置信，其较早较详而较可靠者，要算《三国志》中一段，《吴志·韦曜传》：“皓每飨宴，无不竟日，坐席无能否率以七升为限，虽不悉入口，皆浇灌取尽。曜素饮酒不过二升，初见礼异时，常为裁减，或密赐茶荈以当酒。”茶能代替款客的酒，想也能用作普通的饮物了。等到晋南北朝，茶更渐渐普遍于世，事迹于今尚多可考者，如陆羽《茶经》引《晋四王起事》：“惠帝蒙尘还洛阳，黄门以瓦盂盛茶上至尊。”是彼时皇帝饮茶之证。《晋书·陆纳传》：“谢安尝欲诣纳，而纳殊无供办……安既至，纳所设唯茶果而已。”这是士大夫家的用茶，且又足以表示清廉，犹日今之款客仅备茶点。至于如《太平御览》所引《世说》：“晋司徒长史王濛好饮茶，人至辄命饮之，士大夫皆患之，每欲往候，必云今日有水厄。”那就够着“茶癖”了。这时已产生关于茶的文艺作品，如杜毓有《荈赋》，鲍昭妹令晖的《香茗赋》等，加之各鬼神志怪一类小说中，如《搜神记》《异苑》《神异记》诸书，也多载有关于茶的神话，其普及情形，可想而知。

因为茶原是中国南部的产物，所以嗜好饮茶的人，最初也多属南人。后魏杨衒之《洛阳伽蓝记》里面有两段涉及茶的故事，极有趣，节抄于此："（王）肃初入国，不食羊肉及酪浆等，常饭鲫鱼羹，渴饮茗汁。京师士子道肃，一饮一斗，号为'漏卮'。……给事中刘缟慕肃之风，专习茗饮。彭城王谓缟曰：'卿不慕王侯八珍，好苍头水厄，海上有逐臭之夫，里内有学颦之妇，以卿言之即是也。'其彭城王家有吴奴，以此言戏之。"盖自晋统一后，武备废弛，外族强盛，在中国北部建国，素喜食牛羊酪浆，而浸成了普遍的风习。又陈庆之因在魏受杨元慎之诋辩而病，元慎视之，即口含水噀庆之，说："吴人之鬼，住居建康，小作冠帽，短制衣裳。自呼阿侬，语则阿旁，菰稗为饭，茗饮作浆，呷啜鳟羹，唼嗍蟹黄，手把豆蔻，口嚼槟榔。"语意固出于轻讥，但是茗饮这件事，最初实为南人的特有嗜好。

到了唐朝，嗜茶风习，逐渐推广，普及全国。陆羽《茶经》上说："盛于国朝，两都并荆渝间，以为比屋之饮。"而封演《闻见记》所记茶漫布的情形尤详，说："南人好饮之，北人初不多饮。开元中，泰山灵岩寺有降魔师，大兴禅教，学禅务于不寐，又不夕食，皆许其饮茶。人自怀挟，到处煮饮，从此转相仿效，遂成风俗，自邹齐沧棣，渐至京邑。城市多开店铺，煎茶卖之，不问通俗，投钱取饮。其茶自江淮而来，舟车相继，所在山积，色额甚多。"传布与兴盛之况可见。但唐人风俗嗜茶之所以养成，推究原因，实赖一般文人学者的提倡，他们是很用心去研究，于是茶的种植与煎炙之法，大加进步，嗜之者遂渐多。其中最有功且负盛名的，自推陆羽第一。封氏《闻见记》说："楚人陆鸿渐为茶论，说茶之功效，并煎茶炙茶之法，造茶具二十四事，以都统笼贮之。远近倾慕，好事者家藏一副。有常伯熊者，又因鸿渐之论，广润色之，于是茶道大行，王公朝士，无不饮者。"关于陆羽的事迹，《新唐书·隐逸传》载："陆羽，字鸿渐，一名疾，字季疵，复州竟陵人。……上元初，更隐苕溪，自称桑苎翁……诏拜羽太子文学，徙太常寺太祝，不就职。贞元末，卒。"据传，羽是一个倜傥不羁的人，晚年隐居，举止很清高，幼时曾作过和尚。他又是一无根底的人，《传》内说他：“不知所生，或言有僧得诸水滨，畜之。既长，以《易》自筮，得蹇之渐，曰：‘鸿渐于陆，其羽可用为仪。’乃以陆为氏，名而字之。”后来他因要读书，逃之在外，匿为优伶，作诙谐数千言。陆羽在唐朝即被视作神仙一流人物，卖茶的人都供奉他。唐李肇《国史补》说：“巩县陶者，多为瓷偶人，号陆鸿渐。买数十茶器，得一鸿渐，市人沽茗不利，辄灌注之。”赵璘《因话录》也说：“至今鬻茶之家，陶其像置于炀器之间，祀为茶神云。”他一直到宋朝，还是这样地得人信仰，得人供奉。

陆羽研究茶的成绩，就是《茶经》，我们知道在唐朝以前，造茶方法是极粗略、极不讲究的，所以皮日休说：“季疵以前，称茗饮者，必浑而烹之，与夫瀹蔬而啜者无异也。”（《茶中杂咏·序》）及陆羽《茶经》出，造法才渐进于精密。《茶经》今书作三卷，凡十类：一之源，二之具，三之造，四之器，五之煮，六之饮，七之事，八之出，九之略，十之图。曰具者，为采造之具，如籯灶、釜、甑等物；器者，则指风炉、炭檛、火筴、盂、碗等煮饮之器。书中述茶极为完备，而尤详于煮造之法。他说造茶有七种手续：“采之，蒸之，捣之，拍之，焙之，穿之，封之。”茶的好坏，又可以分为八等：“如胡人靴者蹙缩然，犎牛臆者廉襜然，浮云出者轮菌然，轻飙拂水者涵淡然。有如陶家之子罗，膏土以水澄泚之。又如新治地者，遇暴雨流潦之所经，此皆茶之精腴。有如竹箨者，枝干坚实，艰于蒸捣，故其形籭簁然。有如霜荷者，茎叶凋沮，易其状貌，故厥状委萃，然此皆茶之瘠老者也。”蒸捣拍穿，都是唐人造茶的必要手续，这方法到明朝始变。煮时须用炭火，炭须“曾经燔炙为膻腻所及及膏木”者，用水则“山水拣乳泉石池漫流者”，煮后饮之，觉“啜苦咽甘”，方为真茶。又“饮有粗茶、散茶、末茶、饼茶者，乃斫乃熬，乃炀乃舂，贮于瓶缶之中，以汤沃焉，谓之庵茶。或用葱、姜、枣、橘皮、茱萸、薄荷等物煮之。”把茶捣成末，拍成饼，饮时碾碎，放置瓷器中，以汤浇覆，唐宋人饮茶，都是这样。

煎茶好加些葱姜等物，这是唐人的特嗜。如唐德宗煎茶，好加酥椒之类，故李泌戏说：“旋末翻成碧玉池，添酥散作琉璃眼。”羽书所载出茶区域甚详，有山南、淮南、浙西、剑南、浙东、黔中、江南、岭南的诸州，并辨别其优劣。《茶经》一书，为中国讲茶最早、最有系统的一部书，在中国茶业史上，关系极为重要也。陆羽所著茶书还有《顾渚山记》二卷。宋晁公武谓："羽与皎然、朱放辈论茶，以顾渚为第一。"此书今已亡佚。此外唐人茶书，有于今者，尚有张又新《煎茶水记》、苏廙《十六汤品》及温庭筠《采茶录》。温书弗全，止辨茶数则；张苏之书，皆无多大价值；张书煎茶用水应分若干等，前列刘伯刍所分七等，次列陆羽所分二十等，说是于荐福寺得之楚僧，题曰《煎茶水记》，系代宗朝李季卿得于陆羽口授者，此说殊不足信。据《新唐书·陆羽传》称，羽与李季卿曾发生过龃龉之事，何能更口授茶记？且书中述事多怪悖，如说陆羽能辨扬子南零之水，两水相羼合，能以杓扬其水曰，何者为南零？何者为傍水？水固所含矿质不同而有美恶，但这样鉴别，真是荒诞不经，岂有此理。苏书论汤品，汤者，即烧热后用以冲茶之沸水，区为十六种，各立名目，皆煎汤老嫩，注汤缓急，汤之用品，及煮汤所需之薪诸问题，辟剖过细，失之理想。其论汤器，以金银质最佳，谓之金银汤。说"犹琴之不可舍桐，墨之不可舍胶"，亦欠妥实，盖茶器总以瓷为适宜也。

唐朝士大夫往来酬应，都把茶当作高雅物品，有关茶之吟咏，多不胜指。皇帝亦时常把茶赏赐臣下。茶的品类，亦因贵而加繁，《国史补》载："剑南有蒙顶石花，或小方，或散芽，号为第一。湖州有顾渚之紫笋，东川有神泉小团、昌明兽目，峡州有碧涧、明月、芳蕊、茱萸簝，福州有方山之露芽，夔州有香山，江陵有南木，湖南有衡山，岳州有㴩湖之含膏，常州有义兴之紫笋，婺州有东白，睦州有鸠坑，洪州有西山之白露，寿州有霍山之黄芽，蕲州有蕲门团黄。"这些名目，直到现在，还多袭用。又唐茶最重湖州、常州所产之紫笋（以其萌茁紫而似笋得名）。陆羽以湖州为上，常州次之。湖州茶生于长兴之顾渚山中，常州茶生于义兴县、君山悬脚岭北峰下，即所谓阳羡也。两茶皆入贡，以清明日贡到，先用荐宗庙，然后分赐诸近臣。卢仝《茶歌》有云："天子须尝阳羡茶，百草不敢先开花。"其中湖州所造尤多，"谓之顾渚贡焙，岁造一万八千四百八斤"（《海录碎事》引《南郡新书》）。

宋人最注重建茶，建为建宁，即唐朝建州，今福建省建瓯县。建州产茶，陆羽《茶经》未能详言，但说：“恩、播、费、夷、鄂、袁、吉、福、建、泉、韶、象十二州未详，往往得之，其味极佳。”据《广群芳谱》所引《茶事拾遗》说：“贞元中，常衮为建州刺史，始蒸焙而研之，谓之膏茶。”则是唐时该地已经造茶。后来到了南唐，设置官焙，继续制造，其佳制者号京挺。《十国春秋·南唐元宗本纪》记：“保大四年二月，令建州制的乳茶，号曰京挺。”等到宋朝，茶的制造更加精密，其精制品，曰团茶。宋之初年，在建州特置龙凤模制造此茶，茶之形状为饼片，上饰龙凤纹，供奉御用物，是用金装成，极为珍贵。它的发创人是丁谓，淳化进士，咸平中作福建漕监，督造御茶，始进龙凤团，即所谓“大团茶”也。谓撰有《茶录》，今佚。晁公武《郡斋读书志》说是谓充漕监时所作，内容“谨录园焙之数，图绘器具，及叙采制入贡法式”。庆历时，蔡襄亦作福建漕监，造一种小龙团茶，比较大团茶品尤精绝。

有宋一代建茶之盛行，不能不归功此二人。当时皇家对于小团茶，最为珍视，虽属近臣，亦辄难获赐。欧阳修《龙茶录后序》云：“惟南郊大礼致斋之夕，中书、枢密院各四人，共赐一饼，宫人翦金为龙凤花草贴其上。两府八家，分割以归，不敢碾试，相家藏以为宝，时有佳客，出而传玩尔。至嘉祐七年，亲享明堂斋夕，始人赐一饼，余亦忝预，至今藏之。”到熙宁末年，建州又造密云龙茶，品又高于小团，绍圣间，改为瑞云翔龙。大观年间，徽宗皇帝嗜茶，研求愈精，有白茶、试新銙、贡新銙、龙团胜雪等名，昔之瑞云翔龙，又视为下矣。

据《文献通考·征榷考》所载：“凡茶有二类：曰片，曰散。片茶蒸造，实棬模中串之，惟建、剑则既蒸而研，编竹为格，置焙室中，最为精洁，他处不能造。其名有龙、凤、石乳、的乳、白乳、头金、蜡面、头骨、次骨、末骨、粗骨、山挺十二等。……余州片茶，有进宝、双胜，宝山，两府出兴国军；仙芝、嫩蕊、福合、禄合、运合、庆合、指合，出饶、池州；泥片出虔州，绿英、金片出袁州，玉津出临江军、灵川、福州，先春、早春、华英、来泉、胜金出歙州，独行灵草、绿芽、片金、金茗出潭州，大拓枕出江陵，大小巴陵、开胜、开捲、小捲、生黄、翎毛出岳州，双上、绿芽、大小方出岳、辰、澧州，东首、浅山、薄侧出光州，总二十六名。散茶有太湖、龙溪、次号、末号，出淮南；岳麓、草子、杨树、雨前、雨后，出荆湖；清口出归州，茗子出江南，总十一名。”看这些花样，就可以知道宋人造茶方法，比较唐人已进步。但是他们制造时的耗工及过奢的消费，也更可令人惊讶。周密《武林旧事》中所记，福建漕司进第一纲蜡茶之制潢，“皆方寸小夸，进御止百夸，护以黄罗软盝，藉以青箬，裹以黄罗夹复，臣封朱印，外用朱漆小匣，镀金锁，又以细竹丝织笈贮之”。其价值“一夸之直四十万”。

宋人贵茶，故关茶事撰著亦富，今日尚存蔡襄《茶录》，子安《东溪试茶录》、黄儒《品茶要录》、徽宗《大观茶论》、熊蕃《宣和北苑贡茶录》、赵汝砺《北苑别录》诸书，其中以蔡襄《茶录》成书最早。襄为福建路之兴化军人，仁宗赐字君谟，曾为闽漕，掌管造茶。因“陆羽《茶经》不第建安之品，丁谓《茶图》独论采造之本，至于烹试，曾未有闻”，（《自序》）遂作《茶录》，分茶论、器论二篇，皆有关烹试诸端，极精审。襄嗜茶成癖，苏东坡谓其“老病不能饮，则烹而玩之”。（《东坡杂记》）徽宗《茶论》，凡廿篇，书内除烹试外，兼及地产、天时、采择、制造等事，所论多贴实详尽。此书为皇帝所亲撰，影响于当时饮茶风尚匪浅。徽宗于茶有特嗜，曾亲自烹茶给臣下喝。据宋李邦彦《延福宫曲宴记》说：“宣和二年十二月癸巳，召宰执、亲王、学士，曲宴于延福宫……上命近侍取茶具，亲手注汤击沸。少顷，白乳浮盏面，如疏星淡月。顾诸臣曰：‘此自烹茶。’饮毕，皆顿首谢。”其嗜茶之癖，比起唐明皇组织梨园，亲自教弟子唱曲的戏迷，实不多让了。黄儒，熙宁进士，建安人，所著《品茶要录》，多论茶病，为其独到处。《东溪试茶录》《北苑贡茶录》《北苑别录》三书，皆标举建茶著名的产地。子安《试茶录》，子安即著者，一说姓宋，一说姓朱，事迹已不可考。书中叙说闽中建溪诸焙，如北苑、壑源、佛岭、沙溪等处，以北苑、壑源所产最优，佛岭、沙溪较下。北苑属官焙漕司岁贡，壑源为私焙，沙溪曰外焙。考北苑之名，《梦溪笔谈》说：“建茶胜处，曰郝源、曾坑，其间又坌根山顶，二品尤胜。李氏（南唐）时，号为北苑，置使领之。"《试茶录》中说："北苑西距建安之洄溪，二十里而近，东至东宫，百里而遥。""过洄溪，逾东宫，则仅能成饼耳。独北苑连属诸山者最胜。"蔡襄《茶录》也说："惟北苑凤凰山连属诸焙所产者味佳。"北苑盖建茶最优之产所。壑源产茶亦优良，情况颇盛。黄儒《品茶要录》谓其地："春雷一惊，筠笼才起，售者已担簦挈橐于其门，或先期而散留金钱，或茶才入笪而争酬所直。"《试茶录》谓壑源茶："厥味甘香，厥色青白，及受水则淳淳光泽，视其面，涣散如粟。虽去社芽叶过老，色益青明，气益郁然，其止则苦去而甘至。"又列所产茶，有七类：一白叶茶，园焙时有之，芽叶如纸，民间以为茶瑞，与寻常的食茶不同（即徽宗所谓"白茶"也）。二甘叶茶，为食茶中的上品。三早茶，民间采制以做试焙。四以下曰：细叶茶、稽茶、晚茶、丛茶，就都不足称佳品了。熊蕃《贡茶录》里面所记，皆北苑贡茶的名号，有四十余色之多。蕃之子克更补写贡茶的形制于后，为一记贡茶最详的书。赵汝砺《北苑别录》内载御园的地址，茶的蒸研制造诸法及贡茶纲次，也颇简实有序。

南宋以后，饮茶风习更盛。吴自牧《梦粱录》载，南渡后，杭城中的茶肆有"列花架，安顿奇松异桧等物于其上，装饰店面，敲打响盏歌卖"者；有"夜市，于大街有车担，设浮铺，点茶汤，以便游观之人"者；有"富室子弟，诸司下直等人会聚，习学乐器、上教曲赚之类，谓挂牌儿"的人情茶肆；有"诸行借工卖伎人会聚"的茶肆；有"楼上专安著妓女，名曰花茶坊"；有"蹴球茶坊"；有在"巷陌街坊，自有提茶瓶沿门点茶"的，组织完备，不让今日。这时金朝与宋成了对峙局面，金人用茶，都是仰赖宋人供给的。宋设置榷场，售茶与金，为耗其财，将出口税加重。这时北人嗜茶的习惯亦已养成，每年中消费于此者为数颇不赀也。《金史·食货志》载，泰和五年（1205年），尚书省奏云："比岁上下竞啜，农民尤甚，市井茶肆相属，商旅多以丝绢易茶，岁费不下百万。"这样的利权外溢，使金朝感觉起恐慌。承安四年（1199年），在淄密、宁海、蔡州三处，设置官坊造新茶，但是成绩太坏，商旅不愿贩运，民间拒绝购用，只把金章宗气得说："朕尝新茶，味虽不嘉，亦岂不可食也。"后来没办法，罢造茶坊，禁人民食茶，非七品以上的官不许食，亦是不得已的举动了。

元人用茶，于宋无何殊异。可注意者，即所用除末茶外，渐用叶茶。唐宋人用茶，本多是碾为细末，制造茶团茶饼，唐卢仝诗所谓“首阅月团”，宋范仲淹诗所谓“碾畔绿尘飞”者是也。（《续文献通考·征榷考》）元朝叶茶则与末茶并重，降及明清，除闽广一带尚有用末茶者外，叶茶算是最普遍的了。

迄于明，造茶饮茶之法均大变，宋人所最珍视的团饼，明人已是不用的了。其中原因固多，但起初则受罢免福建茶贡的影响，因宋人团饼实创制于贡茶也。《明史·食货志》云：“天下茶贡岁额，止四千二十二斤，而福建二千三百五十斤。建宁茶所贡，有探春、先春、次春、紫笋及荐新等号，则建茶固甲于天下也。每贡入，必碾揉为大小龙团进，高皇帝以劳民力，命罢造，照诸处，独采芽以进。”究其实，宋人所费许多工夫，把茶碾成细末，已难免有损茶味，再揉成团饼，油膏饰其面，恐怕经烹点后，也就没有什么好的味道了。现在茶中尚有普洱团、七星饼之类，多是叶制，饮之除觉浓厚，实无何佳味。原我国茶自唐季收税以来，造茶的民家，叫作茶户，也叫山户；植茶的区域，或在山中，或即田园之旁，自栽培以至造成皆出其手，所以茶户亦即茶商，只是另有贩运的客商罢了。其官茶，多官监督之。茶的形状及栽植之法，就如《茶经》所说：“树如瓜芦，叶如栀子，花如白蔷薇，实如栟榈，蒂如丁香，根如胡桃。”“上者生烂石，中者生砾壤，下者生黄土。凡艺而不实，植而罕茂，法如种瓜。三岁可采，野者上，园者次；阳崖阴林，紫者上，绿者次；笋者上，芽者次；叶卷上，叶舒次。”关于采摘的时候，《茶经》亦说：“在二月三月四月之间。”即自惊蛰以至立夏之间，这是要看地暖的早晚而规定，如建溪茶则以惊蛰为候，因为闽中天暖得较早，而江浙就都在清明、谷雨之间。现在我国采茶时期还是自清明至谷雨，中间采摘数次，有头帮、二帮、三帮之别。

茶的制法，在唐宋时，于摘采后须要经过蒸压手续，即《大观茶论》所谓“茶之美恶，尤系于蒸芽压黄之得失”。《茶经》云：“蒸之，捣之，拍之，焙之，穿之。”因为要把茶蒸干研末，造成团饼，所以要用蒸、捣、拍、穿的手续。唐人谓茶曰“串”，串者，即穿也。《茶经》中茶具有棨（一曰锥刀），有扑（一曰鞭）都是用来穿茶的。到明朝制法就不是这样子，茶采摘后，就放入铛中炒，或用日晒，使之干燥，再入焙烘。焙烘的工作很重要，茶的香味好不好，全系于烘焙的得法不得法。许次纾《茶疏》中论炒茶说：“炒不宜久，多取入铛，则手力不匀；久于铛中，过熟而香散矣，甚且枯焦，不堪烹点。”闻龙《茶笺》制法也说：“炒时须一人从旁扇之，以祛热气，否则黄色，香味俱减。……令热气稍退，以手重揉之，再散入铛，文火炒干，入焙。”现在制茶仍袭用此法，除红茶须发酵外，还是先要曝晒，或用火使之干燥，用手搓揉，或用足踏之，再入烘焙，只是觉得用手揉搓尚可，以足踏，微嫌有不洁耳。焙之状，据陆羽《茶经》说：“凿地深二尺，阔二尺五寸，长一丈，上作短墙，高二尺，泥之。”里面用的器具，有贯有棚，贯是“削竹为之，长二尺五寸，贯茶焙之”。棚（一曰栈）是“以木构于焙上，编竹两层，高一尺，以焙茶也。茶之半干升下棚，全干升上棚”。明人因造茶方法不同，茶焙亦稍异。闻龙《茶笺》说：“予尝构一焙室，高不逾寻，方不及丈；纵广正等，四围及顶，绵纸密糊，无小罅隙；置三四火缸于中，安新竹筛于缸内，预洗新麻布一片以衬之，散所炒茶于筛上，阖户而焙。”现在制茶用的烘焙器具，是一种笼，直径三四寸，高约三尺，开其两端，中间有竹底，上部容茶，下部即置炭火以焙。

明人既不像宋人专重建茶，如江浙一带，皆出佳品。其中最著名的有：虎丘、天池、松萝、六安、龙井、罗岕诸茶。可是明人对于这些茶，品评优劣，多不一致，大概是因为嗜好有不同的缘故，即如推重松萝茶的人就说：“虎丘真茶最寡，止宜新，岕亦宜新。惟松萝可久蓄，岕宜春后采，松萝秋采者更佳，以是知茶品无过于松萝。”（《天爵堂笔余》）反对天池茶的便说：“士人皆贵天池，天池产者，饮之略多，令人胀满。自余始下其品。”（《茶疏》）称许虎丘茶的则说：“徽郡向无茶，近出松萝茶，最为时尚。……是茶比天池茶稍粗，而气甚香，然于虎丘能称仲，不能称伯也。”（冯时可《茶录》）但是他们对于罗岕茶都一致推重，此茶大盛于明之季年。明人所著茶书，专论岕茶的多至数种，其重视可知。冒襄《岕茶汇钞》载罗岕得名之由，曰：“环长兴境产茶者，曰罗嶰……嶰而曰岕，两山之介也。”“罗氏隐此，故曰罗”。周高起《洞山岕茶系》云：“罗岕去宜兴而南，逾八九十里，浙直分界，只一山冈，冈南即长兴山。两峰相阻，介就夷旷者，人呼为岕……云有八十八处。前横大磵，水泉清驶，漱润茶根，泄山土之肥泽，故洞山为诸岕之最。”盖岕茶以洞山产品为最佳云。高起说，岕茶渊源于唐之阳羡茶。许次纾说，它是古时的顾渚紫笋。明时诸茶制造都用炒法，仅岕茶是要经过蒸发的。明茶著名的，据《茶疏》载，还有“浙之产，曰天台之雁宕、括苍之大盘、东阳之金华、绍兴之日铸，皆与武夷相为伯仲”。“楚之产曰宝庆，滇之产曰五华，此皆表表有名”种种。

明人所著茶书也很多，但多篇幅简短，不堪称书。可一述者，就所知仅顾元庆《茶谱》、许次纾《茶疏》、程用宾《茶录》三书。顾谱多系抄撮唐宋旧说，无足参证。许程二书，内容则颇切实扼要。许疏三十六则，论茶事甚备，除开采摘、炒焙及烹点诸端外，旁及收藏、置顿、包裹等细琐，且许书各则多系从经验得来，价值在此。程录凡十四篇，内中亦叙论原种、采候、选制、封置诸事，前后并附有古茶具与当时茶具之图说。

入清以后，造茶的方法与饮啜，多因袭明，没有什么特异可说。且此时全国如中部南部，几无处不有茶树的种植与制造，全国不拘南北，几无处不设饮茶之所。清人嗜烟，茶烟已成联用名词，客人来“装烟倒茶”，是必经必传的节目了。兼之康熙以来，茶在对外贸易商品中占重要位置，演成了一种很大的交易事业。其种类大抵可分红茶、绿茶，皆由于制造上的不同，非因产地关系。又有砖茶，以其形状似砖得名，亦有红绿两种。红茶著名之品目，曰白毫、武彝；绿茶以熙春最优，雨前最次。制造之法，绿茶即前所说，须经过晾晒、揉搓、烘焙手续；红茶须发酵，发酵就是把茶盖上布在日光下曝晒，使它发酵，这样能使茶味变为浓厚。砖茶是把红茶末，或绿茶末，或茶叶亦可，蒸之使软，放入模型内，加以压力，干燥成砖的样子，又有造成板的样子的，叫作板茶，这种茶多销之国外。国人嗜用者，大多为红绿叶茶，而绿茶尤多于红茶。至红绿茶的名目，或从出产地，或以制造区别，甚繁，且为人所习知，不赘述矣。

（原载《中法大学月刊》1933年第4卷第1期）

《赛金花本事》和赛金花

《北京政协文史资料》编辑同志多次相约，希望我谈谈所知道的关于赛金花的一些活动事迹，我总是推谢。所以然者，时间过了将及半个世纪，当日接触情景已多模糊，难于追忆；兼之教研两忙，少有空暇，并且所存书籍，经乱大多散失。还是编辑同志代我借来一本《赛金花本事》，帮助寻索往迹，始得提述一二。兹分两则来谈。

一、写书的经过

1932年冬，一天，我的导师刘半农先生在北京大学文科研究所对我说："陈伯平（当时北平中法大学教授，其父陈璧，清末作京城御史，和赛金花相识）想写个法文本的赛金花传，我们先写个中文本的好不好？"又说："郑颖荪（古琴专家）和赛金花熟识，可作介绍。"于是商定，每周邀赛金花出来两个半天，时间在下午，用汽车接送，并预备一顿晚餐，谈话地点就在郑家（东城隆福寺街西口外）。大概谈了八九个半天之后，刘先生要赴西北考察方言，就暂时停下来。刘先生临行时，曾嘱咐我要常到赛寓看望联系。没料到，刘先生在外边感染"回归热"病，回北平后经多方医治无效逝世。刘先生是我在大学读书时期最早、最亲近的老师，我的粗通翰墨，略解文艺，就是经他指导传授和熏陶影响的，骤失良师，抱痛莫已！

邀谈写书之事如何处理，就需要我来考虑了。我是个默默无闻的年轻学生，不但写出书来难于出版发售，而且谈话尚未完结也难于着笔。就此打住吧，书店垫付了四五百元的车饭费及赠予赛金花的款子需要归偿。这个书店名叫“星云堂”，在琉璃厂海王村；本来因亏损无法维持，方联络刘先生希望得到他的帮助，使业务有所好转，刘就派我去协同经营。《半农杂文初集》、影印《初期白话诗稿》等，都是经由刘先生编辑，在这个书店印行的。因此，我不能推脱责任不管。这时颇有一些投机者，探知书未写成，就争着往访赛金花要为她写传。书店看到这个情况当然着急，我也急了，就赶快去见胡适之先生。他是北大文科研究所主任（以前是刘半农先生），请他给我一个指教，这事应当怎么办？因为当时听到研究所的导师中有人反对给妓女写传，说有失学者尊严，我当然害怕了。见到胡先生，将写书动机及当前为难之处向他面诉一遍。他道：“你要写书归还欠帐，可以将赛金花的谈话照实写出，不许夸张渲染，留下一个谈话记录就是了。”于是我便遵嘱而行。《赛金花本事》就是这样写成问世的。

既然要成为一本书，总须分下章节，拟些题目。刘先生生前只讲过书名可作《赛金花本事》，并指出过几个要点，如洪钧带着他这个小妾在欧洲的生活和活动情况；她脱离洪家后的一些行动，以及到北京结交了哪些显贵人物；闹义和团的时候，她都干过些什么勾当；乱后的遭遇如何，等等。实际上刘先生未曾动笔一字，而我也即按照上面的指点，共拟了十七个节目，未敢再作续谈，就此草草成书。这本书只出了一版，印数大概是两千，卖光后没有再印。原因是，我所处的环境不允许继续扩写此书，但看见书中只有不多几节，便补录了些官、私记录文字，使书的字数有所增加。就这样，也仅仅凑成了一个三万字的小本子。至于书上标题列有刘先生“初纂”二字，这是出于书店的要求，他们考虑只题我的名字怕书卖不出去。书虽然卖出了一版，归还了欠账，却并没有赚到多少钱，两三个月后书店便关闭了。这时上海、北平等地就根据这个小本子，改头换面，添枝增叶，连出过几本类似的书，对此我均置之未问。就在这个时候，上海电影演员胡蝶给我来过一信，要我陪同赛金花去上海商洽排演影片，我谢绝了。一以我和赛并无如何深久关系，她已年老之人，我负不起这个责任。再是我也没有搞电影这门艺术的爱好和兴趣。不过，我却认为，就赛金花一生活动的事迹重点，编写成剧本，表演于舞台和银幕是可行的。因为从她的周围可以充分暴露出晚清政府的腐败无能和亲贵大吏的糜烂生活，同时可以反映出当时志士仁人的忠贞爱国、不怕牺牲的正义无畏精神。报馆访事沈荩在刑部遭受酷刑而死①，就是在赛金花进刑部的日子里，她名为关押在监，实际上还允许她吸鸦片烟，两相对看，竟不同如此。还有，当时京津一带义和团抵抗侵略者的勇敢拼斗的壮烈情况，也可从而表现出来。只是我的文学艺术素养很差，当然更谈不上实践经验，实在有力不从心之处。

二、其人、其时、其事

赛金花的名字，从她的谈话中察知，大概是在天津组织“金花班”妓院时开始用起的。她的名字经过了多次改换，未嫁洪钧前名“彩云”，进洪家后名“梦鸾”，后又改“梦兰”。民国初和魏斯炅结婚，便称“魏赵灵飞”。从其一生活动历史来看，要以赛金花这个名字最普及也最响亮。

赛金花其人，到底是个怎样的人呢？依我看来，她是一个平凡普通的女子。但由于长时间的妓女生活，锻炼得能交际并能辨识人物。举一例说，有一次，我同我的爱人带了点礼品去看望她，恰巧碰见一个看来约莫五十岁左右的男子，样子很阔气，正躺在床上吸鸦片烟。我们略谈了几句便告辞。那个人说：“可等一会儿，坐我的汽车送你们回去。”我表示了一下谢意便走开了。后来再次去赛寓，她说那天你们不搭汽车很对，意思表露那个人不好。我也没有再追问他是做什么的。等赛金花死后，她所雇用的女仆顾妈告诉我，那个人姓王，是管什么“警备”的。处在那样的时代，像赛金花这样的人，如何能够拒绝和这伙妖魔鬼怪周旋呢？后来又有一群亲日汉奸潘毓桂之流来纠缠她。而到

① 一九〇三年七月十九日，沈荩以报道了有关中俄秘密谈判，帝俄提出七条要求的消息，被清廷逮捕。七月三十一日，慈禧下令用竹鞭行刑，即日沈被杖死于刑部监狱。

头来，她仍然在贫窘中死去，这年应是1936年冬。我因遭父丧，未在北平。

赛金花的文化水平并不高，略识文字，不能执笔作书。《赛金花本事》的题签，还是我先写好，由她铺上薄纸描成的。“魏赵灵飞”四个字的署名，是我爱人模仿她的生涩的笔势代写的。可是她颇健谈，操带南音的京语，讲起话来滔滔不绝。善饮酒，量颇不小。我见着她的时候，已是花甲之岁，望之犹如四十许人。记得刘半农先生向余上沅（戏剧家）说，看这个女子当是清末时期的标准美人。

赛金花之所以享名南北，乃是“生逢其时”。而时有三：一、在洪钧作使臣时随其到过欧洲。二、以“状元夫人”的称号从事社会活动。三、参与义和团运动中的外交事件。三者互相关联，互相影响。不随洪钧出国，她不可能有机会学会德语。洪钧不死于中年而老寿，她不可能脱离洪家，以“状元夫人”之名大肆活动〔洪钧于清同治七年（1868年）中状元，死于光绪十九年（1893年），年五十五岁〕。没有义和团运动的发生，她不可能以懂德语在北京结识瓦德西。她就是在这段时期，由十四岁到二十八岁的十四个年头里（1887—1901年）成为京、津、沪社会上一个响亮人物。应当说她是在这样巧遇的时机中出现的。

她所认识的清末当权人物确是很多，仅就其口述所及，有载勋（庄王）、奕劻（庆王）、立山、荫昌、孙家鼐、陆润庠、许景澄、陈璧，以及李鸿章等。“赛二爷”的称呼，就是立山戏弄出来的。许景澄和洪钧同科中进士，也出使过欧洲，他们关系必然很近，所以赛金花由天津逃难来北京，想要投奔许家，并说她和许景澄的太太是干姊妹，这个太太说不定也是个妾。刘先生说赛金花和慈禧是一朝一野相对的一对，这话说得很合适。这两个女人都是中国历史上极不光彩的人物，其所不同者，赛金花是个丢丑的，慈禧是个有罪的。这本书中所记赛金花的谈话，其劝说被戕德使克林德夫人答应立牌坊一事，是可以相信的。李鸿章曾利用她去和德国人拉拢，讨好求和，是完全有可能的。当时侵略军联合统帅为德国人瓦德西，他在中国气势汹汹，不可一世，肆意杀戮，为所欲为。赛金花为了使克林德夫人让步，曾是出过力的。我们在此节录她的一段谈话：

当开和议时，态度最蛮横，从中最作梗的要算德国了。他们总觉得死了一个公使，理直气壮，无论什么都不答应。尤其是那位克林德夫人，她一心想替丈夫报仇，说出来许多的奇苛条件，什么要西太后抵偿罢，要皇上赔罪罢，一味的不依不饶，把个全权和议大臣李鸿章弄得简直没有办法了。我看着这种情形心里实在起急，又难过。私下里便向瓦德西苦苦地劝说了有多少次，请他不必过于执拗，给中国留些地步，免得两国的嫌恨将来越结越深。瓦德西说，他倒没有什么不乐意，只是克林德夫人有些不好办。于是，我便自告奋勇愿，作个说客去说她。

我见着了她，她对我的态度还很和蔼，让我坐下，先讲了些旁的闲话。然后，我便缓缓地向她解释说："杀贵公使的并不是太后，也不是皇上，是那些无知无识的土匪——义和团，他们闯下祸早跑得远远的了。咱们两国邦交素笃，以后还要恢复旧好呢。请你想开些，让让步吧！只要您答应，别人便都答应了。"

她道："我的丈夫与中国平日无仇无怨，为什么把他杀害？我总要替他报仇，不能就这么白白地死！"

我说："仇，已算是报了。我国的王爷大臣，赐死的也有，开斩的也有，仇还不算报了吗？"

她又道："那不行，就是不要太后抵偿，也要皇上给赔罪。"说这话时，她的态度很坚决。我想了想，遂说："好罢，你们外国替一个为国牺牲的人作纪念，都是造一石碑，或铸一铜像。我们中国最光荣的办法却是树立一个牌坊。您在中国许多年，没有看见过那些为忠孝节义的人立牌坊吗？那都能够万古流芳、千载不朽的！我们给贵国公使立一个更大的，把他一生的事迹和这次遇难的情形，用皇上的名义，全刻在上面，这就算是皇上给他赔了罪。"经我这样七说八说，她才点头答应了。这时我心里欢喜极了，这也算我替国家办了一件小事，听说条约里的头一项就是这事哩！

当侵略者打到北京，慈禧挟持着载湉急急惶惶逃奔西安，然后连电奕劻和李鸿章，要他们“无论如何为难，总要极力磋磨”（《光绪朝东华录》光绪二十六年九月己丑），并答应侵略者们的要求，发给奕劻、李鸿章“全权大臣用宝敕书”，以便签署卖国条约使用。几经交涉，不顾羞耻，才得到各国侵略者共同提出的议和十二条款。其第一款即是树立克林德纪念牌坊。观察当时情势，慈禧是急催李鸿章等和各国“克日开议”。这时清驻俄使臣杨儒曾电告奕劻和李鸿章文有“德帅到华，和议更难维持”之言。到十一月提出了十二条款，在款末附言：“若非将各款允从足适各国之意，各本大臣难许有撤退京畿一带驻扎兵队之望。”为此，奕劻、李鸿章奏报慈禧，各国“词意决绝，不容辩论”（《光绪朝东华录》二十六年十一月甲戌）。可是第一款却解决得很顺利，可知必定有人从中斡旋，这个人应当就是赛金花。

清末民初的杂笔佚闻之作，颇有涉及赛金花事迹者，而值得抄举的却很少，阅读苏曼殊《焚剑记》，有一段有意义的记述，并节录于此：

彩云为洪状元夫人，至英国，与女王同摄小影，及状元死，彩云亦零落人间。庚子之役，与联军元帅瓦德斯（西）办外交，琉璃厂之国粹，赖以保存。……能保护住这个文物地区，不使它遭受捣毁破坏，也应算她做了一桩好事。

（原载《文史资料选编》1983年第18辑）

赛金花本事

序

去冬一日，我和半农先生在北大文科研究所闲话，提起赛金花。他说：“听说有人要给她写法文的传，我们先给她写个国文的吧！你有没有兴趣？这个人在晚清史上同叶赫那拉可谓一朝一野相对立了！”我当时便回答：“好极了，我们就写。”后来又去同郑颖荪先生商量了一下，主意决定，就着手筹办起来。

那已是旧历腊月了，把赛邀了出来。我们是隔天一会，一连有十几会，她一生紧要的事迹，总算都叙述了一遍。结果，有些是叫我们很满意，有些却也叫我们很失望！满意的是，从这一谈里解决了我们许多疑虑的，或不明了的事情，例如，她在欧洲时的生活，是那样平淡，哪里像小说中一味的胡诌乱谤，说赛怎样怎样热恋瓦德西。据《李瓦问答》记，瓦到北京，年已六十八岁，那么，她在欧洲时，瓦已半百之翁矣！一个十六七岁的少妇，会迷恋上一五十开外的异族老头儿，岂不笑话！伊之能结识瓦，料来，因为妓女身份，且娴德语故也。不问庚子时，即在今日，欲览一美姿容、精德语之中国妓女，亦必戛戛乎难矣！又立克林德牌坊时，她曾谆劝克林德夫人，这算是她一生最紧要而不可埋没的一件大事。已往史家或不知，或隐讳不肯说，实不应该。盖我国自鸦片战争以来，这九十四年中，因国势孱弱，每战必败，办外交的，办得好落个

“委曲求全”，办不好便“丢人撒脸”。庚子外交，尤其糟糕，应付大感棘手矣！而能有这么一个妓女出来帮帮，虽不必怎样颂扬她，但总还值得一道罢！失望的是，我们起初总觉得她能把晚清时诸名人的私生活，说些出来给听，哪知她以学识缺乏，当时即未能注意及此，迄今更如过眼云烟，不复记忆矣！甚至提一人，道一事，也不能尽其原委，故本书曾参询过许多人始克写竟也。

这本书，从访问到写竟，为时已将十个月，时间也算够长了，可是中间耽误的时期却有九个月。我是早就把谈话草草地编写了一过，便搁放在一旁。每逢和半农先生见了面，总当闲话谈它，怎么分章，用什么体裁，搜罗像片……说完了，彼此就又忙起别的事来，总没得功夫趴在桌上，好好地把它写一下，一直到半农先生没！

半农先生没后，关于这本书，我就连谈也不愿谈了，因一谈便想起了半农先生，心里着实难过！偏偏一班朋友们见我还就打听，总是下警告似的说：“赶快写了吧！不然恐怕继《孽海花》六集六十二回的十集一百二十四回‘冤海花’就要出版了。”我想了想，还是写了好，这才用了三周夕的功夫，粗枝大叶地写了这么三万多字。好吧，坏吧，由它了！几条“撰列”却要说明：

一、本书完全根据了她的谈话，删其屑烦无谓，理其颠倒重复。

一、写到一处，偶然有感，便附上一段二段的话，这也不过是小作考证，聊抒己见云尔。

一、书中所引人名、地名，有些因谈者已不知为何字，撰者只好推意记音而已，舛误难免。

末了，我还要诚恳地向胡适之、曾觉之、郑颖荪三先生致谢，他们对于这本书的体裁上很给指教！此外，陈执中兄替作封面，刘墨厂兄替摹像，尤感！

鸿逵　民国二十三年十月九日夜

目 次

编者按：原文中有七幅插图，即年方少艾的赛金花、义和团、红灯罩、清光绪二十六年（1900年）的北京正阳门城楼、庚子时联军将帅在南海听鸿楼前合影、克林德纪念牌坊落成时摄影、徐娘虽老风韵犹存的赛金花。因年久原图片模糊不清，故略去。一些冗余词语作了修订。

一 家 世

我本姓赵，生长姑苏，原籍是徽州，家中世业当商。我的父亲就生在徽州，十二岁上，因闹长毛（即太平天国，以其披发，俗皆呼曰长毛），我们徽州很受蹂躏，家人都四散奔逃了，他只身便跑到苏州找我祖父。那时我祖父正在苏州与一叫朱胡子的合伙开当铺。后来乱事平定，也没有回本乡，就在苏州落户了。我的母亲苏州人，姓潘，容貌长得很美，性子又温和，亲友们都称她贤惠。生我那年是同治末年，她整整三十岁。这时候，我家住在苏州城内周家巷。

我的祖父叫赵多明，人极忠厚，笃信神佛，天天烧香磕头，求着多子多孙。后来果然求得八个儿子，但不幸因闹长毛都流离失散了，以后也迄无音讯，不知死活，剩下的只有我父亲一人。

我的祖母是一位很有才干、很有经验的人，家务都归她主持，只是脾气太大，约束家人严厉极了，偶犯小过，便遭申斥，家里人没有不怕她的。惟独对于我却特别钟爱，从未打过一下，骂过一句，一切饮食服用，也都很精心细意地给预备。这也是因我小时就很聪慧，会伺候她的缘故。她的身体原来很健康，因我嫁了洪家不久，便要随洪先生赴欧洲，她着实舍不得叫走，却又无法拦阻，心里总是在挂念。到了欧洲，我又不能常给家写信，因此使她渐渐地竟忧虑成了病，以致不起。临危时，还叨叨絮絮地说，盼望见我一面，这样辽远的路程，怎么容易回来呢？

我还有一弟弟，中年病没，已娶妻，无子。

“彩云”是我的乳名。姓傅是假冒的，因那时常常出去应酬客，为顾全体面，不好意思露出真姓氏，便想得一个富字，取“富而有才”之意，后来人们都把它写成人旁的傅字了。嫁了洪家，洪先生给取名“梦鸾”。脱离洪家后，又改为“梦兰”。

我们赵家在徽州也是大族，人口繁衍，后分二支：一曰千户堂，一曰积禧堂。有两个祠堂，修盖得都很非常壮观。

附言：

或谓伊之姓赵，也是冒出，实乃姓曹，为清代某显宦之后。

二　幼小时代

我小时就很聪敏，什么礼节全懂得，也会款待人。七八岁时，家中有亲友来，总是我先打招呼，装烟倒茶，陪着人家谈话。亲友们因此都很喜欢我，一到我家，便忙着打听我，找我。我祖母本来是个最讲究体面的人，见我如此，便对我更加疼爱，常常听到她在人前夸赞她的孙女如何如何的好。

我到了十几岁，出落得俊俏非凡，又天性喜欢妆饰，就爱搽胭脂抹粉，穿好衣裳，一打扮起，人人都说好看，都说："这小妮子，不知将来要被哪个有福的娶了走呢！"渐渐苏州城内没有不知道周家巷有个美丽姑娘的了。有时我在门口闲立，抚台、学台们坐着轿子从我跟前过，都向我凝目注视，常常弄得我很害羞地跑进家去。

我们徽州有一种食品，叫"状元饭"，是用红苋菜加猪油拌饭。我小时最爱吃这个，有人便说我："将来必定要嫁个状元。"后来果然嫁了洪先生（名钧，同治戊辰科一甲一名进士），这也是前生注定的姻缘罢。

我从小就说苏州话，官话是后来才学会的。我家里人都说徽州话，只有我母亲，因是苏州人，她说苏州话。

这时候，我家的经济状况已渐渐感觉困难。祖父同朱胡子合伙开的当铺，已因赔累不堪倒闭了。父亲是没有什么能力出去做事的，家里又没有多大积蓄，差不多全靠着借债典卖度日，我祖母整日忧愁得什么似的。但为顾全体面，还竭力支撑着门面，不愿意显出困窘的样子，叫人家知道笑话。

三　匆匆一年的卖笑生涯

我家有一使女，名唤小阿金，是我母亲陪嫁过来的。后来家里的境况越来越穷，就把她打发走了。她出去先跟了别家，后又归一姓金的，名叫金石泉。金有一妹子叫云仙，当时在苏州很出风头的一个拉纤的，交际很广，苏州的阔人差不多她都认得。她久已闻我的艳名，想着引诱我为娼，从中图利，只苦于无法着手。小阿金一到她家，她有了法子，就授命小阿金托词来我家闲玩，寻机会先把我诱到她家，俟慢慢地熟了再下手。

这时我才十三岁，虽然聪明，究竟幼稚，又从小便喜欢同小阿金在一块，现在她能常常来家伴我嬉戏，更邀我出去游玩，心里怎不愿意？每次都是瞒了祖母偷偷地走，她若知道了，是不会叫我出去的。

有一天，是个春季，小阿金把我领到金家，金云仙道："今天天气清爽，我们一同到外边逛逛，好么？"我是贪玩，哪里都愿意去。我们就出了城，见河里有许多只船，布置得全很讲究，船上人有的在那儿豁拳吃酒，有的唱曲，煞是热闹。一会儿，船人都和我攀谈斗笑，我觉得这很好玩，也不害羞。在一船上坐了功夫不大，又到一船，也是这样说说笑笑，一连串过有十几只船，才同她们回家。心里只知道这是玩，那晓得原来这是她们假词游逛，骗我到花船上去"出条子"。当时每一个清倌条子是给四块银圆，这次金云仙借着我，凭空地赚了好几十圆钱。

以后，便连着同她出去过几次，家里人全不知晓。一天，又随她到一处，恰巧有本地官员在座，睹我惊讶，道："这不是周家巷里的那个姑娘么？"我听着暗笑，心里说："怎么不是。"

渐渐外边的人们，有些说闲话的了，家里也已知道，我祖母很难过了些时，还是我母亲竭力地劝解，说："家里的境况，这几年很是困难，叫彩云出去赚几个钱回来，多少总能有些补助。过一二年再给她物色一个才貌兼全的夫婿，好好地嫁了，也没有什么不对。"祖母想了想，家里也实在是没有办法，只好答应。

我是只作清倌，应酬“条子”。苏州那时候也没有“花捐”。妓女在家里不招待客，多年都在花船上，或径到客的宅里。

到了五月里，因有个吴三大人，脾气太倨傲，一日招我侑酒，嫌我对他太不客气了，大闹一顿，摔毁许多器物，把我吓坏了，从那次就没有敢再出去。后来还是洪先生派人来叫我，说了好些谦逊话，才又出去。

这时候，苏州的花船很多，停泊的地方，都在仓桥浜一带，往来于阊门、虎丘之间。这种船都是双开门，四面有玻璃窗，外边周围带栏杆，彩绘很精丽。船里面也够宽敞，能摆下两桌筵席。一切的布置讲究极了，挂着很多的华灯，还有用茉莉花插成的花篮，桌椅全是红木花梨嵌大理石的。

当时最著名的花船，是焦八、张大魁及石姓各船。这些船自己都带几个姑娘，叫作“坐船姑娘”。又有些船不带姑娘的，叫作“清船”。客人若不愿意要坐船姑娘，也能随意到外边去叫。花船生意最好的时候，是在六月，这时老爷们都出了场，普通是在进场以前就把船预定妥的。

叫“条子”的规矩是：谁叫的条子，姑娘就搬个凳儿坐在谁旁边，船上侍役便过来给姑娘倒上一碗茶，都用盖碗，这是专为给姑娘喝的。姑娘陪客不许吃酒，可以吃水果，嗑瓜子。这时候还没有纸烟，雪茄烟倒有，但吸的人很少，普通都是用水烟，也有很多抽鸦片烟的。

姑娘们也有些随身带的东西，如粉盒、槟榔盒等等，寻常都是银质的，阔一些的还有用金质的，或镶宝石的。粉盒是为预备随时傅面用，槟榔盒里装着些槟榔、豆蔻等物。客人在饭后，可以随便取食。姑娘出门都带着娘姨。

条子钱，清倌四圆，红倌五圆。但实收却是一样，因姑娘临走时必须赏给下人钱，清倌一圆，红倌两圆，这叫“坐船钱”。把钱放在茶盘底下，等下人来收拾桌子时，把钱拿起来向船板上一丢，当啷一声，便喊“某小姐赏”，外面就齐齐大嚷着：“谢谢！”语音颇为动听。

船上全代办酒席，价钱清船比较便宜，连酒饭费在内，一天有二十四五圆钱即够。花船（即带姑娘的）就贵多了，每天非百圆左右不可，可是它的一切也都比清船阔得多。客人上船，总在下午。开饭须待掌灯以后，如果觉饿，可以随便要些点心来吃。大约十点钟船就进城了。

这种船都是双桨双橹，驶船人技术很精，能叫船快慢自如，并且还会弄许多样把戏，最好的是“打招”，一篙下去，船就在水中打起盘旋，四周围水如溅珠，真个有趣。

这时候的姑娘差不多都会唱几段小曲，有的还能唱整出的昆腔。用的乐器，就是笛子和琵琶，琵琶是自己弹，笛子有师父给吹。我不会唱，因为从小没有下功夫，临时赶着学些，那就差多了。

四　嫁洪钧

我十三岁那年，出去的工夫不多，就认识了洪先生，这时候他正丁忧在家。初次一见面，我俩便很投契，他爱我极了，只要在一起，话总是不会说完了。

洪先生的家在苏州城内北张家巷。他不常出门，都是把我叫到他的府上。同他常常在一起的朋友，有吴承儒、姚念慈、沈向之、老潘四大人几位，都是当时苏州很有名的人物。他们闷了时，常斗一种牌，名叫“打黄河阵图”，这种牌也有花，么二三等，输赢很大。他们每次斗牌，总叫我在旁边陪着。

洪先生一天不见我便想我，他的朋友们就说：“你既对彩云这么好，为什么不娶了她？”他道：“我年纪太大了，觉有些不好意思。”这时洪先生是四十九岁。后来他的朋友们竭力怂恿，就托人向我祖母提说。我祖母嫌是作偏房，执意地不肯。他们又托过来许多人，长说短说，我们这边所提的条件，洪家也一一答应了，这才说成。媒人算是吴承儒、姚念慈。

翌年正月十四日，把我娶了过去。我十四岁，洪先生整五十。婚礼也很庄重，坐的是绿呢大轿，前面打着红状元纱灯，仪仗甚都，好不气派！

洪先生，名钧，号文卿，祖籍也是徽州，三十岁中的状元。正太太比他长两岁，南京王家的小姐；还有一个姨太太是扬州人；有一个少爷是正太太生的，少奶奶是陆家的小姐（陆润庠之女）。一家人都很和蔼，正太太待人尤好。我过去，他们都很喜欢我，都称呼我“新太太”。

到四月，洪先生三年服满，带我进京。五月里，便放了出使俄、德、奥、荷四国钦差大臣，没有能在京多住就动了身。

由北京到天津坐的长龙船（创于曾国藩，以其船身颇长，故名），这种船身子很长，两边用许多船夫，驶起来快极。一路上迎接钦差的人很多，真忙个不了。由天津到上海，改乘轮船，应酬才少些。

到上海我还闹了一个笑话。我们下了船，我见洪先生已上了轿，我也就随着上轿，这时候蓦然响了三声大炮，我不知道是做什么，把我吓得脸也发了白，身上打起抖来，女仆们赶忙搀着我才上了轿。原来这是放一种表示敬礼的炮，我那里经验过？事后一想，觉得真可笑。

我们在上海住的是天后宫（清出使外洋大臣，多以此为行辕）。

五　在欧洲

跟着洪先生到欧洲去的，家属里只有我一人。正太太因须要留家操持事务，不能够去。那个扬州的姨太太，身体也过弱，常常抱病，禁不起轮船的颠荡。此外还带了些随员和男女仆人，随员中，他的学生很多。我们出洋的一切装束，全是中国样子，或便衣或官服。洪先生最讨厌人穿洋服，可是我们在船上吃的却都是洋餐。我们是过了中秋节，又耽搁些日子才动的身，到柏林已届十一月了。

柏林的中国使馆（非今馆）很是阔气，起先是一位公爵的别墅，景物殊幽雅，一座长形的楼，有三层高，建筑得闳丽曲邃。院的周围种植了许多花木，到春天，树青花艳，再配上那茸茸像绿罽似的细草，真好看极了。楼后有一道小河，能划船，闲暇时荡漾其中，叫人心爽意适。楼里面的装置也颇讲究，如宴会厅、办公室、卧房等等，无一不备。我同洪先生就住在楼内的右边，占了有十几间房。这房是租赁人家的，房主本来要卖掉它，先索价很低，洪先生不愿意买，后来想买又贵了，终于没有买成。

我去欧洲，只带了两个女仆，因那时的人多不开通，一说到外洋，谁也踌躇着不敢去，有去的索取工资也过昂，这两个女仆每月的工资就是五十两银子。到欧洲感觉着不够使用，又雇了四个洋丫环，工资倒很便宜，一月四十两，还是她们自己吃自己。洋丫环很会服侍人，体贴极了，比起中国的仆人对主人，还要忠实听从多多。

我们在欧洲还是吃中国饭，一去就带了两名厨师，烹饪技术都很精，都是洪先生用了多少年很得意的人。后来归盛宣怀家用了。洪先生对于饮食上最爱讲究，也最有研究，家里每次请客，调制出的菜品，有许多样是外边做不出来的。使馆里有请客时，我们也是给预备中餐，欧洲人也最爱吃，不过要嘱咐厨师把菜作清淡些，减去油腻，因油腻是中国菜的一个大缺点。吃得方法是仿洋餐各自分食。他们吃完以后，都极口称赞，说："中国菜滋味最美，最好吃。"这句话可不是容易获得的呀！因为那时厨师少，忙不过来，随便找个人又帮不上手，都是我帮忙。有时候手脚不闲地忙上好几天，才能弄完，真累极了。最可笑的，是叫洋丫环拣燕窝，她们那里弄过这个？把眼睛全弄红了。

我在欧洲还请了一个女陪伴，这种人也是伺候人的性质，不过比起普通女仆却高贵，可以和主人在一起吃饭，彼此相待也有些客气。我请的这个女陪伴，没有什么事叫她做，除了早晨给我梳梳头，整日价便陪着我闲玩，我的德国话就是从她学会的。

有人说，我在欧洲的举止很阔绰，每次由外边归来，都有四个洋丫环提着明角灯引导我上楼，这事倒有。不过，我在国内时，也有四个丫环给我打灯笼。又有人说，我在欧洲常常到各跳舞场里去，那却是一派胡诌，要想一想，我是个缠脚女子，走动起来是如何地不方便，而且我在欧洲就连洋装也没有穿过，叫我怎么跳得起？休说到跳舞场，便是使馆里遇着请客，按照外国规矩，钦差夫人应该出来奉陪，可是我只出来打招呼，同他们握握手，就退回去。洪先生是最反对外国礼节的，常说他们野蛮，不可仿习。

德皇同皇后，我都见过几次。觐见时，我穿中服行西礼，鞠躬或握手，有时候也吻吻手。时候常是在晚间，那时候宫里还没有电灯，全点蜡烛。有名的俾斯麦宰相，我也见过，是一位精神矍铄的老翁，长长的胡子，讲起话来声音极洪亮。

我住柏林最久，也到过圣彼得堡、巴黎、伦敦等处，但只是游逛性质，不几天便回。我在柏林还生了一个女孩，因生在德国，取名叫德官。

洪先生人虽精明，只是性子太固执，到了欧洲一点洋物也不肯用，还是穿那三道云式的福字履、布袜子。有一次出去应酬，因多走了些路，回来把脚都磨坏了。我劝他换穿洋袜子，他一味地不肯，苦苦地劝了半天。他才说，要我做的便穿，我就叫洋丫环做了几双，假说是我做的，骗哄了他一下，他才穿上了。才到欧洲时，人家都要给他照像，他怎么也不肯，等我们归国时，德国人又拟为我俩制蜡像，留在柏林蜡人馆作个纪念，他更是不肯。不然，现在还能有个少年像在那里。

洪先生在欧洲整整三年，这三年中的生活，除去办公务以外，差不多全是研究学问。他最懒于应酬，闷倦时便独自一个人到动物园去散步，回来又伏案看起书来。他的身体羸弱多病，也就是因他用心过度所致。洪先生不懂洋文，连一句洋话也不会说，参考外国书籍，是一个比（利时）国人给作翻译，常常见他到各图书馆里去替洪先生寻找材料。他名叫根亚，有个中国姓是金，我们都称呼他金先生。

这时候，日本在欧洲也有了外交官，他们却都是穿洋服，可是人家还都瞧他们不起。有一年高丽也派了外交代表到俄国，它本是我国的属邦，竟越过不顾，把洪先生气急了，给国内打了多少次电报，商办这件事，后来几乎弄决裂了要回国。

附言：

以往小说中，皆谓赛旅欧时，行为浪漫，风流勾当颇多。实则伊系一缠足女子，抵欧时年仅十四，及归亦不逾十七，以此稚龄，兼之洪文卿又是一个很古板的人，事实上非惟不许，且恐有不能也。故觉伊所云云，殊堪置信。

朝鲜对俄遣使，正值洪任，尔时我国办理外交者，大多昏聩无识，不知以属国无外交权之理由，向各国声明否认，只管争些虚体面，什么“派使须先请示中朝”吧，“派使须先谒华使”吧。当时有所谓“三端”之约：一、韩使初至各国，应先赴中国使馆具报，请由中国钦差挈同赴外部，以后即不拘定。一、遇有朝会公宴，酬酢交际，韩国应随中国钦差之后。一、交涉大事关系紧要者，韩使应先密商中国钦差核示。（据《清季外交史科》卷七三《李鸿章致总署电》）这个折中妙法，亏得他们才想出来！

六 洪钧之没

洪先生由欧洲回来，便留京任兵部左侍郎职。中间为采办军器，曾被参一次，很是冤屈。这都因他的性子太耿直，办事容易开罪人，他已忘了，人家却还记在心里，遇机会便图报复。那次还亏得慈禧太后平日对他很信任，不然，就了不得了！颐和园里的那些划冰车、小火轮，还是洪先生在欧洲时买来献给太后的。

我们在京住前门外小草厂，后来因太狭窄，又在东城史家胡同买了一所较大的宅子，间数很多，局样也好，原拟拆去后边的一部，为我从新盖几间洋式楼房。那想到，家还没有搬，洪先生就得了病。病时，正值被派监修东西陵、天坛等处的工程。

初得是一种痧气，恰巧宅里有个雇用多年的剃头匠，娴于针术，常见他给人家治好了病。这时便想叫他治一治，洪先生不愿意，嗣经我竭力地劝说，才应允了。扎过了几针，病果见效，但俟时未久又复犯，这次转入黄病，请来多少的名医，也都束手无策了，就这样的不治而没！享年五十五岁。

没后，朝廷颇加优礼，赏赐的恤金，并派大臣致祭，仪式隆重的很。所派致祭的大臣是高阳李鸿藻相国。这时候我真痛苦呀！洪先生一死，京里除去几个族人仆人以外，只有我同我母亲，亲戚朋友们人家，是不便给作主张的。我哪里经过这样事，简直都弄糊涂了。后来还是有人说，赶紧着先给少爷打电报，叫他来京奔丧吧，这才打了去。

装殓时，我在棺材里面放了许多珍贵器物，记得有二十几挂朝珠，佛头都是很好的；四个鼻烟壶，两个翡翠的，两个白玉的；又烧了不少的衣服。装殓完毕，棺材的盖暂没有上楔，净待着少爷来，这样待了有七八天，他才来到。

洪先生的灵柩是奉了旨特许进城，出的朝阳门，到通州，由运河上船回籍。途中，少爷因有病，也没有伴灵，抵家后不久就去世了。

附《洪钧小传》：

洪钧，字陶士，号文卿。先世自歙迁吴，遂为吴县人。幼颖异，家贫令习贾，涕泣请读书。十八岁补县学生，同治三年中举，七年廷对第一成进士，时年三十。授翰林院修撰，入迁至内阁学士，中间曾纂修《穆宗毅皇帝实录》，充陕西、山东乡试正考官，提督湖北、江西学政。旋丁母忧，服阕后，简派出使俄、德、奥、荷四国大臣。期满，受代归，升兵部左侍郎，在总理各国事务衙门行走。光绪十九年八月二十三日，以疾卒于京，年五十有五。著《元史译文证补》三十卷，元和陆润庠，其亲家也，为校写付梓。子洛，县学生，以荫考授通判，改工部郎中，不胜丧而卒。（参据《清史本传》，费念慈撰《墓志铭》，陆润庠《元史译文证补序》）

七　脱离洪氏后在上海之娼妓生活

洪先生没后，所遗下的财产很多。临危时曾对我说："你跟我一场很不容易，无论守不守，给你五万块钱，当年我也有过这话。"这是我归洪家时，洪先生对媒人说的："彩云跟了我，幸而能偕老，便无话说。不么，我必给她留下相当的资产，使她生活无忧虑。"盖也觉己之年长，恐不及白头也。当时我听着洪先生的这种遗命，心里只是难过涕哭，不敢说什么，也不知道说什么。洪先生就把这笔款子交给了我们一个本族兄弟名叫洪銮的，原意是托他把我送回娘家，替我安置安置。谁想回到苏州，他昧了良心，把款子私自吞没，藏匿起来不见我。我派人四下里寻找，也没有找着他。还是第二年的冬天，在上海马路上碰见他，我向他讨索，他支吾着说："新嫂子，你请放心吧！转过年我一定给你。"转过年他又躲远了。因我没有拿着什么凭证，也无法同他打官司，归结便这样白白地让他侵吞了。

最初，我本没想到能脱离洪家。我们少爷觉着我很年轻，怎么能叫守寡。一般亲友们也都不主张我守，我家里也不愿意我守。我同他们一船伴灵到了苏州，在接官亭便与他们分手，我携带着自己的东西，径归了娘家。从此以后，也就没有再入洪家的门。我那四岁的女儿德官，也给洪家留下了。咳！我哪里舍得？后来德官长到十九岁，因病死去。第二年正月里，我在上海还生了一个遗腹子，活了十一个月，也夭折了。这都是我的命该如此呀！

脱离洪家时，为我提亲事的很多，有人便劝我不必再醮了，到上海立个门户，挣它一万八千很容易。我一时也拿不定主意，想了想，还是先到上海再说吧。到上海住在垃圾桥保康里，这时候，上海正在繁华，勾栏林立，我一看事情颇能望好，心里便拿定了主意。但须要先找一个人来给撑门立户，在二月间，就由我的女仆找到了孙作舟，字少棠，天津人，在天津娘娘宫开过首饰楼。他的父亲名在棠，父子都喜欢唱戏，也算是津沽一带的名票。与孙菊仙同族，菊仙是少棠的族叔。他长得并不怎么好看，脸上许多黑瘢，还有麻子，只是体格魁武，性子也很柔和，故我俩情爱甚笃。他行三，上下都称呼他"三爷"。

我从洪家出来，因并没有拿到什么，手里很是空虚。这时候须要先垫补许多钱，自己就折变了些东西，还是不够。又抛着脸向各处借了几个凑上，合有四五千元。便在二马路鼎丰里旁边的彦丰里赁了一所五楼五底的房子，里面全带有家具。又花两千多元钱包了两个姑娘，一叫月娟，一叫素娟，姿色都长得够标致，就教她们挂牌应客。我不出名，但遇到熟交或感情契洽的客，也出来陪陪。这种派头算是半"住家"、半"书寓"。慢慢，想见一见我的人太多了，他们都劝我也挂牌罢，后来我觉着也实在是推脱不开，便规定每礼拜六、礼拜日两天见客，名子用的是"赵梦兰"。这么一来，每到这两天，真是客人络绎，车马盈门，忙得我连吃饭的工夫都没有。累固累，可也真挣了钱。

这时候沪上名妓所谓四大金刚的林黛玉、金小宝等都在大兴里，她们很联络我，结拜成义姊妹，劝我也搬到她们那边去。我倒也很愿意，只是嫌那地方“野鸡”过多，后来我费了许多力量才把她们撵走了。我搬过去工夫不久，旁人都看着好了，都搬了过去，但最低都是“长三”，没有再下的。

上海的妓院分若干等级，最上的叫“书寓”，次叫“长三”，再次叫“么二”，再往下就是“花烟馆”“野鸡”之流了。书寓称“某某书寓”，长三称“某某寓”，少一书字，么二称“某堂”。书寓、长三的门口都挂着牌子，上面标写妓女姓名。

很下等的我们不提它。书寓和长三最不同的一点，就是书寓姑娘全要会唱曲。这是一个必须的条件，她们在名义上也只是说担任唱曲，与北方的“清吟小班”性质差不多。客人初到书寓，认识了一个姑娘，姑娘总先要唱一段曲给客听，这叫作“堂唱”。这在长三，因为不一定要唱，便叫“加茶碗”，么二叫“攀相好”。

客一到，熟识的姑娘便出来让到她的房里，客若偕有生疏的朋友，就给介绍一下。坐下后，姑娘敬上烟茶。烟有鸦片烟、水烟、雪茄烟等。还有各样的干鲜果品。书寓算是最讲究的了，水果都是按着四季预备，橘、梨、苹果、杨梅、菱藕，无不应有尽有，任客啖食。

书寓姑娘是例不陪宿的，偶然留客住宿，那都是日子已久，客与姑娘的交情很契腻了，姑娘愿意留下。长三住宿虽比较容易些，但也须经过相当时间，彼此肆熟以后，摆摆席才可。

“摆席”，也叫“摆酒”，也叫“开台面”，这是住宿的第一关，非要经过不可。好排场的客，在那时都要耍一耍阔气，有弄双台的，有弄双双台的。摆席的钱不能先付，先付便是瞧不起姑娘。有一种“下脚钱”，是赏给佣媪们分的，却要先给，普通是四元，大方些的也有多给的。摆席钱是十三元。

摆席时，书寓姑娘都要唱曲，有乌师在下边伺候着，给鼓板吹笛，终了也要给他们下脚钱。这时候唱的曲，虽然也有京腔了，还是昆曲多，记得常唱的有“佳期”“楼会”“八阳”“思凡”“长亭”“翦卖”等等。

姑娘出局都是红围子的绿呢轿，用两个人抬，后面打着一个气死风灯笼。跟局的大姐同乌师都在后边跟着走，轿子走得飞快，可是一步也丢不下他们。那时也时兴马车了，有单马双马的，但坐的人还不很多。

那时候嫖娼，差不多全是记账，按三节，即端阳、中秋、除夕偿付，常常也是闹漂账。

在那时开一妓院，当一妓女，都很不容易。几间看得过去的屋子，布置布置，便需一千八百，什么五色保险洋灯、著衣大橱、自鸣钟等物，都是不能缺少的。箱箧、床榻、桌椅，再添上屋里一些应用的零碎东西及被褥、四季衣服、首饰等等，真是了不得。就说我吧，出去时头上戴一根大簪、三排小簪，每排是四根，全都是翡翠的。梳着五套头，即当时最时兴的样式，颈上挂金链，戴着珐琅银表。冬天穿狐裘，都是按着颜色深浅递换。我耳朵上戴的那副牛奶珠坠子就值几千两。

当姑娘最讲究的是应酬，见了客要有“十八句谈风”。陪客时，处处都要有规矩，那像现在“打打闹闹”就算完事。

八 在天津开金花班及在北京组织南班之前前后后

光绪二十四年的夏天，孙三爷想回天津，就怂恿我也跟他到北边来。我离开北京已有五六年了，心里倒也很想来玩玩，把上海的事情略略地结束了一下，便跟着他到了天津。先住在高小妹的班子里，工夫不多，当地的人就都知道了，都来捧场，每天的客总是迎接不暇。我一看事情既然这样望好，便打算自己开班子，同我母亲和三爷商量了商量，他们也很愿意，于是就在江岔胡同，那时这个胡同内南方班子很多，租赁了一所房，房底原也是个班子，又接了五个南边姑娘，我自己也出名应酬客。班子的名就叫“金花班”。

在这个时期中，我结识了不少的显贵人物，有一位杨立山（内务府蒙古正黄旗人，官至户部尚书。庚子时，因反对义和团被杀。死后，家人不敢收其尸，伶人姜妙香与交契，购棺殓之，时人称义），性情极豪爽，和我最要好，初次见面，就送给我一千两银子，以后三百两五百两是常常给。又有一位德晓峰（名馨，满洲镶红旗人，曾任浙江江西巡抚），人也诚恳，和我最投契。这两位算是我在天津这个时期中所交最知己的朋友。

第二年，杨立山的老太太作寿，我由天津来京给她拜寿。恰巧德晓峰也在京，事毕后，他们便同着一些朋友很恳切地挽留我长住在京里，无论如何不让再回天津了，有的便赶忙去给我租房子。他们的这番美意，我很难违拂，并且想了想，有他们几位在旁关照，也决没有什么舛错，况且北京又是我最爱的一个地方，随着就派人把天津的班子收拾起，搬来京里。

我们在京就住在李铁拐斜街的鸿升店内。这时如韩家潭、陕西巷、猪毛胡同、百顺胡同、石头胡同等地方，住的差不多全是妓女，这一带非常繁华。京里在从前是没有南班子的，还算由我开的头。

我在京里这么一住，工夫不久，又经诸位挚好一替吹嘘，几乎没有不知道“赛金花”的了。每天店门前的车轿，总是拥挤不堪，把走得路都快塞满了。有些官职大的老爷们，觉着这样来去太不方便，便邀我去他们府里。这一来，我越发忙了，夜间在家里陪客见客，一直闹到半夜；白天还要到各府里去应酬，像庄王府、庆王府我都是常去的，尤其是庄王府，只有我一个人能去，旁的妓女皆不许进入。

“赛二爷”的称呼，也是从这时才有的。因为杨立山给我介绍了他一好友，名叫卢玉舫，人极有趣，见我几次面，就想着同我拜把兄弟，我竭力地推辞，说不敢高攀，他偏是不允，便换的盟单，磕了头。他行大，我行二，从此人们就都称呼我“赛二爷”。

过了些时，我嫌南城一带太脏太乱，想在内城找一所清洁宽敞的房子，就在刑部后身高碑胡同内看好了一所，便租了过来。搬去还没有一个月，房东要卖房，我因装置修饰花了不少钱，舍不得搬走，便打算买了它。同房东豁了豁价钱，讲妥二千五百两银子，才要写契拨款。赶上官厅禁止口袋底（注）的曲班，内城不许立乐户了，那些被驱逐的姑娘们，就有躲藏在我这里的，房东一见恐怕受什么牵连，发了慌，房也不租也不卖了，只催促着我赶紧搬家，整天来同我吵闹。我一生气，觉得还是天津好，就又回了天津。

后来又到京一次，看情形还是不很好，便又返回。这时已是光绪二十六年了。这时班子里姑娘们出趟门都很难，虽然京津间已通火车，可是沿途上“混混”（即土棍地痞）过多，马家堡（距永定门数里，京奉铁路行抵北京的车站，那时即在此）的混混尤其厉害，常常发生抢劫姑娘的事。我那次来，还是同荫午楼一块儿搭的头等车，为的仗着他些保护。

【注】口袋底，西城一胡同也。附近尚有许多胡同，如月牙胡同、核桃瓤胡同等等。光绪己庚间，这一带成立了一种曲班，里面都是姑娘们唱曲、卖茶，犹如今之落子馆，以后逐渐增多，其中遂有暗操卖淫业者。时端王弟载澜任步军统领，闻而禁之。因最初之一曲班即设于口袋底，故去聆曲者，皆曰“逛口袋底”，及禁止，亦皆曰“禁止口袋底”。

九 “拳匪”猖獗　逃京避难

转过年的春天，天津就有了义和团。说什么练神拳能避枪炮，先都说须要童年人练才会灵。后来练的却都是些游手好闲的人和地痞，正经人谁肯练这个？渐渐就一天比一天多起来，等过了端阳节，城里各乡都成立坛场，差不多遍街全是他们了。他们的装扮是：红布包头，短衣服，腰系红巾子，手里拿着一把大刀。听说那时候刀铺的刀都被他们买干净了呢。

神能附体这回事，我却不敢说是真是假，可是曾亲眼见一义和团在院中弄法，只见他作完揖，口里嘟囔了几句咒语，举起掌来请神。一会儿神便伏伏地上了体，两只眼睛发直，抡刀乱耍。说也奇怪，照他自已肚上连砍了几刀，只显一道道的白印，一些也不曾破。问他是什么神？他道是孙悟空，随着就打了一趟拳，有懂得的人说：打的倒真是猴拳。

后来又有了红灯罩，都是些年轻小姑娘，身穿红衫红裤，头上挽丫髻，手持红绢，夜间提红灯，白天拿着一把红折扇，连扇股子都是红髹漆的，打扮起来也很鲜艳，只是脸上模样不太好看，全带几分凶气。她们修练是找一块洁净地方，几天内便能把法术学成，据说那时候用扇一扇，就能够飞蹑天际。她们对她们的首领称呼“圣母”，后来总督裕禄也信服了，还用黄轿子接她。其实，就是那运粮船上的一个船婆，我见过她多少次呢。

最初，洋人也真有些害怕，有一次在街上，一个洋人刚下车，拉车的向他作了个揖，意思是多讨几个车钱，他以为是义和团请神，吓得回头便跑。

后来，义和团越闹越厉害，便焚烧起教堂来，说有神相助，不燃自着，其实是他们早预备下的煤油柴草在里面点的。结果也没有能把洋人烧死多少，人家早已都躲开了。

无论什么人家都不许有洋物件，什么洋灯、洋伞，有就得赶快毁弃，谁敢不听从？弄得满街上都是些木头块、琉璃屑。可是义和团系腰的红巾，也还是洋布。

他们随便就把一个人抓到坛上，大师兄焚三道表，问问你是不是好人，表焚后，如果能升起，你就是好人；升不起，你就是“直眼”、“二毛子”（义和团对学科学及娴洋文者的称谓），立刻把你剁死在地，当时冤死的人不可数计。

过了些天，人们传说义和团要攻租界了，一般住民都惊骇的了不得，街上紊乱极了。我一看不好，我们住的地方离法租界很近，倘若法国人开枪，头一家便是我们，于是赶快叫家里人把能够带的东西收拾收拾，五月二十那天就逃了出来。走到河边要雇船，这时候那还有船？找了半天，才找到一只破陋不堪，连篷子都没有了的小船，也管不得它破不破了，逃命要紧。怎料一上去发觉船竟是漏的！正在这着急发愁的当儿，天不绝人，恰巧对面又来了一只船，虽也窳败，但还不漏，便忙着招呼过来搬了上去。这时候，洋兵正在一个桥上与义和团对敌，炮火忽断忽起，喊杀连天。我们的船又是必须要从这桥底下穿过的，吓得我浑身只打哆嗦，趴在舱里，捂着眼睛，一动也不敢动，船夫紧忙地撑船，冒着险才穿了过去。还算万幸，人都没有受伤。

河的沿岸各村镇，差不多全被义和团占据了。他们不许有妇女露面，恐怕冲了他们施展法术。船夫就用一领席把船盖起，叫我们蹲在底下，这样便不会看见了。一路上检查的也很严，幸亏我身上带着义和团一个头目邢老师的一张名片，遇着有什么为难或盘诘，便拿出来叫他们看看，凭着这个得到了不少的通融。等走到了离天津十几里路的小稍子口，天已昏黑，下了船住在那里。我们的初意是，暂住几天，听听天津的消息，若能安静，还希望回去。那料风声一天紧似一天，消息一天坏似一天，都说洋兵已占据天津，水师营全被打败了。这时候已见着有成群成伙的败兵逃下来。我一看这情形，心里慌起，有些人就说通州最好，是有名的“太平州”，永不会遭劫的。我听了这话，也没什么旁的主意，只好就逃往通州吧。

到通州，住在一家店里，名叫长发栈，包租了一个跨院。我们的人也还不算少呢，连姑娘带男女佣仆，总有十好几个。

真也是倒霉！我们在天津时，因预备逃难，把银子全换成了金子，届时便于携带。换时金价正涨，受损失很多。等到现在，金价又大大跌落，一两金才值十几吊制钱！

在通州住的进了七月，外面风声越发紧急了，通州城里的有钱人家都纷纷逃难。我一看这个太平州也恐怕要不太平，还是上北京吧，那里总比这要好些。这时，他们都劝我不要走，因路上兵匪过多，任意抢掠，着实危险。只是我的走意坚决，谁说什么也不听。叫他们把东西全捆打好了，我自己把些最值钱的珠翠等物，偷偷地装在一个旧茶叶筒里，带在身上。又用很新的洋绉丝棉被，换了人家两条破旧的布被子，为的铺在车上，遮人眼目。花七十五两银子雇妥了两辆轿车。一清早，把东西都藏在车箱里，盖上那两条破被子，就出了通州南门。

刚走出不远，见前面有许多官兵检查行人，哪里是检查，简直是抢东西。其中有个官长还嚷着：“不许你们拿人家的东西呀！”这些兵怎么能听这个，只管胡翻乱搜，东西抛得满地皆是。我们那两个赶车的一见这种情形，无论如何也不肯往前走了，说：“我们还是回去吧！七十五两银子，不能不要命。”我听着这话又急又气，对他们讲了许多好话，只是一味不听，我真恨极了！这时候，身上还带着人家送给我的一只手枪，恨不得掏出来，一枪把他们俩打死，但心里虽是这样想，手却是软的，怎么也下不得手。终于又跟着他们往回走。走到城底下，我还是一心想去北京，叫车子载着东西同几个姑娘仆人进城，仍住在长发栈。我同我的母亲、孙三爷又步行下来。我心里已拿定主意，就是走也要走到北京。

走了几里路，实在觉累，便坐在了道旁歇息。一会儿来了十几个兵，他们说是送裕禄灵回来的，也坐在一块儿同我们攀叙。我看出来他们没怀什么好意，可是又不敢不敷衍。他们总是鬼头鬼脑地端详我，端详了半天，一眼看见我的那只旧茶叶筒，便道："这个茶叶筒子倒很好看，送给我们吧！"我一听这话就一发怔，怎敢说不给，跺了下脚，把心一横，说："好，你们拿去吧！"把这些最值钱的东西一失，我心里十分难过，精神怎么也扯打不起了。三爷便挟着我一步一步地慢慢往前挨，路又不平，天上还下着蒙蒙的细雨，浑身通淋湿了。走到一个地方名叫八里桥，我的鞋底全磨破，实在没有力气再走了。心里想，这还有什么活路，倒不如跳在河里死了痛快，紧走几步，到了河边就要往下跳。孙三爷一把手拉住我，劝道："这么浅的水，就跳在里面也淹不死呀，还是慢慢地走吧！"我心里一阵难受便大哭起来。

正在这时，后边来了一群马队，还带着几辆炮车，看见我这哭哭涕涕，狼狈的样儿，为首的那个官长——后来问了问，知道他的称呼是"玉四爷"，便问："你们是为什么？"三爷就把我实在累的不能够走了的情形告诉了他。他点了点头，又问："她可会骑马？"我在一旁听得这话，忙着答应了一声："会骑。"我何尝会骑，只是为逃掉这条性命，盼望着能走就得了。玉四爷拉过来一匹马，又教了教我怎样勒缰，怎样骑坐。可巧这匹马又没有镫，三爷只好抱起我向马上放。玉四爷一见，立刻就照着他的耳朵掴了一下，骂道："你怎么连伺候人上马也不会？你伏下身子，让她蹬着你，不就上去了吗？"三爷挨着打，一声也不敢作，老老实实地把身子伏在地下叫我蹬。

我骑上马，跟在炮车后面，缓缓地走着。唉！那里骑得了？身子不是歪一下，就是斜一下，我用足了劲抓住缰绳，一会儿也不敢手松。这时候，雨还是下，浑身的衣服全被雨淋得湿透了。走了一会，回过头来一看，把我母亲和三爷都丢得很远。我母亲也是缠脚，又上几岁年纪，怎么能追得上我们？想等等他们吧，又不敢说，这时心里便祷告："求老天爷让前边的炮车掉在沟里。"祷告才完，只听咕隆一声，果然有一辆炮车掉在沟里了。我不由得念了声："阿弥陀佛！"等到把炮车抬出，我母亲和三爷也赶到了，于是又向前走。

走到一个村子，名叫八里庄。进了村，敲开一家的门，出来一位老太太，把我们都让了进去。我们这些人简直是又饿又乏。她给我们煮了一锅小米稀粥，又端来一碟腌萝卜，我吃了一口，咸得不能下咽，我活了这么大，哪儿吃过这些东西？这位老太太对我说："前天我们这村里被兵抢了，有些年轻妇女也都被他们强奸，还逼死了几个。现在妇女们都藏在山里去了，村里只剩下些年老的，我明天一早，也要到山里去。"说话时不住地唉声叹气。玉四爷同他的马队吃完饭，喝了些水，就要动身，当晚还要赶到北京。问我们走不走。我们实在是累得走不动了，只好谢谢他，说了句："京里再会吧！"他们便去了。这时候，我因歇了一歇，累劲发上来，浑身酸痛，想要睡觉。老太太说："后面倒有两间空房，只是停着两口棺材，你们怕不？"我那还顾得那许多？就请她领我们到了后面，刚睡下，只听外面人声马嘶，越来越近，一会儿见到前边有人敲门要水喝，原来是天津的兵败下来了。我们又都起来帮着老太太，给他们烧了一夜的水。到天亮，那位老太太要到山里去了，也让我们同去。我还是一心要奔北京，向她谢了谢，就又赶奔北京而来。

在下午，好容易才走到东便门，来到城下一看，城门已经关闭，叫了半天也没有人理会。待一会，跑来一些马队，城上才答话，说安定门还开着，可以进来。可怜我们一夜没得睡，又从早晨到此刻滴水粒米未进口，还只得忍着饥渴，顺城墙的小路，又赶奔安定门。路上听那很高深的高粱地里，传出女人的哭喊声、求救声，吓得我藏藏躲躲。孙三爷拖着我拼死地向前疾走。

到了安定门，天已发黑，我就靠在一家剃头棚的门外，再也动弹不得了。慢慢，有许多人围拢来看我们，问我们沿路的情形，到什么地方去？我们把路上的情形告诉了一遍，并且说，我们是来投许大人的，即许景澄。我同他太太是干姊妹，来京原打算先投奔他家。当中一个年轻的人听了，用手指给我们那边的一队人道：“你们看，那些人就是刚斩许大人回来的！”（庚子七月初四日，杀吏部左侍郎许景澄、太常寺卿袁昶。二十七日，杀户部尚书立山、工部尚书徐用仪、内阁学士联元，五人皆因反对义和团，指为通夷被祸。）我听了这话，如同冷水浇头，几乎晕厥过去。只好央告这些人，救救我们先要度过这一夜。还算好，其中有一位老者，很慷慨地说：“到我家去吧！”他说着就找来一辆小车子，把我们推到了他家。

他家在后门方砖厂，一个很大的院落，当中摆放着许多鱼挑子，原来是个作鱼行生意的。进了屋子，我们喝了一点水，我母亲已经有两天没有吸烟了，这时很想吸。这位老者不知从什么地方替她找来一支破水烟袋，又找了些火纸。我想，我们今晚总算有住所了。那想到，一会儿对面房里一女人忽然骂了起来，嚷着说：“你这个老东西，不要命了吧！从什么地方推来的二毛子，你还想活不?”一声一声骂个不休。我们在屋里听着她骂，心里实在有些听不过去，都低下头想法子。忽然想起从前有一仆人叫杜升，人很忠实，住家在定王府对过，我们就打算投他去。老者说：“我既然要救你们，就救到底，还是我用车推你们去吧！”这时候，天空中的枪弹刷刷地乱飞，炮声隆隆地直响，我缩在了车上一动也不敢动。

到了那里，找着杜升，老者就告辞要回去，我们着实感激他的这番好心，把我身上还剩下的几串钱取出送给他。他无论如何也不肯收，说：“我救人救到了底，心里最痛快了！钱是不要的。”说着推起车子，道了一声：“再见吧！”便走去，像这样的好人真是难得呀！

这时杜升家里也一点吃的都没有了。隔壁一家有棵大枣树，我们有时就打下些枣来煮煮充饥。过了两天，抢起大街上的粮食店来，杜升也跑出去抢来些米面，这才有了吃的。

我在杜升家里，有一天晚上，对门一家忽然着起火来，四邻都跑去救火，只见那家的老爷，穿得整整齐齐的朝服，挂着朝珠，眼巴巴地望着火，见人们来救，便嚷道：“好邻居呀！你们千万不要救，你们要救，就是害我！”这时，从火窟中跑出来两个光头小孩，那位老爷一见，直叫："孽畜！孽畜！"自己奋身要往火里跳，大伙赶着上前拉住。后来听那家一下人说，他们老爷在内务府当差，看见洋兵已经进城，就打下殉难的念头。前一天把佣仆们都开发走了，到这晚，叫他的太太、少爷、少奶奶等，每人抱一束干草在屋里燃起，自己等着火着起来，再往里跳。跳出来的那两个小孩，就是他们的小少爷，太太同大少爷、少奶奶等都烧死在火里了。第二天，我们还看见那位老爷带着两个小孩来烧过一回纸。（据《庚子京师褒恤录》所载，殉节被难者，有二千人之多，此举固无何补于国家，但这种"舍生取义"的精神，确叫我们钦仰不已！）

附录：

庚子年，拳匪弄祸，自春迄秋，凡四阅月，把京津一带闹得天翻地覆。等到辛丑约成，赔款至四百五十兆两，我国从此一蹶不振，思之殊心痛也！今将庚（子）、辛（丑）诸史籍所载拳匪之骄纵诞妄举动，及地方所受蹂躏，检其要者，抄几段补作参看：

五月十九日，烧宣武门大教堂……是日，余适退值经此，见彼辈所谓大师兄者，红布帕首，手持长刀，于屋之四周以刀划之，若分界限然者。划毕，告左右邻居无惊恐，所烧只教堂，火不出界外。已而两手持香向拳民喃喃诵咒。少顷，一缕青烟，自其堂中起，火势腾上，不旋踵全屋煨烬。（王彦威《庚子西巡大事记》卷首）

各京官住宅及殷实富户，无不被掠一空。其先至者，蜂拥入室，以刀破箱，出衣物于庭中，拣佳者取以去。甫去，而他匪又至，则取其次者，约数起而衣物告罄矣！其银票等物，亦必搜攫净尽，其或闭门不纳者，匪即逾垣而入，放枪以恐吓之，然后饱掠以去。设与争论，即被击毙，如所掠尚不满意，即火其居，时满街塞巷，无非抢物之匪徒，而儿啼女哭之声，尤使人闻而心碎。街市间，尸骸横卧，亦难数计。顾各处虽多被抢，尚不及住居附近东交民

巷一带之甚，盖与使馆为邻，故受祸尤惨也。（《庚子西巡大事记》卷首）

五月二十日，庚申，大祸作矣！团匪结队烧大栅栏德记洋货肆，又焚屈臣氏药房，自大栅栏及观音寺，出珠宝市至廊房头二三巷，门框胡同、纸巷子、煤市街、西河沿、西月墙，至荷包巷，上扑正阳门楼，飞焰入城。自棋盘街，东交民巷，近城南御河桥一带，直至台基厂肃王府以东，至单牌楼三条胡同，俱成焦土。（林纾《京华碧血录》）

鼓楼东大街刘家胡同口教堂洋楼特高。……少顷，三义庙拳坛下令，合郡商民户户焚香，高声诵佛，又令喊杀助威。一时脚声殷地而来，为首一大师兄操异乡音，发已间白，拳众皆举香握刀至堂前，转身向东南跪伏，倏焉起立，喊杀震天地。大师兄率众焚香掷去，齐呼："烧烧烧，着着着!"，又令商民同声呼叫，火光熊熊，自下而上。……邻居惊慌恐延及，拟灌救之，拳匪曰：'此神火，断不旁延一椽一柱。'乃祝融无情，竟延烧二十余户，计房数百间。……群匪又齐集镇署前教堂，匪首率众作为如前状，全堂烬焉！（侨析生《京津拳匪纪略》）

旋劫掠宫北新泰兴洋行，与恒广钱局为邻，掠洋行一空，随入钱肆，见有存银钱柜，匪又喘而呼曰："此地雷铁箱也，挥六匪舁而行。"……旋劫估衣街播喊钟表行，误花露水为洋酒，一饮而尽，殊不甘旨，怒而碎其余。又指得律风为地雷机器。掇得皮人一具，握之戛然有声，乃持刀而呼曰："妖怪！妖怪!"拟握之使碎，一握一鸣，愈握愈怒，举刀猛斫，一指落矣，晕于地，群匪舁之去。播喊罄矣！金表皆入匪腰。（《京津拳匪纪略》）

"由津……一直至于北京城下，只是一片荒凉毁掠之景而已。沿途房屋未经被毁者，极为罕见，大都早已变为瓦砾之场。凡建筑较大之物，如庙宇之类，则至少内部曾受重大毁损，所有佛像以及其他偶像，皆已打成碎块。……

从大沽经过天津，直到北京之路线上，至少当有五十万人，变成无屋可居。”（王光祈译《庚子联军统帅瓦德西拳乱笔记》）

十　结识联军统帅瓦德西

在杜升家住着，天天总是担惊害怕。这时候街上紊乱极了，枪声炮声不断地响，站在院里看见那四处被烧房屋所升起的烟火，浓烟如云，火光满天，令人不忍卒视。我们用木杠撑住了大门。天刚亮，便爬上房藏在垄沟里，傍晚才下来，在屋内地下铺一领席，夜间就倒在上面睡。

后来洋兵进城了，西太后同皇上都逃出京去，人心惶惶，谣诼四起。有的说：“洋人要坐皇上啊！”有的说：“洋人要从新再扶保一位有福的出来坐皇上啊！”

过了些天，稍见平静，我因在那里生活没有办法，就想着往南城搬，这时街上全是洋兵布岗，盘查行人严极了。我挺着胆子带了我母亲，还有孙三爷向前疾走，一路上遇到几次拦问，幸亏全是德国兵，我会说他们的话，占了许多便宜，不然，便要吃苦了。

到南城，房子很不容易找，就暂住在李铁拐斜街一家熟识下处的门房里。这时南城的洋兵很多，最无纪律，整日价在外边吃酒寻乐，胡作非为。有一天晚上，听见外面一阵格登登的皮鞋响声，一直往里院去了。工夫不大，又走出来，站在我们房前敲门，我怎敢给开呀？他们见不开门，就用脚猛踹，我看这情形不好，不开门是不行，便忙着答了声，把洋蜡点着，开开门让他们进来。原来是几个德国的小军官，他们的举动先是很不礼貌，后来见我能说德国话，又向他们问德国的某官某先生，他们不知我有多大来历，便对我显出了很恭敬的样子。坐了一会儿，他们要走，对我说：“回去一定报告元帅，明天派人来接，请在家等候，千万不要躲开。”

翌晨，果然派了两个护兵，套着一辆轿车来接我。到了他们兵营里，见着他们元帅瓦德西。我同瓦以前可并不认识，他问我：“到过德国吗？”我说：

“小时同洪钦差去过。”又问：“洪钦差是你什么人？”这时候我却扯了一句谎，说：“是我的姊丈。”他一听，喜欢极了。我们越谈越高兴，很觉投缘，当下就留我一同吃饭。吃饭时，我趁便就把我怎样从上海到的天津，因闹义和团又逃来北京，途中狼狈情形及到京后生活的困难，对他诉说了一遍。他听了很表同情，只见他同旁的军官低声叽里咕噜的不知说了些什么，随着便拿出来两套夹衣服，都是青缎绣花的。又取出一个小箱子，里面装着一千块钱，都是现洋。对我说：“东西很少，请先拿去用吧。”我正在这穷愁交错的时候，遇到这样优待，心里着实感激，忙着谢了谢，便收下。

一直待到天黑，我要回家了。瓦德西很舍不得叫我走，千叮咛，万嘱咐，希望我能常常来他营里，又亲自把我送出来多远，我俩才握手而别。

从此以后，差不多每天都派人来接我，到他营里一待就是多半天，很少有间断的日子。

十一 联军肆虐 维护京人

我初次见瓦德西时，他对我说，他们乍到北京，人地生疏，种种军需，都还没有办法，请我帮助办一办。我听了这话，很觉为难，无论如何我总是个女子，粮台大事，哪有经验？便竭力地推辞，怎奈他一味地不允。过几天，我到他营里，他又对我说，请帮助办办。叫我实在不好意思再推辞了，才骑着马，这不似在通州郊外了，也有胆骑了。有几个小军官陪着，到街上去找各商户。这时候，谁还敢出来？只见两旁的铺户住家都紧闭着门，路静人稀，荒堆破壁，呈出来一种凄惨的景象。

在这种情况下，叫我怎么着去找呢？想了半天，只好挨着户去敲门罢。结果有几家出来，我就对他们说：“你们不必害怕，洋人是最讲道理不过，公买公卖，不欺不瞒，现在要办粮台，由我主持。你们谁愿意承办，就请到琉璃厂罗家大门去找我。这时我已经搬在此处，有赛二爷给你们作担保。”经我这样一说，第二天果然有些胆大的就来找我，表示愿意承办。我一见有人敢承办，心里很是欢喜，立刻就带着他们到了德国兵营，把一切承办的手续全商议好，又给了每家一面德国旗子，叫插在门首，为的来回搬运，不受人欺扰。这些承办人后来差不多都发了财，至少的也赚得几万。他们的货物定价太贵了，一个鸡蛋卖五分银洋，比较平日增高了好几十倍。

洋兵才进城时，一点纪律也没有，任着意儿奸淫抢掠，京城妇女因之戕生者，不知道有多少！他们最大的仇敌就是义和团了，只要见着一个情形稍有些可疑的，便指是义和团，也不问究竟是真是假，立刻按倒就杀，这也算是一种因果报应吧。在一个月以前，义和团也正在这样地杀他们呢！我每次出去，只要碰着了这样事，就急忙跑过去，说："他们不是义和团，我敢担保，我敢担保。"这时候洋兵差不多也都认得我，见我一说话，他们就放开了。就这么着，也救下了不少人的活命。待后，我乘机向瓦德西说："义和团一听你们要来，早逃窜得远远的了。现在京城里剩下的都是些安分守己的民人，他们已经受了不少义和团的害了，现在又被误指是义和团，岂不太冤枉？"瓦听了我这话，便信以为实，随着就下了一道命令，不准兵士们再在外边随便杀人，洋兵见到这道命令，行动才稍稍敛迹。其实，那时北京城里当过义和团的人还多着哩！

这时候，洋兵对待中国人不论你是官是民，是年迈，是幼小，只要用着了，就随便拉去充苦力。你的力量若薄弱不能胜任，就用皮鞭子抽打一顿。在街上，常常看见一个弱不胜衣的白面书生，或皓首龙钟的老头儿，拼着死替他们扛东西，叫人看着心里实在难过！有一天，作过都御史的陈璧也被洋兵抓了苦力。我一见真急了，我同陈是很要好的朋友啊，赶紧着跑了过去，对他们说了说，才解脱下来。咳！这时候简直成了亡国的状态了。

因德国公使克林德在北京遇了害，德国兵也就最恨中国，尤其恨慈禧太后。他们一到北京，就在各处里找她，打听她的踪迹。他们常气愤愤地对我说："中德两国的邦交，素来很和睦，为什么无缘无故地把我们公使给害了？那都是这个老女人的意思，非得把她的肉剐成一块一块，晒成了干子，带回国去，方能消恨！"我总是劝解他们，说："害死你们公使的，不是太后，是义和团。她整天价住在宫里，又不常出来，怎么能晓得外边的事？"他们又问："她到底躲在什么地方去了?”我说:“谁也不知道她躲在什么地方去了。”

“赛二爷”这个名儿，在那时，也弄得传遍九城，家喻户晓了。每天拿着名片来谒见我的人，一个挨一个，有为联络情谊的，有恳求代为说项的。我这个人又是“有求必应”，生就来的一种好揽闲事的脾气。有些王公子弟便拜我作干娘，为的当成了亲戚走动，好借些护庇。

这时候，我练得很会骑马，人家见我喜欢这个，也就买马送给我，我自己遇着好马也买。我有四匹最好的马:一叫“铁皮青滚地雷”，一叫“烟熏骅骝”，都是一色纯青，好膘头，称得起上驷之选的;一匹“小高丽马”，是内务府宗二爷送给我的，个子虽小，却极健干，又好胜，同大马在一齐走时，它不许大马在它头里走;一匹“墨里藏针”的骡子。我出门的时候，常是骑马，也不走很快，后边跟着几个仆人和马夫，大家一望便知是“赛二爷”过来了。京里人同我感情都算很好，有一次，我正骑着马在街上走，看见一个十几岁的小孩，手里拎着个瓶子，里面打的醋。我问他:“你买醋作什么?”他答:“吃饺子。”我说:“回去告诉你妈妈，多包点儿，赛二爷一会儿到你家去吃饺子。”这家果然就包下许多饺子等着我，我不过是闲磕牙罢了，那里好意思的真扰人。

北京的街道，那时太肮脏了，满街屎尿无人管。洋人最是嫌腻这个，便下了个命令，叫商家住户各自打扫门前的一段，尚有一点污秽，查出来是先打后罚。他们这种办法，固然太厉害些，可是北京的街道却赖以洁净了许多。后来西太后回銮抵京，看见街上比从前又整齐，又干净，很是欢喜，夸赞洋人们能干。

附录:

联军挟战胜之余威，入据京城，行动无所顾忌，任着意儿奸淫抢掠，实堪痛恨!惜庚辛史籍对此事记载多不能详。兹略录数节于此:

联军皆大掠，鲜得免者。其袒匪之家，受伤更烈，珍玩器物皆掠尽。……

妇女虑受辱，多自经，朝衣冠及凤冠补服之尸，触目皆是。有自经久，项断尸坠者。（罗惇曧《拳变余闻》）

联军占领北京之后，曾特许军队公开抢劫三日。……在英国方面，关于此类行军特长，却曾被以一种特别方式。所抢之物，均须缴出，一齐堆在使馆大屋之内，加以正式拍卖，如是者累日。由此得之款，按照官级高低，加以分派，其性质略如战时掠获金。因此之故，无一英人对于抢劫之事，视为非法行动。而且英国军官曾为余言曰：印度军队，对于战胜之后而不继以抢劫一事，实绝对不能了解。所有此地各国军队，无不一致公推印度兵士，最善于寻出各处密藏之金银宝物。在日本方面，则对于此种掠夺之物，照例归于国家。由此所得之款，其数至为不少。据日本某将军之报告，只天津一处抢劫所得者，即有二百万之多。至于美国方面，对于抢劫之事，本来禁止，但美国军队颇具精明巧识，能破此种禁令为其所欲。俄国军队抢劫之方法似乎颇称粗野，而且同时尽将各物毫无计划的打成粉碎。此外法国军队，对于各国军队（之抢劫行为）亦复绝对不曾落居人后。（王光祈译《庚子联军统帅瓦德西拳乱笔记》）

八月初六日，洋使入内宫瞻仰，各街巷渐有人行走，有卖菜者早半日可买，午即收，仍闭市。自洋兵入城，无日不入民居搜求什物，衣箱书籍均倒置倾出之，十室九空，非止一宅一人也。初八日，行路人渐自比昨日多些，然耳语者甚众，仍带仓皇凄凉之色，良可悯矣！十二日晚，洋人入宅大掠，前此小掠不计也，至是已十余次入宅矣，余均听其搜取，且日日出门颇失迎迓也，呵呵！（某氏《庚子日记录要》）

十二　仪鸾殿之失火

说起宫里失火的那回事，便想起一般无聊的人，捏造蜚语，作践我的可恨了！他们说我，天天夜里和瓦德西一同睡在西太后的龙床上，有一天，睡到半夜，着起火来，我俩都赤裸着身子，由殿里跑出。这简直是污辱我，骂我。我同瓦德西交情固然很好，但彼此间的关系，却是清清白白；就是平时在一起谈话，也非常地守规矩，从无一语涉及过邪淫。这都是有人见我常常同瓦骑着马并辔在街上走，又常常宿在他的营里，因此便推想出我们有种种不好的勾当来。

瓦德西虽住在宫里，可并不在殿里睡。他是在仪鸾殿（在西苑）的旁边，觅了一块静洁而又风景幽丽的地方，搭起一个帐篷，办公睡觉差不多全在里面。那次失火是因为几个兵士的不加小心，损失还很不小，把一个参谋长烧死在里头。

他们的那些军官感觉到寂寞的时候，倒也想找个姑娘来陪着喝喝酒，常是恳求我给他们作介绍。我推辞不过，便派人到外边去叫，叫来的都是些班子里的姑娘，她们因贪图挣钱，也都很愿意来。来一趟是给一百银圆。她们往里面去陪酒时，我独自一人便在旁边屋内闲坐，闷了就烧口鸦片烟抽。我的烟瘾就是在这时习染上的。

瓦常常对我说："宫里的东西，你喜欢那件，尽管拿走，没有什么关系。"我总是想，皇家的东西，民人怎么应该随便拿着走？口里只好说句"谢谢"便算了。有一个"五福捧寿"的瓷盘，釉质彩绘都很精细，款式也好。瓦用它盛水果，我一见很喜爱。他就说："送给你吧。"立刻就要派人给我送到家去，我忙着说："等一等，我自己带着走。"这样才敷衍过去。我怎么能随便拿宫里的东西呢？

瓦回了德国，还连着给过我几封信，我都是托一个留德的学生替答复。因我只能说德国话，不能执笔写文。后来那个学生离开了北京，无人代我写信了，渐渐地音问遂疏。

十三　议和时之谆劝被戕德使克林德夫人

当开和议时，态度最蛮横，从中最作梗的要算德国了。他们总觉着死了一个公使，理直气壮，无论什么都不答应，尤其是那位克林德夫人，她一心想替她丈夫报仇，说出来许多的奇苛条件，什么要西太后抵偿罢，要皇上赔罪罢，一味的不饶，把个全权和议大臣李鸿章弄得简直没有办法了。我看着这种情形心里实在起急，又难过。私下里便向瓦德西苦苦地劝说了有多少次，请他不必过于执拗，给中国留些地步，免得两国的嫌恨将来越结越深。瓦德西说，他倒没有什么不乐意，只是克林德夫人有些不好办。于是，我便自告奋勇，愿作说客去说她。

我见着了她，她对我的态度还很和蔼，让我坐下，先讲了些旁的闲话。然后我便缓缓地向她解释说："杀贵公使的并不是太后，也不是皇上，是那些无知无识的土匪——义和团，他们闯下祸早跑得远远的了。咱们两国邦交素笃，以后还要恢复旧好呢，请您想开些，让让步吧！只要您答应，别人便都答应了。"

她道："我的丈夫与中国平日无仇无怨，为什么把他杀害？我总要替他报仇，不能这么白白地死！"

我说："仇，已算是报了。我国的王爷大臣，赐死的也有，开斩的也有，仇还不算报了么？"

她又道："那不行，就是不要太后抵偿，也要皇上给赔罪。"说这话时，她的态度很坚决。我想了想，遂说："好吧！你们外国替一个为国牺牲的人作纪念，都是造一个石碑，或铸一个铜像。我们中国最光荣的办法，却是树立一个牌坊。您在中国许多年，没有看见过那些为忠孝节义的人立的牌坊么？那都能够万古流芳、千载不朽的！我们给贵国公使立一个更大的，把他一生的事迹和这次遇难的情形，用皇上的名义，全刻在上面，这就算是皇上给他赔了罪。"

经我这样七说八说，她才点头答应了。这时我心里欢喜极了，这也算我替国家办了一件小事。听说条约里的头一项就是这事哩！

这个牌坊就竖立在东单牌楼北边，克林德遇害的那个地方。等到民国六年（1917年），欧战告终，德国战败了，中国政府把牌坊拆除，挪到中央公园（今中山公园），改称公理战胜牌坊。当时曾举行过一个盛大的纪念会，他们因我和这个牌坊有些关系，也邀请我去参加。那天莅会的人很多，钱能训、段祺瑞诸先生都有演说。会后还合摄一影，里面有个女子，站立在前排，那便是我。

附录：

奕劻、李鸿章等所拟就之《克林德碑文》：

国家与环球各国立约以来，使臣历数万里之远，来驻吾华，国权所寄，至隆且重。凡我中国臣民，俱宜爱护而恭敬之者也。德国使臣克林德，秉性和平，办理两国交涉诸务，尤为朕心所深信。乃本年五月，义和拳匪阑入京师，兵民交讧，竟至被戕殒命，朕心实负疚焉！业经降旨特派大臣致祭，并命南北洋大臣于该使臣灵柩回国时，妥为照料。兹于被害地方，按其品位，树立碑铭。朕尤有再三致意者：盖睦邻之谊，载于古经，修好之规，详于公法。我中国夙称礼仪之邦，宜敦忠信之本。今者，克林德为国捐躯，令名美誉，虽已传播五洲，而在朕惋惜之怀，则更历久弥笃！惟望译读是碑者，睹物思人，惩前毖后。咸知远人来华，意存亲睦，相与开诚布公，尽心款洽，庶几太和之气，洋溢环区，既副朝廷柔远之思，益保亚洲升平之局，此尤朕所厚望云！（据《清季外交史料》卷一百四十五）

十四　坠马中伤

这是我一生最危险的一桩事，现在想来还为之战栗不已！

有一天下午，我骑着那匹名叫铁皮青的马，到王长林家去闲玩。长林同我们孙三爷是拜盟弟兄，这时他虽已搭班演戏，但还不甚红。玩了多半天，天已深黑，我就派仆人回家去拿灯笼，因出来的时候，原想早些回去，没有带着。仆人去了很大工夫，也不见回来，我等得起了急，不耐烦再等，就要独自骑马回去。长林竭力拦挡着不叫走，说："再等一会吧！若还不来，我送您回去。"我觉着没有什么要紧，全是熟路，一个人怎不能够回去？便道："我自己能够回去，你们给我一个灯笼好了。”长林的儿媳妇就忙给我点了一个灯笼，我上了马，把灯笼挂在马鞭上，便缓缓地走下来。

走到了陕西巷口，快要抵家了，忽听得那边一阵辘辘的车声，吓得我一发怔，定睛看时，原来是跑下来一辆惊车。我的马一见，蓦地吼了一声也狂奔起来，它往前跑，那辆骡车就在后面追，把我吓得乱嚷大叫。这时候差不多已在半夜里，铺户住家都关门睡了觉，街上很是冷静，所以那么嚷叫，也不见有个人出来。我的马是飞也似的跑，我怎么勒也勒不住它，只好就伏下身子紧紧地抓住了马鬃，随它去跑。等跑到了韩家潭，路很狭窄了，我怕把我的脚撞在旁边墙上，就赶忙丢开镫，这时马往上一蹿，一下就把我扔下来，跌在一家门首的石阶上，立刻便晕了过去。后来听他们说，那辆骡车紧跟着就要到了，幸而被人截住，不然就把我轧了！

乱了这么半天，人们才听见，跑出来近前一看，说：“呀！了不得，这不是赛二爷么？快快扶起来！”这时血已从伤处淌下，染了一身。我还记得，那天穿的一身很漂亮的衣服：雪青洋绉里的库缎大袄，外面套四镶的巴图鲁坎肩，腰间束一条银白色绣花巾子，一双新快靴。待一会儿，我家里得了讯，都忙着跑来，用布把我的伤口裹好，抬回家去。

京里的一班挚交们，得着讯都来看视，有的便推荐大夫，瓦德西也派来他的一个军医。

这时候我头上还梳着大辫子。大夫把我的头发分开，剪下一束，用药水洗了洗伤口，敷上些白药粉，外面用药布裹住。据他说：“离后脑仅还隔着一层薄膜，若要再破了，脑浆便流出。”这是多么危险哪！

过了几天，知道的人更多了。各方送来很多的滋养药品，什么人参、鹿茸等等。我这一摔，倒惹得人家花了不少钱。

瓦德西隔几天就过来看看我。这时，再有两个月，他就要回国了。临走以前，还亲自给我拿来的药，对我说了许多安慰话，相对款叙良久，才揖揖的各道珍重而别！

我的伤一直到转过年开春，才完全长好。

十五　班妓服毒　己身受祸

自从庚子那年由天津逃难到北京，就常住下去。这时候，虽然家里也有几个姑娘，总算是“住家”的派头，也不随便接见客，来的人都是些熟朋友，或经人介绍过。这样过了有三四年吧，有一位金四爷，著名的堪舆家，专给宫里看风水，和我最要好，我也最信服他。一天，他见着我，说：“二爷，我看着了一所房，太好了，若要开班子，一准发财。做旁的生意可不行，因它的形势像个龟。你有意思租没有？”我听了他这话，心里有些活动，就托他替我把房子租下来。这房就在陕西巷，入民国曾开过赛琼林大菜馆。报捐挂牌以后，事由儿果然很好，每天除去开销等净剩一个大元宝。

不幸，这年秋天，我弟弟病死在苏州，我回家办理丧事。第二年四月里才返回。五月就发生了这件倒霉的事：我的一个姑娘服毒。有人说，这是有仇人趁我回家时候，背地里设术破了我那房的风水所致哩！

这件事的经过是，我把我弟弟埋葬完毕，又办些杂事，住的过了年，就由苏州到上海。在那里挑选了几个姑娘，一个叫秦凤云，使了我两千五百圆钱；又买了一个，名字叫秀铃，是苏州人，身价三千圆，连上其它花销，总够四千；又接林香君姊妹两个；还有两个年岁大些的，一共是六个姑娘。我把她们带到了北京，见班子里还有几个空房头，就打算遇机会再买一个，那想到就买了这个冤家！买的时候，已算是受了骗。凭中人说，是个良家的姑娘，武清县人，长得很美，要卖在茶室里，问我要不要。我让他领来先看看。她来时，穿的一件蓝布衣裳，扎红腿带，还梳着抓髻，像个刚从乡下来的样子，可是模样儿长得还不错，瓜子脸，双眼皮，水灵灵一对俊眼，皮肤很白嫩。讲了讲价，做妥一千二百两银子，一千归她家里，二百算是中人的佣钱。给她取了个名叫“凤铃”，我自己买的姑娘都带铃字。过了些天，我打听出，她原来已经在小李纱帽胡同茶室里混过，名叫“小五子”。因有个熟客，想用八百银子为她脱籍，没有办成，领家怕他们携手潜逃了，才急着卖她，渐渐又发觉她还有鸦片烟瘾。这怎么会是良家的姑娘呢？我心里虽知道是上了当，可是看她的样子还很老实，也就装个“哑子吃黄连”，未曾发作。

这时候，我忙极了，整天价要到各处去应酬，在班子里的工夫很短，班里一切事务交给了孙三爷照管。有一天半夜里，我们都睡了，有位潘二爷，也是熟客，同着几个朋友来敲门，他们是因在隔壁一家班子里，不知为什么吃了醋，转到这边来。看门的给他们开开门，请进来，又把自己的姑娘全都唤醒，拉开桌子就打牌，又说又唱，一直玩到天大亮，他们才走。我因白天去陶然亭骑马回来，路上受了凉，身上觉有些发烧，早早便歇息，也没有起来打招呼。第二天，是鹿中堂的少爷约定妥在班里请客吃午饭。八九点钟，姑娘们就都忙着起来装扮，那时正时兴梳辫子，专雇了一个剃头的给她们打辫。别人的全打扮好了，只剩下凤铃，她伏在桌上，低着头，也不动，也不说话。秀铃在旁边就问：“你是怎么啦？”她也不理。她们就跑来告诉我，我过来一看，她仍然伏着桌子，就问她：“凤铃，你怎么啦？身上不舒服吗？还是同哪个怄了气？”她是一声也不哼。我扶起她的头来一看，眼睛通红，两只手只挠胸口。我看样子不好，像是吞了鸦片烟，就握着她的手急问：“凤铃，凤铃，你吃了什么东西吧！是鸦片吗？你不要想不开，有什么心事，尽管对我讲，有中意的人，可以随便走，没有不好办的。平日我也没有把你待错呀！何必竟寻此短见？快快告诉我！”她听了我这话，才说是吃了鸦片，说着也掉下眼泪。原来是前几天，管崇文门的崔老爷的小少爷给我送来一盒烟膏，我只烧了几口，剩下的就放在小柜橱内，不晓得什么时候被她拿去了，还吃了很不少。我赶紧着派伙计到街上买的药，撑开她的嘴，灌了下去，见她还是不吐。这时候已快十一点钟了，还要伺候鹿少爷请客呢，我就叫他们把她先抬到后边，继续灌救，恐怕鹿少爷来到，这成什么样子。一会儿，客人都来齐，我只顾陪他们吃酒也没有到后边去看。等席散以后，他们才告诉我：“凤铃已经死了！”这孩子也算很伶俐，落得这样死，真是可怜！

这时我急得什么似的，先打发三爷用二百五十两银子买来一口棺材，不敢就这么装殓哪，还要报五城来验尸。正在这当儿，有个蒲二奶奶，是开裁缝铺的，来给我送衣服，一见这种情形，就说：“这样去报，恐怕不妥当。不如我冒出个名，作为凤铃的生母去报，担起这个错儿，你们可就轻省多了。”伙计们听了她这话，都觉得很有理，我心里是又烦又慌，随口说了句：“好，就凭你去报吧！”等一会，城上就派人来验了一验，也没说什么。我想，这就算完了，净等着领抬埋执照了。不料，生出了枝节，也不知道从那里跑出来的尸亲，也露头不依不饶了，我班子里的几个伙计，还里勾外串地从中传消息，说坏话，说什么凤铃是因受我虐待，被逼服毒的。在城上这么一告，城上只得派人来传我。我一听真要气昏，忙着披上一件褂子，就跟他们到了城上。我觉得我没有作亏心事，害怕什么。唉！那里晓得，这里面有洪先生的几位老亲友如陆润庠、孙家鼐等，早想着找个茬儿把我押起，解散我的班子，强迫我回籍呢！

十六 被押刑部 递解回籍

到城上，一句话也没有问，就把我送到了刑部。幸亏刑部里的一班人差不多我都识得，便得了些关照，进门时也没有过铁链子。这时候刑部正堂是孙家鼐，他随驾往颐和园去了，没有叫我过堂，就押起来。在监里，一点罪倒也未曾受。部里的诸相好，给我预备地太周到了，连澡盆全有，还许抽鸦片烟。闷了时就同旁的罪犯谈谈天，故不甚感觉寂寞，只是心里总挂念着家中的事。他们是不许有人来看我的，后来只有德国使馆派的四个武官来看了一次。他们先听说我遭了官司，就派四个武官到我家探询，家里有个小听差，名叫小七，他跟我学会说几句德国话，对他们说：“赛太太在城上呢。”他们到了城上，城上推说不知，后来他们打听出我在刑部，又到刑部，刑部的人一见都惊惶得了不得，又不敢不放他们进来。我见着他们谢了谢，说：“不为什么要紧的事，因我有一个姑娘死了。几天便可完解出狱，请回去告知贵公使放心吧！”他们又坐了一会，看我没有受什么罪，才告辞去了。

我入刑部，说起来也有些因果关系。庚子前一年，我住在高碑胡同，离刑部很近，总想进去看看，没有去成，这回可算进来看了！

我在监里很遇到几件案子：我进刑部那天，就有个名叫沈荩的，是革命党被捕，因不招口供，打死在堂上。又有一位中堂大人，不知犯的什么罪，与我同日进来，还叫他过铁链子。北京城著名的女光棍“小扑户”也在监里押着，她会摔跤，到处敲诈不讲道理，人人都怕她，因为惹恼了桂八爷，被捕入狱。在堂上受了不少重刑，她真有骨劲，都熬过去，一哼也不哼。我原来不认识她，她见了我先打招呼，说话声音洪亮，高高的身材，紫红脸膛，很是威武。我俩一谈还很投契，想不到在狱里交了这么一个朋友。还有一案：是母女二人，犯罪的是姑娘。案情是，姑娘的父亲是个厨子，品行污浊，她们姊妹三人，她两个姐姐全被她父亲奸污了。她出嫁后，永不敢归宁。一天，因事到娘家，被雨留住，就宿在厨房里。夜间她父亲来拨门，她急了，蓄足力气开开门，照她父亲下身猛的一拳，便把他打晕栽倒，撞在石上就死了。她觉着这种丑事，怎么向外说，就认是自己故意打死的。她母亲知道此事，不肯叫女儿抵偿，就说是自己打死的。审判官也知道她们很冤枉，可是她们不说实话，没有办法。我同“小扑户”很怜恤这个姑娘，就劝她说：“你若再不翻供，可就要定罪了，杀死父亲是罪该凌迟的。他这禽兽既不把你当女儿，你还给他留的什么体面?”在最后的一堂，她听了我们的话，才把实情诉出，总算减轻她的罪，没有死。

等孙家鼐回来，把我提出，略问了问，就叫带下，判的是罚我“三钱七分二厘”银子，说就放我出去。待了几天，又说要解我回籍，不准再住北京。我知道这都是陆润庠同孙家鼐商量好了的要撵我走。

这时候，我的班子里已糟蹋得不堪了。我母亲同三爷都吓成呆傻，总以为我在刑部不定受多少罪，只管化钱打点，一千两千的胡扔，都被人家骗哄了去，也有趁机来敲诈的。等我出来时，贵重一点的东西，只剩一只珠花。我房里的几只箱子，也被伙计跟妈等趁火打抢地搬走了。马厩中三十多匹马没剩下一匹。底下人是走得精光。

发解回籍，就是那么一说罢了，我并没有同解差一齐动身，他们先行，我又住了几天，摒挡些杂事，才赴天津，由那里乘火轮到上海，再返苏州原籍到案。这时候我的寡弟媳还在苏州。

在家里住的工夫不久，就又到了上海，这时候已是光绪末年了。

【注】据北平故老云：小扑户，一女子也，以善掼跤故名，犷悍有膂力，人咸畏慑。尝因受侮一澡堂，潜入洗澡，人初不经意，及发觉，全堂大哗，尽散去，澡堂因之大受损失。又内城东南隅有泡子河，入夏常蓄雨水，一般细民多往洗澡，小扑户也去，卸衣下河，毫无避忌，时裸身登岸，唤买食物。

十七　煞　尾

我二次又到上海当妓女，却是为了生活的驱使，不得不然哪！租赁了一所两楼两底的房子，月租是一百二十圆。门上写“京都赛寓”，旁边附注洋文，还是像住家的样子，也不报捐，也不挂牌。一班旧交们知道以后，倒都来捧场，事情很是不错。只是因我受在北京所遭那件事倒霉地打击，对“妓女生活”起了一种厌恶心思，不似从前那样的有兴致了，总想遇机会觅求一个合适的人，能匹配终身，就不再作这勾当了。

在民国二年（1913年），便认识了魏先生（名斯炅，字阜瓯，江西金溪人，作过江西民政厅长，参议院议员），他因从事革命，逃难到上海。我们认识以后，很觉投缘，感情日益浓厚，他是个性子爽直的人，又有侠气，故我们对他很敬佩。这时候他正在作革命活动，常来常走，行踪不定，但每次到上海，总要来我家看看我。慢慢，在言语间，他就露出向我求婚的意思。我是早有了意思，只须要作多方的考虑，还踌躇着没有决定。直到六年，我跟魏先生一同到北京，住在前门外樱桃斜街，住了有几个月，才完全决定了我俩的婚事。七年又回到上海，把些杂事都结束了一下，六月二十日，便在上海新旅社举行婚礼，那天贺宾来的还很不少，有沪上名人倪红楼等，证婚人是信昌隆报关行的经理朱先生。婚礼纯是新式，用的花马车、军乐队。这年我是四十五岁，想起我十四岁时嫁洪先生，坐绿呢轿，打红纱灯，前后相隔已三十几年了！

魏先生同我虽然可以算正式结婚，但他家里还有一个太太，和一个因从事革命逃命到南洋时娶的姨太太。

我们结婚后不久，便来北京，这时魏先生正作参议院议员。

魏先生待我好极了，可谓“体贴入微”，对待我母亲也颇尽孝心。十一年春天，我母亲因病死在京里，他很哀痛，装殓发葬都很厚，出了一个大殡。我着实感激他。那想到，同年闰五月，魏先生忽也死去，他的身体素来很强健，一点病也没有，就因洗澡用冷水浇了一下，激着了，得病不几天便死去。

魏先生一死，他家里人平日就和我有些嫌怨，常常是起龃龉的。这时他们更要给我造谣言，放冷语了。甚至说，魏先生的死都是我害的，在江西会馆开吊时，挽联上的话，有好些都是骂我，他们这样地欺侮我，我还怎么能同他们同居下去呢？实在不得已，才带了自己的东西，同顾妈（伊一女仆，自民初相随至今，主人虽贫困已极，尚恋依不忍去，忠实可风）搬在居仁里的这个房子里。我们一主一仆，僦居迄今。十年来因素鲜与外面通款曲，几无人知余尚在人间矣！

附言：

递解回籍以后的些事，伊多推诿掩盖，不肯说出。据撰者所知，在光绪末宣统初间，伊尚嫁一沪宁铁路职员黄某。民初黄死，再至上海，始识魏斯炅，意其不肯说出者，或个中别有隐衷欤？伊最爱谈嫁魏事，每谈起辄刺刺不休，实则伊嫁魏后之一切生活，已极为平凡，无何足以传述矣！今略记梗概，姑名曰“煞尾”，俟他日访问详细，再补写。

年　表（公历1874—1933年）

清同治十三年十月九日（1874年11月17日），落生于苏州城内之周家巷。

时洪钧已三十六岁，已于六年前中戊辰科状元矣。

光绪元年（1875年），二岁。

光绪二年，三岁。

光绪三年，四岁。

光绪四年，五岁。

光绪五年，六岁。

光绪六年，七岁。

光绪七年，八岁。

小时最喜欢吃徽州的“状元饭”（红苋菜加猪油拌饭），人皆谓将来必定嫁得状元也。

【注】伊之所谓小时，当在十岁以前，故记于此。

光绪八年，九岁。

光绪九年，十岁。

光绪十年，十一岁。

是年，洪钧丁母忧，守制家居。

光绪十一年，十二岁。

十几岁上，出落得俊俏非凡。有时闲立门首，苏州抚台、学台乘舆经过，皆频频凝目注视伊之芳姿。

【注】伊自云在十几岁时，故列于此年。

光绪十二年，十三岁。

是年春，被苏州一拉纤的金云仙引诱之花船应客，继而遂公开为娼，但作清倌。

就在这时认识了洪钧。

光绪十三年，十四岁。

嫁洪钧，正月十四日，过娶。四月，洪服满，随同晋京。五月，洪被简派出使俄、德、奥、荷四国大臣，又随洪赴欧洲。

光绪十四年，十五岁。

在欧洲。

是年，伊祖母因眷怀伊之远涉重洋，成病逝世。

光绪十五年，十六岁。

在欧洲。

光绪十六年，十七岁。

是年，在柏林生一女，名德官。

洪任满，随洪返国。洪留京任兵部左侍郎职。

光绪十七年，十八岁。

在北京。

光绪十八年，十九岁。

在北京。

光绪十九年，二十岁。

是年八月，洪钧卒。十月，伴灵返苏州，脱离洪氏。

光绪二十年，二十一岁。

是年春，赴上海，设“书寓”于二马路之彦丰里。初，自己不挂牌，嗣因欲瞻丰采者众，遂规定每礼拜六、礼拜日两天待客。这时认识了李鸿章、盛宣怀诸人。

光绪二十一年，二十二岁。

在上海。

光绪二十二年，二十三岁。

在上海。

光绪二十三年，二十四岁。

在上海。

光绪二十四年，二十五岁。

是年北来，在天津江岔胡同开“金花班”。

结识杨立山、德馨。

光绪二十五年，二十六岁。

是年，受杨、德之怂恿，由津迁京，住李铁拐斜街鸿升店内。京里以前无南班，还是由她开的头。

冬，移居前门内高碑胡同。未几，官厅禁止口袋底的曲班，（注见前）内城不准立乐户，遂又回天津。

光绪二十六年，二十七岁。

是年五月，因义和团“作乱”，逃出天津。逗留小稍子口月余，又逃通州。七月闻津陷复逃京，途中备尝艰苦。

抵京数日，洋兵即入城。伊先借住西城仆人家，旋又迁南城。

结识联军统帅瓦德西。

光绪二十七年，二十八岁。

是年，为竖立克林德牌坊事，谆劝克林德夫人。

光绪二十八年，二十九岁。

是年冬，骑马由外归，途遇惊车，己马狂奔，坠地中伤，经年始愈。

光绪二十九年，三十岁。

是年，由一著名堪舆家金某代觅得陕西巷内一房，谓具有龟形，最宜开“班子”，遂租赁正式组织南班，事由儿果旺。

光绪三十年，三十一岁。

是年八月，回苏州葬弟。

光绪三十一年，三十二岁。

是年夏四月北返，五月，因班妓凤铃吞烟死，被逮入刑部狱，旋解原籍。

光绪三十二年，三十三岁。

是年春，重张艳帜于申江，门上悬牌曰“京都赛寓”，旁边附注洋文。

光绪三十三年，三十四岁。

是年，嫁沪宁铁路职员黄某（?）。

光绪三十四年，三十五岁。

是年，女德官死。

宣统元年（1909年），三十六岁。

宣统二年，三十七岁。

宣统三年，三十八岁。

民国元年（1912年），三十九岁。

民国二年，四十岁。

是年，黄某死，再到上海。

识魏斯炅。

【注】光绪末宣统初间，伊曾嫁一沪宁铁路职员黄某，民国初年黄死。再至上海，始识魏。惟撰者仅知大概，不能详，故疑记之。

民国三年，四十一岁。

在上海。

民国四年，四十二岁。

在上海。

民国五年，四十三岁。

在上海。

民国六年，四十四岁。

是年，随魏至北京，住前门外樱桃斜街。

民国七年，四十五岁。

是年六月二十日，在上海与魏斯炅结婚于上海新旅社。

不久仍来北京。

民国八年，四十六岁。

在北京。

是年，欧战告终。移克林德牌坊于中央公园（今中山公园），改名公理战胜牌坊。举行纪念会时，伊曾被邀参加。

民国九年，四十七岁。

在北京。

民国十年，四十八岁。

在北京。

民国十一年，四十九岁。

是年春，母没于京。夏闰五月，魏亦病逝。

与魏家族不相容，遂只身携一顾姓女佣，赁居天桥迄西之居仁里。景况日渐窘困。

民国十二年，五十岁。

在北京。

民国十三年，五十一岁。

在北京。

民国十四年，五十二岁。

在北京。

民国十五年，五十三岁。

在北京。

民国十六年，五十四岁。

在北京。

民国十七年，五十五岁。

在北平。

民国十八年，五十六岁。

在北平。

民国十九年，五十七岁。

在北平。

民国二十年，五十八岁。

在北平。

民国二十一年，五十九岁。

在北平。

民国二十二年，六十岁。

在北平。

冬，刘半农、郑颖荪、商鸿逵访伊，作《赛金花本事》，艺林传为佳话。

（北平星云堂书店，民国二十三年十一月初版）

北平旧书肆

我记得在《人间世》某期上读过一篇《书店》，觉得写得很好，很在行，只是所写多偏于上海新式书店。这截止到现在，还不失为中国旧文化中心的北平城里那些“旧书肆”，却也蕴藏有不少“奥妙”，趁今日闲暇，也写它一写。

北平的旧书肆区，在老年，就我所知，有一厂二寺，厂即琉璃厂。它是具有几百年历史的，迄今未衰。“厂肆”二字，在中国藏书史上，至少是免不了要提提的一个名词吧。二寺即慈仁寺与隆福寺。慈仁寺（今名报国寺，在宣武门外）在清初颇兴旺，顺康间人笔记中常见述及，如今却是连一些书影儿也没有的了。隆福寺起初只是些书摊，每逢会期，赶来摊卖，现在发展的也不下二十家店肆了，其中还有几家规模够大的。记得去年南方某书店来北平采购旧书，先到隆福寺，进入一家，骤睹琳琅满目，便拣选了些。又进一家，又买了些。顷刻用去数千元。后来又到琉璃厂，见藏书之多且十倍于隆福寺，未见大买，囊资已尽，遂赞叹叫绝而返。

过去书中谈及厂肆等地方的很多，专记的有李文藻《琉璃厂书肆记》，缪荃孙后记；叶德辉《买书行》等，以繁不引。只叶氏《书林清话》上有几句话：“吾官京曹时，士大夫犹有乾嘉余韵。每于退值，或休务日，群集于厂肆，至日斜，多挟数破帙，驱车而归。”这种余韵，今日犹有，什么考究版本的鉴赏家，爱往旧书堆里钻的大学教授，附庸风雅的买书者，侨居我邦、研究所谓“汉学”的洋人等等，都算是厂肆的常期主顾。

书肆主人，以往都是江西金溪籍，兼有江浙籍，盖皆南人也，到现在却多换了别地方人了。这里面怎样一个演递，不甚了了。或谓在先之南人，多为进京会试，名落孙山的举子，赧颜归里，便思做生意，旁的生意不会做，只好卖书，念书人卖书算最接近的一行了。可是，虽然做生意，究系“由儒而贾”，难免要带点“酸狂气”，对于奉承，自然差忒。偏巧一般买书的达官贵人又好“奉承”这个调调，纯生意人于是便大得手了。主顾一到，装烟倒茶，躬出揖入，一味周旋。再加上他们的“负苦耐劳”精神，渐渐便夺去江西人之席。就我所知，某书肆主人背包袱时，每串大宅第，常当人面从袋中取食黄粱窝，询以故，则诉曰：“卖书能有多大赚头？不得不吃这个！”如是，人怜其苦，便不与他争执了。这套把戏，酸狂举子，怎么能扮得来！

说到做生意方法，旧书肆与新书出版家又大不相同。新书是要拉些有名作家作后台，旧书却全靠采访所得，大一些的书肆，差不多常年要派人到各省各县去收买，性质颇近古董商，有时虽一无所得，有时可获利无算，像那部哄传一时的《金瓶梅词话》，在山西买来时才数十元，一转手便卖了数百元，再转到购主便千数百元了。

近年的刻板书价，总都算涨，原刻或刻精一点的都贵得不得了，宋元板不谈，即小说戏曲之类，一部《贯华堂水浒》就要五六十元，《清晖阁牡丹亭还魂记》非百元莫办。去冬我见着一部《十二律昆腔谱及京腔谱》想买，开口便索价四百。近年更有人搜罗淫词小说，两本一旧刊《肉蒲团》，也值二十元了。

书价的涨落也看风头，胡适之先生谈了“传记文学”，谈到汪辉祖的《病榻梦痕录》，《梦痕录》立刻涨价。林语堂先生表表袁中郎，《中郎集》又涨起。

县志近年价也大涨，大概是先有某国欲考索中国风土地理而采买，随着我们也感觉这个重要而争买。一部偏僻不经见的县志，论本头也须一二十元。前天一书贾向我说，要有一部《香河县志》（属河北）能卖八十元。

“禁书”也了不得，载在《禁书目录》的书，不消说是卖大价了，即现在还在禁的那部《清史稿》，原定价百元，现售至四五百元。书是不管好坏，一禁便贵。

传抄做假，更是旧书肆的拿手活，遇到罕见的书，不管刻本抄本，他们能用染制好了的旧样丝栏纸，誊写上几部，有时会当传抄未刻本卖，一捆子烂卷残稿，他们能描改挖补，装帧什袭，杜撰个名目，充“稿本”去骗卖。前年有书贾持一旧纸影印《玉台新咏》，冒称明刊，到某图书馆求售，结果，居然被欺，用重价收下。

卖书还须有一种手腕，是攀交名流。要名流作甚呢，名流能替介绍主顾，凭他一言，书既可留，价且多给。名流也乐得接近他们，一来能借着多见些好书，长长见识。二来，高明些的书贾，他那点“横通”功夫，却真也“颇有可以补博雅名流所不及者”。（章实斋语）原来旧书主顾，尤其好讲究点“版片”的，常离不开这些：规模大些的图书馆，中或外，或中外组织的学术团体，少数有力的收藏家，这些非是名流在那儿主持，也和他有关联，有友谊。

这般书贾的记忆力也特好，谁已有何书，谁尚缺何书，谁欲觅何书，谁不收何书，胸中都有个大概。他在收买时固早在留意，拿来时你也定会十九中肯。

截至今日止，旧书肆生意，总算不恶，不过今而后，便不敢说了。图书馆已连续地收买，普通些的都有了，外邦人因金价跌落，搜罗之勇，也大不似从前。私人收藏家又越来越少，最欢迎的自然是私人收藏，因私人资财的持久无把握，子弟的优劣无把握，无论到哪个无把握时，书便会“流通”出来。图书馆藏书却是“一入侯门深似海”，永远不得再与“市”见，图书馆拍卖藏书，机会总少吧！这么一来，所谓“珍籍”，能经过书肆人之手者日稀，生意也便日稀了。

一般新出版家的影印旧书，也给打击非小，有了影印精版的，谁还肯买劣刻的。商务印书馆印了各省通志，通志只好落价；中华书局影印了铜活字本《古今图书集成》，谁还肯花五百元买那集成局两霹纸的匾字本？

以我看来，旧书肆今后若想发展，还须另寻途径。

（原载《人间世》1935年第29期）

《猫苑》钞

虽然六畜无猫，我偏最喜爱它。记得小时因所爱猫走丢，竟至茶饭不思，哭啼数日。又一夜里，猫失足落粪坑，攒入我被窝，待发觉，已满身黄膏膏了。至今家人以为话柄。近年来，颇想找部说猫书看看，亦怪，中国一些“虫鱼鸟兽”书里，大的如虎，小的如促织（蟋蟀别名），都有些，独独猫的少见。若追考起它的历史，不惟不短，六经尚见。如《诗·大雅·韩奕》有“有猫有虎”句，《礼记·郊特牲》有“迎猫礼”，就说它是唐三藏取经带回来的，亦有千几百年了。在著录上倒也见有三个名字：一《猫乘》，王初桐作；一《猫苑》，黄汉作；一《衔蝉小录》，孙荪意作。三作者皆清道咸间人，而孙还是一位女士。三书都不甚多见。前天，乘大风之后，跑到琉璃厂买书，忽然见到《猫苑》，喜极！问了问价，要二十元，只两卷约百页的咸丰刊本，且带蠹蚀，未免太贵，只得借着看看，一夜看完，随着钞下了这点：

全书分七门：曰种类，曰形相，曰毛色，曰灵异，曰名物，曰故事，曰品藻。内容虽亦未能脱“钞撮群书”的老套，但间有引证辩论，是其长处。这点就比王百谷的《虎苑》一味钞书要高。因为中国谈“物”的书，向例是钞钞编编，不带一点研究味，叫人看来总觉是在翻一部什么类书。

种类门里，引经据典，繁紊无足钞。形相同毛色里便觉有意思。它根据了《相猫经》说猫相有十二要：头面贵圆，耳贵小贵薄，眼贵金银色，鼻贵平直，须贵硬，腰贵短，后脚贵高，爪贵藏贵油，尾贵长、细、尖，声贵喊，口贵有坎，睡要蟠而圆，藏头而掉尾。这样一只猫想像着自然够美丽，只尾贵细尖，恐倒不见得，还是稍粗些圆些显得雄壮。

还有两个验猫法：

> 提其耳，而四脚与尾随即缩上者为优，否则庸劣。
>
> 掷猫于墙壁，猫之四爪能坚握墙壁而不脱者，为最上品。

前法我已试过，很有效，也很有趣。后法，大概是须要掷者先有一种练习才行，故连试几次，都没甚效。我想，若能把墙壁改为树干，便容易试多了，因树皮多皱易握，墙壁太滑了。又说：

> 毛色纯黄为金丝，宜母猫；纯黑为铁色，宜公猫。然黄者多牡，黑者多牝，故粤人云："金丝难得母，铁色难得公。"

这话也许有据，因我家养过的几只黄猫，都是公猫。黑猫原本很稀有。北平人家最爱黑猫，迷信它能避邪。最恶白猫，因为它的颜色好似穿孝，不利主人。

《灵异门》里有一条，是：

> 虎一生不再交，以虎阳有逆刺也，其痛楚在初。猫一岁仅再交，以猫阳有顺刺也，其痛楚在终。余畜之阳无刺，无所痛楚，故其交无度。

人们常把这话当作笑谈材料，究竟不知靠得住不？我曾问过一位弄生物学的朋友，他答不知道。但他却指例说："蜂阳是有刺的。"刺不刺的只好再俟考究。至所说"猫一岁仅再交"，恐怕更荒唐不可信。又猫的一切动作，我都喜欢，只"叫春"起来，那种发声，犹如儿号，实在讨厌之至！

关于喂猫及医猫，在《名物门》里，也载得有些：

猫不食虾蟹。(《识小录》)

猫食鳝则壮，食猪肝则肥，多食肉汤则坏肠。(《夷门广牍》)

猫初生者，以硫黄纳猪肠内，煮熟拌饭与饲，冬不畏寒，亦不恋灶。(《花镜》)

据我一己的经验，猫非不食虾蟹，是不宜食虾蟹，食后多呕吣。喂猫的食物，以猪肝拌饭最为普遍。有用一种小干鱼的，北平干果铺里卖，名就叫"猫鱼"，盖专备喂猫用者。鳝非一般家庭所能常备，故用之者殊稀。至于硫黄猪肝一法，还不曾试过。

猫病，乌药一味，磨水灌之即愈。(《花镜》)

小猫叫不绝声，陈皮研末，涂鼻端即止。(《古今秘苑》)

猫癞，用蜈蚣焙干，研末与食，数次即愈；又法，桃叶捣烂，遍擦其毛，少顷洗去，又擦自愈。(《行厨集》)

毛生虱，桃叶与楝树根捣烂，熟汤泡洗，虱皆死；樟脑末擦之亦可。(《行厨集》)

这些方法，一般人家都不惯采用，大概也不知道此法。只治虱用樟脑末擦的还不少，这恐是因其简便易办的缘故吧，又有：

公猫必阉杀其雄，气化刚为柔，日见肥善。时俗又有半阉猫，只去其内肾一边，其雄气未尽消亡，更觉刚柔得中。

这也不曾试验过。但证之"阉人"，恐不为无理。

末了的故事，品藻两门：一多属荒诞传说，一则为历代咏猫诗文，没有什么意思，不钞了。

(原载《宇宙风》1936年第31期)

《半农杂文》（第二册）序

未曾提笔，不禁泫然！回忆去年五月间，半农先生要到绥远去调查方言，临行前一日，他同白涤洲、沈仲章几位，在北大语音乐律实验室里，收拾应带仪器杂物，我在一旁替想有没有什么忘掉带。一会儿，见先生伏案，匆匆写了“半农杂文”四个字，向我说：“这四个字，一时写不好，将就用作《杂文》护页上的题答吧。封面，请斟酌代办，但颜色勿要红蓝，因我最不喜欢书皮上有这两种色。”

等先生抱病归来，大家只顾得东奔西跑去觅大夫。第一册，这时虽已印就，也没能拿去叫他看。不料，无逾五日，即溘然逝去，呜呼！

这第二册稿，也是经先生亲自编定好的，预备在第一册出版后，随即继续付排。——唉！在那时，大家的情绪是何等的悲哀、郁悒，一时实无心理此，故遂捱延迄今。

关于编印这书种种要说的话，先生在第一册自序里已说得很明白，毋庸再赘。现在只把我个人读了先生的文章之后，所能领会出的一二点说说：

一是“清趣”。无论长篇短幅，写来都是那么“清新”，那么“带风趣”，读之无不令人趣来神往。甚至像那些专门讨论语音乐律的文字，原不讲究所谓辞采，算够干枯寡味的了，可是经先生一写，便也顿觉新鲜有味道。

一是“悬直”。不管属于夸赞，属于劝勉，属于责斥，语语都是本着至诚，出于坦率，决无什么成见在胸。可是，就这样，便有时因持论过直，容易开罪于人。但又何必？且怎么着才会见好于人呢？

这书出版，多承林语堂、陶亢德两先生帮忙，盛德可敬云。

民国廿四年四月十日受业商鸿逵谨识

（原载《人间世》1935年第27期）

《明清史讲义》前言

这部书是我的老师孟森先生三十年代在北京大学历史系授课的讲义稿，当时分作两年轮授，今年明史，翌年清史。现在编在一起，合称《明清史讲义》。标点分段等整理工作是我做的，字句间稍有改动，但于著者的原意并无违反。清史部分，解放前曾经一度付印，而时隔已久，流传甚少。因此，将全部讲义予以重印，以供史学界研究参考。

孟先生毕生致力明清史研究，成就卓著，超越前人，为国内外历史学界所推重。现仅就本书的突出之处略举数点于后。先生治史，首重官书。他说："真正史料，皆出于史中某一朝之本身所构成，谀闻野记，间资参考，非史之所应专据也。"又说："学者读书，必有实事求是之见。"今天研究历史，对于这些意见仍值得参考。于明史，认为"自以正史为骨干"。又云："非将明一代之本纪、列传及各志，统加整理补充，不能遂为信史。"因此，在《明史讲义》中，除对朱元璋的开国规模加以考订评议作出详述外，特别注重女真在脱明建国后，在其发展壮大至继明而统一全国的过程中，极力回避隐没从努尔哈赤以上祖先臣属明朝事实，对触犯者处以酷刑，并株连无算。清代第一次大文字狱庄氏"明史案"的起因，即由于此。之后，在编纂《四库全书》时，大量销毁明人著述，用意也是在此。因而，先生指出官修《明史》的"根本之病，在隐没事实，不足传信"。并说："此读《明史》者应负纠正之责。"先生在这方面用力最勤，著作最富，除单篇文章外，有《清朝前纪》《明元清系通纪》及《满洲开国史讲义》等。他对于明代史事的考订评议，极为精辟深到。姑举数例，于廖永安沉韩林儿于瓜步舟中，指出是出于永安窥测朱元璋的心意，非元璋所授意。这从后来永安“止封侯而不公”可以证明。对靖难两疑案并作出考实和论定，评价崇祯，独具卓识，说他：“至临殉之日，乃叹曰：‘苦吾民。’使早有此一念，以为辨别用人之准，则救亡犹有可望，乃有几微大柄在手，即不肯发是心。犹不自承为亡国之君，何可得也?”这应该是一种最公允确当之论。

于清史，先生认为《清史稿》虽属未经官方认可之书，然而，取材编纂却具备历代官修史书的条件。意思是说，可以与二十四史同等看待。他曾倡言不可以禁锢《清史稿》，说：“尊重现代，必并不厌薄于所继承之代。”今天不但《清史稿》已标点印行，而历史学界对清史研究和编撰工作，极予重视，学术机构成立专所专室，较之旧时代的史馆实高出多多。先生的主张和希望完全实现了。

这部讲义，于清史部分所据主要资料，除《清实录》、档册及《清史稿》外，兼采《朝鲜李朝实录》等书，对有清一代史事真相，揭示详明，其对康、雍、乾三朝经营边疆，更作了较大篇幅的阐述。其所持论有曰：“准部既平，清之西北，自当以准部旧属为属。顾后来以俄人认哈萨克为其所属，清廷不能纠正，哈萨克呼吁，亦畏难不欲受理，且视为荒远无稽，不确求其清理之道，盖自嘉庆初年而已然。……乾隆以前，日有进取，乾隆以后，日有放弃。”

总而论之，这部讲义是著者以自己的研究成果编写成的，发明创见糅合其中，非一味抄掇史料，以文繁卷厚为胜者所可比拟，称得上是一部具有高度水平的著作。

先生所著书，已出版的有《明清史论著集刊》和这部讲义。此外，《明元清系通纪》经我接续补编，已全部完稿。《满洲开国史讲义》也在整理标点中，《集刊》拟再出续编。我因教课和科研工作缠身，少有余暇，以致不能积极从事整理先生遗著，深感有愧师门！

1980年于北京大学历史系

（原载《明清史讲义》，中华书局1981年版）

读孟森著《明清史讲义》

《明清史讲义》是距今半个世纪前，著者在北京大学历史系讲堂上所用的课本。今天历史学界对于明清史的研究工作，大有开展，多获新绩，然于前辈遗著，仍感有参阅之需，藉以为研索之助。我整理此书的本意也正在此。我早年受学孟森师，今披读其书，对明清两代重大事件的考证及有关评述，觉其所见颇有资参取处，兹举要点简介于下。

本书共四编，一、二为明，三、四为清，各标总论、分论。其清史原冠有《八旗制度考实》一篇，已选入《明清史论著集刊》，鸦片事件及以后诸章节，因属近代史范畴，故予删去。总论叙述明清史在史学上的地位，官修《明史》与《清史稿》体例长短得失，并兼及清代满洲世系，所述甚晰："肃慎与女真，古本同音，中间以移殖较繁之所在，就其山川之名而转变，逆为挹娄，为勿吉，勿吉又转为靺鞨，唐末仍复女真。"又指出："千年之间，三为大国（渤海、金、清），愈廓愈大。"诚然如此。满洲自古即是中国老土著，中华民族大家庭的优秀成员，历史上曾做出过巨大贡献。

本书于明史各论大致分三个时期，初期即洪永熙宣，以"开国""靖难"为章目，重点叙述明开国以后制度，列举民事、军事两大端。其于民事，详论土田和赋役规划推行之效，并以为主要在于能"作养廉俭，尽心民事"。书中说："太祖（朱元璋）以喜怒用事，是其一失。然究是对于偏隅，其大体固能藏富于民，深合治道也。"所云喜怒，一指《明史·刘基传》："惟青田不加（征）。太祖曰：'使伯温（刘基）乡里，世世以为美谈也。'"一指《明史·食货志》："惟苏松嘉湖，怒其为张士诚守，籍诸豪族及富民田以为官田，按私租簿为税额。"对朱元璋屡兴大狱，诛戮功臣，则谓其"实未尝滥及平民，且多惟恐虐民"，这是著者对朱元璋评价的基本论点。其于明代继君成弘以后多不肖，而政权尚能延续百余年，至万历始显动摇，主要赖其"尚未至得罪百姓"。对朱元璋所行佑贫抑富的政策也给予肯定。

书中论及军事，以明卫所比拟唐府兵，并论证其相同之点，以为"明与唐之初制，其养兵皆不用耗财，而兵且兼有生财之用"，制度最善。著者曾有专论唐明兵制一稿，原存我手，未及发表，可惜在十年"文革"中散失，书中所述即本此稿。只简括言之而已。

"靖难"一章述成祖朱棣争位及仁宣继承治绩。对朱棣肯定殊少，既责其夺位之过，杀戮之惨，又指放弃三卫为失策，五征漠北为黩武，并以派遣郑和出使西洋主要为寻迹建文。此于今日观之，殊非公允之论。若无朱棣的鸿图远略，实行迁都，巩固北疆，明统一之局尚难把握，惟于内政方面则认为朱棣尚"能遵太祖整饬之意"。仁宣继行，"故能团结民心"。著者的主张要在注重"民事"。

书中指出，明朝开国以来，能够重视"扶植清议，作养士气"。以为此与不得罪百姓同是明政权延续存在较长的关键。

著者将明中期概括为"夺门""议礼"二章。明代弊政与乱象实皆萌芽于此时，诸如，宦官之擅权、皇庄之开端、东西厂之设立、门户之渐成、方士妖僧之滥进，以及荆襄人民起义等等皆是。著者仍以百姓的态度为归，说："成化中叶以后，朝政浊乱，然明不遽倾颓，且后人述明时之太平，尚不能遗成化之世，则以得罪百姓之事尚少耳。"这个看法是有道理的。

嘉靖"大礼议"为统治阶级内部斗争，无涉百姓。书中说："君之所争为孝思，臣之所执为礼教，各有一是非，其所可供后人议论者，正见明代士气之昌。"所以，当朝臣集合数百人同世宗进行辩争时，或被抓起，或遭杖死。杨慎大呼："国家养士百五十年，仗节死义，正在今日。"这就是所谓士气的表现。

书中于隆庆朝作结语说："上承嘉靖，下启万历，为亡国之酝酿而已。"明之衰亡实肇端于此时。

末期主要述"万历之怠荒""天崇两朝乱亡之炯鉴"。考辨详明，持论得当。其对天崇间事迹形势，多具灼见，如言努尔哈赤之"成王业，其乘机于明廷门户之争固不小也"。自东林党人出现于政治舞台后，门户变为阉党与东林党的对垒拼斗，结局则奸佞横行，刚直惨死。天启天生呆痴，崇祯本质昏顽，正如著者所指："明之气运将尽，产此至愚极不肖之子孙也。"其评议崇祯最确当符实，说此人"丝毫无知人之明，而视任事之臣如草芥"。"茫无主宰，而好作聪明，果于诛杀，使正人无一能任事，惟奸人能阿帝意而日促其一线仅存之命"。闯军破京，清兵入关，乃为形势发展的必然结果。

著者治史于满洲源流和开国事迹致力最深。此所论述重点集中康雍乾三朝，分作"巩固国基""全盛"二章。以康熙帝统一业绩及建设包括晚年处理皇嗣问题为一章，其中先举孝庄（康熙帝之祖母，时称太皇太后）主持康熙帝继位的安排，一云顺治"遗诏直由太后（孝庄）所改定，未必世祖（顺治帝）临崩前所见之原草也"。再云："四辅政大臣告天誓文，有'不私往来诸王贝勒等府，受其馈遗'语，是亦以太后为中心，遗诏为根据。"意谓康熙帝承嗣皆赖孝庄。三藩事变为初试武功，康熙帝虽当青年，"经乱讨伐之中，朝廷举措，极示暇整"，并举行"经筵"，不停"进讲"。著者于此指出，"经筵"和"进讲"并非一事，以辨正《清史稿》之误解。全书中多有类此证误文字，不一一列举。经营北疆，为清代一大事件。书中讲述始末明整，取材确实可信。如言哲卜尊丹巴胡图克图率喀尔喀内附事，采自松筠在库伦亲闻之土谢图汗察珲多尔济裔孙、年近八十的格齐多尔济口述（《蒙古游牧记》）。著者又谓经营北疆成功实靠平三藩、服台湾之威信。很显然，无中原与海疆实现统一，北御俄人，安定蒙古也便无可能。关于皇嗣问题，谓康熙帝严于律己，疏于教子，使举止骄纵的索额图常在太子左右，而对言行笃实的汤斌，却因辅导太子为人所间，几获重谴。这就是由于"旗下人家视教子之师为教书匠，此风在圣祖已然，殆亦关外遗传之弊习也"。"圣祖诸子之祸，不能谓非无由致之"。

清之全盛时期指雍乾两朝，其述雍正帝举其所创行的“并地丁，停编审”，“定火耗，加养廉”二事。并地丁即摊丁入亩，此制发轫于康熙五十一年颁布的“自后所生人丁，不征收钱粮”之谕。在保留原有丁税征收数额以外，不再对滋生人丁加征。但著者指出：这样做“立法不彻底，人丁盛之家，既不享其惠，且若丁少于前，反需向亲戚同甲之家商求补额，岂不反成周折？不有通变，此美意终将废阁”。完成此美意的就是雍正帝。清廷经过多次会议，终于实现了“无地穷民免输纳丁银之苦，有地（少地）穷民无加纳丁银之累”。自古以来的人头税从此取消。所谓“停编审”，著者以为关系在保甲，“当编审停止之时，颇整顿保甲，如果保甲法不弛，户口何至无可稽考”。实际上，封建时代户口是不可能做到彻底清查和统计的，因为它不具备条件。“定火耗，加养廉”也是雍正帝整理财政的一个成就。此制直至乾隆四年才决定施行。于是火耗（熔合征银的耗损）和正赋公开征收，养廉（固定发给官员的津贴）与俸禄公开支领。

书中将雍乾武功继续，分作四节叙述，一“收青海及喀木”，二“再定西藏”，三“取准噶尔”，四“取回疆”。此为近代中国疆域的基础。著者于此不但记述详实，且独具卓识，并多有考订。如回部首领大小和卓木乘清军进入伊犁，归回南疆，仍纠众拒清，又需四年用兵始定。于此著者指出，魏源“误以蒙与回分为二，其实回疆之蒙古诸汗即为其长”。所考甚确。成吉思汗第二子察合台就封中央亚细亚，后分东西部，东部所统治即新疆地，明中期虽然灭亡，然仍有支庶在吐鲁番。著者引清《国史·回部台吉哈什木传》，称：“吐鲁番人，姓博尔济吉特，为元太祖裔。……乾隆二十四年，叶尔羌诸回城定，乃获莽苏尔（哈什木之兄）及哈什木。二十五年入觐，上以其为元太祖裔，诏并授一等台吉，留京师。”据此其裔属甚明。

再考黑水营之围，向多夸饰不实，且语近神奇，此系根据乾隆帝《黑水行》诗而来，兆惠官传，魏源私记，均本于此。此和“十全武功”的铺张夸大同一作用。著者指出：“清一代纪功之文，汗牛充栋，无有就《实录》胪其平凡之状者。”因为《实录》系采取自官文书，比之个人词章一味夸赞者，是有严格区别的。

孟森师的这部讲义，论述内容颇广，不及细述。这部讲义，今日看来自有许多不足之处。究其根本，在于所受治史的传统方法影响，欲要求阐述阶级关系和生产状况等历史关键问题，则为不可能。我们只好用“不可以苛求于前人”这句话来对待其缺点吧。

（原载《中国史研究》1982年第1期）

《明清史论著集刊》编辑说明

本书系就孟心史先生关于明清史研究的单篇文章选编而成，全部共收四十四篇，其中大部分是曾经在报刊上发表过的和原来编在《心史丛刊》以及《清初三大疑案考实》两书中的，只有一小部分是未曾发表的。这些文章的内容，大致可以分作二类：一、历史事实的论述；二、文献资料的考订。著者治史特别致力于清入关前后事迹的研究，本书所收的文章，许多是属于这方面的。

心史先生，名森，字莼孙，心史是号，著作常常以此署名。江苏武进县人。没于一九三八年，年七十。没前数年在北京大学历史系担任讲席。著有《明史》《清史》《满洲开国史》三种讲义，《明元清系通纪》《心史丛刊》及《清初三大疑案考实》等书。他的明清史研究的论著，在当时曾受到史学界的推崇，并且也留下了一定影响。这里应该指出的是，著者是一个旧型的历史学家，其在学术工作上的成就，受了他的立场、观点和治史方法的很大限制。虽然如此，我们却不能因此就否定他的一部分著作对今天历史研究工作者的参考价值，同时也应该承认，他在若干具体事情的看法上也自有其精到的、敏锐的地方。例如，本书所收的《八旗制度考实》《建州卫考辨》等篇，考订史实、梳爬资料，对于研究工作者是有帮助的。又如，其所论《清实录》一改再改的用心所在，《四库全书》的修纂旨在毁书，以及《科场案》《字贯案》等篇，揭露了封建帝王的专制横暴、荼毒人民的事实，也足以说明著者在这些具体问题上是有卓识的。

著者在学术工作的成就上所受的限制，主要是在于他的封建思想意识很浓，他把一代的兴亡治乱归结为帝王将相等少数统治阶级首脑的奋发有为和荒淫燕嬉。他看不见人民群众的力量，当然更认识不到人民群众是历史的真正主人，特别是对农民起义，还加以敌视。这也就是因为他的立场观点如此。其所注意并且大费力气去考订、研究的地方，往往并不就是历史上的关键性问题。在史事论述和资料考订上，他往往只注意于片断的、表面的、孤立的事情，而不能就全局和从本质上来作分析、把问题弄清楚。但是，著者作考证的态度是认真的，务以史实为根据，唯引用旁证时则不免有过分烦琐和枝蔓的地方，甚至有时失于武断。

本书的编辑是供明清史研究者参考之用，选编的时候除了考虑文章的内容对今日研究工作者有无参考的价值以外，还特别注意暴露政治压迫和封建统治者内部矛盾的著作。全书各篇都经我校读一遍，并重加标点和分段，在个别的字句上也有一些删动。并且为了帮助参考，把著者所写本书未收的有关历史的文章，编一目录，附在书的后面。

一九五九年六月六日于北京大学历史系

（原载《明清史论著集刊》，中华书局1959年版）

《明清史论著集刊续编》前言

这部《明清史论著集刊续编》的编辑整理，相距初编出版，已经过了二十三个年头。其所以如此迟迟，实因那些年月，学术界政治运动过多，加之十年动乱，一切砸烂。像孟心史师这样老一辈学者的著作，当然更无由付梓。所喜自党的十一届三中全会以来，百废俱兴，真正得见“百花齐放，百家争鸣”之大好形势，学术空气为之一变。值兹振兴中华文化的大好时刻，出版界对已往老一辈学者毕生研究成果，搜集整理出版，以助参考，诚属善举。因此，我将《明清史论著集刊》原附目中所列文章，再增一些，成此续编。遗憾的是，有几篇未曾发表过的稿子，十年动乱中散失了。又想起当年《集刊》的附目，原是吴晗和金灿然两位同志要我编的，触笔思人，不禁泫然！

综观心史师治史之方向及途径，其所专在于明、清两朝，而尤专于满洲开国史，对满洲先世勃兴建国事迹，为其一生精力所注。心史师治史，多本中国传统之方法，而于史料分析甚详，于史事论述极明，又不尽同于传统史学，从而开明清断代史研究之先河。心史师治史重于考证，对所论之事，辨误纠谬，力求明了史实真相。其所作考证，至今多为史学界所共认。但心史师仍属于旧史家之列，其立场、观点、方法，均不可能超出旧时代的窠臼。我们今天研治历史，是作为马克思主义一门历史科学进行的，必须坚持无产阶级立场、历史唯物主义观点，研究历史发展规律，这是与旧史家们截然不同的。但我们也必须看到并吸收前人之所长，不可苛求于他们。这也是我们编辑此书的目的。本书虽为《明清史论著集刊续编》，但也兼收有涉及明清以前各代的几篇文章，以反映心史师治史之另一侧面。书中引文，所据版本与今通行本多有不同，兹均保留其原貌，未作校订，谨此说明。

我因近年教研双忙，时间紧迫。本书抄录点校工作得几位从我共学的年轻同志帮助，他们是张玉兴、徐凯、王天有、李广廉、李世愉、史志宏，都是喜治明清史的。中华书局杨辉君和吴杰同志负责编审工作，尽力尤多，并表谢忱！

一九八二年十二月于燕东园

（原载《明清史论著集刊续编》，中华书局1986年版）

《清太祖死于宁远之战之不确》赘言

关于努尔哈赤的死因和病状，官书不载。私家所述有二说：一、马晋允说："疽发背死。"二、稻叶岩吉说："（在宁远战中）先已负重伤……因愤恚而死。"此并见上文所引。孟心史师更举出，努尔哈赤于宁远战败二月回至沈阳后，五、六两月中，还有对朵颜三卫用兵及与科尔沁结盟事。兹为有助进一步作考察，再列成二表于此。

一、据清太祖武皇帝、高皇帝两《实录》

天命十一年（明天启六年、1626年）正月二十三日，努尔哈赤率兵至宁远。二十四日，开始攻城，不胜。二十五日再攻，又不胜，遂退还。

同月二十六日，派兵攻觉华岛，击溃明军，焚毁其船只粮草。还军至右屯卫，焚其粮储。

二月初九日，努尔哈赤回至沈阳，因战败大怀忿恨。

四月初四日，努尔哈赤率兵往攻蒙古喀尔喀五部，获胜。

五月初一日，在科坤河（《清太祖高皇帝实录》作"沪浑河"）边驻营，宰牛祭旗，宣示胜利。并将所获人畜五万六千五百，列等赏给将士。

同月二十一日，蒙古科尔沁部台吉奥巴来见，努尔哈赤出沈阳城十里迎接，并对奥巴说："今尔我无恙，得相会足矣！"遂与奥巴等同入城，每日设筵，待之甚厚。

六月初六日，宰白马乌牛，与奥巴盟誓于浑河岸。初七日，大宴奥巴。初十日，努尔哈赤率诸贝勒大臣送之，径宿于外，设宴宴之，至沈阳北蒲河之南冈。

七月二十三日，“不豫”（生病），往清河温泉沐养。

八月初七日，“大渐”（病重），由太子河乘船回沈阳。十一日，死于途中距离沈阳四十里叆鸡堡。

二、据朝鲜《李朝实录》

天启六年（天命十一年）四月戊子（十六日），“闻奴酋（努尔哈赤）再犯宁远之事，今方水陆进兵”云。

七月己卯（初九日），“都督（毛文龙）答奴贼凶书，严词斥之，且奴贼今冬当东抢”云。

八月乙丑（二十六日），“盘问贼情，则奴酋已造舟车、云梯，期以来月进犯广宁。且闻奴酋之言，战虽不利，当焚荡粮谷”。

九月庚寅（二十一日），“真达（满洲人）一名，被掳于曲游击之军船，问贼情，则云：‘奴酋七月间得肉毒病，沐浴于辽东温泉，而病渐重，回向沈阳之际，中路而毙’”。

以此二表相对看，情状十分清楚。努尔哈赤于宁远之役并未受伤，更谈不到受重伤。他在死前还能率兵出征朵颜三卫，还能接待来附蒙古科尔沁台吉奥巴，还在叫喊准备和明军再战。在他死后第二年（天聪元年），皇太极即由广宁进兵围攻宁远，虽然仍未取胜，总可以说是执行其父的遗志吧。至于努尔哈赤的死因和病状，朝鲜《李朝实录》所记被俘人员的讲话，应当是可信的。他所患的病为“肉毒病”，即俗称的“搭背疮”，为老年人的危难大症，极难治愈。这和“疽发背死”之说相合。再从宁远战败、大怀忿恨的情绪和精神来说，也可成为发病的诱因。当然这只是一个初步分析，更期待将来能从旧档中发现直接的记录资料来作证实。

（原载《明清史论著合集》，北京大学出版社1988年版）

《关于刘爱塔事迹的研究》赘言

这是孟心史先生在北京大学所授《明清史料择题》讲义的一篇。记得先生曾道："刘兴祚应当表彰，由刘兴祚还可以看出当日满洲对笼络汉人之用心。"刘兴祚处于明清对峙之际，确是一个有影响的人物。自明天启元年（1621年）努尔哈赤攻占抚顺，明守将李永芳降附，以后辽东的明官明将以及兵士和当地人民，有降有抗有逃。刘兴祚在满洲是受到重用的，但他却一心向明，百般设法企图逃脱，最后假托自焚走掉。崇祯二年（后金天聪三年、1629年），皇太极率兵由龙井关、大安口攻入内地，近迫北京，侦知刘兴祚在明军中，派兵寻索，正值其回山海关途中被射杀。根据所列资料，刘兴祚和明军统帅袁崇焕、孙承宗都有接触。袁崇焕以崇祯帝朱由检中了皇太极所设"蒋干盗书"计，被逮下狱处死；而孙承宗则于崇祯二年至四年间继续督师关门，如果兴祚不死，必然得受要职，成为一员坚持抗清的将官。

努尔哈赤和皇太极对收纳辽东人民的政策和态度有所不同。皇太极即位后，首先颁发谕旨："治国之要，莫先安民。我国中汉官汉民，从前有私欲潜逃及令奸细往来者，事属已往，虽举首，概置不论。嗣后惟已经在逃而被缉获者，论死；其未行者，虽首告，亦不论。"①其对刘兴祚的多次谋图归明，均予宽恕，即是由此。后来对孔有德、耿仲明等来降，以及对洪承畴、祖大寿的耐心争取，都是这个政策的扩大运用和具体落实。再举一例，努尔哈赤于俘虏

① 《清太宗实录》卷一，天命十一年九月甲戌。

中“察出明绅衿，尽行处死”。皇太极则就“其时诸生隐匿得脱者，约三百人”，予以考试任用，并将“凡在皇上包衣下，八贝勒等包衣下及满洲、蒙古家为奴者，尽皆拔出”[①]。于此可以看到皇太极对知识分子的重视。他这一着给后来清军入关对广阔内地进行统治而选用汉官提供参考，这也就是八旗汉军组成的基础。

刘兴祚死后，皇太极对在皮岛的刘兴祚之弟兴治，采用种种手段进行招降，这是为什么呢？他为的是要除掉皮岛这个海上威胁。朝鲜《李朝实录》光海君十三年（1621年）七月乙丑记道，毛文龙“入据椵岛（即皮岛），声势日盛，奴贼（努尔哈赤）不能无东顾之虞”[②]。《明史》也说：“大清恶文龙蹑后。”袁崇焕虽以毛文龙专制一方，不听约束，将其处斩，而也认为“东江一镇，牵制所必资”[③]。所以皇太极对袁崇焕所布署的守岛诸将陈继盛、刘兴治等人，不惜谦词卑礼，以谕帖和家书形式，陈述利害，激发盛情来招降他们。

于此还应指出，刘兴祚这个人能在满洲和达海、库尔缠结成挚友，他们不避罪嫌，参与其事，库尔缠竟因给兴祚作保并收殓其尸被处死。达海和库尔缠都是当时满洲的重要官员，为圈点满文作出过卓越贡献，“满洲群推为圣人”[④]。又刘兴祚、兴治兄弟能够结合满人、蒙古人同其一道附明反清，足见其平素待人真诚并具有团结组织群众的才能。

又据心史先生所撰《明元清系通纪》（未刊部分）万历四十七年（1619年）引朝鲜《李朝实录》卷一百三十七：

> 都元帅姜弘立驰启曰：“刘都督差人留在昌城，而其中一人，乃是嘉山人，唐名刘牛。自言甲午为都督所带去，以内家丁长在都督眼前。上年闰四月十四日，兵部文书到江西，使都督起行。都督自念年

---

① 《清太宗实录》卷五，天聪三年九月壬午朔。

② 《李朝实录》第三十三册，《光海君日记》卷一百六十七，十三年七月乙丑，日本东洋文化研究所，昭和三十七年（1962年）版，第717页。

③ 《明史》卷二百五十九《袁崇焕传附毛文龙传》。

④ 《清史稿》卷二百二十八《达海传》。

老，但欲在家享富贵，不愿作官。忽闻征役之报，长吁愁叹。羽音催文又到，诸将咸劝速行，不得已登程。自门庭乘舡直到通州，以此军兵器械，资未整顿，只待四川兵马之到。且同在镇下人，自京城下来，极陈朝廷厚待之意。……按督府东来时，我国人中刘吉龙、刘吉寿、刘朝用等，皆表用事之人，而其外亦多有出来者云矣。时有刘海，乃岭南人也，其父尚在。每言于都督，愿见其父，都督许之。海到京师，王不许下去，命本道上其父，列邑传驿以送。……海，即居昌人，慎谭子也。"[①]

心史先生附加按语："刘海即后之刘兴祚，父名慎谭，朝鲜嘉山人，原名海，而在中国名牛。甲午为万历二十二年，刘綎以朝鲜有倭难入东，遂携海至中国，至四十七年，已随綎二十五年矣。綎败没，海遂入建州为爱塔，后十年战死。其入中国当甚稚，至清太宗，尽杀刘氏子孙，而兴祚之母尚在，刘氏兄弟年固不高，可推定也。"

明朝将官好蓄养家丁，并且多是由幼龄安置左右，成长后即为亲兵。他们既忠心护卫主人，又敢于冲锋陷阵、不顾生命。刘兴祚当是萨尔浒之役，刘綎战死，留在辽东，继而归于满洲。据《清史稿》记："兴祚者，开原人，见辱开原道，遂率其诸弟兴治等以降。"[②]由此可以推知，刘氏兄弟及其母亲都是先从朝鲜到开原的。又据毛文龙所陈功绩文书中，有崇祯元年（1628年）十月初九日"于镇江高岭地方得获敌所用金州备御刘爱塔等，带同家眷男妇二百三十一名口"[③]等语。兴祚等由满洲逃出是先到皮岛的。崇祯二年六月五日，袁崇焕以十二罪状杀毛文龙于皮岛后，处理该岛军事，分成四协，"以文龙子承祚、副将陈继盛、参将徐敷奏、游击刘兴祚主之。收文龙敕、印、尚方剑，

---

① 《光海君日记》卷一百三十七，十一年二月辛酉，第533页。此本与心史先生所引字句微不同："……以内家丁长在都督眼前……时有刘海，乃岭南人也……海，即居昌人……"

② 《清史稿》卷二百二十八《库尔缠传》。

③ 吴骞辑：《东江遗事》卷上。

令继盛代掌”[①]。此后，当是刘兴祚随袁崇焕回宁远，兴治留在皮岛。据黄龙以总兵官往皮岛就是为处理刘兴治事件，其四协将领则为“副将陈继盛、参将刘兴治、毛承祚、徐敷奏”[②]。刘兴祚战死，兴治为其发丧，继盛以为未死，因而引起冲突拼杀，从此岛事大坏。综观刘氏兄弟和皮岛的一段关系，也应是东江事迹的一个重点。

（原载《明清史论著合集》，北京大学出版社1988年版）

① 《明史》卷二百五十九《袁崇焕传附毛文龙传》。
② 《明史》卷二百七十一《黄龙传》。

《清世祖董鄂妃生死特殊典礼》赘言

这是孟心史师的一篇遗稿。由于他发现清顺治帝福临封董鄂氏为皇贵妃所颁诏书黄榜原件，又捡得档案中当时蓝笔批本，写成此稿，用以补证其《董小宛考》《清世祖出家事考实》之文。福临对董鄂氏的一切举动，确是特殊。于晋封时颁布诏书，大赦天下；死后以其弥留时遗言，下谕刑部，对全国“监候各犯，概从减等”。诚如福临遗诏所云，“诸事太过，逾滥不经”。遗诏本出太后（福临生母博尔济吉特氏）授意，实为母责其子之言。正是由于有此特殊，引起对顺治朝二事之探索：一、董鄂氏的来历；二、福临的结局。兹特附赘所见，作为一点补充。

关于前者，《清史稿·后妃传》记：“董（作栋）鄂氏，内大臣鄂硕女，年十八入侍，上眷之特厚，宠冠后宫。”同书《鄂硕传》说，董鄂氏为满洲正白旗人，三世以军功袭职，鄂硕本人官至内大臣。女册封皇贵妃，晋三等伯。董鄂一家隶属上三旗，是皇帝的亲信。这样人家的女儿，年及十三四岁必须报选秀女。按照“贵人以上得选世家女”的定例，董鄂氏是有资格做妃嫔的，而况其才其貌，当选之后，必不致久居下陈。但综观官书所记宫闱情状，太后并不喜悦董鄂氏，皇后更因董鄂氏得宠而“不当上旨”。因此，我觉得董鄂氏可能是入宫后被指配别一皇子。清制：秀女入宫，或备内廷主位，或为皇子皇孙指婚，或为亲郡王及亲郡王之子指婚[①]。本此推度，她应该是入宫后又出宫，而

① 吴振棫：《养吉斋丛录》卷二十九。

后入侍福临的。

今简列《世祖实录》有关记载于此：

顺治十三年四月，建造乾清、坤宁二宫及景仁等宫殿，将及告竣，应册立嫔妃。

六月，奉皇太后谕："举行册立嫔妃典礼。"得旨："先册立东、西二宫。"

同月，皇太后谕：孔有德女孔氏（名四贞，育养宫中，年尚幼小）宜立为东宫皇妃。

七月，襄亲王博穆博果尔死（年十六岁，福临第十一弟，福临行九）。礼部择吉于八月十九日册妃。上以襄亲王逝世，不忍举行，命八月以后择吉。

八月二十二日，立董鄂氏为"贤妃"。同日遣官祭襄亲王。

九月二十八日，拟立董鄂氏为皇贵妃。先于二十五日遣官祭襄亲王。

十二月，正式册立董鄂氏为皇贵妃，颁诏大赦。

从这些活动迹象来看，如关于典礼丧仪的安排，令人感到董鄂氏和博穆博果尔必定有着何种关系，决不能单纯地认为是幼弟新逝、不忍举行纳妃典礼。还有，董鄂氏不是由嫔位以下提升的。那么，自当别有来历。从太后先指定孔四贞为东宫皇妃一事，说明董鄂氏之立，必非太后之意。因此，其中必有曲折的情节存在。清皇族在关外及入关后一段时期，对婚配本不拘守汉人所重伦纪。董鄂氏先配博穆博果尔，后归福临，是完全可能的。

今于官书之外，有一私家著作可参。当时在北京的耶稣会教士汤若望曾记道：

> 顺治皇帝对于一位满籍军人之夫人，起了一种火热爱恋。当这位军人因此申斥他的夫人时，他竟被对于他申斥有所闻知的天子，打了一个极怪异的耳掴。这位军人于是乃因怨愤致死，或许竟是自杀而亡。皇帝遂即将这位军人的未亡人收入宫中，封为贵妃。这位贵妃于一六六〇年（按：应为1657年，董鄂氏死于1660年）产生一子，是皇帝要规定他为皇太子的。但是数星期（按：应为三个多月，本年旧

历十月至明年正月）之后，这位皇子竟而去世，而其母于其后亦薨逝。皇帝陡为哀痛所致，竟致寻死觅活，不顾一切。[①]

清初爱新觉罗子孙经常领兵出征，称博穆博果尔为军人，不足为怪。当时在北京的汉官如吴伟业等对此事也并非无所见闻，但只能隐约于吟咏，决不敢明言。西洋人则无此顾忌。今以官书对《参汤记》，个中情节已得十之八九，从而“年十八入侍”一语也就得到了注脚。

关于后者，福临系死于痘疹恶化，已无疑问。当时满人最害怕此症，蒙古人不出痘者，不准来北京；汉人居京者出痘，全家迁往郊外。福临很长时间住在南苑，即为避痘。至于出家之说，虽然出于民间附会，但不排除福临有过出家的念头和准备。他不仅自取“行痴”法名，并且更剪掉发辫[②]。后来出家愿望未能实现，乃命所昵太监吴良辅做替身，还亲到悯忠寺观其祝发[③]。这就是出家传说的由来。

说到福临这个人，他虽然具有一定的才能，而纵情任性，作出事来，往往超越常轨，宠妃和出家，正是由此发生。还可举其一事，顺治十六年（1659年），郑成功率兵进入长江，围攻南京。福临闻讯后，先打算退走关外，经母亲申斥，便又大发雷霆，用剑砍碎御案，喊着要亲征。他的乳母来劝阻，就连她也要砍。若和他的儿子康熙帝玄烨相比，当康熙十二年（1673年）三藩叛变，举国沸腾，这时玄烨才二十岁，比福临当年还小一岁，却能镇定如常，从容应付，终获全胜，而他则实在远远莫及。

（原载《明清史论著合集》，北京大学出版社1988年版）

---

① 魏特迈著、杨丙辰译：《汤若望传》。
② 聂先：《续指月录·玉林秀》。
③《张宸笔记》。

我对编纂大型《清史》的几点想法

关于编写大型《清史》的体例问题，我想谈几点粗浅的看法，刍荛之见，仅供参考。

一、《清史编纂规划》中将体例分作五个部分：1、通史。2、专史。3、传记。4、大事记（或清史编年）。5、图录。其中除通史和图录外，皆源出旧纪传体史的志、列传和本纪。这应是对的，因为二千多年来编史成法，必有可取，不能概废。当然可以改换标题，增广篇幅。对此，我于标题及内容有这样的一些想法。首先，总的书名。应将《清史》一名加上一二字，或称《清代史》，或称《清代全史》，而不称《清史》，以免有续清官定二十四史之误解，因为这不是《清史稿》的订正和补充，是一部新的创编。其次，第一部分“通史”可作“通纪”，即本于《左传》和《资治通鉴》。规划中的“大事记”或称“清史编年”，实即本《通鉴》之作。清人夏燮《明通鉴》就是一部可称许的佳著，而《清通鉴》尚无成书。“清史编年”完稿，即可如规划所说，“可以单独出书”了。又觉得以“通史”之称作为第一部分，体例和内容，难于处理，从古例说司马迁《史记》、郑樵《通志》均属通史之作，梁武帝萧衍曾编过《通史》四百八十卷，可惜未得传世。从今例说，所谓通史乃系参照外国人的写史体裁，其于政治、经济、文化等无不包罗，以之入于这部《清史》，令人产生不协调之感，并且也容易和其它部分发生重复。

二、建议可以加写一个“大事始末”，这部分并非如袁枢与司马光，而是内容力求详尽，丰富多彩。此所谓“大事始末”即是“要事专题”，举凡一代政治、经济、文化等重要活动，毕载于此。回忆昔年孟森先生曾给过我一个《清史纪事本末》拟目，希望有人能成此书。此稿十年浩劫期间在混乱当中丢失了。这种著作易于掌握和明了一代史事大端，在这点上是要超胜今体通史的。我们培养研究生，常使先读宋、元、明史纪事本末，用意即在于此。

三、“专史”之称可改“专志”。自《汉书》以来于专类史事皆以“志”称，志亦史也，沿用何妨。在所规划的二十一篇外，还可增加，如“礼制”“风俗”等，并属重要。

四、“人物传”之称比“列传”为好，具体明白，所收人物必须审查其人生平所作所为有益国家民族，足以影响当时，重传后世。更须加以分类，我们对待古人，从今日的立场和观点来看，当不计较显贵和平民，然而，若将顺治帝福临同窦二东，嘉庆帝颙琰同王聪儿放在一起，总是不合适的，烈女烈男都要，清官要，贪官也要，贪官可以作历史上的反面教员之用。

五、表和图还应加多加细，要尽多地制表，尽细地绘图。举例说，对农民战争须绘制进行战斗所经过的村镇和山川，对地方物产须画列特产地点和品类，等等。

六、这部以千万字计的《清史》巨著，用何样文笔来写是值得考虑的问题。当然，时至今日，我们决不能用古文写，但也不宜用今语，怎么办？我的初步想法，可以试用一种古文今语参合的简洁文字，既不要“之乎者也”，也不要“啊吗呢呀”。可以使用习惯成语，却须避开难解僻典。我切望在编纂这一巨大部头的新型《清史》的过程中，创造性地试验锻炼出一种简洁平易的写史文字来，韩愈“文起八代之衰”，我们要来个“文振当代之盛”。

七、这部《清史》的编纂，务必邀请兄弟民族的历史语言专家来参加，因为好多史实，特别属于边区的，他们能够提供丰富资料。这部多民族统一的伟大祖国的《清史》的完成，兄弟民族和我们都有责任、都有光彩。现在写的这部《清史》是汉文本，接下去必当译为各兄弟民族的文字本。

以上为我设想所及，聊供刍荛，肤浅保守，定必难免，切望同志们予以指正！

（原载《清史研究通讯》1982年第2期）

倡议编纂《清会要》

一

“会要”作为中国史籍的一种体裁，创始于唐人苏冕。《旧唐书·苏冕传》：“冕缵国朝政事，撰《会要》四十卷，行于世。”他的弟弟苏弁作杭州刺史，“聚书至二万卷，皆手自刊校”。（《旧唐书·苏弁传》）苏冕凭此丰富藏书，写成“高祖至德宗九朝”的《唐会要》。这是一部私家著作。其后，在宣宗时，弘文馆大学士崔铉奉诏续修苏书，“进《续会要》四十卷，修撰杨绍复、崔瑑、薛逢、郑言等，赐物有差”。（《旧唐书·宣宗本纪》）这是由唐政府派官续修的。而《唐会要》全书的告成，却是在易代之后的北宋初期，经由司空平章监修国史王溥“集苏冕《会要》及崔铉《续会要》，补其阙漏，为一百卷，曰《唐会要》”。（《宋史·王溥传》）同时又编成《五代会要》三十卷。本来，总集一代典章制度，最好着手于改朝换代之后，因为此时文献未散，并且记述可无忌讳。王溥正是在此时此种情况下做的。《王溥传》记道：“太祖（赵匡胤）平吴蜀，所获文史副本分赐大臣。溥好聚书，至万余卷。”可见《唐会要》所凭借的文献资料是极为丰厚充实的。他的《五代会要》也是以“五十年间法制典章，尚略具于累朝实录，溥因检寻旧史，条分件系，类辑成编”。

宋朝政府对《会要》的编纂极为重视，这可能是受到唐人和王溥等的影响。据《郡斋读书志》（附志卷五下）所记，《会要》之作，由宋仁宗至孝宗，凡历六次之多，其所标举《总类国朝会要》计五百八十八卷，并说“厥后中兴，乾道踵而成之，此集则合十一朝（至南宋孝宗）为一书也。然中多节略而始末不全者”。《宋史·李心传传》说：“心传辟官置局，踵修十三朝（加光、宁二宗）《会要》。端平（理宗）三年成书。”这说明《宋会要》在南宋末年曾是经过一番整编的。遗憾的是，元朝却没有像王溥这样人，把《宋会要》给予整理补足，使它成为一代典制全书。

元朝政府所编政书，名叫《经世大典》，规模也很大，可惜失传了。明清的《会典》虽然屡经续修，而所涉之广远不及《宋会要》，只是职官的总编加事例而已。

二

“会要”之书，元、明、清政府都没有依照宋朝办法从事编纂，但是私家著作却相继不断。宋朝即有徐天麟《西汉会要》，清朝有龙文彬《明会要》，还有孙楷《秦会要》、杨晨《三国会要》等。这些书的内容精粗详略尽管不同，更由于时代久隔，文献难征，欲求全备，为不可能。但总是在继续断代政书这个体系，使之成为与断代纪传相辅而行的历史要著。《四库全书提要》对徐天麟曾给予高度评价，谓其书“贯串详洽，实未有能过之者。昔人颜师古为《汉书》功臣，若天麟者，固亦无愧斯目矣”。

我国古史著作，从东汉班固《汉书》开头，创立断代纪传体裁。嗣后，历代相沿以为官修“正史”典范。这是有其条件、需要和理由的。由为一经改朝换代，前朝文献图书遗存犹夥，这就使新朝修史具备了条件。新朝想从前朝兴亡得失，取作戒鉴，因而纂修前朝历史。就是根据这个需要和理由，从唐以后官修正史一直不断。今天流行的“二十四史”绝大部分都是断代史。宋人郑樵曾对断代史持反对态度，他说：“不幸班固非其人，遂失会通之旨。”“班固浮华之士，全无学术，专事剽窃。”“（司马）迁与（班）固，如龙之与猪。”（《通志·序》）这种肆口谩骂，不仅有失学者身份，而且所见狭隘。郑樵只知道注重通史，不知道断代史同样具有需要价值，二者不可偏废。

就断代著史而言，“纪传”与“会要”还可以打个譬喻，它们像是支撑门户的两根大柱子，缺一不可。因为“纪传”主要记述人物活动事迹，而“会要”则专载典制沿革和掌故，国家规模，具在于此。“纪传”虽有书志，既比较简略，而且多付阙如。开明书店出的《二十五史补编》所收皆为补此之作，即是明证。至于“编年”及“纪事本末”二体，实与“纪传”同出一源，主要将人物活动事迹归结为编年与专题而已。

谈到“三通”之书，其性质本属于典制通史，郑樵《通志》则是纪传通史，《二十略》即书志。杜佑《通典》和马端临《文献通考》才称得上是政书。前人评论“三通”，最赞许杜书，说：“郑多泛杂无归，马或详略失当，均不及是书之精核也。”（《四库全书提要·通典》条）“三通”为通史，“会要”为断代，各自成书，不相代替。清乾隆帝弘历曾开“三通馆”，意在将“三通”接续至清，编成《续三通》和《清三通》。入民国后，刘锦藻又续编《清文献通考》至清末。但这并不能代替断代“会要”。尤其应当指出的是，乾隆朝禁忌最严厉，其对自己家族间旗权、皇位的斗争讳莫如深，甚至任意删改《实录》，如对多尔衮则絮絮叨叨为其恢复名誉作解释。再看《唐会要》记载太子李贤为感动其母武则天所作的《黄台瓜辞》。（《帝号杂录》）这说明当代编修决不及易代成书。今天想要编纂《清会要》也正是为此。

三

《四库全书提要》于《唐会要》的优点指述甚详，说它“于唐代沿革损益之制，极其详核。……其细琐典故，不能概以定目者，则别为《杂录》，附于各条之后。又间载苏冕驳议，义例该备，有裨考证”。编纂《清会要》就是要吸取这些优点。当前从事清史及中国近代史的研究工作，总还需要参用《清史稿》，因而也便需要有《清会要》这样的一部书和它相辅而行。《清史稿》各志限于体裁，内容殊多疏略，更缺乏故事，《会要》可以满足之。

有清三百年（1616—1911）为我国最后一个封建皇朝，并且具有巨大的时代变革，它既为民国之前身，又属于中国近代史的大半。毛泽东曾经指出过，近百年的经济史、政治史、军事史、文化史，都需要做专门研究。因此，这部为研究者提供参考使用的《清会要》就更感到迫切需要了。

在今天看来，“会要”是属于史料性质的东西。它们只能供给历史科学研究参考取材，但就这样也是很有用的。因而要编纂这部书，其着重点应放在所提供的内容能够符合研究要求上。具体来说，就是各门类如“职官”“经济”“民政”“军队”等需要做到丰富精核；其“礼乐”“天灾”等则可适当压缩。至于仍用“会要”的名称，系考虑到，体例、规模既沿袭《唐会要》，保此传统，作个殿军，又有何不可。

今天正是具备着编纂《清会要》极为优越的条件，这就是清代文献图籍大量保存，可以充分利用，恣所采取。以言官书，有实录、档案、会典、则例；以言私著，有别集、传记、年谱、随笔，可谓琳琅满目，美不胜收。这种情况颇似宋之于唐，而数量之广，则又非其所能及。

对于编纂《清会要》初步拟出十三个总目：一纪元、二疆域、三职官、四经济、五民政、六军队、七法律、八典礼、九教育、十工程、十一交通、十二民族、十三宗教，其中子目当根据实际情况斟酌开列。

从事清史研究的同志们正在计划要编写一千万字的《清史》巨著，其中所定“专史”门类极称广备。这部史书，大家一定要努力合作完成之。但这一著作大业，估计需要十年以上始可奏功。因此，则不妨集合较少力量，在不太长的时间内，编出这部《清会要》以应急需。今天史学界对所谓“胜朝”的历史日益重视，一变往昔寂寞境况而呈现出一派热闹气象，实在可喜。区区不顾浅陋，发此倡议，愿同好同志教之助之，无任跂望！

（原载《文献》1979年第1辑）

简谈关于编纂《清会要》

三年前，我曾写过一篇《倡议编纂〈清会要〉》短文，发表于《文献》丛刊，认为这是一部供研治清史者使用的急需之书。今上海古籍出版社有编辑《中国历代会要丛书》之愿，以我曾作倡议，希望承担主编此书，我答应下来。预计全书可得三百万字，期以三年完成之。现在将从《唐会要》创始此体以来，其成书起因和内容性质以及作用价值等，简谈所见，就教高明。

“会要”作为史书的一体开始于唐。唐人苏冕在贞元中初撰“《会要》四十卷行于世”。（《旧唐书·苏冕传》）其书止于德宗。大中时，宣宗李忱命弘文馆大学士崔铉续修苏书，成四十卷。入宋后，以“宣宗以后，记载尚阙，（王）溥复采宣宗至唐末事续之，为《新编唐会要》一百卷”。（《四库全书提要》）王溥编成《唐会要》后，又编了《五代会要》。到南宋，徐天麟编《西汉会要》。于是，“会要”便成为一种独具系统的断代典制史书通行于世。

宋朝政府极重视《会要》书的编纂，历朝不断纂修，卷帙浩繁惊人。清人徐松所辑《永乐大典》中的《宋会要》，已达八百万字，以比《唐会要》为八对一。攻治宋史的同志们将要着手整理此书，实在是大好事。

我国传世的典制之书，凡有三体，皆始于唐。

一、杜佑《通典》，此为典制通史之首创，其书颇受称赞。同时代人李翰作序即说：“上自黄帝至于有唐天宝之末，每事以类相从，举其始终，历代沿革废置及当时群士论议得失，靡不条载，附之于事，如人之支脉，散缀于体。”清人的《四库全书提要》云：“郑（樵）多泛杂无归（指《通志》），马（端临）或详略失当（指《文献通考》），均不及是书（《通典》）之精核也。”虽然如此，郑马二书在典制通史中仍不失为卓越巨著。乾隆时开馆纂修“续三通”及“清三通”，入民国，刘锦藻编《续清文献通考》，完成了整套的中国典制通史。尽管对其书精杂详略有所评议，而功则不可没。

二、唐玄宗李隆基《唐六典》，这是官修断代典制书的发轫之作。明人王鏊序其书有云：“唐以中书、门下、尚书三省，参领天下之务。今六部虽分，顾犹尚书省之旧，而内阁则隐然中书，通政、给事则门下之遗也。其余寺监府院，以分众职；品爵勋阶，以叙群材，尚多唐旧。”明清两代沿袭其体，相继成《明会典》《清会典》，并且凡经数修。乾隆帝弘历更扩大内容，改革纂例，“区会典、则例各为之部，而辅以行”。（《御制会典序》）编纂“会典”的目的，主要在于列述一代政治机构组织形式和上下隶属关系，作为各级官员办理事务的根据守则。虽然具有事例，然终属职官性质的专书，内容范围受到拘限。既不能收录朝野议论，也不广采故事情由，只可供政府处理人事参考之用而已。欲要明了一代一朝典章制度因革损益，从而评论政治兴废得失，“会典”实不能起此作用，必当取之“会要”。

三、“会要”乃本于《史记》《汉书》的“书”与“志”及《通典》，加以扩展，定为断代。可憾的是，唐宋而后，元明无有继作，至清始有龙文彬撰《明会要》，以后有《秦会要》《三国会要》诸作，然仍尚多阙如。上海古籍出版社要补足所缺，可谓壮举。我所以愿尽绵薄，也正是由此。

我们编纂《清会要》即参取杜佑、王溥、徐天麟三书之长。徐书定出门类（十五）、细目（三百六十七），纲举目张，体裁完整。《四库全书提要》称其为《汉书》功臣，诚属无愧。但指出“谁所采只据本史（《前汉书》），故于汉制之见于他书，概不采缀”。这确是一个大缺点。今就有清一代典制因革变化情况，拟以二十门类：一纪元、二疆域、三职官、四经济、五民政、六法律、七军队、八仪卫、九典礼、十舆服、十一历法、十二教育、十三风俗、十四图书、十五工程、十六交通、十七民族、十八宗教、十九外国、二十灾祸。

细目繁多，且在编纂中必有增删改动，暂不列举。

在今天，编纂《清会要》虽然不能有如宋朝政府纂修《会要》那样的好条件，但所能凭借的资料，比起王溥编《唐会要》时，却有过无不及。清代历朝实录、会典、则例、政书、谕旨、奏议、专志、杂著等，迄今大量存在。我们可以广征博引，用宏取精。关键的问题，端在如何进行采集，达到详实完备，编成一部可资参考的有用之书。

我们想到三点要求：

一、总一代典章制度务求做到简明精核，详略得宜，条理清晰，不繁不漏，使于一职一爵，一事一物，获得确切知识。

二、范围扩展，包罗广泛，凡属一代中的政治、经济、文化等重大措施涉及制度因革变化者，根据文献记录，撮举原委，使一目了然。

三、博采评议，广辑故事，以补充官书之不足，从而得使窥悉各项制度的实施及兴除始末情况。

我等当努力以赴，争取提早成书，奉献于世。

（原载《光明日报》，1982年3月1日）

编纂《清会要》的例说和门类子目及采用资料

这是一个初拟的稿子，是经过几次斟酌改动作出的。当然在从事编纂工作中还必定要有增减和变易。但即就这个稿子，瑕疵挂漏，亦所难免，恳望同志不吝指正！

例　说

一、本书参据杜佑《通典》、徐天麟《西汉会要》、王溥《五代会要》《唐会要》、龙文彬《明会要》的门类子目和编纂凡例，以及《清会典》、四通等书，并斟酌清代典制所具特点，初步拟定门类十八、子目六百零七。门类称编，子目中内容过繁者，于其下再列细目，以示明整。

二、本书以《清实录》为基本取材，因为它是有清一代最全面、最系统的资料长编，今存档案可作补充，其他官书作为辅助，私著诸书作为旁助。

三、本书门类改会要惯用之“帝系”为“纪元”，是以帝系一名不能概括皇室及宫廷全貌。纪元乃建国标志，举凡宫制、宫职、宦官、外戚，以及开国功臣可皆收录，如此名实较符。

四、疆域于二十二省和边区地方设置外，宫殿、都城及省会和边区行政中心所在规模，备详列举，以展示清朝全境状貌。至于清末遭受外国侵蚀，系由不平等条约所逼，概不及之。

五、清末职官机构多事变革，但皆为时短促，且更动频繁，收效甚微，即于职官编内别列“新官制”一目收之。

六、改“食货”为“经济”，系以旧称难于概括其全。经济一名，今古含义虽有不同。但今日用之，则颇符合实际。

七、所定“教育”一编，系收自幼童入塾至考中科举之全部历程，并包括武科。新式学堂和派遣留学生及外国人来学均属之。其“选举”类之“铨选”，“纳资”等归入《职官编》。

八、“工程”，以《清会典·工部》只记述职掌及事例，今专立门类，是为集中详述一代大工兴建规模及工匠、物料及开支等情况。

九、“交通”为一新辟门类，使一代各方面属于此类建设集合记述，以见全局。

十、“民族”“宗教”均据清官书所载文献资料，并兼采私家著作，包括民族和宗教本身记述。其属于秘密结社者，一并采及。

十一、“图书”注重官府修书制度及有关法令。于公私刻书、藏书、印刷技术等皆并录及。关于书目只举官书，因私著太繁，应另为专辑。本编兼记文字狱案。

十二、“外国”一编，只据清官方文书所及，兼参私著。至于外交上外国记录资料，以为数太多需要大量翻译，应别为专辑，本书一概从略。

十三、“灾祸”只收天然灾祸，其迷信异闻，概不采录。

十四、按照《唐会要》等书体例，于每门类子目所记主要典制沿革变化外，作为有关参考知识，别为“杂录”，附记于后。

十五、凡有需要加以考核辨证或姑置存疑者，附作“案语”。

十六、按照通典例于门类之首撰作叙言，凡创设因革之故，演变损益之由，具述始末，以明究竟。

十七、对关典制评议文字中肯綮具卓识者，择要采录，以明兴废得失。

十八、本书所录系就原文加以删节，务求保留本文要旨。

十九、所采每条每事均标举出处。

二十、所采各书附编总目并列举版本，或传抄稿本及收藏处所。

门类子目

一、纪元编

国号 年号 帝号 帝姓名 庙谥 山陵 太皇太后 皇太后 皇后 妃嫔 皇子 诸王（异姓王附） 公主（额驸附） 世系 皇族 皇位继承法 选秀女 放秀女 宫职 宫制 宦官 外戚 开国功臣

二、疆域编

京师 盛京 直隶 奉天 吉林 黑龙江 山东 山西 河南 陕西 甘肃 江苏 安徽 浙江 江西 湖南 湖北 四川 福建 台湾 广东 广西 云南 贵州 新疆 青海 西藏 内蒙古二十五部 外蒙古喀尔喀四部 察哈尔 阿拉善 额济纳 科布多 阿尔泰乌梁海 阿尔泰诺尔乌梁海 唐努乌梁海

三、职官编

宗人府 议政王大臣会议 师傅保 内三院 内阁（殿阁附） 中书科 南书房 军机处 方略馆 吏部 户部 三库 仓场 宝泉局 礼部 铸印局 会同馆 乐部 兵部 马馆 刑部 赃罚库 提牢 司狱 工部 节慎库 制造局 宝源局 火药局 琉璃窑 盛京五部 理藩院 蒙古翻译房 唐古忒学 内馆 外馆 都察院 五城兵马司 六科给事中 内务府 武备院 上驷院 奉宸院 六库管理苑囿 御舟处 王府官 通政使司 登闻鼓 大理寺 翰林院 起居注官 文渊阁 国史馆 经筵讲官 实录馆 詹事府 太常寺 光禄寺 太仆寺 钦天监 观象台 太医院 鸿胪寺 国子监 俄罗斯馆 琉球馆 衍圣公 北宗南宗 五经博士 坛庙官 陵寝官 僧录司 道录司 銮仪卫 领侍卫内大臣 八旗都统 前锋统领 护军统领 步军统领 火

器营 健锐营 神机营 虎枪营 善扑营

总督 巡抚 八旗驻防将军 漕运总督 河道总督 学政 布政使 按察使 盐运使 织造官 道府厅州县 提督 总兵 边区驻扎大臣 蒙古西藏回部等各官 西南各省土司官

封爵 品阶 加衔 封赠 荫叙 俸禄 铨选 捐官 任期 谏诤 弹劾 功过 升降 致仕

新制内阁 会议政务处 总理各国事务衙门 出使大臣 巡警部 民政部 度支部 国家银行 造币厂 学部 京师大学堂总监督 陆军部 海军衙门 法部 修订法律馆 大理院 审判厅 检察所 资政院 弼德院 礼学馆 典礼院 盐政院 提学使 提法使 铁路大臣 船政大臣 禁卫军 陆军官制 海军官制

四、经济编

赋役制度 民田 更名田 屯田 井田试验 八旗田制 屯庄（拖克索） 圈占地 驻防占地 王公庄田 官庄 田赋 丁赋 摊丁入亩 黄册 鱼鳞册 会计册 征役 蠲免 节约 漕运 粜法 海运 仓储 地方粮仓库藏 钱法 银法 纸币 俸饷 盐法 盐商 茶法 榷酤 马市 开矿 常关 海关 十三行 外国货物 烟禁 对外互市 手工作坊 商贩 塌房 机器工业 工商税 杂捐税 船料 厘金 钱庄 票号 官银号 银行（外国银行附） 借款 赔款 高利贷 股票 彩票 土贡 度量衡

五、民政编

编里甲 逃户 迁徙 附籍 劝农耕 敬老年 崇孝行 惩贪污 惩豪强 使役 奖励 恤济 赈贷 优免 宣讲圣谕 戒奢侈 禁厚葬 埋遗骸 修道路桥梁 正风俗 育婴儿 养节妇 待奴婢 施医药 救荒 捕蝗 禁自宫 市集 街巷

六、军队编

八旗军制　绿营　宫廷禁卫　京师卫队　京巡捕营　乡勇　团练　湘军　淮军　新军　小站练兵　边区部队　屯田兵　水师　海军　土司兵　藤牌兵　洋籍兵　向导　处降　招募　编制　训练　命将　出征　作战　军令　军法　惩处　犒劳　边防　江防　海防　炮台　战车　战船　辎重　粮饷　军装　军旗　行军　军报　兵器　新式兵器　火药　兵工厂　新式军校　马匹检阅　兵变

七、法律编

制律　律例　蒙古律　西番律　宗室犯法　逃人法　告状　审讯　秋审判决　囚系监狱　处刑　缓刑　拘拿　刺字　发配　起解　大赦　赎罪　惩赃　抄没　新法律

八、典礼编

登极大典　亲政　听政　太后垂帘　经筵　万寿节　太后皇后寿节　上尊号徽号　册封　内朝　朝仪　朝会　朝贺　盛京朝贺　各省朝贺　节庆　千叟宴　巡幸　婚礼　乡饮酒礼　赐宴　旌表　跳神　封藩

郊礼　社稷　太庙　功臣配享　奉先殿　寿皇殿　奉亲庙寺　节享　谒陵　祭孔　名山大川　王公家祠　功臣专祠　群庙　臣庶家祠　辍朝　籍田亲蚕　大阅

亲征　狩猎　命将出征　祭旗　凯旋　祭堂子　告孔子　藩属大臣觐见外国朝觐　召见臣属　朝贡　赏赐　礼待　派遣使臣　王大臣相见　官吏相见　士庶相见

帝后等丧仪　上庙谥　诸王等丧仪　帝后等下葬　殉葬　祭陵　昭西陵丧服　丁忧守孝　典赐祭葬　赐谥

九、音乐编

制乐　律吕　庆贺乐章　筵宴乐章　祭祀乐章　大阅乐章　奏凯乐章　藩部乐　外国乐　舞队　民间歌舞（含民族）　乐官　乐工　乐器　乐议

十、舆服编

皇帝辇舆　后妃舆车　诸王贝勒及福晋公主等轿车　职官及命妇轿车　士庶乘车　皇帝冠服　后妃冠服　诸王贝勒及福晋公主等冠服　职官及命妇冠服　士庶冠服　皇帝卤簿　后妃仪驾　诸王贝勒及福晋公主等仪卫　职官仪卫　皇帝御宝　后妃宝印　诸王等宝印　职官印信　条记　关防

十一、教育编

国子监学（算学附）　府州县学　八旗官学　宗学　觉罗学　乡塾　义学　书院　京师大学堂　地方各等学堂　各专门学堂（含女学）　科举制　岁科试　乡试　会试　殿试　特科　皇帝临雍　拔取　捐纳　外国来学　留学外国

十二、工程编

宫殿　行宫　苑囿　陵墓　园寝　坛庙　府第　衙署　祠堂　城垣　钟鼓楼　桥梁　道路　碉堡　关津　运河　河工（海塘附）　私家园林　造船　自来水　电灯　工匠　物料

十三、交通编

驿传　台站　车脚　行旅　铁道　水路　轮船　招商局　邮电　码头

十四、民族编

满洲　汉　蒙古　回　藏　苗　番等

十五、宗教编

佛教 喇嘛教 道教 回教 天主教 基督教 秘密结社

十六、图书编

官府修书制度 修明史 修实录 古今图书集成 四库全书 禁书令 私家著作 官府藏书 皇史宬 私家藏书 私家刻书 刻板 活字 印刷 刻佛经 官书局 书肆 琉璃厂 官译书

十七、外国编

朝鲜 琉球 日本 越南 缅甸 暹罗 南掌 苏禄 吕宋 浩罕 爱乌汗 印度 廓尔喀 土耳其 波斯 葡萄牙 荷兰 日斯巴尼亚 俄罗斯 英吉利 法兰西 意大利 比利时 德意志 丹麦 瑞典 挪威 墨西哥 巴西 秘鲁 刚果等

十八、灾祸编

水患 火灾 风灾 大旱 蝗虫 瘟疫 地震

采用资料举要

一、官书

清历朝实录（及蒋良骐、王先谦、朱寿朋等《东华录》）

清一统志

钦定方舆路程考略

钦定日下旧闻考

各省通志及府州县志（不备举）

热河志

西域图志

大清会典（共五修）并事例

清三通及刘锦藻清续文献通考

国史馆列传

清史稿

八旗通志

满洲实录

八旗满洲氏族通谱

清开国方略

清十朝圣训

圣谕广训直解

雍正谕旨四种

谕折汇存

庆典成例

（康熙）幸鲁盛典

万寿盛典

（乾隆）南巡盛典

八旬万寿盛典

国朝宫史及续编

西巡盛典

大清通礼

满洲祭神祭天典礼

皇朝礼器图式

中央部院各种则例（不单举）

中枢政考

清律例（续纂等多种）

钦定台规
历年有关秋审（乾隆、嘉庆）
工程作法
工部各种则例
物料价值则例
国子监志
词林典故
金吾事例
通行条例（各省）
各省省例及各地方事宜等
盛京典制备考
清代赋役全书（并各省府及地方所编）
漕运全书
授时通考
孚惠全书
海运全案续案
清盐法志（包括各省区专志）
粤海关志
淮关统志
钦定辛酉工赈纪事
清官修方略（平定三逆方略等，不具举）
科场条例（多种）
清磨勘条例
翻译科场条例
学政全书
钦定皇舆西域图志
户部旗务则例

八旗则例
督捕则例
各省驻防八旗志
大清法规大全
清新法令
船政奏议汇编
钦定学堂章程
奏定路矿章程
钦定严禁鸦片章程
大清现行刑律
政府官报

二、私著

王庆云：熙朝纪政
林熙春：国朝掌故辑要
章　梫：康熙政要
沈桐生：光绪政要
贺长龄：皇朝经世文编（并续编、新编、三编编）
琴川居士：皇清奏议
王延熙等：皇清道咸同光奏议
诸家奏议政书（孟乔芳、靳辅、林则徐、端方等，不备举）
王正功等：中书典故汇纪
梁章钜：枢垣纪略
朱智等：重修枢垣纪略
王　昶：军机处题名记
吴鼎雯：国朝翰詹源流编年
黄叔璥：南台旧闻

王士禛：春曹仪注
佚　名：满汉俸禄考
吴廷燮：清财政考略
梁章钜：南省公余录
龚嘉相：刑部说帖
崇　纶：大清律例案语
张光月：例案全集
沈衣德：叙雪堂集
英　祥：秋审实缓比较成案
沈家本：刺字集
魏元旷：西曹旧事
赵舒翘：提牢备考
李调元：淡墨录
沈沾霖：限期集览
郑源璹：晋政辑要
徐世昌：东三省政略
田文镜：抚豫宣化录
桂超万：宦游纪略
董公振：钱谷刑名便览
金庸斋：居官必览
张廷骧：入幕须知
汪辉祖：佐治药言
徐　栋：牧令书
蓝　煦：政谱
（按私家所著州县官制官箴及政书等数逾百种，暂收部分于此）
王守基：盐法议略
俞　森：荒政丛书

倪国琏：康济录
汪志伊：荒政辑要
黄六鸿：福惠全书
方观承：赈纪
语石生：灾赈全书（各省专书从略）
徐　栋：保甲书辑要
许乃济：武备辑要及续编
李　东：乡兵管见（各地方官书从略）
严如熤：三省边防备览
但湘良：湖南苗防屯政考
法式善：清秘述闻
法式善：槐厅载笔
祁韵士：皇朝藩部要略
张　穆：蒙古游牧记
姚锡光：筹蒙刍议
姚锡光：筹藏刍议
松　筠：伊犁总统事略
松　筠：新疆识略
宋伯鲁：新疆建置志
朱方增：从政观法录
陈康祺：郎潜纪闻
吴振棫：养吉斋丛录
昭　琏：啸亭杂录
李元度：国朝先正事略
朱孔彰：续先正事略
洪亮吉：乾隆府厅州县图志
何秋涛：朔方备乘

马　揭　盛绳祖：卫藏图识
吴长元：宸垣识略
杨静亭：都门纪略
震　钧：天咫偶闻
图理琛：异域录（其他出使笔记从略）
王正功：中书典故考
索宁安：满洲四礼考
江　蘩：太常纪要
江　蘩：四译馆考
王士禛：国朝谥法考
庞钟璐：文庙祀典考
杭世骏：词科掌录
黄崇兰：国朝贡举考略
李调元：制义科琐记
麟　庆：河工器具图说
秦　瀛：己未词科录
方观承：海塘通志
吴允嘉：浮梁陶政志
金　简：武英殿聚珍版程式
魏　源：圣武记（附武事余记）
查慎行：人海记
李　桓：国朝耆献类征
王士禛：池北偶谈（其它记有制度笔记类书皆从略）
奕　赓：佳梦轩丛著
吴荣光：吾学录
陆　言：政学录
敦　崇：皇室见闻录

于宝轩：皇朝蓄艾文编

周庆云：盐法通志

傅增湘：清代殿试考略

商衍鎏：清代科举考试述录

唐邦治：清皇室四谱

王嵩儒：掌故零拾

钱仪吉等：碑传集（并续集、补编）

一九八二年四月初稿

（原载《清史研究通讯》1982年第1期）

清史研究初步

历史系中国史专业同学要我讲讲如何研究清史。今仅就我在工作中的一些粗浅所见所知，简略地来谈一下，也只能作为一个入门的初步。清史研究首先要求要有中国通史的基础，当然也要求有一定的世界通史知识。其次更要求兼通元史和明史。这是因为元明和清的时代相衔接，元明清三代为中国封建后期的三个统一朝廷，其制度、疆域、民族、社会等等，都有着前后继承关系，如行省的划分、疆土的开拓、民族的定型等等，都发生在这六百多年间，把它们隔断截开，便龙脉难寻了。明代自更重要，清承明制，除边区地方以外，中央和地方行政以及赋役、科举等，都衣钵相传，没有根本改变。也就是说，清史研究需要对明史有更多的熟悉，不然的话，就会遇到困难，摸不着头。现在分三点来讲。

一、阅读基本书籍

中国史各个断代都具有其基本史籍，即主要文献所在，当然也包括保存下来的文物。清代距今最近，因而文献文物也最多。现在我只就文献中的基本史籍谈谈。我认为应当从阅读《清实录》作起。有人听到此话，会要发出："哎呀！这么庞大的大部头，一经踏入，数载难拔。"且请勿躁，容我讲来。我的意思是，在已经学习过包括清史部分的中国通史，具备了有清一代的概略知识，听过清史断代和专题讲课，明了了这一代历史的重要内容，然后开始阅读此书。而且并不要求一下子遍阅全书，而是就所要研究的事件、人物、制度等专题范围进行选阅。这和盖房一样，先要打基础，搭梁柱。这就是要用《清实录》搭架子。因为这部书是经由政府组织大批人力，集中大量资料，将每朝政务大端、军事活动、赋役兴革以及文教措施等等，按照年月日编纂而成的。它是一代史事的长编，是文献资料的总汇。清代官修各书没有比它更全面的，私家著作就更望尘莫及了。

作法是，先将《清实录》中所需要的资料摘录出来，制成卡片，当作一个底子。这个底子虽然有厚有薄不一样，但都还需要加以增补充实。于是接着查阅其他有关史籍，也都摘录出来做成卡片。这里就需要有一个清代史籍目录知识。这种知识的取得，是要多翻阅目录类的书籍。如《四库全书书目提要》《书目答问》《清史稿·艺文志》等，以及各地图书馆所编书本和卡片目录。看到属于清代的更是和自己所研究范围有关的，把它抄记起来，以备寻找阅读。开始时必然难于看出哪部书具何内容，有否需要。这必须慢慢地来，先只能顾名思义，经过一段时间自然就会触类旁通的。总之要多找多读。我们常说，读书须串书架子。现在图书馆的开架书籍愈来愈多，我们就去串串吧！

在这里略举八种清代重要官修史籍提供参考。

（一）《清实录》

从清太祖努尔哈赤至德宗载湉（光绪），凡十一朝。另有《东华录》系私人蒋良骐、王先谦等抄自《清实录》而成。因《清实录》常加删动，可用此书来作参证。《清实录》中还有初纂和重修之本，并且有满、蒙文本。

（二）《清史稿》

这是民国时期编成的，是传统所谓“正史”体裁的书，内容主要是人物传记。另有清国史馆所编列传（中华书局出版的《清史列传》即根据此书），并须参阅。

（三）方略

清代所修官书，“方略”为其重要部分之一，所有重大军事活动之后皆编纂“方略”。其书收录大量军事文件，采用“纪事本末”体裁，颇便参考。略列数种于下：

《平定三逆方略》（康熙平定吴三桂、耿精忠、尚之信等三藩叛乱）

《亲征平定朔漠方略》（康熙经营北疆）

《平定准噶尔方略》（乾隆解决准部、收取回部）

《平定两金川方略》（乾隆镇压四川土司叛乱）

《剿平三省邪匪方略》（嘉庆镇压白莲教起义）

《平定回疆剿擒逆裔方略》（道光征讨张格尔）。这类书的内容比《清实录》更加丰富，是专题研究战争的主要参考史籍。

（四）会典

清代会典凡经五修（经康熙、雍正、乾隆、嘉庆及光绪五朝接续纂修），并附事例，卷帙甚多。可先略作浏览，掌握其中内容和性质，以备用时查考。

（五）三通

《清通典》《清通志》《清文献通考》三书，为乾隆朝编成。另有《续清文献通考》一书，系清旧臣刘锦藻入民国后所编，由乾隆续至清末。体裁沿仿杜佑、郑樵、马端临之书，比《清史稿》各志详细。

（六）地方志

今天保存下来大量清朝所编的地方志书，省、府、州、县几无不备，这为清史研究提供了丰厚的宝贵资料。可以说，是治清史者所特具有的好条件。

不再赘举了。将上面的这些书作为基本，逐步推广，再旁稽私家著述，一件文书，一则笔记，凡有助研究之需者，尽量抄集，宁滥毋缺。然后逐条加以精细考核，以其可信据的程度决定弃取。

二、掌握专业的研究动态及其底细

干哪个行业必须掌握熟悉哪个行业的动态和底细，这一点最关紧要。历史专业亦然。从事清史研究就必须掌握、熟悉本专业的动态及其底细情况。对此可分作两项来谈：（一）先要从掌握论著目录着手。大概地说，就是把近半个世纪中已发表在刊物上的有关清史论著都有些什么，其研究重点和方向如何，取得明了。在这方面已经有人做过搜集工作，如《国学论文索引》（凡三编）、《中国史学论文索引》（一、二两编），我们可以将其中清史论著题目抄录出来备查考。还有辽宁人民出版社编的《清史论文索引》（上编）更便参考。日本出版界对索引工作编辑颇勤，并可参阅。我国在粉碎“四人帮”以后，真正出现了百花齐放、百家争鸣的大好局面，历史学界和其他学术界一样呈现出空前繁荣景象。历史科学刊物增多了，一般社会科学刊物也多登载历史论著。我们就要随时随手抄集清史研究论著题目。更可喜的是，有了《清史研究通讯》，这是一个创举。又连续有《清史论丛》《清史研究集》的出版，也是前所未曾有过的。这都给予清史研究工作者以很大的帮助和鼓励。兼之近年来多次举办断代史学术讨论会，清史作为重点之一。1979年在沈阳一次，1980年在天津、北京各一次，三次会上提出了近百篇清史研究论文，参加的学者中国而外有日、美、澳大利亚、东德、西德、瑞士等国，这些论文目录需要搜集参考。最近《历史档案》创刊了，清史为其主要内容，治清史者对它应当表示欢迎。

（二）再则要做摸底工作。掌握了专业动态，即可进而摸索这些清史论著所采取的资料都是什么，换句话说，即根据什么资料写成的。这就需要考查其所引用的资料出处。初步做来，只能从自己所认定的阶段和范围开始，然后再一步步扩展和深入。可以分为：清在关外时期，入关以后分成顺康、雍乾、嘉道、咸同、光宣等朝。这种摸底工作最能增进提高资料水平，从而为从事著作奠定基础。试举几个例子来看。在前面讲过，用《清实录》搭架子。这就是因为它所记载的皆为公开事件，于时间过程、结局情况，不会有大的明显舛误。但是，对一件事、一人物的研究却不能专靠《清实录》，并且也不能全靠官书。例如，努尔哈赤之死的问题。已往多谓在围攻宁远城战役（1626年）被明军炮击，受重伤治不好死去。此说原出于日本学者。今经参据《清太祖实录》和明人著述，以及朝鲜《李朝实录》，实系由生“搭背疮”丧命。再如，明清之际的山海关战役（1644年），清军统帅多尔衮为要夸示战胜为以少胜多，因而捏造李自成的农民军有二十余万。今根据吴三桂塘报、《山海关志》和有关私著，实际农民军只六七万。恰恰相反，清军加上吴军倒有二十余万。这就说明，《清实录》只可以做架子用，当然在一种情况下也可作主要资料使用，但不能都是依靠它。再看一例，清嘉庆初震动朝野的查抄权臣和珅家产案，由于当时民间有着“和珅倒，嘉庆饱”的传说，因而使得一些好奇之士，包括中下级官吏，互相传引，大事夸张，竟道和珅家产数达亿万，甚至说可抵政府二十年之收入。荒唐无稽，达于极点。今据当时经办抄家的内务府奏报，金银总额四百万两。当然在清代的贪污案件中这算得上是巨大的了。进一步说，即让和珅所藏金银或其家人私自隐匿，或经办事者乘机窃取，也总不可能超逾查抄的半数。因此夸张之说，决不足信。因此这一案件，官方文献反倒应是可靠的依据。总之，历史研究必须实事求是，务必要通过周密审慎的考查功夫，求得实情真相，决不能不问究竟遽作定说。

三、择题与执笔

取得了专业基础知识，掌握了它的动态和底细，然后可以从事择题工作。这个工作是经过细读了自己所认定的阶段基本史籍记载，抄集了一定分量的主要资料，并参考过与其有关的论著，而后开始做出的，在打基础、广识见的过程中，自然而然地便会发现需要研讨和引起疑问的问题，这就是择题工作的开头，也可以说，由于经受启发而产生研究兴趣。试举一例来说。当看到顺治帝福临继承其父皇太极的皇位后，年刚六龄，便以长君的口气讲出：“今诸伯叔及文武臣……谓朕为皇考（皇太极）之子，应继大统。”（见《清世祖实录》卷一）事情果真是这样简单吗？且不言六岁儿童不会如此讲话，更重要的是，当时八旗内部的夺位斗争非常复杂激烈，两黄旗（皇太极自将之旗）要立豪格（皇太极长子肃王）；两白旗要立多尔衮（皇太极第十四弟睿王），因为二人都年已成长，并领兵参政。然而结局竟落到福临这个幼童身上。我们看下面两段记载：一、“当国忧（指皇太极死）时，图尔格、索尼、图赖、锡翰、巩阿岱、鳌拜、谭泰、塔瞻八人（都是黄旗大臣）往肃王家中，言欲立肃王为君，上（福临）为太子”。（《清世祖实录》卷三十七）二、“昔国家有丧（指皇太极死）时，予（多尔衮）在朝门，坐帐中，英王（阿济格）、豫王（多铎，二人和多尔衮为同母兄弟）皆跪予前，请即尊位，谓两旗（正白、镶白）大臣属望我等者多，诸亲戚皆来言之。”（《清世祖实录》卷十六）多尔衮自己也曾说过：“若以我为君，以今上（福临）居储位（作太子），我何以有此病？”（《清世祖实录》卷六十三）于此显然可见，多尔衮死后获罪，绝非偶然。就这个问题搜集资料便可写成《皇太极死后的皇位争夺》的文章。再举两例，清朝贵族最害怕天花，多铎就是死于天花的；康熙帝玄烨由于出好天花，脱过危险，才得登上宝座的。清廷规定，蒙古人不出天花不许来北京，西藏人不出天花也不敢来北京。关于同治帝载淳之死，人们一直传说着他是由太监引导冶游，得了花柳病致死的。今从宫中所藏御医诊方证明系生天花。（见《故宫博物院院刊》徐艺圃文）档案馆的同志们向我说，他们想考证清代诸帝之死。对于这个问题的研究利用档案资料是个好办法，因为《实录》不详记皇帝的病情死因，只云“不豫（生病）”“大渐（病危）”而已。总之，阅读史书史料必须详览多思。《三字经》有“口而诵，心而惟”之语，就是说要一边诵读，一边思索。闻之前辈常言，读书要如看“骰子”，看它六面。也就是说，看问题要面面俱到。如此做去，久而久之，便会达到左右逢源的境界。

既会择题，便须执笔从事著作，这是历史研究工作进入实践的阶段。刚开始的时候，可先练习写小范围的题目。例如，我写过一篇短文，题目是《康熙捉鳌拜》。引起中年同志们的兴趣，连续有几篇写了这样的题目寄给我看，这很好嘛！我写此文的用意是在驳斥把康熙当作“法家”的儒法斗争谬论，而竟然起了抛砖引玉的作用。再谈一例，关于萨尔浒之战，人们多认为是中国历史上著名的以少胜多的战例。我系研究生曾对此做了一番调查研究，得出的结论是，双方兵数相差并不大。后金之所以打胜乃是由于兵强心齐。解决了兵数问题，对此战役的论述无疑必定会起影响。我说要先写小范围的题目，一、是为的资料容易集中，便于初步作研究。二、并不是看不起小题目，它是能够由小见大的。例如，清初的大文字狱“庄氏明史案”中有一个关系人物名叫查继佐（《罪惟录》的著者），本要处死，经吴六奇一言竟予释放，并分与庄氏家产。而查本人却不承认同吴有何种深谊。此事曾写成小说戏曲。到底是怎么回事呢？经过考察，原来吴六奇在明朝时候穷困潦倒，查继佐曾周济过他。到明初吴作了潮州总兵官，此时他正在领兵抵御台湾郑家。虽然满洲四辅政横暴无情，可是对吴却不能不考虑现实利害，这就是查继佐免死获生的根本原因。由这件小事情，从而可以窥悉当时沿海的军事活动形势。先由小题目小范围做起，一步步前进，也就能抓大题目，写出具有分量的长篇大论文章。

最后还要叮嘱一下的是，历史科学研究，必须以马克思主义作指导思想，否则便不可能成为科学。这就是要严守马克思主义的立场、观点、方法，从而占有丰富的资料，进行细致深刻的分析研究，得出科学的正确结论。

同学们，你们方当盛年，风华正茂。能专心致力历史科学研究，誓志攻坚，锲而不舍，必有大成，跂予望之！

（原载《大学生丛刊》1981年第3期）

回忆刘半农先生

《人间世》要为半农先生出特辑，索稿于我。匆匆间，就把我跟先生“八年亲炙”中的些有味回忆，写几段以应命。

民国十五年（1926年）秋，我在中法大学文学系读书。半农先生是系主任，担任中国文法、语音学、法文戏曲等讲席。我最喜欢听的是他讲戏曲，记得课本用小仲马的《茶花女》。那时他才译完这书，所以讲起来很是有兴致。这时我同先生还不甚熟。后来，为“中国名著选读”的功课，我和一位同学去见他，请求按着时代先后讲解，好与“文学史”功课相互补益。他当时就很诚恳地表示赞成，接受了我们的意见。不久，便改聘冯沅君女士担任了这门功课。这是我第一次与先生接谈，他那种谦虚的态度，深印入我的脑海里，叫我认识了这位醇厚恳挚的学者、教育家。

同学们常常写上些文字，请先生删改。他每次都是和悦地接了过去，改后交给时，总说：“写得不错，总要多写。”及读他改的文，又是非常细致，甚至一个破体字、缺笔字，全给改正。其诲人不倦如此。

我毕了业留校图书馆管理中文部，先生是馆顾问，于是更得朝夕侍从问教。每逢星期日，他选购中文旧籍，我在旁帮看，只见他自早至午，在那群腌臜书的包围中，详翻细审，还值打价，一点儿也不嫌烦，也不觉累。常常是我说：“时候不早了，该吃饭了。”这才中止。近二年，先生辞掉行政职务，用全副精力来研究学问，白天关在“语音乐律实验室”里，晚上写文看书，总要到十二钟以后。他常说：“我在夜十二钟以后，要上床睡觉时，吸的那支烟，喝的那杯茶，才最有味道!”其做事治学之勤又如此。

我考进了北京大学文科研究所，从先生治“声律之学”。常常听他感慨地说：“中国讲声律的和弄乐器的、唱曲的，总是不接头。我是既苦于不能唱，又不会吹拉，复无多余空暇事此。你若有兴趣，倒很可来来。”可惜我也是因兴趣方面较多，不得专力于此，有辜负先生之期望矣！先生治学，喜欢走人家不肯走，或不能够走的那些“劳多功少”的路子，所以他从一般人见了就要发晕的史书、律历志里，研究那“历数”“乐律”“度量衡”等问题。

去冬一日，他对我说：“我们给赛金花写个传吧！这个人在晚清史上和西太后，可谓一朝一野相对立。”我说：“好好。”后来就邀她出来，还邀上郑颖荪先生，大家聚谈了有十数夕。我把谈话的资料，先粗粗地编述了一过，中间因事牵制，未能常写，故迄先生之没，稿尚未就。前些天，我见着赛金花，还提起先生。她说：“半农先生人真好！我们在一起吃饭谈话那些天，总算很是熟了。可是他见着面，还是很客气。”人们多以为先生写文幽默，说话好打诨，一定是个不拘束的人，实则，他有时候却真有些像“端庄肃敬”的道学家哩！

（原载《人间世》1934年第17期）

述孟森先生

孟先生是我的业师，辞世已经四十五年了，享年七十岁（1869—1938）。1937年7月7日，日本帝国主义发动卢沟桥事变，企图灭亡中国，独霸东亚。先生留守北京大学，目睹敌人暴行，忧愤成疾，延至冬尽逝去。病中吟诗多首，痛发所感。我从先生受学甚晚，于其壮年活动事迹，知之颇少。先生之挚好与我熟近者，有刘厚生、陈叔通二前辈，亦均故去，征询无从，兹权就所知所闻，略述一二。

先生名森，字莼孙，别号心史，晚年著述多署之，故学术界皆称“心史先生”。江苏阳湖县（后并武进县）人。据先生自撰《先考妣事略》云：“森年十四，使就里中名师周载帆先生读……当时所谓读书，以能作制举文为期望，以应试获售为成就之准。”又云：“于制艺应举之外，稍稍窥见学术、事功、文章、经济之蕲向。”嗣后留学日本，即志在发挥光大所蕲向。先生曾有《新编法学通论》及翻译日人著民法、警察法等书刊行于世。先生早年游幕四方，一度作幕广西龙江兵备道署，北莅哈尔滨，留心观察地方，注意开发经济。先生与南通著名实业家张謇交谊甚厚，为其亲近幕友，生平喜谈实业，即系受其影响。

先生曾参与清末立宪争议，著文表抒所见。又好议税法，有《论裁厘不可为加税所误》《销场税、生产税及通过税界说》等文章发表。凡此皆先生中年时期奋志经世致用之学的积极表现所在。谨将先生治史成就作为四节，分述于下。

一

入民国后，先生抛弃政治活动，专力治史，尤专清先世事迹，潜心钻研。民国三年（1914年）发表《心史史料》第一册，从目录观之，已见其对清先世研究规模，列目为：一、满洲名称考。二、清朝前纪，分为“纲领”、“女真纪第一”、“建州纪第二”、“建州左卫前纪第三”、“肇祖纪第四”、“褚宴充善第五”、“妥罗纪第六”、“兴祖纪第七”、“景祖纪第八”、“显祖纪第九”，“附王杲纪第十”。三、清国号原称后金考。四、朱三太子事述。此文后经多年深入探索，再成《明烈皇殉国后纪》长文，内容容后介绍。民国十九年（1930年），在南京大学讲授清史，增撰《太祖纪》，合称《清朝前纪》，作为讲义使用。之后，在北京大学讲《满洲开国史》，所发讲义将太祖部分裁去未印，但于目录中标列《第十讲太祖新纪》上、下。揣其意旨，或欲扩大别出单行。继而专力从事编纂《明元清系通纪》，或以此书工作量大遂未能顾及。《通纪》已由北京大学出版部印出十五册，未及完成全稿，忧愤国难辞世。余稿原存我手，十年浩劫有所散失，以既具成例，补纂非难，当勉力为之。

今就先生所印发《满洲开国史讲义》简介内容于下：

满洲在明初称建州卫，后分三卫，其建州左卫即为清世直系所自出。清自认之始祖“肇祖原皇帝”，名猛哥帖木儿。《明实录》载：“永乐十一年十月甲戌，建州等卫都指挥李显忠（此为明所赐姓名，原名释家奴），指挥使猛哥帖木儿等来朝，贡马及方物，特厚赉之。”[①]又载：“宣德八年二月戊戌，升建州左卫土官都督，猛哥帖木儿为右都督。”[②]这年十月，猛哥帖木儿被“七姓野人”即女真忽喇温等所杀。明朝命其弟凡察以都督佥事代掌左卫。清之祖先早受明职，已是铁证。但清帝之子孙用尽心思，捏造假状。总之如先生所指说：

---

①《明成祖实录》卷九十，永乐十一年十月甲戌。

②《明宣宗实录》卷九十九，宣德八年二月戊戌。

“宁使满洲为崛起之国，不使历史上得寻其为外夷之名称。”[①]还有参与纂修的部分清遗老们，也竭力为之掩盖曲说，以泯灭其事明之迹。这班人如果不是无知，便是有意，而应当是出于后者。先生集中揭发二百年间清与明之关系真相，诚为历史上一大快事！

追溯谈来，清之祖先直系而有据者，在元朝猛哥帖木儿袭为斡朵怜万户，入明改为建州卫，以阿哈出为首领，阿哈出和猛哥帖木儿皆女真族，亦皆有女进入永乐宫中。永乐帝曾敕命朝鲜，允许猛哥帖木儿来京骨肉相见[②]。后即分置左卫授职。清修《清太祖武皇帝实录》有注云：满洲之称，“南朝（指明朝）误名建州”[③]。此非数典忘祖，实乃别有用心。先生先于区域作辨说，谓：清代《钦定满洲源流考》卷十三附《明卫所城站考》叙云：“谨案：明初疆域，东尽于开原、铁岭、辽、沈、海、盖。其东北之境，全属我朝，及国初乌喇、哈达、叶赫、辉发诸国，并长白之纳殷、东海之窝集等部，明人曾未涉其地。”此语盖自居于明之化外，示其与明为不相属之敌国。所云明初疆域尽于开原、铁岭、辽、沈、海、盖，则以辽东都司辖境而言。明以辽东都司属山东布政司。……女真向化以后，于辽东都司之外，添设奴儿干都司。《明史·地理志》于山东布政使司详其辖境，有辽东都指挥使司，竟削去奴儿干都司不载，以示明无东北之境。然于明之兵制不合，又于《兵志》仍出奴儿干都司及所属三百八十四卫之名。两志不相关照、自成抵牾[④]。

先生阐述其故云：“明自中叶以后，海西常为国屏藩，扈伦四部不亡，清太祖终不得逞，以海西与明休戚相共如此。……乃曰乌喇等为四国，与满洲皆为明之敌国。”原因在于“以海西之为女真，《明史》遂讳之，有不可告人之秘”[⑤]。

又“明既设建州三卫以处女真，清之先世既受明建州左卫之职。清修《明

① 孟森：《满洲开国史讲义》第二讲《女真总说》。
② 《朝鲜李朝太宗实录》卷十，太宗乙酉五年九月己酉。
③ 《清太祖武皇帝实录》卷一。
④ 《满洲开国史讲义》第二讲《野人女真》。
⑤ 《满洲开国史讲义》第二讲《建州女真》。

史》不见于《地理志》，则以辽东都司为明东北之疆域，设其奴儿干都司不载也。《兵志》载卫所之名，明明有三卫，且有奴儿干都司，以《兵志》不必详设卫之由来，及其初授卫职之人物。《地理志》则不能不略叙原始，故露于彼而隐于此，自相违异不恤也”[①]。《满洲源流考》之作“非藉以显满洲之真，实藉考以混建州之迹”[②]。建州未分三卫时，阿哈出、释家奴、李满住祖孙连掌建州卫。李为赐姓，阿哈出汉名李思诚（一名李诚善），释家奴为李显忠。李满住为女真一枭雄，宣德、正统初，屡和朝鲜冲突。《明英宗实录》正统元年六月戊辰载：“建州卫掌卫事都指挥李满住，遣指挥赵歹因哈（明代女真多冠汉姓）奏：‘旧住婆猪江，屡被朝鲜国军马抢杀，不得安稳。今移住灶突山东南浑河上，仍旧与朝廷效力，不敢有违。’从之。”[③]先生云：“此节于建州之占定地点，可以考证明确。灶突山，女真语谓之呼兰哈达（今辽宁省新宾县），此即宁古塔贝勒发祥之地，清代谓之兴京。而其始实明廷所恩准移住，以避朝鲜之逼者也。朝鲜之屡与建州冲突，正以其不愿建州占婆猪江，阑入国境。……盖其时建州卫与建州左卫居尚同地。左卫正当猛哥帖木儿被戕于忽喇温，流离困顿，几不能自存。朝鲜亦不遽以威力相逼，惟注力于李满住，满住遂先请迁地，明以浑河之上灶突山地与之。其后朝鲜再逼左卫，左卫又离开朝鲜与满住同居，遂为太祖王业肇兴之所自。故清世历代自称非明属国，其实建州乃明廷恩给，以存之于患难中者。”[④]

土木之变，李满住乘机扰乱，明曾有发兵擒剿满住及凡察（猛哥帖木儿之弟，掌右卫）、董山（猛哥帖木儿之子，掌左卫）三寨（即建州三卫）之议，以其尚未大作举动，暂止讨伐。后来愈益不驯，乃于成化三年用兵建州，此时李满住已老，建州卫事由其子李古纳哈代掌，主谋者实为董山。结局，满住父子被朝鲜兵所杀，董山由北京回归建州途中被明将执杀于广宁。此明代正统以下四朝中建州情况的变化，根据先生所辑有关记载介述如此。

---

①②《满洲开国史讲义》第二讲《建州女真》。

③④《满洲开国史讲义》第三讲《建州卫》。

李满住和猛哥帖木儿同族不同宗，凡察为猛哥帖木儿亲弟。因董山先得袭职左卫，凡察同猛哥帖木儿另一子童仓避乱朝鲜，及归，和董山争夺卫职。明乃为凡察辟设右卫，命和童仓同居。此中关系到清所尊肇、兴、景、显四祖，其兴祖之父祖究竟为谁的问题。根据先生考证，清之直系正传应出童仓，而非董山。《清太祖武皇帝实录》记载：都督孟特木生二子，长名充善（即董山），次名除烟。充善生三子，长名拖落、次名脱一莫、三名石报奇。石报奇生一子都督福满（兴祖）①。先生参看明和朝鲜记载并驳日本学者之说，认为：猛哥帖木儿有四子，一名阿古，同其父被敌所杀，余三子，除烟而外，一为充善，二为童仓。根据明朝及朝鲜记载，童仓为兄，董山为弟，实为两人。日本学者将童仓、董山作为一人，实误。凡察掌右卫后，有意压抑童仓，故其名不显。及董山就戕，亲属缘坐，发配南疆、福建、广东，童仓在内。童仓之名，于《明实录》英宗朝作童仓，中隔孝宗朝，至宪宗朝作董重羊，实乃一人异写。童仓死于戍所，其一子名失保，授指挥佥事，此即石报奇，为兴祖福满之父。明人以董山为正系，而称努尔哈赤为"建州之支部"是有所根据的。努尔哈赤自诩知其十世以来的家世传替而以石报奇为充善子，恐是出于攀附正系之意。以上为先生治清先世史的创见，简括述之，详深考核，具在本书。

二

先生于明清史研究，发表单篇论著甚多，总计近百篇，绝大部分收入《明清史论著集刊》及《续编》中，兹不一一举述。其断代专著有《明清史讲义》，系在北京大学历史系授学所用者，于两代政事大端、人物活动皆多具灼见明识，超越前人。

这部讲义共作四编，前二编为明史，后二编为清史。明史始于开国，迄至南明，兼及李自成、张献忠和建州兵事。清史也始于开国，至咸同而止，目录

---

①《清太祖武皇帝实录》卷一。

中标“光宣嗣出”。这部讲义经我整理，将道光后期即今作近代史部分裁去，另将原冠于《清史讲义》前的《八旗制度考实》一文，收入《明清史论著集刊》。这部讲义，先生除参用自己所撰有关专题论著外，多取官修正史，也即《明史》及《清史稿》等，旁及其他官私著作，稽考补苴，以求明备。

于明大致分为四个时期，首述明开国制度，列举民事、军事两大端，指出其于土田赋役规划及推行收效之大，关键在能“尽心民事，作养廉俭”[①]。但亦责朱元璋“以喜怒用事，是其一失”[②]。引《明史·食货志》，朱元璋以“惟苏、松、嘉、湖，怒其为张士诚守，乃籍诸豪族及富民田以为官田，按私租簿为税额”。又引《明史·刘基传》：“惟青田不加，太祖曰：‘使伯温（字基）乡里世世为美谈也。’”[③]又责朱元璋屡兴大狱，诛戮功臣为非。但对之仍作原谅语，说重租“究是对于偏隅”，杀戮“实未尝滥及平民”[④]。他对朱元璋的评价是很高的，主要说他不虐待百姓。认为明之继君，成化、弘治以后多不肖，然犹逾百余年，至万历朝开始动摇，所赖即在“尚未至得罪百姓”[⑤]。清代顺治、康熙二帝均对朱元璋极为称赞，即谓其所施民事政策之美善。

言军事，以明卫所比拟唐府兵，谓：“明与唐之初制，其养兵皆不用耗财，而兵且兼有生财之用。”[⑥]先生对此曾撰专文，稿存我手，惜于十年动乱中遗失，讲义所述即本此稿。

《靖难》一章讲述永乐夺位及仁宣继承治绩。其对朱棣指责夺位之过，杀戮之惨，更谓其五征漠北为黩武，并以为派郑和出洋的使命为寻迹建文。此于今日论之，先生实存有偏见，设使无永乐之经营，明代尚难达成统一之局。然仍肯定“成祖（朱棣）之不隳明业，在能遂太祖整饬吏治之意”[⑦]。总括有明

---

① 孟森：《明清史讲义》上册，中华书局1981年版，第33—34页。
②《明清史讲义》上册，第35页。
③《明清史讲义》上册，第70页。
④⑤《明清史讲义》上册，第163页。
⑥《明清史讲义》上册，第40页。
⑦《明清史讲义》上册，第101页。

一代之政治，为“民为邦本，使民得所，即为极治。虽有暗昧之嗣君，万恶之阉宦，穷荒极谬，犹数百年而后亡。读史者以此为龟鉴，无得罪于百姓，即为国之根本已得。其余主德之出入，皆非损及国脉之故也”①。先生对于中国古代封建君主统治政策，所见虽不够全面，而以为不可过分害及百姓，是治乱关键所在，无疑是对的。

次述明中期，所标章目为“夺门”。先生说，英宗被也先挟走，“赖有弟监国，守御得宜。敌挟帝而无所利，卒奉驾还都修好，不可谓非景帝之功在社稷矣。……贪功之流，拥英宗复辟，反杀景泰时守御功臣，是谓‘夺门’之案。传子宪宗，皆为阉所惑，政令驳杂，纲纪日替。赖有孝宗，挽以恭俭，使英、宪两朝之失德稍有救济，祖宗之修明吏治亦未遽尽坏。考明事者，以孝宗以前为一段落，不至甚戾祖德，故以英、宪、孝三朝合为‘夺门’一案之时代”②。本章所评议忠奸事迹不予详介，惟其对于谦则云：“而所杀以为名之于谦，公道已大彰，然终英宗之世不与平反也。……谦事白，成化初，冕（谦之子）赦归，上疏讼冤，得复官赐祭，诰曰：当国家之多难，保社稷以无虞；惟公道之独持，为权奸所并嫉。在先帝已知其枉，而朕心实怜其忠。”“天下传颂焉”。先生说：“英宗始终为庸稚之君而已。”③

《议礼》一章，首作引语云：“武宗虽昏狂无道……得一稍明事理之世宗，依然成守文之世，元气初无亏损也。”④其论议礼一事，谓“君之所争为孝思，臣之所执为礼教，各有是非。其所可供后人议论者，正见明代士气之昌”⑤。此言当指为争议礼，群臣触怒嘉靖帝，或逮捕，或杖死。杨慎大言：“国家养士百五十年，仗节死义，正在今日。”⑥国养士即培养士气，记得胡适先生和孟先生谈论明朝“廷杖”，他以为其甘受刑苦而不怨者，正是由于养士，这是他的一贯看法。

---

①《明清史讲义》上册，第117页。
②《明清史讲义》上册，第121页。
③《明清史讲义》上册，第115页。
④《明清史讲义》上册，第190页。
⑤《明清史讲义》上册，第201页。
⑥《明清史讲义》上册，第206页。

于明末时期讲述万历之荒怠，天启、崇祯之乱亡，附及南明之颠沛，谓“明亡之征兆，至万历而定”①。考析详明，持论得当。尤于天崇形势，多具灼见。其言天启有户门之害，“言官各立门户以相角，门户中取得胜势，而政权即随之，此朋党所由炽也。又谓建州坐大，清太祖遂成王业，其乘机于明廷门户之争者固不小也”②。先生以为东林党人与阉党斗争，“此为晚明讲学之风之一变，盖以后不足复言门户”③。而于辽东战局，将帅功罪，揭示详实，用专节辨正袁崇焕之诬枉与崇祯朝之用人。在本章首叙云：“熹宗，亡国之君也，而不遽亡，祖泽犹未尽也。思宗，自以为非亡国之君也，及其将亡，乃曰有君无臣。夫臣果安在？……至崇祯时，则经万历之败坏，天启之椓丧，不得挽回风气之君，士大夫无由露头角矣。思宗而在万历以前，非亡国之君也；在天启之后，则必亡而已矣。”④于南明列举弘光、隆武、永历及鲁监国，谓清“深没南明，颇为人情所不顺”⑤，特为矫正而叙其事。

这部讲义论述清朝将重点集中放在康雍乾三朝，分作《巩固国基》和《全盛》二章，即一代武事和文治的成就表现所在。其天命以来的三朝皆与明朝相为起讫，故从简略。清代巩固国基实由康熙帝统一全国而进一步扩大的，从而为近代中国奠定基础。先生于此作重点论述有《撤藩》《绥服蒙古》《治河》和《兴文教》四节。撤藩事件为统一中原之必要措置。先生指出：“南明既亡，天下绝望，谓清业可定矣。实则必危必乱之症结，其不易拔除……其难不啻倍蓰。”⑥对康熙年轻有才颇为肯许，说：“三桂起事之年，圣祖年方冠，撤藩议起，事由尚可喜请归老而由其子代镇，非请撤也。部议遽以撤藩覆允，朝议两歧，英主独断，实已定于此时。”事件结束，不受尊号，即收取台湾也不受尊

①《明清史讲义》上册，第246页。
②《明清史讲义》上册，第283页。
③《明清史讲义》上册，第293页。
④《明清史讲义》上册，第26页。
⑤《明清史讲义》上册，第338页。
⑥《明清史讲义》下册，第412页。

号。先生引其言："如政治不能修举，则上尊号何益？朕断不受此虚名也。"[①] 康熙的确算得英明有为的青年封建君主，他颇能读书，时御经筵，每日进讲。先生谓其以此而得亲近汉官，因为，"兵事实力在八旗世仆，人心向背在汉士大夫，处汉人于师友之间，使忘其被征服之苦，论手腕亦极高明矣"[②]。三藩、台湾问题解决之后，解决蒙古实为实现全国统一的重要关键。当时准噶尔部蠢蠢思动，俄罗斯步步侵蚀，西北不安，天下难定。内蒙古各部虽然已附清，而喀尔喀、准噶尔部则尚未内属。准噶尔首领噶尔丹抱有并一蒙古及西藏诸地的野心，统一中国内部后的康熙，决不容许其发生这样的分裂行动。康熙曾邀达赖喇嘛和清政府一道对喀尔喀内部哄斗进行和解，而噶尔丹却借机制造矛盾。于是，康熙二十七年（1688年）夏，噶尔丹率兵突袭喀尔喀，遍及三部地。三部初意避难俄罗斯，所奉大喇嘛哲布尊丹巴胡图克图主张全部内徙，部众从之。后来实现"多伦会盟"，喀尔喀全部内属。先生于详述经过中附论云："是时外蒙内向，为清收抚藩属之一大关键，若失之毫厘，折入俄国，北徼全局皆变。喀尔喀既去，必为俄国藉取厄鲁特之先机，后来所定新疆天山南北两路，恐亦尽改其形势矣。"[③]所见可谓明透！哲布尊丹巴胡图克图为喀尔喀部土谢图汗察珲多尔济之弟，名格根，率三部内属倾心忠事清朝，最为康熙所敬重。察珲多尔济之孙敦多布多尔济袭爵，娶康熙第六女，进封亲王，其与清室之亲谊如此。格根是为祖国立下大功的。康熙经营北疆，其劲敌为噶尔丹。噶尔丹固一世之雄，而才略则远逊康熙。先生论曰："要之，噶尔丹内情，帝得厄鲁特报告甚悉，三驾亲征，乃知彼知己，战必胜，攻必克之事。圣祖留心边事，过于朝士大夫，可谓明矣。当时记载，侈其若何灵异，若何神武，过甚其词，或未可信。"[④]历史学家论人论事，往往由感情所激，言词溢美。读先生论著，尚少此失。结束准噶尔兵事后，青海、西藏也随之而定。其后雍乾

---

① 《明清史讲义》下册，第418—419页。
② 《明清史讲义》下册，第421页。
③ 《明清史讲义》下册，第429页。
④ 《明清史讲义》下册，第434页。

时准部尚有战争，然只成地方势力而大统一之局已定，不可动摇。

兵事之外，举《治河》《文教》为文治之要。于治河，即治理黄河也，即为控制河水泛滥，疏通漕运河道。康熙十六年，“略有转机（指三藩兵事），中原已无动摇之象，而（靳）辅以先任皖抚，帝奖其实心任事，急欲治河，遂授为河道总督”[①]。先生引康熙言：“朕听政后，以三藩及河务、漕运为三大事，书宫中柱上。”可见重视程度。又云：“圣祖为阅河而始巡幸。”“兢兢业业于武功告成之后，在帝尚为盛年，而持重有为若是，可谓有道之气象矣”[②]。于文教事业。康熙也颇事提倡，当然他是作为文治政策措施的。先生说，康熙“大势稍定，即开‘鸿博’之科，网罗才俊，既修《明史》，并肄诸经。既而南方大定，益治益安，四部诸书，繁重不易整理者，悉诏儒臣因前代之旧审订修补，以便承学之士”。其编纂大量篇幅巨大之书籍，以为有益文教之永，并且超越前古。先生谓“唐之贞观，宋之太平兴国，明之永乐，皆同此宏愿，而享国之永，举不及圣祖”[③]。所列各书，四部以外并有《图书集成》及《律历渊源》等。先生于乾隆所编《四库全书》有褒有贬，谓“清一代有功文化，无过于收辑《四库全书》，撰定各书提要，流布艺林一事。自古明盛之时，访求遗书，校雠中秘，其事往往有之。然以学术门径，就目录中诏示学人，如高宗（乾隆）时之四库馆成绩，为亘古所未有。……其搜采各书，兼有自挟种族之惭，不愿人以‘胡’字、‘虏’字、‘夷’字，加诸汉族以外族人，触其忌讳，于毁弃灭迹者有之，刊削篇幅者有之。……以发扬文化之美举，构成无数文字之狱，此为满汉仇嫉之恶因”。[④]

《讲义》于雍正之创制及雍乾武功之继续，并于嘉道间各地各民族反清起义，均详述始末，以繁不俱举引。总之，先生致力明清断代史研究，成绩斐然。然有精湛处，也有不足处，今日言之，当更有可议处。我们只能以不可苛

---

①《明清史讲义》下册，第425页。
②《明清史讲义》下册，第427页。
③《明清史讲义》下册，第449页。
④《明清史讲义》下册，第554—556页。

求于前人的态度来对待。

三

先生喜为考证故实之文，于明清事案人物多有专篇，如明建文、朱三太子等，于清尤多，合“太后下嫁”“顺治出家”“雍正承统”为《清初三大疑案考实》，另《科场案》《奏销案》《字贯案》《闲闲录案》，以及董小宛、顾眉（横波夫人）、孔四贞、香妃、顾太清（丁香花）五个女性的著述文字，皆具有时代人事的重要意义，非一时兴致漫然拿笔之作。清入关定鼎在一个较长的时期内，对汉族知识分子，是酷厉而无情地打击一大片的。此科场等四案文字正阐明情实。五个有涉历史的女性考证，考实释疑，还其本真，也是快事。今举其十余篇，权作代表作云尔。

一、科场等四案

科场案为乡试舞弊，顺治十四年，所谓“丁酉乡试”，主要在北闱（今北京）、南闱（今南京）。北闱被朝臣奏有弊，审讯属实，将考官分别轻重，或处斩，或降级，处斩私情重者，家属都发配关外为奴。对南闱处分更加惨毒，正副考官和十七名同考官全部处斩。两闱考生重行考试，有取有黜。先生辨正诸家私记误处，取其情节近实者，以补官书缺漏，藉明真相。根据所见李延年《鹤征录》，王应奎《柳南随笔》记载：“复试时，既威之以锒铛、夹棍、腰刀，又每一举人以两持刀之护军夹之。”[①]直和对待重囚一样。其引戴璐《石鼓斋杂录》：“殿廷复试之日，不完卷者，锒铛下狱。吴汉槎（兆骞）本知名士，战栗不能握笔。”[②]竟威吓如此！

明清两代科举与功名相联系，而祸福也随之互为转递。观所考涉及桐城方

---

①《明清史论著集刊》下册，第420页。

②《明清史论著集刊》下册，第417页。

氏一族，南闱主考官方猷，以与作少詹事的方拱乾同族，又以其子章钺参加乡试中试、复试不及格，牵连成罪，方猷处斩，拱乾及其诸子章钺、元成、亨咸并妻子俱流徙吉林宁古塔。先生叹说："父母、兄弟、妻子为家有一中试之士子，复试不及格，而一并遣戍宁古塔。在今日视之，岂非骇闻?"清统治者这种扩大化的行动，无疑是在为立威，也可以说是将科举作游戏。

《字贯案》是先生研考清代文字狱的第一篇文章。《字贯》是一部字典，内容涉及《康熙字典》，便成大逆不道。本文所引《东华录》乾隆四十二年（1777年）十月癸丑谕："阅其进到之书（指《字贯》），第一本序文后凡例，竟有一篇将圣祖、世宗庙讳及朕御名字样开列，深堪发指。此实大逆不法，为从来未有之事，罪不容诛。"先生认为《字贯》的编者王锡侯，乾隆十五年（1750年）江西举人。自述"九上春官"不第，"生平以一举乡试为无上之荣，两主司（正钱陈群、副史贻谟）为不世之知己，此皆乡曲小儒气象……要于文字获罪，竟以大逆不道伏诛"[①]。又发感慨地说："自《字贯》之狱兴，清一代无敢复言'字书'者，桂（馥）段（玉裁）诸家，以治经不能不识字，则尽力于许（慎）书，以避时忌。清中叶聪明特达之士，恒舍史而谈经，皆是此意。"[②]《闲闲录》案，亦乾隆间一文字狱。先生以"此案不见于官书。然蔡显（《闲闲录》著者）以一老孝廉，以由文字致杀其身，门弟子从而遣戍者，至二十四人之多，亦可谓大狱矣"[③]。本文据《笠夫杂录》得悉蔡氏之生平。显，江苏华亭人，字景真，号闲渔。雍正末曾一度北上往来北京、保定间，依同乡官京师者，后南归。乾隆三十二年，显年七十一岁。《笠夫杂录》序为其弟子华亭人陆明睿作，谓乾隆丁亥（三十二年）先生归道山。实即以《闲闲录》被杀，不敢明言而已。先生又据《笠夫杂录》谓蔡显"指斥邑绅甚多，若知府某也，御史某也，若王若李若莫也。莫名辅世，邑生员。更有专条指其名而斥之；又斥入乡贤祠之某绅，入节孝祠之某氏。凡此皆许氏所谓多雌黄，为

---

①《明清史论著集刊》下册，第576页。
②《明清史论著集刊》下册，第581页。
③《明清史论著集刊》下册，第583页。

郡某绅所嫉之证”[①]。许氏为许嗣茅，著《绪南笔谈》。先生首引此文，云：“乾隆三十二年丁亥五月，吾郡（松江府）《闲闲录》狱起。”《闲闲录》者，举人蔡显作也。诗中多雌黄处，郡人恶之，摘其引古人《紫牡丹》诗句，以为狂悖，遂弃市。先生又举所谓《紫牡丹》诗，其句为“夺朱非正色，异种尽称王”二语[②]。《闲闲录》一书有刘承干刻本，经先生索观，乃与此《笠夫杂录》各条互有出入，盖皆蔡氏未定之本。所传犯禁之语，则均无之[③]。

二、董小宛等事考

董小宛为明末南京秦淮名妓，嫁当时东南著名四公子之一冒襄作妾。四公子者，方以智、陈贞慧、侯方域与襄也。襄，江北如皋县人，家世显宦富有。先生以有小宛在清军南下被掠入宫之传说，特作《董小宛考》以辟其疑。传说中更以顺治所宠满洲女董鄂妃，两董字汉写相同，混为一人，殊属无识可笑！本文先举“董小宛之没也，在顺治八年辛卯之正月初二日，得年二十有八，盖生于明天启四年甲子。……崇德二年正月三十戌时，世祖（顺治）始生而为小宛之十五岁”[④]。据此，顺治二年清军攻占南京，连下江浙，为五至十月，豫王多铎班师北归。这年顺治方七岁，何能纳二十二岁之妃？此一事即足破疑。而先生又作详察，引冒襄自撰《影梅庵忆语》及当时人钱谦益、吴伟业、龚鼎孳、陈维崧（贞慧子）等诗文，勾稽排比，以证真相。小宛之葬，据维崧所作冒襄及其妻苏氏《五十双寿序》：“视先生（襄）所爱之姬董，同于娣姒，姬没而哭之恸，且令两儿白衣冠治丧焉。”[⑤]可证小宛之死，当无疑义。又引冒襄作诗长跋有云：“牧斋（钱谦益）先生以三千金同柳夫人（柳如是）为余放手作古押衙，送董姬相从。”[⑥]冒董成婚原是钱、柳出资撮合。若然如此，小宛

① 《明清史论著集刊》下册，第589页。
② 《明清史论著集刊》下册，第583页。
③ 《明清史论著集刊》下册，第593页。
④ 孟森：《董小宛考》，载《心史丛刊》三集，第8页。
⑤ 《董小宛考》，第10页。
⑥ 《董小宛考》，第11页。

有变，钱柳必知，钱的《初学》《有学》等集至乾隆时犹在流传，小宛事能无些许表露？又举顺治五年小宛制金条脱（手镯）以摹天上流霞事。《影梅庵忆语》记：“姬临终时，自顶至踵，不用一金珠纨绮，独留条脱不去手，以勒余书故。”[①]这种细微情节犹然记及，生掠之事，无疑出好事者之捏造。先生更指出董小宛墓即在影梅庵中，这难道是座衣冠冢吗？并说：“迄今读清初诸家诗文集，于小宛之死，见而挽之者有吴园次（绮），闻而唁之者有龚芝麓（鼎孳），为耳目所及焉。”[②]文中于冒、董行迹，考证极细，足可澄清事实，归还本真。且责斥好事之徒，“倒乱史事，殊伤道德”。

《横波夫人考》一文，是在写了《董小宛考》后，追述当时京淮名妓和政局有关的顾眉而作的。眉，字眉生，横波是她的号。先生引余怀《板桥杂记》：“当是时（指明末），江南侈靡，文酒之宴，红妆与乌巾紫裘相间，座无眉娘不乐。而尤艳顾家厨食，品差拟郇公、李太尉，以故设筵眉楼者无虚日。”[③]顾眉是个才女，善画兰，能吟诗，嫁给龚鼎孳作妾。龚处明清易代之际，初仕于明，既降大顺，又降清朝，官至尚书，康熙初死。其人虽富词采，而节卑劣。本文引陆以湉《冷庐杂识》：“龚鼎孳娶顾眉，钱谦益娶柳是（如是），皆名妓也。龚以兵科给事中降贼（闯王），授伪直指使。每谓人曰：‘我原欲死，奈小妾不肯何！’小妾者即顾眉也。”[④]又引顾苓《河东君传》：“乙酉（顺治二年）五月之变（指这年谦益以明礼部尚书在南京迎降清军），君（如是）劝钱死，钱谢不能。戊子（顺治五年）五月，钱死后，君自经死。然则顾不及柳远矣。”[⑤]然而先生曾以宽恕之笔论之：“龚、顾之性质才艺，未始不适合所长。但势力富贵，又为二人所一日不可缺者。然则各为跌宕风雅，实诉其三月无君之苦矣。”[⑥]龚、顾二人性爱豪华生活，余怀所记：“岁丁酉（顺治十四年），尚书（鼎孳）挈夫人重过金陵，寓市隐园中林堂，值夫人生辰，张灯开宴，

---

① 《董小宛考》，第21页。
② 《董小宛考》，第23页。
③ 孟森：《横波夫人考》，载《心史丛刊》二集，第27页。
④⑤ 《横波夫人考》，第37页。
⑥ 《横波夫人考》，第40页。

请召宾客数十百辈，命老梨园郭长春等演剧……夫人垂珠帘，召旧日同居南曲呼姊妹行者与宴。”[①]虽然如此，而顾眉和柳如是二女性却都具义侠风。文中举《青楼小名录》引袁子才云：“明季秦淮多名妓，柳如是、顾横波，其尤著者也。俱以色艺受公卿知……而所适钱、龚两尚书，又都少夷、齐之节。两夫人恰礼贤爱士，侠骨嶙嶒，阎古古被难，夫人（顾眉）匿之侧室中，卒以脱祸。”[②]阎名尔梅，徐州人，坚志抗清，奔走各方，曾和山东起义军联系。此云被难，即遭到清方搜捕危险。先生文中赞说：“横波以倾身营救闻，殊见风义。”[③]

考证孔四贞事，目的在于说明，顺治九年，孔有德以降清名将，封定南王，驻镇广西，被李定国围困桂林自尽后，其女四贞尚在幼年，收育清宫为太后（孝庄文皇后）养女。顺治十三年定宫制，奉太后命预封四贞为东宫皇妃，待年成婚。载在《实录》，先生失检。顺治逝世，四贞由太后作主配嫁有德部将子孙延龄，以其曾有婚约。当时满洲风习并不忌此，而主要用意，则在使四贞以公主身份去统辖孔军。先生考据官私记载，窥察清廷措置和动向，用意实为明显。先生并指出四贞入吴三桂军，其夫孙延龄以首鼠两端被吴所杀，而独留四贞，正说明吴与清统治者同一意图，都是为笼络孔部助己。本文多采录清初无名氏著《四王合传》，因其书虽有荒诞之语，而重要情节却与官书相符合，并有补苴之处，是一部可以采择的著作。

四贞的封宫，也是为维系孔部，清初南中四藩并立，正如先生所说，顺治末年，孔部主要将领线国安仍率兵驻广西，“有德父子虽已死（子被李定国杀掉），而定南王不改革”。因而以四贞和孙延龄往镇广西，因“非四贞无能驯国安者”[④]。以后，吴三桂发动叛乱，国安依附，可见驾驭各藩之不易。先生结语谓：“清廷厚结四贞，四贞卒亦图报清廷。”[⑤]因为她终未附合三桂，最后回归北京。

---

①《横波夫人考》，第27—28页。

②《横波夫人考》，第49页。

③《横波夫人考》，第50页。

④《清世祖实录》卷一百二，顺治十三年六月癸卯；王先谦：《东华录》，顺治十三年六月癸卯。

⑤《明清史论著集刊》下册，第461页。

乾隆有妃曰容妃，世称香妃，谓以身有异香得名。好事者为之艳传，实故作奇谈耳。容妃为回族贵家女，姓和卓氏。先生感于对香妃“委巷之谈，语多不经，熟于人耳。今考其可信者，以纠群说”[①]。本文据《清史稿·后妃传》：“高宗容妃，和卓氏，回部台吉和札麦女。初入宫号贵人，累进为妃，薨。”又参据唐邦治在清史馆中所撰《清皇室四谱》，容妃，“乾隆二十七年五月，以克襄内职册容嫔。三十三年十月，晋容妃。五十三年戊申四月十九日，卒”。有清一代，回女入宫者只此一人。经先生考得，容妃入宫应在伊犁初定，“两和卓由准得释时，以乞恩于中朝而进其女，非叛后以俘虏入朝也”[②]。此言为从大小和卓而推求由来，其非俘虏入宫则属事实。乾隆为容妃筑造“宝月楼”（今从楼下辟为“新华门”）。先生谓：“所谓以贵人入宫，盖承宠而后营建以处之，以其言语不通，嗜欲不同，乃不与诸妃嫔聚居，特隔于南海最南之地，其地又临外朝之外垣，得以营回风之教堂及民舍，与妃居望衡对宇，不隔禁地。此皆特殊之安置，非寻常选纳之规矣。”[③]先生此文成于半个世纪前。今已证实清东陵乾隆后妃陵园中，容妃墓塌陷，尸身浸朽、殓物可寻，棺上书有回文，义为“以真主的名义”。充分证明她是善始善终的。又从发现的容妃发辫来看，已是老妇模样。管理东陵同志曾撰文详考其生平，此不具引。更传香妃怀刃复仇未成殉节，埋葬南疆喀什。今经新疆历史工作者考察，此并非容妃之墓。我们必须注意，此虽属考实一个清宫妃子的事迹，却关系着中华民族的团结，非同小可。决不许耸动听闻、无中生有之徒，制造仇怨故事，这不仅是错误，而是有罪。

清光宣间人滥言，龚自珍和顾太清以诗文倡和生嫌遭害事。先生以为此故藉艳传，实诬龚、顾。《丁香花》一文即为辨白此事。龚自珍一代文豪，毋庸绍介。顾太清为贝勒奕绘侧福晋，奕绘乃乾隆之曾孙，降袭贝勒，生当嘉道间，和太清并负文名，又多和汉族士大夫接触。本文先叙奕绘字太素，太清也

---

① 孟森：《香妃考实》，载《北京大学国学季刊》第6卷第5号，第1页。
② 《香妃考实》，第3页。
③ 《香妃考实》，第5页。

为北京旗籍，但尚待确考。两人倡和甚多，是清代满族中难得的文学家庭。奕绘府邸位于北京西城靠城的太平湖之东，府中以丁香花盛称，故文章取此为题。先生说："丁香花公案者，龚定庵（自珍）先生道光己亥（十九年）出都，是年有己亥诗三百十五首，中一首云：'空山徙倚倦游身，梦见城西阆苑春。一骑传笺朱邸晚，临风递与缟衣人。'自注：忆宣武门内太平湖之丁香花一首。世传定公出都，以与太清有瓜李之嫌，为贝勒所仇，将不利焉，狼狈南下。"[①]"道光二十一年，定公掌教丹阳，以暴疾卒于丹阳县署，或者谓即仇家毒之。"[②]传者又言，自珍南归后，北来迎接眷属，徘徊近畿道上，不敢入都。先生予以考辨说："定公集最隐约不可明者，为《无著词》一卷，又有《游仙》十五首等诗。说者以其为绮语，皆疑及太平湖。此事宜逐一辨之。"[③]先举自珍离京情况："观其出都，并非狼狈，以己亥四月二十三日行。……当时与诸公别诗多至十有八首，所别者数十百人。"[④]其中还有宗室多人，避仇何能如此坦然就道？又说就此两种诗篇所成年代考之，皆在道光元、二、三年，下距十九年出都，时间相隔甚远，"安有此等魔障亘二十年不败，而至己亥则一朝翻覆者"？[⑤]至于诗中注明太平湖，并云"缟衣人"。"盖必太清曾以此花折赠定公之妇，花为异种，故忆之也。太清与当时朝士眷属多有往还，于杭州人尤密，尝为许滇生（乃普）尚书母夫人之义女，集中称尚书为滇生六兄。……定公亦杭人，内眷往来，事无足怪。一骑传笺，公然投赠，无可嫌疑"[⑥]。又"己亥为戊戌之明年，贝勒已没，何谓寻仇？太清亦已老而寡，定公年已四十八，俱非清狂荡检之时。循其岁月求之，真相如此"[⑦]。本文考述太清事迹甚详，并评赏其作品，直可作一篇传记观。

①②③⑤ 孟森：《丁香花》，载《心史丛刊》三集，第52页。
④《丁香花》，第56—57页。
⑥《丁香花》，第52—53页。
⑦《丁香花》，第53页。

四

先生之治史，多本中国传统方法，曾道“自唐以下，史家眉目终以欧阳（修）、司马（光）为标准，虽不能至，心向往之”①。又谓后世“于《新唐书》之文省事增，致为不满……夫果文省事增，则文虽有删节，事尚非无所流传。若只有《旧唐书》，唐一代事迹未免叙述太少”②。“观《通鉴》取材，往往在正史之外可知”③。窥其旨趣，即撰史必须广征史料，剪裁精当，而后成书。于《清史》则谓“保存清史料之职责，今由故宫文献馆（分第一历史档案馆）专任之，而他学术机关亦有分任，尽其力之所至，整理排比，使有秩序，刊布流通，使不放失，供修清史之用，并供清史成后补苴纠驳之用。断无收合史料，责史家麇聚于一书之理”④。这就是说，史料与史书，截然为两事，目的要求均不相同。这个道理，人人明晓，但做来实难。今天撰史动辄以千百万言为计划，不先有数倍于成书的史料长编，何由而得？从先生启发之言，使人憬然感到，欲成巨著，必当用大力气搜辑史料。当然，今天撰著史书，必须以马克思主义的历史科学理论为指导，同时也须掌握详细而可信据的丰富资料，才能撰成精确得当的可读的史书。

先生论列史书和史料，分作若干等级，说：“所谓史料又分无数等级。其最初未经文人之笔所点窜者，有塘报，有如档子，有如录供，此可谓初级史料。至于人之章奏，眘之禀揭，则有红本揭帖，汗牛充栋，已为进一步之史料。至科臣所钞，一方下部议行，一方已录送史馆，其中已微用史文句例点改，此则与史料发生关系，为又进一步之史料。馆臣据此，按日排纂，谓之日录，与记录王言之起居注，皆以日计，居然史之一体矣。而其距勒为正史，则

---

① 孟森：《史与史料》，载故宫博物院文献馆编《文献特刊》，1936年印，第7页。

②③《史与史料》，第5页。

④《史与史料》，第6—7页。

等级尚远。”[1]先生将史料来源一步步解说后，认为再经“长编”“外纪”，“至修实录，而一朝编年之史成”[2]。可是“逮修正史，则实录又成史料”[3]。此“正史”是指纪传体史书，即二十四史。其意“正史”为最后完成的史书。但也并不排斥编年与纪事始末二体，他说：“治清史者，将来必有祖述涑水（司马光）其人，作为《清鉴》，即自有编年之清史……又必有祖述袁机仲（袁枢）其人，作为《清史纪事本末》。”[4]他对《清史稿》这部书固然说过：“清一代掌故，无有搜辑宏富、纲举目张如此书者。”[5]但这也只是指它作为史料使用而言，非可传的“正史”。总之，先生是主张纪传、编年、纪事本末三体并行的。当先生在世时，曾授给我一个《清史纪事本末》拟目，其意显然表示可以撰著此书。在今天看来，自是拘守旧法，不能遵依。必当编写新体《清史》以及明、元、宋各代以上新体断代史和中国通史。但是，它们在将来都会成为旧史，再有新编之史问世。因为史学同其他学术一样，是不断有所发现、有所前进的。先生所论史体虽然失之拘守，但其论史书史料的关系是具有卓识的。

先生治史，善于发现问题，考证一事，必有所为而为。并且长久积累史料，深入探索情实，求明真相原委。兹举关于“朱三太子”的研究，二十年中对此问题先后撰有两文，初成《朱三太子事述》，民国三年印行。相隔二十年，再成《明烈皇殉国后纪》发表。魏声龢（民国初年人）《鸡林旧闻录》中所载《张先生传》，云系傅某在新城（吉林伯都讷驻防城）得此抄本，纸色黯晦，题曰：“清初李方远作”。方远当康熙后期任饶阳（河北省）知县，与隐作张姓的明崇祯第四子朱慈焕相交，事发牵连发配关东。此传应为发配后凭所闻知追记者。先生于《朱三太子事述》文中说：“传中节目，魏君（声龢）自有条证详后。今据魏君所未及证明而可以考得者，就本传更为补证，可见其实为在事之人所作，非传闻者所伪托也。”[6]传的全文尽在《事述》文章中，不具录。补

---

①《史与史料》，第5—6页。

②③④《史与史料》，第6页。

⑤ 孟森：《清史稿应否禁锢之商榷》，载《北京大学国学季刊》第3卷第4号。

⑥ 孟森：《朱三太子事述》，载《心史史料》第一册，上海时事新报馆1914年版。

证所得乃是，康熙四十七年所获朱三太子，实为崇祯四子封为永王者。崇祯共有七子，四个相继前死，自缢时只太子和定、永二王三人在。太子由其外祖父周奎献于清朝，将真当假杀掉，定、永二王一度随从李自成出征吴三桂，败后失散，朱慈焕流落各地。据具自供，年方十三岁，遇王姓作明朝官吏的留在家中，王死，他当过和尚。后又被曾仕明朝的胡姓教养并配以己女，以后便以教书为生。自供又称“我二哥哥早死了，我与三哥同岁”云云。民间反清起义多用“朱三太子”名号，实不能知三太子究竟为崇祯何子。先生在《后纪》中作长文析述，分为三篇：第一篇为《清世祖杀故明太子》，第二篇《清圣祖杀故明皇四子》，第三篇《清世宗封延恩侯为明后》。本文冠语中责斥清朝统治者说：“南朝闰位，削翦净尽，卧榻之下，不容酣睡，犹曰为统一区宇计耳。乃至烈皇遗胤，无一成一旅之抗力。南巡（指康熙）之日，谒陵奠酒，想望虞宾。海内业已向风，康熙尤称有道。既得明裔，是宜有以处之，乃必孥戮其真者，而后涂饰其伪者，示天下以恩礼前朝之至意。为子孙万世之计，果必如是之深且曲耶？……灶突山假息之恩，则为清室先人所独受（指明赐予赫图阿喇地）。……惟于待烈皇的裔则不然，且将祖宗徽惠于明之史实钳制忌讳，颠倒耳目者二三百年，帝王之用机心刻深长久，为振古所未有。”①先生于明清关系，持论最允，举此二文，以见一斑。而对问题发现之明敏，致力探索之勤久，足为治史楷模。

先生治史从事考证，多为对有关问题辨误纠谬，以求明了史实真相，诸如，万斯同对建文出走、清太祖七大恨原文、乾隆香妃、海宁陈家等文都是。这正是治史者之应做工作。辛亥革命，推翻清朝，禁纲开放，奇谈丛出，不予澄清，则杂言妄语，势必愈传愈烈，这和研究历史的实事求是的科学态度，是大相乖违的，必须予以驳正。先生治史的认真不苟的严谨态度，是极为可贵的。

---

① 孟森：《明烈皇殉国后纪》，载《明清史论著集刊》上册，中华书局1959年版，第28页。

先生生平于清史研究致力最深，其谓《清实录》，应为编著清史之重要资料。唐、宋、元《实录》已亡佚无存，虽有《明实录》，亦多舛误乱残。惟《清实录》完整保存，且并具汉、满、蒙三种文字。然经先生在使用中发现，其大弊处在："务使祖宗所为不可法之事，一一讳饰净尽，不留痕迹于《实录》中，而改《实录》一事，遂为清世日用饮食之恒事。"[①]指出蒋良骐《东华录》抄自《实录》，止于雍正，其书系择要而抄，以与王先谦详抄《实录》比看，发现"蒋录虽简，而出于王录以外者甚多，且多为世人所必欲知之事实，如顺治间言官因论圈地、逃人等弊政而获谴者，蒋录有而王录无；康熙间陆清献（陇其）论捐纳不可开而获谴；李光地因夺情犯清议，御史彭鹏两疏痛纠之，使光地无以自立于天壤，蒋录皆有之，而王录无。……既而翻检故宫定本实录，则皆与王录同"[②]。故谓《清实录》为"长在推敲之中，欲改即改"[③]。先生曾建议故宫将红绫本与小黄绫本，即讲筵常用者，互校一下，或可得见真相，但至今尚未能着手去做。

先生很重视工具书，1932年初到北京大学任教得见《清史稿》，即开始编辑《清史传目通检》，在叙言中说："今年始得读《清史稿》，偶翻列传，竟无朱竹君（筠）、杭堇浦（世骏）、翁覃溪（方纲）诸传，检清国史传则有之。"于是编辑通检，意在使对读二书，明其"互有去取之故与互有详略之不同"[④]。提供治清史者研究异同之助。并将坊间所刻《满汉名臣传》、东方学会《国史列传》、中华书局《清史列传》收入。同年燕京大学更扩大将有关清人传记编为《三十三种清代传记综合引得》，但先生尚不知晓。先生撰有《清国史馆列传统编序》一文，对馆传、史稿二书有所比议，举出洪承畴、吴三桂二人。《清史稿·洪承畴传》记承畴降清经过："崇德七年二月壬戌，上（皇太极）命杀（邱）民仰、（曹）变蛟、（王）廷臣，而送承畴盛京。（中记承畴先

① 孟森：《读〈清实录〉商榷》，载《明清史论著集刊》下册，中华书局1959年版，第619页。

②《读〈清实录〉商榷》，第620页。

③《读〈清实录〉商榷》，第621页。

④ 孟森：《清史传目通检》，载《北平图书馆馆刊》第6卷第2号。

拒降，后请降，为之置酒陈百戏云云，从略）居月余，都察院参政张存仁上言：‘承畴欢然幸生，宜令剃发备任使。’五月，上御崇政殿召承畴及诸降将祖大寿入见。”以此与《清国史贰臣传·洪承畴传》比看，其所记为“本朝崇德七年四月，都察院参政张存仁上奏：‘臣观洪承畴欣欣自得，侥幸再生……宜令剃发，酌加任用。’五月，召见崇政殿”。证之《实录》，皇太极于三月癸酉（初四）命豪格将洪承畴送入盛京。四月庚子朔，张存仁奏“宜令其剃发，在官任使”云云。先生指出：“史稿于送承畴盛京之日，移前十一日，乃太宗在叶赫地闻松山已下，启行还宫之日，非谕送承畴之日。自此至张存仁奏请令洪承畴剃发之日，可合月余之期。其后五月召见等语，皆与清国史不悖。而三月初四日命豪格送承畴入盛京，途中当需时间。四月初一日，张存仁奏有‘纵之何能，禁之何用’语，是尚在拘锢中，其间断无居月余之隙，何得谓月余以前，已叩头请降，置酒陈百戏以悦？此明是既用国史本传，又夹入传闻之委巷语，而不顾其前后自相矛盾也。此用旧传勘史稿传，而后可得事实之真相者也。”①

《清国史逆臣传·吴三桂》记，康熙二年，剿陇纳山蛮，三年剿水西、乌撒。设府，改比喇为平远，大方为大定，水西为黔西，乌撒为威宁。而《清史稿·吴三桂传》则以平远为陇纳所改设，“岂非奇谈”？“陇纳与水西、乌撒本属两事，岂可并合为一”②。先生之意在于，使用官书，必当对读各传，可以发现其缺失错误。

吾师孟森先生一生治史成就，所涉及尚有汉、唐、宋、元各断代论著，以非专诣，不为举述。浅学如我，实不能识解什一，兹谨述其于明清史研究大略如此。

（原载《清史论丛》1984年第六辑）

---

① 孟森：《清国史馆列传统编序》，载《明清史论著集刊》下册，中华书局1959年版，第626—627页。

②《清国史馆列传统编序》，第627—629页。

怀念郑天挺师

我记得初识先生，是在沙滩马圈胡同孟心史先生家（孟先生是我的导师），向他介绍我的学习情况。先生说知道知道，接着对我说：“你是弃文就史呀!”之后，每相晤总是那么亲切热情地同我攀谈，话及明清史事时更加意兴浓浓，使我这个二十几岁的学生（天挺师长我九岁）深刻感到，他是一位学问渊博而又循循善诱的难得之师。

又记得，七七事变爆发，北京大学开始南迁。孟心史先生遭逢国难，悲愤莫已，胃疾增剧，入协和医院治疗，病中作诗多首，以稿付我。先生见到，切嘱好好保存，此稿后由我写印。于此可见其关怀耆旧情意之殷。

1946年，北大由昆明北还复原，我同先生时相接触。北平解放的第二年，我由中法大学转入北大历史系，先生是系主任，亲炙机会更多，受益良深。我在政治上曾一度受到挫折，意志消沉，在随先生由校同归途中，辄以宽语相慰，希望专力所业勿荒。每忆及此，泪夺眶出。先生是我的业师，也是我的知己师。

1952年，先生转职南开大学，但以多次留京主编各书，把晤聆教的机会仍然不少。等十年动乱猛临，音讯遂绝，直到粉碎“四人帮”后，社会再现生机，人与人之间的关系恢复正常，才得开始通问。1980年，我参加由先生主持在南开大学召开的“明清史国际学术讨论会”，见到先生体气步履之健，不让中年，诚可为学术庆。更可喜的是，在南开，应当说在天津，建立起一支力量精强雄厚的历史工作队伍，这和先生的殷勤指导鼓励是分不开的。1981年10月下旬，我参与南开研究生毕业答辩考试，见先生精神体力矍铄如常，衷心大慰。乃不料未及两月竟成永诀，痛哉！

先生治史，先由广博而后进入专深。初于古代史籍、传记以及古地理学等，无不探究贯通。其治断代，先喜三国，继而专攻明清，精力所粹多在于此。今略举要端，简述于下：

一、清前期史的研究。先生在这方面的论著最多、贡献最大，如对清皇室氏族和血系的关系、礼俗的变迁，以及包衣制度等，都作出精辟确凿的考析。这些论著都关涉到满洲开国、继明统治及建立一代制度规模的大问题。其所指出满洲早期“行猎更是一种重要的军事训练”。从“上三旗”包衣的形成内务府及太监的选验，列举清历朝事例，得出“所以清朝三百年无宦官之祸，这就是包衣制的赐予”的结论。对“觉罗”一词也作了极其细致的探索，谓其本为女真旧姓，即清之国姓所出，“故于族人则称觉罗，赐姓则称赐觉罗，同姓疏族加之民字以示别”。还有在解放后所写关于清入关前满洲族的社会性质的两篇文章，结论为“努尔哈赤所建立的政权是封建政权，此时满洲族已进入封建社会”。这个讲法虽然在清史学界尚存争议，但所持论点则是颇具理据而有着一定的说服力的。

先生治史谨严缜密，可举二例：一、《关于徐一夔〈织工对〉》，先从“缗”“贯”两词汇的时代惯用和实际所指考察起，再列述洪永间钞米交换比例，以与元末对看，得出的结论，《织工对》是“徐一夔在元末所写，记的是元末情况”。然对“月佣为钱二百缗”一句，以无可信记录证实，仍持存疑，并说“也有可能是二十缗的错误”。这就是一种扎扎实实的科学的治史态度和方法。二、《清代的幕府》，这个问题一向缺乏全面深入的研究。这篇论文集中了丰富的官私资料，更以表格表明从康熙到光绪二百余年间幕宾在幕经管事务及活动情况，使读者一目了然。其所指三阶段的变化观表益明。更能说明问题的是，同处一阶段的曾国藩和张之洞两人的幕宾都是很多，曾有九十五人，张三十六人，而情况显然不同。曾的初为文士，后多成封疆大吏；张则仍是文士学者。于此可以明白，幕宾和幕主的依附倚靠关系，也就是说，幕主的事业发展方向和幕宾的官途归结有着密切联系。中国史学传统本重表格，《史记》《汉书》早有创例。然于单篇论著使用殊少。先生治史及指导学生写论文，颇注重表格，是史学研究工作的一个进步。

二、整理编辑明清档案资料。原贮清故宫的内阁大库明清档案等文献资料，解放前有为数不小的部分保存在北京大学，其中所具重要参考价值者颇多，曾印行过《崇祯存实疏钞》《明南京车驾司指掌》《顺治元年内外官署奏疏》《洪承畴章奏文册汇辑》等多种。解放后由先生发起，从中选出明末农民起义档案资料，举行展览，即将其编成《明末农民起义史料》出版。这是一个划时代的创作，因为以前虽有档案专题之辑，如《清三藩史料》等，而对农民起义则不够重视。这部农民起义史料参考价值很大，它系根据明末兵部题行稿等档案辑成。明朝档案保存下来的本很少，而作为明末农民战争的第一手资料更是难得的。先生对整理档案工作更着重地说道："如果没有理论指导，档案资料就不能发挥应起的作用。必须用马列主义去分析，才不为资料所骗，否则就会引上邪道。"（《清史研究和档案》）这是把档案工作提到了理论的高度。

三、接受马列主义历史科学理论。解放后先生勇于接受历史唯物主义的科学理论，努力学习，卓有心得。当1954年《明末农民起义史料》出版时，在《编者的话》中首先讲出："一部可以令人满意的历史著作，应该是正确地掌握马克思、列宁主义的理论，组织了丰富的信实史料，而用生动、整洁、有力的文字写成的。"后于1961年发表《历史科学是从争鸣发展起来的》文章，更进而作出具体扼要的阐述，说："真理标准决定于是否符合客观实际。"主张展开争鸣，"为了真理愈辨愈明，旧的问题还须争论下去，新的问题也一定会不断地提出来，而且还会一再反复。只有大家积极地讨论而充分争鸣，才会推动历史科学的前进"。在今天，在粉碎"四人帮"之后，学术界所展现出来的百家争鸣、百花齐放的繁荣景象，并且学术的各个领域中都在突飞猛进，就充分证明所见之正确。

以上仅就我的所忆所知，浅述大略，以申我怀念之情，以明先生治学之要。

（原载《中国古代史论丛》1982年第2期）

商鸿逵教授学术年表

徐 凯 孙丽丽

1907年（清光绪三十二年） 1岁

1月23日（腊月初九）出生于直隶（今河北）保定。名鸿逵，号子上。祖籍安平，后入籍清苑。

1915年 8岁

入私塾，拜彭大海先生为师，读书。

1921年 14岁

8月，考入法国教会办的保定崇真中学，读书。

1924年 17岁

考入北平中法大学文科，学习。

1929年 22岁

7月，中法大学修业五年，毕业。留校在图书馆工作。

1932年 25岁

9月，考入国立北京大学研究所国学门（后改为文科研究所）研究生，师从刘半农教授，攻读语言文学专业。兼任星云堂书店经理，编印《半农杂文》。

10月，发表《梅定九年谱》，《中法大学月刊》第二卷第1期。

11月，发表《清初的理学界》，《中法大学月刊》第二卷第2期。

1933年　26岁

2月，发表《中国茶事丛考——历代的茶政》，《中法大学月刊》第二卷第5期。

11月，发表《中国茶事丛考（二）——造茶与饮茶之沿革》，《中法大学月刊》第四卷第1期。

1934年　27岁

7月14日，刘半农师病逝，又师从孟森（号心史）教授，研治明清史。

8月，发表《校〈桃花扇传奇〉》，《中法大学月刊》第五卷第5期。

10月，与半农师合著《赛金花本事》，由星云堂书店出版。

是年，发表《回忆刘半农先生》，《人间世》第17期。

1935年　28岁

4月，发表《〈半农杂文〉（第二册）序》，《人间世》第27期。

是年，发表《北平旧书肆》，《人间世》第29期；《谈王小航》，《人间世》第36期。

1936年　29岁

3月，发表《清代要籍编年表》，《中法大学月刊》第八卷第5期。

10月，发表《颜元》，《中法大学月刊》第九卷第5期。

是年，发表《〈猫苑〉钞》，《宇宙风》第31期。

1937年　30岁

7月，日寇进军华北，北平沦陷。与孟森师留守北京大学。是冬，孟森先生病故。

1944年　37岁

3月，发表《纪昀与道学》，《文艺杂志》第二卷第3期。

1945年　38岁

8月，抗战胜利，受聘为中法大学文学系教授。

1946年　39岁

发表《齐燮元伏法之前因后果》，《快活林》第44期。

1949年　42岁

9月，受聘为国立中法大学教授。

1950年　43岁

10月，中法大学停办，到北京大学历史学系任教。

1951年　44岁

8月，发表《明代援朝最后胜利中的大将陈璘和邓子龙》，《进步日报》8月3日。

同年，与张政烺等合著《五千年来的中朝友好关系》，撰写第四部分《明代的中朝友好关系》，开明书店1951年版。

1957年　50岁

发表《略论清初经济恢复和巩固的过程及其成就》，《北京大学学报》第2期。

1959年　52岁

11月，整理的孟森先生《明清史论著集刊》（上下册），撰写《编辑说明》，中华书局出版，1984年9月第2次印刷。

1960年　53岁

参与历史学系《北京史》编写组，撰写第七章《清代的北京（1644—1840）》，北京出版社1985年出版。

1963年　56岁

发表《论康熙平定三藩》，《历史教学》第8月号。

1964年　57岁

发表《谈明末袁崇焕坚守宁锦的敢战敢胜精神》，《史学月刊》第10期。

1966年　59岁

发表《由假海瑞谈到真海瑞》，《文汇报》1月11日。

1978年　71岁

发表《明清之际山海关战役的真相考察》，《历史研究》第3期。

1979年　72岁

发表《倡议编纂〈清会要〉》，《文献》第一辑。

发表《关于康熙捉鳌拜》，《历史教学》第四期。

1980年　73岁

发表《清初内地人民抗清斗争的性质问题》，《中华文史论丛》第一辑。

发表《姚启圣和施琅》，《中国历史文献研究集刊》第1集。

发表《论康熙》，《社会科学辑刊》第2期。

发表《论康熙争取台湾及其善后措施》，《中国史研究》第4期。

发表《嘉靖宫变述略》，《故宫博物院院刊》第4期。

发表《清朝的东西二陵》，《旅游》第2期。

发表《〈清太祖死于宁远之战不确〉赘言》，《中国历史文献研究集刊》第一集。

发表《〈关于刘爱塔事迹的研究〉赘言》，《清史论丛》第2辑。

发表《清史研究工作简谈》，《清史研究集》第一辑。主张就清朝政治、经济、军事、文化诸方面展开研究，同时，整理清代典籍、校点刊行，编纂《清史辞典》，绘制清代各种图标等。

8月，撰写《清代皇商介休范家》，出席南开大学举办、郑天挺教授主持“明清史国际学术讨论会”，作学术报告。

9月，在燕东园28号先生寓所，举办周末明清史专题报告会。每周六下午2时，与许大龄教授共同主持，研治明清史教师、研究生及进修教师参加，每周报告一题，切磋学术，共同提高。两位先生悉心指导，与会者受益匪浅。

1981年　74岁

发表《漫话西郊畅春园》，《北京日报》2月22日。

发表《清史研究初步》，《大学生丛刊》第3期。

发表《康熙宫廷生活一瞥》，《紫禁城》第3期。

发表《康熙南巡与治理黄河》，《北京大学学报》第4期。

撰写《康熙和木兰围场》。

发表《〈清世祖董鄂妃生死特殊典礼〉赘言》，《中华文史论丛》第2辑。

整理孟森先生《明清史讲义》（上下册），撰写《前言》，中华书局版本。

1982年 75岁

发表《简谈关于编纂〈清会要〉》，《光明日报》（史学版）3月1日。

发表《编纂〈清会要〉的例说和门类子目及采用资料》，《清史研究通讯》第1期。

发表《我对编纂大型〈清史〉的几点想法》，《清史研究通讯》第2期。

发表《怀念郑天挺师》，《中国古代史论丛》第2期。

发表《回忆陈毅在中法大学二三事》，《文物天地》第2期。

发表《清代孝庄孝钦两太后比评》，《故宫博物院院刊》第3期。

发表《清孝庄文皇后小记》，《清史论丛》第3辑。

发表《新译满文噶尔丹属下可供》附言，《历史档案》第4期。

发表《清代皇商介休范家》，《明清史国际学术讨论会论文集》，天津人民出版社。

发表《论清代的尊孔和崇奉喇嘛教》，《社会科学辑刊》第五辑。

整理《明清史论著集刊续编》，撰写《前言》。

9月17日至23日，出席在北戴河召开的“全国清史学术讨论会”。会上就编纂大型《清史》发表意见，引起与会者重视。并就《康熙对北疆的经营兼论噶尔丹评价》，听取蒙古族专家学者的意见。

应上海古籍出版社“历代会要丛书”编委会之邀，主编《清会要》，发凡起例，撰成《纪元篇》（初稿）。

1983年 76岁

发表《顺治皇帝的三位皇后》(合写),《紫禁城》第6期。

发表《〈赛金花本事〉和赛金花》,《文史资料选编》第十八辑。

春季,先生在燕东园28号寓所举办满语文学习班,组织明清史教师、研究生学习满文,推动清史研究深入开展。

9月初,出席在沈阳举办的"全国第二次清史学术研讨会",就清代人物评价作大会发言,颇得与会者称道。应大会组委会之邀,挥毫赋诗三首,赠抚顺文物管理委员会、永陵管理处等单位。诗文如下:

咏兴京

巍巍兴京地,
形胜迥不凡。
勃然代明起,
因势非因天。

咏永陵

系乎明之姻亲,
尊为清之肇祖。
子孙继业代明,
有德者居之,
何愧为?

咏努尔哈赤

脱明建国,
七恨兴兵。
雄才大略,
基业创成。

11月9日，撰成《明末“三案”究竟》。

10日凌晨3时许，因脑溢血逝世。

1984年

1月，发表遗作《康熙平定三藩中的西北三汉将》，《北京大学学报》第1期。

1985年

发表遗作《述孟森先生》，《清史论丛》第六辑。

1986年

1月，整理《明清史论著集刊续编》，中华书局出版。

7月，发表遗作《康熙和木兰围场》，《东北地方史研究》第3期。

发表遗作《明末“三案”究竟》，《历史教学》第6期。

1988年

10月，出版论文集《明清史论著合集》，北京大学出版社出版。

1990年

1月，出版《康熙皇帝》，《中国历史小丛书》（合订本），中华书局出版。

5月，与刘景宪、季永海、徐凯合著《清史满语辞典》，上海古籍出版社出版。

1992年

12月，整理补证的孟森先生《满洲开国史》，上海古籍出版社出版。

（原载《商鸿逵教授逝世十周年纪念文集》，
北京大学出版社1995年，再版又作订补）

忆商鸿逵师与郑天挺先生的友谊

郑克晟

一

孟森先生是20世纪30年代北大史学系的老教授，也是先父郑天挺（毅生，1899—1981）先生的师辈。郑先生对孟老治学谨严、好学不倦、老而弥笃的精神异常敬佩，当时并与孟老时以学问相往还。同时，郑先生继孟老之后，也在北大和西南联大从事明清史的教学和研究。1938年1月，孟老在北平去世。此后不久，郑先生即在昆明西南联大撰写《孟心史晚年著述述略》一文，对孟老的清史诸多著述，予以极高的评价，特别提出孟老的《明元清系通纪》"最为巨制，用力亦最勤"。

1946年，郑先生由昆明回北平不久，即闻孟老夫人在抗战八年中生活日窘，只靠将房屋一部分出租糊口。其中有一住户为日本人，依仗权势不按时交房租，弄得孟老太太极为焦虑，敢怒不敢言。尤其是当听到孟老之《明元清系通纪》原稿已丢失，郑先生更觉不安，因之希望能将孟老的遗稿全部整理藏事，尽早出版。

商鸿逵师系孟门弟子，早在20世纪30年代即与郑先生相识。孟老去世后，不仅已着手整理孟老的遗著，且对孟师母的生活等多所关怀。郑先生知此情况后，异常兴奋，即于1946年4月在孟老太太家与商师见面，商议整理孟老遗著事，并表示可在北大出版社出版。从此，他们的交往日渐增多。

1950年，商师由中法大学转入北大史学系任教。郑先生时任系主任。于是他们交往更多了起来。商师对郑先生非常尊重，辄呼之老师。事实上，他们之间都是互相敬重的。

二

1951年，我考入北大史学系。当时商师已在系中任教。我曾旁听过商师讲的中国通史，其中讲到东晋豪族的奢侈生活一节，至今印象深刻。当时商师举例生动，材料翔实，声音洪亮，极具吸引力，博得了同学们的好评。

1952年1月中，北大即已停课，开展“三反”运动。当时三四年级同学及部分教师都去江西泰和参加“土改”，郑先生也是校长打电报由江西催回来的。

2月中旬以后，学校又开展“思想改造”运动，教师逐个检查思想，由少数年轻教师（含外系）领导同学（仅一二年级几十位同学）向老教师提意见。商师和一些老教师在这场运动（当时叫“洗澡”）中，都蒙受了不少的委屈。

当时商师由于众所周知的原因，落得个“从来不老实”的“罪名”。处于那种情况下，他当时的压力，可想而知。记得在商师“洗澡”后，一位说话有分量的“观察员”对商师说：“人民已是万分宽大，不好好坦白，不是不能教书的问题……”少数不明真相的同学也对商师直呼其名。

事实上，在这次运动中，商师及其他老师从一开始就抱着诚恳的态度，表示应好好“改造”思想，“交代”一切问题。当时商师与郑先生住得很近，两人散会一起回家，谈话中也是互相勉励，希望共同进步。

这次运动之后随即是院系调整。郑先生奉调至南开大学历史系。商师于三校合并后，一开始系中也确实未给排课。

1954年春节，郑先生回京过春节，并去北大中关园等处看望历史系诸先生。商师因去城内过节未在。次日，郑先生到城内来看商师并拜年。他们在一起谈了很多，如余逊师的病，商师编写古代史教材的感受等，极为兴奋。商师对当时系中未安排他教课事，亦毫无怨言。当然他们也谈到孟老遗著之整理。这些年，商师一直孜孜不倦地在整理孟老遗著。

三

1958年年初，商师已将孟老遗著整理完毕，约郑先生写一序言。郑先生于3月5日高兴地写了序，其中对孟老著作的学术价值及其爱国思想予以充分肯定，并对商师的多年辛劳，表示崇敬。其中道：

> （孟老）卒后，由商鸿逵和其他几位先生点查遗稿，想出版而没有机会，封存起来已经十几年了。解放后，政府关心先生的著作，出版社也想重印，先生生前好友陈叔通复嘱商鸿逵校辑成编，在中华书局出版……

他在给商师信中是这样写的：

> 前奉大札，知《心史丛书》已由兄编校完成，即将付印，欣慰之余，益增钦佩。

但郑先生仍有顾虑，他说：

> 近来出版诸书，颇少外人作序，若不需要，或内容重复，即请见示……寄还。

不难看出，郑先生的这篇序仍然持审慎态度，对孟老的学术成就不愿谈得太多。因此在序言后仅谈：“至于心史先生在史学方面的贡献，我在1939年曾写过一篇《孟心史先生晚年著述述略》[①]，现在不重复了。”一带而过[②]。后来这篇序及信均未发。郑先生在原信皮上写道：“这封信由于学校事多，迟迟未寄。”

今天想来，当时正值“反右”之后，南开也正处于“整改”及批判资产阶级学术观点热潮之时，当时学生批判老教师的大字报铺天盖地而来，贴满大字报栏，美其名曰“西瓜园地”。北大的情况，当亦如是。在这种大的背景下，处事素来小心谨慎的郑先生，他写的序不愿发也不敢发，自在情理之中。

四

1977年，形势已好，老知识分子又活跃起来。是年8月，郑先生在《光明日报》发表一篇小文章，提倡应更好地研究清史及近代史。发表后，引起一些人的回响。商师也在9月4日给郑先生一信，表示要编撰一部《清会要》。信中道：

> 我读到先生提倡研治清史和近代史的文章，颇受启发。我在（北大历史）系里提了一个建议，想编一部《清会要》，同志们多愿参与工作。拟就一个说明，特呈奉教正。南开明清史研究室有何专题计划，极愿一闻。

郑先生接到信后，非常高兴，当即回信表示赞佩与支持。从此，他们二人的学术往还，又多了起来。

1980年夏，郑先生在南开大学举办了第一届明清史国际学术研讨会，邀请了商师及许大龄先生参加。

---

① 参见《治史杂志》第2期。

② 参见郑天挺：《及时学人谈丛》，中华书局2002年版，第500页。

五

1950年，商师由中法大学转任北京大学史学系副教授。但新中国成立以后，商师就遭受不公平待遇。而北大和全国高校的职称评定问题，由于历史原因也停止了20多年，所以到“文革”结束，商师还是副教授。到了1980年秋，商师为此事给郑先生一信：

> 今北京大学办理教授提职，专请吾师作我的推荐人，并审阅论文，写出评语。此固属我的衷心愿望所寄，同时北大历史系也具此要求。于兹足见师与我学术传授渊源为人所尽知。

接着，商师又谦虚地说：

> 回忆卅年前（指1950年）我转来北大时，曾向师表示，此来愿作吾师助教，斯衷至今依然；每与同志道及，辄以为荣。（1980年10月26日致郑先生信）

是年11月14日，商师收到郑先生给他的推荐书后，给郑先生的回信中这样写道：

> 接到您对我的推荐书，即交北大历史系提职评议小组。师对我过誉之处，实在不敢当，勉力以为，庶无愧师门而已。感激之情，非言可喻，容当后报。

1981年秋，郑先生的三位研究生毕业，郑先生也特约请商师及王锺翰、戴逸先生参加答辩会。他们认真地阅读了三位研究生的论文，提了不少问题，圆满地完成答辩工作。

1981年12月，郑先生去世，商师深感悲痛。他给我的悼信中说：

克晟同志礼次：

握笔抚纸，曷胜悲悼。初传噩耗，未敢即信。曹贵林同志返京，方获悉始末。老师身体素健，以偶感寒疾，竟至不起，痛哉！我史学界失去一位好导师！使再康强数年，对我等受益必更大也。唯望节哀持重，谨此慰唁。

商鸿逵拜

1981年12月28日

尤其令人感动的是，郑先生去世后，他的1982届及1983届毕业的两位研究生的答辩工作，也都由商师及王锺翰负责完成。当时王、商二师都已七十来岁，仍不辞辛苦由北京坐硬席火车到津。这种热忱扶掖晚辈的精神，令人感动。当然这中间也包含两位先生对郑先生的情谊。

他们来后住在南开隔壁的天津大学招待所。一俟安排妥当，随即来到我家，向郑先生的遗像致意。

1983年夏，正值郑先生生前最后一位研究生毕业。我不忍再让商、王二老辛苦来津，于是建议商师，答辩最好在北大举行。商师及北大历史系都同意了，并顺利地完成了答辩考试。

会后，原我们应请他们二老，以示谢意。不料商师反而请了我们南开的人，真让我们心中不安。

商师对郑先生的情谊是如此深厚，如此真诚，是我们晚辈应更好学习的。他平日对学生的谆谆教诲，永远留在我们的记忆中。

2006年7月5日于南开大学东村

（原载《清史论丛》2007年号）

学者之路

——商鸿逵教授传略

商传 商全

1983年11月10日凌晨，家父商鸿逵教授因突发脑溢血，抢救无效，不幸去世。家父生前执教于北京大学历史系，是明清史学家。他去世的噩耗传出后，海内外的学者们纷纷拍来唁电，寄来唁函，对此表示了深切哀悼。

父亲是个性格开朗的人，平时看上去身体很好，因此许多人都不相信，像他那样一位步履轻健、精神矍铄的老人，竟这样匆匆离去。消息传到中国人民大学清史研究所，他们专门派人到家中来探望，看看是否属实。厦门大学历史系收到讣告后，没有立即拍发唁电，而是决定先写信询问一下。辽宁省社科院的许多年轻朋友更清楚记得，就在一个月前父亲还曾同他们一起健步登上清东陵（福陵）的108级台阶……他们怎能相信，从此再也看不到这位平易近人的老学者那炯炯有神的目光，听不到他在学术讨论会上的侃侃谈话，得不到他那循循善诱的教诲。

但这确是令人悲痛的事实。

当我们陪着父亲的助手和研究生们走进他那间简朴的书房中清理遗物时，那里面除去书籍和少许几件衣物外，书桌上和书柜里堆积着大包的文稿。这就是父亲给我们留下的最珍贵的遗产。他用自己的言行给我们树立了治学和为人的楷模。我们仿佛看到，父亲那消瘦的身影依然在书架前翻看着书籍，依然在书案前撰写着论著，准备着讲课提纲。……他就像一头老牛，在辛勤的耕耘中默默地走过了自己一生的道路。

一、血气方刚

清光绪三十二年旧历腊月初九（1907年1月23日），父亲出生于保定府“马号”市场“华记”鞋店中。这给严冬中的小店增添了无限的温暖和喜悦。鞋匠出身的祖父盼望着父亲长大后继承家业，把店铺生意做好，祖母则一心希望他将来能够作官。

不管是做买卖也罢，当官也罢，书总是要读的。9岁那年，祖父揪着父亲的辫子把他送到私塾中，由私塾先生给起了大名叫商鸿逵，并且起了个号叫子上。

父亲从幼年起便以出众的聪敏好学赢得了先生的赞许。不识字的祖父总觉得能够学会算账、能写副对联就不错了，并不想无休止地花钱供父亲读书，曾经几次提出要退学，但遭到祖母的反对，而私塾先生也着实喜爱父亲的聪敏，宁肯不收钱，也要留下这个学生。由于著名的莲池书院的影响，保定私塾中保留了传统的朴实学风，这给予幼年的父亲极深刻的印象。

父亲在私塾中学习了5年，14岁那年，他考入了保定崇真中学。这是一所法文学校，学习与生活的内容又都大不同于私塾。离开了旧式书案，走出了古老的书屋，他感觉自己来到了一个空气清新的庭院。五四运动后的北方，中国共产党和国民党中的一批革命先驱积极宣传马列主义和反帝反封建的民主革命思想，在一些新式学校的青年学生中造成较大影响，把他们带入到更广阔的天地之间。

1924年秋天，父亲和法文学校的几名同学一起来到了五四运动的发源地北平，考入了中法大学文科。在红叶似火的香山脚下，在风景幽雅的碧云寺中，父亲开始了大学的生活。在这里，他结识了一位高年级同学。这位大同学对法国文学的精通而独到的见解，使他感到神往而钦佩。而那铿锵有力、慷慨激昂的演讲，更深深地吸引住了他。这位受人尊敬的大同学就是当时学生会领导人之一的陈毅。

和所有血气方刚的青年一样，父亲在陈毅领导下参加了学生会的工作。他们向校当局要求改善学习和生活条件，到附近乡村演讲，宣传打倒军阀，反对帝国主义列强瓜分中国的阴谋……

1925年3月12日，中国革命的先行者孙中山先生不幸于北平逝世。灵柩停放在中央公园（今中山公园），并定于4月2日移厝碧云寺。消息传到中法大学，悲痛之中的学生们组成挽灵队，承担了将灵柩从西山脚下挽入碧云寺安放到金刚宝座最高层的任务。当年的挽灵队留下了一张珍贵的合影照片，中央是一块“中山不朽”的横匾，陈毅站在横匾右边，他身后的光头青年就是父亲。

1926年3月18日，刚刚从保定探家返校的父亲立即投身到向段祺瑞执政府请愿的队伍中。身边同学中弹倒下，他背起受伤的同学跑进医院。解放后，章士钊先生曾专函向父亲询问当年学生请愿斗争的细节，可惜复函已无从查找了。

父亲在中法大学学习到1929年。按照规定，毕业考试前五名可以保送到法国留学。他满怀信心参加了考试，却名列第六，失去了保送留学的机会。他因此大病了一场，病愈后一面在中法大学图书馆寻到一份工作，一面下定决心去投考北京大学文科研究所的研究生。

这一次父亲终于如愿以偿，一个令人寂寞的秋天傍晚，他踱回公寓推开房门时，一个信封落在地上，里面是录取通知书。

二、弃文就史

20世纪20年代末到30年代初的北京大学文科研究所是人才荟萃之地。著名学者刘半农、胡适、钱玄同、马衡、孟森等人都是研究所的导师。父亲在研究所的第一位导师是半农先生。半农先生是著名文学家，不仅擅长新旧诗歌、杂文，并且对文学史和语言文字音韵等都有高深造诣。父亲当时除从刘先生学习外，还被派往一家星云堂书店兼作经理。他晚年回忆起这段生活时，曾经说道："刘先生是我在大学读书时期最早、最亲近的老师。我的粗通翰墨，略解文艺，就是经他指导传授和熏陶影响的。"

半农先生曾经是五四新文化运动的一员战将，但自从法国留学归来，地位日高，与旧日的战友鲁迅先生等人愈来愈无话可谈了。甚至父亲提出要去拜访一下鲁迅先生，也遭到半农先生反对。这段时间里，父亲除去编印了《半农杂文》之外，自己也开始在上海《宇宙风》等杂志上发表《这一年》《〈猫苑〉钞》之类杂文。然而更使他感兴趣的还是明清思想文化史，他先后撰写了《校〈桃花扇传奇〉》《梅定九年谱》和《清初的理学界》，开始走上一条脱离政治的学术道路。

1932年冬季的一天，半农先生来到研究所，与父亲谈起清末名妓赛金花的事情。当时中法大学陈伯平教授正拟写一个法文本的《赛金花传》，于是半农先生提出先写一个中文的传。他们通过古琴专家郑颖荪介绍结识了赛金花，并约定每周请她谈两个半天，准备谈完后再搜集些材料，便动手撰写。谁知谈话尚未告结，半农先生即赴西北考察方言，染上"回归热"，回北平后多方医治无效，不久便去世了。

为了履行与书店签订的合同，父亲在悲痛之余撰成了《赛金花本事》。当时按照胡适先生的嘱咐，这本书只是如实记述了赛金花本人的回忆，略加史料补证。

书出版了，在社会上也颇引起一些轰动。不少地方邀父亲去演讲，上海影星胡蝶还来信请父亲商议拍影片，但父亲都一一谢绝了。导师突然去世，使初登文坛的父亲感到茫然，他需要去探寻一条新的治学之途。

父亲对明清史素感兴趣，所以当校方征求本人意见时，他便提出改从孟森先生研治明清史。这一年父亲26岁。

孟森先生是一位严肃而博学的老人，当时已经年近七旬。他清末曾留学日本，投身政治。民国后专力于明清史研究，著述甚丰。拜过老师后不久，父亲没有想到，这位老先生竟到公寓来看他了。询问过平日读书情况后，先生对父亲说："我看你每天除了去图书馆，就在这里用功，不必出去。至于上厕……"

他指了指门后的痰盂。这样严格的要求使父亲深感惊诧。

“文史不分家”，这是中国传统学术研究的一种说法。但实际上，自从20至30年代西方研究方法引进中国后，文与史便逐渐分离开来。自从弃文就史以后，父亲也便不再去写那些小品文，而开始一字一句地去读《明实录》《清实录》。

当时和父亲一起从师孟森先生的还有单士元、吴丰培、张鸿翔几位伯伯。每天早晨，他们随孟先生到北平图书馆，为先生备好笔墨，开始了一天的学习生活。孟先生正在编写《明元清系通纪》。每天到这里来读书的还有一个年轻人，也在抄录着《朝鲜李朝实录》，他就是后来著名的明史学家吴晗。在这座图书馆中，父亲还先后结识了赵万里、向达、启功、谢国桢诸先生。

1935年，父亲在读书基础上写成了《清代要籍编年表》，不久又发表了《颜元传》，得到了老师们的好评。历史是一门严肃的科学，来不得半点马虎和侥幸。父亲牢记住了先生的教诲，待到我们兄弟都步入史学研究大门时，他还经常用当年孟森先生的话教导我们：“我们作的学问要像石头般硬，砸到地上须是一个坑。”

几年埋头书屋的研究生生活是父亲一生治学的关键，但却也将他从广阔的社会天地之间推回到书丛桌案之前。他看不到那些反对日本帝国主义侵略中国和反对国民党政府卖国政策的激动人心的斗争场面。作为北京大学学生，他竟然不知道这一年北平发生了“一二·九”运动。十年前那个刚刚从保定返校便投入“三一八”请愿斗争的热血青年不见了，这时的父亲成了一个埋头书屋不知天下大事的书生。

任何不过问政治的人，也同样无法摆脱政治风浪的冲击。1937年7月7日，日本帝国主义发动卢沟桥事变，北平沦陷了。许多大学师生迁往内地。孟森先生因年事已高，留守北京大学，父亲亦随师留下。70岁高龄的孟森先生目睹日军暴行，忧愤成疾，延至当年冬天去世，父亲的学业再次被迫中断。

这是北平沦陷后第一个令人难过的严冬，父亲埋葬了自己的老师。陈叔通先生为此专函代表学术界同仁向他表示了赞许和感谢。

父亲开始逐件清理孟森先生的遗物。在一次清卖旧书时，因有几本马列著作为日特发现，他被带到日本宪兵队。幸亏碰上个翻译官爱好文史，又读过父亲的作品，才卖了人情，将他放出来。

亡国的耻辱，丧师的悲痛，撕扯着父亲的心，他陷入极度苦闷之中。

三、抉　择

在那国破家亡的岁月里，父亲和所有沦陷区的人民一样，备尝了亡国的耻辱和生活的艰辛。在日本帝国主义侵略军占领下的北平，仅靠大学留守处发给的微薄薪金难于维持全家人的生活，然而他又不肯出卖中国知识分子的良心去换取高薪，去充当汉奸。于是他不得不为全家人衣食而奔波，学术研究也无从谈起了。

每当晚上坐在书案前，他眼前浮现的便是日本侵略军无故殴打中国人的情景，是日本军官被击毙后疯狂搜捕的场面。……他无法安下心来翻看那些记述着中华民族千百年来荣辱兴衰的史籍，只感到那浓黑而沉重的夜幕仿佛要将这小屋连同他一起压垮。父亲在这令人窒息的黑暗中生活了整整八年。

1945年8月，抗日战争终于以侵略者的失败和中国人民的胜利结束了。八年艰苦抗战，使许多青年知识分子认识到了中国共产党的功绩和力量，但长期在政治上迷惘的父亲就在这一年冬天，加入了国民党。

人生道路的选择，有时看起来似乎只是一步之差，实际却往往是长期迷惘的必然结果。父亲在国民党内待了两年多，这两年多时间里，他深深感觉到了国民党政府的腐败无能，他亲眼目睹了青年学生和工农群众们“反饥饿，反内战”的斗争浪潮。在政治生活的风浪中，他体会到孙中山先生的三民主义已经被歪曲和篡改了。作为当时北平宣传部门负责人，父亲必须为当局控制大学、破坏和镇压学生运动去宣传；作为一个信奉孙中山先生三民主义的大学教授，他又到处宣讲“民族、民权、民生”。他既遭到进步青年学生们的反对，同时也受到国民党特务的警告威胁。正是在这种矛盾的困境之中，父亲逐渐清醒过来。

1947年底，国民党组织重新登记，父亲没有登记，他对友人们讲："我看现在国民党人中，最像孙中山先生的只有宋庆龄女士。"他决心脱离国民党，开始对人生道路的新的抉择。

1948年春天，解放战场形势发生重大变化，随着人民解放战争的节节胜利，国民党内民主派与国民党右派彻底分裂。父亲也在此时参加了中国国民党民主促进会（即国民党革命委员会前身之一），并亲手为组织刻制了第一枚公章。在联络发展民革成员、到国民党军队内策反等秘密工作中，他开始了一种完全新鲜的政治生活。

晚上，父亲一个人坐在灯下，拿出民革内部秘密传阅的《新民主主义论》，打开第一页，"中国向何处去?"这个鲜明而关键的问题立刻吸引住了他。毛泽东对中国历史特点的精辟而准确的分析，对于旧三民主义和新三民主义的论述，都使父亲钦佩不已。这是毛泽东早在抗日战争最困难的1940年写成的著作。那时他就已经给中国的前途作出预见："新中国站在每个人民的面前，我们应该迎接它。新中国航船的桅杆已经冒出地平线了，我们应该拍掌欢迎它。"现在，这艘新中国的航船已经驶到身边，决不能再走错一步了。在黑暗中，父亲已经看到了黎明的晨曦。

朋友给他送来飞机票和轮船票，劝他去台湾，他拒绝了，他说："国民党实在太腐朽了，没有任何前途，我不能再跟他们走了。"

1949年初，中共代表来到北平，谈判和平解放北平的条件。父亲异常兴奋，连夜为中共代表刻制印章，五人代表中三人印章都出自父亲之手。

十多年来战乱的生活结束了，父亲要用自己的知识和本领为新中国工作。他为自己曾走错路而感到愧对那些早年参加革命工作的故友和学生，他也为自己对新中国的诞生做得太少而深感不安，愿意多做一些，再多做一些。就在这时，他接到了周扬代表华北人民政府签发的聘书，被聘请为国立中法大学教授。

1949年，当毛泽东在天安门城楼上升起第一面五星红旗时，父亲作为游行队伍领队之一，正置身于奋发狂欢的人流之中，走在新中国的光明大道之上。

四、读书最乐，康健是福

每个亲身经历过旧社会黑暗的爱国知识分子，也就更能体会到新中国的光明。他们身上虽然还带着旧社会的痕迹，但他们是真心将自己置身于新中国大厦的砖石之中的。

1950年10月，父亲由中法大学并入北京大学历史系任教后不久，美帝国主义侵朝战争爆发了。父亲和广大爱国知识分子们一样，响应党中央提出的“抗美援朝，保家卫国”的号召，以笔为武器，写书写文章，歌颂中朝人民源远流长的友谊，介绍中朝人民并肩抗击侵略者的历史，并把稿费捐给国家，购买飞机，支援前线。

1951年，父亲在《进步日报》上发表了《明代援朝最后胜利中的大将陈璘和邓子龙》一文，这篇文章受到了周恩来总理的表扬。不久，天津《益世报》和香港报纸也先后全文转载。父亲还同张政烺先生合写了《五千年来的中朝友好关系》一书。书中写到明代援朝抗倭战斗时，父亲总是把明军和朝鲜军队称为“我军”，把日军称为“敌军”。他用如此鲜明的立场表达了自己的感情，他已经开始努力学着用马克思主义指导历史研究了。

当时父亲在系里开讲了“清代学术史”和“中国近代人物研究”两门课。经历了十多年坎坷，他真心希望能安心从事教学与科研，但是事情却未尽如愿。

由于在干部忠诚老实教育运动中受到处理，从1953年起，父亲被安排改讲“中国历史文选”课，这是一种明显带有惩罚性的安排。但他并未计较，以广博的学识，透辟生动的讲解，使学生们走入版本目录和史料学的大门。这门课成为学生们受益最深、最受他们欢迎的一门课。每当父亲面对着教室里的青年学生时，他便全部融于知识传授的乐趣之中。

1957年，父亲在讲授“中国历史文选”的同时，撰写并发表了《略论清初经济恢复和巩固的过程及其成就》，这篇颇见功力的论文得到了当时系主任翦伯赞先生的推重。

在那些年月里，教学和科研工作总要不同程度受到政治运动的冲击。1957年反右运动中，父亲虽未受其难，但却总是处于一种无形的压力之下，大有动辄则咎之感。早在1930年代，国外出版的中国文化名人辞典中就有了父亲的名字，而20年后，他却因政治上的失意而受到如此待遇，这不能不使他感到茫然和苦恼。

大约从这个时候起，父亲开始更进一步接受了老庄思想，希望以此来淡化各种压力和心理的不平衡。除此之外，便是拼命读书，把读书也作为一种精神寄托。每周除上课外，其余时间都用来读书，他甚至因为阅读和整理大量史料而病倒在床。以后一年多时间，他不得不停止读书，因为一读书便感头晕难支。但是，在讲台上，父亲还在坚持给学生上课，指导毕业论文，他还同吴晗先生一起指导了一位苏联博士图诺娃。望着一批批的学生，抚着自己斑斑双鬓，父亲有时会百感交织。他用粉笔在黑板上写下了赠给同学们的一副对联：“读书最乐，康健是福。”对于一位学者来说，如果失去了读书机会和健康身体，他的学术生命也就真的结束了。

然而，父亲还有另外一句名言：“搞学术研究就好像‘抽大烟’，上了瘾是永远停不下来的。”他就是这样一个搞学术研究上了瘾的人。待身体稍好一些，他又开始工作了。

1960年代初，全国政治空气有所宽松，这更激发了父亲的工作热情。1963年，父亲在讲授“中国历史文选”的同时，又开讲了“明清赋役制度”的专题课，并且发表了《论康熙平定三藩》和《谈明末袁崇焕坚守宁锦的敢战敢胜精神》等论文。他在论文中运用了毛泽东军事思想和历史唯物主义观点对历史人物及事件进行了分析研究，在理论上有了进一步提高。

正当父亲准备在学术上多做一点工作时，全国政治空气又紧张了起来。1965年11月，姚文元在上海挑起了对吴晗先生《新编历史剧〈海瑞罢官〉》

的批判。这股冷风顿时给史学界带来严冬的寒意。一天，《文汇报》来人，邀请父亲写一篇文章，参加这场讨论。父亲应允了，他早感到有些要讲的话应当说出来。他在一篇题为《由假海瑞谈到真海瑞》的文章中写道："对海瑞几乎全部否定，这是不够公允的，也是不能令人信服的。"如果姚文元对《海瑞罢官》的批判果真出于"可嘉"的用意，"由此引起大家对历史剧及历史人物的研究和争论，大大有助于文化学术繁荣"，那当然无可厚非。"只是，我们批判这个剧本，只可就文论文，不可超出其外，抽取其中某些情节来附会影射政治范畴的问题。这样一来，必定要影响百花齐放、百家争鸣的开展。"鉴于当时的形势，朋友和家人都劝他把这段文字删掉，父亲说："我在文章中称之为'赘言'，实际上都是非讲不可的话，怎么能删去呢?"不肯昧着良心用假话打扮自己，这是中国正直的知识分子的优秀传统。

十年动乱开始了，父亲被"横扫"进了"劳改大队"。在长时间闹剧般的"打倒"声中，他炼成了一种抵御本领——超脱。比如有一次，父亲从"劳改大队"回家，因为未到"群众专政小组"报到，被勒令到"牛棚"去写检查。大概是出于对"牛棚"之类名词的"文革"新义生疏，他离开片刻后，竟返回专政小组报告说四处找寻，未见有牛棚，弄得那些造反派也哭笑不得。

1968年秋天，我们家被造反派赶出了原来的住房，搬到校内一间狭小的房间去住。父亲不得不为此卖掉家具，并忍痛以几分钱一斤废纸般的价钱卖掉大批珍贵的藏书。雇来赶车拉书的车把式和废品收购站的老收购员，看着这些书都不禁叹息，哪里是什么"文化革命"，这是对人类文化的摧残!

1969年，父亲被送到江西鲤鱼洲北京大学的"五七"干校。史学家成了放牛翁。每当水牛吃草嬉戏时，父亲便坐下来，望着眼前茫茫的水乡田舍，有时写下几首记景抒情的古诗。这里虽然脱离了校园中那无休止的批判斗争，但也离开了书屋，离开了讲台，他感到自己的生命在这田野间消融、耗逝。两年后，当父亲重返北京，回到那间狭小房间时，他深有感触地在笔记本上重新写下了那副对联：读书最乐，康健是福。

父亲重回讲台是在1974年，系里安排他随工农兵学员下乡，他于是利用休息时间给工农兵学员辅导历史文选。谁知这番苦心却险些被戴上“毒害工农兵”的帽子而遭批判。许多好心人劝他不要再干这种“蠢事”，但父亲却感到困惑不解。难道自己真的错了？……当他清晨经过北京大学校门外的恩佑寺遗址时，捡回来一片残瓦，他提笔在上面写道：

> 今早往海淀街买菜，步行经恩佑寺门前，捡此残瓦。当清康熙末夺嫡斗争激烈，四子胤禛靠隆科多之助而成功，即于此寺设康熙像位，不时瞻拜，以表孝敬，盖意在掩饰夺位。

这就是历史，它严肃而无情地记下了人们的功过是非。这一片残瓦，激起了父亲对科研工作的渴望。当时一家人挤在那间十几平方米的小屋里，连放一张桌子的地方也没有，父亲便买来一块切菜板，在屋外空地上，摊开资料，坐在马扎上写成了《明清之际山海关战役的真相考察》《略论清初对北疆的经营》草稿及给工农兵学员打基础的《中国通史三字经》等文。

1976年10月，是全国人民欣喜若狂的日子，横行十年的“四人帮”被送上了历史的审判台。1978年5月，那篇在菜板上完成的学术论文《明清之际山海关战役的真相考察》发表了。父亲感到异常兴奋，他虽已是年过七旬的老人，但他深深地感到科学春天真的到来了。

五、羞为老骥伏枥悲

北京大学燕东园28号是一座两层的别墅式小楼。“文革”前翦伯赞先生曾住在这里，“文革”中著名史学家邵循正先生在这里度过了一生的最后几年。自从父亲搬到那里后，小楼上书房的灯光又亮了。

每天清晨四点多钟，父亲就开始了一天工作。六点多钟，下楼打太极拳，七点多钟吃早饭，上午或去图书馆，或在家中工作。午睡后和晚饭后也都是工作时间。父亲很少和家人一道看电视，每逢周末，全家吃过晚饭，他便又照例去书房工作，有时为了让他能稍微休息一会儿，只好让人专门去叫他。“爷爷，去看‘姿三四郎’!”孙女的话是命令式的，作爷爷的只好服从了。

谁不愿意有一个舒适安逸的晚年？谁不知道教学和伏案的辛劳？但父亲却顾不得去考虑这些。每当想起十年浩劫中失去的宝贵时间，每当想起那些被迫害致死的故友和他们的未竟之业，父亲便感到自己肩负着一种义务和责任，应该在自己有生之年去拼搏，尽量多做一些。

父亲晚年的工作确实是惊人的。从1978年到1983年这五年当中，他在报刊上先后发表40余篇文章。其中《关于康熙捉鳌拜》《清初内地人民抗清斗争的性质问题》《论康熙》《论康熙收复台湾及其善后措施》《康熙南巡与治理黄河》《清孝庄文皇后小记》《清代孝庄孝钦两太后比评》《论清代的尊孔和崇奉喇嘛教》《康熙平定三藩中的西北三汉将》等论文，在史学界都有较大影响。郑天挺先生曾经说：“商先生治清史30余年，成绩斐然。”“他搜集不少资料，互相比证，得出正确结论，又不陷于考证。”

父亲继承了前辈敏捷而严谨的治学之风。在撰写《试论清初对西北边疆的经营兼评对噶尔丹的斗争》一文时，为了解决民族问题中的一些难点，他反复听取意见，一篇文章竟改了几年之久。《论康熙争取台湾及其善后措施》一文发表时，题目中“争取”二字被改为“收复”。父亲看到后说：“‘争取’一词是经我反复思考方定下来的。郑成功驱逐荷兰殖民海盗，这是名正言顺的收复。康熙皇帝与郑氏都是中国人，用‘收复’就不太得当了。”《清孝庄文皇后小记》是一篇仅三千余字的小文章，但却揭示了清初复杂政治斗争中的关键人物及其作用。在《清代孝庄孝钦两太后比评》一文中，父亲用生动的笔法对比出清初的博尔济吉特氏与清末那拉氏这一前一后两个历史人物的美丑优劣。即使是应邀为报纸文艺版撰写的《康熙与南苑》之类短文，他也要亲自到图书馆核实资料。父亲在学术研究中又不拘泥于前辈旧史家的窠臼。1983年，他在沈阳清代人物评价讨论会上曾经讲道：“我们对历史人物评价，主要看其对国家、人民，对整个中华民族有无贡献。我们既不能站在明朝的立场上，也不能站在清朝的立场上，而应该用历史唯物主义观点去分析历史人物，才能做到既不溢善，也不隐恶。”“在评价历史人物时不能忽略传统道德标准，要注重人品分析。否则的话，在清朝代明统一的过程中，吴三桂也可以被美化成正面人物，而史可法、李定国反而成了历史罪人。”这些谈话加上他对清军入关前后社会矛盾的分析，在与会的学者中引起较大反响。

这是父亲第二次也是最后一次到沈阳。作为一个清史学家，他对沈阳有着特殊的感情，应嘱为永陵等文物部门挥笔题词：

咏兴京

巍巍兴京地，
形胜迥不凡。
勃然代明起，
因势非因天。

咏永陵

系乎明之姻亲，
尊为清之肇祖。
子孙继业代明，
有德者居之，
何愧为？

咏努尔哈赤

脱明建国，
七恨兴兵。
雄才大略，
基业创成。

用简明的诗句概括出作为少数民族满族建清代明的生机勃勃的气势。

除去撰写论文和参加学术活动外，这几年当中，父亲还开始撰写《康熙传》，主编《清史满语辞典》《清代笔记中的史料类钞》和《清会要》等书。1979年，父亲在《文献》杂志上发表了《倡议编纂〈清会要〉》一文，雄心勃勃提出组织人力，动手编纂这部大政书。上海古籍出版社决定出版这部书后，他又先后发表了《简谈关于编纂〈清会要〉》及《编纂〈清会要〉的例说和门类子目及采用资料》等文，并亲手撰写了《清会要》中的《纪元篇》。这些工作引起了海内外学者们的重视。

大抵学者们一旦有了名气，就要著书立说，署名主编，不肯去编辑整理别人的东西。但父亲却花了大量心血，整理了他的老师孟森先生的全部史著。他先后编辑了《明清史论著集刊》和续编，整理出版了《明清史讲义》《满洲开国史讲义》。他为孟森先生的许多文章写了《赘言》，进行了补充研究，补订了《满洲开国史》，还续完了《明元清系通纪》。有人说孟森先生幸亏有这样的弟子，才使一生研究成果得以彰于后世。这话只说了一半，因为父亲放弃自己著书立说的时间整理这些遗著，不仅是为前人，更主要的还是为了后人，让前人的成果为今后的史学研究发挥作用。

1980年秋天，父亲在家中办起了周末清史专题讨论会，每到周六，系里一些中青年教师、研究生们便开始了热烈的学术讨论。他们的一些质量不错的论文就从这里产生了。1983年春天，父亲又出钱请来满语文教师，在家中办起满文班，让系里明清史专业的教师和研究生们学习满文。他自豪而风趣地把这种家庭研究班比作日本电视连续剧《姿三四郎》中的宏道馆。他说："我们这里也是个'宏道馆'。在这里，每个人都要炼就一身治学本领，出去后都得像个样子。"他还亲手写了"与海内胜流相角逐"的条幅，送给助手徐凯，鼓励他努力做出成绩。

父亲直到晚年还始终坚持为本科生和研究生上课。尽管他已经在大学讲台上四十余年，但每次上课前还总要认真准备，让学生们得到更新的丰富知识。他讲起课来风趣而生动，深入浅出，内容充实，很受学生们欢迎。每次上课时，大教室里总是挤满了人，其中不少是闻讯而来的外系外校学生。

平日不管谁来求教，父亲都要认真解答他们提出的各种问题，认真地为他们去翻阅各种史料。他经常不能午休，接待着各地各行业来访的客人，他也经常晚间工作结束后还不能入睡，回复着一些酷爱历史的从不相识的青年来信。他总是那么认真，那么不厌其烦。在这忙碌之中，他感到充实与满足。

父亲的书斋名“澹爽斋”，匾额出自父亲老友容庚先生之手。澹爽就是淡于名利，求得爽畅，其义出于《老子》中“澹兮其若海”一句。父亲确实是这样做的。凡是求教过父亲的人都会记得，见面第一次，他总是谆谆告诫学生们，若要决心治史，就要准备“一辈子受穷”。想过舒服日子就不要搞学问，可以去当官、做买卖、开饭店。不仅对国内学生，即使是外国学生也一样要求。一位名叫伍德维夫的美国博士生，从师父亲后，深受其影响，他对人讲：“我去过许多国家，见到不少学者，但从未见到过像商先生这样治学和这样为人的老师。”

父亲有许多中外学术界的朋友，也有许多工人朋友。北京大学附近海淀镇一些商店的老师傅，清华园门卫的老校工，都同父亲挺熟识，但却往往不知道他是一位有名望的大学教授。父亲确实没有教授的架子，他衣着朴素，风趣健谈，平易近人。把自己看作一个最普通的人，不追求名利地位，踏踏实实地去做许多人们看来极普通的事，这就是父亲的作风。正因为有这种精神和作风，父亲才能够历尽坎坷而不消沉。几十年风风雨雨没有摧垮他，党的十一届三中全会的春风使他返老还童了。有人说，人就像一架机器，当他衰老时，说不定什么时候就会停下来。但人决不是机器，因为人有思想，能够奋斗，能够激发出无穷的热情。

许多父亲的老朋友既为他充沛的精力而感到高兴，又为他过度劳累而感到担心。有人劝他不要这样拼老命。但他们哪曾知道，父亲正是要在这不多的时间去拼命工作。他曾不止一次说过：“要我停下来不工作，除非是死。我倒下去的那一天，宁肯倒在书桌上，也决不愿倒在病床上。”

1983年9月，从沈阳开会回来，父亲顾不上同家人讲述会议的情况和外出见闻，又一头扎进书房——书桌上摊开着《清会要》的材料，茶几上摆放着

《康熙传》的书稿，紧张的工作又开始了。

11月6日是个星期天，父亲接待了来访的文学界客人，并答应为人民文学出版社出版的《刘半农文集》撰写前言。7日上午，到医院检查身体，血压已超过200（毫米水银柱），医嘱须休息。下午到系里开会。8日，参加统战部召开的征求党外人士意见座谈会。每天晚上，还要抽出时间为《文史知识》明史专号撰写《明末“三案”究竟》。谁能相信，这竟是一位76岁高龄老人的工作日程！

11月9日清晨四点钟，父亲书房的灯光照例又亮了，他开始了新的一天的工作。六点十分，他写完《明末“三案”究竟》的稿子，照例准备下楼去活动。他拖着疲惫的身躯走到楼梯口，终于支持不住，倒了下去……

父亲在极度疲劳中倒下了，但他是心甘情愿这样去做的。他是在欣慰中倒下的，因为他实践了自己生前的意愿——工作到了最后一刻。

父亲没有来得及留下任何遗嘱，却用他一步一步的深深的脚印，给我们展示出了中国老知识分子一生曲折的道路。

1984年10月1日

（原载《社会科学战线》1985年第2期，此次发表作了文字修改）

父亲与家

商　传

今年是父亲百岁诞辰，算起来他离开我们已有23年了。但或许是自己年龄也愈来愈大的缘故吧，我发现，时间愈久，对父亲的思念反而愈深，他那身着中式蓝布衫的形象时时出现在我的脑海里。我也经常会在梦中见到他……

一

父亲是位典型的书生，我常想，倘若在平静的日子里，没有家庭的牵累，他一定会作出更好的学问来。可是他却偏偏生活在一段中国最动荡的岁月里。

在北京大学历史系的教师当中，父亲曾经是学历最高的一位。他于1932年考入北京大学文科研究所研究生，起初跟随刘半农先生读文学，刘先生不幸故去后，又跟随孟心史先生读史学，在文史两位大师培养下，父亲兼得了文史研究的精要。所谓“文史不分家”的说法，在他的身上得到了最好的体现。父亲虽然没有留过洋，但他从小在法文学校读书，有很好的法文基础。

在进入北京大学读研究生之前，父亲曾到中法大学读书，并且与同校读书的陈毅成为朋友。当时陈毅曾让父亲去广州黄埔军校，投身大革命。但是父亲是独生子，当他回到保定家中与爷爷、奶奶商议时，却遭到家人反对，况且那时候他已由父母之命、媒妁之言有了妻子（不是我的生母，是一位我也应当尊之为母辈的人）。我年轻时对父亲的这段经历很是不以为然，他太过于关恋家庭了。

父亲在追随半农先生读书期间，老家的妻子和仅有的一个女儿先后病故。不久，他娶了第二任妻子。这位我也应当尊之为母辈的人其实是我母亲的嫡亲姊妹，是我的亲姨母。记得小时候看到过姨母的照片，她确是一位美貌出众、气质高雅的女人，而且受到过良好的教育，小楷书法和工笔画均佳。此时的父亲虽然年轻，在文坛上已初露头角。半农先生去世后，父亲为完成半农先生遗愿，出版了《赛金花本事》，在社会上更是引起了不小的反响，成为文坛名流。

20世纪二三十年代是中国社会经济文化快速发展的阶段之一。也许是出于事业上的顺利、生活的美满，我有时想，父亲是在他最浪漫时开始他的家庭生活的，这恐怕也是使父亲后来更加关恋家庭的缘故。

姨母病逝时还不满30岁，她在父亲的一生中留下了挥之不去的怀念。母亲生前偶尔也会说起这些事情，虽然是嫡亲的姊妹，话语中还是多少会流露出稍许的刺激。

与母亲结婚后，父亲的家庭生活和事业都渐渐稳定了下来。这时他已从北京大学毕业，到中法大学任教。但是中国社会却随着日本帝国主义的侵略而动荡不安。

令父亲倍感痛苦的是卢沟桥事变后北平沦陷，他的老师孟心史先生于这一年的冬天病逝，这给他带来颇多的困惑。母亲生前讲过，此时父亲不肯到他老师周作人的伪北大教书，但是为了养家，又不得不去几所中学任教，生活是十分艰辛的。我一直不能明白，父亲为什么没有随同仁们一起转移后方，到西南联大去呢？或许又是为了家庭吧。

二

记得父母生前忆起这一段事情时，母亲经常会对父亲说：你那时尽可不必顾家，只管去追随你的主张和事业，我们不会被绑去填大炮的。虽则是一时的气话，我也却由此而得知，父亲没有随校撤退，还是为了家人。而他此次为家人作出的牺牲，也竟成为他一生命运多蹇的开始。我曾经设想，倘若父亲能够预知日后的变数，他是否会有另外的一种选择呢？

母亲说，父亲虽然从不会打理家务，但他是很顾家的，甚至包括亲朋、邻里。她说，北平的文化人有吃大酒缸的习惯，也就是沿着街上的小饭铺一路吃下去，每一处只吃上一两种特色，表现的是一种文人的饮食文化。父亲有时也会去，但他更愿意和家人、邻里一起。家境好的时候，父亲会经常买来羊蝎子，让人用大锅炖熟分给邻里们吃；家境差的时候，他也会偶尔用些旧书报去换来羊蝎子给大家。这些话引发了我从小对羊蝎子的兴趣，而且至今仍不能忘怀。我总感觉，正是这些影响到我的浓郁家庭气息的文人气，才最终决定了父亲的命运。

没有随校撤退西南，成为了父亲政治生活中的阴影。抗战胜利后，他总觉得愧对师友，因此到1946年，便由郭麟阁伯伯（北京大学西语系教授）介绍，加入了中国国民党，而且成为了当时北平国民党市党部的宣传组长。他这样做无非是想以此来洗刷在日战区生活8年的耻辱。殊不知，书生作官，实非福分。前后大约两年时间，1948年国民党重新登记时，父亲因有反蒋情绪而未再登记，成为不尴不尬的政治书生。而此时他又开始面临了一次新的更为艰难的抉择。

1949年国民党败退台湾，父亲再次选择了留下。与前两次留下未走的不同之处在于他此时已经有了国民党的经历，已经是政治旋涡里的人物。“那时候学生把船票、机票送到家里”。母亲说：“我们不会被绑去填大炮的。”只管家务、不问政事的母亲并不知道父亲的处境，只知道是国民党就得走了。确是有走了的，吴湘伯父就走了；也有不走的，郑天挺伯父就没有走。要知道，他们也都统统是国民党。父亲其实此时已经王静如伯父和他父亲王葆桢先生介绍加入了国民党革命委员会，在政治上站到了蒋介石国民党的对面。

“再跟着蒋介石国民党走，没有前途。”记得我曾经问起过父亲为什么当时没有选择离开时，父亲总是这样说：“当时国民党实在太腐败了。”但是我总是感觉到，他选择了留下来，更多的还是为了家。跟随国民党去台湾，他显然是不肯的；跑去美国，亦非其所愿，那种完全未知的世界，又如何能够保障家人生活呢？何况父亲还有着较为浓厚的国粹主义思想。他说，那时候他的政治主张是一拳打跑美国，一脚踢开苏联。

但无论如何，父亲还是选择了留下来。

三

带着国民党历史身份的父亲在享受了新中国成立之初的统战待遇后，很快成了一名“老运动员”：首先是忠诚老实运动中，他受到管制处理；然后是院系调整，转到北京大学降为副教授；知识分子分左、中、右排队时，他被内定为右，直到反右运动。令许多人感到不解的是，父亲最终并没有在反右运动中被定为右派。据父亲说，当时他已经被内定为右派了，不过在召开大会、让宿白叔叔揭发他的时候，宿叔叔说：“商鸿逵是我老师，我们又住楼上楼下。我听到他说得最多的话是毛主席伟大，共产党好。”这番话救了父亲。

其实宿叔叔说的确实是实话。父亲对于自己历史问题的处理确实并无太多的怨气，不过是在不得意间多了一点老庄思想而已。我现在还保存着容庚伯伯为父亲书房题写的匾额——“澹爽斋”。不过那时候肯冒自身风险为人说好话，也并非易事，我为此一直非常尊敬宿白叔叔的为人。

据我所知，那时候在历史系教授历史文选是对有政治问题者的一种冷处理。父亲就在历史系教了多年的历史文选，与别人不同之处在于，历史文选对他来说，也算得上是半个本业。他原本就是学文学的，在大学讲六朝散文时，教室外面的楼道里都站满了听课的学生。后来政治限制稍宽些后，父亲又开始指导高年级明清史专业的学生，终于站到了清史讲坛上。

这期间有七八年，父亲除去教书，便是整理他的老师孟心史先生的遗著。这样既可完成学生对老师学术的发扬，也可以获得稿费收入补贴家用。那时候我姐姐在读大学，我在读寄宿制高中，弟弟在读初中，母亲又没有工作，其间又经历了三年困难时期，光靠父亲一个人收入支撑全家生活，家庭负担还是很重的。

记得中华书局影印本《明经世文编》出版时，定价七八十元，父亲犹豫再三，才买了一部。父亲作过图书馆馆长，买书是其所好，但在我的记忆里，他花大价钱买书，只此一回。因为买书负担太重，父亲养成了跑图书馆的习惯。他自我解释说，孟心史先生就是跑图书馆抄书的。可是母亲却说，那是因为孟先生要供孩子出国读书，没有更多钱买书的缘故。所以直至今日，我仍然感到，父亲为了我们，为了这个家，确实牺牲得太多。

四

十年动乱开始时，父亲当然在劫难逃。不过大概是因为经历了太多的运动，他倒能处之泰然。而且这一次人人自危，他反倒并不感到孤立了。

“文革”初起，外校的红卫兵们到北京大学“串联”，看到正在劳动改造的“反动权威”“黑帮”“走资派”，经常会现场批斗，而且从这些人身上挂的牌子上就能知道都是哪些人，诸如，陆平、翦伯赞等。父亲亦在其列，但没有挂牌子。红卫兵们问他叫什么名字，为什么没有牌子。他回答说：“领导未发。”

那时候，我们家还住在北京大学中关园二公寓，是一套四居室的单元房。不久，北大开始了腾房运动，受冲击的干部、教师必须把房子腾出来。起初家里搬来一户年轻教师，两家人合住在一个单元里，生活虽不甚方便，但父亲为人谦和，两家人相处得颇为融洽。随着“文革”的日渐深入，我们家终于被扫地出门了。我想当时父亲的压力肯定很大，只是他不能也不愿意对我们说。父亲在外面雇了一辆马车，把家里的书运到废品收购站卖掉后，全家搬进了北京大学全斋的一间筒子房里。

我是1968年大学毕业后离家去山西69军劳动锻炼的，然后是弟弟去陕西插队，父亲到江西“五七”干校放牛。那时候姐姐也早已大学毕业，在锦西化工厂工作。北京只有母亲一人，在地处西郊的北京大学。父亲于是开玩笑说：“咱们家现在可是五西了：山西、陕西、江西、锦西，还有一个西郊。”他总是那么达观，而达观后则是欲说还休的酸楚。

父亲其实是恋家的。他在新中国成立之初的运动中受到冲击时，还不忘把我四爷爷和我外婆接来供养，他甚至为此借过高利贷；在“文革”中集中劳动改造时，他也总是利用一切机会回来看望家人，为此还被人告发，受到红卫兵的批判；到“五七”干校后，他也争取到探亲机会，从上海给家人带来不少的礼物。他爱这个家，而且有着深藏内心的家庭责任感。

记得有一次，父亲和邓广铭伯伯一起从劳改队回家，那时邓伯母已去世，邓伯伯是单身，父亲叫我去海淀买些熟食回来，两位老人躲到屋里，悄悄地饱餐了一顿。看着两位老人满足的神气，我想，这是否也是父辈们对于动乱之中一息尚存的家庭的眷恋呢？

我们家在全斋一住就是八年，从1968年到1976年，其间经历了“清理阶级队伍”，下放“五七”干校，工农兵学员入学，北大、清华考教授，“批林批孔”，“反回潮”，唐山大地震……全斋的那一间小房子始终是凝聚全家人的窝。这时的我们虽然都已经长大成人，都有了自己的工作、生活空间和家庭，但是我们仍然离不开这个由父亲和母亲支撑的家。父亲仍然是支撑全家的一棵大树。

年过七旬的父亲是家人中最辛苦的一个。他要顾家，要教课，还要在这狭小的房间里完成治学的理想。《明清之际山海关战役的真相考察》一文，就是我亲见父亲在门前葡萄架下的小凳子上完成的。因为家里实在太狭小了，连劫后仅存的一些书也无法展开利用，父亲只好每天一早便去图书馆。他也感到自己年事渐高，希望在有限的时间里尽可能多完成一点学术成果，但是家里的条件实在太差。“我希望能给我一席之地。”父亲的这个不高的要求被人诬告为“以求一尸之地，发泄对‘文革’的不满”。好在此时已是那疯狂时代的尾声，人们对于那种攻讦时代已深感厌恶。

“一席之地”的要求不久竟真的得到了满足，“文革”结束后的1977年年初，父亲搬进了燕东园28号。这座两层的小楼里，曾经先后居住过北京大学历史系的翦伯赞、邵循正两位教授，父亲是第三位。翦先生是“文革”中自杀的，邵先生住进去不久便不幸病故，听起来这“一席之地”颇有些不大吉利，但此后六年时间里，父亲在这里走完了他学术和家庭生活的最后一段历程。

这里是父母子女们亲情融融的家，是父亲治学的书屋，是父亲的朋友们和他指导的研究生们经常出入往来之所。我感到这六年是父亲一生中最幸福和满足的六年。据母亲说，那时父亲曾想为劫后重建的家买一套沙发，这样一家人就可以坐在沙发上看电视了，但是父亲为家人生活的这最后一次安排竟终于未能实现。

父亲去世的前几天，刘半农先生之子从徐州来看他，父亲格外高兴，想在家中招待客人，并且亲自去烧火锅，但他笨手笨脚，总是点不燃，只好陪客人出去了。我当时忙着去无锡开会，匆匆而去，谁知竟成为与父亲的永诀。

家里人告诉我，父亲是因脑溢血，从二楼楼梯上跌下去世的。因为走得太过突然，给家人留下难以接受的悲痛。不过朋友们劝我道，父亲为家人辛苦一生，从不肯给家人添一点麻烦，这才正是父亲的作风，因此他走得毫无痛苦，却给别人留下深深的思念。这多少给了我些许的宽慰，我相信，倘若让父亲作出最后选择的话，他会选择这样的结果的。父亲走得很安详，很放心。母亲说，出事前几天，父亲曾经对母亲说，孩子们都成长起来了。

父亲去世后，母亲坚持搬出了那处令她伤心的房子。从那时算起，我们搬离燕东园28号已经二十多年了，但我仍然经常会在梦里回到那里，会看到父亲身着中式蓝布衫从园中小路走回家的身影，而且随着时间愈久反倒愈加分明，我知道父亲的身影会永远伴随在我一生之中的。

2005年秋天，母亲不幸因病去世，我们将母亲合葬到父亲的墓中。2006年清明，我去为父母扫墓，在告慰父母的同时，不禁触景生情吟道：

岁岁思亲最此时，
家常难诉悔方迟。
春风不解来人意，
吹落残花又几枝？

这时候我才真正深深体会到了亲情难诉的痛苦，我多么希望能够再和父亲、母亲在一起待一会儿，能够再叙家常，哪怕是转瞬即逝的再现，但这一切都永远不再可能。

是父亲教我懂得了人在事业之中还有家庭，在困难和坎坷之中还有责任和义务，在艰辛、平淡生活之中还会有亲情和天伦之乐。无论在父亲的生前还是身后，他都给我以无限的安慰和教导。我爱他！

（原载《清史论丛》2007年号）

编后语

今年是商鸿逵教授诞辰116年，亦为先生逝世40周年。《商鸿逵文集》寿之梨枣，以广流传。这是献给恩师一束温馨的鲜花，以告慰先生在天之灵。

2006年阳春三月的一天，商传、商全、李世愉及我相聚，商量整理出版商先生文集事宜。之后，我携博士研究生穆崟臣、崔军伟开始搜集、复印、整理先生从20世纪30年代以来发表在报刊杂志上的所有文章。几个月后，汇集先生学术之文60余篇，扫描并刻成光盘，一式两份。一份送商传兄存，一份留我处。尔后，大家因教学与科研工作双忙，近年商传、商全兄弟不幸先后过世，编辑之事便搁置下来。2022年元旦，在北京一些学生相聚贺年，又询问此事，切盼商先生宏文早日付梓，以飨读者。

商先生前后执教中法大学、北京大学近半个世纪。他学识渊博，嘉善矜愚，桃李盈门；为人谦和，作风质朴，赢得师生们的爱戴。纵观先生行略，其学术生涯似可划分三个时段：

一、1949年中华人民共和国成立之前17年，为学术发展期。先生早年毕业于中法大学文科，1932年考上国立北京大学文科研究所研究生，初师刘复（号半农）先生研修语言文学，后从孟森（号心史）先生专治明清史。先生博览文史典籍，精读明清史主干文献等书，例如，通阅《明实录》3遍、《清实录》两遍，并用毛笔抄出大量蝇头小楷的资料卡片，为做学术研究打下了厚实的功底。自25岁起，他连续在《中法大学月刊》等发表《梅定九年谱》《清初的理学界》等15篇学术论文，崭露头角。1934年执笔的《赛金花本事》面世后，显名艺林，颇得胡适等著名学者的赏识。

二、1950年至1976年的20余年，为学术停滞期。这一阶段，众所周知之因，一位爱国的老知识分子受到不公正待遇，仅发表《略论清初经济恢复和巩固的过程及其成就》《谈明末袁崇焕坚守宁锦的敢战敢胜精神》等6篇文章。1978年刊发《明清之际山海关战役的真相考察》时，该杂志社致电历史学系，询问先生“历史问题”是否有结论，若无则不予采用。由此可见那时候先生之境遇。然而，在逆境中，先生认真学习马克思主义理论与方法，以历史唯物论和辩证法，指导史学研究，从而脱离了旧史学的窠臼，著述史论结合，新见迭出，令学人注目。

三、1978年党的十一届三中全会以来，为学术兴盛期。国家实行改革开放，倡导解放思想、实事求是的新风尚，学术苑囿迎来了明媚的春天。先生焕发青春，焚膏继晷，恒兀穷年，以只争朝夕的精神投入教学科研之中，一心追回失去的光阴。他除了上课，每天早上拎着黑色人造革包，从燕东园28号寓所出发，徒步至学校图书馆古籍部，徜徉书海，如饥似渴地查阅文献。先生厚积薄发，短短七八年中，发表《嘉靖宫变述略》《清初内地人民抗清斗争的性质问题》《康熙南巡与治理黄河》《论清代的尊孔和崇奉喇嘛教》《清代孝庄孝钦两太后比评》等36篇长短学术之作，足见先生刚毅坚卓之精神与学养深厚的底蕴。如同先生所畅言，近十年的岁月，是他晚年治学“最舒心的时光”。

先生为弘扬恩师孟森教授之学，倾力将其明清史论著，保存整理，校补订误，刊行问世，惠及学人。诸如，《明清史论著集刊》《明清史论著集刊续编》《明清史讲义》《满洲开国史》《〈明元清系通纪〉补编》（未刊）等,以及发布孟森师之未刊稿，并撰写多篇编辑说明、前言、赘语。例如，《〈关于刘爱塔事迹的研究〉赘言》《〈清太祖死于宁远之战之不确〉赘言》《〈清世祖董鄂妃生死特殊典礼〉赘言》，及《述孟森先生》《读孟森先生〈明清史讲义〉》等文，阐述先师的学术精华，指明其时代的局限性。这无疑是对孟森师著述的经典导读。先生之尊师重道，堪称世范。

“老骥伏枥，志在千里”。古稀之年的商先生，钟情学术，全力以赴，主持三大学术项目。一、编纂《清会要》。1979年起，先生分别在《文献》发表《倡议编纂〈清会要〉》,《光明日报》刊布《简谈关于编纂〈清会要〉》,《清史研究通讯》刊登《编纂〈清会要〉的例说和门类子目及采用资料》，为编修《清会要》做准备。当时上海古籍出版社正在规划出版《历代会要丛书》，清朝无《会要》，盛邀先生担任主编。先生应允，玉成此事。他组织队伍，发凡起例，亲撰《纪元篇》，作为示范。二、编辑《清人笔记中清史资料类纂》。1917年，徐珂据清人笔记及报刊等资料，爬梳分类，出版了《清稗类钞》48册。先生经常告诫学生，这套书是编者抄辑的笔记材料，所用之法“隐括其事，贯串而成斯篇，未能悉记其来历”，即引用记述，不注出处，史事未确。他多次提醒大家，不能用此书作史料。有鉴于此，1979年秋天，先生着手编辑《清人笔记中清史资料类纂》，做出几百种清人笔记目录，拟定编纂纲目，调集人员，开始分工抄录。他还说：“我们编纂的这部书，一定要超过徐珂!”三、撰写《康熙传》。这是先生多年的一个夙愿。先生围绕着撰写《康熙传》发表一系列论文。一些拿捏不定的问题，求教相关专家。例如，如何评价噶尔丹的历史作用？1982年在北戴河举行的全国首届清史学术讨论会上，请教于内蒙古大学著名蒙古史专家特布信教授。先生强调，为历史人物立传，必须要撰写多篇论文，阐明自己新见，营造起浓郁学术氛围，才能将人物戳起来，否则他会趴在地上，立不起来。当然，其它课题研究亦应如此。可惜天不假年，先生溘然驾鹤西行，壮志未酬，留下一份值得珍视的学术遗愿。

刊布《商鸿逵文集》，是先生诸弟子的迫切心愿。从2022年3月份起，我们怀着崇敬的心情，编辑先生之文，精选学术论文等57篇，其中多为学术文论，亦录忆先师文等；附录4篇，即先生学术年表、郑克晟忆商先生与郑天挺教授之谊，以及先生哲嗣记述乃父之文，以便为学术史研究提供一些参考资料。披读昔文，先生的音容笑貌，不时浮现于脑海。温故知新，不啻对明清史等再次学习，探赜恩师一生治学文史的真谛，备受教益。文集编辑主要做了以下几方面的工作。一、编排目录。依据内容，文章拟分8类，即明史述论、清史述评、学术史论、帝后苑囿、文化专题、序文赘语、清史建言、缅怀恩师。

目录中每类以文章发表先后为序，以暗分类，空行相别，不加题目，以洁文字。二、保持原貌。文章前后跨度半个世纪，折射时代印迹，学术观点一仍其旧，不做改动。一些字句稍做变动，无忤先生文之原意。三、统一体例。将一些文章由繁体字改为简体字，竖排变成横排，把旧式符号更换为新式标点。四、注释页下。20世纪40年代以前之文，文内加注，一仍其旧。尔后原文的尾注、页下注不一，统改为页下注，以便通览。

1993年出版《商鸿逵教授逝世十周年论文集》，时蒙启功先生为书题签。今摘取先生之字，汇为《商鸿逵文集》，特作说明。在文集编辑过程中，先生的学生郭松义、李尚英、王政尧、李世愉、史志宏、岑大利、钟安西、张玉兴等给予热情帮助。我的弟子穆崟臣、崔军伟、赵连稳、郭庆涛、樊延明、徐春峰、鱼宏亮、倪玉平、马长泉、常越男、曹婷婷、陈昱良等，以对先生仰慕之情，参与文章辑录和校对等编务。编辑工作始终得到先生女儿商端大姐、商传夫人江丽及其子女鼎力支持。辽宁民族出版社承接这部文稿，副总编辑吴昕阳编审，责任编辑杜璐珊、黄盛浩，责任校对王荷尽力尤多，使“孟门高弟”商鸿逵教授的学术成果得以完璧流布、嘉惠学林。在此对大家付出的辛劳致以最诚挚的谢意！

唐人白居易《奉和令公绿野堂种花》诗曰：“绿野堂开占物华，路人指道令公家。令公桃李满天下，何用堂前更种花。”清人郑燮（板桥）《新竹》诗云：“新竹高于旧竹枝，全凭老干为扶持。明年再有新生者，十丈龙孙绕凤池。”古人杏坛感恩诗篇丰多，今采撷两首，以表对商先生教诲之恩的缅怀。先生离世数十载，诸弟子均已成才，再传“新生者”茁壮成长，孟门之学，薪火相续。先生若地下有知，定会含笑九泉。

商先生生前有句口头禅：“读书最乐，康健是福。”他时常告诉我们，读书与健康，要并举双赢，方可持续前行。愿喜好读书之友，以此为嘉言懿行，性静情逸，长乐永康！

徐　凯　谨述

2023年五一劳动节于蓝旗营寓所澹泊书屋